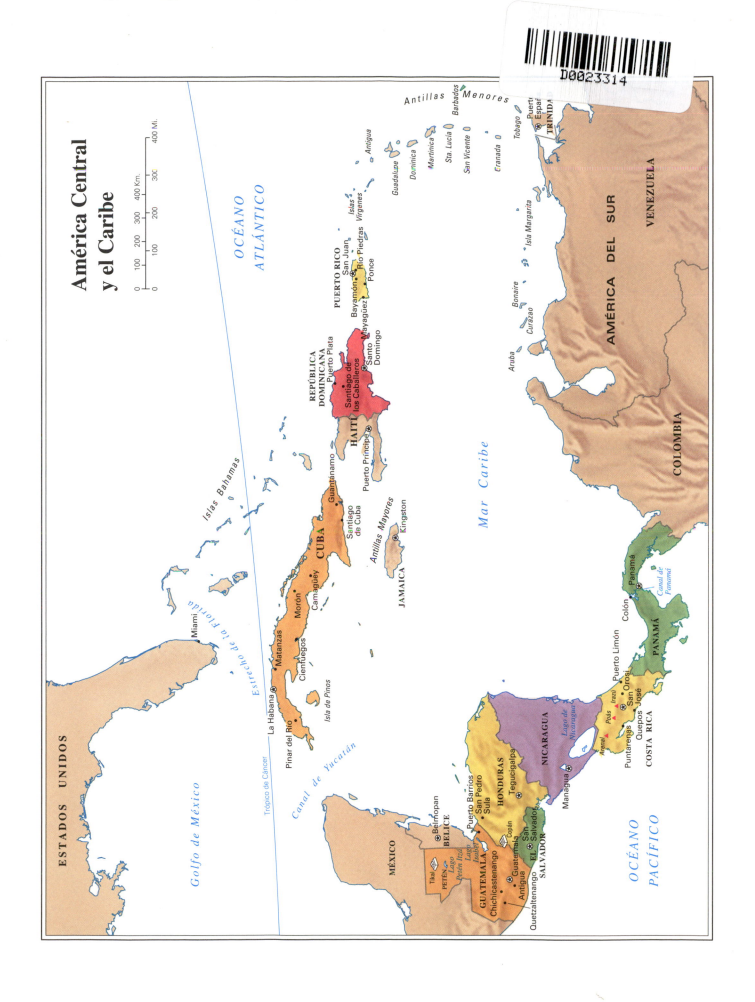

América Central y el Caribe

400 Mi.
300
200
100
0

400 Km.
300
200
100
0

ESTADOS UNIDOS

OCÉANO ATLÁNTICO

Golfo de México

Miami ⊛

Islas Bahamas

Tropico de Cáncer

Estrecho de la Florida

Canal de Yucatán

La Habana ⊛
Pinar del Río
Matanzas
Cienfuegos
Isla de Pinos

CUBA
Morón
Camagüey
Santiago de Cuba
Guantánamo

REPÚBLICA DOMINICANA
Puerto Plata
Santiago de los Caballeros
Santo Domingo
HAITÍ
Puerto Príncipe ⊛

PUERTO RICO
San Juan
Bayamón ⊛ Río Piedras
Mayagüez
Ponce

Islas Vírgenes

Antigua

Guadalupe
Dominica
Martinica
Sta. Lucía
San Vicente
Granada

Antillas Menores

Barbados
Tobago
Puerto España
TRINIDAD

Antillas Mayores

Kingston ⊛
JAMAICA

Mar Caribe

Aruba
Curazao
Bonaire
Isla Margarita

VENEZUELA

AMÉRICA DEL SUR

COLOMBIA

Panamá
Canal de Panamá
Colón
PANAMÁ
Puerto Limón
San Orosi
San José
Quepos
Irazú
Poás
Arenal
Puntarenas
COSTA RICA

Lago de Nicaragua

Managua
NICARAGUA

Tegucigalpa
HONDURAS
San Pedro Sula
Puerto Barrios

Copán
San El Salvador
SALVADOR
Guatemala
Antigua
Chichicastenango
Quetzaltenango
GUATEMALA
PETÉN
Lago Petén Itzá
Tikal
Lago Izabal
Belmopán ⊛
BELICE

MÉXICO

OCÉANO PACÍFICO

Sixth Edition

¡Claro que sí!

An Integrated Skills Approach

Lucía Caycedo Garner
University of Wisconsin–Madison, Emerita

Debbie Rusch
Boston College

Marcela Domínguez

Houghton Mifflin Company

Boston   New York

Publisher: Rolando Hernández
Senior Sponsoring Editor: Glenn A. Wilson
Executive Marketing Director: Eileen Bernadette Moran
Associate Marketing Manager: Claudia Martínez
Marketing Assistant: Lorreen Ruth Pelletier
Senior Project Editors: Rosemary R. Jaffe/Carol Newman
Editorial Assistants: Erin Beasley/Paola Moll
Art and Design Manager: Gary Crespo
Cover Design Manager: Anne S. Katzeff
Senior Photo Editor: Jennifer Meyer Dare
Composition Buyer: Chuck Dutton
New Title Project Manager: James Lonergan

Cover image: Artwork © 2006 Jaime Olaya/licensed by ArtVisions™/www.artvisions.com

Credits for texts, photographs, and realia are found following the index at the back of the book.

Printed in the U.S.A.

Instructor's Annotated Edition
ISBN 13: 978-0-618-80298-2
ISBN 10: 0-618-80298-3

For orders, use student text ISBNs:
ISBN 13: 978-0-618-80297-5
ISBN 10: 0-618-80297-5

Library of Congress Control Number: 2006924977

1 2 3 4 5 6 7 8 9—DOW—10 09 08 07 06

To the Student

Learning a foreign language means learning skills, not just facts and information. *¡Claro que sí!* is based on the principle that we learn by doing, and therefore offers many varied activities designed to develop your skills in listening, speaking, reading, and writing in Spanish. A knowledge of other cultures is also an integral part of learning languages. *¡Claro que sí!* provides an overview of the Spanish-speaking world—its people, places, and customs—so that you can better understand other peoples and their ways of doing things, which may be similar to or different from your own.

The following tips are designed to help you get the most from your study of Spanish:

- Read the Overview of Your Textbook's Main Features and Components information to familiarize yourself with the chapter organization and the resources available to you.

- Remember that learning vocabulary and grammar is a necessary part of language study but that the ultimate goal is communication. Participate orally in class activities and take every opportunity that you can to speak, read, and listen in Spanish.

- Do homework on a daily basis and not at the last minute. This will increase your retention of information.

- When listening, reading, or viewing the *¡Claro que sí!* video, focus on getting the information asked of you in the textbook activities instead of trying to comprehend every word. Use context or visual clues to help you understand and be alert to cultural information provided. You will find that you gradually understand more and more easily.

- Use the various program components, especially the Student Activities Manual, to reinforce what you learn in class. Consult the study tips in the Student Activities Manual for a variety of strategies that will help ensure your success in learning Spanish.

- Do the activities on the Online Study Center to reinforce what you study as you progress through each chapter. The activities, many of which can serve as review material for tests, include vocabulary and grammar practice with immediate correction.

Finally, we hope that by approaching your study of Spanish as an adventure and with a willingness to make mistakes and try new things, you will also have fun learning with *¡Claro que sí!* and communicating in Spanish.

Lucía Caycedo Garner
Debbie Rusch
Marcela Domínguez

An Overview of Your Textbook's Main Features

The *¡Claro que sí!* text consists of a preliminary chapter followed by 18 chapters.

Each chapter opener introduces the objectives for the chapter and presents a photo relevant to a main cultural theme of the chapter.

The objectives describe functions—what you can do with the language, such as greet someone or talk about your everyday activities—that are the linguistic and communicative focus for the chapter. The *¿Qué saben?* questions serve as an introduction to cultural information and topics that are presented in the chapter.

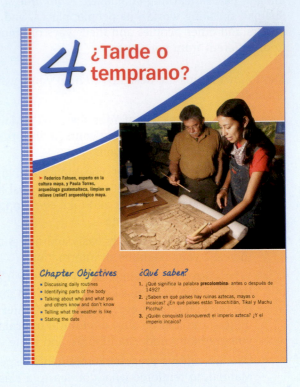

4 ¿Tarde o temprano?

► Federico Fahsen, experto en la cultura maya, y Paula Torres, arqueóloga guatemalteca, limpian un relieve (*relief*) arqueológico maya.

Chapter Objectives
- Discussing daily routines
- Identifying parts of the body
- Talking about who and what you and others know and don't know
- Telling what the weather is like
- Stating the date

¿Qué saben?
1. ¿Qué significa la palabra **precolombina**: antes o después de 1492?
2. ¿Saben en qué países hay ruinas aztecas, mayas o incaicas? ¿En qué países están Tenochtitlán, Tikal y Machu Picchu?
3. ¿Quién conquistó (*conquered*) el imperio azteca? ¿Y el imperio incaico?

Accessible, contextualized language provides a focus for learning

◄ Two **Para escuchar** sections in each chapter help develop your listening skills in Spanish. New and recycled vocabulary and grammar are presented in the context of realistic conversations in which you will follow a series of characters through typical events in their lives.

Para escuchar

Noticias de una amiga

◄ Un hombre hace andinismo en una montaña muy rocosa de los Andes peruanos. ¿Te gustaría hacer andinismo?

¡Qué + *adjective*!	How + *adjective*!
¡Qué inteligente!	How intelligent!
hay	there is/there are
deber + *infinitive*	ought to/should/must + *verb*
debe ser	ought to/should/must be

José Manuel, un arqueólogo venezolano que está trabajando en Perú, recibe un email de España de su amiga Marisel. José Manuel comenta el email con Rafael, otro arqueólogo venezolano.

Actividad 1 ¿Cierto o falso? Lee las siguientes oraciones. Mientras escuchas la conversación, escribe **C** si la oración es cierta y **F** si la oración es falsa.

1. _____ Rafael no conoce a Marisel.
2. _____ Marisel es arqueóloga.
3. _____ José Manuel trabaja como voluntario.
4. _____ Marisel tiene una foto de José Manuel.
5. _____ José Manuel practica andinismo.

Actividad 2 El email Después de escuchar la conversación otra vez, contesta estas preguntas.

1. ¿De dónde es Marisel y dónde está?
2. ¿Qué estudia?
3. ¿Por qué dice Rafael que José Manuel tiene un corazón grande?
4. ¿Por qué dice Marisel que José Manuel tiene que afeitarse?
5. ¿Por qué dice Marisel que José Manuel va a tener un accidente?
6. En tu opinión, ¿está loco José Manuel?
7. ¿Te gustaría hacer andinismo?

◄ Each conversation, recorded on the In-Text Audio CD packaged with your text, is accompanied by pre-, while-, and post-listening practice (signaled by the listening icon). The audio of the chapter conversations are also available on the Student Activities Manual Audio CDs and the *¡Claro que sí!* Online Study Center. The scripts of the conversation are in Appendix C of this text.

Focus on practical language fosters communication

Vocabulario esencial I and **II** present practical, thematically-grouped vocabulary, often through illustrations to convey the meaning of new words. The accompanying practice includes real-life situations so that you can use Spanish in meaningful contexts.

To help you review or prepare for quizzes and exams, **Vocabulario funcional** (not shown) at the end of each chapter lists all active vocabulary in a thematically organized summary.

In-text icons in the vocabulary and grammar sections serve as a reminder to do the activities in the Student Activities Manual and on the Online Study Center.

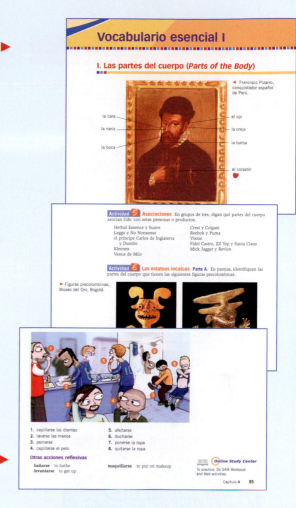

Emphasis on culture promotes awareness of the Spanish-speaking world

◀ **¿Lo sabían?** cultural readings, in Spanish beginning in Capítulo 4, offer information and insights on a range of cultural topics. Emphasizing practices and cross-cultural comparisons, these readings encourage discussion and expose you to the diverse cultures of the Spanish-speaking world.

Functional grammar presentations build communication skills

◄ **Gramática para la comunicación I** and **II** feature functionally-sequenced grammar presentations (for example, describing daily routines) that stress the use of language for communication. Explanations are in English so that you can study them at home.

◄ Numerous examples illustrate the concepts presented, and charts help you focus on key information when studying or reviewing.

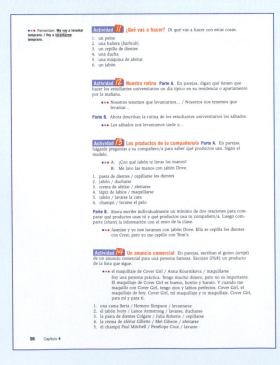

◄ **Student annotations** in the margins of the textbook offer learning strategies, relevant cultural information, and study tips.

◄ The activities that follow each presentation often ask you to interact with classmates using what you have just learned so that you have numerous opportunities to express yourself in Spanish.

Learning strategies support skill development

The **Nuevos horizontes** section in each chapter is designed to help you develop your reading and writing skills in Spanish and to expand your knowledge of the Hispanic world.

The **Lectura** section presents and practices specific reading techniques and strategies to help you become a proficient reader in Spanish and learn how to approach unfamiliar content.

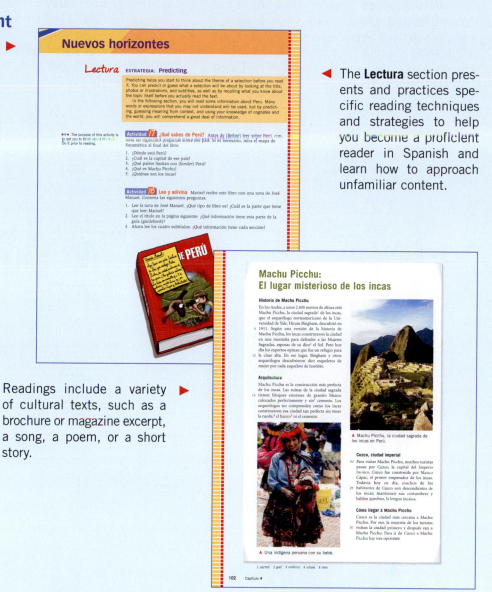

Nuevos horizontes

Lectura   ESTRATEGIA: Predicting

Predicting helps you start to think about the theme of a selection before you read it. You can predict or guess what a selection will be about by looking at the title, photos or illustrations, and subtitles, as well as by recalling what you know about the topic itself before you actually read the text.

In the following section, you will read some information about Peru. Many words or expressions that you may not understand will be used, but by predicting, guessing meaning from context, and using your knowledge of cognates and the world, you will comprehend a great deal of information.

■■■ The purpose of this activity is to get you to think about the topic. Do it prior to reading.

Actividad 17 ¿Qué sabes de Perú? Antes de (Before) leer sobre Perú, contesta las siguientes preguntas sobre ese país. Si es necesario, mira el mapa de Suramérica al final del libro.

1. ¿Dónde está Perú?
2. ¿Cuál es la capital de ese país?
3. ¿Qué países limitan con (border) Perú?
4. ¿Qué es Machu Picchu?
5. ¿Quiénes son los incas?

Actividad 18 Lee y adivina   Marisel recibe este libro con una nota de José Manuel. Contesta las siguientes preguntas.

1. Lee la nota de José Manuel. ¿Qué tipo de libro es? ¿Cuál es la parte que tiene que leer Marisel?
2. Lee el título en la página siguiente. ¿Qué información tiene esta parte de la guía (guidebook)?
3. Ahora lee los cuatro subtítulos. ¿Qué información tiene cada sección?

Machu Picchu: El lugar misterioso de los incas

Historia de Machu Picchu

En los Andes, a unos 2.400 metros de altura está Machu Picchu, la ciudad sagrada[1] de los incas, que el arqueólogo norteamericano de la Universidad de Yale, Hiram Bingham, descubrió en 1911. Según una versión de la historia de Machu Picchu, los incas construyeron la ciudad en una montaña para defender a las Mujeres Sagradas, esposas de su dios[2] el Sol. Pero hoy día los expertos opinan que fue un refugio para la clase alta. En ese lugar, Bingham y otros arqueólogos descubrieron diez esqueletos de mujer por cada esqueleto de hombre.

Arquitectura

Machu Picchu es la construcción más perfecta de los incas. Las ruinas de la ciudad sagrada tienen bloques enormes de granito blanco colocados perfectamente y sin[3] cemento. Los arqueólogos no comprenden cómo los incas construyeron esa ciudad tan perfecta sin tener la rueda,[4] el hierro[5] ni el cemento.

▲ Machu Picchu, la ciudad sagrada de los incas en Perú.

Cuzco, ciudad imperial

Para visitar Machu Picchu, muchos turistas pasan por Cuzco, la capital del Imperio Incaico. Cuzco fue construida por Manco Cápac, el primer emperador de los incas. Todavía hoy en día, muchos de los habitantes de Cuzco son descendientes de los incas; mantienen sus costumbres y hablan quechua, la lengua incaica.

Cómo llegar a Machu Picchu

Cuzco es la ciudad más cercana a Machu Picchu. Por eso, la mayoría de los turistas visitan la ciudad primero y después van a Machu Picchu. Para ir de Cuzco a Machu Picchu hay tres opciones:

▲ Una indígena peruana con su bebé.

1 sacred 2 god 3 without 4 wheel 5 iron

102   Capítulo 4

Readings include a variety of cultural texts, such as a brochure or magazine excerpt, a song, a poem, or a short story.

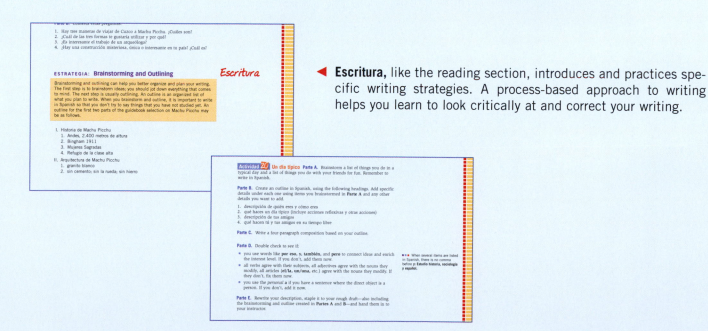

Parte C. Contesta estas preguntas.

1. Hay tres maneras de viajar de Cuzco a Machu Picchu. ¿Cuáles son?
2. ¿Cuál de las tres formas te gustaría utilizar y por qué?
3. ¿Es interesante el trabajo de un arqueólogo?
4. ¿Hay una construcción misteriosa, única o interesante en tu país? ¿Cuál es?

Escritura

ESTRATEGIA: Brainstorming and Outlining

Brainstorming and outlining can help you better organize and plan your writing. The first step is to brainstorm ideas; you should jot down everything that comes to mind. The next step is usually outlining. An outline is an organized list of what you plan to write. When you brainstorm and outline, it is important to write in Spanish so that you don't try to say things that you have not studied yet. An outline for the first two parts of the guidebook selection on Machu Picchu may be as follows.

I. Historia de Machu Picchu
   1. Andes, 2.400 metros de altura
   2. Bingham 1911
   3. Mujeres Sagradas
   4. Refugio de la clase alta
II. Arquitectura de Machu Picchu
   1. granito blanco
   2. sin cemento; sin la rueda; sin hierro

Escritura, like the reading section, introduces and practices specific writing strategies. A process-based approach to writing helps you learn to look critically at and correct your writing.

Actividad 20 Un día típico   Parte A. Brainstorm a list of things you do in a typical day and a list of things you do with your friends for fun. Remember to write in Spanish.

Parte B. Create an outline in Spanish, using the following headings. Add specific details under each one using items you brainstormed in **Parte A** and any other details you want to add.

1. descripción de quién eres y cómo eres
2. qué haces un día típico (incluye acciones reflexivas y otras acciones)
3. descripción de tus amigos
4. qué hacen tú y tus amigos en su tiempo libre

Parte C. Write a four-paragraph composition based on your outline.

Parte D. Double check to see if:

* you use words like **por eso, y, también,** and **pero** to connect ideas and enrich the interest level. If you don't, add them now.
* all verbs agree with their subjects, all adjectives agree with the nouns they modify, all articles **(el/la, un/una,** etc.) agree with the nouns they modify. If they don't, fix them now.
* you use the **personal a** if you have a sentence where the direct object is a person. If you don't, add it now.

■■■ When several items are listed in Spanish, there is no comma before **y: Estudio historia, sociología y español.**

Parte E. Rewrite your description, staple it to your rough draft—also including the brainstorming and outline created in **Partes A** and **B**—and hand them in to your instructor.

The **Videoimágenes** section following each even-numbered chapter offers pre-, while-, and post-viewing activities for the *¡Claro que sí!* Video to improve your listening and observational skills and broaden your knowledge of Spanish-speaking cultures.

▼

The Online Study Center also contain activities related to the video so that you can view the video on your own to review or reinforce what you learn in class.

Videoimágenes

La vida universitaria

Antes de ver

Actividad 1 **En los EE.UU.** Antes de mirar un video sobre la vida universitaria en el mundo hispano, contesta estas preguntas sobre la vida universitaria en los Estados Unidos.

1. ¿Dónde viven los estudiantes normalmente? ¿En un colegio mayor? ¿En un apartamento? ¿Con su familia?
2. ¿Cuánto es la matrícula (*tuition*) en una universidad pública? ¿Y en una universidad privada? ¿Es cara la matrícula en tu universidad?
3. ¿De cuántos años es tu carrera universitaria? ¿Es igual o diferente para todas las especializaciones?
4. ¿Es normal tener clases en diferentes edificios o los estudiantes normalmente tienen todas sus clases en un edificio?
5. Si un estudiante va a estudiar medicina o derecho, ¿más o menos cuántos años necesita para terminar esa carrera?
6. Al entrar en la universidad, ¿ya saben su especialización los estudiantes de este país? ¿Es normal cambiar de especialización durante los años universitarios?

▲ Estudiantes de la Universidad San Francisco de Quito.

Mientras ves

Actividad 2 **¿Qué estudias?** En este segmento muchos estudiantes del mundo hispano hablan sobre su universidad. Todas las universidades que mencionan son públicas, excepto San Francisco de Quito que es privada. Mira el video y completa las siguientes tablas. Mira las tablas antes de ver el video.   `07:00–09:05`

Universidad de Buenos Aires

Nombre	Edad	Carrera
Florencia	22	
Andrés	____	diseño de imagen y sonido
Natalia	22	paisajismo (*landscaping*)

Universidad Nacional Autónoma de México

Nombre	Edad	Carrera
Manuel	21	
Nicte-ha	19	

Universidad San Francisco de Quito

Nombre	Edad	Carrera
Gabriela	20	cine y video
Miguel	____	diseño gráfico
Mario	21	

Universidad de Río Piedras, Puerto Rico

Nombre	Edad	Carrera
Imelís	19	educación
Carlos	19	comunicación pública
Yoelis	20	

Universidad Complutense de Madrid

Nombre	Edad	Carrera
Néstor	____	ingeniería informática
Raquel	____	derecho (*law*)
Victoria	____	periodismo (*journalism*)

Actividad 3 **¿Cuánto cuesta esa carrera?** En este segmento, Javier habla con Victoria, y Mariela habla con Mario sobre las carreras de periodismo y medicina respectivamente. También visitan varias universidades. Escucha la conversación y observa las diferentes universidades. Luego escucha a otros estudiantes universitarios y completa la siguiente tabla.   `09:06–15:59`

Universidad	Carrera	Años	Costo de la matrícula de un año
San Francisco de Quito	filosofía	____	$5.000
de Buenos Aires		____	gratuita – no cuesta nada
Complutense de Madrid	derecho	____	$400
Nacional Autónoma de México	X	X	____ ¢

Student Components

Student Textbook

This textbook is your primary resource for learning Spanish. It contains study tips, cultural information, vocabulary and grammar presentations, and activities to practice listening, speaking, reading, and writing.

In-Text Audio CD

Packaged with your textbook, the audio CD contains recordings of the chapter conversations that correlate to the listening activities in the textbook.

Student Activities Manual (SAM): Workbook/Lab Manual

The Workbook provides a variety of practice to reinforce the vocabulary and grammar presented in each chapter and help you develop your reading and writing skills. The Lab Manual includes pronunciation explanations and practice as well as a variety of listening activities to develop your listening comprehension. Answer keys may be made available to you for self-correction at the discretion of your instructor.

SAM Audio CDs

The SAM CDs contain the recorded material that coordinates with the Lab Manual portion of the Student Activities Manual to reinforce pronounciation and listening skills.

E-SAM powered by Quia with SMARTHINKING® Online Tutoring

This online version of the Student Activities Manual contains the same content as the print version, plus the material recorded on the SAM Audio CDs, in an interactive environment that provides immediate feedback for many activities so you can monitor your progress. In addition, you can link to the textbook website for additional practice or to a SMARTHINKING® tutor for extra help.

SMARTHINKING® Online Tutoring for Spanish

Packaged with the Quia E-SAM, SMARTHINKING® offers you a range of tutorial services, including live online help, independent study resources, and personalized student home pages to archive tutoring sessions and feedback for future reference.

¡Claro que sí! Video Program

The ¡Claro que sí! Video contains six episodes of cultural segments and interviews filmed in Argentina, Ecuador, Mexico, Puerto Rico, and Spain. The episodes focus on and reinforce the themes and language presented in the textbook chapters. Activities, located in the *Videoimágenes* section at the end of each even-numbered chapter in your textbook, prepare you and guide your viewing so that you can get the most from the video. Through watching the video, you will learn more about Hispanic cultures, be able to compare certain aspects to your own, and also develop your observational and listening skills. Video clips are also available on the Online Study Center.

Online Study Center

The Online Study Center for ¡Claro que sí! includes the additional activities and resources to help you practice, review for quizzes and exams, and explore Spanish-language websites while receiving immediate feedback to check your progress. Each chapter includes art-, listening-, and video-based activities. The ACE the Test section and the Improve Your Grade section (including Flashcards) provide additional work with vocabulary and grammar and can be done while studying or as review prior to tests or quizzes. The site also has MP3 files of the In-Text Audio CD. The Online Study Center is accessible through **http://college.hmco.com/pic/claroquesi6e**.

Scope and Sequence

Acknowledgments

The authors and publisher thank the following reviewers for their comments and recommendations, many of which are reflected in the textbook:

Reviewers of *¡Claro que sí!*, Sixth Edition

Rocío De la Rosa Duncan, Rockhurst University
Edmée Fernández, Pittsburg State University
Alicia Giralt, Weber State University
Dawn Meissner, Anne Arundel Community College
Sheila M. O'Brien, Clarke College
Maria A. Simpson, Tennessee Foreign Language Institute
Lilia Ruiz-Debbe, State University of New York at Stony Brook
Diane R. Uber, The College of Wooster
J. Francisco Zermeño, Chabot College

Reviewers of *Imágenes*, Second Edition

Alan Bruflat, Wayne State College
Danielle L. Cahill, Christopher Newport University
Adolfo Cisneros, Bradley University
Mary Fatora-Tumbaga, Kauai Community College
Tom Fonte, El Camino College
Eddie Gert, Rose State College
Fernando Iturburu, State University of New York, Plattsburgh
Margarita López, LaGuardia Community College
Carlos Mamani, Gannon University
Eunice Myers, Wichita State University
Teresa Pérez-Gamboa, University of Georgia
Joy Saunders, University of Dallas
Dwight TenHuisen, Calvin College
Stephen Timmons, Bellevue Community College
Leah Wilkinson, University of Arkansas, Little Rock

We are especially grateful to the following people for their valuable assistance during the development and production of this project: Glenn Wilson for helping to conceptualize the changes in this edition; Andrés Fernández Cordón, the young Argentinian artist who gave the book new life with his culturally accurate drawings and always made us laugh with his touches of humor; Erin Kern, our development editor, for her observations; Rosemary Jaffe and Carol Newman, our project editors, for juggling all aspects of production with ease; Sandra Guadano and Stephanie Goins for updating the Student website and for writing additional material for this edition; Jerilyn Bockorick for a clear and eye-catching design; our copyeditor Steve Patterson; the design, art, and production staff who participated in the project; Eileen Bernadette Moran, Claudia Martínez, and the sales force for their support in marketing the program; Rosa Maldonado-Bronnsack, Lily Moreno Carrasquillo, Martha Miranda Gómez, Virginia Laignelet Rueda, Olga Tedias-Montero, Victoria Junco de Meyer, Alberto Dávila Suárez, Dwayne Carpenter, Natalia Verjat, Carlos Abaunza, Helena Alfonzo, Luisa Briones, Clara Pastor, Alberto Villate, Christopher Wood, Carmen Fernández, Ann Merry, Sarah Link, Fabiana López de Haro, Tanya Duarte, Vanessa Ruiz, Ali Burk, María Elena Villegas, Henry Borrero, and Rosa Garza Mouriño for their assistance answering questions about lexical items and cultural practices in the many countries that comprise the Spanish-speaking world and for field-testing activities and grammar explanations.

Additionally, we would like to thank Norma Rusch for her musical talents; Kristin Horton for her photo of the Fallas; Lorena Lopera for her photo of children in the Dominican Republic; Nancy Levy-Konesky, Cristina Schulze, Carmen Fernández, Charo Fernández, Ann Merry, Sarah Link, Stephanie Valencia, Nicole Gunderson, and Viviana Domínguez for their contributions to the video program.

¡Claro que sí!

¡Bienvenidos!

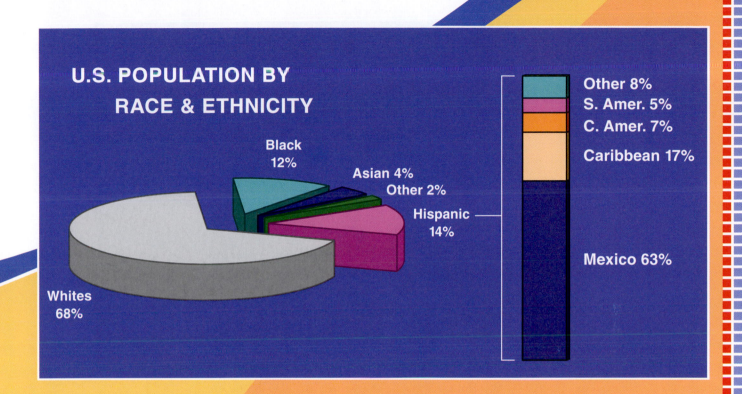

U.S. POPULATION BY RACE & ETHNICITY

Black 12%

Asian 4%
Other 2%

Hispanic 14%

Whites 68%

Other 8%
S. Amer. 5%
C. Amer. 7%
Caribbean 17%
Mexico 63%

Chapter Objectives

- Telling your name and where you are from
- Asking others their name and where they are from
- Greeting someone and saying good-by
- Telling the names of countries and their capitals
- Recognizing a number of classroom expressions and commands

Datos interesantes

Los cinco países con mayor número de personas de habla española:

México	105.000.000
Colombia	42.000.000
España	40.500.000
Argentina	39.500.000
Estados Unidos	30.000.000

Las presentaciones

■■■ Spanish requires that punctuation marks be used at the beginning and end of questions and exclamations.

■■■ Men say **encantado** and women say **encantada**.

A: Hola.
B: Hola.
A: ¿Cómo te llamas?
B: Me llamo Marisa. ¿Y tú?
A: Marta.
B: Encantada.

A: Igualmente.
B: ¿De dónde eres?
A: Soy de La Paz, Bolivia. ¿Y tú?
B: Soy de Caracas, Venezuela.
A: Chau.
B: Chau.

Actividad 1 **¿Cómo te llamas?** Take three minutes to meet as many people in your class as you can by asking their names. Follow the model.

■■■ A: Hola. ¿Cómo te llamas?
B: Me llamo [Jessica]. ¿Y tú?
A: Me llamo [Omar].
B: Encantada.
A: Igualmente.
B: Chau.
A: Chau.

Actividad 2 **¿De dónde eres?** Ask four or five classmates where they are from. Follow the model.

■■■ A: ¿De dónde eres?
B: Soy de [Cincinnati, Ohio]. ¿Y tú?
A: Soy de [Lincoln, Nebraska].

Actividad 3 Hola... Chau Go to the front of the room and form two concentric circles with the people in the inner circle facing those in the outer circle. Each person should speak to the person in front of him/her and include the following in the conversation: greet the person, ask his/her name, find out where he/she is from, say good-by. When finished with a conversation, wait for a signal from your instructor; then the inner circle should move to the next person to their right and have the same conversation with a new partner.

■■■ A: Hola.
  B: Hola.
  A: ¿Cómo te llamas?
  B: Me llamo...
  A: ...

▲ Profesora de Chile y profesor de Puerto Rico.

¿Lo sabían?

Spanish has two forms of address to reflect different levels of formality. **Usted (Ud.)** is generally used when talking to people whom you would address by their last name (Mrs. Smith, Mr. Jones). **Tú** is used when speaking to a young person and to people whom you would call by their first name.

¿? What words, besides "Mr." and "Mrs.", are used in English to address people formally?

A: Buenos días.
B: Buenos días.
A: ¿Cómo se llama Ud.?
B: Me llamo Tomás Gómez. ¿Y Ud.?
A: Silvia Rivera.
B: Encantado.
A: Igualmente.

B: ¿De dónde es Ud.?
A: Soy de Santiago, Chile. ¿Y Ud.?
B: Soy de San Juan, Puerto Rico.
A: Adiós.
B: Adiós.

■■■ Note: **Ud.** is the abbreviation of the word **usted** and will be used throughout this text.

Actividad 4 ¿Cómo se llama Ud.? Imagine that you are at a business conference. Introduce yourself to three people. Follow the model.

■■■ A: Buenos días.
  B: Buenos días.
  A: ¿Cómo se llama Ud.?
  B: Me llamo... ¿Y Ud.?
  A: Me llamo...
  B: Encantado/a.
  A: Encantado/a.
  B: Adiós.
  A: Adiós.

■■■ A: Buenas noches.

B: Buenas noches.

A: ¿Cómo se llama Ud.?

B: … ¿Y Ud.?

A: … ¿De dónde es (Ud.)?

B: Soy de… ¿Y Ud.?

A: …

B: Encantado/a.

A: …

Online Study Center

To practice:
Do corresponding Student Activity Manual (SAM) Workbook and Web activities as you proceed through the chapter.

Actividad 6 **¿Formal o informal?** Speak to at least five other members of your class: greet them, find out their names and where they are from, and then say good-by. If they're wearing jeans, use **tú.** If they are not in jeans, use **Ud.**

■■■ A: ¿Cómo estás? (*said to person wearing jeans*)

B: Bien. ¿Y Ud.? (*said to person not wearing jeans*)

Los saludos y las despedidas

Los saludos (*Greetings*)

Hola.   Hi.
Buenos días.   Good morning.
Buenas tardes.   Good afternoon.
Buenas noches.   Good evening.

¿Cómo estás (tú)?	**¡Muy bien!** Very well!
¿Cómo está (Ud.)? ⎫ How are you?	**Bien.** O.K.
¿Qué tal? (*informal*) ⎭	**Más o menos.** So, so.
	Regular. Not so good.
	Mal. Lousy./Awful.

Las despedidas (*Saying Good-by*)

Hasta luego.   See you later.
Hasta mañana.   See you tomorrow.
Buenas noches.   Good night./Good evening.
Adiós.   Good-by.
Chau./Chao.   Bye./So long.

■■■ **Adiós** is also used as a greeting when two people pass each other and want to say "Hi," but have no intention of stopping to chat.

▼ (Antigua, Guatemala) Men often shake hands or sometimes give each other a hug **(un abrazo).** In business situations, a handshake is commonly used to greet someone, regardless of gender.

▼ (México D. F.) When two women (or a man and a woman) who are friends meet, they often kiss each other on the cheek.

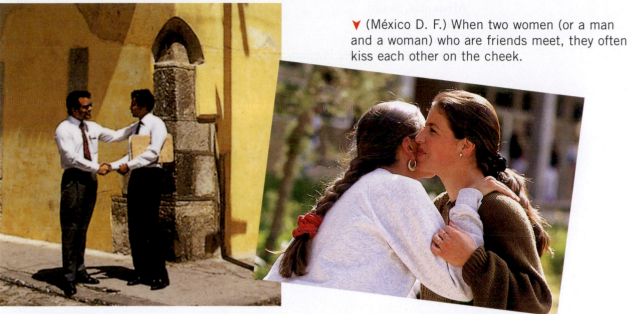

A: Buenos días, Sr. Ramírez.
B: Buenos días, Sr. Canseco. ¿Cómo está Ud.?
A: Muy bien. ¿Y Ud.?
B: Regular.

A: ¡Hola, Susana! ¿Cómo estás?
B: Bien, gracias. ¿Y tú?
A: Más o menos.

■ ■ ■ Formal = **¿Cómo está (Ud.)?**
Informal = **¿Cómo estás (tú)?**

Actividad **7** ¡Hola! ¿Cómo estás? Mingle and greet several classmates, ask how each is, and then say good-by. To practice using both **tú** and **Ud.,** address all people wearing blue jeans informally (use **tú**) and all others formally (use **Ud.**).

■ ■ ■ Is the greeting in this activity title formal or informal?

Países de habla española y sus capitales
■ ■ ■

◀ La Paz, capital de Bolivia.

Use the maps on the inside covers of your text to learn the names of Hispanic countries and their capitals.

Otros países y sus capitales

Alemania, Berlín
Brasil, Brasilia
Canadá, Ottawa
(los) Estados Unidos, Washington, D.C.

Francia, París
Inglaterra, Londres
Italia, Roma
Portugal, Lisboa

 **Actividad 8 Capitales hispanas** In pairs, take three minutes to memorize the capitals of the countries on either the front or back inside cover of your textbook. Your partner will memorize those on the opposite cover. Then go to the cover that your partner has studied and take turns asking the capitals of all the countries. Follow the model.

▪▪▪ A: (*Looking at the back inside cover*) ¿Cuál es la capital de Chile?
B: Santiago.
A: Correcto.
B: (*Looking at the front inside cover*) ¿Cuál es la capital de Costa Rica?
A: …

¿Lo sabían?

Spanish is spoken in many countries. Although Mandarin Chinese has the largest number of native speakers in the world, Spanish is second and is followed closely by English. The term *Hispanic,* as it is used in the United States by the U.S. government, is a broad term referring to people of diverse ethnic makeup from Spain and Latin America. Many Spanish speakers in the U.S. prefer the term **Latino** or **Latina.** Spanish is spoken in the following geographical areas by people of all races:

América
Norteamérica:
   Estados Unidos,* México
Centroamérica:
   Belice,* Costa Rica, El Salvador, Guatemala, Honduras, Nicaragua, Panamá
El Caribe:
   Antillas Holandesas,* Cuba, Las Islas Vírgenes,* La República Dominicana, Puerto Rico
Suramérica:
   Argentina, Aruba,* Bolivia, Chile, Colombia, Ecuador, Paraguay, Perú, Trinidad y Tobago,* Uruguay, Venezuela

Europa
   Andorra, España, Gibraltar*

África
   Guinea Ecuatorial

*Nations where Spanish is spoken by a large number of people, but it is not an official language. In the Spanish-speaking world, only five continents are recognized: **América** (includes North and South America), **Europa, Asia, África,** and **Oceanía** (includes Australia, New Zealand, and other islands in the Pacific Ocean).

World Languages
Primary language spoken by the 6 billion people in the world

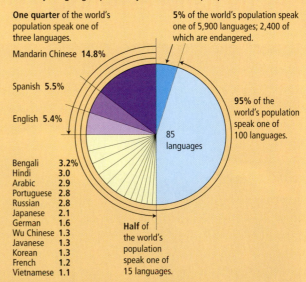

One quarter of the world's population speak one of three languages.

Mandarin Chinese **14.8%**

Spanish **5.5%**

English **5.4%**

5% of the world's population speak one of 5,900 languages; 2,400 of which are endangered.

95% of the world's population speak one of 100 languages.

85 languages

Bengali	3.2%
Hindi	3.0
Arabic	2.9
Portuguese	2.8
Russian	2.8
Japanese	2.1
German	1.6
Wu Chinese	1.3
Javanese	1.3
Korean	1.3
French	1.2
Vietnamese	1.1

Half of the world's population speak one of 15 languages.

Adapted from *The Boston Globe*. Data from SIL Ethnologue.

 ¿How many continents are there, according to what you learned in school? Can you name them?

Expresiones para la clase

Learn the following commands (**órdenes**) so that you can react to them when they are used by your instructor.

Órdenes

Abre/Abran el libro en la página...   Open your book(s) to page . . .
Cierra/Cierren el libro.   Close your book(s).
Mira/Miren el ejercicio/la actividad...   Look at the exercise/the activity . . .
Escucha./Escuchen.   Listen.
Escribe./Escriban.   Write.
Lee/Lean las instrucciones.   Read the instructions.
Saca/Saquen papel/bolígrafo/lápiz.   Take out paper/a pen/a pencil.
Repite./Repitan.   Repeat.
Siéntate./Siéntense.   Sit down.
Levántate./Levántense.   Stand up.
[Vicente], pregúntale a [Ana]...   [Vicente], ask [Ana] . . .
[Ana], contéstale a [Vicente]...   [Ana], answer [Vicente] . . .
[María], repite la respuesta, por favor.   [María], repeat the answer, please.
[María], dile a [Jorge]...   [María], tell [Jorge] . . .

■ ■ ■ When two words are given (e.g., **Abre/Abran**), the first is an informal, singular command given to an individual and the second is a command given to a group of people.

The following expressions will be useful in the classroom:

¿Cómo se dice... en español?   How do you say . . . in Spanish?
¿Cómo se escribe...?   How do you spell . . . ?
¿Qué quiere decir...?   What does . . . mean?
¿En qué página, por favor?   What page, please?
No entiendo./No comprendo.   I don't understand.
No sé (la respuesta).   I don't know (the answer).
Más despacio, por favor.   More slowly, please.
(Muchas) gracias.   Thank you (very much).
De nada.   You're welcome.

Actividad 9 Las órdenes Listen to the commands your instructor gives you and act accordingly.

Actividad 10 ¿Qué dirías tú? What would you say in the following situations?

1. The instructor is speaking very fast.
2. The instructor asks you a question but you don't know the answer.
3. You do not understand what the word **ejercicio** means.
4. You do not understand what the instructor is telling you.
5. You did not hear the page number.
6. You want to know how to say *table* in Spanish.

Deletreo y pronunciación de palabras: El alfabeto

■■■ Do the lab activities for each chapter to practice pronunciation.

■■■ **ca, co, cu: c** is pronounced like *c* in *cat*

■■■ **ce, ci: c** is pronounced like *c* in *center*

■■■ Do the lab activities for each chapter to practice pronunciation.

■■■ **ga, go, gu: g** is pronounced like *g* in *go* or softer, as in *egg*

■■■ **ge, gi: g** is pronounced like *h* in *hot*

■■■ **h** is always silent

A	a	Argentina
B	be, be larga, be grande, be de burro	Barcelona
C	ce	Canadá, Centroamérica
(CH	che	Chile)
D	de	Santo Domingo
E	e	Ecuador
F	efe	La Florida
G	ge	Guatemala, Cartagena
H	hache	Honduras
I	i	Las Islas Canarias
J	jota	San José
K	ca	Kansas
L	ele	Lima
(LL	elle	Hermosillo)
M	eme	Montevideo
N	ene	Nicaragua
Ñ	eñe	España
O	o	Oviedo
P	pe	Panamá
Q	cu	Quito
R	ere	Perú
S	ese	Santiago
T	te	Toledo
U	u	Uruguay
V	uve, ve corta, ve chica, ve de vaca	Venezuela
W	doble uve, doble ve, doble u	Washington
X	equis	Extremadura
Y	i griega	Yucatán
Z	zeta	Zaragoza

¿Lo sabían?

The Spanish-language alphabet contains all of the letters of the English-language alphabet plus the **ñ.** Prior to 1994, the **ch (che)** and the **ll (elle)** were separate dictionary entries. Since the change is relatively recent, you may still see dictionaries that list words beginning with these letters separately from the **c** and the **l.** You may hear people say **che** or **ce hache** and **elle** or **doble ele.** The **rr,** although not considered a letter of the alphabet, is commonly identified as **erre,** but may also be called **ere ere** or **doble ere.**

Here are a few more useful facts concerning the Spanish alphabet:

■ The letter **ñ** follows **n.** Therefore, **mañana** follows **manzana** (*apple*) in dictionaries. Although few words start with the **ñ,** dictionaries maintain a separate section for words beginning with **ñ.**

■ The **k** and **w** are usually used with words of foreign origin.

■ All letters are feminine, for example: **las letras son la** *a,* **la** *b,* **la** *c,* etc.

Actividad *11* **¿Cómo se escribe...?** Find out the name of two classmates and ask them to spell their last names. Follow the model.

▪▪▪ A: ¿Cómo te llamas?
　　 B: Teresa Domínguez Schroeder.
　　 A: ¿Cómo se escribe "Schroeder"?
　　 B: Ese-ce-hache-ere-o-e-de-e-ere.

Actividad *12* **Las siglas** **Parte A.** The following organizations or places are frequently referred to by their acronym or abbreviation. Try to figure out which letters would go in the blanks below.

1. La **Unión Europea** es una organización de países de Europa y España es uno de los países. La _____ _____ se abrevia en inglés *E.U.* (*European Union*).
2. El **Tratado de Libre Comercio** es un acuerdo (*treaty*) entre los Estados Unidos, México y Canadá. El comercio entre los países es libre. El _____ _____ _____ se llama en inglés *NAFTA* (*North American Free Trade Agreement*).
3. La **Organización de las Naciones Unidas** es una organización de los países del mundo. La sede está en Nueva York. La _____ _____ _____ se llama en inglés la *U.N.* (*United Nations*).
4. El **Distrito Federal** es el nombre de la zona donde está la Ciudad de México. El _____ _____ es el nombre común de la Ciudad de México.
5. La **Organización del Tratado del Atlántico Norte** mantiene la paz y seguridad de los países que son miembros de la organización. La _____ _____ _____ _____ se llama en inglés *NATO* (*North Atlantic Treaty Organization*).
6. La **Organización de los Estados Americanos** es una organización de los países del continente americano. La _____ _____ _____ se llama en inglés la *O.A.S.* (*Organization of American States*).

▪▪▪ Just as some people in the U.S. refer to Washington, D.C. as just "D.C.", Mexicans almost always call Mexico City **"el D. F."**

Note: When the words are plural, the letters are normally doubled in the abbreviation: **Los Estados Unidos = EE.UU.**

Parte B. In Spanish, it is common to pronounce abbreviations as words instead of stating every letter individually. How would you say the acronyms in numbers 3, 5 and 6 above?

Acentuación (*Stress*)

▪▪▪

In order to pronounce words correctly, you will need to know the stress patterns of Spanish.

A ▪ If a word ends in *n, s,* or a vowel **(vocal),** stress falls on the next-to-last syllable **(penúltima sílaba).** The underlined syllable represents where the stress should be according to this rule, and the arrow shows where the stress is. In this case, they coincide, and therefore, follow the rule and are regular, so no written accent mark is needed.

▪▪▪ For more information on syllabication and accentuation, see Appendix B.

▪▪▪ Accents on stressed, capital letters can be written or omitted. For example: both **Álvaro** and **Alvaro** are correct. This book will use the former.

　　re<u>pi</u>tan　　<u>lla</u>mas　　<u>ho</u>la
　　　↑　　　　↑　　　　↑

B ▪ If a word ends in any consonant **(consonante)** other than *n* or *s,* stress falls on the last syllable **(última sílaba).**

　　espa<u>ñol</u>　　us<u>ted</u>　　regu<u>lar</u>
　　　↑　　　　↑　　　　↑

C ▪ Any exception to rules 1 and 2 has a written accent mark (**acento orto-gráfico**) on the stressed vowel. In the examples below, when the arrow points to a syllable other than the underlined one, the rules are broken, and therefore, a written accent is needed.

Pa<u>na</u>má te<u>lé</u>fono <u>lá</u>piz
  ↑   ↑   ↑

With knowledge of the accent rules and a great deal of practice, you will always know where to stress a word if you first encounter it when reading and, upon hearing a Spanish word, you will be able to write it correctly.

NOTE: There are two other sets of words that require written accents:

1 ▪ Question words such as **cómo, de dónde,** and **cuál** always have written accents.

2 ▪ Certain words have a written accent to distinguish them from similar words that are pronounced the same but have different meanings: **tú** (*you*), **tu** (*your*); **él** (*he*), **el** (*the*).

Actividad  **Énfasis** Indicate the syllable where the stress falls in each word of the following sentences. Listen while your instructor pronounces each sentence.

1. ¿Có-mo es-tá, se-ñor Pé-rez?
2. La ca-pi-tal de Pe-rú es Li-ma.
3. ¿Có-mo se es-cri-be "Ne-bras-ka"?
4. Re-pi-tan la fra-se.
5. No com-pren-do.
6. Más des-pa-cio, por fa-vor.

 **Online Study Center**

To practice:
Do SAM Workbook and Lab, and Web activities.

▪▪▪ For additional practice and cultural information, go to college.hmco.com/pic/claroquesi6e, and from there to the *¡Claro que sí!* Online Study Center. You may want to bookmark the site for future reference.

▪▪▪ Read the *Study Tips* section in the SAM.

Actividad 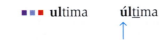 **Acentos** Practice how to stress words in Spanish by following these steps:

1. Read the following words aloud, stressing the syllables in bold type.
2. Place arrows under these stressed syllables (those in bold type).
3. Consult the rules and underline the syllables that would be stressed according to the rules.
4. If the arrow and the underlined syllable do not coincide, add a written accent over the stressed syllable (the one in bold with the arrow).

 ▪▪▪ **ul**tima **ú**<u>l</u>tima
         ↑

1. **ra**pido
2. Sala**man**ca
3. **la**piz
4. profe**sion**
5. profe**sor**
6. tele**gra**ma
7. ca**fe**
8. na**cio**nes
9. **Me**xico
10. doc**to**ra
11. **pa**gina
12. universi**dad**
13. piza**rra**
14. **can**cer
15. fan**tas**tico
16. Bogo**ta**

Vocabulario funcional

Las presentaciones (*Introductions*)

¿Cómo te llamas?	What's your name? (informal)
¿Cómo se llama usted (Ud.)?	What's your name? (formal)
Me llamo...	My name is . . .
¿Y tú/Ud.?	And you?
Encantado/a.	Nice to meet you. (literally: *Charmed*.)
Igualmente.	Nice to meet you, too. (literally: *Equally*.)
Sr./señor	Mr.
Sra./señora	Mrs./Ms.
Srta./señorita	Miss/Ms.

El origen

¿De dónde eres?	Where are you from? (informal)
¿De dónde es usted?	Where are you from? (formal)
Soy de...	I am from . . .

Los saludos y las despedidas (*Greetings and Leave Taking*)

¿Cómo estás (tú)?	How are you? (informal)
¿Cómo está (Ud.)?	How are you? (formal)
¿Qué tal?	How are you? (informal)
¡Muy bien!	Very well!
Bien.	O.K.
Más o menos.	So, so.
Regular.	Not so good.
Mal.	Lousy./Awful.
Buenos días.	Good morning.
Buenas tardes.	Good afternoon.
Buenas noches.	Good evening.
Hola.	Hi.
Adiós.	Good-by.
Chau./Chao.	Bye./So long.
Hasta luego.	See you later.
Hasta mañana.	See you tomorrow.

Expresiones para la clase

Abre/Abran el libro en la página...	Open your book(s) to page . . .
Cierra/Cierren el libro.	Close your book(s).
Mira/Miren el ejercicio/ la actividad...	Look at the exercise/the activity . . .
Escucha./Escuchen.	Listen.
Escribe./Escriban.	Write.
Lee/Lean las instrucciones.	Read the instructions.
Saca/Saquen papel/ bolígrafo/lápiz.	Take out paper/a pen/ a pencil.
Repite./Repitan.	Repeat.
Siéntate./Siéntense.	Sit down.
Levántate./Levántense.	Stand up.
[Vicente], pregúntale a [Ana]...	[Vicente], ask [Ana] . . .
[Ana], contéstale a [Vicente]...	[Ana], answer [Vicente] . . .
[María], repite la respuesta, por favor.	[María], repeat the answer, please.
[María], dile a [Jorge]...	[María], tell [Jorge] . . .
¿Cómo se dice... en español?	How do you say . . . in Spanish?
¿Cómo se escribe...?	How do you spell . . . ?
¿Qué quiere decir...?	What does . . . mean?
¿En qué página, por favor?	What page, please?
No entiendo./No comprendo.	I don't understand.
No sé (la respuesta).	I don't know (the answer).
Más despacio, por favor.	More slowly, please.
(Muchas) gracias.	Thank you (very much).
De nada.	You're welcome.

El alfabeto See page 8.

Países de habla española y sus capitales

¿Cuál es la capital de...?		What is the capital of . . . ?
Guinea Ecuatorial	Malabo	África
México	México, D. F. (Distrito Federal)	América del Norte/ Norteamérica
Costa Rica	San José	
El Salvador	San Salvador	
Guatemala	Guatemala	América Central/
Honduras	Tegucigalpa	Centroamérica
Nicaragua	Managua	
Panamá	Panamá	
Argentina	Buenos Aires	
Bolivia	La Paz; Sucre	
Chile	Santiago	
Colombia	Bogotá	
Ecuador	Quito	América del Sur/
Paraguay	Asunción	Suramérica
Perú	Lima	
Uruguay	Montevideo	
Venezuela	Caracas	
Cuba	La Habana	
Puerto Rico	San Juan	El Caribe
República Dominicana	Santo Domingo	
España	Madrid	Europa

Otros países y sus capitales

Canadá	Ottawa	
(los) Estados Unidos	Washington, D.C.	Norteamérica
Alemania	Berlín	
Francia	París	
Inglaterra	Londres	Europa
Italia	Roma	
Portugal	Lisboa	
Brasil	Brasilia	Suramérica

Los protagonistas

These are the main characters you will be learning about throughout *¡Claro que sí!*

1. **Claudia Dávila Arenas,** 21, Colombia
2. **don Alejandro Domínguez Estrada,** 55, Puerto Rico
3. **Álvaro Gómez Ortega,** 23, España
4. **Juan Carlos Moreno Arias,** 24, Perú
5. **Vicente Mendoza Durán,** 26, Costa Rica
6. **Marisel Álvarez Vegas,** 19, Venezuela
7. **Diana Miller, 25,** los Estados Unidos
8. **Teresa Domínguez Schroeder,** 22, Puerto Rico

¿Quién es?

➤ **La biblioteca (*library*) de la UNAM (Universidad Nacional Autónoma de México).**

Chapter Objectives

- Asking and telling about yourself and others
- Giving your age
- Identifying origin and nationality
- Identifying occupation

¿Qué saben?

1. ¿Cómo se llaman las universidades más grandes (*largest*) de los Estados Unidos? En comparación con las universidades de los Estados Unidos, ¿son similares o más grandes (*larger*) las universidades públicas hispanas?

Universidad Nacional Autónoma de México (UNAM)	269.143 estudiantes
Universidad de Buenos Aires	226.073 estudiantes
Universidad Complutense de Madrid	102.128 estudiantes

2. ¿Cómo se llama la primera universidad del continente americano?

Para escuchar

En el Colegio Mayor Hispanoamericano

◄ Estudiantes en la Universidad Complutense, Madrid.

¿Cómo?	What? / What did you say?
No hay de qué.	Don't mention it. / You're welcome.

■■■ The print version of the conversation appears in Appendix C. The audio CD that accompanies your text contains the recorded version of the conversation.

Teresa has just arrived in Madrid. She has come to Spain to study tourism and to help her uncle at his travel agency. In the following conversation, Teresa is registering at the dorm (**colegio mayor**) *where she will be living.*

 Actividad 1 ¿Qué escuchas? While listening to the conversation between Teresa and the receptionist, check only the phrases that you hear from each column.

_____ Buenos días.   _____ Buenas tardes.

_____ ¿Cómo te llamas?   _____ ¿Cómo se llama Ud.?

_____ ¿Cuál es su dirección?   _____ ¿Cuál es su número de pasaporte?

_____ Sí, soy de Puerto Rico.   _____ Sí, es de Puerto Rico.

 Actividad 2 ¿Cierto o falso? After listening to the conversation again, write **C (cierto)** if the statement is true or **F (falso)** if the statement is false.

1. _____ Ella se llama Teresa Schroeder Domínguez.
2. _____ Teresa es de Costa Rica.
3. _____ El pasaporte es de los Estados Unidos.
4. _____ El número de su habitación es ocho.

Actividad 3 Teresa Domínguez Schroeder Many Spanish-speaking people use two last names, particularly for legal purposes. The first is the father's and the second is the mother's maiden name. Answer the following questions based on Teresa's family.

1. ¿El padre de Teresa es el Sr. Domínguez o el Sr. Schroeder? ¿Y cuál es el apellido de su madre?
2. ¿Teresa es la Srta. Domínguez o la Srta. Schroeder?

Vocabulario esencial I

I. Los números del cero al cien

0	cero	20	veinte
1	uno	21	veintiuno
2	dos	22	veintidós...
3	tres	30	treinta, treinta y uno...
4	cuatro	40	cuarenta, cuarenta y uno...
5	cinco	50	cincuenta, cincuenta y uno...
6	seis	60	sesenta, sesenta y uno...
7	siete	70	setenta, setenta y uno...
8	ocho	80	ochenta, ochenta y uno...
9	nueve	90	noventa, noventa y uno...
10	diez	100	cien
11	once		
12	doce		
13	trece		
14	catorce		
15	quince		
16	dieciséis		
17	diecisiete		
18	dieciocho		
19	diecinueve		

■■■ To help you remember: All numbers from 16 to 29 (except 20) can be written as three words (**diez y seis**) or as one word (**dieciséis**). The latter is more common. Numbers from 31 to 99 are always written as three words (**treinta y uno**). Note that the following numbers, which end in **-s,** have a written accent: **dieciséis, veintidós, veintitrés, veintiséis.**

Actividad 4 **¡Bingo!** Complete the bingo card using randomly selected numbers in the following manner: Column B (between 1 and 19), Column I (between 20 and 39), Column N (between 40 and 59), Column G (between 60 and 79), and Column O (between 80 and 99). Cross out the numbers as you hear them.

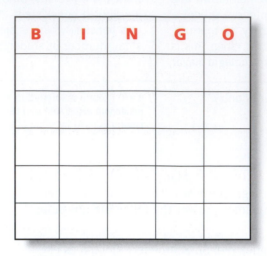

■■■ Phone numbers are frequently read in pairs (**dos, treinta y tres,** etc.) and then clarified by reading one by one: **dos, tres, tres,** etc.

Actividad 5 **¿Cuál es tu número de teléfono?** Mingle with your classmates and write down their telephone numbers.

■■■ A: ¿Cuál es tu número de teléfono?
B: Mi número de teléfono es 2–33–65–04 (dos, treinta y tres, sesenta y cinco, cero, cuatro).
A: Dos, tres, tres, siete, cinco...
B: No. Sesenta y cinco. Seis, cinco.
A: Ahhh. Dos, tres, tres, seis, cinco, cero, cuatro.
B: Correcto.

■■■ y = +
menos = −
(multiplicado) por = ×
dividido por = ÷

Actividad 6 **Las matemáticas** **Parte A.** Answer the following math problems according to the model.

■■■ ¿Cuánto es catorce menos cuatro?
Es diez.

1. ¿Cuánto es cincuenta y nueve y veinte?
2. ¿Cuánto es setenta y dos dividido por nueve?
3. ¿Cuánto es diez por tres dividido por cinco?
4. ¿Cuánto es noventa y tres menos veinticuatro?

Parte B. Now write three math problems to quiz a partner. All answers must be 100 or less.

Actividad 7 **La edad** Mingle and ask a minimum of five students how old they are.

■■■ A: ¿Cuántos años tienes?
B: Tengo... años.

II. Las nacionalidades

Soy de España.
Soy español.

Soy de México.
Soy mexicana.

Soy de Bolivia.
Soy boliviano.

Soy de Nicaragua.
Soy nicaragüense.

Otras nacionalidades y adjetivos regionales

africano/a	cubano/a	indio/a	puertorriqueño/a
argentino/a	dominicano/a	italiano/a	ruso/a
asiático/a	ecuatoriano/a	panameño/a	salvadoreño/a
brasileño/a	europeo/a	paraguayo/a	uruguayo/a
chileno/a	guatemalteco/a	peruano/a	venezolano/a
colombiano/a	hondureño/a		

NOTE: Nationalities ending in **-o** change to **-a** when describing a woman.

árabe	canadiense	costarricense	nicaragüense

NOTE: Nationalities ending in **-e** can be used to describe both men and women.

alemán/alemana	inglés/inglesa	portugués/portuguesa
francés/francesa	irlandés/irlandesa	

NOTE: Note the accents on **alemán, francés, inglés, irlandés,** and **portugués.**

■ ■ ■ Practice using word associations: Penélope Cruz = **española**; Elton John = **inglés** (etc.).

■ ■ ■ Make flash cards of things you associate with each nationality: **tango/argentino, enchilada/mexicana,** etc.

■ ■ ■ **Indio/a** is used to refer to people from India. It is also used to refer to indigenous populations of the Americas, but may have a derogatory connotation. The word **indígena**—which has only one form ending in **-a** to describe a man or a woman—is preferred.

■ ■ ■ Nationalities are not capitalized in Spanish.

■ ■ ■ Review accent rules. See Appendix B (Stress).

 **Online Study Center**

To practice:
Do SAM Workbook and Web activities.

¿Lo sabían?

How a person from the United States is referred to varies in Hispanic countries. **Americano** can be misleading, since all people from the Americas are Americans. In some Hispanic countries, such as Colombia, Venezuela, Peru, and Chile, an American may be called **un/a gringo/a,** which is not necessarily a derogatory term. But in Mexico, for example, **gringo/a** has a negative connotation. In countries such as Spain, Mexico, and Argentina, an American is usually called **un/a norteamericano/a** o **americano.** These terms are used since the word **estadounidense** is somewhat cumbersome. **Estadounidense** is used primarily in formal writing, when filling out forms, or in formal speech, such as newscasts.

¿? If someone from the United States were traveling in a Spanish-speaking country, what would be a good response to the question **¿De qué nacionalidad eres?**

Actividad 8 Gente famosa Look at the list of famous people in the first column and match them with logical sentences from the second column.

Famosos

1. Alex Rodríguez
2. Sofía Loren
3. Alex Trebek
4. Gloria Estefan

_____ Es de Cuba; entonces es cubano/a.

_____ Tiene más o menos 70 años.

_____ Es de Canadá; entonces es canadiense.

_____ Es de la República Dominicana; entonces es dominicano/a.

_____ Tiene más o menos 65 años.

_____ Tiene más o menos 30 años.

_____ Es de Italia; entonces es italiano/a.

_____ Tiene más o menos 50 años.

Actividad 9 ¿De qué nacionalidad es? In pairs, alternate asking and answering questions about the nationalities of these people.

> ▪▪▪ A: ¿De qué nacionalidad es Bill Cosby?
> B: Es norteamericano.

1. Harry Potter
2. Steffi Graf
3. Salma Hayek
4. Yves Saint-Laurent
5. Paloma Picasso
6. Antonio Banderas
7. Celine Dion
8. Mikhail Baryshnikov
9. Sammy Sosa

▪▪▪ Remember: **Origen** refers to one's heritage, not to where one was born.

▪▪▪ Note: **Y** becomes **e** before words beginning with **i** or **hi: italiano y alemán** but **alemán e italiano; historia y español** but **español e historia.**

Actividad 10 El origen de tu familia In groups of five, find out the ancestry of your group members. Follow the model.

> ▪▪▪ A: ¿Cuál es el origen de tu familia?
> B: Mi familia es de origen alemán e italiano.

Gramática para la comunicación I

I. Talking about Yourself and Others (Part I): Subject Pronouns, *llamarse*, and *ser*

A. Subject Pronouns

After having used Spanish to communicate with your classmates, try to answer a few questions about what you have learned. In the sentence **Me llamo Juan,** what is the subject *I, you, he,* or *she?* If you said *I,* you were correct. There is no ambiguity here and *I* is the only option (**me llamo**—both **me** and **-o** indicate the subject of the verb). What is the subject of the question **¿De dónde eres?** If you said *you,* you were correct.

The singular subject pronouns in Spanish are as follows:

Singular Subject Pronouns	
yo	I
tú	you (*familiar, singular*)
usted (Ud.)	you (*formal, singular*)
él	he
ella	she

B. Asking and Giving One's Name: *Llamarse*

The singular forms of the verb **llamarse** (*to call oneself*) are as follows:

llamarse	
yo	**Me llamo** Miguel.
tú	¿Cómo **te llamas**?
usted (Ud.)	¿Cómo **se llama** Ud.?
él	¿Cómo **se llama** él?
ella	Ella **se llama** Carmen.

Now look at this sentence and try to identify the subject: **¿Cómo se llama?** There are three options: **Ud., él,** or **ella.** In this case, a pronoun is mainly used to provide clarity: **¿Cómo se llama él?**

NOTE: Subject pronouns in Spanish are optional and are generally used only for clarification, emphasis, and contrast. In most cases, the conjugated verb forms indicate who the subject is.

C. Stating Origin: *Ser* + *de, ser* + nationality

The singular forms of the verb **ser** (*to be*) are the following:

ser	
yo	**Soy** de Ecuador.
tú	¿**Eres** guatemalteco?
usted (Ud.)	¿De dónde **es** Ud.?
él	¿De qué nacionalidad **es** él?
ella	Ella **es** española.

■■■ The subject pronoun *it* uses the third person singular form of the verb, in this case **es,** and has no subject pronoun equivalent in Spanish. For example: **¿Qué es? Es una computadora.**

As shown in the examples, origin can be expressed in the following ways:

ser + de + city/country   Óscar de la Renta **es de** la República Dominicana.
ser + nationality   Él **es** dominicano.

Remember: The pronouns **yo** and **tú** are only used for emphasis at the discretion of the speaker, but **Ud., él,** and **ella** can be used for emphasis or for clarity.

Actividad 11 **¿Cómo te llamas?** Meet three classmates. Introduce yourself and ask them where they are from. Follow the model.

■■■ A: ¿Cómo te llamas?   A: Igualmente.
B: ... ¿Y tú?   B: ¿De dónde eres?
A: ...   A: Soy de... ¿Y tú?
B: Mucho gusto.   B: Yo también soy de... / Soy de...

■■■ You can say either **Me llamo José Ramos** or **Soy el Sr. Ramos / Me llamo Ana Peña** or **Soy la Srta./Sra. Peña.**

Actividad 12 **¿Cómo se llama Ud.?** You are Hispanic businesspeople visiting the United States. In pairs, introduce yourselves and ask each other where you are from, following the model. This is a formal conversation.

■■■ A: ¿Cómo se llama Ud.?   A: Igualmente.
B: Me llamo... ¿Y Ud.?   B: ¿De dónde es Ud.?
A: ...   A: De... ¿Y Ud.?
B: Encantado/a.   B: Yo también soy de... / Soy de...

■■■ If you don't know, say, **No sé.**

Actividad 13 **¿Cómo se llama?** In pairs, ask each other questions to see how many of the other students' names you can remember. Also, tell where they are from. Follow the model.

■■■ A: ¿Cómo se llama?
B: ¿Quién, él?

A: Sí, él.   A: No, ella.
B: ¡Ah! Él se llama...   B: ¡Ah! Ella se llama...

A: ¿De dónde es...?
B: Es de...

Actividad 14 **Dos conversaciones** In pairs, construct two logical conversations using the sentences that follow. Note: Each conversation contains two extra lines that do not belong and should not be included.

Conversación 1

_____ ¿Es de Caracas?
__2__ Me llamo Roberto, ¿y tú?
_____ No, soy de Venezuela.
_____ Sí, es de la capital.
_____ ¡Mi amigo es venezolano también!
_____ Se llama Marta.
_____ Felipe. ¿Eres de Colombia?
_____ No, es de Cancún.
_____ Se llama Pepe.
_____ ¿Ah sí? ¿Cómo se llama él?
__1__ ¿Cómo te llamas?

Conversación 2

_____ No, es de Bogotá.

_____ Se llama Ana.

_____ Soy la Srta. Mejía, ¿y Ud.?

_____ ¿Ah sí? ¿Cómo se llama?

_____ ¡Ah! Mi amiga es colombiana también.

_____ No, es de Medellín.

___1___ ¿Cómo se llama Ud.?

_____ ¿Ah sí? ¿Cómo se llama él?

_____ ¿Es de la capital ella?

_____ Soy el Sr. Mendoza, de Colombia.

▲ Estudiantes en Lima, Perú

Actividad 15 **¿Cómo se llama y de dónde es?** In pairs, take turns naming as many of your classmates and their hometowns as you can remember. Follow the model and point at each person you name.

> ▪▪▪ A: Ella se llama Megan y es de Milwaukee.
> B: Él se llama Josh. No sé de dónde es.

II. Indicating One's Age: *Tener*
▪▪▪ ━━━━━━━━━━━━━━━━━━━━━━━━━━

One of the uses of the verb **tener** is to indicate one's age. The following are the singular forms of the verb **tener** in the present indicative:

tener	
yo	**Tengo** treinta años.
tú	¿Cuántos años **tienes**?
Ud.	¿Cuántos años **tiene** Ud.?
él	Él **tiene** diecinueve años.
ella	Ella **tiene** veintiún* años.

Remember: As with all verbs in Spanish, the pronouns can be used for emphasis or clarity. The overuse of **yo** and **tú** when speaking or writing Spanish sounds redundant, so when in doubt, omit them.

*Note: The number **veintiuno** loses its final -o when followed by a masculine noun. When the -o is dropped, an accent is needed over the -u: **veintiún.**

▪▪▪ noun: a person, place, or thing

📖 *Online Study Center*

To practice: Do SAM Workbook and Web activities.

Actividad 16 **¿Cuántos años tienes?** **Parte A.** Ask several of your class-mates their age. Feel free to lie about your age if you want!

> ▪▪▪ A: ¿Cuántos años tienes?
> B: Tengo... años. ¿Y tú?

Parte B. In pairs, ask each other questions to find out the ages of the people in the class whom you didn't get a chance to ask in **Parte A** of the activity.

> ▪▪▪ A: ¿Cuántos años tiene él?

> B: Tiene... años.   B: No sé cuántos años tiene.

Actividad 17 ¿Qué recuerdas? In pairs, take turns saying as much as you can remember about several members of the class. Follow the model.

■■■ Ella se llama Elvira, es de Atlanta y tiene veintidós años.

Actividad 18 Tú y él/ella Write a few sentences introducing yourself and introducing a classmate. State: **nombre, edad** (*age*) y **de dónde eres/es.**

Actividad 19 En el colegio mayor In pairs, select role **(papel)** A or B and follow the instructions for that role. Do not look at the information given for the role your partner plays. When you finish, role play the second situation.

Situación 1: Papel A

You are Juan Carlos Moreno Arias and you are registering at a dorm. Give the necessary information to the receptionist when he/she asks you. Here is the information you will need:

   Juan Carlos Moreno Arias
     Perú   24 años
   Número de pasaporte: 5–66–45–89

Situación 1: Papel B

You are the receptionist and you have to ask a new student questions to fill out the registration card below. Remember to address the new student using the **Ud.** form.

Colegio Mayor Hispanoamericano

Nombre ☐☐☐☐☐☐☐☐☐☐☐☐☐☐

Apellidos ☐☐☐☐☐☐☐☐☐☐☐☐☐☐☐☐

Edad ☐☐   Nacionalidad ☐☐☐☐☐☐☐☐☐☐☐

Número de pasaporte ☐☐☐☐☐☐☐☐

Situación 2: Papel A

You are the receptionist and you have to ask a new student questions to fill out the registration card above. Remember to address the new student using the **Ud.** form.

Situación 2: Papel B

You are Marisel Álvarez Vegas and you are registering at a dorm. Give the necessary information to the receptionist when he/she asks you. Here is the information you will need:

   Marisel Álvarez Vegas
     Venezuela   19 años
   Número de pasaporte: L 7456824

Nuevos horizontes

Lectura

ESTRATEGIA: Scanning

■ ■ ■ Typically, you scan the phone book, stats for a ball game, etc. Can you think of other types of readings you might scan?

In this book, you will learn specific techniques that will help you to become a proficient reader in Spanish. In this chapter, the focus is on a technique called *scanning*. When scanning, you look for specific bits of information as if you were on a search-and-find mission. Your eyes function as radar, ignoring superfluous information and zeroing in on the specific details that you set out to find.

Actividad 20 Completa la ficha Look at the registration card below to see what information is requested. Then scan Claudia's application form for the **Colegio Mayor Hispanoamericano** to find the information you need and fill out the registration card.

Colegio Mayor Hispanoamericano

Nombre ☐☐☐☐☐☐☐☐☐☐☐☐

Apellidos ☐☐☐☐☐☐☐☐☐☐☐☐☐☐

Edad ☐☐   Nacionalidad ☐☐☐☐☐☐☐☐☐☐

Número de pasaporte ☐☐☐☐☐☐☐☐

Dirección ☐☐☐☐☐☐☐☐☐☐☐☐☐☐☐☐☐

Ciudad ☐☐☐☐☐☐☐☐☐☐

País ☐☐☐☐☐☐☐☐☐☐

Prefijo ☐☐   Teléfono ☐☐☐☐☐☐

■ ■ ■ **soltera** = single

Colegio Mayor Hispanoamericano
No. 78594
Solicitud de admisión para estudiantes extranjeros

Sr./Sra./Srta. _Claudia Dávila Arenas_ hijo/a

de _Jesús María Dávila Cifuentes_ y

de _Elena Arenas Peña_ , nacido/a en la ciudad

de _Cali_ , _Colombia_ el _15_ de _febrero_

de _1987_ , de nacionalidad _colombiana_ ,

estado civil _soltera_ , número de pasaporte _AC 67-42 83_

de _Colombia_ , con domicilio en

Calle 8 No. 15-25 Apto. 203 ,

de la ciudad de _Cali_ , en el país de _Colombia_ ,

teléfono: prefijo _23_ , número _67-75-52_ , solicita

admisión en el Colegio Mayor Hispanoamericano con fecha de

entrada del _2_ de _octubre_ de _2007_ y permanencia hasta

el _30_ de _junio_ de _2008_ .

Firmado el día _19_ de _enero_ de _2007_

Vocabulario esencial II

Las ocupaciones

1. recepcionista
2. director/directora
3. actor/actriz
4. economista
5. estudiante
6. deportista (profesional)
7. camarero/camarera
8. dentista
9. ingeniero/ingeniera
10. médico/médica, doctor/doctora

■ ■ ■ **Doctora** is more commonly used than **médica** when referring to a female doctor.

Otras ocupaciones

abogado/abogada   lawyer
agente de viajes   travel agent
ama de casa   housewife
cantante   singer
comerciante   business owner
escritor/escritora   writer, author
hombre/mujer de negocios   businessman/businesswoman
periodista   journalist
policía/(mujer) policía   policeman/policewoman
programador/programadora de computadoras   computer programmer
secretario/secretaria   secretary
vendedor/vendedora   store clerk

 **Online Study Center**

To practice: Do SAM Workbook and Web activities.

Actividad 21 **¿Quiénes son y qué hacen?** In pairs, look at the following pictures and try to match them with the descriptions below. Take turns pointing to a photo and stating the following information: **nombre, ocupación, nacionalidad, edad.**

_____ 1. Pedro Almodóvar, director, España, 1949

_____ 2. Sandra Cisneros, escritora, Estados Unidos, 1954

_____ 3. Gabriel Batistuta, futbolista, Argentina, 1969

_____ 4. Paulina Rubio, cantante, México, 1971

Actividad 22 **¿Qué hace tu padre?** In pairs, role play the parts of Claudia and Vicente. "A" covers Column B and "B" covers Column A. You are meeting each other for the first time. Introduce yourselves and ask questions about each other and about each other's parents: **nombre, nacionalidad, ocupación, edad.**

■■■ A: ¿Qué haces?

B: Soy estudiante.

A: ¿Qué hace tu padre?

B: Mi padre es economista.

A. Los Dávila de Colombia

Madre: Maribel, 46 años, ama de casa
Padre: Felipe, 48 años, hombre de negocios
Claudia: 21 años, estudiante

B. Los Mendoza de Costa Rica

Padre: Alfredo, 57 años, economista
Madre: Vanesa, 49 años, abogada
Vicente: 26 años, estudiante

Actividad 23 **¿Qué hace tu padre? ¿Y tu madre?** Interview several classmates and ask them the following information about their parents: **nombre, ocupación, de dónde es, edad.**

■■■ **Está jubilado/a.** = He/She is retired.

En la cafetería del colegio mayor

¿Qué hay?	What's up?
¡Oye!	Hey!
entonces	then (when *then* means *therefore*)

■ ■ ■ The print version of the conversation appears in Appendix C. The audio CD that accompanies your text contains the recorded version of the conversation.

*After settling in at the dorm, Teresa goes to the **cafetería;** there she joins her new friend, Marisel Álvarez Vegas, who is from Venezuela. Marisel has lived at the dorm for a while and is telling Teresa who everyone is.*

 Actividad 24 ¿Quién con quién? Look at the scene in the **cafetería.** While listening to the conversation, find out who is talking with whom. Label the drawing. The names of the people are: **Juan Carlos, Diana, Marisel, Teresa, Álvaro,** and **Vicente.**

Actividad 25 **Completa la información** As you listen to the conversation again, complete the following chart.

Nombre	País
Diana	_____
_____	Perú
_____	Costa Rica
Álvaro	_____
Teresa	Puerto Rico
Marisel	Venezuela

Actividad 26 **¿De dónde...?** Look at the list of characters and their countries in the previous activity and match them with the appropriate regional adjectives.

Diana
Juan Carlos
Vicente   es de + *país;* entonces es
Álvaro
Teresa
Marisel

norteamericano/a
caribeño/a
centroamericano/a
suramericano/a
europeo/a

¿Lo sabían?

The words **cafetería** and **bar** are almost interchangeable in some Spanish-speaking countries. These establishments open early and, in many instances, close late. Both may serve food and drink and not have any age restrictions. People may go to a **cafetería** or a **bar** at 11:00 AM or at 6:00 PM to have a coffee or a beer. There may be a group of sixty-year-old women sitting next to a sixteen-year-old couple. Many dorms and university buildings have a **cafetería/bar** that frequently serves food as well as beer, wine, and hard liquor. All dorms also have a dining room. In some trendy neighborhoods, the **bar** that people of all ages go to for a coffee and a croissant in the morning may transform into a hangout where people over the age of eighteen go at night after the movies.

¿? How do the definitions of the words "bar" and "cafeteria" in English differ from their Spanish counterparts?

Gramática para la comunicación II

I. Talking About Yourself and Others (Part II)

A. Subject Pronouns in the Singular and Plural

Subject Pronouns			
yo	I	nosotros nosotras }	we
tú	you (*informal*)	vosotros vosotras }	you (*plural informal*)
Ud. (usted)	you (*formal*)	Uds. (ustedes)	you (*plural formal/informal*)
él	he	ellos }	they
ella	she	ellas }	

Note: **Vosotros/as** is used only in Spain.
In Hispanic America **Uds.** is the plural formal and informal form of address.

B. Singular and Plural Forms of the Verbs *llamarse, tener,* and *ser*

■ ■ ■ Note accents on question words.

llamarse			
yo	**Me llamo** Ana.	nosotros nosotras }	**Nos llamamos** los Celtics. **Nos llamamos** Ana y Clara.
tú	¿Cómo **te llamas**?	vosotros vosotras }	¿Cómo **os llamáis**?
Ud.	¿Cómo **se llama** Ud.?	Uds.	¿Cómo **se llaman** Uds.?
él } ella }	**Se llama** Vicente. **Se llama** Diana.	ellos } ellas }	**Se llaman** Vicente y Diana. **Se llaman** Teresa y Marisel.

tener			
yo	**Tengo** 20 años.	nosotros/nosotras	**Tenemos** 20 años.
tú	¿Cuántos años **tienes**?	vosotros/vosotras	¿Cuántos años **tenéis**?
Ud.	Ud. **tiene** 25 años, ¿no?	Uds.	Uds. **tienen** 25 años, ¿no?
él/ella	¿**Tiene** 19 años?	ellos/ellas	¿**Tienen** 19 años?

In this chapter you have seen three uses of the verb **ser:**

1 ▪ **Ser + de +** *city/country* or **ser +** *nationality* to indicate origin

2 ▪ **Ser +** *name* to identify a person (**= llamarse**)

3 ▪ **Ser +** *occupation* to identify what someone does for a living

ser			
yo	**Soy** Mauro Maldonado.	nosotros/nosotras	**Somos** de Chile.
tú	**¿Eres** chileno?	vosotros/vosotras	¿De dónde **sois?**
Ud.	¿Quién **es** Ud.?	Uds.	¿Quiénes **son** Uds.?
él/ella	**Es** dentista.	ellos/ellas	**Son** de Santiago.

C. Singular and Plural Forms of Occupations and Adjectives of Nationality

In this chapter you have learned how to express a person's occupation and state someone's nationality. Which of the following occupations or adjectives of nationality would you use to refer to a woman: **doctor, camarera, árabe, salvadoreña, guatemalteco?** If you answered **camarera, árabe,** and **salvadoreña,** you were correct. If you were referring to two men, which of the following occupations or adjectives of nationality would you use: **doctores, camareras, árabes, salvadoreñas, guatemaltecos?** If you said **doctores, árabes,** and **guatemaltecos,** you were correct. You used logic, intuition, and your knowledge of language in general to arrive at these choices.

▪▪▪ adjective: a word that describes a noun

1 ▪ To form the plural of occupations and adjectives ending in **-o, -a,** or **-e,** simply add an **-s.**

Soy ingenier**o**.   Nosotros somos ingenier**os**.
Ella es ingles**a**.   Ellas son ingles**as**.
Ud. es árab**e,** ¿no?   Uds. son árab**es,** ¿no?

▪▪▪ Remember: **indígena** has only one form and is used to describe a man or a woman. The plural is **indígenas** and refers to both men and women.

2 ▪ To form the plural of occupations and adjectives ending in a consonant, add **-es.**

Él es directo**r**.   Ellos son director**es**.
Soy alemá**n**.   Son aleman**es**.

NOTE:
1. The plural of **actriz** is **actrices.**
2. Note that there is an accent on **alemán,** but not on **alemanes.** For further explanation, see *Stress* in Appendix B.
3. When referring to a group that includes males and females, use the masculine plural form of the adjective or occupation: **Jorge, Pedro y Marta son panameños y son actores.**

¿De dónde son? In pairs, alternate asking and answering questions about where the following people are from. Follow the model.

> ■■■ A: ¿De dónde es Antonio Banderas?
>
> B: Es de España.   B: No sé.
>
> A: ¡Ah! Es español.

1. Penélope Cruz
2. los príncipes Carlos, Harry y William
3. Gael García Bernal y Thalía
4. Rigoberta Menchú
5. Sofía Loren y Donatella Versace
6. Benicio Del Toro y Héctor Elizondo
7. Alex Trebek, Dan Aykroyd y k.d. lang
8. Gabriel García Márquez, Shakira y Juan Valdés

Actividad *28* **Otras personas famosas** In pairs, take turns asking and giving information about the following people.

> ■■■ A: ¿Cómo se llaman?
>
> B: ...
>
> A: ¿De qué nacionalidad son?
>
> B: ...
>
> A: ¿Qué hacen?
>
> B: ...
>
> A: ¿Cuántos años tienen?
>
> B: ...

■■■ To ask what someone does, say **¿Qué hace?** To ask what more than one person does, say **¿Qué hacen?**

▲ Carlos Santana   Salma Hayek
(1947)   (1966)
México

▲ David Ortiz   Pedro Martínez
(1975)   (1971)
la República Dominicana

▲ Venus Williams   Serena Williams
(1980)   (1981)
los Estados Unidos

▲ Mary-Kate Olsen   Ashley Olsen
(1986)   (1986)
los Estados Unidos

II. Asking Information and Negating

A. Question Formation

1 ▪ Information questions begin with question words such as **cómo, cuál, cuántos, de dónde, qué,** and **quién/es.** Note the word order in the question and in the response.

> ¿Question word(s) + verb + (subject)? ⟶ (Subject) + verb . . .

¿De dónde es Álvaro?	(Él) es de España.
¿Cómo se llama (ella)?	(Ella) se llama Teresa.

2 ▪ Questions that elicit a yes/no response are formed as follows:

¿Es Marisel? Sí, es Marisel.

¿Es Marisel de Venezuela? ⎫
¿Es de Venezuela Marisel? ⎬ Sí, Marisel es de Venezuela.

You can also add the tag question **¿no?** or **¿verdad?** meaning *right?* to the end of a statement.

Marisel es de Venezuela, **¿no?** ⎫
Marisel es de Venezuela, **¿verdad?** ⎬ Sí, Marisel es de Venezuela.

B. Negating

1 ▪ In simple negation, **no** directly precedes the verb.

Ellos **no** son de México.
No se llama Marisel.

2 ▪ When answering a question in the negative, always start the answer with **no** followed by a comma, and then negate again or offer new information.

¿Son ellas de Perú? ⎧ **No,** ellas **no** son de Perú.
⎨ **No,** ellas son de Panamá.

Online Study Center

To practice:
Do SAM Workbook and Lab, and Web activities.

Actividad 29 En Internet You are in a chat room online. In the blanks provided, write the user name of the person that answers each question.

econo34:	¿Tienen 30 años? _____
ruso15:	Eres ingeniera, ¿no? _____
chico50:	No, tienen 30 años.
dto2mo2:	Eres suramericano, ¿no? _____
vjia46:	Es dentista tu padre, ¿no? _____
regular24:	Sí, soy ingeniero.
cafeconleche15:	No, tienen 35 años.
muchogusto16:	¿Es de la capital tu madre? _____
origen14:	No, soy ecuatoriano.
kpfk90:	No, es ingeniera.
porfavor10:	Sí, es de Ponce.
mellamo59:	No, no es dentista.
oye36:	Sí, soy ingeniera.
tengo22:	No, es dentista.
montedvd23:	Sí, es de San Juan.
chau77:	No, soy hondureño.

Vicente and Juan Carlos are talking about their friends. Choose the correct responses to have a conversation with a partner.

Vicente	Juan Carlos
¿Quiénes son ellas?	a. Son Diana y Álvaro. b. Son Diana y Teresa. c. Es Diana.
Teresa es suramericana, ¿no?	a. No, no es de Puerto Rico. b. No, es de Puerto Rico. c. No. Él es de Puerto Rico.
Y Diana, ¿también es de Puerto Rico?	a. No, es de Toledo. b. No, no es de España. c. No es puertorriqueña.
¡Ah! Es española.	a. No, no es de los Estados Unidos. b. No es de Ohio. c. No, es de Toledo, Ohio.

¿Lo sabían?

Toledo, Spain, is famous for the quality of its steel. For centuries, handmade swords from Toledo have been considered to be among the finest in the world. They are frequently adorned with Damascene gold work. Toledo, Ohio, was named after the Spanish city.

¿? Can you name other cities in your country with Spanish names?

Actividad **31** ¿**Y tus padres?** In pairs, interview your partner to find out the following information about his/her parents: **nombre, de dónde son, ocupación, edad.**

■■■ A: ¿Cómo se llaman tus padres?
　　 B: Mis padres se llaman...
　　 A: ¿Qué hacen?
　　 B: ...

Actividad 32 **Vecinos en la residencia estudiantil** Assume a Hispanic name. In pairs, talk with other pairs and pretend you are with your roommate, meeting your new neighbors at the dorm. Get to know them by asking questions to elicit the following information: **nombre, de dónde son, edad.**

> ■ ■ ■ A: ¡Hola! Somos sus vecinos. Yo me llamo...
> B: Y yo me llamo... Y Uds., ¿cómo se llaman?
> C: ...

Actividad 33 **¡Hola! Soy un estudiante nuevo** In pairs, imagine that one of you is a new student who has just transferred into the class. Ask your partner questions to learn about other students. Use questions such as: **¿Cómo se llaman ellos? ¿De dónde es él? ¿Quiénes son ellas?**

Actividad 34 **Preguntas y respuestas** In three minutes, use the question words you have learned (**cómo, cuál, cuántos, de dónde, qué, de qué, quién/es**) to write as many questions as you can about the characters you have met in this chapter (Teresa, Claudia, Juan Carlos, Vicente, Diana, Álvaro, and Marisel). You may also want to consult page 12. Then, in groups of four, quiz each other using the questions you have written.

■ ■ ■ Remember: ¿...? and accents on question words.

Actividad 35 **¿De qué nacionalidad son?** Look at the following pictures and try to guess the nationalities of the people.

Online Study Center Do Web Search Activities.

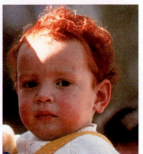

Vocabulario funcional

Los números del cero al cien *See page 15.*

Expresiones relacionadas con los números

el año	*year*
¿Cuál es tu número de teléfono?	*What is your telephone number?*
¿Cuántos años tienes?	*How old are you?*
¿Cuántos años tiene él/ella?	*How old is he/she?*
el pasaporte	*passport*
el teléfono	*telephone*
tener... años	*to be . . . years old*

El origen y las nacionalidades

¿Cuál es el origen de tu familia?	*What is the origin of your family?*
¿De dónde es él/ella?	*Where is he/she from?*
¿De qué nacionalidad eres/es?	*What is your/his/her nationality?*
ser de + *lugar*	*to be from* + place

africano/a	*African*
alemán/alemana	*German*
árabe	*Arab*
argentino/a	*Argentinean*
asiático/a	*Asian*
boliviano/a	*Bolivian*
brasileño/a	*Brazilian*
canadiense	*Canadian*
chileno/a	*Chilean*
colombiano/a	*Colombian*
costarricense	*Costa Rican*
cubano/a	*Cuban*
ecuatoriano/a	*Ecuadorian*
español/a	*Spanish*
europeo/a	*European*
francés/francesa	*French*
guatemalteco/a	*Guatemalan*
hondureño/a	*Honduran*
indio/a	*Indian*
inglés/inglesa	*English*
irlandés/irlandesa	*Irish*
mexicano/a	*Mexican*
nicaragüense	*Nicaraguan*
panameño/a	*Panamanian*
paraguayo/a	*Paraguayan*
peruano/a	*Peruvian*
portugués/portuguesa	*Portuguese*
puertorriqueño/a	*Puerto Rican*
salvadoreño/a	*Salvadoran*
uruguayo/a	*Uruguayan*
venezolano/a	*Venezuelan*

Pronombres personales (*Subject Pronouns*)

yo	*I*
tú	*you (informal)*
Ud. (usted)	*you (formal)*
él	*he*
ella	*she*
nosotros/nosotras	*we*
vosotros/vosotras (*Spain*)	*you (plural informal)*
Uds. (ustedes)	*you (plural formal/informal)*
ellos/ellas	*they*

Las ocupaciones

abogado/abogada	*lawyer*
actor/actriz	*actor*
agente de viajes	*travel agent*
ama de casa	*housewife*
camarero/camarera	*waiter/waitress*
cantante	*singer*
comerciante	*business owner*
dentista	*dentist*
deportista (profesional)	*(professional) athlete*
director/directora	*director*
doctor/doctora	*doctor*
economista	*economist*
escritor/escritora	*writer, author*
estudiante	*student*
hombre/mujer de negocios	*businessman/ businesswoman*
ingeniero/ingeniera	*engineer*
médico/médica	*doctor*
periodista	*journalist*
policía/(mujer) policía	*policeman/policewoman*
profesor/profesora	*teacher; professor*
programador/programadora de computadoras	*computer programmer*
recepcionista	*receptionist*
secretario/secretaria	*secretary*
vendedor/vendedora	*store clerk*

La posesión

mi	*my*
tu	*your (informal)*
su	*his/her/your (formal)*

Las presentaciones

¿Cómo se llama él/ella?	*What's his/her name?*
Mucho gusto.	*Nice to meet you.*
el nombre	*first name*
el primer apellido	*first last name* (father's name)
el segundo apellido	*second last name* (mother's maiden name)
¿Quién es él/ella?	*Who's he/she?*
llamarse	*to be called*
ser	*to be*
tener	*to have*

Las personas (*People*)

el/la chico/a	*boy/girl*
la madre; la mamá	*mother; mom*
el padre; el papá	*father; dad*
los padres	*parents*

Palabras y expresiones útiles

la cafetería	*cafeteria/bar*
el colegio mayor (*Spain*); la residencia estudiantil	*dormitory*
¿Cómo?	*What?/What did you say?*
la dirección	*address*
entonces	*then* (when *then* means *therefore*)
más o menos	*more or less*
¿no?	*right?*
No hay de que.	*Don't mention it./You're welcome.*
¡Oye!	*Hey!*
pero	*but*
¿qué?	*what?*
—¿Qué hace él/ella?	*"What does he/she do?"*
—Es...	*"He/She is a . . ."*
¿Qué hay?	*What's up?*
¿quién?/¿quiénes?	*who?*
sí	*yes*
también	*too, also*
todos	*all*
¿verdad?	*right?*
y	*and*

2 ¿Te gusta?

malayo 1,9
holandés 1,9
árabe 1,4
ruso 2,5
polaco 1,3
italiano 3,3
portugués 3,5
francés 3,8
coreano 4,1
inglés 35,8
alemán 7,3
español 9,0
japonés 9,6
chino 14,1

▲ **Uso de Internet por idioma total
940.000.000   2005**

▲ **Mujer con computadora en Managua, Nicaragua.**

Chapter Objectives

- Identifying some household objects and their owners
- Discussing your classes
- Talking about likes and dislikes
- Discussing future plans
- Expressing obligation
- Expressing possession

¿Qué saben?

1. ¿Qué porcentaje (%) de las personas que usan Internet hablan español?

2. En tu opinión, ¿el número de personas que usan Internet en países hispanos va a aumentar (*get bigger*) mucho en el futuro?

3. En Internet, si la dirección (*URL*) termina en **.edu,** significa que es de una universidad. ¿Qué significa si termina en **.es, .ar, .mx** y **.co**?

4. ¿La página web http://www.globalexchange.org/campaigns/ fairtrade tiene información sobre computadoras, café, universidades o música?

Para escuchar

¡Me gusta mucho!

¡Claro! ¡Claro que sí! ¡Por supuesto!	Of course!
¿De veras?	Really?

Marisel is studying in her room. Teresa is taking a study break and comes to Marisel's room looking for something to drink and some conversation.

Actividad 1 **¿Qué escuchas?** While listening to the conversation, place a check mark next to the topics that you hear mentioned.

_____ computadoras   _____ calculadoras

_____ música salsa   _____ música rock

_____ té   _____ café

Actividad 2 **Preguntas** Listen to the conversation again while reading along in Appendix C, then answer the questions.

1. ¿Qué computadora tiene Marisel? ¿Y Teresa?
2. ¿Qué tipo de conexión a Internet tiene Teresa? ¿Y Marisel?
3. ¿Cómo le gusta el café a Teresa, solo o con leche?
4. ¿Qué tiene Marisel, CDs de salsa o de música pop?

Actividad 3 **¿Y tú?** In pairs, ask your partner the following questions.

1. ¿Qué computadora te gusta?
2. ¿Tienes computadora? ¿Qué computadora tienes? ¿Tienes conexión a Internet por teléfono, por cable o por ADSL?
3. ¿Qué tipos de CDs tienes? ¿De rock? ¿De jazz? ¿De música clásica? ¿De música country? ¿De música rap?
4. ¿Te gusta el café? ¿Te gusta solo o con leche?

¿Lo sabían?

The United States is the largest consumer of coffee in the world. For many countries, including Mexico, Guatemala, Costa Rica, Honduras, Nicaragua, Colombia, Venezuela, and Ecuador, coffee plays a critical role in the economy and in some cases is a principal source for foreign exchange.

The Fair Trade Federation guarantees fair prices to Third World farmers and helps them to organize their own export cooperatives and sell their harvest directly to importers rather than to middlemen who buy their goods at a fraction of the market price, thereby promoting a cycle of debt and poverty. By providing a channel for direct trade, fair prices, and access to credit, Fair Trade helps farming families to improve their nutrition and health care, keep their children in school, and reinvest in their farms. The Fair Trade label on a package indicates that these farmers earned a fair price. Coffee with this Fair Trade label is now available in stores and cafés nationwide, including Tully's, Safeway, and Starbucks.

Logo used by ▶ the Fair Trade Federation.

 Have you ever purchased Fair Trade coffee?

Actividad 4 **Las asignaturas** In the conversation, Marisels says "**... tengo una clase de arte moderno...**" Now, mingle with your classmates and find out what classes they have this semester. Some possible subjects are **arte, biología, economía, historia, inglés, literatura, matemáticas,** and **sociología.** Follow the model.

    ■■■ A: ¿Tienes historia?
        B: Sí, tengo historia. / No, no tengo historia. / No, pero tengo arte.

Actividad 5 **¡Claro!** In pairs, find out whether your partner has the following things. Follow the model.

    ■■■ A: ¿Tienes televisor?
        B: ¡Claro! / ¡Por supuesto! / ¡Claro que sí! / No, no tengo.

1. calculadora
2. equipo de música
3. reproductor de DVD
4. radio
5. guitarra
6. (teléfono) celular

Vocabulario esencial I

La habitación de Vicente

■■■ To learn vocabulary, think of the word **champú** when you are washing your hair, **jabón** when you wash your hands, etc. Say the words aloud. Remember: idle time = study time.

1. cepillo (de pelo)
2. toalla
3. silla
4. cámara (digital)
5. computadora
6. planta
7. escritorio
8. periódico
9. móvil/(teléfono) celular
10. guitarra
11. reloj
12. lámpara
13. equipo de música
14. cama
15. mochila

Artículos de higiene personal

el agua de colonia   cologne
el cepillo de dientes   toothbrush
el champú   shampoo
la crema de afeitar   shaving cream
el jabón   soap

el kleenex   Kleenex, tissue
la máquina de afeitar   electric razor
la pasta de dientes   toothpaste
el peine   comb
el perfume   perfume

Otras cosas

la calculadora   calculator
el diccionario   dictionary
el disco compacto/CD   compact disc; compact disc player
el DVD; el reproductor de DVD   DVD; DVD player
el MP3; el (reproductor de) MP3   MP3; MP3 player

la mesa   table
la novela   novel
el/la radio   radio
la revista   magazine
el sofá   sofa, couch
el televisor   television set
el video   VCR; videocassette

■■■ **La computadora/el computador/el ordenador,** and **el vídeo/el video** are all accepted in Spanish.

■■■ **La radio** = *radio broadcast, radio station*. In some countries, **el radio** is used. **El/La radio** = *radio (appliance)*.

 **Online Study Center**

To practice:
Do SAM Workbook and Web activities.

Actividad 6 **Asociaciones** Associate the following names with objects.

▪▪▪ Pert Plus = champú

1. Panasonic
2. Colgate
3. Nikon
4. Memorex
5. *Time, Newsweek*

6. Gillette
7. Dial
8. Chanel Número 5
9. Gabriel García Márquez
10. Timex

Actividad 7 **Categorías** List as many items as you can that fit these categories: **cosas para leer** (*read*), **cosas que usan electricidad, cosas en un baño.**

▪▪▪ When using **tener** to state what people have, you do not usually use the articles (**el, la, los,** or **las).**

Actividad 8 **La habitación de Vicente** In pairs, quiz each other by looking at the drawing of Vicente's room on page 39. Follow the model.

▪▪▪ A: ¿Tiene video?
    B: Sí, tiene. / No, no tiene.

Actividad 9 **¿Qué tienes en tu habitación?** **Parte A.** Make a list of items that you have in your room.

Parte B. In pairs, ask your partner what he/she has in his/her room. Be prepared to report back to the class. Follow the model.

▪▪▪ A: ¿Tienes equipo de música?
    B: Sí, tengo equipo de música. / No, no tengo equipo de música.

Actividad 10 **Las habitaciones de los estudiantes** In pairs, "A" covers the drawing of Vicente and Juan Carlos's room, and "B" covers the drawing of Marisel and Diana's room. Then, find out what each pair of roommates has in the room by asking your partner questions. Follow the model.

▪▪▪ A: ¿Tienen reproductor de DVD Vicente y Juan Carlos?
    B: No, no tienen reproductor.

La habitación de Marisel y Diana

La habitación de Vicente y Juan Carlos

Gramática para la comunicación I

I. Using Correct Gender and Number

All nouns in Spanish are either masculine or feminine (gender/**género**) and singular or plural (number/**número**). For example: **libro** is masculine, singular and **novelas** is feminine, plural. Generally, when nouns refer to males, they are masculine (**ingeniero**) and when they refer to females, they are feminine (**ingeniera**). The definite and indefinite articles (*the* and *a/an/some*) agree in gender and number with the noun they modify.

Definite Article/Artículo definido		
	Singular	Plural
Masculine	el	los
Feminine	la	las

Indefinite Article/Artículo indefinido		
	Singular	Plural
Masculine	un	unos
Feminine	una	unas

■■■ Definite article = *the*
■■■ Indefinite article = *a/an, some*

A. Gender

1 ■ Nouns ending in the letters **-l, -o, -n,** or **-r** are usually masculine.

el pape**l**   el jabó**n**
el cepill**o**   el televiso**r**

Common exceptions include **la mano** (*hand*), **la foto** (from **fotografía**), and **la moto** (from **motocicleta**).

2 ■ Nouns that end in **-e** are often masculine (**el cine, el baile, el pie**), but there are some high-frequency words ending in **-e** that are feminine: **la tarde, la noche, la clase, la gente, la parte.**

■■■ Nouns have gender in many languages. Even in English we refer to a friend's new car, saying, "She runs really well."

■ ■ ■ You buy **un televisor,** but you watch **la televisión.**

3 ■ Nouns ending in **-a, -ad, -ción,** and **-sión** are usually feminine.

la novel**a**   la composi**ción**
la universid**ad**   la televi**sión**

Common exceptions include:

■ Words that come from Greek such as **el día** and those ending in **-ma** and **-ta,** such as **el problema, el programa,** and **el planeta,** are masculine and take masculine articles.

■ Most feminine words that begin with a stressed **a** sound take the article **el.** For example: **el agua, el ama de casa,** and **el aula** (*classroom*).

4 ■ Most nouns ending in **-e** or **-ista** that refer to people can be masculine or feminine in gender. Context or modifiers such as articles generally help you determine whether the word refers to a male or female.

el estudiant**e**   la estudiant**e**
el pian**ista**   la pian**ista**
el art**ista**   la art**ista**

El pianista es John. / La pianista es Mary.

NOTE: The definite article is used with titles, such as **Sr., Sra., Srta., Dr., profesora,** etc., except when speaking directly to the person:

La Sra. Ramírez es de Santo Domingo.
BUT: **¿De dónde es Ud., Sr. Leyva?**

B. Number: Plural Formation

1 ■ Nouns ending in a vowel generally add **-s.**

el equipo   **los** equipo**s**   el presidente   **los** presidente**s**
  de música   de música   la revista   **las** revista**s**

2 ■ Nouns ending in a consonant add **-es.**

■ ■ ■ To review accent rules, see Appendix B.

el profesor   **los** profesor**es**   el examen   **los** exámen**es**
la mujer   **las** mujer**es**   la nación   **las** nacion**es**
la ciudad   **las** ciudad**es**

3 ■ Nouns ending in **-z** change **z** to **c** and add **-es.**

el lápiz   **los** lápi**ces**

Actividad // La revista Complete the following headlines from a magazine with **el, la, los,** or **las.**

_____ comunidad global: los factores más esenciales

Astrología: _____ mapa biológico y psicológico del presidente

_____ hoteles colombianos de la costa: _____ solución más económica para _____ turistas

Atlantis: _____ ciudad misteriosa en _____ agua

Crisis en _____ Naciones Unidas

_____ escándalos de _____ televisión

_____ problema más importante de _____ Universidad Complutense: _____ clase del profesor Maldonado

Carmen de la Vega: _____ artista más popular

Actividad 12 Asociaciones Parte A. Decide if the following words use **el, la, los,** or **las.**

actriz	diccionario	novela	problema	
cámara	directores	papel	revista	
candidatos	DVDs	periodista	senadoras	
clase	estudiante	planetas	televisión	
composición	foto	presidente	universidad	

■ ■ ■ *paper* (as in notebook paper) = **papel**

a term paper = **un trabajo/una monografía**

Parte B. Now group the words according to the following categories: **la educación, Hollywood, la política.** Some of them may belong to more than one category.

II. Expressing Likes and Dislikes (Part I): *Gustar*

■ ■ ■

1 ■ To talk about your likes and dislikes as well as those of others, you need to use the construction **(no) me gusta/n** + *article* + *noun*. The noun that follows the verb **gustar** determines whether you use **gusta** (singular) or **gustan** (plural).

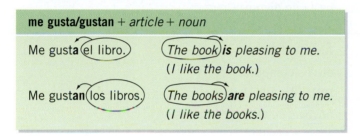

me gusta/gustan + *article* + *noun*	
Me gusta (el libro.)	(The book) **is** pleasing to me. (*I like the book.*)
Me gustan (los libros.)	(The books) **are** pleasing to me. (*I like the books.*)

2 ■ To talk about the likes and dislikes of others, you need to change only the beginning of the sentence.

(A mí)	me		
(A ti)	te		
(A Ud.)			
(A él)	le		
(A ella)			**gusta** + **el/la** + *singular noun*
(A nosotros)	nos	+	**gustan** + **los/las** + *plural noun*
(A vosotros)	os		
(A Uds.)			
(A ellos)	les		
(A ellas)			

3 ■ The words in parentheses in the preceding chart are optional; they are used for emphasis or clarification. When using **le gusta** or **les gusta,** clarification is especially important because **le** or **les** can refer to several different people.

(A Pablo) le gusta el café de Colombia, pero **(a Alberto y a Ana) les** gusta el café de Costa Rica.

¿**(A ella) le** gusta el té Lipton?

NOTE: A la Sra. Ferrer **le** gusta el café guatemalteco. BUT: **Al** Sr. Ferrer **le** gusta el café colombiano. **(a + el = al)**

Actividad 13 **Los gustos** **Parte A.** In preparation to talk about what you and other people like, complete each of the following phrases with an appropriate word.

A mí _____

_____ ellos _____

A _____ te

A _____ me

A Juan _____

A _____ les

A la Srta. Gómez _____

_____ Sr. García le

_____ Marta _____

A Uds. _____

A _____ le

A Marcos y _____ Ana _____

A nosotros _____

A Marcos y a mí _____

Parte B. Now complete each of these phrases with the word **gusta** or **gustan** and **el, la, los, las** when necessary.

_____ _____ universidad

_____ _____ plantas

_____ _____ perfumes de Francia

_____ _____ pasta de dientes Crest

_____ _____ clase de español

_____ _____ Alex Rodríguez

_____ _____ discos compactos

_____ _____ DVDs de Julia Roberts

_____ _____ novelas de Octavio Paz

_____ _____ música clásica

_____ _____ San Juan

Parte C. Now, form sentences by combining a phrase from **Parte A** with one from **Parte B** to describe what you and others like.

Alex Rodríguez, jugador de béisbol, es dominicano. ➤

Actividad 14 Tus gustos In pairs, find out your partner's preferences and jot down his/her answers. Remember to include the article when necessary. Follow the model.

> ■■■ A: ¿Te gustan más los Yankees o los Dodgers?
> B: …

1. _____ revistas o _____ libros
2. _____ perfume o _____ agua de colonia
3. _____ televisión o _____ radio
4. _____ Alex Rodríguez o _____ Pedro Martínez
5. _____ novelas de Stephen King o _____ novelas de Agatha Christie
6. _____ DVDs de terror o _____ DVDs románticos
7. _____ música pop o _____ música rock
8. _____ conciertos de rock o _____ conciertos de música clásica
9. _____ fotos digitales o _____ fotos no digitales

Actividad 15 Compatibles Keeping in mind the responses given by your partner in **Actividad 14**, interview a second person to see whether he/she is compatible with your partner. Be prepared to report your findings to the class. Remember to use definite articles when necessary. Use sentences such as the following:

> ■■■ Ellos son compatibles porque les gusta la televisión.
> Ellos no son compatibles porque a él le gustan los libros y a ella le gustan las revistas.

III. Expressing Possession

A. The Preposition *de*

In this chapter, you have been using the verb **tener** to express possession: **Tengo radio. Alberto tiene televisor y DVDs.** Another way to express possession is with the preposition **de,** which is the equivalent of the English *'s*:

El equipo de música **de** Alfredo

Alfredo's stereo

—¿**De** quién es el equipo de música?	*Whose stereo is it?*
—El equipo de música es **de** Alfredo.	*The stereo is Alfredo's.*
—Y ¿**de** quién son las revistas?	*Whose magazines are they?*
—Son **de** Marta.	*They are Marta's.*
—¿Los DVDs **de** la chica son de Japón?	*Are the girl's DVDs from Japan?*
—Sí, pero el televisor es **de** la Sra. Lerma.	*Yes, but the television is Mrs. Lerma's.*

BUT: El televisor es **del** Sr. Lerma. (**de** + **el** = **del**)

NOTE: If you expect the items to be owned by two or more people, use **de quiénes.** Compare these questions and probable responses.

—¿**De quién** son las revistas?	—¿**De quiénes** son las mochilas?
(*expected response = singular*)	(*expected response = plural*)
—Son de **Ramón.**	—Son de **Ramón y Carlos.**

B. Possessive Adjectives

You can also express possession by using possessive adjectives (**adjetivos posesivos**); for example, *her, their, our,* etc., in English. In Spanish, **mi, tu,** and **su** agree in number with the thing or things possessed; **nuestro** and **vuestro** agree in gender and number with the thing or things possessed.

Possessive Adjectives			
mi/s	my	**nuestro/a/os/as**	our
tu/s	your (*informal*)	**vuestro/a/os/as**	your (*informal/Spain*)
su/s	{ your (*formal*) his, her	**su/s**	{ your (*in/formal*) their

—¿Son los CDs de Mario?

—¿De quiénes son las guitarras?

—¿Es el televisor de Ana y Luis?

—No, no son **sus CDs,** son **mis CDs.**

—Son **nuestras guitarras.**

—Sí, es **su televisor.**

In the sentence **Es su computadora**, who can **su** refer to? If you said *his, her, your* (*madam*), *your* (*sir*), *their, your* (*plural*), you were correct. Because **su** and **sus** can be ambiguous, it is common to ask questions to clarify the meaning. Notice how a clarification is requested and given in the following conversation:

A: ¿De quién es la computadora?

B: Es su computadora. (*Person A points to someone in a crowd, but it isn't clear to Person B to whom Person A is pointing.*)

A: ¿Es de Sonia? (*Person B thinks Person A may have pointed to Sonia, but isn't sure.*)

B: No, es de Mario.

Online Study Center

To practice:
Do SAM Workbook and Web activities.

Actividad 16 Las preferencias Juan Carlos and Vicente are roommates. Read about their preferences and decide what items belong to whom.

A Juan Carlos le gusta mucho la música y a Vicente le gustan los libros. Entonces, ¿de quién son estas cosas?

■■■ libro de Hemingway

    El libro de Hemingway es de Vicente porque a él le gustan los libros.

■■■ Have you read any books by Hemingway or Michener about Hispanic countries?

1. guitarra
2. diccionario
3. revistas
4. MP3
5. novelas de James Michener
6. discos compactos
7. equipo de música
8. periódicos

Actividad 17 Los artículos del baño Some of the women at the dorm have left things lying about in the bathroom. In pairs, "A" covers the information in Box B and "B" covers the information in Box A. Ask your partner questions to find out who owns some of the items in the bathroom. Follow the model.

▪▪▪ A: ¿De quién es la pasta de dientes?
B: Es de…

B: ¿De quiénes son los jabones?
A: Son de…

A

You know who owns:
jabones – Claudia y Teresa
toalla – Diana
champú – Marisel
cepillos de dientes – Diana, Marisel, Teresa y Claudia

Find out who owns:
los kleenex, la pasta de dientes, los peines, el perfume

B

You know who owns:
kleenex – Claudia
peines – Teresa y Diana
pasta de dientes – Marisel
perfume – Marisel

Find out who owns:
los jabones, el champú, la toalla, los cepillos de dientes

Actividad 18 Nuestra música favorita In pairs, compare what young kids like and what you like in the following categories. Follow the model.

▪▪▪ Sus programas favoritos son…, pero nuestros programas favoritos son…

▪▪▪ Remember that **programa** is masculine.

música favorita
programas favoritos
películas (*movies*) favoritas

libros favoritos
pasta de dientes favorita
revista favorita

Actividad 19 Tu compañero/a de habitación ideal Parte A. Write answers to the following questions to describe your ideal roommate.

1. ¿Qué le gusta a tu compañero/a de habitación ideal? (un mínimo de dos cosas)
2. ¿Qué tiene tu compañero/a de habitación ideal? (un mínimo de dos cosas)

Parte B. In groups of three compare your answers. Begin as follows:

A mi compañero/a ideal le…; tiene televisor y…

Parte C. Individually, write a few sentences to summarize what your partners and you said in **Parte B.** Follow the examples.

A nuestro/a compañero/a ideal le… y tiene…, pero al compañero ideal de Matt le…
A mi compañero ideal le…, pero al compañero ideal de Matt y de Alissa le…

Nuevos horizontes

Lectura   ESTRATEGIA: Identifying Cognates

You may already know more Spanish than you think. Many Spanish words, although pronounced differently, are similar in spelling and meaning to English words, for example: **capital** (*capital*) and **instrucciones** (*instructions*). These words are called cognates (**cognados**). Your ability to recognize them will help you understand Spanish.

Some tips that may help you recognize cognates are:

English	Spanish Equivalent	Example
ph	f	**f**otografía
s + *consonant*	es + *consonant*	**esp**ecial
-ade	-ada	limon**ada**
-ant	-ante	inst**ante**
-cy	-cia	infan**cia**
-ty	-ad	universid**ad**
-ic	-ica/-ico	mús**ica**, públ**ico**
-tion	-ción	informa**ción**
-ion	-ión	relig**ión**
-ist	-ista	art**ista**

Other cognates include many words written with one consonant in Spanish but two in English. Can you identify these words in English: **imposible, oficina, música clásica?** You will get to apply your new knowledge of cognates in the next few activities.

■ ■ ■ Other false cognates: **fútbol** (*soccer*), **lectura** (*reading*), **actual** (*current; present*), **carpeta** (*folder*), **idioma** (*language*).

¡OJO! (*Watch out!*) There are some words in Spanish and English that have similar forms but very different meanings. Context will usually help you determine whether the word is a cognate or a false cognate (**cognado falso**). Look at the following examples.

María está muy contenta porque el médico dice que está **embarazada.**

*María is very happy because the doctor says she is **pregnant.***

Necesito ir a la **librería** para comprar los libros del semestre.

*I need to go to the **bookstore** to buy books for the semester.*

Actividad 20 **Correo electrónico** Look at the *Gmail* site. Use your knowledge of cognates and of email in general to answer the questions that follow.

1. How do you think you say *inbox* in Spanish?
2. You want to hear some music tonight. Which email do you open?
3. What do you click on to get your email address list?
4. What would you click on to configure your preferences such as adding a signature, what name appears when you send an email?
5. What do you think **buscar** means?
6. You are concerned with Internet privacy; what do you click on?
7. What would you click on to get to the Google Home Page?

Actividad 21 **Yahoo! México** Look at a portion of the Mexican *Yahoo!* home page and answer the following questions. Use your knowledge of cognates as well as your background knowledge about the Internet and visual clues to determine meaning.

1. Look at the top line. What do you think the words **Juegos** and **Compras** mean?
2. What do you think the word **Imágenes** means above the empty rectangle?
3. In the four-column list, what would you click on to get stock quotes? to check the weather forecast? to check your horoscope? to send an e-card?
4. In the shaded list on the right, what do you think the heading **Noticias** means?
5. What would you click on to download a new ringtone for your phone?
6. What type of information would you write in the empty box after the word **Encontrar** and what cities could you select after the word **Ciudad**?

Escritura

When writing, it is important to make what you write interesting to the reader. A simple way to do this is to include information that expands on or explains more about a topic, thus giving your writing more depth. It is also important to connect your ideas so that your sentences sound natural. The following words will help make your sentences flow better:

por eso   *that's why, because of, therefore*
pero   *but*
también   *also, as well, too*
y   *and*

Actividad 22 **Descripción** **Parte A.** Complete the following paragraph, describing yourself.

Me llamo _____ y soy
de _____ . Tengo _____
años y me gusta ____ _____; por eso tengo _____ en mi
habitación.
También me gustan _____, pero no
tengo _____ .

Parte B. Rewrite the preceding paragraph, describing another person in your class. Make all the necessary changes.

Parte C. Check both paragraphs to make sure that the verbs agree with their subjects. Also check to make sure that the meaning expressed by each sentence is logical. Make any necessary changes, staple all drafts together, and hand them in to your instructor.

Vocabulario esencial II

I. Acciones

1. beber (vino/cerveza/Coca-Cola)
2. hablar (con amigos)
3. cantar
4. tocar (la guitarra/el piano)
5. bailar (merengue/salsa/rock/tecno)
6. comer (sándwiches)
7. recibir (una llamada)
8. escuchar (música salsa/rock/jazz)

■■■ Do not use the verb **tocar** with sports. You will learn how to say *"to play a sport"* in Chapter 5.

Otras acciones

alquilar (un DVD)   to rent (a DVD)
aprender (español, historia)   to learn (Spanish, history)
caminar   to walk
comprar (un reloj)   to buy (a watch)
correr   to run
escribir (una composición/un trabajo/un email)   to write
   (a composition/paper/email)
esquiar   to ski
estudiar (cálculo/psicología)   to study (calculus/psychology)
leer (novelas)   to read (novels)
llamar a (alguien)   to call (someone)
llevar   to carry, take along
llevar (perfume/agua de colonia)   to wear (perfume/cologne)
mirar (televisión/películas)   to look; to watch (television/movies)
mirar a (alguien)   to look at (someone)
nadar   to swim
navegar por Internet   to surf the Internet
regresar (a casa)   to return (home)
sacar buena/mala nota   to get a good/bad grade
sacar fotos   to take photos
tomar café   to have coffee

■■■ Since **DVD, CD,** and **email** come directly from English, the plural in Spanish is **DVDs, CDs** and **emails.**

trabajar   to work
usar (computadora)   to use (a computer)
vender (algo)   to sell (something)
visitar (un lugar)   to visit (a place)
visitar a (alguien)   to visit (someone)
vivir en (un apartamento/un colegio mayor)   to live in (an apartment/a dorm)

Actividad 23 Asociaciones Associate the actions in the preceding lists with words that you know. For example: **leer—libro; nadar—Hawai; estudiar—estudiante.**

Actividad 24 Las categorías In pairs, categorize the actions in the preceding lists in the following categories: **la universidad, una fiesta, el ejercicio físico,** and **una oficina.**

Actividad 25 ¿Te gusta bailar? In pairs, use the actions in the preceding lists to find out what activities your partner likes to do. Follow the model.

■ ■ ■ A: ¿Te gusta bailar merengue?
B: Sí, me gusta bailar merengue. / No, no me gusta bailar merengue.

II. Los días de la semana *(The Days of the Week)*

Expresiones de tiempo *(Time Expressions)*

■ ■ ■ Days of the week are not capitalized in Spanish.

lunes 10	martes 11	miércoles 12	jueves 13	viernes 14	sábado 15	domingo 16
estudiar psicología	leer una novela	trabajar	escribir un trabajo	esquiar en Sierra Nevada	vender mi computadora por eBay	visitar a Paulina

el fin de semana   weekend
esta mañana/tarde/noche   this morning/afternoon/evening
hoy   today
el lunes/el sábado   Monday/Saturday; on Monday/on Saturday
los lunes/los sábados   on Mondays/on Saturdays
mañana   tomorrow
por la mañana/tarde/noche   in the morning/afternoon/evening
la semana que viene   next week
tarde   late
temprano   early

Online Study Center

To practice:
Do SAM Workbook and Web activities.

Actividad 26 **¿Cuándo?** In pairs, alternate asking and answering the following questions.

1. ¿Tienes más clases esta tarde? ¿Esta noche? ¿Mañana?
2. ¿Cuándo es la prueba (*quiz*) del capítulo 2 en la clase de español?
3. ¿En esta universidad tenemos exámenes finales los sábados? ¿Tenemos clase el miércoles antes del día de Acción de Gracias (*Thanksgiving*)?
4. ¿Te gusta estudiar temprano por la mañana, por la tarde o tarde por la noche?
5. ¿Cuándo es tu programa de televisión favorito y cómo se llama?
6. ¿Cuándo es el próximo partido (*game*) de fútbol americano o de basquetbol de la universidad?
7. ¿Cuándo les gusta alquilar DVDs a ti y a tus amigos?
8. ¿Cuándo vas tú a fiestas?

¿Lo sabían?

In the United States, Friday the 13th evokes feelings of anxiety in some people. In Hispanic countries, bad luck is associated with Tuesday the 13th. That is why the movie *Friday the 13th* was translated into Spanish as *Martes 13.*

There is a saying in Spanish that refers to Tuesday as being the day of bad luck: **"Martes, ni te cases, ni te embarques, ni de tu casa te apartes".** (*On Tuesdays, don't get married, don't take a trip, and don't leave your home.*)

¿? What other things are considered bad luck in your culture?

l	m	m	j	v	s	d
			1	2	3	4
5	6	7	8	9	10	11
12	13	14	15	16	17	18
19	20	21	22	23	24	25
26	27	28	29	30		

NOVIEMBRE

Actividad 27 **Tu horario de clases** In pairs, take turns telling your partner your class schedule. Fill in the chart with your partner's schedule. Follow the model.

▪▪▪ Los lunes por la mañana tengo clase de...; por la tarde...

	lunes	martes	miércoles	jueves	viernes
Mañana					
Tarde					
Noche					

Planes para una fiesta de bienvenida

Vale./O.K.	O.K.
No importa.	It doesn't matter.

 Vale is only used in Spain.

Marisel has decided to have a welcoming party for her new friend Teresa. She and Álvaro are now discussing some of the arrangements for a party at the dorm.

Actividad 28 Cosas para la fiesta While listening to the conversation, complete the email that Álvaro is sending some friends by matching the items with the people who are going to take them to the party. When you are finished, report to the class who is taking what, using **(Álvaro) va a llevar...**

a. la tortilla de patatas
b. los ingredientes
   para la sangría
c. la guitarra
d. la Coca-Cola
e. las papas fritas
f. los CDs

¡Fiesta!

Mañana a las 10 de la noche Marisel va a hacer una fiesta. Éstas son las cosas que va a llevar cada persona:

yo: _____

Marisel: _____

Juan Carlos: _____

Claudia: _____ y _____

Vicente: _____

Un abrazo,

　　Álvaro

Actividad 29 **Preguntas** Listen to the conversation again. Then, in groups of four, answer the following questions based on the conversation and common knowledge.

1. ¿Cómo se dice *potato* en España? ¿Y en Hispanoamérica?
2. ¿Tiene alcohol la sangría?
3. ¿Cuál es el ingrediente principal de la sangría?
4. ¿Cuándo es la fiesta de Marisel y Álvaro? En general, ¿qué día de la semana son las fiestas de Uds.?

Actividad 30 **La ópera** The following is a conversation between Teresa and Vicente about opera. Arrange the lines in logical order, from 1 to 13. The first two have already been done for you. When you finish, act out the conversation aloud with a partner.

_____ Me gustan los dos. Tengo tres CDs de Carreras y ahora voy a comprar un CD de Domingo.

_____ Voy a comprar un disco compacto de ópera.

__1__ ¿Qué hay?

_____ El sábado.

_____ De Plácido Domingo. ¿Te gusta?

_____ Sí, pero a mí me gusta más José Carreras. ¿Y a ti?

__2__ ¡Ah! Vicente. ¿Qué vas a hacer hoy?

_____ Oye, ¿vas a mirar el recital de Monserrat Caballé en la televisión?

_____ No importa, pues yo sí.

_____ ¿De quién?

_____ ¿Cuándo es?

_____ Yo también tengo CDs de Carreras.

_____ No tengo televisor.

¿Lo sabían?

Plácido Domingo, Montserrat Caballé, and José Carreras are three world-renowned Spanish opera stars. Plácido Domingo, a tenor, also sings popular music. He has been living in Mexico since 1950. Montserrat Caballé is well known for the purity of her soprano voice. She became popular in the United States after singing in Carnegie Hall in 1965, and she has also sung with Freddie Mercury from the band Queen. José Carreras was a rising opera star when he was struck with leukemia. Luckily, his illness is in remission, and he has founded the José Carreras International Leukemia Foundation with branches in Spain, the United States, Switzerland, and Germany. He continues to appear in theaters throughout the world.

▲ Freddie Mercury y Montserrat Caballé cantan *Barcelona*.

¿? Do you like opera? What other internationally known opera singers do you know?

Gramática para la comunicación II

I. Expressing Likes and Dislikes (Part II): *Gustar*

As you have learned, the verb **gustar** may be followed by *article + noun*. It may also be followed by another verb in the infinitive form. An infinitive is the base form of a verb and it ends in -**ar** (**bail<u>ar</u>** – *to dance*), -**er** (**com<u>er</u>** – *to eat*), or -**ir** (**viv<u>ir</u>** – *to live*).

A Jesús y a Ramón no les gust**a el jazz.**	*Jesús and Ramón don't like jazz.*
Al Sr. Moreno le gust**an los CDs** de jazz.	*Mr. Moreno likes jazz CDs.*
¿Qué te gust**a** hac**er?**	*What do you like to do?*
A Juan le gust**a** esqui**ar.**	*Juan likes to ski.*
Nos gust**a** bail**ar** y cant**ar.** *	*We like to dance and sing.*

***NOTE:** Use the singular **gusta** with one or more infinitives.

Actividad 31 La gente famosa Say what the following people like to do.

> ■■■ A Savion Glover le gusta bailar.

Drew Barrymore	vender ropa
Bill Gates	hablar con Cameron Díaz
Carlos Santana y Melissa Etheridge	navegar por Internet
Marc Anthony	bailar
Penélope Cruz	cantar y bailar salsa
Savion Glover	tocar la guitarra
Sean Combs y Donatella Versace	visitar a Salma Hayek

Actividad 32 Las preferencias In groups of four, find out which of the following things the members of your group prefer. Have one person take notes (place the initials of those who say "yes" next to each item in the list) and report the results back to the class. Follow the model.

> ■■■ A: ¿Te gusta escuchar salsa?
> B: Sí/No…
>
> (*To report results*) A ellos les gusta escuchar salsa y a nosotros nos gusta escuchar música folklórica.

_____	1. bailar	_____	8. recibir emails
_____	2. beber Pepsi	_____	9. esquiar
_____	3. tocar la guitarra	_____	10. estudiar
_____	4. navegar por Internet	_____	11. los DVDs de películas de acción
_____	5. cantar	_____	12. leer novelas
_____	6. correr	_____	13. nadar
_____	7. la música clásica	_____	14. vivir en la universidad

II. Expressing Obligation and Making Plans:
Tener que and *ir a*

A. Expressing Obligation: *Tener que*

To express obligation, use a form of the verb **tener** + **que** + *infinitive*.

Tengo que estudiar mañana.	*I have to study tomorrow.*
Tenemos que comprar vino.	*We have to buy wine.*
¿Qué **tiene que** hacer él?	*What does he have to do?*
¿Cuándo **tienes que** escribir el trabajo?	*When do you have to write the paper?*

B. Making Plans: *Ir a*

In the conversation where the friends are planning a party, Álvaro says, **"¿Quién va a comprar los ingredientes para mañana?"** Is he referring to a past, present, or future action? If you said future, you were correct. To express future plans, use a form of the verb **ir** + **a** + *infinitive*.

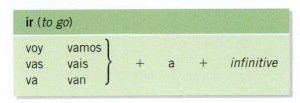

Voy a esquiar mañana.	*I'm going to ski tomorrow.*
Juan **va a** estudiar hoy.	*Juan is going to study today.*
Ellos **van a** nadar el sábado.	*They're going to swim on Saturday.*
¿Qué **van a** hacer Uds.?	*What are you going to do?*

Online Study Center

To practice:
Do SAM Workbook and Lab, and Web activities.

Actividad 33 El fin de semana This is a list of Álvaro's activities for this weekend. Say what activities he has to do and what activities he is going to do.

> ■■■ Álvaro tiene que… y él va a…

escuchar música	estudiar para un examen de cálculo
escribir un trabajo	trabajar
esquiar	ir a una fiesta
leer una novela para la clase de literatura	comer con Vicente
vender su guitarra por eBay	hablar con su profesor de inglés
caminar a clase	sacar fotos en la fiesta

Actividad 34 ¿Qué tienes que hacer? **Parte A.** Look at the list below and write E.N. **(esta noche)** in the blanks before the items that you have to do tonight and write E.S. **(el sábado)** next to those that you are going to do on Saturday.

_____ escribir una composición	_____ mirar una película
_____ bailar	_____ trabajar
_____ leer el libro de _____ (clase)	_____ comer en un restaurante
_____ escuchar música	_____ alquilar un DVD
_____ nadar	_____ hablar con mis amigos
_____ hablar con mi madre	
_____ aprender de memoria vocabulario para la clase de español	

Parte B. In groups of three, find out what the others have to do tonight and what they are going to do on Saturday. Ask questions like: **¿Qué tienes que hacer esta noche? ¿Qué vas a hacer el sábado?**

Parte C. Write a few sentences about what people in your group are planning on doing and report back to the class. For example: **Zach y Jessica tienen que trabajar esta noche, pero el sábado él va a nadar y ella va a mirar una película. Yo…**

Actividad 35 La agenda de Claudia Look at Claudia's calendar for the week and form as many questions as you can about her activities. Then ask your classmates questions from your list.

> ¿Cuándo van a… Claudia y Juan Carlos?
> Va a… el miércoles por la tarde, ¿no?
> ¿Tiene que… el fin de semana?
> ¿Qué tiene que hacer el…?

octubre		actividades
lunes	5	nadar, escribir una composición, comer con Álvaro
martes	6	comprar pasta de dientes, leer la lección 4 para historia
miércoles	7	3 p. m. ir a la universidad, 8 p. m. aprender karate (¡primera clase!)
jueves	8	escribir un email, estudiar para el examen de literatura
viernes	9	correr, comprar papas fritas y Coca-Cola, 4 p. m. llamar a Juan Carlos
sábado	10	10 p. m. ir a la fiesta, llevar las papas fritas y la Coca-Cola
domingo	11	11 a. m. ir a Toledo con Diana, visitar la catedral

Actividad 36 Tu futuro Make a list of five things that you *have* to do next week and five things that you *are going* to do with your friends for fun. Then, in pairs, compare your lists to see whether you are going to do similar things. Here are some topics you may want to talk about.

concierto   teatro   examen   fiesta   dentista   película   trabajo

Actividad 37 ¡Hola! Me llamo... Parte A. Read this paragraph and be prepared to answer questions.

Hola. Soy Álvaro Gómez, de Córdoba, una ciudad del sur de España que tiene muchos turistas. Me gusta mucho Córdoba, pero ahora tengo que estudiar en Madrid. Voy a ser abogado.

Parte B. Now read the following paragraph. Your instructor will then read it to you with some changes. Be ready to correct him/her when the information is not accurate.

¿Qué hay? Me llamo Diana Miller. Mis padres son norteamericanos. Mi padre es de Toledo, Ohio y mi madre es de Los Ángeles, pero su familia es de origen mexicano. En los Estados Unidos estudio español en la universidad y en España soy estudiante de literatura española y profesora; tengo que enseñar inglés porque no tengo mucho dinero.

Online Study Center
Do Web Search activities.

◄ Patio con muchas flores (*flowers*) en Córdoba, España.

▼ *Read Between the Lines* es un mural en East Los Ángeles del artista David Botello.

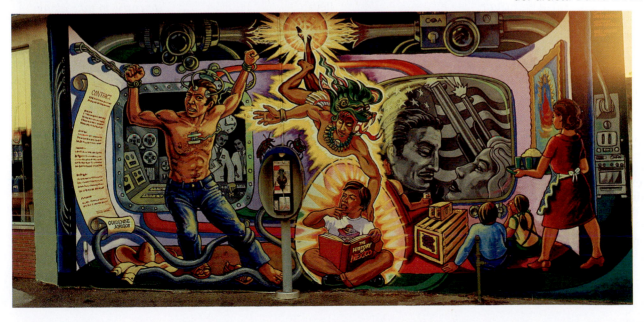

Vocabulario funcional

Las asignaturas (*Subjects*)

el arte	*art*
la biología	*biology*
el cálculo	*calculus*
la economía	*economics*
la historia	*history*
el inglés	*English*
la literatura	*literature*
las matemáticas	*mathematics*
la psicología	*psychology*
la sociología	*sociology*

Los artículos de la habitación (*Bedroom items*)

la calculadora	*calculator*
la cama	*bed*
la cámara (digital)	*(digital) camera*
la computadora	*computer*
el diccionario	*dictionary*
el disco compacto/CD	*compact disc; compact disc player*
el DVD; el reproductor de DVD	*DVD; DVD player*
el equipo de música	*stereo*
el escritorio	*desk*
la guitarra	*guitar*
la lámpara	*lamp*
la mesa	*table*
la mochila	*backpack*
el móvil/(teléfono) celular	*cellular/mobile phone*
el MP3; el (reproductor de) MP3	*MP3; MP3 player*
la novela	*novel*
el periódico	*newspaper*
la planta	*plant*
el/la radio	*radio*
el reloj	*clock; watch*
la revista	*magazine*
la silla	*chair*
el sofá	*sofa, couch*
el televisor	*television set*
el video	*VCR; videocassette*

Artículos de higiene personal

el agua de colonia	*cologne*
el cepillo de dientes	*toothbrush*
el cepillo (de pelo)	*hairbrush*
el champú	*shampoo*
la crema de afeitar	*shaving cream*
el jabón	*soap*
el kleenex	*Kleenex, tissue*
la máquina de afeitar	*electric razor*
la pasta de dientes	*toothpaste*
el peine	*comb*
el perfume	*perfume*
la toalla	*towel*

Los gustos (*Likes*)

gustar	*to like, be pleasing*
más	*more*

La posesión

¿De quién/es?	*Whose?*
tener	*to have*

Los adjetivos posesivos

mi/s	*my*
tu/s	*your (informal)*
su/s	*your (formal); his; her; their*
nuestro/a/os/as	*our*
vuestro/a/os/as	*your (informal/Spain)*
su/s	*your (informal/formal)*

Las acciones

alquilar	*to rent*
aprender	*to learn*
bailar (merengue/salsa/rock/tecno)	*to dance (merengue/salsa/rock/tecno)*
beber	*to drink*
caminar	*to walk*
cantar	*to sing*
comer	*to eat*
comprar	*to buy*
correr	*to run*
escribir (una composición/un trabajo/un email)	*to write (a composition/a paper/an email)*
escuchar (música salsa/rock/jazz)	*to listen (to salsa music/rock/jazz)*
esquiar	*to ski*
estudiar	*to study*
hablar (con amigos)	*to talk (to friends)*
leer	*to read*
llamar a (alguien)	*to call (someone)*
llevar	*to carry, to take along; to wear*
mirar (televisión/películas)	*to look; to watch (television/movies)*
mirar a (alguien)	*to look at (someone)*
nadar	*to swim*
navegar por Internet	*to surf the Internet*
recibir (una llamada)	*to receive (a call)*
regresar (a casa)	*to return (home)*
sacar buena/mala nota	*to get a good/bad grade*
sacar fotos	*to take photos*
tocar (la guitarra/el piano)	*to play (the guitar/the piano)*
tomar café	*to have coffee*
trabajar	*to work*
usar (computadora)	*to use (a computer)*
vender (algo)	*to sell (something)*
visitar (un lugar)	*to visit (a place)*
visitar a (alguien)	*to visit (someone)*
vivir en (un apartamento/un colegio mayor)	*to live in (an apartment/a dorm)*

Los días de la semana

el lunes	*Monday*
el martes	*Tuesday*
el miércoles	*Wednesday*
el jueves	*Thursday*
el viernes	*Friday*
el sábado	*Saturday*
el domingo	*Sunday*

Expresiones de tiempo (*Time Expressions*)

esta mañana/tarde/noche	*this morning/afternoon/ evening*
el fin de semana	*weekend*
hoy	*today*
el lunes	*Monday; on Monday*
los lunes	*on Mondays*
mañana	*tomorrow*
por la mañana/tarde/noche	*in the morning/afternoon/ evening*
la semana que viene	*next week*
tarde	*late*
temprano	*early*

Las obligaciones

tener que + *infinitive*	*to have* + infinitive (*to eat, to drink, . . .*)

Los planes (*Plans*)

¿Cuándo?	*When?*
ir a + *infinitive*	*to be going* + infinitive (*to swim, to walk, . . .*)

Comidas y bebidas (*Food and Drink*)

el café	*coffee*
la cerveza	*beer*
la leche	*milk*
las papas/patatas fritas	*potato chips*
el sándwich	*sandwich*
la sangría	*sangria (a wine punch)*
el té	*tea*
la tortilla (de patatas)	*Spanish omelette*
el vino	*wine*

Palabras y expresiones útiles

Claro./¡Claro que sí!	*Of course.*
la clase	*class, lesson; classroom*
el/la compañero/a	*partner*
el/la compañero/a de cuarto	*roommate*
¿De veras?	*Really?*
el dinero	*money*
el, la, los, las	*the*
el examen	*exam*
la gente	*people*
la habitación	*bedroom*
hacer	*to do*
más	*more*
mucho	*a lot*
No importa.	*It doesn't matter.*
el/la novio/a	*boyfriend/girlfriend*
o	*or*
por eso	*that's why, because of this, therefore*
Por supuesto.	*Of course.*
el problema	*problem*
el programa	*program*
un, una; unos, unas	*a/an; some*
Vale./O.K.	*O.K.*

Videoimágenes

Saludos y despedidas

Antes de ver

Actividad 1 ¿Dónde? In this video you will see Mariela and Javier, students of cultural anthropology, who are doing a study in the Hispanic world. Before watching the video, look at the list of capital cities they visit and indicate the corresponding countries.

Buenos Aires   la Ciudad de México
Madrid   Quito
San Juan

Mientras ves

Actividad 2 Mariela y Javier First read through the following chart about Mariela and Javier. Then, watch the first part of the video and, as you hear the answers, jot them down.

 00:34-03:42

	Mariela	Javier
de dónde es	_____	_____
qué estudia	_____	_____
de dónde son sus padres	_____	_____ y Puerto Rico

Antes de ver

Actividad 3 En los Estados Unidos, ¿cómo saludas? Before watching the next segment, indicate how you greet the following people.

	beso (cuántos)	la mano	un abrazo
un profesor			
tu madre			
tu novio/a			
un/a amigo/a			

Mientras ves

Actividad 4 A observar In this segment, Javier makes a mistake in greeting a woman from Spain, so Mariela and he decide to see how people from different Hispanic countries greet each other. As you watch the video, indicate what you see in the different countries. Take a moment to familiarize yourself with the chart prior to viewing.

03:43-end

	dos hombres	dos mujeres	un hombre y una mujer
España	mano y abrazo	X	_____
Ecuador	mano	X	monja (*nun*) **"Adiós"** y saluda con la mano _____
Argentina	_____	_____	1 beso
México	_____	X	_____ (*See* **¿Lo sabían?** *on page 64*)

Después de ver

Actividad 5 Los saludos Now that you've watched the video and you know which greetings are appropriate where and between whom, you are going to practice greeting others in a culturally appropriate manner. With your classmates, form two concentric circles. Your teacher will give you a series of clues and you are to greet the person in front of you. Once you are finished, the inner circle moves one place to the right and you await the next set of instructions from your teacher.

Online Study Center

To practice:
Do Workbook, Lab, CD-ROM, and Web activities.

■ ■ ■ **You can watch the video on the Online Study Center and do additional activities.**

¿Lo sabían?

When you are in another country, it is very important to observe—and at times follow the leads of—the local people. For example, at one point in the video, Javier greets a woman in Mexico with a handshake. By doing so, he is showing her respect. But as she is taking his hand, she decides that a kiss is more appropriate so she pulls him towards her to give him a kiss on the cheek. By following her lead, he reacts in a culturally correct manner.

Therefore, when traveling to another country, follow these simple rules: Observe, listen, imitate, and laugh at your mistakes, just as Javier does in the video. Laughter is the same in all languages and cultures.

¿? When learning about other cultures, sometimes one needs to examine his/her own. For example, is it appropriate in your culture for the following people to kiss a 50-year-old woman on the cheek to say good-by: a 5-year-old boy, a 15-year-old boy, the 25-year-old boyfriend of the woman's daughter, a friend of the woman's, the husband of the woman's friend, the sister of a woman's friend? In Hispanic cultures all would kiss the woman to say good-by.

3 Un día típico

➤ **Quito, Ecuador y el volcán Guagua Pichincha.**

Chapter Objectives

- Stating location and where you are going
- Talking about daily activities
- Describing people and things
- Discussing actions in progress

¿Qué saben?

1. ¿Ecuador está en Centroamérica o Suramérica?

2. El 65% de la población de Ecuador es mestiza, el 25% es indígena, el 7% española y otras, y el 3% es negra. ¿Qué significa la palabra **mestizo**: una combinación de negro y blanco o indígena y blanco?

3. La gran mayoría de las personas en Ecuador hablan español, pero también hablan idiomas indígenas. ¿Cuál es el principal idioma indígena?

Para escuchar

Una llamada de larga distancia

■■■ Llamada de larga distancia = conferencia (Spain).

◄ Shakira, cantante colombiana.

demasiado	too much
No tengo idea. / Ni idea.	I have no idea.
Me/te/le... gustaría + *infinitive*	I/you/he/she . . . would like to . . .

Claudia is talking long distance to her parents who have gone from Bogotá to Quito on a business trip. They are talking about Claudia's classes and her new roommate, Teresa.

 Actividad *1* **La familia de Teresa** While listening to the conversation, complete the following chart about Teresa's family.

	¿De dónde son?	**¿Qué hacen?**
Teresa	_____	_____
Padre	_____	_____
Madre	_____	_____

 Actividad *2* **La familia de Claudia** After listening to the conversation again, answer these questions.

1. En tu opinión, ¿el padre de Claudia es hombre de negocios, médico o cantante?
2. ¿Qué estudia Claudia?
3. ¿Qué van a visitar los padres de Claudia?
4. ¿Adónde tiene que ir hoy Claudia?
5. ¿Qué tiene Claudia mañana?

Actividad 3 **Una invitación y una excusa** In pairs, invite your partner to do something. Your partner should decline, giving an excuse. Then switch roles. Follow the model.

▪▪▪ A: ¿Te gustaría ir a bailar esta noche?
     B: Me gustaría, pero tengo que...

Invitaciones posibles	Excusas posibles
ir a comer	trabajar
correr mañana en el parque	leer una novela
escuchar música	escribir una composición
esquiar el sábado	visitar a tus padres

Actividad 4 **¿Estudias poco o demasiado?** **Parte A.** In pairs, find out if your partner does the following activities **poco** or **demasiado.** Follow the model.

▪▪▪ A: ¿Estud**ias** poco o demasiado?

    B: Estud**io** poco.   B: Estud**io** demasiado.

1. trabajar
2. visitar a tus padres
3. hablar con tus amigos
4. escuchar música
5. mirar televisión
6. caminar
7. alquilar DVDs
8. navegar por Internet

Parte B. Now write a few sentences reporting your findings. Be ready to read them to the class. Follow the models.

▪▪▪ Paul estud**ia** poco, pero yo estud**io** demasiado.

    Paul y yo trabaj**amos** poco.

¿Lo sabían?

The setting of Quito, the capital of Ecuador, is breathtaking. The city lies in a beautiful valley at the base of a volcano (see page 65). Even though it is close to the equator, Quito enjoys a moderate climate all year round since it is almost 10,000 feet above sea level. The combination of colonial and modern architecture creates a fascinating contrast in the city.

A large percentage of Ecuador's population is of native Andean origin. West of Quito is the town of Santo Domingo de los Colorados. The indigenous group of the Tsachilas, also known as the Colorados, lives on the outskirts of this town. The men are well-known for their hair, which they cover with red clay and shape in the form of a leaf. The Otavalos, another indigenous group, are renowned for their success in cottage industries and textile commerce.

➤ Indígena tsachila en Ecuador.

 Can you name other indigenous groups from Latin America and say where they live?

Vocabulario esencial I

Lugares (*Places*)

1. la farmacia
2. la piscina
3. la playa
4. la librería
5. la iglesia
6. el cine
7. el supermercado
8. la plaza
9. la escuela/el colegio
10. el banco

■ ■ ■ Identify places while walking or riding through town: **el parque,** **el cine,** etc. Make idle time study time.

■ ■ ■ Translating from Spanish to English and vice versa may not be the most productive way to study. Try to think in Spanish. If you make flash cards, it is better to write the Spanish on one side and a drawing, a brand name, a name, etc., on the other. For example:

lámpara →

librería → Borders
cantar → Shakira

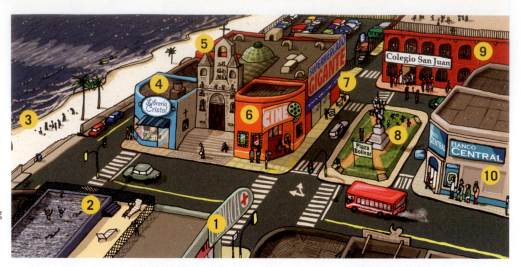

Otros lugares

la **agencia de viajes** travel agency	el **hospital** hospital
la **biblioteca** library	el **museo** museum
la **cafetería** cafeteria	la **oficina** office
la **casa** house, home	el **parque** park
el **centro comercial** mall, shopping center	el **restaurante** restaurant
la **discoteca** club, disco	el **teatro** theater
el **edificio** building	la **tienda** store
el **gimnasio** gym	la **universidad** university

◀ —¿Adónde vas?
—¡Mamá! Es lunes. Voy a la escuela.

NOTE: To say where you are going, you need to use a form of **ir** + **al** / **a la** + *destination*. Remember to use **al (a** + **el)** when the destination noun is masculine and singular.

—¿Adónde **van** Uds.?   *Where are you going?*
—**Vamos al** Museo de Antropología.   *We're going to the Anthropology Museum.*
—¿**Vas a** la fiesta después?   *Are you going to the party later?*
—Sí, con Mariano.   *Yes, with Mariano.*

 Online Study Center

To practice: Do SAM Workbook and Web activities.

Actividad 5 **Asociaciones** Say which places you associate with the following words: **la educación, la diversión, el trabajo.**

Actividad 6 **Acción y lugar** Choose an action from Column A and a logical place in which to do this action from Column B. Form sentences, following the models.

■■■ Me gusta nadar; por eso voy a la piscina.
Tienen que comer; por eso van al restaurante.

■■■ Remember: **a** + **el** = **al**

A

Me gusta nadar
Tienen examen
Tiene que estudiar
No tienes dinero
Tenemos que comprar papas
Tienen que comer
Me gusta caminar
Tienes que comprar aspirinas
Me gusta el arte

B

la piscina
el parque
la biblioteca
el restaurante
la universidad
la farmacia
el banco
el supermercado
el museo
la playa
la cafetería

Actividad 7 **Después de clase** Mingle with your classmates and find out where (**adónde**) others are going after class and with whom (**con quién**) they are going. Follow the model.

■■■ A: ¿Adónde vas?
B: Voy a casa.
A: ¿Con quién vas?
B: Voy solo/a. / Voy con...

¿Lo sabían?

Hispanic cities are experiencing changes just as are their counterparts in the U.S. The local market (**el mercado**) with a variety of individually owned food stalls still exists, but the **supermercado** has become a common sight in cities and towns. In the large cities, one can also find **el hipermercado**, a type of superstore that sells food as well as furniture, electronics, and clothing. Large **centros comerciales** with numerous stores now exist in most major cities.

Nevertheless, there are still many specialty stores. To refer to these stores, it is common to use words based on what is sold and to attach the ending **-ería**. For example: a **librería** sells **libros**. Here are a few other common terms to describe stores:

frutería/fruta	fruit store/fruit
heladería/helado	ice cream shop/ice cream
zapatería/zapatos	shoe store/shoes

¿? What neighborhood or specialty stores are there in your town or city?

Gramática para la comunicación I

I. Indicating Location: *Estar* + *en* + place

■■■ Practice **estar en** and **ir a** by thinking to yourself each time you are about to leave a place today: **Estoy en la cafetería y voy a la biblioteca.**

To say where you are, use a form of **estar** + **en** + *place*.

estar			
yo	**estoy**	nosotros/as	**estamos**
tú	**estás**	vosotros/as	**estáis**
Ud. él/ella }	**está**	Uds. ellos/ellas }	**están**

La directora no **está en** la oficina hoy.
Mamá, **estoy en** el hospital.

The director isn't in the office today.
Mom, I'm in/at the hospital.

NOTE: The preposition to express being in or at a place is **en: Estamos en el cine.** (*We're at the movies*.)

Actividad 8 ¿Dónde estoy? Look at the list of places on p. 68. In pairs, take turns miming actions and asking **¿Dónde estoy?** while the other person says where you are.

> ■■■ A: (*sitting in a chair applauding*) ¿Dónde estoy?
> B: Estás en el teatro.

Actividad 9 ¿Dónde están? In pairs, ask and state where the following people or things are.

1. el presidente de los Estados Unidos
2. la Torre Eiffel y el Arco de Triunfo
3. la Estatua de la Libertad y el museo Guggenheim
4. Bogotá
5. el Vaticano y el Papa
6. Machu Picchu y Lima

Actividad 10 Me gustaría estar... Refer to the people on page 71 by their occupation and say where they are. Then state where they would like to be and what they would like to be doing. Follow the model.

> ■■■ El comerciante está en la tienda, pero le gustaría ir a una piscina para nadar.

1.

2.

3.

4.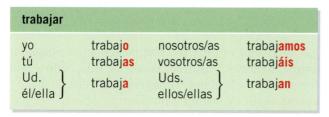

II. Talking About the Present (Part I): The Present Indicative of Regular Verbs

■ ■ ■

1 ■ To talk about daily activities, you use verbs in the present indicative **(el presente del indicativo)**. These verbs can express actions or states: *I run 5 miles, but he runs 7 miles* (actions). *Paula is a full-time student, but I am a part-time student* (states). Notice how you change or conjugate the verb depending on the person you are talking about. To do this in Spanish you need to know whether the infinitive, or base form of the verb, ends in **-ar (trabajar)**, **-er (beber)**, or **-ir (escribir)**. Then you take the stem of the verb **(trabaj-, beb-, escrib-)** and attach the following endings:

> Estudio mucho, leo revistas, veo televisión y me gusta ir a la playa.

Carola, 21
San Juan

A. *-ar* Verbs

trabajar			
yo	trabaj**o**	nosotros/as	trabaj**amos**
tú	trabaj**as**	vosotros/as	trabaj**áis**
Ud. él/ella	trabaj**a**	Uds. ellos/ellas	trabaj**an**

Mi madre habla español.   *My mother speaks Spanish.*
Mañana **yo** trabaj**o**.   *I work tomorrow. (Note: The present can also be used to talk about the near future.)*

-ar verbs that you studied in Chapter 2 include:

alquilar	comprar	hablar	nadar	tocar
bailar	escuchar	llamar	navegar	tomar
caminar	esquiar	llevar	regresar	usar
cantar	estudiar	mirar	sacar	visitar

New verbs: **Desear** (*to want, desire*) and **necesitar** (*to need*) are often followed by an infinitive:

Necesito comprar una cámara digital.   *I need to buy a digital camera.*

B. *-er* Verbs

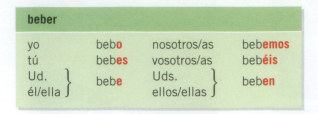

beber			
yo	beb**o**	nosotros/as	beb**emos**
tú	beb**es**	vosotros/as	beb**éis**
Ud. ⎫ él/ella ⎭	beb**e**	Uds. ⎫ ellos/ellas ⎭	beb**en**

¿Beb**es** vino o agua con la comida?   *Do you drink wine or water with a meal?*

Nosotros com**emos** en la cafetería.   *We eat in the cafeteria.*

-er verbs that you studied in Chapter 2 include:

aprender   comer   correr   leer   vender

C. *-ir* Verbs

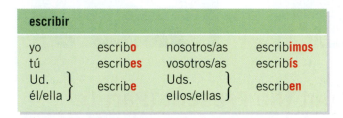

escribir			
yo	escrib**o**	nosotros/as	escrib**imos**
tú	escrib**es**	vosotros/as	escrib**ís**
Ud. ⎫ él/ella ⎭	escrib**e**	Uds. ⎫ ellos/ellas ⎭	escrib**en**

Isabel Allende escrib**e** novelas.   *Isabel Allende writes novels.*
Nosotros viv**imos** en Lima.   *We live in Lima.*

-ir verbs that you studied in Chapter 2 include:

recibir   vivir

■ ■ ■ Memorize infinitives. Make lists of **-ar, -er,** and **-ir** verbs and quiz yourself on forms and meanings, for example: **Yo estudio mucho. Mi amigo Paul no estudia. Paul y yo bebemos Pepsi. Mary bebe Coca-Cola.**

■ ■ ■ Practice question-answer pairs: **¿Trabajas? Sí, trabajo. / ¿Trabaja ella? Sí, ella trabaja. / ¿Trabajan Uds.? Sí, trabajamos.**

2 ■ In order to choose the correct ending for a verb, you need to know two things: (1) the person doing the action, and (2) the infinitive of the verb (**-ar, -er, -ir**). For example:

(1) nosotros
(2) beber (**-er**) = (Nosotros) beb**emos** Coca-Cola.

Actividad // Un juego In groups of four, the first person says a pronoun (**yo, tú, Ud., él, ella, nosotros, nosotras, vosotros, vosotras, Uds., ellos, ellas**), the second person says a verb, the third person conjugates the verb, and the fourth person starts the process again by stating a pronoun.

■ ■ ■ A: ellos
    B: vender
    C: ellos venden
    D: Ud.
    A: …

Actividad 12 Un email de Miguel This is an email from a Honduran student who is studying in the United States. He is describing his daily activities to his parents. Complete the letter with the appropriate forms of the following verbs: **alquilar, bailar, correr, escribir, escuchar, estar, estudiar, gustar, hablar, ir, necesitar, ser, tener, tocar.** Some verbs may be used more than once.

Queridos papás:

¿Cómo _____ (1)? Yo, bien. Me gusta la universidad y _____ (2) muchos amigos. Voy a clase, _____ (3) composiciones para mi clase de francés y _____ (4) mucho porque _____ (5) demasiados exámenes; el jueves tengo un examen importante de química y _____ (6) aprender los símbolos. Los viernes y los sábados yo _____ (7) en la biblioteca y por la noche generalmente unos amigos y yo _____ (8) música en mi apartamento. Ellos _____ (9) mexicanos, venezolanos y de los Estados Unidos. Los mexicanos siempre _____ (10) de política con los venezolanos. También nosotros _____ (11) películas y nos _____ (12) mucho las películas de acción.

Santa (una chica puertorriqueña) y yo también _____ (13) a una discoteca los martes porque tienen grupos que _____ (14) música salsa; como nos _____ (15) la música del Caribe, nosotros _____ (16) mucho. Ella _____ (17) bien porque es bailarina profesional.

Bueno, ahora _____ (18) estudiar y después voy a correr. ¡Mi amigo Mateo y yo _____ (19) ocho kilómetros al día!

Besos y abrazos,

Miguel

P. D. Gracias por los $$$dólares$$$.

■■■ Why is **exámenes** written with an accent and **examen** without? See Appendix B for explanation.

■■■ P. D. = Posdata

Actividad 13 El verano In pairs, discuss what you and your partner do during the summer **(el verano).** Use the following actions: **alquilar DVDs, bailar, comer en restaurantes, escribir poemas, escuchar música, esquiar, estudiar, hablar con amigos, mirar televisión, nadar, trabajar, visitar a amigos.** Follow the model.

> ■■■ A: ¿Nadas?
> B: Sí, nado todos los días.
> A: ¿Cuándo nadas?
> B: Por la mañana.
> A: ¿Dónde?
> B: En la piscina de la universidad.

Actividad 14 Nosotros y nuestros padres In groups of three, discuss what students and parents do in a typical week. Think of at least five examples. Follow the model.

> ■■■ Nosotros bailamos los fines de semana y nuestros padres van al cine.

III. Talking About the Present (Part II): The Present Indicative of Verbs with Irregular *yo* Forms

1 ■ Some verbs have irregular **yo** forms, but follow the pattern of regular verbs for all other persons.

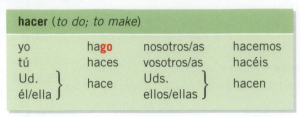

hacer (*to do; to make*)			
yo	ha**go**	nosotros/as	hacemos
tú	haces	vosotros/as	hacéis
Ud. / él/ella	hace	Uds. / ellos/ellas	hacen

2 ■ The following verbs have irregular **yo** forms.

hacer	*to do; to make*	yo ha**go**
poner	*to put, place*	yo pon**go**
salir (con)	*to go out* (*with*)	yo sal**go**
salir de la/del (+ *lugar*)	*to leave* (+ a place)	
traer	*to bring*	yo trai**go**
traducir*	*to translate*	yo tradu**zco**
ver	*to see* (a thing)	yo v**eo**
ver a (alguien)	*to see* (*someone*)	

***NOTE:** Many verbs that end in **-cer** and **-ucir** follow the same pattern as **traducir**: **establecer** (*to establish*) ⟶ **establezco, producir** (*to produce*) ⟶ **produzco.**

Hago la tarea todos los días.	*I do my homework every day.*
¿Qué hac**en** Uds.?	*What do you do?*
Salgo con Ramona.	*I go out with Ramona.*
Ella sal**e** temprano del trabajo.	*She leaves work early.*
¿Dónde pon**go** los libros?	*Where do I put the books?*

Online Study Center

To practice:
Do SAM Workbook and Web activities.

Actividad 15 **¡A competir!** In pairs or in groups of three you will play a game using the following list of verbs. Your instructor will give you instructions.

1. llevar	15. caminar	29. establecer
2. salir	16. poner	30. estar
3. ver	17. regresar	31. ver
4. ir	18. correr	32. hablar
5. traducir	19. hacer	33. comer
6. tener	20. producir	34. hacer
7. alquilar	21. nadar	35. leer
8. vender	22. salir	36. poner
9. llamarse	23. navegar	37. mirar
10. vivir	24. recibir	38. estudiar
11. ser	25. tocar	39. ser
12. traer	26. esquiar	40. beber
13. aprender	27. traer	41. hacer
14. escuchar	28. tomar	42. ir

Actividad 16 **Tus estudios** Mingle and interview different classmates to see who does the following activities related to this class. Answer in full sentences.

nombre

hacer la tarea todos los días _____

ver a nuestro/a profesor/a en sus horas de oficina _____

establecer horas específicas para estudiar _____

hacer actividades extras en Internet _____

poner respuestas inventadas en las preguntas
   personales del cuaderno _____

traducir todas las palabras del español al inglés _____

salir los fines de semana y no durante la semana _____

traer la tarea a esta clase todos los días _____

Actividad 17 **Gente famosa** In groups of three, name famous people who do the following things: **bailar, cantar, correr, escribir novelas, esquiar, nadar, producir películas, tocar la guitarra, trabajar en Wall Street, salir con otra persona famosa.** Follow the model.

■■■ Gabriel García Márquez escribe novelas.

Actividad 18 **El cuestionario** You work for an advertising agency and have to conduct a "person-on-the-street" interview on people's likes and dislikes. Work in pairs and use the following questionnaire. The interviewer should use the **Ud.** form and complete questions to elicit responses: **¿Es Ud. estudiante? ¿Qué periódico lee Ud.?** The "person on the street" should not look at the book, and should answer in full sentences. When finished, exchange roles. Be prepared to report back to the class.

CUESTIONARIO

Nacionalidad: _____ Edad: _____

Sexo: Masculino _____ Femenino _____

Estudiar: _____ Si contesta que sí:

   ¿Dónde? _____

Trabajar: _____ Si contesta que sí:

   Ocupación _____

Vivir (con): Familia _____ Amigo/a _____ Solo/a _____

Gustos:

Leer: _____ Si contesta que sí:

   ¿Qué lee? _____

Ver la televisión: _____ Si contesta que sí:

   ¿Qué tipo de programas? _____

Escuchar música: _____ Si contesta que sí:

   ¿Qué tipo de música? _____

Hacer ejercicio: _____ Si contesta que sí:

   Nadar _____ Correr _____ Caminar _____ Ir al gimnasio _____

Usar: Perfume _____ Agua de colonia _____

Salir mucho: al cine _____ a bailar _____

   al teatro _____ a comer en restaurantes _____

Nuevos horizontes

Lectura

ESTRATEGIA: Dealing with Unfamiliar Words

In Chapter 2 you read that you can recognize many Spanish words by identifying cognates (words similar to English words). However, other words will be completely unfamiliar to you. A natural tendency is to run to a Spanish-English dictionary and look up a word, but you will soon tire of this and become frustrated. The following are strategies to help you deal with unfamiliar words while reading.

1. Ask yourself if you can understand the sentence without the word. If so, move on and don't worry about it.
2. Identify the grammatical form of the word. For example, if it is a noun, it can refer to a person, place, thing, or concept; if it is a verb, it can refer to an action or state; if it is an adjective, it describes a noun; if it is an adverb it describes a verb or an adjective.
3. Try to extract meaning from context. To do this, you must see what information comes before and after the word itself.
4. Check whether the word reappears in another context in another part of the text or whether the writer explains the word. An explanation may be set off by commas.
5. Sometimes words appear in logical series and you can easily understand the meaning. For example, in the sequence *first, second, "boing,"* and *fourth* the meaning of *boing* becomes obvious.

These strategies will help you make reasonable guesses regarding meaning. If the meaning is still not clear and you must understand the word to get the general idea, the next step would be to consult a dictionary.

■ ■ ■ noun = **sustantivo**
Note: A noun may be preceded by articles (**el/la; un/una**)
verb = **verbo**
adjective = **adjetivo**
adverb = **adverbio**

■ ■ ■ Note: If you look up a word, don't write the translation above the Spanish word in the text. (If you reread the text, you will only see the English and ignore the Spanish.) If you must write it down, do so separately in your own personal vocabulary list.

Actividad 19 El tema Before reading the article that follows, look at the title, subtitles, and illustrations to answer the following question.

¿Cuál es el tema (*theme*) del artículo?
a. el número de hispanos en los Estados Unidos
b. el futuro político de los hispanos
c. los hispanos como consumidores

Actividad 20 Los cognados Before reading the article, go through it and underline any word that you think is a cognate. If you are doing this as an assignment to hand in, list all cognates on a piece of paper.

Actividad 21 En contexto Read the article without using a dictionary and try to determine what the following words mean.

1. **mundo** (línea 1)
2. **mercado consumidor** (línea 4)
3. **a través de** (línea 10)
4. **vida** (línea 14)
5. **teleadictos** (línea 24)
6. **telenovelas** (línea 26)

El mercado hispano en los Estados Unidos

El español es el idioma oficial de veintiún países del mundo. En total, hay aproximadamente 400 millones de personas de habla española. En los Estados Unidos hay más de 40 millones de hispanos (casi el 14% de la población total) y más de 30 millones de ellos hablan español; por eso, forman un mercado consumidor doméstico muy significativo
5 para los Estados Unidos. Las grandes compañías comprenden la importancia económica de este grupo y usan los medios de comunicación tanto en inglés como en español para venderle una variedad de productos.

Libros, periódicos y revistas

En los Estados Unidos se publican muchos periódicos y revistas en español. Hasta la revista *People* tiene una versión en español. También hay compañías como Amazon.com y
10 Booksellers que venden libros al mercado hispano a través de Internet. Autores como la chilena Isabel Allende y el mexicano Carlos Fuentes son muy populares. Pero, las personas de habla española también leen libros en inglés o traducidos al español de autores como Tom Clancy y Toni Morrison.

La radio

La radio y su música es una parte importante de la vida de los hispanos. A
15 ellos les gustan diferentes tipos de música: la folklórica, la clásica, la tejana, el rock, el jazz, etc. La música hispana que más escucha la gente joven en los Estados Unidos es la salsa de cantantes como Marc Anthony, la India y Elvis Crespo. También les gusta el rock en español de cantautores como Juanes y Shakira y de grupos como Maná, La oreja de Van Gogh y grupos eclécticos
20 como Oxomatli. Generalmente escuchan emisoras de radio en inglés y en español y, hoy en día, con una computadora y acceso a Internet también pueden escuchar la radio de otros países.

La televisión

Otra parte esencial de la vida diaria de muchos hispanos es la televisión y hay muchos teleadictos, gente que pasa horas y horas hipnotizada enfrente de la
25 tele. Los hispanos tienen sus propios programas de noticias, música, comedias y telenovelas, pero también hay muchos programas en inglés traducidos al español. Hasta Homer, Marge, Lisa y Bart de "Los Simpson" hablan español. También hay varios canales de televisión en español. Las cuatro cadenas hispanas de televisión más importantes que transmiten
30 en los Estados Unidos y a otros países son Univisión, Telefutura, Galavisión y Telemundo.

Los medios de comunicación forman parte de la vida diaria de los hispanos que viven en los Estados Unidos. Cuando ellos leen el periódico, miran la televisión,
35 escuchan la radio o navegan por Internet, las grandes compañías como Wal-Mart, Pepsi, AOL, Coors y Sears están allí para venderles sus productos. ∎

▲ Isabel Allende, escritora chilena.

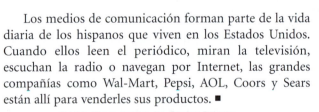

Univision Communications, Inc.: Earnings Estimates

➤ Cristina Saralegui, cubana, conductora de un programa de televisión.

Actividad 22 **Después de leer** Answer the following questions based on the article.

1. ¿En cuántos países es el español la lengua oficial?
2. ¿Cuántas personas hablan español en el mundo? ¿Y en los Estados Unidos?
3. ¿Qué leen, qué escuchan y qué miran los hispanos?
4. ¿Cómo se llaman las cadenas en español más importantes de los Estados Unidos?
5. ¿Qué medios de comunicación usan las grandes compañías para presentar sus anuncios comerciales? Menciona (*Mention*) un mínimo de tres.
6. ¿Lees libros en inglés de escritores hispanos? Si contestas que sí, ¿cuáles?
7. ¿Qué grupos o cantantes hispanos te gustan?

Escritura

ESTRATEGIA: Using Models

When beginning to think and write in a new language, a model can provide a format or framework to follow and give you ideas for organizing what you write. It is also useful for learning phrases and other ways to express yourself. Some phrases can be used without understanding the intricate grammatical relationship between all of the words. For example, by using such phrases along with what you already know in Spanish, you can raise the level of what you write.

Actividad 23 **Un email** **Parte A.** Look at Miguel's email in **Actividad 12** and answer these questions about the email's format.

1. The email is informal because it is addressed to Miguel's parents. What punctuation is used after the salutation, a comma or a colon?
2. What does he say in the closing of the email? To check what these words mean, see the drawings on page 62.
3. How do you write P.S. in Spanish?

Parte B. Using Miguel's email as a guide, write an email to your parents about your life at the university. Note the use of the expressions **bueno** and **gracias por los dólares** (**gracias por** + *article* + *noun*) at the end of the email.

Parte C. In your email, underline each subject pronoun (**yo, tú, él, ella,** etc.). Edit, omitting all of the subject pronouns that are not needed for clarity or emphasis, especially the pronoun **yo.**

Parte D. Rewrite your final draft, staple all drafts and your answers to **Parte A** together, and hand them in to your instructor.

Vocabulario esencial II

I. El físico y la personalidad: *Ser* + adjective

1. Es **alta.**
2. Es **baja.**
3. Es **mayor.**
4. Es **joven.**
5. Son **gordos.**
6. Son **delgados.** (Son **flacos.**)
7. Son **morenas.**
8. Son **rubias.**

Otros adjetivos

simpático/a nice
caro expensive
guapo/a good-looking ⎫
bonito/a pretty ⎭
bueno/a good
inteligente intelligent
grande large, big
largo/a long
nuevo/a new

antipático/a unpleasant; disagreeable
barato cheap (*in price*)
feo/a ugly
malo/a bad
estúpido/a, tonto/a stupid
pequeño/a small
corto/a short (*in length*)
viejo/a old

NOTE: Adjectives, including adjectives of nationality, agree in number and, in many cases, gender with the noun modified.

■ ■ ■ **Mayor** is generally used when describing people. **Viejo** is also used, but may have a negative connotation.

Actividad 24 ¿Cómo eres? Parte A. The following descriptive adjectives are cognates. Circle the four that best describe you and underline the four that least describe you.

activo/a	eccéntrico/a	informal	realista
ambicioso/a	egocéntrico/a	intelectual	religioso/a
arrogante	extrovertido/a	introvertido/a	reservado/a
artístico/a	formal	liberal	responsable
astuto/a	generoso/a	nervioso/a	serio/a
cómico/a	honesto/a	optimista	sociable
conservador/a	idealista	organizado/a	tímido/a
creativo/a	impaciente	paciente	tradicional
dinámico/a	indiferente	pesimista	tranquilo/a

Parte B. Talk with your partner and state what you think he/she is like. Follow the model.

> ■■■ A: Eres sociable, ¿verdad?
> B: Sí, es verdad. Soy (muy) sociable. / No, no soy sociable. / No, soy (muy) reservado.

Actividad 25 ¿Cómo son? **Parte A.** Describe the following people using one or two adjectives and say what they do for a living.

1. Donald Trump
2. Shakira y Christina Aguilera
3. Marge Simpson
4. Sean Combs
5. Quentin Tarantino
6. Matt Damon y Ben Affleck
7. Maya Angelou
8. Shaquille O'Neal

Parte B. In pairs, take turns describing people from the list below and have the person who is listening guess who it is. Use at least five adjectives to describe the person and three to say what he/she is not like.

> ■■■ Es... y... pero no es... También es...

Mujeres: Hillary Clinton, Beyoncé, Star Jones, Martha Stewart
Hombres: Bill Gates, Arnold Schwarzenegger, Snoop Dog, Mel Gibson

Actividad 26 ¿A quién describo? In pairs, take turns describing people in your class and have the other person guess who is being described. You may use adjectives that describe physical characteristics and personality traits.

II. Las emociones y los estados: *Estar* + adjective

1. Está **triste**.
2. Están **enamorados**.
3. Está **enojado**.
4. Está **enferma**.
5. Está **contento**.
6. Está **aburrida**.

Otros adjetivos

borracho/a drunk
cansado/a tired
preocupado/a worried

Online Study Center

To practice:
Do SAM Workbook and Web activities.

Actividad 27 **¿Cómo estoy?** In pairs, act out different adjectives and have your partner guess how you feel; then switch roles.

Actividad 28 **¿Cómo estás?** Discuss how you feel in the following situations. Follow the model.

> ▪▪▪ Tienes examen mañana. ⟶ Estoy preocupado/a.

1. El político habla y habla y habla.
2. Escuchas una explosión.
3. Tienes temperatura de 39° C (*102.2° F*).
4. Vas a sacar A en el examen de matemáticas.
5. No deseas hablar con tus amigos.
6. Tienes novio/a.
7. Un señor bebe mucho alcohol.
8. Voy a comprar un televisor bueno, bonito y barato.

Actividad 29 **¿Cómo están? ¿Cómo son?** Look at the drawing and answer the following questions.

1. ¿Cómo es él?
2. ¿Cómo es ella?
3. ¿Cómo está él?
4. ¿Cómo está ella?

Para escuchar

Hay familias... y... FAMILIAS

¿Por qué? Porque...	Why? Because . . .
No te preocupes.	Don't worry.

Teresa and Vicente have started going out together. Don Alejandro, Teresa's uncle, wants to meet Vicente to "check him out." Teresa is trying to convince Vicente to meet her uncle.

 Actividad 30 ¿Cómo es el tío de Teresa? Read through the following list. Then, while listening to the conversation, place a check mark beside the adjectives that apply to Teresa's uncle.

El tío de Teresa es:

_____ alto	_____ bajo
_____ moreno	_____ rubio
_____ delgado	_____ gordo
_____ simpático	_____ antipático
_____ pesimista	_____ optimista
_____ cómico	_____ serio
_____ liberal	_____ conservador

Actividad 31 Preguntas Listen to the conversation again, then answer the following questions.

1. ¿Adónde van a ir Teresa y Vicente el jueves antes de ir al cine?
2. ¿Con quién van a ir?
3. ¿Cómo está Vicente? ¿Por qué?
4. ¿Quiénes van a ir al cine de verdad: Teresa, su tío y Vicente o solo Teresa y Vicente?

Actividad 32 Justifiquen In pairs, alternate asking each other questions and justifying your responses. Follow the model.

- ■■■ A: ¿Por qué estudias aquí?
  B: Porque es una universidad buena. /
  Porque me gusta donde está. /
  Porque aquí tengo muchos amigos. /
  Porque es pequeña.

1. ¿Por qué estudias español?
2. ¿Por qué compras CDs de rock?
3. ¿Por qué tienes computadora?
4. ¿Por qué trabajas?
5. ¿Por qué vas a la biblioteca?

¿Lo sabían?

Since Teresa's parents are in Puerto Rico and her uncle is in Madrid, it is normal for him to consider her welfare an important responsibility. In the absence of a parent, it is common for young people to respect aunts or uncles as if they were their parents.

The word *family* has different connotations in different cultures. For Hispanics, the word **familia** suggests not only the immediate family, but also grandparents, uncles and aunts, as well as close and distant cousins.

 What does the word *family* mean to you?

▲ Una señora y su nieta (*grandchild*) en el Parque de Chapultepec, D. F.

Gramática para la comunicación II

I. Describing Yourself and Others: Adjective Agreement, Position of Adjectives, and *ser/estar* + Adjective

In Chapter 1, you learned how to express someone's nationality: **Carlos Santana es mexicano. Salma Hayek es mexicana. Ellos son mexicanos.** You learned that the endings of these words changed depending on whom you were describing. In this section you will review the rules and learn how they apply to all descriptive adjectives.

A. Adjective Agreement

■ ■ ■ Remember: Use a masculine plural adjective to refer to groups that include males and females.

1 ■ Adjectives that end in **-o** agree in gender (masculine/feminine) and in number (singular/plural) with the nouns they modify.

> **Francisco** es baj**o,** pero **Patricia** es alt**a.**
> **Ellos** son delgad**os** y **ellas** son delgad**as** también.

2 ■ Adjectives that end in **-e** or in a consonant only agree in number (singular/plural) with the nouns they modify.

> **Ella** está trist**e** y **ellos** también están trist**es.**
> **Camilo** no es liberal**.** **Ana y Elisa** tampoco son liberal**es.**

NOTE: j**o**ven → j**ó**venes (an accent is needed in the plural)

■ ■ ■ Remember: Professions and other nouns that end in **-ista** also have two forms only: **artista, artistas.**

3 ■ Adjectives that end in **-ista** ONLY agree in number with the nouns they modify.

> **Rafael** es real**ista** y **Emilia** es ideal**ista.**
> **Ellos** son optim**istas.**

B. Position of Adjectives

1 ■ Possessive adjectives and adjectives of quantity precede the noun they modify.

> **Mi novio** es dentista.* *My boyfriend is a dentist.*
> Tiene **tres televisores.** *He has three TV sets.*
> Bebe **mucha Inca Kola.** *He drinks a lot of Inca Kola.*
> Tiene **muchos amigos** y **pocas amigas.** *He has a lot of male friends and few female friends.*

***NOTE:** The indefinite articles (**un, una, unos, unas**—*a/an, some*) are used with occupations only when they are modified by an adjective:

> Mi padre es **ingeniero.**
> BUT: Mi padre es *un* **ingeniero** *fantástico.*

2 ■ Descriptive adjectives normally follow the nouns they modify.

> Tenemos un **examen importante** en la clase de literatura.

> *We have an important exam in literature class.*

▲ Inca Kola es una bebida peruana muy popular.

C. *Ser* and *estar* + Adjective

1 ■ Ser + *adjective* is used to describe *the being:* what someone or something *looks like* (physical description) or *is like* (personality traits).

Elena **es** alta y delgada.   *Elena is tall and thin.*
  (physical description)

También **es** inteligente y optimista.   *She is also intelligent and optimistic.*
  (personality traits)

NOTE: Remember that **ser** can also be used to identify a person (**Es Marta.**), to identify someone's occupation (**Es dentista.**), and to say where someone is from (**Es de Tegucigalpa. Es hondureña.**).

2 ■ Estar + *adjective* is used to describe *the state of being;* it indicates how people feel or describes a particular condition.

Elena **está** triste y preocupada.   *Elena is sad and worried.* (feeling)

Su novio siempre **está** borracho.   *Her boyfriend is always drunk.*
      (condition)

NOTE: Remember that **estar** can also be used to state location: **Estamos en la universidad.**

3 ■ Notice how the following adjectives convey different meanings depending on whether you use **ser** or **estar.**

ser	estar
Peter **es aburrido.** (personality: *Peter is boring.*)	Peter **está** muy **aburrido.** (feeling: *Peter feels/is bored.*)
Somos muy **listos.** (personality: *We are very clever.*)	**Estamos listos.** (condition: *We are ready.*)
Eres guapo. (physical description: *You are handsome.*)	**Estás guapo** hoy. (condition: *You look handsome today.*)

Actividad 33 ¿**Cómo son?** In pairs, find two women and two men in your class for each of the following characteristics: **alto, moreno, inteligente, rubio, optimista, simpático, cómico.**

■■■ Paula y Sara son altas. / Jason y Dave son altos.

Actividad 34 Descripción Describe the following characters from the textbook. Form logical sentences by rearranging the words given.

1. persona / Claudia / una / simpática / es
2. inteligente / estudiante / Teresa / una / Puerto Rico / es / de
3. tiene / computadoras / Vicente / dos
4. Juan Carlos / y / es / persona / optimista / una / sociable
5. amigos / tiene / Marisel / muchos
6. Don Alejandro / oficina / preocupado / en / tiene / problemas / la / está / porque / muchos

Actividad 35 **¿Adónde vas cuando...?** In pairs, ask your partner where he/she goes when in the following moods or situations. Follow the model.

> ■■■ A: ¿Adónde vas cuando estás enojado/a?
>
> B: Cuando estoy enojado/a, voy a mi habitación.

1. estar aburrido/a
2. tener que comprar café
3. tener que trabajar
4. estar enfermo/a
5. tener que estudiar
6. desear correr
7. estar contento/a
8. tener que comprar un periódico
9. estar preocupado/a
10. estar con tu novio/a

■■■ Listen, select the appropriate sentence, look your partner in the eye, and say the line.

Actividad 36 **Una conversación** In pairs, "A" covers Column B and "B" covers Column A. Carry on a conversation with your partner. You will need to enunciate very clearly and listen closely to select the appropriate questions from Column A and responses from Column B.

A	B
¿Estás triste?	No, estoy preocupado/a. Sí, hoy no tengo problemas en la oficina.
¿Por qué? ¿Tienes problemas? ¿Cuándo?	Sí, me gustaría. Sí, es mi padre.
¿Está enfermo? ¿Está enferma?	No, es simpático, joven y muy inteligente. Sí, está en el hospital.
¿Dónde está? ¿Va a ir al hospital?	En Miami y yo voy mañana. De Guadalajara.

Actividad 37 **Información detallada** Look at the following people and give the following information: **lugar donde están, descripción física, ocupación, acción/acciones que hacen generalmente, emociones/sensaciones ahora, qué hacen ahora.**

1.

2.

3.

Actividad 38 **¿Quién es?** **Parte A.** Read the following description and guess who is being described.

■■■ Es una persona famosa.
  Él es guapo, alto, delgado y artístico.
  Canta y baila bien.
  Habla español e inglés.
  Es puertorriqueño.
  Él vive la vida loca.
  ¿Quién es?

Parte B. In pairs, prepare a description of a famous man or a famous woman.

Parte C. Read your description to the class and have them guess who it is.

Actividad 39 **Tu amigo y su amiga** Read the following paragraph, then invent a story about a friend of yours and his girlfriend by completing the paragraph with the types of words indicated in parentheses. Remember that adjectives agree with the nouns they modify.

Mi amigo _____ es _____ y es _____.
  (nombre)   (nacionalidad)   (ocupación)
Tiene _____ años y es _____, _____
  (número)   (adjetivo)   (adjetivo)
y _____. _____ amigo tiene una amiga
  (adjetivo)   (adjetivo posesivo)
_____ que se llama _____. También es
  (adjetivo)   (nombre)
_____ y _____. Ellos son muy
  (adjetivo)   (adjetivo)
_____, pero están _____ porque _____.
  (adjetivo)   (adjetivo)   (¿?)

Actividad 40 **Biografía** **Parte A.** Interview your partner. Use these questions as a guide.

1. la persona
   ■ ¿Cómo te llamas, de qué nacionalidad eres y cuántos años tienes? ¿Por qué estás aquí (*here*)?

2. sus amigos
   ■ ¿Tienes muchos o pocos amigos? ¿Cómo son?
   ■ Si son estudiantes, ¿qué estudian? ¿Estudian mucho o poco?
   ■ Si trabajan, ¿qué hacen? ¿Dónde trabajan? ¿Trabajan mucho o poco?

3. actividades
   ■ ¿Qué te gusta hacer y con quién?
   ■ ¿Qué hacen Uds. los viernes y los sábados? ¿Adónde van?
   ■ ¿Estás contento/a cuando estás con tus amigos?

Parte B. Write a three-paragraph biographical sketch by answering the preceding questions.

■■■ Pay attention to accents and punctuation.

II. Discussing Actions in Progress: Present Indicative and Present Progressive

■■■ While watching TV, think about the actions taking place: **Están cantando**, **Jon Stewart está hablando**, etc.

In order to describe an action that is in progress at the moment of speaking, you use the present progressive in English (*I'm watching a movie on TV*). In order to describe an action in progress in Spanish you may use the present indicative (**Miro una película por televisión**) or the present progressive (**Estoy mirando una película por televisión**). The present progressive (**el presente continuo**) is formed as follows:

$$
\text{Form of } \textbf{estar} \quad + \quad
\begin{cases}
\underline{}\textbf{-ando} \\
\textbf{(-ar} \text{ verbs)} \\
\\
\underline{}\textbf{-iendo} \\
\textbf{(-er, -ir} \text{ verbs)}
\end{cases}
$$

$$
\left.
\begin{array}{l}
\text{estoy} \\
\text{estás} \\
\text{está} \\
\text{estamos} \\
\text{estáis} \\
\text{están}
\end{array}
\right\} \quad + \quad
\begin{array}{l}
\text{trabaj}\textbf{ando} \\
\text{com}\textbf{iendo} \\
\text{escrib}\textbf{iendo}
\end{array}
$$

NOTE:

1. For **-er** and **-ir** verbs whose stems end in a vowel, substitute a **-y-** for the **-i** of the **-iendo** ending: **leer → le** (verb stem) **→ le + iendo + leyendo.**

2. In English, the present progressive can also be used to talk about the future (*I'm watching a movie on TV tonight*). In contrast, the present progressive can *only* be used in Spanish for an action that is *happening at the moment* of speaking, an action that is actually taking place.

Online Study Center

To practice:
Do SAM Workbook and Lab, and Web activities.

Actividad 41 ¿Qué estoy haciendo? In groups of three, take turns miming actions and saying what the other person is doing. Follow the model.

■■■ A: (*walking around the room*) ¿Qué estoy haciendo?
B y C: Estás caminando.

Actividad 42 ¿Está Diana? In pairs, "A" calls on the phone to talk to someone, but the person is busy. "B" says what the person is doing. When finished, change roles. (Useful excuses include: **trabajar con su padre, hacer la tarea, escribir un trabajo, traducir un poema, comer, nadar en la piscina, hablar por el móvil**, etc.)

■■■ B: ¿Aló?
A: Buenos días. ¿Está Diana?
B: Sí, está, pero está estudiando con su profesor particular (*tutor*).
A: Ah, muchas gracias, adiós. / Ah, entonces llamo más tarde.

Actividad 43 Imagina In pairs, each person picks three drawings and uses his/her imagination to explain the following: **quiénes son, cómo son (físico y personalidad), qué están haciendo,** and **dónde están.**

Online Study Center
Do Web Search activities.

■■■ Son mis amigos Mike y Eric y son muy simpáticos. Mike es alto y delgado. Mike es de Miami y Eric es de Chicago. En la foto, ellos están esquiando en Vail. Mike esquía muy bien. Eric está aprendiendo y no le gusta mucho esquiar.

Vocabulario funcional

Lugares (*Places*)

la agencia de viajes	*travel agency*
el banco	*bank*
la biblioteca	*library*
la cafetería	*cafeteria*
la casa	*house, home*
el centro comercial	*mall, shopping center*
el cine	*movie theater*
la discoteca	*club, disco*
el edificio	*building*
la escuela/el colegio	*school*
la farmacia	*pharmacy, drugstore*
el gimnasio	*gym*
el hospital	*hospital*
la iglesia	*church*
la librería	*bookstore*
el museo	*museum*
la oficina	*office*
el parque	*park*
la piscina	*swimming pool*
la playa	*beach*
la plaza	*plaza, square*
el restaurante	*restaurant*
el supermercado	*supermarket*
el teatro	*theater*
la tienda	*store*
la universidad	*university*
¿Adónde vas/va?	*Where are you going?*
¿Con quién vas/va?	*With whom are you going?*
¿Dónde estás/está?	*Where are you?*
estar en + *lugar*	*to be in/at* + place

Verbos

-ar

desear	*to want, desire*
necesitar	*to need*

-er

establecer	*to establish*
hacer	*to do; to make*
poner	*to put, place*
traer	*to bring*
ver	*to see* (a thing)
ver a (alguien)	*to see* (someone)

-ir

producir	*to produce*
salir (con)	*to go out (with)*
salir de la/del + *lugar*	*to leave* + a place
traducir	*to translate*

La descripción

¿Cómo es? Personalidad — *Personality Traits*

aburrido/a	*boring*
antipático/a	*unpleasant, disagreeable*
bueno/a	*good*
estúpido/a	*stupid*
famoso/a	*famous*
inteligente	*intelligent*
joven	*young*
listo/a	*clever*

malo/a	*bad*
simpático/a	*nice*
tonto/a	*stupid*

¿Cómo es? Características físicas — *Physical Characteristics*

alto/a	*tall*
bajo/a	*short* (in height)
barato/a	*inexpensive, cheap* (in price)
bonito/a	*pretty*
caro/a	*expensive*
corto/a	*short* (in length)
delgado/a	*thin*
feo/a	*ugly*
flaco/a	*skinny*
gordo/a	*fat*
grande	*large, big*
guapo/a	*good-looking*
largo/a	*long*
mayor	*old* (literally: *older*)
moreno/a	*brunet/te; dark-skinned*
nuevo/a	*new*
pequeño/a	*small*
rubio/a	*blond/e*
viejo/a	*old*

¿Cómo está? Adjetivos con *estar*

aburrido/a	*bored*
borracho/a	*drunk*
cansado/a	*tired*
contento/a	*happy*
enamorado/a	*in love*
enfermo/a	*sick*
enojado/a	*angry, mad*
listo/a	*ready*
loco/a	*crazy*
preocupado/a	*worried*
solo/a	*alone*
triste	*sad*

Palabras y expresiones útiles

antes	*before*
demasiado (*adv.*)	*too much*
después	*after*
la familia	*family*
la gente	*people*
me/te/le... gustaría	*I/you/he/she. . . would like*
muchos/as	*many*
muy	*very*
No te preocupes.	*Don't worry.*
No tengo idea. / Ni idea.	*I have no idea.*
otro/a	*other; another*
poco/a/os/as (*adj.*)	*not much, not many, few*
poco (*adv.*)	*a little*
¿Por qué?	*Why?*
porque	*because*
si	*if*
siempre	*always*
solo	*only*
el tío	*uncle*
todos los días	*every day*

4 ¿Tarde o temprano?

➤ Federico Fahsen, experto en la cultura maya, y Paula Torres, arqueóloga guatemalteca, limpian un relieve (*relief*) arqueológico maya.

Chapter Objectives

- Discussing daily routines
- Identifying parts of the body
- Talking about who and what you and others know and don't know
- Telling what the weather is like
- Stating the date

¿Qué saben?

1. ¿Qué significa la palabra **precolombina**: antes o después de 1492?
2. ¿Saben en qué países hay ruinas aztecas, mayas o incaicas? ¿En qué países están Tenochitlán, Tikal y Machu Picchu?
3. ¿Quién conquistó (*conquered*) el imperio azteca? ¿Y el imperio incaico?

Para escuchar

Noticias de una amiga

◄ Un hombre hace andinismo en una montaña muy rocosa de los Andes peruanos. ¿Te gustaría hacer andinismo?

¡Qué + *adjective!*	How + *adjective!*
¡Qué inteligente!	How intelligent!
hay	there is/there are
deber + *infinitive*	ought to/should/must + *verb*
debe ser	ought to/should/must be

José Manuel, un arqueólogo venezolano que está trabajando en Perú, recibe un email de España de su amiga Marisel. José Manuel comenta el email con Rafael, otro arqueólogo venezolano.

 Actividad *1* **¿Cierto o falso?** Lee las siguientes oraciones. Mientras escuchas la conversación, escribe **C** si la oración es cierta y **F** si la oración es falsa.

1. _____ Rafael no conoce a Marisel.
2. _____ Marisel es arqueóloga.
3. _____ José Manuel trabaja como voluntario.
4. _____ Marisel tiene una foto de José Manuel.
5. _____ José Manuel practica andinismo.

 Actividad *2* **El email** Después de escuchar la conversación otra vez, contesta estas preguntas.

1. ¿De dónde es Marisel y dónde está?
2. ¿Qué estudia?
3. ¿Por qué dice Rafael que José Manuel tiene un corazón grande?
4. ¿Por qué dice Marisel que José Manuel tiene que afeitarse?
5. ¿Por qué dice Marisel que José Manuel va a tener un accidente?
6. En tu opinión, ¿está loco José Manuel?
7. ¿Te gustaría hacer andinismo?

Actividad 3 La familia de tu compañero/a En parejas (*pairs*), averigua (*find out*) qué ocupaciones tiene la familia de tu compañero/a. Sigue (*Follow*) el modelo.

▪▪▪ A: ¿Hay geólogos en tu familia?
B: Sí, hay dos geólogos. / No, no hay.

Actividad 4 Los comentarios Caminas por la calle (*street*) y ves a diferentes personas. Haz un comentario (*Make a comment*) sobre ellas.

▪▪▪ Lucy Liu → ¡Qué bonita!

Robin Williams, Shaquille O'Neal, Angelina Jolie, Justin Timberlake, Ruben Studdard, Britney Spears, Michael Moore, Jennifer López, Gael García Bernal, ¿ ?

Vocabulario esencial I

I. Las partes del cuerpo (*Parts of the Body*)

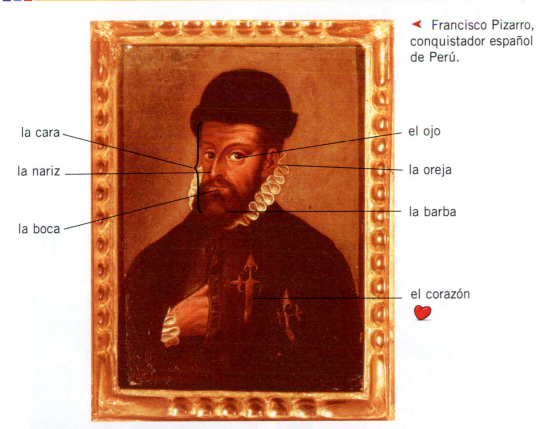

◄ Francisco Pizarro, conquistador español de Perú.

la cara
la nariz
la boca

el ojo
la oreja
la barba
el corazón

Otras partes del cuerpo

el bigote/los bigotes mustache
los dientes teeth
los labios lips

la lengua tongue
el oído inner ear
el pelo hair

▪▪▪ Some speakers say **Él tiene bigotes.** Others say **Él tiene bigote.**

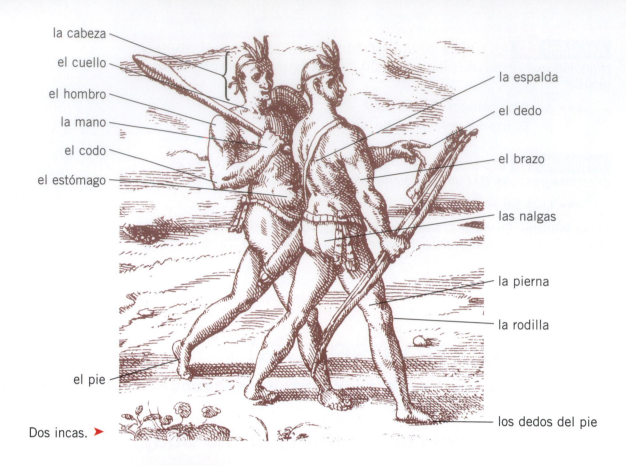

la cabeza
el cuello
el hombro
la mano
el codo
el estómago

la espalda
el dedo
el brazo
las nalgas
la pierna
la rodilla

el pie

los dedos del pie

Dos incas. ➤

Actividad 5 Asociaciones En grupos de tres, digan qué partes del cuerpo asocian Uds. con estas personas o productos.

Herbal Essence y Suave
Leggs y No Nonsense
el príncipe Carlos de Inglaterra
y Dumbo
Kleenex
Venus de Milo

Crest y Colgate
Reebok y Puma
Visine
Fidel Castro, ZZ Top y Santa Claus
Mick Jagger y Revlon

Actividad 6 Las estatuas incaicas Parte A. En parejas, identifiquen las partes del cuerpo que tienen las siguientes figuras precolombinas.

➤ Figuras precolombinas,
Museo del Oro, Bogotá.

Parte B. Ahora diseñen en un papel su propia (*own*) figura exótica (puede ser de una civilización de otro planeta). Luego descríbansela (*describe it*) al resto de la clase.

■■■ Nuestra figura tiene tres cabezas y dos manos. En una mano tiene cuatro dedos largos. Tiene pelo corto. Es alta y...

¿Lo sabían?

Cada idioma (*language*) tiene sus dichos (*sayings*) y proverbios, y el español tiene muchos. Algunos están relacionados con las partes del cuerpo.

¡Ojo!	*Watch out!; Careful!*
Ojo por ojo y diente por diente.	*An eye for an eye and a tooth for a tooth.*
Tengo la palabra en la punta de la lengua.	*I have the word on the tip of my tongue.*
Habla hasta por los codos.	*He/She runs off at the mouth.*

¿? ¿Cuáles de estas expresiones usas en las siguientes situaciones?
1. Tienes un amigo que habla y habla y habla.
2. Estás en un carro con una amiga y ves a un policía.
3. Un delincuente tiene que pasar tres años en la prisión.
4. Necesitas usar una palabra, pero no puedes recordarla (*can't remember it*) en este momento.

II. Acciones reflexivas

1. cepillarse los dientes
2. lavarse las manos
3. peinarse
4. cepillarse el pelo
5. afeitarse
6. ducharse
7. ponerse la ropa
8. quitarse la ropa

Otras acciones reflexivas

bañarse to bathe
levantarse to get up

maquillarse to put on makeup

Online Study Center

To practice: Do SAM Workbook and Web activities.

peinarse, bañarse, afeitarse, levantarse, cepillarse los dientes, ponerse la ropa

Actividad *8* **Relacionen** Relaciona cada (*each*) acción reflexiva con una o más partes del cuerpo.

afeitarse	los ojos
lavarse	las manos
peinarse	la barba
maquillarse	el pelo
cepillarse	los labios
	los dientes
	las piernas
	la cara

Actividad *9* **La rutina de los famosos** En parejas, digan qué cosas de la lista les gusta y no les gusta hacer a las siguientes personas famosas: Oprah Winfrey, Paris Hilton, Bill Clinton y Tiger Woods. Usen la imaginación.

bañarse en un jacuzzi
afeitarse los fines de semana
ponerse ropa sexy
lavarse las manos después de estar con el público
maquillarse con productos de Mary Kay
ponerse sombreros elegantes
levantarse temprano los sábados
peinarse con frecuencia

Gramática para la comunicación I

I. Describing Daily Routines: Reflexive Verbs

■■■ As you do these activities every day, practice Spanish by saying what you are doing: **Me lavo las manos con jabón.** (etc.) Remember: idle time = study time.

To describe some actions that you usually do, you can use reflexive verbs (**verbos reflexivos**). A reflexive verb is used when the subject does an action to himself or herself. Study the difference between these three drawings.

Ella lava el carro.
(She performs
the action.)

Él se ducha.
(He performs and
receives the action.)

Él se lava las manos.
(He performs and
receives the action.)

1 ■ In order to use reflexive verbs, you need to know the reflexive pronouns.

levantarse *(to get up)*	
(yo) **me** levant**o**	(nosotros/as) **nos** levant**amos**
(tú) **te** levant**as**	(vosotros/as) **os** levant**áis**
(Ud., él, ella) **se** levant**a**	(Uds., ellos, ellas) **se** levant**an**

Me levant**o** temprano.	*I get up early.*
Él **se** cepill**a** los dientes*	*He brushes his teeth after he eats.*
después de comer.	
Nos duch**amos** por la mañana.	*We take a shower in the morning.*

*NOTE: As a general rule, use definite articles with parts of the body: *He washes his hands* = **Se lava las manos.**

2 ■ The reflexive pronoun precedes a simple conjugated verb form.

Todos los días **me** levant**o** temprano.   *I get up early every day.*

3 ■ When there is a *conjugated verb + infinitive* or *+ present participle* (words ending in **-ando/-iendo**), the reflexive pronouns (**me, te, se, nos, os, se**) either precede the conjugated verb or follow attached to the infinitive or the present participle.

Mañana **me voy** a levantar tarde. ⎱	*Tomorrow, I'm going to get up late.*
Mañana voy a **levantarme** tarde. ⎰	
Me estoy lavando el pelo. ⎱	*I'm washing my hair.*
Estoy **lavándome*** el pelo. ⎰	

*NOTE: When the pronoun is attached to the present participle, a written accent is needed. For accent rules, see Appendix B.

Actividad 10 **La familia Rosado** Di qué hace la familia Rosado un día típico por la mañana. Usa la imaginación para decir la ocupación de cada persona y qué hace durante el día. Sigue el modelo.

■■■ Por la mañana el padre... Es... y trabaja mucho. Lee muchos libros y...

■■■ Remember: **Me voy a levantar temprano. / Voy a levantarme temprano.**

Actividad *11* **¿Qué vas a hacer?** Di qué vas a hacer con estas cosas.

1. un peine
2. una bañera (*bathtub*)
3. un cepillo de dientes
4. una ducha
5. una máquina de afeitar
6. un jabón

Actividad *12* **Nuestra rutina** **Parte A.** En parejas, digan qué tienen que hacer los estudiantes universitarios un día típico en su residencia o apartamento por la mañana.

■■■ Nosotros tenemos que levantarnos... / Nosotros nos tenemos que levantar...

Parte B. Ahora describan la rutina de los estudiantes universitarios los sábados.

■■■ Los sábados nos levantamos tarde y...

Actividad *13* **Los productos de tu compañero/a** **Parte A.** En parejas, háganle preguntas a su compañero/a para saber qué productos usa. Sigan el modelo.

■■■ A: ¿Con qué jabón te lavas las manos?
B: Me lavo las manos con jabón Dove.

1. pasta de dientes / cepillarse los dientes
2. jabón / ducharse
3. crema de afeitar / afeitarse
4. lápiz de labios / maquillarse
5. jabón / lavarse la cara
6. champú / lavarse el pelo

Parte B. Ahora escribe individualmente un mínimo de dos oraciones para comparar qué productos usas tú y qué productos usa tu compañero/a. Luego comparte (*share*) la información con el resto de la clase.

■■■ Jasmine y yo nos lavamos con jabón Dove. Ella se cepilla los dientes con Crest, pero yo me cepillo con Tom's.

Actividad *14* **Un anuncio comercial** En parejas, escriban el guion (*script*) de un anuncio comercial para una persona famosa. Escojan (*Pick*) un producto de la lista que sigue.

■■■ el maquillaje de Cover Girl / Anna Kournikova / maquillarse
Soy una persona práctica. Tengo mucho dinero, pero no es importante. El maquillaje de Cover Girl es bueno, bonito y barato. Y cuando me maquillo con Cover Girl, tengo ojos y labios perfectos. Cover Girl, el maquillaje de hoy. Cover Girl, mi maquillaje y tu maquillaje. Cover Girl, para mí y para ti.

1. una cama Serta / Homero Simpson / levantarse
2. el jabón Ivory / Lance Armstrong / lavarse, ducharse
3. la pasta de dientes Colgate / Julia Roberts / cepillarse
4. la crema de afeitar Gillette / Mel Gibson / afeitarse
5. el champú Paul Mitchell / Penélope Cruz / lavarse

II. The Personal *a*

1 ▪ You already know three uses of the word **a:**

ir **a** + *infinitive*	Mañana, por la tarde, **voy a estudiar** con Viviana.
ir **a** + *place*	Pero por la noche, **voy al cine** con Alberto.
a mí/ti/él/ella/etc.	**A Juan** y **a mí** nos gustan las películas de acción.

2 ▪ Another use of the word **a** is the *personal* **a,** which is used when someone does an action to another person (when the other person is a direct object). Notice that the first three examples that follow contain the *personal* **a** because, in each case, Maricarmen is looking at a person. The fourth example does not contain the *personal* **a** because Maricarmen is looking at an object.

Maricarmen mira **a** Juan.
Maricarmen mira **al** Sr. López.
Maricarmen mira **a la** profesora.
BUT: Maricarmen mira una foto.

NOTE: 1. **Tener** does not normally take the *personal* **a: Tengo un amigo.**
2. Remember to use **el, la, los,** or **las** with titles such as **Sra., Dr.,** etc., when speaking about the person. Also remember **a** + **el** = **al.**

Online Study Center

To practice:
Do SAM Workbook and Web activities.

Actividad 15 José Manuel en Perú Completa esta historia (*story*) sobre José Manuel con **a, al, a la, a los** o **a las** solo si es necesario.

_____ José Manuel le gusta mucho trabajar como voluntario en Perú. Tres días por semana va _____ visitar _____ unos niños que no tienen _____ padre o madre. Siempre lleva _____ libros para leer con ellos. Los jueves lleva _____ dos o tres niños para ver _____ Dr. Covarrubias, un médico que trabaja para Médicos sin Fronteras. Todos los domingos por la noche él llama _____ sus padres por teléfono a Venezuela y les describe _____ su trabajo de arqueología. Los fines de semana generalmente va _____ escalar una montaña o _____ visitar _____ un pueblo diferente. También visita _____ sus amigos en Cuzco. José Manuel tiene _____ un amigo que se llama Rafael. _____ su amigo le gustaría ir _____ lago Titicaca pues es muy bonito. Pero esta semana ellos van a ir _____ ruinas incaicas de Machu Picchu para trabajar en un proyecto.

¿Lo sabían?

El lago Titicaca, entre Bolivia y Perú, es el lago navegable más alto del mundo y tiene más o menos 8.300 km cuadrados (3.025 millas cuadradas). El lago tiene una biodiversidad bastante importante; entre su flora existe la totora, una planta similar al papiro (*papyrus*) de Egipto. Puede medir hasta siete metros de alto (23 pies). Los uros, nativos de la zona, usan la totora para construir embarcaciones y casas y también como alimento que forma parte de su dieta. Curiosamente, los uros también hacen islas (*islands*) flotantes de totora y construyen sus casas en esas islas. Hoy día, más o menos 300 familias habitan unas 200 islas flotantes en el lago Titicaca.

¿? ¿Estas embarcaciones son similares a qué embarcaciones famosas? Busca en Google el nombre *Thor Heyerdahl* y la palabra *Kon-Tiki* para leer una teoría sobre los posibles viajes de personas precolombinas de Suramérica.

▲ Una embarcación de totora en el lago Titicaca entre Bolivia y Perú.

Actividad 16 La rutina Parte A. Mira las siguientes actividades y completa los espacios en blanco con **a, al, a la, a las** o **a los** si es necesario.

nombre

1. levantarse temprano los domingos _____
2. ducharse por la mañana _____
3. afeitarse _____ la cara todos los días _____
4. ir _____ gimnasio un mínimo de tres días por semana _____
5. ver _____ su novio/a todos los días _____
6. llamar _____ sus amigos todos los días por el móvil _____
7. ir _____ cine todas las semanas _____
8. visitar _____ sus padres los fines de semana _____
9. mirar _____ películas románticas _____
10. cepillarse _____ los dientes dos veces (*times*) por día _____
11. ir _____ tiendas de un centro comercial los domingos _____
12. caminar _____ supermercado para comprar comida (*food*) _____

Parte B. Ahora camina por la clase y pregúntales a tus compañeros si hacen las actividades de la **Parte A**. Si un/a compañero/a dice sí, escribe su nombre.

Nuevos horizontes

Lectura

ESTRATEGIA: Predicting

Predicting helps you start to think about the theme of a selection before you read it. You can predict or guess what a selection will be about by looking at the title, photos or illustrations, and subtitles, as well as by recalling what you know about the topic itself before you actually read the text.

In the following section, you will read some information about Peru. Many words or expressions that you may not understand will be used, but by predicting, guessing meaning from context, and using your knowledge of cognates and the world, you will comprehend a great deal of information.

■■■ The purpose of this activity is to get you to think about the topic. Do it prior to reading.

Actividad 17 ¿Qué sabes de Perú? Antes de (*Before*) leer sobre Perú, contesta las siguientes preguntas sobre ese país. Si es necesario, mira el mapa de Suramérica al final del libro.

1. ¿Dónde está Perú?
2. ¿Cuál es la capital de ese país?
3. ¿Qué países limitan con (*border*) Perú?
4. ¿Qué es Machu Picchu?
5. ¿Quiénes son los incas?

Actividad 18 Lee y adivina Marisel recibe este libro con una nota de José Manuel. Contesta las siguientes preguntas.

1. Lee la nota de José Manuel. ¿Qué tipo de libro es? ¿Cuál es la parte que tiene que leer Marisel?
2. Lee el título en la página siguiente. ¿Qué información tiene esta parte de la guía (*guidebook*)?
3. Ahora lee los cuatro subtítulos. ¿Qué información tiene cada sección?

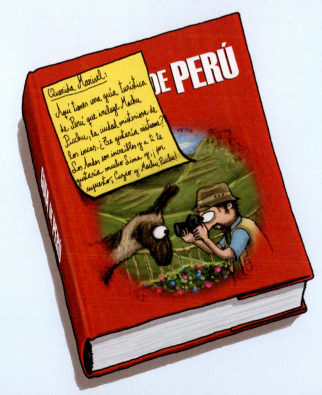

Machu Picchu:
El lugar misterioso de los incas

Historia de Machu Picchu

En los Andes, a unos 2.400 metros de altura está Machu Picchu, la ciudad sagrada[1] de los incas, que el arqueólogo norteamericano de la Universidad de Yale, Hiram Bingham, descubrió en
5 1911. Según una versión de la historia de Machu Picchu, los incas construyeron la ciudad en una montaña para defender a las Mujeres Sagradas, esposas de su dios[2] el Sol. Pero hoy día los expertos opinan que fue un refugio para
10 la clase alta. En ese lugar, Bingham y otros arqueólogos descubrieron diez esqueletos de mujer por cada esqueleto de hombre.

Arquitectura

Machu Picchu es la construcción más perfecta de los incas. Las ruinas de la ciudad sagrada
15 tienen bloques enormes de granito blanco colocados perfectamente y sin[3] cemento. Los arqueólogos no comprenden cómo los incas construyeron esa ciudad tan perfecta sin tener la rueda,[4] el hierro[5] ni el cemento.

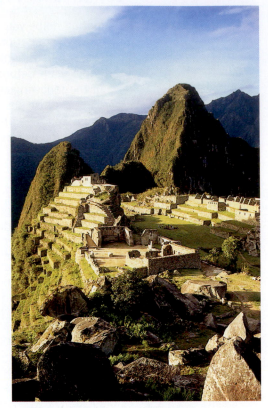

▲ Machu Picchu, la ciudad sagrada de los incas en Perú.

Cuzco, ciudad imperial

20 Para visitar Machu Picchu, muchos turistas pasan por Cuzco, la capital del Imperio Incaico. Cuzco fue construida por Manco Cápac, el primer emperador de los incas. Todavía hoy en día, muchos de los
25 habitantes de Cuzco son descendientes de los incas; mantienen sus costumbres y hablan quechua, la lengua incaica.

Cómo llegar a Machu Picchu

Cuzco es la ciudad más cercana a Machu Picchu. Por eso, la mayoría de los turistas
30 visitan la ciudad primero y después van a Machu Picchu. Para ir de Cuzco a Machu Picchu hay tres opciones:

▲ Una indígena peruana con su bebé.

1 *sacred*   2 *god*   3 *without*   4 *wheel*   5 *iron*

■ Salir en tren y hacer un viaje de unos 120 kilómetros y después tomar un autobús a Machu
35 Picchu. El viaje dura más o menos cuatro horas. Esta es la opción más usada por los turistas.

40 ■ Hacer trekking por la ruta de "Camino del Inca". Si uno camina por esa ruta,

45 tarda cuatro días en llegar. La experiencia es increíble, pero solo es para personas a quienes les gustan las aventuras.

■ Ir en helicóptero y después en autobús. El viaje es de un poco más de una hora y es posible ver vistas magníficas, pero no es posible ver Machu
50 Picchu desde el helicóptero.

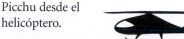

Actividad 19 **¿Cierto o falso?** **Parte A.** Después de leer sobre Machu Picchu, escribe **C** si la información es cierta y **F** si es falsa. Corrige (*Correct*) las oraciones falsas.

■ ■ ■ You will read excerpts from Spanish-language Internet pages about Machu Picchu and Peru at the end of Ch. 4 in the SAM Workbook.

1. _____ Machu Picchu es la capital de los incas.
2. _____ Machu Picchu está en Lima.
3. _____ Un arqueólogo de los Estados Unidos descubrió Machu Picchu en 1911.
4. _____ Las construcciones de la ciudad tienen cemento.
5. _____ La lengua de los incas es el quechua.
6. _____ Las personas de Cuzco no hablan quechua.
7. _____ Para visitar Machu Picchu, muchos turistas van a Cuzco primero.

Parte B. Contesta estas preguntas.

1. Hay tres maneras de viajar de Cuzco a Machu Picchu. ¿Cuáles son?
2. ¿Cuál de las tres formas te gustaría utilizar y por qué?
3. ¿Es interesante el trabajo de un arqueólogo?
4. ¿Hay una construcción misteriosa, única o interesante en tu país? ¿Cuál es?

Escritura

ESTRATEGIA: Brainstorming and Outlining

Brainstorming and outlining can help you better organize and plan your writing. The first step is to brainstorm ideas; you should jot down everything that comes to mind. The next step is usually outlining. An outline is an organized list of what you plan to write. When you brainstorm and outline, it is important to write in Spanish so that you don't try to say things that you have not studied yet. An outline for the first two parts of the guidebook selection on Machu Picchu may be as follows.

I. Historia de Machu Picchu
   1. Andes, 2.400 metros de altura
   2. Bingham 1911
   3. Mujeres Sagradas
   4. Refugio de la clase alta
II. Arquitectura de Machu Picchu
   1. granito blanco
   2. sin cemento; sin la rueda; sin hierro

Actividad 20 **Un día típico** **Parte A.** Brainstorm a list of things you do in a typical day and a list of things you do with your friends for fun. Remember to write in Spanish.

Parte B. Create an outline in Spanish, using the following headings. Add specific details under each one using items you brainstormed in **Parte A** and any other details you want to add.

1. descripción de quién eres y cómo eres
2. qué haces un día típico (incluye acciones reflexivas y otras acciones)
3. descripción de tus amigos
4. qué hacen tú y tus amigos en su tiempo libre

Parte C. Write a four-paragraph composition based on your outline.

Parte D. Double check to see if:

- you use words like **por eso, y, también,** and **pero** to connect ideas and enrich the interest level. If you don't, add them now.

- all verbs agree with their subjects, all adjectives agree with the nouns they modify, all articles (**el/la, un/una,** etc.) agree with the nouns they modify. If they don't, fix them now.

- you use the *personal* **a** if you have a sentence where the direct object is a person. If you don't, add it now.

Parte E. Rewrite your description, staple it to your rough draft—also including the brainstorming and outline created in **Partes A** and **B**—and hand them in to your instructor.

■ ■ ■ When several items are listed in Spanish, there is no comma before **y: Estudio historia, sociología y español.**

Vocabulario esencial II

I. Los meses, las estaciones y el tiempo (*Months, Seasons, and the Weather*)

Un año en el hemisferio sur

El verano

En diciembre hace sol.

En enero hace calor.

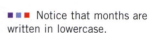

En febrero llueve.

■■■ Notice that months are written in lowercase.

El otoño

En marzo está nublado.

En abril hace fresco.

En mayo hace mal tiempo.

■■■ Treinta días trae noviembre, con abril, junio y septiembre; de veintiocho solo hay uno y los demás de treinta y uno.

El invierno

En junio hace frío.

En julio nieva.

En agosto hace viento.

La primavera

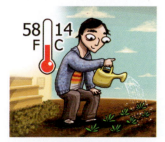

En septiembre hace fresco.

En octubre hace buen tiempo.

En noviembre hace sol.

■■■ Months: **septiembre** or **setiembre**.

Expresiones relacionadas con el tiempo

centígrados   centigrade/Celsius
Está a _____ grados (bajo cero).   It's _____ degrees (below zero).
la temperatura   temperature
¿Qué tiempo hace?   What's the weather like?
Está lloviendo/nevando.   It's raining/snowing.
Va a llover/nevar.   It's going to rain/snow.

¿Lo sabían?

En los países que están al sur de la línea ecuatorial (*equator*), las estaciones no son en los mismos meses que en los Estados Unidos y Canadá. Por ejemplo, cuando es invierno en el hemisferio norte, es verano en Uruguay; por eso, en el hemisferio sur hace calor en la Navidad (*Christmas*). Hay clases desde marzo, en el otoño, hasta noviembre o diciembre, el final de la primavera. En los países que están cerca de la línea ecuatorial, no hay mucha diferencia de temperatura entre las estaciones. Por ejemplo, en países como Colombia la temperatura cambia según (*according to*) la altura: hace calor en la costa y hace fresco o frío en las montañas.

¿? Mira el mapa de Suramérica en tu libro. ¿Dónde hace más calor, en Cartagena o en Bogotá que está más cerca (*closer*) de la línea ecuatorial? ¿En qué estación están en Chile ahora? ¿Y en España?

II. Las fechas (*Dates*)

■ ■ ■ For practice, say dates that are important to your family: birthdays, anniversaries, etc.

Online Study Center

To practice: Do SAM Workbook and Web activities.

—**¿Qué fecha es hoy?**   What is the date today?
—**Hoy es el 20 de octubre.***   Today is October 20th.

—**¿Cuándo es la fiesta de cumpleaños?**   When is the birthday party?
—**Es el 21 de marzo.***   It's on March 21st.

***NOTE:** **El primero** de enero, pero **el dos/tres/cuatro**... de enero.

Actividad **21** **El pronóstico**   Trabajas para la radio. Lee el pronóstico del tiempo para Santiago de Chile, y luego mira el gráfico de la página 107 y prepara el pronóstico para Lima, Perú.

Hoy es el lunes 4 de enero y en Santiago de Chile hace calor y está lloviendo. La temperatura está a 27 grados. El martes la temperatura máxima va a estar a 28 grados y la mínima a 20. ¡28 grados! Va a hacer calor y no va a hacer viento. El miércoles va a llover y va a hacer fresco.

Lima		
hoy	mañana	pasado mañana

Viento	18 Km/h		Viento	5 Km/h		Viento	20 Km/h
Precipitaciones	—		Precipitaciones	—		Precipitaciones	70%
Temperatura máx.	26°		Temperatura máx.	25°		Temperatura máx.	20°
Temperatura mín.	19°		Temperatura mín.	18°		Temperatura mín.	16°

■■■ To give a weather forecast, use the present tense (**llueve**) or present progressive (**está lloviendo**) to discuss present conditions, and use **ir a** + *infinitive* to forecast future weather conditions (**va a llover**).

Actividad 22 **Las celebraciones** **Parte A.** En parejas, pregúntenle a su compañero/a en qué mes o fecha son estas celebraciones.

> ■■■ A: ¿Cuándo es el Día de San José?
>
>   B: Es el 19 de marzo.

1. el día de San Valentín
2. el día de la Independencia de los Estados Unidos
3. el día de San Patricio
4. la Navidad
5. el día de Año Nuevo
6. las próximas (*next*) vacaciones de la universidad

■■■ vacation = **vacaciones** (In Spanish, the plural is used.)

Parte B. Ahora, di (*say*) qué tiempo hace generalmente en esas fechas y qué haces tú esos días.

> ■■■ Como el día de San Valentín es el _____ de _____, generalmente hace _____. Ese día yo me baño, me afeito por la noche y me pongo agua de colonia y salgo con...

Actividad 23 **Feliz cumpleaños** **Parte A.** Averigua el cumpleaños de un mínimo de diez compañeros y apunta (*jot down*) la fecha de cada uno. Escribe la fecha en español. ¡Ojo! En español 3/4 = el 3 de abril.

■■■ It is possible to write the month in Roman or Arabic numerals:
3/IV/07 = 3/4/07

Parte B. Contesta estas preguntas sobre tus compañeros.

1. ¿Quién cumple años en la primavera? ¿Y en el otoño?
2. ¿Quién cumple años en octubre? ¿Y en agosto?
3. ¿Quién va a celebrar su cumpleaños pronto?
4. ¿Quién celebra su cumpleaños cuando hace frío? ¿Y cuando hace calor?
5. ¿Quién es del signo del zodíaco Virgo? ¿Y Acuario?

■■■ **Mi cumpleaños** = My birthday
Mis cumpleaños = My birthday**s**

Para escuchar

El mensaje telefónico

➤ Libros a la venta en una librería de Costa Rica. ¿Conoces algunos de los escritores o títulos?

¿podrías + *infinitive*?	could you . . . ?
¿Podrías ir tú?	Could you go?
Un millón de gracias.	Thanks a million.

Teresa está trabajando en la agencia de viajes de su tío y escucha un mensaje telefónico.

 Actividad 24 Deje su mensaje Lee las siguientes preguntas. Luego, escucha el mensaje y contesta las preguntas.

1. ¿De quién es el mensaje telefónico?
2. Teresa tiene que hacer dos cosas, ¿cuáles son?
   a. llevar un paquete (*package*) a una librería
   b. hacer una reserva para Federico de Rodrigo
   c. trabajar en la sección de arte de la librería
   d. comprar un libro para Federico de Rodrigo

 Actividad 25 Preguntas Escucha el mensaje otra vez y contesta estas preguntas.

1. ¿Cómo se llama la librería y dónde está?
2. Teresa tiene dos opciones para ir a la librería; ¿cuáles son?
3. ¿Adónde le gustaría ir al Sr. de Rodrigo y con quiénes? ¿Van a ir de vacaciones o es un viaje de trabajo?
4. ¿En qué sección de la librería trabaja el Sr. de Rodrigo?
5. ¿Cómo se llama el libro que Teresa tiene que comprar? ¿Es sobre turismo, geografía, arte o historia?
6. ¿Por qué es interesante ese libro?
   a. Un conquistador español escribe sobre los incas.
   b. Una persona con sangre (*blood*) incaica escribe sobre los incas.

- - - A: ¿Podrías comprar champú?
    B: ¡Por supuesto! / No puedo, tengo que estudiar.

Gramática para la comunicación II

I. Talking About Who and What You Know: *Saber* and *conocer*

Both **saber** and **conocer** mean *to know*, but they are used to express very different kinds of knowledge in Spanish.

A. *Saber*

1 ▪ **saber** + *infinitive* = to know how to do something

yo	**sé**	nosotros	sabemos
tú	sabes	vosotros	sabéis
él		ellos	
ella	sabe	ellas	saben
Ud.		Uds.	

Claudia **sabe** toca**r** el saxofón.	*Claudia knows how to play the saxophone.*
Juan Carlos **sabe** esquia**r**.	*Juan Carlos knows how to ski.*
Yo **sé** baila**r** tango.	*I know how to dance the tango.*

2 ▪ **saber** + *factual information* = to know something/information

Teresa **sabe** el número de teléfono de la librería.	*Teresa knows the bookstore's telephone number.*
¿**Sabes** dónde* está La Casa del Libro?	*Do you know where the "Casa del Libro" is?*
No **sé** si* el libro es bueno.	*I don't know if the book is good.*
Ellos **saben** quién* es el Inca Garcilaso de la Vega.	*They know who the Inca Garcilaso de la Vega is.*

***NOTE:** Words like **si** and question words like **quién, dónde,** and **cuándo** are always preceded by **saber.**

Entonces, Mario, ¿vamos a conocer tu universidad?

B. *Conocer*

1 ■ **conocer** + *place/thing* = to be familiar with places and things

yo	cono**zco**	nosotros	conocemos
tú	conoces	vosotros	conocéis
él ella Ud.	conoce	ellos ellas Uds.	conocen

Teresa no **conoce** Perú.
¿**Conoce** ella el libro *Los comentarios reales* del Inca Garcilaso de la Vega?

Teresa doesn't know Peru.
Does she know the book The Royal Commentaries by the Inca Garcilaso de la Vega?

2 ■ **conocer a** + *person* = to know a person

Federico **conoce al** tío de Teresa.

Federico knows Teresa's uncle.

—Teresa, ¿**conoces a** Federico de Rodrigo?
—Sí, **conozco a**l Sr. de Rodrigo.

Teresa, do you know Federico de Rodrigo?
Yes, I know Mr. de Rodrigo.

Actividad 27 ¿Sabes esquiar? Parte A. Di un mínimo de ocho cosas que la gente sabe hacer. Por ejemplo: hablar francés o bailar salsa. Tu profesor va a escribir las acciones en la pizarra.

Parte B. En parejas, túrnense (*take turns*) para hacerse preguntas y ver cuántas de las cosas que están en la pizarra sabe hacer la otra persona.

■■■ ¿Sabes hablar francés?
    Sí, sé hablar francés. / No, no sé hablar francés.

Actividad 28 Sí, lo sé En parejas, túrnense para averiguar cuánto saben.

■■■ cuántos años tiene nuestro/a profesor/a
    ¿Sabes cuántos años tiene nuestro/a profesor/a?

Sí, lo sé. Tiene... años.   No, no sé.

1. cómo se llama el presidente o la presidenta de la universidad
2. quién es el jefe o la jefa de la facultad (*department*) de español
3. dónde está la oficina de nuestro/a profesor/a
4. cuándo es el próximo examen de español
5. de dónde es nuestro/a profesor/a
6. cuál es el número de teléfono de nuestro/a profesor/a

Actividad 29 **¿Conoces Lima?** En parejas, túrnense para preguntar si su compañero/a conoce diferentes ciudades. Sigan el modelo.

■■■
A: ¿Conoces Lima?

B: Sí.   B: No.
A: ¿Cómo es?   A: ¿Te gustaría conocer Lima?
B: Es muy bonita.   B: Sí, me gustaría. / No, no me interesa.

1. Barcelona   6. Dallas
2. Los Ángeles   7. Jerusalén
3. Caracas   8. Detroit
4. París   9. Quito
5. Nueva York

▲ Gente en un parque de Caracas, Venezuela.

Actividad 30 **¿Conoces a...?** **Parte A.** Escribe una lista con el nombre de cinco personas que conoces personalmente en la universidad. Incluye a profesores, decanos (*deans*), personas que trabajan en la cafetería, deportistas o estudiantes.

■■■ Conozco a...

Parte B. En parejas, averigua si tu compañero/a sabe quiénes son las personas de tu lista. Sigue el modelo.

■■■ A: ¿Sabes quién es [Peter Smith]?

B: Sí, es profesor de   B: No, no sé. ¿Quién es?
history, ¿no?   A: Es mi profesor de historia y
A: Sí.   es excelente.

Actividad 31 **Una persona que...** Busca (*Look for*) a las personas de tu clase que saben o conocen:

nombre

1. bailar salsa   _____
2. San Francisco   _____
3. las ruinas de Tulum en México   _____
4. tocar el piano   _____
5. el número de teléfono de la policía de la universidad   _____
6. cantar "La bamba"   _____
7. Nueva York   _____
8. cuándo es el cumpleaños del/de la profesor/a   _____
9. si al/a la profesor/a le gusta levantarse temprano
   los sábados   _____
10. una persona importante   _____

II. Pointing Out: Demonstrative Adjectives and Pronouns

A. Demonstrative Adjectives

■ ■ ■ **Este** has a **t** and you can touch it, **ese** is over there, and **aquel** is so far away you have to *yell.*

▲ **Este** animal que está **aquí** es una llama. **Esta** es la familia Grinberg, **esas** ruinas que están **allí** son Machu Picchu y **aquella** montaña que está **allá** en la distancia se llama Huayna Picchu.

In English there are two demonstrative adjectives: *this* and *that* and their plurals. In Spanish there are three: **este** (*this*), which indicates something near the speaker; **ese** (*that*), which indicates something farther from the speaker; and **aquel** (*that*), which usually indicates something far away from the speaker and the listener. Since **este, ese,** and **aquel** are adjectives, they must agree with the noun they modify in gender and in number.

est**e** libr**o**	est**os** libr**os** }	*near*
est**a** revist**a**	est**as** revist**as** }	
es**e**, es**a**	es**os**, es**as**	*far*
aque**l**, aque**lla**	aque**llos**, aque**llas**	*waaaaaay far away*

B. Demonstrative Pronouns

1 ■ To avoid repetition, use a demonstrative pronoun and omit the noun. The pronoun forms are the same as demonstrative adjectives (**esta, ese, aquellas,** etc.).

Esta ruina es interesante, pero **esa** que está allí es fantástica.

This ruin is interesting, but that one over there is fantastic.

NOTE: You may sometimes see written accents over the stressed vowel on the demonstrative pronouns (**éste, ésas, aquél,** etc.) since they were at one time required.

■ ■ ■ **Ceviche** is a raw fish dish originally from Peru.

 **Online Study Center**

To practice: Do SAM Workbook and Lab, and Web activities.

2 ■ **Esto, eso,** and **aquello** are neuter (neither masculine nor feminine) demonstrative pronouns that refer to abstract concepts; they never have accents.

—¿Te gustaría comer ceviche?
—¿Ceviche? ¿Qué es **eso**?

Would you like to eat ceviche?
Ceviche? What's that?

Actividad 32 **¿Este libro o ese?** Completa esta conversación entre dos vendedores de una librería con pronombres y adjetivos demostrativos.

BRUNO   ¿De quién es la novela que tienes en la mano?

PAQUITA   _____ novela es de Mario Vargas Llosa. Es nueva.

■ ■ ■ Mario Vargas Llosa es un escritor peruano.

BRUNO   Me gusta Vargas Llosa. Paquita, ¿sabes cuánto cuestan _____ novelas de Vargas Llosa que están allí?

PAQUITA   _____ cuestan diez pesos. Son económicas porque son de una edición vieja.

BRUNO   ¿Y _____ libros que veo allá?

PAQUITA   ¿Cuáles? ¿_____ que están allí que son de química o _____ libros de cálculo?

BRUNO   No, de cálculo no. _____ de química.

PAQUITA   Ah, sí, de química. No sé. Un momento. Tengo que mirar uno... Sí... aquí está... _____ cuestan 80 pesos.

Actividad 33 **¿Este, ese o aquel?** **Parte A.** Mira la siguiente fiesta y describe a las personas.

■■■ La mujer número dos es alta, tiene pelo..., también es...

Parte B. Imagina que estás en la fiesta. Amplía tu descripción de las personas usando palabras como **este**, **ese** o **aquel** y di qué están haciendo. Incluye información de la **Parte A**.

■■■ Esta mujer es alta, tiene pelo corto, también es... y está bebiendo...

■■■ Remember to use the *personal* **a** with **conocer** when followed by a person.

Parte C. En parejas, "A" cubre (*covers*) la información de B y "B" cubre la información de A. Tú y tu compañero/a están en esta fiesta y conocen a muchas personas, pero no a todas. Pregúntale a tu compañero/a si conoce a las personas que tú no conoces y averigua la siguiente información: **quien es, ocupación, edad,** y **nacionalidad.**

■■■ A: ¿Conoces a esta mujer alta, que tiene pelo corto, que también es... y que está bebiendo...?

B: Esta se llama Ramona Carvajal y es dentista.

A: ¿Sabes de dónde es?

B: Sí, es...

A

1. Ramón Paredes, hombre de negocios, el novio de Carmen
3. Carmen Barrios, estudiante universitaria, estudia biología
4. Miguel Jiménez, médico, 31 años, no tiene novia
6. Germán Mostaza, periodista, 27 años

B

2. Ramona Carvajal, dentista, panameña, amiga de Laura
5. Laura Salinas, economista, trabaja en un banco
7. José Peña, geólogo, el novio de Begoña
8. Begoña Rodríguez, programadora de computadoras

Online Study Center
Do Web Search activities.

Vocabulario funcional

Las partes del cuerpo

la barba	*beard*
el bigote/los bigotes	*mustache*
la boca	*mouth*
el brazo	*arm*
la cabeza	*head*
la cara	*face*
el codo	*elbow*
el corazón	*heart*
el cuello	*neck*
el dedo	*finger*
el dedo del pie	*toe*
los dientes	*teeth*
la espalda	*back*
el estómago	*stomach*
el hombro	*shoulder*
los labios	*lips*
la lengua	*tongue*
la mano	*hand*
las nalgas	*buttocks, rear end*
la nariz	*nose*
el oído	*inner ear*
el ojo	*eye*
la oreja	*ear*
el pelo	*hair*
el pie	*foot*
la pierna	*leg*
la rodilla	*knee*

Verbos reflexivos

afeitarse	*to shave*
bañarse	*to bathe*
cepillarse el pelo	*to brush one's hair*
cepillarse los dientes	*to brush one's teeth*
ducharse	*to shower*
lavarse (las manos)	*to wash (one's hands)*
levantarse	*to get up*
maquillarse	*to put on makeup*
peinarse	*to comb one's hair*
ponerse la ropa	*to put on clothes*
quitarse la ropa	*to take off clothes*

El tiempo (*Weather*)

centígrados	*centigrade/Celsius*
¿Qué tiempo hace?	*What's the weather like?*
Está a ____ grados (bajo cero).	*It's ____ degrees (below zero).*
la temperatura	*temperature*
está nublado	*it's cloudy*
hace buen/mal tiempo	*it's nice/bad out*
hace calor/frío	*it's hot/cold*
hace fresco	*it's chilly*
hace sol	*it's sunny*
hace viento	*it's windy*
llover/llueve/está lloviendo	*to rain/it rains/it's raining*
nevar/nieva/está nevando	*to snow/it snows/it's snowing*

Los meses (*Months*)

enero	*January*
febrero	*February*
marzo	*March*
abril	*April*
mayo	*May*
junio	*June*
julio	*July*
agosto	*August*
septiembre	*September*
octubre	*October*
noviembre	*November*
diciembre	*December*

Las estaciones (*Seasons*)

el invierno	*winter*
la primavera	*spring*
el verano	*summer*
el otoño	*fall*

Expresiones de tiempo y fechas (*Time Expressions and Dates*)

el año	*year*
el cumpleaños	*birthday*
cumplir años	*to have a birthday*
el mes	*month*
¿Qué fecha es hoy?	*What is the date today?*

Adjetivos y pronombres demostrativos

aquel, aquella, aquellos, aquellas	*that, those*
ese, esa, esos, esas	*that, those*
este, esta, estos, estas	*this, these*
esto	*this thing/issue*
eso	*that thing/issue*
aquello	*that thing/issue*

Palabras y expresiones útiles

allá	*(way over) there*
allí	*there*
antes	*before*
aquí	*here*
cada	*each*
conocer	*to know (a person, place, or thing)*
deber + *infinitive*	*ought to/should/must + verb*
la facultad	*academic department*
la guía	*guidebook*
hay	*there is/there are*
¿podrías + *infinitive*?	*could you . . . ?*
¡Qué + *adjective*!	*How + adjective!*
saber	*to know (facts or how to do something)*
un millón de gracias	*thanks a million*
las vacaciones	*vacation*
veces	*times*

Videoimágenes

La vida universitaria

Antes de ver

Actividad **/** **En los EE.UU.** Antes de mirar un video sobre la vida universitaria en el mundo hispano, contesta estas preguntas sobre la vida universitaria en los Estados Unidos.

1. ¿Dónde viven los estudiantes normalmente? ¿En un colegio mayor? ¿En un apartamento? ¿Con su familia?
2. ¿Cuánto es la matrícula (*tuition*) en una universidad pública? ¿Y en una universidad privada? ¿Es cara la matrícula en tu universidad?
3. ¿De cuántos años es tu carrera universitaria? ¿Es igual o diferente para todas las especializaciones?
4. ¿Es normal tener clases en diferentes edificios o los estudiantes normalmente tienen todas sus clases en un edificio?
5. Si un estudiante va a estudiar medicina o derecho, ¿más o menos cuántos años necesita para terminar esa carrera?
6. Al entrar en la universidad, ¿ya saben su especialización los estudiantes de este país? ¿Es normal cambiar de especialización durante los años universitarios?

▲ Estudiantes de la Universidad San Francisco de Quito.

Mientras ves

07:00–09:05

Actividad 2 **¿Qué estudias?** En este segmento muchos estudiantes del mundo hispano hablan sobre su universidad. Todas las universidades que mencionan son públicas, excepto San Francisco de Quito que es privada. Mira el video y completa las siguientes tablas. Mira las tablas antes de ver el video.

Universidad de Buenos Aires

Nombre	Edad	Carrera
Florencia	22	_____
Andrés	_____	diseño de imagen y sonido
Natalia	22	paisajismo (*landscaping*)

Universidad Nacional Autónoma de México

Nombre	Edad	Carrera
Manuel	21	_____
Nicte-ha	19	_____

Universidad San Francisco de Quito

Nombre	Edad	Carrera
Gabriela	20	cine y video
Miguel	_____	diseño gráfico
Mario	21	_____

Universidad de Río Piedras, Puerto Rico

Nombre	Edad	Carrera
Imelís	19	educación
Carlos	19	comunicación pública
Yoelis	20	_____

Universidad Complutense de Madrid

Nombre	Edad	Carrera
Néstor	_____	ingeniería informática
Raquel	_____	derecho (*law*)
Victoria	_____	periodismo (*journalism*)

09:06–15:59

Actividad 3 **¿Cuánto cuesta esa carrera?** En este segmento, Javier habla con Victoria, y Mariela habla con Mario sobre las carreras de periodismo y medicina respectivamente. También visitan varias universidades. Escucha la conversación y observa las diferentes universidades. Luego escucha a otros estudiantes universitarios y completa la siguiente tabla.

Universidad	Carrera	Años	Costo de la matrícula de un año
San Francisco de Quito	filosofía	_____	$5.000
de Buenos Aires	_____	_____	gratuita – no cuesta nada
Complutense de Madrid	derecho	_____	$400
Nacional Autónoma de México	X	X	_____ ¢

Actividad 4 **El tiempo libre** Mira el siguiente segmento y haz una lista de lo que hacen los estudiantes en su tiempo libre. Luego compártela con el resto de la clase.

16:00–end

¿Lo sabían?

Muchas universidades del mundo hispano son enormes, como la UNAM en el D. F. que tiene más de 270.000 estudiantes y la Universidad de Buenos Aires con más de 226.000. Por eso, a veces hay ciudades universitarias (*campuses*) y a veces no. En el caso de Buenos Aires, las facultades están repartidas por toda la ciudad. Esto no es problemático porque generalmente los alumnos entran directamente de la escuela secundaria en las facultades de derecho, medicina, geología, etc. Luego asisten a todas sus clases en el mismo edificio con otros estudiantes de la misma especialización.

Después de ver

Actividad 5 **A comparar** En parejas, piensen en lo que vieron en el video y examinen las tablas de las **Actividades 2** y **3** para formar oraciones comparando la vida universitaria en el mundo hispano con la de este país. Sigan el modelo.

■■■ Useful vocabulary: **carrera (universitaria)** (*major; university studies*), **matrícula alta/baja** (*high/low tuition*), **ciudad universitaria** (*campus*).

■■■ En España generalmente cada facultad tiene bar y vende alcohol. En los EE.UU. hay cafeterías en diferentes partes de la ciudad universitaria y normalmente no venden alcohol.

5 Los planes y las compras

Deja que el mundo te cambie, y podrás cambiar el mundo.

➤ **Gael García Bernal y Rodrigo de la Serna** en la película *Diarios de motocicleta*.

Chapter Objectives

- Expressing feelings and sensations
- Telling time
- Discussing clothing
- Indicating purpose, destination, and duration
- Specifying the location of people, things, and events
- Discussing present and future events

¿Qué saben?

1. ¿Conoces algunas (*some*) de estas películas?

   Mar adentro*   *Todo sobre mi madre**
   Diarios de motocicleta*   *Y tu mamá también*
   María llena eres de gracia   *Amores perros*
   El crimen del Padre Amaro   *Buena Vista Social Club*
   Hable con ella*

2. ¿Puedes nombrar algunos actores hispanos? ¿Sabes de qué país son?

3. ¿Hay películas de países hispanos en los cines de tu ciudad en este momento?

*ganadora de un Oscar

Para escuchar

¿Qué hacemos esta noche?

➤ El director norteamericano Joshua Marston y la actriz colombiana Catalina Sandino Moreno durante la filmación de *María llena eres de gracia*.

¡Me fascina/n!	I love it/them!
se + *third person singular of verb*	they/people/one + *verb*
Se come bien...	They/People/One eat(s) well . . .
¡No me diga/s!	No kidding!

Juan Carlos y Claudia están en una cafetería haciendo planes para esta noche.

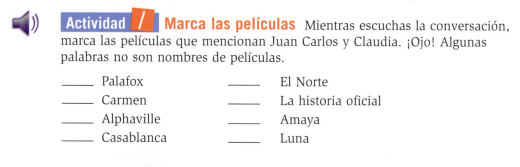

Actividad 1   Marca las películas   Mientras escuchas la conversación, marca las películas que mencionan Juan Carlos y Claudia. ¡Ojo! Algunas palabras no son nombres de películas.

_____ Palafox   _____ El Norte

_____ Carmen   _____ La historia oficial

_____ Alphaville   _____ Amaya

_____ Casablanca   _____ Luna

Actividad 2   Preguntas   Después de escuchar la conversación otra vez (*again*), contesta estas preguntas.

1. ¿Qué van a hacer esta noche Juan Carlos y Claudia?
2. ¿Dónde buscan información?
3. ¿Qué película van a ver?
4. ¿Conoces esa película? ¿Qué tipo de película es, violenta o romántica? ¿Es un drama o una comedia?
5. ¿Qué van a hacer Juan Carlos y Claudia después del cine?
6. ¿Quién va a pagar (*pay*) en el restaurante y por qué?

¿Lo sabían?

En algunos países de habla española como España, México y Venezuela, generalmente la persona que cumple años invita a sus amigos a tomar algo el día de su cumpleaños. Por ejemplo, puede invitar a sus compañeros de la universidad a tomar un café o una cerveza y si se reúnen (*get together*) para estudiar, a veces lleva algo para comer. En su día, la persona recibe regalos y es típico abrir (*to open*) cada regalo inmediatamente, en el momento de recibir cada uno, y no más tarde todos juntos (*together*).

¿? ¿El día de tu cumpleaños invitas a tus amigos a tomar algo? ¿Abres los regalos uno por uno en el momento en que recibes cada uno o todos juntos después?

Actividad 3 Una entrevista Parte A. Clasifica (*Rate*) los siguientes tipos de películas con esta escala de uno a cinco.

1	No me gustan nada.
2	No me gustan.
3	Me gustan.
4	Me gustan mucho.
5	Me fascinan.

_____ románticas   _____ dramáticas

_____ de terror   _____ de Disney

_____ de ciencia ficción   _____ de suspenso

_____ documentales   _____ de violencia

_____ cómicas

Parte B. Ahora, en parejas, entrevisten a su compañero/a para ver qué tipos de películas le gustan y cuáles son sus películas, actores, actrices y directores favoritos.

■■■ A: ¿Te gustan las películas de terror?

B: No, no me gustan nada.

A: ...

Actividad 4 Información En parejas, "A" es una persona nueva en esta ciudad y "B" vive aquí. "A" necesita información sobre la ciudad y le hace preguntas a "B".

■■■ A: ¿Dónde se come bien?

B: Se come bien en...

1. comer bien
2. nadar
3. correr
4. bailar
5. caminar por la noche
6. vivir con tranquilidad

Vocabulario esencial I

I. La hora, los minutos y los segundos

■■■ When you look at your watch, try to think of the time in Spanish.

■■■ The hour may be written four different ways:
10.00 / 10,00 / 10'00 / 10:00.

menos   y

Es la una y cuarto.

Son las ocho menos diez.

Son las cinco y media.

Es (el) mediodía.

Es (la) medianoche.

En el aeropuerto

Los Ángeles

México

Nueva York

Caracas

Montevideo

Madrid

¿Qué hora **es** en Los Ángeles?   **Son las diez** de la mañana.
¿Qué hora **es** en Nueva York?   **Es la una** de la tarde.
¿Qué hora **es** en Montevideo?   **Son las tres** de la tarde.

¡OJO! Son las once *de* la noche/mañana. (*specific time*)
Nunca estudio *por* la noche/mañana. (*general time period*)

NOTE: To say at what time something occurs, use the following construction.

¿**A** qué hora es la clase?

La clase es **a la una.**   La clase es **a las dos.**

Actividad 5 **La hora en el mundo** En parejas, imagínense que Uds. están en el aeropuerto de México. Miren los relojes de la sección *En el aeropuerto* de la página 122, y túrnense para preguntar la hora de las diferentes ciudades.

■■■ 6:15 a. m. ¿Madrid?

A: Si en la Ciudad de México son las 6:15 de la mañana, ¿qué hora es en Madrid?

B: En Madrid son las 2:15 de la tarde.

Hora en México, D. F.

1. 1:15 a. m. ¿Nueva York?
2. 5:50 a. m. ¿Caracas?
3. 4:25 p. m. ¿Los Ángeles?
4. 3:30 p. m. ¿Montevideo?

5. 7:16 a. m. ¿Madrid?
6. 10:20 p. m. ¿Nueva York?
7. 8:45 a. m. ¿Caracas?
8. 2:12 p. m. ¿Madrid?

Actividad 6 **Los teleadictos** **Parte A.** Escribe los nombres de cuatro programas de televisión que te gustan.

Parte B. Ahora, habla con otra persona para ver si conoce los programas y si sabe qué día y a qué hora son.

■■■

A: ¿Conoces el programa...?

B: Sí, conozco ese programa.

A: ¿Sabes qué día y a qué hora es?

B: Es los... a la/s...

B: No, no conozco ese programa.

A: Es un programa muy bueno.

Es los... a la/s...

■■■ Note: **Son las 7:00** = It is 7:00; **El concierto es a las 7:00** = The concert is at 7:00. Practice this latter construction when reading movie schedules, TV guides, etc.

Actividad 7 **Tu horario** **Parte A.** Completa tu horario de clases de la universidad e incluye cuándo trabajas si tienes empleo.

hora	lunes	martes	miércoles	jueves	viernes

Parte B. En parejas, explíquenle su horario a su compañero/a. Sigan el modelo.

■■■ Los lunes tengo clase de historia/inglés/etc. ... a la(s)..., etc. Los jueves trabajo...

Parte C. Con tu compañero/a tienen que decidir cuándo van a estudiar juntos (*together*) para el próximo examen de español. Es importante estudiar durante el día porque por la noche tienen otras obligaciones. Usen frases como: **Vas a estar libre el lunes a las 2:00, ¿no? Me gustaría estudiar el miércoles a la 1:00, ¿está bien para ti?**

II. Las sensaciones

1. Tiene calor.   **2.** Tienen frío.

3. Tiene miedo.

4. Tienen sed.   **5.** Tienen hambre.

6. Tiene sueño.

7. Tiene vergüenza.

Online Study Center

To practice: Do SAM Workbook and Web activities.

Actividad 8 ¿Cómo se sienten? **Parte A.** Di qué sensaciones tienen estas personas en las siguientes situaciones.

> ■■■ Si veo una serpiente, tengo miedo.

1. Si estás en la playa al mediodía, …
2. En el mes de enero, nosotros…
3. Son las dos de la mañana y yo…
4. Si voy al dentista, …
5. Nos gustaría beber Coca-Cola porque…
6. Después de correr cuatro kilómetros, yo…
7. Si tu amigo ve una película de terror, …
8. ¡Vamos a comer! Es la 1:30 de la tarde y nosotros…
9. Tu padre baila hip hop con tus amigos, y tú…

Parte B. En grupos de tres, inventen más oraciones como las de la **Parte A.**

124 Capítulo **5**

Expressing Habitual and Future Actions and Actions in Progress: Stem-changing Verbs

1 ■ Among present-tense verbs used to express habitual actions, actions in progress, and future actions, there is a group called stem-changing verbs (**verbos con cambio de raíz**). These are similar to regular **-ar, -er,** and **-ir** verbs except that they have a vowel change in the last syllable of the stem (the stem is the verb without the **-ar, -er,** or **-ir** ending). Stem-changing verbs are often referred to as *boot verbs* (since the conjugations resemble a boot). This should help you remember in which persons the changes occur.

■■■ Drill yourself on these forms.

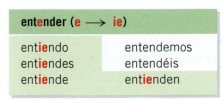

entender (e ⟶ ie)

entiendo	entendemos
entiendes	entendéis
entiende	entienden

poder (o ⟶ ue)

puedo	podemos
puedes	podéis
puede	pueden

pedir (e ⟶ i)

pido	pedimos
pides	pedís
pide	piden

jugar (u ⟶ ue)

juego	jugamos
juegas	jugáis
juega	juegan

—¿Entiendes las reglas del tenis?
—Sí, juego al tenis muy bien.
—Mañana podemos jugar en el club.
—Bueno. ¿Por qué no pides hora para reservar una cancha?

Do you understand the rules of tennis?
Yes, I play tennis very well.
We can play at the club tomorrow.
Good. Why don't you ask for a time to reserve a court?

2 ■ The following is a list of common stem-changing verbs.

e ⟶ ie
cerrar   to close
comenzar   to begin
despertar/se*   to wake someone up/to wake up
divertirse*   to have fun
empezar   to begin
entender   to understand
pensar (en)   to think (about)
pensar + *infinitive*   to plan to (*do something*)
perder   to lose
preferir   to prefer
querer   to want
querer a alguien   to love someone
sentarse*   to sit down
tener**   to have
venir**   to come

o ⟶ ue
acostar/se*   to put someone to bed/to go to bed
almorzar   to have lunch
dormir/se*   to sleep/to fall asleep
encontrar   to find
poder   to be able, can
volver   to return, come back

e ⟶ i
decir**   to say; to tell
pedir   to ask for
servir   to serve

u ⟶ ue
jugar   to play (*a sport or game*)

■■■ Note changes in meanings when some verbs become reflexive.

■■■ Use **creer que,** not **pensar que,** to express an opinion: **Creo que la clase de filosofía es difícil porque tengo que pensar mucho.** *I think philosophy class is hard because I have to think a lot.*

■■■ For things you are physically able/unable to do, use **poder;** for things you know/don't know how to do, use **saber.**

NOTE: Verbs with one asterisk (*) are reflexive verbs; for example, **sentarse: Yo me siento.** Verbs with two asterisks (**) are conjugated the same as stem-changing verbs in the present indicative, except for a different **yo** form: **tengo, vengo, digo.**

3 ■ Stem-changing verbs that end in **-ir** also have a change in the present participle.

o → ue: **u**	dormir → d**u**rmiendo
e → ie: **i**	divertirse → div**i**rtiéndose
e → i: **i**	servir → s**i**rviendo

Online Study Center

To practice: Do SAM Workbook
and Web activities.

—¿El niño está d**u**rmiendo?   *Is the child sleeping?*
—No, él y yo nos estamos   *No, we're having a lot of fun.*
 div**i**rtiendo mucho.
—OK, pero estoy s**i**rviendo la comida.   *OK, but I'm serving dinner.*

■ ■ ■ At home, analyze why the
following words do or don't have
accents: **así, café, después, hambre,
organiza, minutos.**

Actividad **9**   **La vida de Gloria**   Completa la historia sobre un día en la vida de Gloria con la forma correcta de los verbos que aparecen en orden después de cada párrafo. Después ordena los párrafos.

Párrafo nº ＿＿＿＿

A la 1:30 yo ＿＿＿＿＿＿＿＿ (1) en una cafetería. Después voy a la universidad para estudiar ciencias políticas. A las 6:00 ＿＿＿＿＿＿＿＿ (2) a casa y mi hijo y yo ＿＿＿＿＿＿＿＿ (3) un poco. A las 7:00 yo ＿＿＿＿＿＿＿＿ (4) la comida y el niño ＿＿＿＿＿＿＿＿ (5) a las 8:30. Por fin yo ＿＿＿＿＿＿＿＿ (6), estudio y a veces ＿＿＿＿＿＿＿＿ (7) con el libro en la mano. Así es mi vida. ¿Te gusta? A mí, ¡me fascina...!

> **almorzar, volver, divertirse, servir, acostarse, sentarse, dormirse**

Párrafo nº ＿＿＿＿

En las películas las personas siempre están contentas y tienen una vida ideal. ¡Pero mi vida no es así! Yo ＿＿＿＿＿＿＿＿ (8) poco, ＿＿＿＿＿＿＿＿ (9) a las 5:30 de la mañana y ＿＿＿＿＿＿＿＿ (10) rápidamente. Después yo ＿＿＿＿＿＿＿＿ (11) a mi hijo de tres años y él ＿＿＿＿＿＿＿＿ (12) comer algo porque ese niño siempre ＿＿＿＿＿＿＿＿ (13) hambre. A las 7:00 ＿＿＿＿＿＿＿＿ (14) mi madre para estar con el niño. Luego yo ＿＿＿＿＿＿＿＿ (15) de la casa y ＿＿＿＿＿＿＿＿ (16) la puerta con mucho cuidado porque si mi hijo ＿＿＿＿＿＿＿＿ (17) que yo salgo, ＿＿＿＿＿＿＿＿ (18) a protestar porque ＿＿＿＿＿＿＿＿ (19) estar con su mamá.

> **dormir, despertarse, ducharse, despertar, pedir, tener, venir,
> salir, cerrar, saber, empezar, querer**

Párrafo nº ＿＿＿＿

Trabajo por la mañana en una compañía que organiza fiestas y cuando ＿＿＿＿＿＿＿＿ (20) al trabajo a las 8:30, la directora siempre ＿＿＿＿＿＿＿＿ (21) qué tenemos que hacer. Siempre ＿＿＿＿＿＿＿＿ (22) cosas imposibles y lo ＿＿＿＿＿＿＿＿ (23) todo en cinco minutos. Nosotros, los empleados, no ＿＿＿＿＿＿＿＿ (24) beber café ni usar el teléfono para llamadas personales. En mi opinión la directora siempre ＿＿＿＿＿＿＿＿ (25) triste y aburrida. Es muy irónico tener una jefa así en una compañía para fiestas, ¿no?

> **llegar, decir, pedir, querer, poder, estar**

Actividad 10 Preferencias Parte A. Marca cuáles de las siguientes cosas prefieres.

1. beber   Coca-Cola _____   Pepsi _____
2. escuchar   MP3s _____   discos compactos _____
3. comer   papas fritas _____   Doritos _____
4. comer   un sándwich _____   una hamburguesa _____
5. almorzar   en casa _____   en una cafetería _____
6. nadar   en una piscina _____   en una playa _____
7. estudiar   en casa _____   en una biblioteca _____

Parte B. En parejas, túrnense para averiguar si tienen las mismas preferencias.

■■■ A: ¿Prefieres beber Coca-Cola o Pepsi?
      B: Prefiero beber Pepsi.

Parte C. Ahora digan qué cosas prefieren Uds. dos.

■■■ Nosotros preferimos beber...

Actividad 11 Planes Parte A. Escribe tres cosas que piensas hacer este fin de semana.

■■■ El sábado pienso ir...

■■■ Remember: **pensar** + *infinitive* = to plan to do something

Parte B. Ahora compara tu lista con la lista de otra persona y dile a la clase si piensan hacer las mismas cosas o si tienen actividades diferentes.

■■■ Nosotros pensamos escribir una composición el domingo. El sábado ella piensa visitar a sus padres y yo pienso salir con mis amigos.

Actividad 12 Los deportes Habla con un mínimo de cinco estudiantes y pregúntales si juegan al béisbol, al basquetbol, al fútbol americano, al fútbol, al tenis o al voleibol, y cuándo juegan estos deportes.

■■■ **Fútbol americano** = football; **fútbol** = soccer

■■■ A: ¿Juegas al béisbol?
      B: Sí, juego muy bien./No, juego al golf./No, prefiero jugar al tenis.
      A: ¿Cuándo juegas?
      B: En el verano./Todos los días./Los sábados./(etc.)
      A: Generalmente, ¿pierdes o ganas?/Generalmente, ¿tu equipo (*team*) pierde o gana?

Actividad 13 La rutina diaria Parte A. Lee el siguiente párrafo sobre la rutina diaria de un estudiante colombiano y dile al resto de la clase cuándo o dónde hace las siguientes acciones: **despertarse, empezar clase, sentarse, almorzar, acostarse, divertirse.**

Me llamo Jorge y soy un típico estudiante universitario en Bogotá, Colombia. Me despierto a las 5:30 de la mañana porque mis clases en la facultad empiezan a las 7:00. En clase, a veces me siento cerca de mis amigos porque las clases generalmente tienen más o menos 30 estudiantes. Después, almuerzo en la cafetería de la facultad a la 1:00 y luego prefiero estudiar en mi casa o en la casa de un amigo. A las 4:00 como las onces, algo ligero. Más tarde, en la casa, como algo rápido para la cena a eso de las 7:00 y durante la semana me acuesto entre las 10:30 y las 11:00. Los viernes y sábados, generalmente me divierto con mis amigos: vamos al cine, a un concierto, a una discoteca, a comer una hamburguesa o nos reunimos en casa de amigos.

■■■ **las onces** = a light afternoon snack in Colombia

Parte B. En grupos de tres, digan cuándo y qué acciones hace un típico estudiante universitario en este país. Usen la información sobre Jorge como guía.

¿Lo sabían?

Las horas cuando las personas hacen ciertas actividades varían entre los países hispanos. En México, por ejemplo, la comida (*meal*) más importante del día es entre la 1:30 y las 4 de la tarde y luego a las 7 la gente come algo ligero (*light*). En España, la comida más importante es más o menos a las 2 de la tarde y después, a eso de las 7, es típico tomar una Coca-Cola o cerveza en una cafetería y comer un pincho (algo pequeño para comer). Luego más o menos a las 10 se come algo ligero en casa.

Los centros comerciales también tienen horarios diferentes: muchas tiendas en Argentina cierran a las 2 de la tarde el sábado y no abren el domingo, pero si están en un centro comercial las tiendas abren todos los días entre las 10 de la mañana y las 10 de la noche.

¿? ¿Cuándo es la comida más importante en tu país y a qué hora se come? ¿En tu ciudad abren los centros comerciales los domingos? Si contestas que sí, ¿a qué hora?

Actividad 14 ¿A qué hora? **Parte A.** En parejas, miren la información de los siguientes lugares en Madrid y háganle preguntas a su compañero/a.

> ■■■ ■ A: ¿A qué hora abre el restaurante "La Corralada" para almorzar? ¿Y para cenar (*for dinner*)?
>
> B: Abre a la/las...
>
> A: ¿A qué hora cierra...?

RESTAURANTE

La Corralada

Dirección	Calle Villanueva, 21 Zona Retiro
Teléfono	91 576 41 09
	L M X J V S
Horario	De 13:00 a 16:00 y de 21:00 a 24:00

Centros comerciales

CC. Arturo Soria Arturo Soria, 126	Aquí se reúnen las principales firmas de la moda para abastecer a esta área de la ciudad. **Horario:** 10.00–21.00. Domingos cerrado.
CC. La Vaguada Monforte de Lemos, 36	Cines, y multitud de tiendas: El Corte Inglés, Marks & Spencer, Zara, Mango, supermercado de alimentación Alcampo y tiendas más pequeñas especializadas. **Horario:** 10.00–22.00. Cine y restaurantes hasta la 1.00. Domingos cerrado.

Grandes almacenes

El Corte Inglés Preciados, 1–4	En España, el Corte Inglés es casi una institución. En Madrid, solo en el centro hay varios edificios. En la mayoría hay supermercado y club del gourmet. **Horario:** Lunes a sábados: 10.00–22.00. Abierto el primer domingo del mes.
Fnac Preciados, 28	Se puede comprar libros, entradas para conciertos, una revista mientras tomas café, un video. Abajo, la planta de informática y sonido. **Horario:** Lunes a sábados: 10.00–21.30. Domingos: 10–19

Tiendas típicas

Sargadelos Zurbano, 46	Cerámica de Galicia inspirada en diseños tradicionales y originales de esta marca. **Horario:** 10.00–14.00 / 16.30–20.00. Cerrada agosto.
Caramelos Paco Toledo, 55	Hasta con forma de jamón o chorizo tienen caramelos en esta tienda. **Horario:** 10.00–14.00 / 17.00–20.00. Diferentes horarios en verano.

Bares y discotecas

Ducados Café Plaza Canalejas, 3	Restaurante, café, coctelería, discoteca **Horario:** 19:00–5:00. Cierra los martes.
Back Stage Jorge Juan, 20	Discoteca **Horario:** 24:00–5:00.

Parte B. Hablen de las horas y los días que abren y cierran los negocios. Comparen los horarios españoles de la **Parte A** con los horarios de su ciudad o pueblo.

■■■ En España los centros comerciales abren… y cierran…, pero aquí…

■■■ You can use **a eso de** to express *around* when mentioning an approximate time: **Comemos a eso de la una.**

Actividad 15 Acciones habituales Parte A. En la primera columna escribe a qué hora haces las siguientes actividades.

	tú	compañero/a
1. despertarse	_____	_____
2. levantarse	_____	_____
3. empezar la primera clase los lunes	_____	_____
4. terminar la última clase los lunes	_____	_____
5. almorzar	_____	_____
6. volver a casa (o a la residencia)	_____	_____
7. acostarse	_____	_____
8. dormirse	_____	_____

Parte B. Pregúntales a tus compañeros a qué hora hacen ellos las mismas actividades. Si una persona hace una actividad a la misma hora que tú, escribe su nombre en la segunda columna de la **Parte A.**

■■■ A: ¿A qué hora te despiertas?
B: Me despierto a las ocho.

■■■ Remember: **¿A qué hora…?** refers to the time at which something takes place. **¿Qué hora es?** refers to present time.

Parte C. Di a qué hora hacen Uds. las actividades de la **Parte A.**

■■■ Michelle y yo nos despertamos a las ocho.

Actividad 16 Y en Japón, ¿qué? Primero calcula qué hora es en los siguientes lugares y después di cuál de estas acciones están haciendo las personas en esos lugares: **mirar televisión, levantarse, almorzar, dormir, acostarse, trabajar.**

■■■ En Chile son las… de la noche/tarde/mañana y están mirando la televisión.

1. Chile   2. Alemania   3. la India   4. Hawai   5. Toronto   6. Japón

Actividad 17 ¿Verdad o mentira? Parte A. Escribe tres oraciones sobre ti usando los verbos **poder, querer** y **preferir.** Dos deben ser verdad (*true*) y una debe ser mentira (*lie*).

■■■ Prefiero estudiar los viernes por la noche porque no hay muchas personas en la biblioteca.

Parte B. En grupos de tres, a medida (*while*) que A lee sus oraciones, B y C dicen si son verdad o mentira y por qué. Al final, después de escuchar las opiniones, A dice cuál es mentira. Luego hagan lo mismo con las oraciones de B y C.

■■■
A: Quiero ser médico.

B o C: Estás diciendo la verdad porque…
B o C: No estás diciendo la verdad porque…

A: Prefiero vivir…

Nuevos horizontes

Lectura   ESTRATEGIA: **Activating Background Knowledge**

We read for many different reasons, but they all fall into two broad categories: pleasure-reading and information-seeking. We employ different reading strategies depending on our purpose and the type of text. When we read, we interact with the text depending on the background knowledge we have on the topic. It is for this reason that two readers might interpret the same text differently. For example: a lawyer and a lay person may not have the same perceptions when reading a legal document.

Before reading three articles in Spanish on Hispanic celebrations, you will do a pre-reading activity that will help you activate your background knowledge and will help prepare you to obtain a global understanding of the reading selection. Remember: it is not important to understand every word when reading; just try to capture the general idea.

■■■ **Día de fiesta, día festivo/ feriado** = holiday

Actividad *18* **Las celebraciones** Antes de leer el texto sobre celebraciones del mundo hispano, contesta las siguientes preguntas.

1. ¿Qué celebraciones importantes hay en tu país? ¿Cuántos días duran?
2. ¿Cuáles son fiestas o celebraciones religiosas y cuáles no?
3. ¿Quiénes se reúnen en esas celebraciones? ¿Familia, amigos?
4. ¿La ciudad hace algo especial como desfiles (*parades*), fuegos artificiales (*fireworks*) o conciertos?
5. ¿Qué hace la gente durante esas celebraciones?

Actividad *19* **Palabras desconocidas** Mientras lees, busca las siguientes palabras en el texto y adivina qué significan. Después compara tus definiciones con las de un/a compañero/a.

1. Las Fallas: petardos (línea 16), encienden (línea 18)
2. Las Posadas: se turnan (línea 27), dueño (línea 33)
3. El carnaval: se elige (línea 48)

Celebraciones del mundo hispano

Las Fallas de Valencia

Del 12 de marzo hasta el 19 de marzo, que es el día de San José, la ciudad de Valencia celebra un festival que se llama **las Fallas.** La fiesta también marca el principio de la primavera. Como San José es el santo patrón de los carpinteros, los valencianos construyen cientos de Fallas por todas partes de la ciudad. Las fallas son escenas enormes con muchas figuras, y hacen comentarios satíricos sobre diferentes aspectos del mundo: la globalización, los políticos corruptos, el materialismo, las obsesiones de la sociedad. Algunas de las fallas pueden tener más de 20 metros de alto y más de 200 figuras y es casi imposible ir en coche por el centro de la ciudad porque estas estructuras temporales de madera[1] y papel maché bloquean las calles. Durante la semana hay mucha actividad: Durante el día los adultos y los niños se ponen ropa tradicional de la región y caminan por las calles con flores para la Virgen de los Desamparados. A las dos de la tarde se puede escuchar una **mascletá** cuando se explotan miles de petardos; el ruido[2] es terrible para los oídos. Y por la noche los pirotécnicos encienden fuegos artificiales.

El 19 de marzo, a las 10 de la noche empieza lo que se llama **la cremá,** cuando queman[3] las fallas, empezando con las fallas pequeñas y terminando con las grandes. Luego a la una de la mañana hay un show espectacular de fuegos artificiales que ilumina la ciudad. Para leer más, haz clic **aquí.**

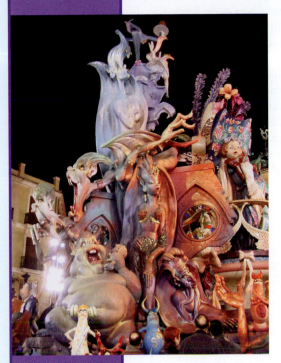

▲ Falla de los siete pecados capitales.

Las Posadas en México

Una celebración muy importante en México son **Las Posadas** que representan las nueve noches en que María y José piden un lugar para dormir en las casas de los diferentes pueblos que encuentran en su camino a Belén[4]. Desde el 16 hasta el 24 de diciembre las personas de un barrio se organizan y se turnan para hacer una fiesta cada noche en una casa diferente. Así hay fiestas durante nueve noches consecutivas, cada una en la casa de una persona diferente. En una noche típica, la gente llega a la casa donde hay fiesta más o menos a las ocho o nueve de la noche y canta una canción de Navidad afuera de la casa. El dueño de la casa entonces abre la puerta e invita a la gente a entrar. En la fiesta hay mucha comida como tamales y ponche (té caliente con frutas naturales y un poco de tequila o ron), buena música para bailar y siempre hay una piñata que contiene frutas y dulces de muchos colores. La fiesta termina a las dos o tres de la mañana o a la medianoche si la gente tiene que trabajar. El 24 de diciembre las personas se reúnen generalmente con su familia por la noche y a medianoche se acuesta al niño Jesús en el nacimiento[5] donde están María y José. Para leer más, haz clic **aquí.**

▲ Llevando una piñata a casa para celebrar las posadas.

1 *wood*   2 *noise*   3 *burn*   4 *Bethlehem*   5 *manger*

El carnaval venezolano

En Venezuela se celebra el carnaval en febrero, cuarenta días antes de Pascua[6]. El carnaval más famoso es el de Carúpano donde, durante cuatro días, carrozas[7] enormes seguidas de bandas y gente bailando pasan por las calles de la ciudad. Durante esta celebración, también se elige a la reina del carnaval. Este título es un honor para ella y su familia, y por supuesto, la chica está presente en todos los eventos del festival. En los pueblos, generalmente se celebra el carnaval en la plaza con baile y grupos musicales que tocan hasta las tres o cuatro de la mañana. En Caracas, la capital, no se trabaja durante el carnaval y la gente, por lo general, va a la playa. Durante esos días algunas personas tiran bombitas con agua a los carros que pasan y a veces bombitas con agua y harina[8]. Para leer más, haz clic **aquí**.

45

50

55

▲ Mujer celebra durante el Carnaval de Callao, Venezuela.

■■■ You will read more about other celebrations in the SAM Workbook.

6 *Easter*   7 *floats*   8 *flour*

Actividad 20 **¿Qué entiendes?** **Parte A.** Después de leer los tres artículos, contesta las siguientes preguntas.

Las Fallas

1. ¿Qué construyen en Valencia para el día de San José? ¿De qué materiales son?
2. ¿Qué tipo de comentarios hace la gente valenciana con sus construcciones?
3. ¿Qué es la mascletá? ¿Y la cremá?

Las Posadas

1. ¿Por qué dura nueve días la celebración de las Posadas?
2. ¿Qué hace la gente cada noche?
3. ¿Qué se hace el 24 de diciembre a medianoche?

El carnaval

1. ¿Cuándo se celebra el carnaval?
2. ¿Qué hace la gente para celebrar el carnaval en los pueblos? ¿Y en la capital?

Parte B. Contesta estas preguntas sobre las celebraciones en tu país.

1. ¿Cuándo hay fuegos artificiales en tu país?
2. ¿Qué desfiles hay?
3. ¿En qué ciudad o ciudades se celebra el carnaval en los Estados Unidos y cómo se llama el festival?

ESTRATEGIA: Sequencing

When describing a sequence of events or activities, adverbs of time help you say when or in what chronological order they take place. Some useful adverbs of time are:

por la mañana/tarde/noche	in the morning/afternoon/evening; at night
primero	first
después de + *infinitive*	after _____ing
después/luego/más tarde	then, later (on)
por fin	at last, finally
a la una	at one o'clock
a las dos/tres/etc.	at two/three/etc. o'clock

Escritura

■ ■ ■ To express *and then*, use **luego** or **más tarde.** To express *so then,* use **entonces.** For example: **Tengo un examen difícil el lunes y luego voy a ir al cine** (. . . *and then* I'm going to the movies). **Tengo un examen difícil el lunes; entonces voy a estudiar mucho el domingo** (. . . *so then* I'm going to study a lot on Sunday).

■ ■ ■ Also, look at Act. 9 on page 126 to see how Gloria uses adverbs of time to relate a sequence of events.

Actividad 21 ¿Qué haces? Parte A. Write a composition describing what you and your friends do on a typical Saturday using the verbs that you have learned in Chapters 2, 3, 4, and 5. Include the times that you do some of these actions (**Generalmente nos levantamos a las... y...**). Divide your composition in three paragraphs: **por la mañana, por la tarde, por la noche.**

Parte B. Reread your composition. Make a list of all verbs and their subjects, whether overtly stated or implied. Do they agree? If not, change them. For example:

Sujeto	Verbo	¿Correcto?
(yo, *implied*)	me despierto	sí
Ann y yo	salgo	no ⟶ salimos

Parte C. Rewrite your composition making any changes needed. Staple all drafts plus your subject-verb list together to hand in to your instructor.

Vocabulario esencial II

I. Los colores

ROJO AMARILLO AZUL

Barcelona'92

NEGRO | ROJO
AZUL AMARILLO VERDE

▲ Logotipo de los Juegos Olímpicos de Barcelona 1992.

■■■ Identify colors in Spanish as you walk down the street.

anaranjado/a orange
blanco/a white
gris gray

marrón brown
morado/a purple
rosa, rosado/a pink

NOTE: Colors are adjectives and agree in number with the noun they modify (**elefante gris, elefantes grises**). Colors that end in **-o** also agree in gender (**reloj negro, toallas blancas**).

Actividad 22 Asociaciones En grupos de cinco, digan qué colores asocian Uds. con las siguientes ideas.

1. el 14 de febrero
2. un elefante
3. la noche
4. la Coca-Cola
5. las plantas
6. el 25 de diciembre
7. el inspector Clouseau y la pantera...
8. el arco de McDonald's

9. está nublado
10. el café
11. el 4 de julio
12. el jabón Ivory
13. el 17 de marzo
14. tener vergüenza
15. está nevando

II. La ropa y los materiales (*Clothes and Materials*)

el saco
la bufanda
la camiseta
la chaqueta
el cinturón
la falda
las botas
los zapatos
los pantalones

La ropa

el abrigo   coat
el suéter   sweater
la camisa de manga larga/corta
   long/short sleeve shirt
la blusa   blouse
el traje   suit
el vestido   dress
el traje de baño   bathing suit
los pantalones cortos   shorts
las medias   socks; stockings
la ropa interior   men's/women's
   underwear
la corbata   tie
el pañuelo   scarf (women)
los zapatos de tacón alto
   high-heeled shoes
los (zapatos de) tenis   tennis shoes
las sandalias de playa   flip-flops
el sombrero   hat
la gorra   cap
las gafas de sol   sunglasses
el bolso/la cartera   purse

Los materiales

el algodón   cotton
el cuero   leather
la lana   wool
el nailon/nilón   nylon
el rayón   rayon
la seda   silk

Estampados

de cuadros   plaid

de lunares   polka dots

de rayas   striped

Verbos relacionados con la ropa

costar (o → ue)   to cost
estar de moda   to be in style
llevar   to wear
probarse (o → ue)   to try on
vestirse (con) (e → i, i)   to put on

■ ■ ■ The term used for the word *fleece* seems to still be evolving since this is a relatively new material. One term used is **polar** and comes from the brand name Polartec. It is stressed on the first syllable even though it doesn't have a written accent. It can be used as follows: **una chaqueta (de) polar.** One may also hear **un polar** to refer to a fleece jacket.

Online Study Center

To practice: Do SAM Workbook and Web activities.

■ ■ ■ Remember: The first change shown (for the stem-changing verbs) is the present-tense stem change and the second is the stem change for the present participle of **-ir** verbs.

¿Lo sabían?

Entre los diseñadores hispanos más famosos en los Estados Unidos se encuentran la venezolana Carolina Herrera y el dominicano Óscar de la Renta. Laura Bush llevó ropa de los dos diseñadores en las fiestas de enero de 2005 que se organizaron para su esposo después de las elecciones. Entre los diseñadores jóvenes más populares están el norteamericano de origen cubano Narciso Rodríguez (favorito de Sarah Jessica Parker y Salma Hayek) y Esteban Cortázar, que nació en Colombia en 1984. Con cinco shows en Nueva York antes de cumplir los 21 años, Cortázar es el diseñador joven más exitoso del momento.

En los países hispanos, la gente joven lleva el mismo tipo de ropa que los jóvenes europeos y los norteamericanos. La gente, por lo general, no compra tanta ropa como los norteamericanos, pero sí lleva la ropa que está de moda.

¿? ¿Cuáles son algunos diseñadores famosos de tu país? ¿Compras mucha o poca ropa? ¿Cuál es la moda en este momento? ¿Generalmente llevas ropa de moda?

▲ Esteban Cortázar, colombiano.

Actividad 23 **Cuándo y qué** En parejas, hagan una lista de ropa que lleva la gente en el invierno y otra lista de ropa que lleva en el verano. Es importante incluir los materiales.

■■■ To indicate origin and material use **ser de: La camisa es de Taiwán y es de seda.**

Actividad 24 **El origen y el material** En grupos de cinco, averigüen de dónde es y de qué (material) es la ropa de cada persona del grupo. Luego compartan la información con el resto de la clase.

■■■ A: ¿De dónde es y de qué (material) es tu camisa?

B: Es de…

Actividad 25 **Comentarios** En parejas, díganle a su compañero/a que les gusta una prenda (*item of clothing*) que lleva. Sigan el modelo.

■■■ A: Me gusta esa camisa/blusa. El color es muy bonito./Es nueva, ¿no?/Es de Gap ¿verdad?/etc.

B: Gracias. Es de Gap/de Abercrombie y Fitch/de Goodwill/etc.

■■■ Each morning, describe to yourself what you are wearing: the article of clothing, material, and color.

Actividad 26 **De compras** Mira el catálogo y elige tres prendas para comprar: una prenda para un amigo, una para una amiga y otra cosa para ti. Después, en parejas, hablen de qué van a comprar, de qué colores y por qué van a comprar estas cosas.

■■■ Voy a comprar una blusa de seda roja para mi amiga porque su cumpleaños es el viernes.

A: Chaquetas de cuero. Colores: negro, marrón oscuro o marrón claro. Talla P, M, G, XG. $245

B: Vestidos de algodón, lavar a máquina. Colores: morado o amarillo. Talla: P, M, G, XG. $120

C: Botas de cuero Gacela de Chile con tacón alto. Número: 35–40. $95

D: Abrigos de lana. Color: beige. $45

E: Sombreros de cuero. $70

F: Gafas de sol Óscar de la Renta. $68

G: Camisetas de algodón. Colores variados. P, M, G, XG. $25

H: Trajes informales de lana para todas las ocasiones. Colores: gris, azul o negro. $188,95

I: Zapatos de cuero negro. $80

Trajes de baño. Colores: rojo con lunares blancos o amarillo con lunares morados. $54

Medias de algodón y lana. $15,99

Faldas clásicas de lana en muchos colores. $60

Blusas de seda de Carolina Herrera. $55

Suéteres, lavar a mano, colores variados. $72

Actividad 27 **El pedido** En parejas, una persona va a llamar a la tienda del catálogo de la página 136 para comprar ropa y la otra persona va a recibir la llamada. Usen las siguientes tablas para encontrar la talla correcta. Después de las tablas hay una lista de expresiones útiles para la conversación.

■ ■ ■ **talla** = clothes size; **número** = shoe size

TALLAS DE MUJER						
Ropa:						
• Europa	38	40	42	44	46	48	50
• EE.UU.	6	8	10	12	14	16	18
Zapatos:						
• Europa	35	36	37	38	39	40	41
• EE.UU.	5	6	7	8	9	10	11

TALLAS DE HOMBRE						
Trajes:						
• Europa	44	46	48	50	52	54	56
• EE.UU.	34	36	38	40	42	44	46
Camisas:						
• Europa	38	39	40	41	42	43	44
• EE.UU.	15	15½	15½	16	16½	17	17½
Zapatos:						
• Europa	40	41	42	43	44	44	45
• EE.UU.	6	7	8	9	10	10½	11

Comprador/a

¿Tiene Ud... en azul?
¿Tiene Ud... en talla/número...?
¿De qué (material) es...?
¿Cuánto cuesta/n?
Es muy caro/barato.
Me gustaría comprar...

Vendedor/a

No tenemos talla/número...
¿De qué color quiere...?
Cuesta/n + precio (*price*).
¿Va a pagar con Visa, American Express o MasterCard?
¿Cuál es el número de su tarjeta de (Visa)?
¿Cuál es su dirección (*address*)?

Actividad 28 **La noche de los Oscars** En parejas, Uds. están trabajando como reporteros en la ceremonia de los Oscars. Al llegar las estrellas, Uds. tienen que decir qué ropa llevan y con quién vienen.

■ ■ ■ A: Ahora viene Antonio Banderas y lleva unos pantalones negros y una chaqueta negra de cuero y viene con Melanie Griffith.
B: Ella lleva...

Las estrellas: Hillary Swank, Robert De Niro, Oprah, Sarah Jessica Parker, Cher, el Dr. Phil, Elton John, Janet Jackson, Jude Law, Jennifer López.

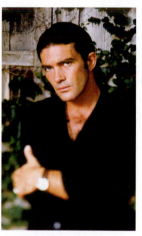

Antonio Banderas, ▲ actor español.

Actividad 29 **El desfile de modas** En parejas, están en un desfile de modas (*fashion show*). Observen a su compañero/a y describan qué lleva. Escriban la descripción y después léanle esta descripción al resto de la clase. Mencionen el nombre del/de la modelo y su origen. Describan qué lleva: colores, materiales, de dónde es el conjunto (*outfit*).

Para escuchar

De compras en San Juan

Un hombre con guayabera. ➤

acabar de + *infinitive*	to have just + *past participle*
Acaban de llegar.	They have just arrived.
Cuesta un ojo de la cara.	It costs an arm and a leg.
Te queda bien.	It looks good on you./It fits you well.

■ ■ ■ **Plaza Las Américas** is a mall in Hato Rey, on the outskirts of San Juan. Puerto Ricans often refer to it as **"Plaza"**.

Teresa está en Puerto Rico de vacaciones y ahora ella y su hermano Luis están de compras en el centro comercial Plaza Las Américas.

 Actividad 30 Escoge las opciones Lee las siguientes oraciones y mientras escuchas la conversación, escoge las opciones correctas para completar cada oración. Puede haber más de una respuesta correcta.

1. Teresa quiere comprar una camiseta...
   - a. de muchos colores.
   - b. políticamente correcta.
   - c. de algodón.
   - d. económica.

2. Luis quiere comprar una guayabera para...
   - a. salir con Teresa.
   - b. una fiesta de aniversario.
   - c. ir a una fiesta.
   - d. almorzar en un restaurante.

3. Luis compra una guayabera...
   - a. cara.
   - b. barata.
   - c. de talla 40.
   - d. de seda.

Actividad  **Unas preguntas** Después de escuchar la conversación otra vez, contesta las siguientes preguntas.

1. ¿Por qué dice Teresa que la camiseta que quiere comprar es "políticamente correcta"?
2. Al hablar de la ropa, ¿cuáles son las tres "bes" que le gustan a Luis? ¿Cuál de las tres "bes" es la más importante para ti?
3. ¿De qué material es la guayabera que compra Luis? ¿Qué tipo de materiales prefieres usar?
4. ¿Qué prefieres, la ropa práctica o la ropa elegante?
5. ¿A qué tipo de tienda te gusta ir de compras, a una tienda grande o a una boutique?

¿Lo sabían?

Como hace calor en las zonas tropicales de Hispanoamérica, con frecuencia los hombres no llevan chaqueta; muchos prefieren llevar guayabera, que es un tipo de camisa muy fresca. Hay guayaberas para ir al trabajo y también hay guayaberas muy elegantes que muchos hombres llevan en vez de traje y corbata. El colombiano Gabriel García Márquez llevaba (*was wearing*) guayabera cuando recibió el Premio Nobel de Literatura en Estocolmo, Suecia.

 ¿Qué ropa llevan los hombres en tu país a un evento elegante en el verano?

Actividad **32** **Acaban de...** Al llegar a casa después de ir al centro comercial, Teresa y Luis se encuentran con otros miembros de su familia. Combina ideas de las dos columnas para decir qué acaban de hacer los miembros de la familia.

1. El perro está súper contento.   comer en el centro comercial
2. La madre tiene un aroma muy bueno.   correr cinco kilómetros
3. Martita tiene miedo y no puede dormir la siesta.   ver a Luis y a Teresa
4. Luis y Teresa no tienen hambre.   ponerse perfume
5. El padre tiene mucha sed.   ver una película de terror

Actividad **33** **Las compras** En grupos de tres, dos personas van a comprar ropa para una fiesta elegante. La otra persona es el/la vendedor/a. Mantengan la conversación en la tienda. Hablen de diferentes opciones, tallas, colores, materiales y precios.

Los/Las clientes pueden usar expresiones como: **te queda bien, cuesta un ojo de la cara, voy a probarme...**

El/La vendedor/a puede usar expresiones como: **¿Quiere algo en especial? cuesta/n..., también hay de otros colores.**

Gramática para la comunicación II

I. Indicating Purpose, Destination, and Duration: *Para* and *por*

In this chapter, you will learn a few uses of **para** and **por.** Other uses will be presented in Chapter 11.

Esta calavera de azúcar es para mi gran amiga Mariela... Para decirle que pienso en ella.

Use **para:**	
■ to indicate purpose (in order to)	¿**Para qué** es eso? ⟶ Es **para** hacer* café. ¿**Para qué** necesitas mi carro? ⟶ **Para** ir* a la universidad. Estudio **para** (ser) abogado.
■ to indicate direction towards a destination	Salgo **para** la clase en cinco minutos.
■ to express deadline	La tarea es **para** mañana.
■ to indicate the recipient of a thing or an action	La composición es **para** el profesor. Trabajo **para** mi padre.

Use **por:**	
■ to express duration of an action (you can also use **durante** instead or, more commonly, just the time period)	Voy a estar en Caracas **por/durante un año.** / Voy a estar en Caracas **un año.**
■ to express a general time period	Trabajo **por la mañana** y estudio **por la noche.**

*__Note:__ Because **por** and **para** are prepositions, verbs that follow them directly must be in the infinitive.

Actividad 34 ¿**Cuándo?** En parejas, contesten las siguientes preguntas. Usen frases como **por la mañana, dos horas,** etc.

1. ¿Cuándo prefieres estudiar?
2. ¿Cuándo te gusta tener clase?
3. Si trabajas, ¿cuándo trabajas?
4. ¿Cuándo sales con tus amigos?
5. ¿Cuánto tiempo estudias por semana?
6. ¿Cuánto tiempo por semana miras televisión?

Actividad 35 **Una encuesta** **Parte A.** Completa las siguientes ideas con **para** o **por.**

nombre

1. compra regalos _____ sus padres _____
2. estudia _____ ser hombre/mujer de negocios _____
3. siempre se acuesta temprano _____ la noche los domingos _____
4. usa la biblioteca mucho _____ buscar información _____
5. va a estar en la universidad _____ tres años más _____
6. trabaja mientras (*while*) estudia _____ tener dinero _____
7. tiene que terminar un trabajo _____ el viernes _____
8. sale _____ otra clase después de esta clase _____

Parte B. Ahora haz una encuesta *(poll)* para averiguar si tus compañeros hacen las cosas de la **Parte A.** Intenta encontrar a dos personas para cada situación. Haz preguntas como **¿Compras regalos para tus padres? ¿Estudias para ser hombre de negocios?**

Actividad 36 **Los regalos** En parejas, Uds. van a darles (*give*) las cosas de esta lista a diferentes compañeros de la clase. Decidan para quién es cada cosa, para qué se usa y por qué es para esa persona.

■ ■ ■ peine

El peine es para Chuck, para peinarse porque tiene el pelo muy bonito.

1. equipo de audio
2. reproductor de DVD
3. cámara digital
4. máquina de afeitar
5. libro de filosofía
6. CD de Elvis
7. blusa de seda
8. camiseta de Amnistía Internacional
9. reloj
10. disco compacto de Alicia Keyes

II. Indicating the Location of a Person, Thing, or Event: *Estar en* and *ser en*

■ ■ ■

1 ■ You learned in Chapter 3 that **estar en** is used to specify the location of people or things.

Diana es de los Estados Unidos, pero **está en** España.
En este momento Teresa **está en** la agencia de viajes de don Alejandro.

2 ■ **Ser en** is used to specify where an event *takes place* (a concert, a lecture, an exhibit, etc.).

La clase de arte es en el Museo de Arte Contemporáneo.
La clase ⟶ *the class meeting takes place in the museum*

La clase está en el Museo de Arte Contemporáneo.
La clase ⟶ *the students are in the museum*

3 ■ Here is a summary of the uses of **ser** and **estar**.

Use ser:	Use estar:
■ to describe someone or something (looks, personality, nationality, occupation) Ella **es** bonita y simpática y **es** colombiana. **Es** cantante.	■ to express the state of being of a person, place, or thing Paula **está** cansada porque acaba de hacer ejercicio.
■ to describe the location of an event La fiesta **es** en la discoteca.	■ to describe the location of a person, place, or thing. Ahora Paula **está** en el gimnasio que **está** en la universidad.
■ to express possession La discoteca **es** del padre de Paula.	■ to describe actions in progress **Está** bebiendo agua porque tiene sed.
■ to state what something is made of Los sofás de la discoteca **son** de cuero.	
■ to express origin La música **es** de Colombia.	
■ to tell time and date Hoy **es** viernes, **son** las 10 de la noche y la fiesta **es** a medianoche.	

Online Study Center

To practice: Do SAM Workbook and Lab, and Web activities.

Actividad 37 Cultura general En parejas, túrnense para preguntar dónde están las siguientes cosas.

> ■■■ A: ¿Dónde están las ruinas de Tikal?
> B: Están en Guatemala./No tengo idea. ¿Tú sabes?

1. la Estatua de la Libertad
2. el Museo del Prado
3. Machu Picchu
4. el Museo del Louvre y la Torre Eiffel
5. la Pequeña Habana
6. las Pirámides del Sol y de la Luna
7. el Vaticano
8. el Palacio de Buckingham
9. el cuadro *Guernica* de Picasso

Actividad 38 Un día de mucha actividad La policía de Madrid tiene que preocuparse por muchas cosas hoy. Di dónde están las siguientes personas o dónde son los siguientes acontecimientos (*events*).

Personas y acontecimientos

_____ 1. el concierto de Harry Connick, Jr.

_____ 2. el concierto de Plácido Domingo

_____ 3. la exhibición de Pablo Picasso

_____ 4. los diplomáticos de la ONU

_____ 5. los hijos de los diplomáticos de la ONU

_____ 6. el partido de fútbol entre el Real Madrid y Zaragoza

Lugares

a. el Centro de Arte Reina Sofía
b. el Estadio Bernabéu
c. Clamores, club de jazz
d. el Hotel Castellana
e. el Teatro de la Ópera
f. el zoológico en la Casa de Campo

■■■ **la ONU** = the U.N.

En el cuadro *Guernica*, Pablo Picasso (español) muestra los horrores de la guerra civil española cuando en 1937 Hitler, aliado del general español Francisco Franco, ordena el bombardeo aéreo del pueblo de Guernica en España. Miles de personas mueren, entre ellos niños, mujeres y ancianos.

▲ *Guernica* (349 × 776 cm), Pablo Picasso, Museo Nacional Centro de Arte Reina Sofía, Madrid.

¿Puedes encontrar un elemento que simboliza la esperanza (*hope*)? ¿Cómo se llama un artista, cantante o escritor de tu país que representa los horrores de la guerra?

■■■ 349 × 776 cm = 137.4 × 305.5 inches (almost 11½ × 25½ feet)

Actividad 39   Los planes   En parejas, miren los anuncios para unos espectáculos y hagan planes para esta semana. Decidan qué van a hacer, dónde y a qué hora. Luego decidan qué ropa van a llevar.

■■■ A: ¿Te gustaría ir...?/¿Qué tal si vamos...?/ ¿Quieres ir al concierto de...?
   B: Sí. ¿Dónde es?
   A: Es en el Estadio...

Actividad 40   Los novios   Mira la siguiente escena y la información sobre Pablo y Elena. Después describe a cada uno y habla de sus planes para esta noche, usando **ser** y **estar**.

Pablo

Origen: Colombia
Ocupación: dentista
Lugar de residencia:
   Venezuela
Físico: ¿?
Personalidad: ¿?
Emociones/
   sensaciones: ¿?

Elena

Origen: Perú
Ocupación: estudiante
   universitaria
Lugar de residencia:
   Venezuela
Físico: ¿?
Personalidad: ¿?
Emociones/sensaciones: ¿?

Planes para esta noche

Concierto de Juanes, Poliedro de Caracas, 20.30 Hs.

Conciertos

LA OREJA DE VAN GOGH
Rock español. Estadio de béisbol de la UCV: jueves 9 a las 21Hs.

ORQUESTA SINFÓNICA
SIMÓN BOLÍVAR
Teatro Teresa Carreño: viernes 10 a las 22 Hs.

ÓPERA
Don Giovanni de Mozart en el Teatro Municipal: viernes 10 a las 21 Hs. Entrada gratis.

PABLO MILANÉS
Cantautor cubano. Centro Cultural Chacao: viernes 10 a las 21 Hs.

JUANES
   Poliedro de Caracas: sábado 11 a las 20:30 Hs.

MANÁ
   Día de rock: Poliedro de Caracas: sábado 11, Los Sinvergüenzas a las 14 Hs. Maná a las 16 Hs.

ORQUESTA PARA LA PAZ
   Con el pianista Miguel Ángel Estrella, auspiciado por la UNESCO. Teatro Teresa Carreño: domingo 12 a las 14 Hs.

FESTIVAL DE JAZZ
   Biela Da Costa en el Teatro de Corp Banca: domingo 12 a las 20 Hs.

■■■ Juanes es un famoso cantante colombiano.

Online Study Center
Do Web Search activities.

Vocabulario funcional

La hora (*Telling Time*)

¿Qué hora es?	*What time is it?*
Es la una menos cinco.	*It's five to one.*
Es (la) medianoche.	*It's midnight.*
Es (el) mediodía.	*It's noon.*
Son las tres y diez.	*It's ten after three.*
¿A qué hora...?	*At what time . . . ?*
A la una./A las dos de la tarde.	*At one o'clock./At two o'clock in the afternoon.*
cuarto	*quarter (of an hour)*
la hora	*hour*
media	*half (an hour)*
el minuto	*minute*
el segundo	*second*

Verbos con cambio de raíz

e ⟶ ie

cerrar	*to close*
comenzar	*to begin*
despertar/se	*to wake someone up/to wake up*
divertirse	*to have fun*
empezar	*to begin*
entender	*to understand*
pensar (en)	*to think (about)*
pensar + infinitive	*to plan to (do something)*
perder	*to lose*
preferir	*to prefer*
querer	*to want*
querer a alguien	*to love someone*
sentarse	*to sit down*
tener	*to have*
venir	*to come*

o ⟶ ue

acostar/se	*to put someone to bed/ to go to bed*
almorzar	*to have lunch*
costar	*to cost*
dormir/se	*to sleep/to fall asleep*
encontrar	*to find*
poder	*to be able, can*
probarse	*to try on*
volver	*to return, come back*

e ⟶ i

decir	*to say; to tell*
pedir	*to ask for*
servir	*to serve*
vestirse	*to get dressed*

u ⟶ ue

jugar	*to play (a sport or game)*

Las sensaciones

tener calor	*to be hot*
tener frío	*to be cold*
tener hambre	*to be hungry*
tener miedo	*to be scared*
tener sed	*to be thirsty*
tener sueño	*to be tired*
tener vergüenza	*to be ashamed*

Los colores

¿De qué color es?	*What color is it?*
amarillo/a	*yellow*
anaranjado/a	*orange*
azul	*blue*
blanco/a	*white*
gris	*gray*
marrón	*brown*
morado/a	*purple*
negro/a	*black*
rojo/a	*red*
rosa, rosado/a	*pink*
verde	*green*
claro/a	*light*
oscuro/a	*dark*
de cuadros	*plaid*
de lunares	*polka-dotted*
de rayas	*striped*

La ropa (*Clothing*)

el abrigo	*coat*
la blusa	*blouse*
el bolso	*purse*
las botas	*boots*
la bufanda	*scarf (for winter)*
la camisa	*shirt*
la camiseta	*T-shirt*
la cartera	*purse*
la chaqueta	*jacket*
el cinturón	*belt*
la corbata	*tie*
la falda	*skirt*
las gafas de sol	*sunglasses*
la gorra	*cap*
la manga corta/larga	*short/long sleeve*
las medias	*stockings; socks*
los pantalones	*pants*
los pantalones cortos	*shorts*
el pañuelo	*scarf (women's); handkerchief*
la ropa interior	*men's/women's underwear*
el saco	*sports coat*
las sandalias de playa	*flip-flops*
el sombrero	*hat*
el suéter	*sweater*
el traje	*suit*
el traje de baño	*bathing suit*
el vestido	*dress*
los zapatos	*shoes*
los zapatos de tacón alto	*high-heeled shoes*
los (zapatos de) tenis	*tennis shoes*

Los materiales

¿De qué (material) es?	*What (material) is it made of?*
el algodón	*cotton*
el cuero	*leather*
la lana	*wool*
el nailon/nilón	*nylon*
el rayón	*rayon*
la seda	*silk*

Ir de compras (*To go shopping*)

barato/a	*inexpensive*
caro/a	*expensive*
¿Cuánto cuesta/n...?	*How much is/are . . . ?*
estar de moda	*to be in style*
ir de compras	*to go shopping*
llevar	*to wear*
el número	*shoe size*
el precio	*price*
la talla	*clothing size*
Te queda bien.	*It looks good on you./ It fits you well.*

Palabras y expresiones útiles

a eso de	*around*
acabar de + *infinitive*	*to have just + past participle*
el concierto	*concert*
creer	*to think; to believe*
Cuesta un ojo de la cara.	*It costs an arm and a leg.*
después/luego/más tarde	*then, later (on)*
después de + *infinitive*	*after _____ing*
Me fascina/n.	*I love it/them.*
¡No me diga/s!	*No kidding!*
No me gusta/n nada.	*I don't like it/them at all.*
por fin	*at last, finally*
primero	*first*
se come bien...	*They/People/One eats well . . .*

6 Ayer y hoy

➤ El cerro Fitz Roy y un glaciar en la Patagonia, Argentina.

Chapter Objectives

- Talking about things you and others did in the past
- Asking and giving prices
- Discussing the location of people and things
- Describing family relationships

¿Qué saben?

Marca si estas oraciones son ciertas o falsas y corrige las falsas si puedes.

1. _____ Buenos Aires tiene mucha influencia indígena.

2. _____ El mate es una comida importante en Argentina, Paraguay y Uruguay.

3. _____ Las montañas de los Andes son más altas que las Rocosas en los Estados Unidos.

4. _____ Chile y Argentina tienen el 10% de los volcanes del mundo.

5. _____ Los pingüinos son animales que viven en zonas frías como la Patagonia y Alaska.

Para escuchar

Una llamada de Argentina

▲ Una cafetería de la Recoleta.

◄ El cementerio de la Recoleta.

¡**Qué** + *noun* + **más** + *adjective*!	What a + *adjective* + *noun*!
¡**Qué hotel más lujoso!**	What a luxurious hotel!
adjective + **-ísimo/a**	
bello/a ⟶ **bellísimo/a**	very beautiful
Perdón.	Excuse me./I'm sorry.

Alejandro, el tío de Teresa, recibe una llamada de su amigo Federico de Rodrigo que está viajando por Argentina. Federico llama para contarle sobre el viaje.

Actividad / **El itinerario** Escucha la conversación y pon en orden del 1 al 4 los lugares que visitaron o que van a visitar Federico y su familia.

_____ Mendoza, Argentina

_____ las cataratas del Iguazú, Argentina

_____ Buenos Aires, Argentina

_____ Santiago, Chile

Actividad 2 **¿Comprendieron?** Lee las siguientes ideas y luego escucha la conversación otra vez para seleccionar la información correcta.

1. Cuando Federico llama, sus hijos y su esposa...
   a. están de compras.   b. están esquiando.
2. El Aconcagua es una montaña en...
   a. los Pirineos.   b. los Andes.
3. Se... yerba mate.
   a. come   b. bebe
4. El español de Argentina es... español de España.
   a. diferente del   b. igual al
5. La Recoleta es...
   a. una zona de oficinas.   b. una zona de cafeterías.

¿Lo sabían?

El mate es un té de yerba que se toma especialmente en Argentina, Paraguay, Uruguay y en algunas partes de Chile. Se bebe en un recipiente, también llamado mate, que puede ser una pequeña calabaza seca (*dried gourd*) o un recipiente de forma similar. Se usa con una bombilla (*a special straw*), y se pasa de persona a persona. Beber mate a veces es una actividad social y normalmente se toma con un grupo de amigos o con la familia.

¿**¿?** ¿Existen en tu país bebidas que asocias con diferentes ocasiones (Navidad, Año Nuevo, etc.)?

■■■ **Yerba** is also spelled **hierba.**   ■■■ In Paraguay they often drink **tereré**, or cold **mate**.

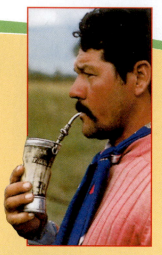

▲ Un gaucho toma mate en la provincia de Formosa, Argentina.

■■■ To keep the [k] sound, **-c-** changes to **-qu-** before adding **-ísimo/a: flaco/a ⟶ flaquísimo/a.**

Actividad 3 **¡Qué exageración!** En parejas, una persona describe de forma exagerada a algunas personas y cosas que conoce, usando estos adjetivos: **altísimas, gordísimo, guapísimos, feísimo, flaquísimo, simpatiquísima.** La otra persona responde indicando que está de acuerdo (*agrees*). Recuerden que el adjetivo concuerda (*agrees*) con el sustantivo que modifica. Sigan el modelo.

■■■ grandísima
   A: La ciudad de Nueva York es grandísima.
   B: Es verdad. ¡Qué ciudad más grande!

Vocabulario esencial I

I. Los números del cien al millón

100	cien
101, 102	ciento uno, ciento dos
200	doscientos
300	trescientos
400	cuatrocientos
500	quinientos
600	seiscientos
700	setecientos
800	ochocientos
900	novecientos
1.000	mil
2.000	dos mil
1.000.000	un millón
2.000.000	dos millones

Señora muere a los ciento quince años

Miles afectados por virus misterioso

Dos niños encuentran cuatro millones de pesos

■■■ El uso del punto y de la coma varía del inglés al español:
inglés = 54.56 y 1,987,789
español = 54,56 y 1.987.789

■■■ Note spelling of **quinientos, setecientos,** and **novecientos.**

■■■ **Mil personas,** BUT **un millón <u>de</u> personas.**

NOTE: The following words are frequently used with numbers: **alrededor de** (*about*), **más o menos** (*more or less*), and **casi** (*almost*).

Esta chaqueta cuesta casi 200 pesos.

Actividad 4 Los precios correctos En parejas, usen la lógica para combinar las cosas de la primera columna con los precios de la segunda columna y decir cuánto cuestan en dólares estas cosas en un viaje a Argentina.

■■■ seis días de clases de esquí en Las Leñas deben costar...

_____ 1. seis días de clases de esquí en Las Leñas

_____ 2. una habitación por una noche en el hotel Presidente

_____ 3. una comida para dos en un restaurante de la Recoleta

_____ 4. un pasaje de United Airlines de Los Ángeles a Buenos Aires

_____ 5. un pasaje de Delta Airlines de Washington a Buenos Aires

_____ 6. una chaqueta de cuero

_____ 7. un show de tango con comida para nueve personas

a. $45
b. $235
c. $115
d. $540
e. $350
f. $1177
g. $1255

■■■ El monte Whitney en California, la montaña más alta de los EE.UU. sin contar Alaska, tiene sólo 4.418m. (14.494 pies).

■■■ Suramérica, especialmente Chile y Argentina, tienen centros de esquí muy buenos. Muchas personas van a esos países para esquiar en julio y agosto.

Actividad 5 Las montañas del hemisferio Las montañas más altas del hemisferio occidental (*western*) están en los Andes. Hay más de 40 montañas más altas que el monte McKinley (20.320 pies) en Alaska. En parejas, "A" cubre la información de "B" y viceversa. Luego háganse preguntas (*ask each other questions*) como las siguientes para averiguar la información que no tienen. Hagan preguntas como: **¿Sabes dónde está...? ¿Sabes cuántos metros/pies de alto tiene el Tupungato?**

A

Montaña	País	Pies	Metros
1. Aconcagua	_____	_____	_____
2. Ojos del Salado	_____	22.572	6.880
3. Bonete	Argentina	_____	_____
4. Tupungato	Argentina/Chile	22.310	6.800
5. Pissis	_____	22.241	6.779

B

Montaña	País	Pies	Metros
1. Aconcagua	Argentina	22.834	6.960
2. Ojos del Salado	Argentina/Chile	_____	_____
3. Bonete	_____	22.546	6.872
4. Tupungato	_____	_____	_____
5. Pissis	Argentina	_____	6.779

Actividad 6 Un ojo de la cara Parte A. En parejas, decidan cuánto cuestan las siguientes cosas que necesita un estudiante universitario.

■■■ La matrícula (*tuition*) de un año cuesta casi/más o menos/alrededor de...

1. la matrícula de un año
2. los libros
3. la comida
4. la vivienda
5. la cuenta de teléfono por mes

Parte B. Ahora digan cuánto cuestan las siguientes cosas que quiere tener un estudiante.

1. un equipo de audio bueno
2. una semana de vacaciones en Cancún
3. un televisor de plasma
4. una cámara digital
5. una computadora
6. una chaqueta de cuero
7. un MP3

II. Preposiciones de lugar

encima (de)

detrás (de)

a la izquierda (de)

al lado (de)

delante (de)

debajo (de) cerca (de) a la derecha (de)

enfrente (de)

Online Study Center

To practice: Do SAM Workbook
and Web activities.

Actividad 7 **La Meca de la Elegancia** En parejas, Uds. están en la tienda La Meca de la Elegancia, una tienda súper cara. "A" es un/a cliente que quiere comprar una cosa; "B" es un/a vendedor/a. "B" tiene que indicar dónde está cada cosa y decir cuánto cuesta.

■■■ A: Por favor, ¿(me puede decir) dónde está/n...?

B: Está/n...

A: ¿Cuánto cuesta/n...?

B: Cuesta/n...

A: ...

lejos (de)

■■■ **O** (*Or*) becomes **u** before words beginning with **o** or **ho**: vertical **u** horizontal.

Actividad *8* **Tu ciudad** A veces conocemos una tienda, un restaurante u otro lugar, pero no podemos recordar su nombre. En grupos de tres, una persona explica dónde está un lugar de la ciudad y las otras intentan (*try*) decir el nombre. La persona que puede nombrar el lugar describe otro. Usen preposiciones de lugar en las descripciones.

> ■■■ A: Hay una tienda de ropa que está enfrente de..., también está cerca de... y a la izquierda de.... ¿Saben cómo se llama?
>
> B o C: Sí, es...

Gramática para la comunicación I

I. Talking About the Past: The Preterit

■■■ All **-ar** and **-er** stem-changing verbs are regular in the preterit, that is, they have no vowel change: **cerrar:** present ⟶ **cierro**, preterit ⟶ **cerré.**

1 ■ In Chapter 5 you saw how to discuss the immediate past using **acabar de** + *infinitive*. To talk about what you did yesterday, last week, or last year, you need to use the preterit (**el pretérito**). All regular verbs as well as stem-changing verbs and reflexives ending in **-ar** and **-er** are formed as follows. (You will learn the preterit of stem-changing **-ir** verbs in Chapter 7.)

cerrar	
cerré	cerramos
cerraste	cerrasteis
cerró	cerraron

comer	
comí	comimos
comiste	comisteis
comió	comieron

escribir	
escribí	escribimos
escribiste	escribisteis
escribió	escribieron

■■■ Note the use of accents.

■■■ **Vosotros** form = **tú** form + **-is: bebiste** + **-is** = **bebisteis.**

¡El vestido costó un ojo de la cara!

—Ayer Paco y yo **estudiamos.** Luego yo **vi** una película y él **se acostó.**
—¿**Estudiaron** mucho ayer?
—Sí, porque **empezaron** los exámenes.

Yesterday, Paco and I studied. Then I saw a movie and he went to bed.
Did you study a lot yesterday?
Yes, because exams began.

NOTE:

a. Regular **-ar** and **-ir** verbs have the same ending in the **nosotros** form in the present indicative and the preterit. Context helps determine the tense of the verb. For example: **Todos los días almorzamos a las 2:00, pero ayer almorzamos a la 1:00.**

■■■ Remember the following spelling conventions:

ga, **gue**, gui, go, gu

ca, **que**, qui, co, cu

za, **ce**, ci, zo, zu

b. Verbs that end in **-car, -gar,** or **-zar** require a spelling change in the **yo** form:

> tocar ⟶ to**qué**   To**qué** la guitarra en un café.
> jugar ⟶ ju**gué**   Ayer ju**gué** al fútbol y Juan también ju**gó**.
> empezar ⟶ empe**cé**   Ayer empe**cé** a trabajar en un banco.

c. Regular reflexive verbs follow the same pattern as other regular verbs in the preterit. The reflexive pronoun precedes the conjugated form. For example: **Esta mañana me levanté temprano.**

d. **Ver** is regular in the preterit and it has no accents because **vi** and **vio** are monosyllables.

2 ■ Three common irregular verbs in the preterit are **ir** and **ser,** which have the same preterit forms, and **hacer.**

ir/ser	
fui	fuimos
fuiste	fuisteis
fue	fueron

hacer	
hice	hicimos
hiciste	hicisteis
hi**z**o	hicieron

■■■ Note that accents are not needed on these forms.

—Ella no **fue** al concierto. *She didn't go to the concert.*
—Y tú, ¿qué **hiciste** anoche? *And what did you do last night?*

3 ■ The following time expressions are frequently used with the preterit to express a completed past action.

anoche last night
ayer yesterday
anteayer the day before yesterday
la semana pasada last week
el sábado/mes/año pasado last Saturday/month/year
de repente suddenly
hace tres/cuatro/. . . días three/four/. . . days ago
hace dos/tres/. . . semanas/meses/años two/three/. . . weeks/months/years ago
¿Cuánto (tiempo) hace que + *preterit...*? How long ago did . . . ?

Hace tres meses que Diana *Diana started school three months ago.*
  empezó las clases.
La semana pasada Juan Carlos y *Last week Juan Carlos y*
  Claudia **vieron** *Casablanca.*   *Claudia saw Casablanca.*

Here are some frequently used verbs that you will practice in the chapter activities.

abrir to open
asistir a to attend (*class, church, etc.*)
buscar to look for
decidir to decide
dejar to leave behind; to let, allow
desayunar to have breakfast
llegar to arrive
llorar to cry
pagar to pay (for)
terminar to finish
tomar to drink; to take (*a bus, etc.*)
viajar to travel

Muchas personas **asistieron**   *Many people attended the concert.*
  al concierto.
Nosotros **llegamos** tarde.   *We arrived late.*
El concierto **terminó** a las 11:30.   *The concert ended at 11:30.*

Actividad 9 **Juana en Buenos Aires** **Parte A.** Juana vive en Buenos Aires, Argentina, y cuenta qué hizo el viernes pasado. Completa su historia con la forma correcta de los verbos que están en orden a la izquierda.

levantarse	El viernes por la mañana _____ (1) a las 7:30,
tomar, escuchar	_____ (2) un café con leche, _____ (3) las noti-
salir	cias en la radio y _____ (4) de mi casa a las 8:30.
ir, llegar	_____ (5) al trabajo en taxi y _____ (6) justo a
sentarse	las 9:00. _____ (7) enfrente de la computadora
almorzar	hasta la 1:00. Luego, Agustín y yo _____ (8) en
	un restaurante que está enfrente del trabajo y yo
pagar	_____ (9) porque era (*was*) el cumpleaños de
volver	Agustín. A las 2:00 nosotros _____ (10) a la oficina
trabajar	y yo _____ (11) hasta las 7:00.

■■■ Customs may change from country to country. Note that in Spain, the person celebrating the birthday would pay for his/her friend's lunch.

■■■ Las discotecas en Argentina abren a la medianoche, la música para bailar empieza a las dos y no cierran hasta el amanecer (*sunrise*).

■■■ Es típico vivir en casa de los padres hasta casarse en muchos países.

ir

regresar

hacer

comer, acostarse

levantarse

ducharse

salir

bailar

ir

llegar

Al final de mi día de trabajo, _____ (12) a un pub cerca de la oficina a tomar una cerveza. A las 8:00 _____ (13) a casa muy cansada. Mi madre _____ (14) una cena deliciosa y nosotros _____ (15) a las 9:30. Luego yo _____ (16) por dos horas y a las 12:30 _____ (17), _____ (18) y con minifalda y zapatos de tacón _____ (19) de casa para ir a una discoteca con mis amigos. _____ (20) desde las 2:00 hasta las 6:30. Después _____ (21) a tomar un café y a las 7:30 yo _____ (22) a mi casa para dormir ocho horas. ¡Qué día tan largo!

Parte B. Ahora en parejas, díganle a la otra persona qué hicieron el viernes pasado y a qué hora hicieron esas actividades. Usen la historia de Juana como guía.

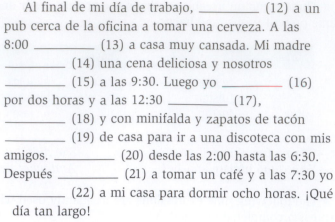

◄ Una discoteca en Buenos Aires.

Actividad *10* **Intercambio cultural** **Parte A.** Una estudiante norteamericana fue a un programa de intercambio (*exchange*) cultural a otro país. Mira las cosas que hizo y ponlas en un orden lógico.

_____ Fui directamente a la casa de una familia uruguaya donde viví durante un semestre.

_____ Viajé por American Airlines y Pluna (aerolínea uruguaya).

_____ Recibí muchos emails de mis amigos uruguayos.

_____ Llegué al aeropuerto de Montevideo en marzo.

__1__ Tomé una clase de español para prepararme para el viaje.

_____ Busqué información en Internet sobre programas de intercambio.

_____ Asistí a la Universidad de la República.

_____ Lloré cuando dejé a mi familia uruguaya.

_____ Decidí finalmente ir a Uruguay.

_____ Saqué buenas notas en mis clases.

Parte B. Ahora cuéntale a la clase, desde tu punto de vista (*your point of view*), qué hizo esta estudiante norteamericana. Usa expresiones como **primero, después, después de, luego, por último** (*finally*).

■■■ Primero ella tomó una clase... Después...

Actividad 11 Ayer En tu clase probablemente hay personas que hicieron estas actividades ayer. Haz preguntas para encontrar a esas personas.

■■■ A: ¿Hiciste la tarea ayer?
    B: Sí, hice la tarea./No, no hice la tarea.

nombre

1. tomar Pepsi   _____
2. correr   _____
3. bailar   _____
4. recibir un email   _____
5. comer a las 7:00   _____
6. ir al cine   _____
7. tocar el piano   _____
8. mirar televisión   _____
9. asistir a la iglesia   _____
10. viajar en autobús   _____
11. hacer ejercicio   _____

Actividad 12 ¿A qué hora? Parte A. En la columna que dice "tú" escribe a qué hora hiciste ayer (o el viernes pasado si hoy es lunes) las siguientes actividades.

	tú	compañero/a
1. levantarse	_____	_____
2. almorzar	_____	_____
3. ir a la primera clase	_____	_____
4. terminar la última clase	_____	_____
5. llegar a casa (o la residencia)	_____	_____
6. acostarse	_____	_____

Parte B. Ahora, en parejas, pregúntenle a su compañero/a a qué hora hizo las actividades de la **Parte A** y escriban su respuesta en la segunda columna.

■■■ A: ¿A qué hora te levantaste ayer?
    B: Me levanté a las...

Actividad 13 ¿Cuánto tiempo hace que...? En parejas, pregúntenle a su compañero/a cuánto tiempo hace que hizo estas actividades.

■■■ A: ¿Cuánto (tiempo) hace que visitaste a tus padres?

B: Hace tres semanas que visité a mis padres.   B: Visité a mis padres ayer.

1. viajar a otra ciudad	ayer
2. ir al médico	anteayer
3. escribir una composición	hace tres/cuatro/cinco días
4. hablar por teléfono	la semana pasada
5. comer pizza	hace dos/tres semanas
6. sacar "A" en un examen de historia	el mes pasado
7. ir al cine	hace dos/tres/cuatro meses
8. asistir a un concierto	¿ ?
9. buscar información en Internet	
10. llorar en una película	

■■■ La Armada Invencible española / perder contra los ingleses

La Armada Invencible española perdió contra los ingleses en mil quinientos ochenta y ocho.

1. Cristóbal Colón / llegar a América
2. George W. Bush / ganar las elecciones contra John Kerry
3. los ingleses / perder la Guerra Revolucionaria contra las colonias norteamericanas
4. Neil Armstrong / caminar en la luna
5. los Juegos Olímpicos / ser en Barcelona
6. la Segunda Guerra Mundial / empezar

II. Indicating Relationships: Prepositions and Prepositional Pronouns

■■■ Common prepositions of location are listed on p. 151.

1 ■ Prepositions (**preposiciones**) establish relationships between one word and another in a sentence. You already know prepositions like **a, de, en, para,** and **por.** Other common prepositions are:

con	with	**entre**	between	**hasta**	until	**sobre**	about
desde	from	**hacia**	toward	**sin**	without		

El sábado pasado, un niño caminó **hacia** la playa.	*Last Saturday, a child walked toward the beach.*
Salió **sin** el permiso de sus padres.	*He left without his parents' permission.*
La policía buscó al niño **hasta** las ocho.	*The police looked for the boy until eight o'clock.*
Al final, volvió solo **desde** la playa.	*In the end, he returned home alone from the beach.*

2 ■ When pronouns follow a preposition, the forms of the pronouns are the same as subject pronouns, except for the forms corresponding to **yo** and **tú,** which are **mí** and **ti,** respectively. Notice that these are the same pronouns you use with **gustar:** <u>A mí</u> me gusta ir a la playa.

Prepositional Pronouns			
a para sin (etc.) } +	mí ti Ud. él ella	nosotros/as vosotros/as Uds. ellos ellas	

—Tengo dinero **para ti.**
—¿**Para mí?** Gracias.

—¿Van a ir **sin Juan?**
—No, vamos a ir **con él.**

NOTE:

a. With the preposition **con,** the pronouns **mí** and **ti** become **conmigo** and **contigo.**

—¿Quieres ir **conmigo?**   *Do you want to go with me?*
—Sí, voy **contigo.**   *Yes, I'll go with you.*

b. The preposition **entre** uses **tú** and **yo.**

Vamos a hacer el trabajo **entre**   *We are going to do the work between you*
tú y **yo.**   *and me.*

3 ■ When a verb immediately follows a preposition, it is always in the infinitive form.

■ ■ ■ Note: Always double check compositions to make sure that prepositional phrases such as **después de** and **antes de** are followed by an infinitive.

Ayer **después de comer,** miramos la tele.*	*Yesterday after eating, we watched TV.*
Fernando tomó un café **antes de ducharse.**	*Fernando had a coffee before showering.*
Para dormirme, tomé un té de manzanilla.	*In order to sleep, I had a chamomile tea.*

***NOTE:** Compare with this sentence: **Después, comimos y miramos la tele.**
(*Later we ate and watched TV.*)

4 ■ Note the prepositions used with the following verbs.

casarse con enamorarse de }	+ *persona*	to marry to fall in love with }	+ *person*
asistir a entrar en/a salir de }	+ *lugar*	to attend to enter to leave }	+ *place*
aprender comenzar empezar enseñar }	+ *a* + *infinitivo*	to learn to begin to begin to teach }	+ *infinitive*

NOTE: The verbs **deber, necesitar, poder,** and **querer** are directly followed by the infinitive.

Quiero estudiar porque tengo un examen.	*I want to study because I have an exam.*
Debemos volver a casa.	*We should return home.*

Online Study Center

To practice: Do SAM Workbook and Web activities.

Actividad *15* **Una encuesta** **Parte A.** En preparación para hacer una encuesta, mira las siguientes ideas y complétalas con las preposiciones **a, con, de, desde, entre, hasta** y **sin**.

nombre

1. anoche estudió _____ un amigo   _____
2. en esta clase se sienta _____ dos chicas   _____
3. esta mañana fue a clase _____ desayunar   _____
4. hoy salió _____ la residencia muy tarde   _____
5. asiste _____ una clase de yoga cada semana   _____
6. el lunes pasado tuvo clase _____ las 10:00 _____ las 2:00   _____
7. hace un mes empezó _____ hacer dieta   _____
8. siempre se enamora _____ la persona incorrecta   _____

Parte B. Ahora camina por la clase para encontrar a las personas que hacen o hicieron las acciones de la **Parte A**.

Actividad 16 De compras Durante tus últimas vacaciones fuiste de compras. En parejas, explíquenle a su compañero/a lo siguiente.

1. adónde fuiste
2. quién fue contigo
3. qué viste
4. si compraste algo y para quién
5. qué hiciste después de ir de compras

Actividad 17 ¿Recuerdas? Parte A. Vas a prepararte para hablar de qué hiciste ayer. Piensa en las respuestas a estas preguntas, pero también piensa en otros detalles (*details*).

1. ¿Qué hiciste antes de salir de tu casa?
2. ¿Desayunaste? ¿Dónde y con quién?
3. ¿Asististe a clase?
4. ¿Almorzaste? ¿Dónde y con quién?
5. Después de almorzar, ¿qué hiciste?
6. ¿Desde qué hora hasta qué hora estudiaste?
7. Y por la noche, ¿saliste con tus amigos? ¿Hiciste algo interesante? ¿Quiénes fueron contigo?

Parte B. En parejas, hablen sobre qué hicieron ayer. Si quieren saber más, deben hacer preguntas como las siguientes: **Y después de desayunar, ¿qué hiciste? ¿A cuántas clases asististe? ¿Quién comió contigo? Después de terminar las clases, ¿adónde fuiste?** Empiecen la conversación preguntando **¿Qué hiciste ayer?**

Actividad 18 La entrevista Parte A. Para hacer publicidad, la administración de tu universidad quiere saber qué tipo de estudiantes asisten a esta institución. Para prepararte a entrevistar a un/a compañero/a, completa las siguientes ideas con las preposiciones apropiadas.

Pregúntenle a su compañero/a...

1. _____ qué año entró _____ la universidad.
2. si asistió _____ otras universidades. ¿Dónde? ¿_____ cuánto tiempo?
3. por qué decidió venir aquí.
4. si aprendió _____ usar computadoras _____ esta universidad, _____ otra universidad, _____ la escuela secundaria o _____ la escuela primaria (*elementary school*).
5. qué hace generalmente después _____ asistir _____ sus clases.
6. si juega _____ tenis, _____ basquetbol o _____ otro deporte.
7. dónde y cuántas horas _____ día estudia.
8. _____ qué año va a terminar sus estudios.
9. qué piensa hacer después _____ terminar la universidad.
10. si al terminar los estudios va a salir del estado _____ buscar trabajo.

Parte B. Ahora en parejas, entrevisten a su compañero/a y luego informen al resto de la clase.

Parte A. Lee esta descripción de una persona famosa y contesta las preguntas que siguen.

Norma Aleandro, famosa actriz argentina, nació (*was born*) el 2 de mayo de 1936 en Buenos Aires. Empezó a actuar en el teatro a los nueve años. Fue la protagonista de muchas obras de teatro y también de muchas películas. Durante la época de la dictadura militar en Argentina entre 1976 y 1983, se exilió en Uruguay por cinco años. En 1985 actuó en la película *La historia oficial* que recibió el Oscar a la Mejor Película Extranjera y ella ganó el premio a la Mejor Actriz en el festival de cine de Cannes. Después hizo varias películas en inglés. Por su trabajo en *Gaby* recibió una nominación para el Oscar a la Mejor Actriz.

   Hoy día Norma Aleandro actúa en televisión, teatro y cine. Además de ser actriz, es directora; también escribe libros y poemas. En el futuro, quiere escribir más y actuar más en teatro.

1. ¿En qué año nació Norma Aleandro?
2. ¿Qué hizo?
3. ¿Qué premios recibió?
4. ¿Qué hace ahora? ¿Qué planes tiene para el futuro?

▲ Norma Aleandro

Parte B. Busca en Internet información sobre una de las siguientes personas chilenas y argentinas.

Isabel Allende, escritora

Diego Maradona, ex futbolista

Don Francisco (Mario Kreutzberger),
   anfitrión del show "Sábado Gigante"

Charly García, cantante

Nicole Perrot, golfista

César Pelli, arquitecto

■ ■ ■ To do a search, use a good search engine such as **google.com** and type the name + *biography* or *his/her life* to get sites in English, or the name + **biografía** or **su vida** to get sites in Spanish. You may need to consult both to complete this assignment. When saying what someone did, avoid description and simply refer to completed actions.

En la próxima clase, tienes que hablar sobre la siguiente información.

1. ¿Dónde y cuándo nació? ¿Qué hizo? (Usa el pretérito.)
2. ¿Qué hace ahora? (Usa el presente.)
3. ¿Qué va a hacer en el futuro? Puedes inventar la respuesta a esta pregunta.
   (Usa **va a** + *infinitivo*, **quiere** + *infinitivo*, **piensa** + *infinitivo*, **le gustaría** + *infinitivo*.)

Nuevos horizontes

Lectura — ESTRATEGIA: Skimming

In Chapter 1, you learned about scanning. When scanning, you read quickly to look for specific information and your eyes resemble laser beams zeroing in on a subject. Skimming is similar; however, when you skim a text, you simply read quickly to get the main idea without stopping to wonder about the meaning of unknown words. You will practice skimming as you read an article about South America.

■ ■ ■ **patrimonio mundial** = World Heritage Site

Actividad 20 Predicción **Parte A.** Antes de leer el artículo sobre Suramérica, mira la lista de palabras y trata de predecir cuál es el tema del artículo.

indígenas	montañas	playas blancas
glaciares	mitología local	parque nacional
flora	fauna	patrimonio mundial

¿Tema del artículo?
a. la naturaleza (*nature*) de Suramérica
b. la destrucción de los ecosistemas de Suramérica
c. el abuso de las grandes compañías petroleras y su efecto en la ecología
d. unas vacaciones en Suramérica —nadar, esquiar, hacer trekking

Parte B. Ahora en grupos de tres, digan cuál creen que es el tema del artículo y por qué. Usen frases como: **En mi opinión el artículo es sobre... porque... Creo que el artículo es sobre... porque... Puede ser un artículo sobre... porque...**

■ ■ ■ Remember: You are not expected to comprehend every word; you are just reading to get the gist.

Actividad 21 Lectura rápida Ahora lee rápidamente el artículo para confirmar tu predicción de la actividad anterior y para saber qué es Torres del Paine y qué son las cataratas del Iguazú. Luego comparte la información con el resto de la clase.

Actividad 22 Lectura detallada Lee el artículo otra vez y contesta las siguientes preguntas.

1. En el párrafo 1 (línea 4), ¿cuál es el sujeto del verbo **contrastan**?
2. En el párrafo 2 (línea 9), ¿cuál es el sujeto del verbo **existe**?
3. En el párrafo 3 (línea 12), ¿quién o qué es **Cai Cai**?
4. En el párrafo 3 (línea 14), ¿quién o qué convirtió a los dos guerreros en piedra?
5. En el párrafo 4 (línea 19), ¿cuáles son dos cosas que contrasta la frase **más altas que**?
6. En el párrafo 5 (línea 25), ¿a qué se refiere **Esta**?
7. En el párrafo 5 (línea 26), ¿a quién se refiere **ella**?
8. En el párrafo 5 (línea 28), ¿cuál es un sinónimo de **se enojó** (*got mad*)?
9. En el párrafo 5 (línea 28), ¿quién **se enojó**? ¿El dios, Tarob o Naipi?
10. En el párrafo 5 (línea 29), ¿quiénes son **los enamorados**?

Suramérica y su belleza natural

Suramérica se caracteriza por su diversidad y su belleza natural. Esta belleza varía desde la selva amazónica en países como Ecuador, Perú y Brasil hasta el árido desierto de Atacama en el norte de Chile. También se encuentran las playas blancas de Colombia, Venezuela y Uruguay que contrastan con los Andes y sus nieves eternas en Argentina, Chile
5 y Bolivia. Entre las bellezas naturales también estan el Parque Nacional Torres del Paine y el Parque Nacional Iguazú.

El Parque Nacional Torres del Paine se encuentra en la zona de la Patagonia de Chile y es tan espectacular como el Parque Yellowstone o el Yosemite. Tiene una variedad de ecosistemas con flora y fauna que no existe en otras partes del mundo. Entre los lugares más
10 interesantes para visitar están el lago y glaciar Grey y los Cuernos del Paine, dos montañas que son gigantescos pilares de granito que se formaron hace 12 millones de años.

La mitología local dice que una serpiente llamada Cai Cai causó una inundación masiva para matar con el agua a la tribu guerrera[1] que vivía en Torres del Paine. Cuando el agua retrocedió, Cai Cai tomó a los dos guerreros más grandes y los convirtió en piedra; ahora
15 son las dos famosas montañas que se llaman los Cuernos del Paine que se pueden ver hoy día en ese parque nacional chileno.

En el Parque Nacional Iguazú se encuentran las cataratas del Iguazú que están localizadas en el río del mismo nombre, en la frontera entre Argentina y Brasil cerca de Paraguay. Tienen una caída de ochenta metros y son veinte metros más altas que las
20 cataratas del Niágara entre los Estados Unidos y Canadá. El salto o catarata más importante es la Garganta del Diablo[2]. En el lado brasileño hay una vista panorámica de las cataratas, pero en el lado argentino se puede caminar muy cerca de cada salto. Las cataratas no sólo son ricas en flora y fauna; también son una fuente de electricidad para Argentina, Brasil y Paraguay. En 1984 la UNESCO declaró las cataratas del Iguazú patrimonio mundial.

▼ Los Cuernos del Paine en el Parque Nacional Torres del Paine, Chile.

1 *warrior*   2 *Devil's Throat*

▲ Las cataratas del Iguazú, entre Argentina y Brasil.

25   Los indígenas de esta zona explican el origen de estas cataratas con una leyenda. Esta dice que el dios de los indígenas eligió a Naipi, la hija del jefe de la tribu, como esposa, pero ella se enamoró de Tarob y un día Naipi y Tarob se fueron en una canoa por el río Iguazú ("agua grande" en la lengua indígena). Cuando el dios escuchó esto, se enfureció y decidió crear las cataratas para matar a los enamorados con su torrente de agua. Así terminó la vida de los
30 jóvenes amantes.

       Tanto el Parque Nacional Torres del Paine como el Parque Nacional Iguazú reciben un gran cantidad de turistas al año que llegan a los parques a practicar turismo de aventura. En estos dos parques se puede hacer trekking y caminatas.

Actividad 23 Busca información Después de leer el artículo, contesta las siguientes preguntas.

1. ¿Con qué parques nacionales de los Estados Unidos compara el artículo al Parque Torres del Paine? ¿Dónde se encuentra?
2. ¿En qué se diferencian las cataratas del Iguazú de las cataratas del Niágara? ¿Dónde se encuentran? ¿Para qué se utilizan las cataratas del Iguazú?
3. ¿Los mitos indígenas sobre la formación de los Cuernos del Paine y de las cataratas del Iguazú son pacíficos o violentos?

Actividad 24 Las leyendas Parte A. Los indígenas tienen leyendas que explican la formación de los Cuernos del Paine y las cataratas del Iguazú. Marca **C** si la oración es cierta y **F** si es falsa. Después corrige las falsas.

Leyenda sobre los Cuernos del Paine

1. _____ Cai Cai es una persona.
2. _____ Las personas de la tribu son violentas.
3. _____ Cai Cai mató a muchas personas con un incendio (*fire*) grande.
4. _____ Ahora, los dos guerreros son montañas que se llaman los Cuernos del Paine.

Leyenda sobre las cataratas del Iguazú

1. _____ Un dios se enamoró de Naipi.
2. _____ Naipi se enamoró del dios.
3. _____ Iguazú significa "río corto" en la lengua indígena.
4. _____ El dios se enfureció y mató a Naipi y a Tarob con agua.
5. _____ Hoy día, el torrente de agua se llama las cataratas del Iguazú.

Parte B. Lee este resumen de la leyenda norteamericana de Paul Bunyan.

Paul Bunyan, un hombre enorme, simpático y trabajador, formó los Grandes Lagos para tener agua para Babe, su buey azul. También se dice que los 10.000 lagos de Minnesota se formaron con las huellas (*footprints*) profundas de las botas de Paul Bunyan y la nieve que se convirtió en agua en la primavera.

Ahora compara la leyenda norteamericana de Paul Bunyan con las leyendas de la **Parte A.** ¿Son personas que existieron de verdad? ¿Hay dioses? ¿Hay animales? ¿Existe un conflicto? ¿Cómo son los protagonistas de las leyendas: simpáticos o antipáticos, violentos o pacíficos, grandes o pequeños, poderosos (*powerful*) o débiles? ¿Qué explican los mitos: la formación de aspectos geográficos o la historia de la zona?

ESTRATEGIA: Chronological Order

Escritura

Texts such as news reports, histories, biographies, or travelogues often are organized chronologically. In Chapter 5 you used adverbs of time to help sequence events. Verb forms also help establish the order of events. To apply a simple chronological order when writing, you may report past, present, and then future actions:

- Use preterit to say what the person did.
- Use present tense for present, ongoing activities.
- Use **ir a** + *infinitive* and constructions such as **querer** + *infinitive*, **le gustaría** + *infinitive*, **pensar** + *infinitive* to refer to future plans.

Actividad 25 Una biografía Parte A. You are going to write a biography about a famous, living person. First, think of someone you admire or would like to learn more about, or choose from the names suggested by your instructor. If needed, use the Internet to obtain information and organize an outline in Spanish based on the following.

■■■ Remember: Do your outline in Spanish.

- Paragraph 1: name, when and where he/she was born, what he/she did (avoid description, just state actual accomplishments)

NOTE: When writing a biography, it is common to present most data in chronological order. Use words like **primero, más tarde, luego, después, después de** + *infinitive*, **antes,** and **antes de** + *infinitive* in the first paragraph.

- Paragraph 2: what he/she is doing now
- Paragraph 3: what he/she is going to do in the future

Parte B. Write a three-paragraph biography based on your outline. You may want to look at the biography in Activity 19 as a reference.

Parte C. Check to see if you used the preterit in the first paragraph to refer to past actions. Also check to make sure you avoided description. Did you use the present tense in the second paragraph? In the final paragraph you should have used constructions such as **ir a** + *infinitive,* **pensar** + *infinitive,* **le gustaría** + *infinitive,* and **querer** + *infinitive.* Make any necessary changes to your final draft and hand in all drafts to your instructor.

Vocabulario esencial II

La familia de Diana

Frank Miller — Marina Torres Milán   Ramón Vegas Pérez — María Luisa Yépez Ortiz

Rosie Hernández – Frank Jr.   Alicia   Mark — Ana María   Mª Rebeca   Marta – Charles Brown

Zoe   Brandon   Diana   Jesse   Tommy

La familia de Diana es grande. Sus **abuelos** maternos son Ramón y María Luisa y viven en Jalisco, México. Sus **abuelos** paternos son Frank y Marina y viven con los **padres** de Diana en Los Ángeles. El **padre** de Diana se llama Mark y la **madre,** Ana María. Diana tiene un **hermano menor** que se llama Jesse y ella, por supuesto, es la **hermana mayor.** Tiene cuatro **tíos:** Frank Jr. y Alicia son **hermanos** de su padre y Marta y Ma. Rebeca, **hermanas** de su madre. Para Marta, Diana es una **sobrina** muy especial. Diana también tiene dos **tíos políticos:** Rosie, la **esposa** de su **tío** Frank Jr., y Charles, el **esposo** de su **tía** Marta. Rosie y Frank Jr. tienen dos **hijos,** Zoe y Brandon, que son **primos** de Diana; pero su **primo** favorito es Tommy, **hijo** de su **tía** Marta y su **esposo** Charles. Tommy, Diana y Jesse son **nietos** de Ramón y María Luisa.

■■■ Many Mexican-Americans adopt some American customs; therefore Diana's uncle is named Frank Jr.

■■■ **Ma.** = abbreviation for María.

■■■ **Esposo/marido** = husband; **esposa/mujer** = wife

Otras palabras relacionadas con la familia

el/la cuñado/a   brother/sister-in-law
el/la hermanastro/a   stepbrother/stepsister
el/la hijastro/a   stepson/stepdaughter
la madrastra   stepmother
el padrastro   stepfather
el/la suegro/a   father/mother-in-law

el/la pariente   relative
ser soltero/a   to be single
estar casado/a (con)   to be married (to)
estar divorciado/a (de)   to be divorced (from)

■ ■ ■ **Parientes** = relatives; **padres** = parents

Online Study Center

To practice: Do SAM Workbook and Web activities.

Actividad 26 **La familia de Mark**   En parejas, miren el árbol genealógico de la página 164 y describan la familia de Mark. Por ejemplo: **El padre de Mark se llama Frank. Mark tiene dos hermanos, Alicia y Frank Jr.**

¿Lo sabían?

Hay alrededor de veinticinco millones de personas de origen mexicano que viven en los Estados Unidos. Muchas son recién llegadas y hablan español e inglés y muchas más están en el proceso de aprender inglés. Los inmigrantes del siglo XXI que llegan a los Estados Unidos aprenden inglés más rápidamente que los inmigrantes que vinieron a principios del siglo XX. Saben que tienen que aprender inglés para adaptarse e integrarse a los Estados Unidos.

Hay muchas familias mexicoamericanas que llevan siglos en los Estados Unidos y ya ni hablan español. Stephanie Valencia, mexicoamericana de Nuevo México, comenta que su madre siempre dice: *"We didn't cross the border, the border crossed us"*. Esta frase se refiere al año 1848 cuando México le cedió (*ceded*) mucho territorio a los Estados Unidos después de una guerra entre los dos países. Ahora, Stephanie es típica de un grupo de jóvenes estadounidenses que quieren aprender el idioma y la cultura de sus antepasados. Por eso puedes ver a muchos estudiantes de apellido español en clases básicas de español, como también puedes ver a gente de origen italiano, alemán y japonés en clases donde estudian el idioma de sus antepasados.

▲ Stephanie Valencia y su madre.

■ ■ ■ In 1848, the U.S. and Mexico signed the Treaty of Guadalupe Hidalgo, giving the U.S. control of a large area of land in the Southwestern U.S.

■ ■ ■ Immigration stories can be interesting; ask your friends about their family stories. If you don't know your family's history, ask your parents or grandparents.

¿? ¿Cuál es el origen de tu familia? ¿Estudias o hablas el idioma de tus antepasados? ¿Otras personas de tu familia hablan ese o esos idiomas?

Actividad 27 **¡Bingo!** Vas a jugar al bingo. Tienes que hacerles preguntas a diferentes compañeros de la clase basándote en la información de las casillas (*boxes*). Si una persona contesta que sí a una pregunta, escribe su nombre en la casilla correspondiente. La persona que completa primero una hilera (*line*) diagonal, vertical u horizontal es el/la ganador/a (*winner*).

B	I	N	G	O
un hermano	cumpleaños en septiembre	madre alta	un abuelo irlandés	una tía enfermera
cumpleaños en febrero	padre gordo	no tiene hermanos	una tía que se llama Ann	tiene primos
tiene cuatro abuelos	un tío que se llama Bill	cumpleaños en julio	tiene esposo	un hermano rubio
dos hermanos	una abuela italiana	dos cuñados	tiene una sobrina	un abuelo con poco pelo
hermanas	tiene un sobrino	tiene una hija	cumpleaños en el otoño	dos hermanas

Actividad 28 **Oraciones incompletas** **Parte A.** En tres minutos escribe oraciones incompletas sobre la familia. Por ejemplo: **La madre de mi madre es mi _____**.

Parte B. Ahora, en grupos de tres, una persona lee sus oraciones incompletas y los compañeros tienen que completar esas oraciones.

Actividad 29 **Una reunión familiar** En parejas, cada uno debe mirar una de las fotos, imaginar que es su familia y explicar quién es cada persona. Hablen de qué hacen, qué están haciendo y dónde están en la foto en relación con otros parientes.

▪▪▪ Mi madre es la persona que está lejos de...

La boda en Chile

◄ Novios celebrando su boda.

■■■ **Novios** = boyfriend and girlfriend; bride and groom

echar la casa por la ventana	to go all out (literally: *to throw the house out the window*)
requete+*adjective*	really/extremely + *adjective*
requetefeo	really/extremely ugly
tener ganas de + *infinitive*	to feel like + -ing
Tengo ganas de viajar.	I feel like traveling.

Federico de Rodrigo, su esposa y sus hijos fueron de Argentina a Chile para asistir a la boda de Olga, la hija de unos muy buenos amigos. Ahora Federico y su esposa Camila están en un hotel en Santiago hablando con su hijo Andrés sobre la boda.

Actividad 30 Marca los regalos Mientras escuchas la conversación, marca solo los regalos (*presents*) que recibieron los novios. Lee la lista antes de empezar a escuchar.

¿Qué recibieron?

unas toallas	_____	una casa	_____
un equipo de audio	_____	un viaje	_____
un televisor	_____	un reproductor de DVD	_____
un sofá	_____		

Actividad *31* **Preguntas** Después de escuchar la conversación otra vez, contesta estas preguntas.

1. El día después de la boda, ¿se levantaron tarde o temprano Federico, su esposa y su hijo?
2. ¿Con quién entró la novia en la iglesia?
3. ¿Quiénes les dieron los siguientes regalos: el estéreo, el televisor, el sofá y el viaje?
4. ¿Adónde van Nando y Olga para la luna de miel?
5. Si Andrés se casa, ¿qué dice que va a recibir de su tía Carmina? ¿Qué quiere recibir?
6. ¿Qué palabras usan Andrés y su madre para describir el regalo de la tía Carmina?
7. ¿A qué fiesta asististe donde echaron la casa por la ventana? ¿Un cumpleaños, una boda, un aniversario, una reunión familiar, etc.?

¿Lo sabían?

Con frecuencia, en las bodas hispanas los amigos de los novios no participan directamente en la ceremonia; en cambio, los padres de los novios son los "padrinos" y están en el altar acompañando a sus hijos. El novio entra en la iglesia del brazo de su madre (la madrina) y, como en los Estados Unidos, la novia entra del brazo de su padre (el padrino).

Generalmente cuando una mujer hispana se casa, en muchos países conserva sus apellidos y, con frecuencia, añade (*adds*) el primer apellido de su esposo. Por ejemplo, si María Luisa Yépez Ortiz se casa con Ramón Vegas Pérez, ella se llama María Luisa Yépez (Ortiz) de Vegas. Si tienen un hijo, sus apellidos van a ser Vegas Yépez.

> Pedro Domínguez y Susana Bensabat de Domínguez participan a Ud. la boda de su hijo Pablo con la señorita Mónica Graciela Guerrero y le invitan a presenciar la ceremonia religiosa que se efectuará en la Iglesia Santa Elena el viernes 15 de diciembre a las 20 y 30.
>
> Buenos Aires, 2007
>
> Los novios saludarán en el atrio.
> Juan F. Seguí 3815

¿Te gusta la idea de tener a los padres como padrinos de una boda? ¿Qué apellidos se usan en los Estados Unidos? Si te casas y tienes hijos, ¿qué apellidos quieres usar para ti? ¿Y para tus hijos?

Actividad *32* **El viaje del año pasado** En grupos de tres, pregúntenles a sus compañeros adónde fueron de viaje el año pasado y qué hicieron. También pregúntenles qué tienen ganas de hacer este año.

■■■ A: ¿Adónde fuiste el año pasado?
B: Fui a San Francisco.
A: ¿Qué hiciste?
B: …
A: …

Gramática para la comunicación II

I. Using Indirect-Object Pronouns

1 ■ In this sentence from the conversation about the wedding in Chile, **Una tía de él les dio un televisor de plasma,** who gave the TV and who received the TV? If you said *his aunt* and *them* (*the bride and groom*) respectively, you are correct. **Una <u>tía</u> de él** is the subject (the person that did the action), **un <u>televisor</u> de plasma** is the direct object (what was given), and **les** is the indirect-object pronoun (to whom the TV was given, the people that received the direct object: the TV). An indirect object **(objeto o complemento indirecto)** indicates to whom or for whom an action is done. You have already learned the indirect-object pronouns **(pronombres de complemento indirecto)** with the verb **gustar**.

■■■ See **gustar**, p. 43.

Indirect-Object Pronouns	
me	nos
te	os
le	les

—¿Quién **te** mandó dinero?   *Who sent you money?*
—Mi padre **me** mandó dinero.   *My father sent me money.*

■■■ What was sent? ⟶ money = direct object

■■■ To whom was the money sent? ⟶ to me = indirect object

2 ■ Like the reflexive pronoun, the indirect-object pronoun precedes a conjugated verb or follows attached to a present participle or an infinitive.

Ayer **le escribí** una nota.   *I wrote you/him/her a note yesterday.*
Ahora **le estoy** escribiendo (estoy escrib**iéndole**) un email.   *I'm writing you/him/her an email now.*
Mañana **le voy** a escribir (voy a escribir**le**) una tarjeta.   *I'm going to write you/him/her a card tomorrow.*

3 ■ An indirect-object pronoun can be emphasized or clarified by using a phrase introduced by the preposition **a,** just as you learned with the verb **gustar: me, te, le, nos, os,** and **les** can be emphasized or clarified with **a mí, a ti, a Luis, a nosotros, a vosotros, a Uds., a mis padres,** etc.

Le escribí un email **a Juan**.   *I wrote an email to Juan.*
Ella **les** explicó el problema **a ellos**.   *She explained the problem to them.*

NOTE: The indirect-object pronoun in Spanish is almost always mandatory. In the following sentences the items in parentheses are optional and the words in color are mandatory. Those in parentheses are used to provide clarity or emphasis.

Les regalaron un viaje (a Olga y a Nando).
Mi padre **me** mandó dinero (a mí).

4 ■ The following verbs are commonly used with indirect-object pronouns.

contar (o ⟶ ue) to tell	**hablar** to speak
contestar to answer	**mandar** to send
dar* to give	**ofrecer** to offer
escribir to write	**pagar** to pay (for)
explicar to explain	**preguntar** to ask a question
gritar to shout, scream	**regalar** to give a present

*NOTE: Dar has an irregular **yo** form in the present: **doy, das, da, damos, dais, dan.** It is irregular in the preterit and, although it is an **-ar** verb, is conjugated like an **-ir** verb: **di, diste, dio, dimos, disteis, dieron.**

Los padres de Nando **les pagaron** el viaje.

Nando's parents paid for the trip (for them).

La familia de Olga **les regaló** muchas cosas.

Olga's family gave them many things.

La familia de Federico **les dio** un sofá.

Federico's family gave them a sofa.

Actividad 33 **¿Corbata o falda?** Lee las siguientes oraciones y para cada situación decide si la persona recibió una corbata o una falda.

1. Mi madre le compró una _____ a mi padre.
2. Le compró una _____ mi padre a mi madre.
3. A mi hermana, su novio le regaló una _____.
4. Su amiga le dio a mi primo una _____.
5. Le regaló una _____ la abuela a su nieto.

Actividad 34 **Su profesor y Uds.** En parejas, usen las siguientes ideas para decir las cosas que hace su profesor/a de español y las cosas que hacen Uds. Usen los pronombres **nos** y **le** en las oraciones.

■ ■ ■ El/La profesor/a **nos** hace preguntas fáciles a veces.
Nosotros le...

explicar mucha gramática
hablar en inglés con frecuencia
traer fotos interesantes
poner videos en clase
entregar (*to hand in*) la tarea
regalar chocolates

contar sobre el mundo hispano
ofrecer crédito extra
mandar a buscar información en Internet
dar muchas excusas
mandar emails con preguntas
escribir emails con respuestas a nuestras preguntas

Actividad 35 **Acciones** Di las actividades que estas personas van a hacer mañana o qué hicieron ayer. Forma oraciones con elementos de cada columna.

ayer	yo	explicar	un trabajo	a la psicóloga
mañana	el paciente	contestar	algo indiscreto	a Julieta
	la abogada	mandar	una carta de amor	a su nieto
	Romeo	ofrecer	su problema	a nosotros
	ellos	preguntar	un email	a ti
	la abuela	contar	cien dólares	al piloto
			su nombre	al médico
				a mí

Actividad 36 **Los regalos** **Parte A.** En parejas, pregúntenle a su compañero/a qué les regaló a cinco personas el año pasado. Piensen en ocasiones especiales y en personas como sus abuelos, su novio/a, un/a amigo/a especial, su hermano/a, etc.

■■■ ¿Qué les regalaste a tus abuelos para... el año pasado?

Parte B. Pregúntenle a su compañero/a qué le dieron a él/ella el año pasado esas cinco personas.

■■■ ¿Qué te dieron tus abuelos para... el año pasado?

Actividad 37 **¿Cuándo fue...?** Contesta estas preguntas.

1. ¿Cuándo fue la última vez (*last time*) que le mandaste algo a alguien? ¿Qué le mandaste y a quién?
2. ¿Cuándo fue la última vez que alguien te mandó algo? ¿Quién te mandó algo y qué te mandó?
3. ¿Quién te manda tarjetas de Hallmark? ¿Cuándo fue la última vez que recibiste una tarjeta virtual?
4. ¿Cuándo fue la última vez que un pariente te regaló algo requetefeo? ¿Qué pariente? ¿Qué te regaló?
5. ¿Cuándo fue la última vez que le diste a tu novio/a un beso en público?
6. ¿Cuándo fue la última vez que una persona te gritó?

II. Using Affirmative and Negative Words

Palabras afirmativas	Palabras negativas
todo everything **algo** something	**nada** nothing
todos/as everyone **alguien** someone	**nadie** no one
siempre always	**nunca** never

1 ■ "I'm not doing nothing" is considered incorrect in English, but in Spanish the double negative construction is usually used with the negative words **nada, nadie,** and **nunca** as follows.

> **no** + *verb* + *negative word*

—¿Tienes algo para mí?   —¿Llamó alguien?
—No, **no** tengo **nada.**   —No, **no** llamó **nadie.**

 —¿Siempre estudia tu hermana?
 —No, **no** estudia **nunca.**

2 ■ **Nunca** and **nadie** can also precede the verb. In this case **no** is omitted.

Nunca estudio los viernes.
Nadie llamó.

3 ■ **Alguien** and **nadie** require the personal **a** when they are the object of the verb, that is, when they are not the subject. Note the differences in these sentences.

Alguien/nadie as a subject	**Alguien/nadie** as direct object
—¿**Alguien/nadie** me llamó?	—¿Llamaste **a alguien**?
—No, no te llamó **nadie**.	—No, no llamé **a nadie**.

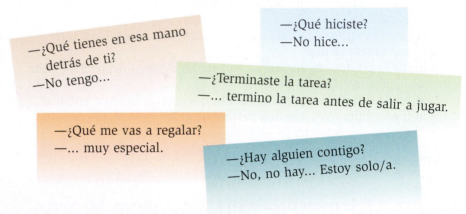

Actividad 38 ¡No, no y no! En parejas, terminen estas conversaciones entre padres e hijos con palabras afirmativas y negativas como **siempre, nunca, algo, nada, alguien** y **nadie**. Después, presenten las diferentes conversaciones; una persona es el padre o la madre y la otra es el/la hijo/a.

—¿Qué tienes en esa mano detrás de ti?
—No tengo...

—¿Qué hiciste?
—No hice...

—¿Terminaste la tarea?
—... termino la tarea antes de salir a jugar.

—¿Qué me vas a regalar?
—... muy especial.

—¿Hay alguien contigo?
—No, no hay... Estoy solo/a.

Online Study Center

To practice: Do SAM Workbook and Lab, and Web activities.

Actividad 39 El optimista y el pesimista En parejas, uno/a de Uds. es una persona optimista y la otra persona es pesimista; siempre se contradicen.

■ ■ ■ Optimista: Alguien me manda emails.
      Pesimista: Nadie me manda emails./No me manda emails nadie.

optimista	**pesimista**
Voy a comer algo.	_____
_____	No conozco a nadie de la clase.
Siempre me regalan algo.	_____
_____	Nunca voy a fiestas.
Siempre me habla alguien.	_____
_____	Mis padres nunca me dieron nada.
Tengo ganas de ver a todos.	_____

Actividad 40 Educación sexual En parejas, Uds. van a hablar sobre el tema de la educación sexual. Primero, usen la siguiente información para preparar las preguntas y después túrnense para entrevistarse. Averigüen lo siguiente:

1. si le preguntó a alguien de dónde vienen los niños
2. si alguien le explicó la verdad (*truth*)
   Si contesta que sí, ¿quién/qué le dijo (*did he/she say*)?
3. si estudió la sexualidad humana en la escuela
4. si les va a decir a sus hijos de dónde vienen los niños

Actividad 41 La familia de tu compañero/a Parte A. Dibuja (*Draw*) el árbol de tu familia y trae este árbol contigo a la próxima clase de español. También debes traer fotos de las personas de tu familia, si las tienes. Para dibujar el árbol, usa símbolos, pero no incluyas nombres. Sigue el modelo que se presenta abajo.

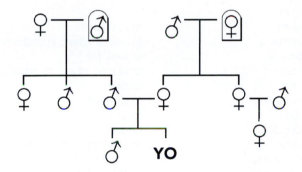

Parte B. En parejas, intercámbiense (*exchange*) los árboles genealógicos y háganse preguntas para averiguar la siguiente información sobre la familia de su compañero/a. Escriban la información en el árbol.

> ■■■ A: ¿Qué hace tu primo y cuántos años tiene?
> B: Mi primo es... y tiene... años.
> A: ¿Quién te manda tarjetas virtuales?
> B: Mi... y mi... me mandan tarjetas virtuales./Nadie me manda...

- ocupación
- edad
- estado civil (soltero...)
- cuándo casarse

- dónde vivir
- estudiar en otra universidad
- mandarle tarjetas virtuales
- darle regalos para su cumpleaños

Online Study Center
Do Web Search activities.

Vocabulario funcional

Preposiciones de lugar

a la derecha (de)	to the right of
a la izquierda (de)	to the left of
al lado (de)	beside
cerca (de)	near
debajo (de)	under
delante (de)	in front of
detrás (de)	behind
encima (de)	on top of
enfrente (de)	facing, across from
lejos (de)	far from

Otras preposiciones

con	with
conmigo	with me
contigo	with you
desde	from
entre	between
hacia	toward
hasta	until, up to
sin	without
sobre	about

Los numeros de cien a millón y otras palabras

cien	100
ciento uno	101
ciento dos	102
doscientos	200
trescientos	300
cuatrocientos	400
quinientos	500
seiscientos	600
setecientos	700
ochocientos	800
novecientos	900
mil	1,000
dos mil	2,000
un millón	1,000,000
dos millones	2,000,000
alrededor de	about
casi	almost
más o menos	more or less

Expresiones de tiempo pasado

anoche	last night
ayer	yesterday
anteayer	the day before yesterday
la semana pasada	last week
el sábado/mes/ año pasado	last Saturday/ month/year
de repente	suddenly
hace tres/cuatro/... días	three/four/. . . days ago
hace dos/tres/... semanas/ meses/años	two/three/. . . weeks/ months/years ago
¿Cuánto (tiempo) hace que + preterit...?	How long ago did . . . ?

Verbos

abrir	to open
asistir a	to attend (class, church, etc.)
buscar	to look for
casarse (con)	to marry; to get married (to)
contar (o → ue)	to tell
contestar	to answer
dar	to give
decidir	to decide
dejar	to leave behind; to let, allow
desayunar	to have breakfast
enamorarse de	to fall in love with
enseñar	to teach
entrar en/a	to enter
explicar	to explain
gritar	to shout, scream
llegar	to arrive
llorar	to cry
mandar	to send
ocurrir	to occur, happen
pagar	to pay (for)
preguntar	to ask a question
regalar	to give a present
sacar	to get (a grade); to take out
terminar	to finish
tomar	to drink; to take (a bus, etc.)
viajar	to travel

Palabras afirmativas y negativas

algo	something
alguien	someone
nada	nothing
nadie	no one
nunca	never
siempre	always
todo	everything
todos/as	everyone

La familia

el/la abuelo/a	*grandfather/grandmother*
el/la cuñado/a	*brother-in-law/sister-in-law*
el/la esposo/a	*husband/wife*
el/la hermanastro/a	*stepbrother/stepsister*
el/la hermano/a	*brother/sister*
el/la hijastro/a	*stepson/stepdaughter*
el/la hijo/a	*son/daughter*
la madrastra	*stepmother*
el/la nieto/a	*grandson/granddaughter*
el/la novio/a	*boyfriend/girlfriend; groom/bride*
el padrastro	*stepfather*
los padres/papás	*parents*
el pariente	*relative*
el/la primo/a	*cousin*
el/la sobrino/a	*nephew/niece*
el/la suegro/a	*father-in-law/mother-in-law*
el/la tío/a	*uncle/aunt*
el/la tío/a político/a	*uncle/aunt by marriage*
ser soltero/a	*to be single*
estar casado/a (con)	*to be married (to)*
estar divorciado/a (de)	*to be divorced (from)*
mayor	*older*
menor	*younger*

Palabras y expresiones útiles

bellísimo/a (*adjective+ -ísimo/a*)	*very beautiful*
la boda	*wedding*
el control remoto	*remote control*
echar la casa por la ventana	*to go all out*
la luna de miel	*honeymoon*
Perdón.	*Excuse me./I'm sorry.*
¡Qué + *noun* + más + *adjective*!	*What a + adjective + noun!*
requete+*adjective*	*really/extremely + adjective*
la tarjeta	*card*
tener ganas de+*infinitive*	*to feel like + -ing*

Videoimágenes

Dos celebraciones

Antes de ver

Actividad 1 **La boda en los Estados Unidos** Antes de ver el segmento sobre una boda en Argentina, contesta estas preguntas para hablar sobre la última boda a la que asististe.

1. ¿La boda fue civil o religiosa?
2. ¿Dónde se casaron los novios?
3. ¿A qué hora se casaron?
4. Si la ceremonia tuvo lugar en una iglesia, ¿viste en el altar a los novios con los amigos, con los padres o con los hermanos?
5. ¿A qué hora empezó la boda y a qué hora terminó la fiesta?
6. ¿Comiste pastel (*cake*) en la fiesta?
7. ¿Tiró un ramo de flores (*threw a bouquet*) la novia? Si contestas que sí, explica por qué.

Mientras ves

17:38–21:55

Actividad 2 **Una boda en Argentina** Mientras ves el video sobre la boda, contesta estas preguntas. Lee las preguntas antes de ver este segmento del video.

1. ¿ En cuántas ceremonias participó esta pareja?
   a. cero   b. una   c. dos
2. En la ceremonia religiosa, ¿a quiénes viste en el altar?
   a. amigos   b. padres   c. padres y amigos
3. ¿Cuándo tuvo lugar (*took place*) la ceremonia religiosa?
   a. por la mañana   b. por la tarde   c. por la noche
4. Primero bailaron un...
   a. tango.   b. vals.   c. merengue.
5. En la fiesta, hay una parte especial llamada...
   a. el carnaval.   b. el merengue.   c. el ritual.
6. La fiesta terminó...
   a. temprano porque los novios empezaron su luna de miel.
   b. tarde, a la 1:00 o a las 2:00 de la mañana.
   c. muy tarde, a las 4:00, 5:00 ó 6:00 de la madrugada.

■ ■ ■ **madrugada** = wee hours of the morning

¿Lo sabían?

Una costumbre argentina es que antes de cortar el pastel, las muchachas que no están casadas toman las cintitas (*ribbons*) que están en el pastel y tiran (*pull*) de ellas. Todas las cintitas tienen un dije (*charm*) en el otro extremo, pero una de ellas tiene un anillo (*ring*). La creencia (*belief*) tradicional es que la muchacha que saca la cinta con el anillo se casa el año próximo.

 ¿Hay una costumbre similar en tu país?

Después de ver

Actividad 3 A comparar Después de ver el segmento sobre la boda, trabajen en parejas. Piensen en sus respuestas a las Actividades 1 y 2 para comparar una boda argentina con una boda de su país.

Antes de ver

Actividad 4 La conmemoración de los muertos En los Estados Unidos, existe *Memorial Day*, un día para recordar y conmemorar a los muertos. En tu ciudad, ¿hacen algo especial ese día? ¿Tu familia hizo algo especial el año pasado?

Algunas palabras útiles son: **las flores** (*flowers*), **la bandera** (*flag*), **conmemorar** (*to commemorate*), **la guerra** (*war*), **los veteranos, el desfile** (*parade*), **la banda** (*band*), **la barbacoa, el cementerio.**

Mientras ves

🖵 21:56-end

Actividad 5 El Día de los Muertos Mientras ves este segmento sobre la celebración del Día de los Muertos en México, contesta estas preguntas. Lee las preguntas antes de ver el video.

1. ¿Cuándo es el Día de los Muertos?
2. ¿Adónde va la gente para recibir al espíritu del muerto?
3. ¿Dónde se construye el altar en memoria del muerto?
4. ¿Qué cosas ponen en el altar? Haz una lista de algunas de las cosas.
5. En el cementerio ponen velas (*candles*), calaveras (*skulls*), incienso y flores. ¿Qué figuras hacen con las flores?
6. ¿Es el Día de los Muertos un día triste o alegre en México?

Después de ver

Actividad 6 Una comparación Después de ver el video, en parejas, comparen *Memorial Day* y el Día de los Muertos. Consulten el vocabulario de la Actividad 4.

7 Los viajes

➤ **Una representación de la historia española. En Alcoy, España, cada abril hay representaciones de batallas entre los moros (árabes del norte de África) y los cristianos.**

Chapter Objectives

- Identifying means of transportation
- Making hotel and plane reservations
- Narrating past actions and occurrences
- Placing phone calls
- Stating how long ago an action took place and specifying its duration
- Telling time and age in the past

¿Qué saben?

1. España está en una península. ¿Cómo se llama esa península?
2. ¿Qué idioma forma la base del español?
   a. el latín
   b. el griego
   c. el alemán
3. ¿España tiene más o menos turistas que habitantes al año?
4. ¿Qué puede visitar un turista en España?
   a. anfiteatros romanos
   b. catedrales cristianas
   c. sinagogas judías
   d. castillos medievales
   e. mezquitas moras
   f. palacios renacentistas

Para escuchar

¿En un "banco" de Segovia?

◄ El Alcázar de Segovia, España. En este castillo vivieron los Reyes Católicos Isabel y Fernando. ¿Te gustaría visitar este castillo?

quisiera/quisiéramos	I/we would like
Lo siento.	I'm sorry.
Sí, cómo no.	Sure.
¡Caray!	Darn! Rats! (negative) Wow! (positive)

Juan Carlos y Claudia están en Segovia, adonde fueron a comer, y allí tienen problemas.

Actividad / Escoge la opción Lee las siguientes oraciones. Después, mientras escuchas la conversación, escoge la opción correcta.

1. Claudia y Juan Carlos perdieron...
   a. el reloj. b. el autobús. c. el dinero.
2. Ellos tuvieron que buscar...
   a. una habitación. b. un autobús. c. a don Andrés.
3. Claudia llamó a...
   a. Teresa. b. don Andrés. c. Marisel.
4. Claudia habló con...
   a. Teresa. b. don Andrés. c. Marisel.
5. Finalmente tuvieron que dormir...
   a. en un parque. b. en una habitación doble. c. no se sabe dónde.

Actividad 2 Preguntas Después de escuchar la conversación otra vez, contesta estas preguntas.

1. ¿Por qué perdieron el autobús Claudia y Juan Carlos?
2. ¿Cuándo sale el próximo autobús para Madrid?
3. ¿Por qué usa Claudia un teléfono público?
4. ¿A quién le dejó un mensaje Claudia?
5. En tu opinión, ¿qué van a hacer Claudia y Juan Carlos? ¿Van a dormir? ¿Dónde?

¿Lo sabían?

Con más de 50.000.000 de turistas por año, España tiene más vistitantes que habitantes. Muchos van a España por su belleza natural, principalmente las playas. Pero otros van por la riqueza histórica. Se dice que "las piedras (*rocks*) hablan" y en realidad, muchos monumentos representan las múltiples culturas que ocuparon la Península Ibérica y que formaron lo que hoy en día se llama España. Entre esas culturas están las de los fenicios, los celtas, los romanos y los moros. Los romanos llevaron la religión cristiana y su lengua y, a través de los moros, no sólo España sino toda Europa aprendió el concepto del cero y el álgebra. En ciudades como Segovia y Toledo es posible revivir la historia española viendo acueductos romanos, pasando por debajo de arcos moros y visitando sinagogas judías y catedrales cristianas.

¿? Si un/a turista viene a tu país, ¿qué monumentos o lugares históricos debe ver?

▲ La sinagoga de Santa María la Blanca en Toledo, España.

Actividad 3 Quisiera... En parejas, "A" es turista en esta ciudad y "B" es de la ciudad. Lean las instrucciones para su papel (*role*) y mantengan una conversación.

Turista	Residente de la ciudad
Quieres saber la siguiente infor-mación: dónde hay un hotel bara-to; dónde hay un restaurante de comida mexicana bueno, bonito y barato; qué dan en los teatros este fin de semana, y si hay un lugar para bailar salsa. Tú empiezas diciendo **Perdón, quisiera saber dónde...**	Contesta las preguntas con información verdadera sobre tu ciudad. Si no sabes, responde **Lo siento, pero...**

■ ■ ■ **teatro** = theater
■ ■ ■ **cine** = movie theater

Vocabulario esencial I

I. El teléfono

Qué debes decir cuando...

contestas el teléfono
{ ¿Aló?
Diga./Dígame. (España)

preguntas por alguien
{ ¿Está Álvaro, por favor?
Quisiera hablar con Álvaro, por favor.

te identificas
{ —¿Quién habla?
—Habla Claudia.

—¿De parte de quién?
—(De parte) de Claudia.

quieres dejar un mensaje
{ ¿Le puedo dejar un mensaje?
Quisiera dejarle un mensaje.
¿Le puede(s) decir que llamó (Claudia)?

marcas el número equivocado
{ —Está Marisel, por favor?
—No, tiene el número equivocado.

tienes problemas de comprensión   ¿Puede(s) hablar más despacio, por favor?

tienes problemas con el móvil
{ No tengo batería./Tengo la batería baja (*low*).
No tengo señal (*signal*).

Tipos de llamadas telefónicas

local	de larga distancia	internacional

Para llamar al Hotel Acueducto: 001 34 902 250 550

el código internacional   001 (internacional)
el indicativo/código del país   *country code*   34 (España)
el área/prefijo (España)   *area code*   902 (Segovia)
el número   250 550

■■■ Words vary according to country. When you travel, familiarity with these terms will help you understand written instructions on public telephones or questions from operators.

Actividad 4 Las llamadas En parejas, mire cada uno la información de la columna A o la columna B solamente y túrnense para hacer las siguientes llamadas (*calls*). Para la llamada número 1 el/la estudiante A llama a B.

■■■ B: Aló.
A: Buenos días...

Llamada número 1	A. Llamas y preguntas por (nombre de tu compañero/a de esta actividad).	B. Preguntas quién llama.
Llamada número 2	A. No hay nadie llamado Paco en tu casa.	B. Llamas y preguntas por Paco.
Llamada número 3	A. Llamas y preguntas por la Sra. Rodríguez. Si no está, dejas un mensaje.	B. Preguntas quién llama. La Sra. Rodríguez no está. Tomas el mensaje.
Llamada número 4	A. Tienes problemas para entender a la persona que llama.	B. Llamas y preguntas por el Dr. López. Hablas rápidamente.

Actividad 5 **Llamada a la operadora** En parejas, "A" cubre la información de B y "B" cubre la información de A. "A" llama a "B" (el/la operador/a) para averiguar los números de teléfono de unos lugares y escribe esos números. Después cambien de papel.

> ▪▪▪ B: Información.
> A: Quisiera el número (de teléfono) del restaurante El Hidalgo.
> B: Es el.../Lo siento, pero no tengo ese número.

A

Averigua el teléfono de:
1. el restaurante El Hidalgo
2. el Teatro Bellas Artes
3. la Librería Compás

Usa esta información cuando eres el/la operador/a:

B

Averigua el teléfono de:
1. el restaurante La Fonda
2. el peluquero Pedro Molina
3. los Minicines Astoria

Usa esta información cuando eres el/la operador/a:

Actividad 6 **Una llamada a don Alejandro** Vicente llama con su móvil a don Alejandro a su agencia de viajes. Pon esta conversación en orden lógico.

_____ ¿De parte de quién?

__1__ Todos nuestros agentes están ocupados en este momento. Espere por favor. ♪♩♪♪

_____ Bueno. Gracias, Irene. Corto porque tengo la batería baja.

_____ Hola, Vicente. Habla Irene, la secretaria de don Alejandro. Él no está.

_____ De nada. Adiós.

_____ TravelTur, buenos días. Dígame.

_____ Bueno, ¿le puedo dejar un mensaje?

_____ Buenos días. ¿Está don Alejandro?

_____ Sí, por supuesto.

_____ De parte de Vicente.

_____ ¿Puedes decirle que yo puedo ir al aeropuerto para recoger a Teresa?

_____ Sí, cómo no.

¿Lo sabían?

Hoy día, es muy común en países hispanos tener móvil. En países como la República Dominicana, Guatemala y El Salvador, que tienen poco acceso a líneas fijas en zonas rurales, hay dos veces más móviles que líneas fijas. A diferencia de los Estados Unidos, el dueño del móvil generalmente no paga cuando recibe una llamada. En algunos países es común usar móviles con tarjetas prepagadas, y el precio por minuto varía según la hora de la llamada y si se llama a otro móvil de la misma compañía, de otra compañía o a una línea fija. Las llamadas desde los teléfonos de línea fija, tanto las locales como de larga distancia, a otra línea fija o a móviles, se pagan por minuto. Por eso, las llamadas normalmente son cortas.

Alguien espera tu llamada.

Recarga Ya
TU TARJETA DE PREPAGO

Horas	de 0 a 5 h.	de 6 a 10 h.	de 10 a 15 h	de 16 a 24 h	de 0 a 24 fines de semana
Tarifas	0,15	0,45	0,62	0,15	0,15

Tarifas de llamadas de un minuto. IVA incluido.

¿? ¿Son caros los minutos de celular en tu país? ¿Tienes teléfono de línea fija o sólo móvil?

Actividad 7 Llamada de larga distancia En parejas, cada persona lee las instrucciones para un papel solamente.

■■■ The currency of Uruguay is the **peso.**

A

Estás en Montevideo, Uruguay, y necesitas llamar a los Estados Unidos. Llama al/a la operador/a para averiguar cómo llamar y el precio por minuto.

B

Eres operador/a y ahora llama un/a cliente porque necesita instrucciones para hacer una llamada a los Estados Unidos. Empieza diciendo:
Operador/a internacional, buenos días.
código internacional: 00
código del país: 1
Tarifas: $4,94 por minuto

II. En el hotel

1. el botones
2. la maleta
3. la empleada (de servicio)
4. la recepcionista
5. las estrellas

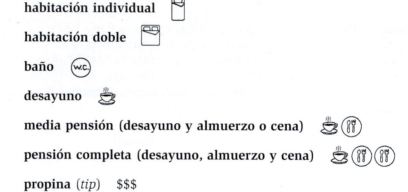

■ ■ ■ A 5-star hotel is the highest rating.

Acueducto **Hotel ★ ★ ★**

Padre Claret, 10

40001 Segovia

Tel: 902 250 550

Fax: 921 428 4466

79 habitaciones

Servicios del hotel

Admite tarjetas de crédito • Aire acondicionado • Garaje • Bar/Cafetería • Caja fuerte • Calefacción • Ascensor • Salón de reuniones • Teléfono • Televisión • TV satélite

Tarifas estándares:

Alojamiento				Tarifa
Habitación individual Comidas no incluidas	Baño, Ducha, Lavabo, Inodoro		1 persona	60 EUR
Habitación doble Comidas no incluidas	Baño, Ducha, Lavabo, Inodoro		2 personas	85 EUR
Desayuno (buffet)				6 EUR
IVA 7%				

reservas@hotelacueducto.com

■ ■ ■ **el IVA** = **impuesto al valor agregado** = value-added tax

habitación individual

habitación doble

baño (w.c.)

desayuno

media pensión (desayuno y almuerzo o cena)

pensión completa (desayuno, almuerzo y cena)

propina (*tip*) $$$

📖 *Online Study Center*

To practice: Do SAM Workbook and Web activities.

Actividad 8 ¿Quién es o qué es? Usa el vocabulario sobre el hotel para decir qué es o quién es...

1. la persona que lleva las maletas a la habitación del hotel.
2. el lugar donde te bañas o te cepillas los dientes.
3. el desayuno y una comida más en el hotel.
4. la persona que te dice los precios de las habitaciones.
5. el desayuno y dos comidas en el hotel.
6. la persona que hace las camas.
7. una habitación para una persona.
8. el lugar del hotel donde está el/la recepcionista.
9. una habitación para dos personas.
10. un hotel de muy buena categoría.
11. el dinero que le das al botones por llevar las maletas a la habitación.

Actividad **9** **En recepción** En parejas, una persona es el/la recepcionista de un hotel y la otra persona llama para hacer una reserva. Cada persona solo lee un papel.

Cliente

Tu primo/a y tú van a visitar Segovia por 4 días y 3 noches y necesitan hotel. Llama al Hotel Acueducto para reservar una habitación y pregunta por la Sra. Gómez que es muy buena con las reservas. Piensan llegar el 31 de diciembre. Averigua cuántas estrellas tiene, el precio por día, si incluye el IVA y el desayuno y si tiene piscina.

Recepcionista

Trabajas en el Hotel Acueducto. Hoy la Sra. Gómez, que es la recepcionista del hotel, está enferma y por eso estás en la recepción contestando el teléfono. Ahora un/a cliente llama para hacer una reserva. Mira la información del hotel en la página anterior para responder a las preguntas y completa el formulario que tienes aquí.

HOTEL ACUEDUCTO
★ ★ ★

Fechas
desde _____
hasta _____

Habitación
☐ individual
☐ doble
☐ triple

☐ pensión completa
☐ media pensión
☐ solo desayuno

Gramática para la comunicación I

I. Talking About the Past

A. Irregular Verbs and Stem-Changing Verbs in the Preterit

1 ■ Some common irregular verbs share similar patterns in the preterit.

Verbs that are conjugated like **tener:**

tener	
tuv**e**	tuv**imos**
tuv**iste**	tuv**isteis**
tuv**o**	tuv**ieron**

Verbs that are conjugated like **decir:**

decir	
dij**e**	dij**imos**
dij**iste**	dij**isteis**
dij**o**	dij**eron**

■ ■ ■ Verbs with an irregular preterit stem ending in **-j-** add **-eron,** not **-ieron,** in the third person plural form.

estar ⟶ **estuve**
poder ⟶ **pude**
poner ⟶ **puse**
querer ⟶ **quise** (*tried but failed*)
saber ⟶ **supe** (*found out*)
venir ⟶ **vine**

traducir* ⟶ **traduje**
traer ⟶ **traje**

*__NOTE:__ Most verbs that end in -ucir follow the same pattern as **trad<u>ucir</u>:**
cond<u>ucir</u> ⟶ **conduje,** prod<u>ucir</u> ⟶ **produje,** etc.

—¿**Tuviste** que trabajar anoche?
—Sí, **tuve** que trabajar mucho.

—¿Quién te **dijo** eso?
—Lo **dijeron** en las noticias.

Did you have to work last night?
Yes, I had to work a lot.

Who told you that?
They said it in the news.

Capítulo **7**   **185**

2 ■ Verbs with stems ending in a vowel + **-er** or **-ir** take **-y-** instead of **-i-** in the third person singular and plural. These verbs include **leer, creer** (*to believe*), **construir** (*to build*), and **oír** (*to hear*).

■ ■ ■ Note that the accent dissolves diphthongs creating separate syllables: **le-í.**

leer	
leí	leímos
leíste	leísteis
le**y**ó	le**y**eron

oír	
oí	oímos
oíste	oísteis
o**y**ó	o**y**eron

—¿Por qué no le**y**eron Uds. el artículo? *Why didn't you read the article?*
—Porque él o**y**ó las noticias en la radio. *Because he heard the news on the radio.*

■ ■ ■ Review **-ir** stem-changing verbs, Ch. 5.

3 ■ Just as stem-changing verbs ending in **-ar, -er,** and **-ir** are referred to as *boot verbs* in the present, only **-ir** stem-changing verbs may be called *shoe verbs* in the past because they have a stem change only in the third person singular and plural. The changes in these verbs are indicated in parentheses: **dormir (ue, u).** The first change represents the one for the present (**du**ermo); the second one is the change for the past (**du**rmió) and the present participle (**du**rmiendo).

preferir (e ⟶ ie, i)	
preferí	preferimos
preferiste	preferisteis
pref**i**rió	pref**i**rieron

pedir (e ⟶ i, i)	
pedí	pedimos
pediste	pedisteis
p**i**dió	p**i**dieron

dormir (o ⟶ ue, u)	
dormí	dormimos
dormiste	dormisteis
d**u**rmió	d**u**rmieron

e ⟶ ie, i
di**v**ertirse to have fun
m**e**ntir to lie
s**e**ntirse to feel

e ⟶ i, i
rep**e**tir to repeat
s**e**guir to follow
s**e**rvir to serve
v**e**stirse to get dressed

o ⟶ ue, u
m**o**rirse to die

■ ■ ■ Note: Stem-changing **-ir** verbs have the same ending in the **nosotros** form in the preterit and the present indicative. Context helps determine meaning: **Ayer nos sentimos** mal cuando oímos la noticia, pero **ahora nos sentimos** mejor.

—¿**Du**rmieron en el parque Claudia y Juan Carlos? *Did Claudia and Juan Carlos sleep in the park?*
—No, creo que pref**i**rieron no dormir. *No, I think they preferred not to sleep.*
—Oí que Juan Carlos le p**i**dió un reloj nuevo para su cumpleaños. *I heard that Juan Carlos asked her for a new watch for his birthday.*

B. Change of Meaning in the Preterit

The following Spanish verbs have a change of meaning in English when used in the preterit.

	Present	Preterit
conocer	to know	met
no poder	not to be able	was/were not able to and didn't do it
no querer	not to want	refused to
saber	to know	found out
tener que	to have to, be supposed to	had to and did

Ayer **conocí** al padre de mi novia en un café, pero su madre **no pudo** ir porque **tuvo que** trabajar todo el día. El padre **no quiso** hablar de su esposa y después **supe** que piensan separarse. *Yesterday I met my girlfriend's father at a coffee shop, but her mother couldn't come because she had to work all day. Her father refused to talk about his wife and then I found out they plan to separate.*

Actividad *10* **La historia de España** **Parte A.** Lee la siguiente información sobre la historia de España. Escoge el verbo correcto de la lista al final de cada sección y completa las oraciones con el pretérito de los verbos.

1. Los romanos _____ en lo que hoy en día es España desde 209 a. C. hasta 586 d. C. _____ su religión y su idioma, el latín, a ese nuevo territorio y _____ acueductos, caminos, puentes y teatros que todavía (*still*) se pueden ver hoy día. **(construir, estar, llevar)**

2. Los moros _____ en el año 711 y _____ casi toda la Península Ibérica. _____ mezquitas y palacios. También _____ consigo (*with them*) sus conocimientos; uno de los más importantes _____ el concepto del cero y el sistema decimal. Junto con académicos judíos y cristianos, _____ textos científicos e históricos del árabe y del latín al castellano. En el año 1492, _____ que salir de la península. **(conquistar, construir, llegar, llevar, ser, tener, traducir)**

3. En 1492, Cristóbal Colón _____ a América y entonces los europeos _____ de la existencia de otro continente. Pronto la gente _____ historias sobre el oro de los indígenas y empezó así la época de la conquista y colonización. _____ muchísimos españoles e indígenas, algunos en la búsqueda del oro y otros por enfermedades y batallas de la conquista. Los misioneros les _____ su religión a los indígenas y también su idioma. En 1898, _____ el período de la colonización: 400 años de dominación que _____ un gran cambio en todo el continente. **(llegar, morir, oír, producir, saber, terminar, traer)**

Parte B. Contesta estas preguntas acerca de la historia de los Estados Unidos.

1. ¿Cuándo y adónde llegaron los ingleses? ¿Qué trajeron? ¿Qué construyeron?
2. ¿Cuándo y adónde llegaron los españoles en lo que hoy en día son los Estados Unidos? ¿Qué trajeron? ¿Qué construyeron?

Actividad 11 ¿Quién lo dijo? En parejas, decidan quién dijo estas frases famosas. Sigan el modelo.

> ■■■ No puedo decir mentiras.
> George Washington dijo: «No puedo decir mentiras».

1. Ser o no ser, esa es la cuestión.
2. Pienso luego existo.
3. Ganar no es todo; es lo único.
4. Dios está muerto.
5. Tu hermano mayor te vigila.
6. El que no sirve para servir, no sirve para vivir.
7. Elemental, mi querido Watson.
8. Vine, vi, vencí.
9. E es igual a MC al cuadrado.
10. Francamente querida, ¡me importa un bledo!

a. Lombardi
b. Holmes
c. Nietzsche
d. Rhett Butler
e. Hamlet
f. Julio César
g. Descartes
h. Orwell
i. la Madre Teresa
j. Einstein

Actividad 12 Las noticias del año En grupos de tres, formen oraciones usando las siguientes ideas para hablar de noticias (*news*) importantes de este año.

1. (una persona famosa) / morirse
2. (un político) / mentirle al público norteamericano
3. (una persona famosa) / tener un niño
4. (personas famosas) / casarse
5. (una persona famosa) / estar en la prisión
6. la gente / saber la verdad sobre el escándalo de...
7. (una persona famosa) / venir a hablar a esta universidad o ciudad
8. (una persona famosa) / pedirle el divorcio a su esposo/a
9. (una persona famosa) / sentirse mal y estar en el hospital
10. (un/a tenista famoso/a) / jugar en Wimbledon

Actividad 13 Las noticias de ayer En parejas, Uds. van a narrar las noticias de ayer. Escriban el guion (*script*) que van a usar.

La bomba

■■■ **la policía** ⟶ the police (force) is singular (**La policía de mi ciudad es muy eficiente.**); **el/la policía** ⟶ the police officer.

terrorista / poner / bomba / el aeropuerto

terrorista / llamar / la policía

policía / ir / el aeropuerto

personas / salir / el aeropuerto

perro / encontrar / la bomba

policía / poder detener / el terrorista

Lulú Camacho

Lulú Camacho / recibir / el título de Miss Cuerpo

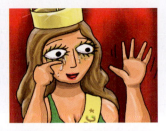

anoche / llorar de alegría

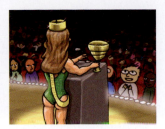

darles / las gracias / a sus padres, etc.

perder / el título

su agente / decir la verdad / Lulú tomar esteroides

Lulú / preferir / no hacer comentarios

Actividad *14* **¿En la escuela secundaria...?** Busca personas de la clase que hicieron cosas de la siguiente lista en la escuela secundaria. Escribe el nombre de las personas que contestan que sí.

> ■■■ A: ¿Corriste un maratón en la escuela secundaria?
>
> B: No, no/Sí, corrí un maratón.

nombre

1. leer una novela de Sandra Cisneros   _____
2. ver una película en español   _____
3. decir una mentira grande como una casa   _____
4. llevar a tu mascota (*pet*) a la escuela   _____
5. dormirse en una clase   _____
6. tener que pasar una noche sin dormir   _____
7. mentir por un amigo   _____
8. pedir en un restaurante una comida de $50 o más   _____
9. oír una canción de Shakira   _____
10. conducir un coche sin tener licencia   _____

■■■ Many people use the *personal* **a** when talking about their pets.

Actividad *15* **Tus actividades de la semana pasada** **Parte A.** En preparación para hablar de la semana pasada, rellena los espacios en blanco con la preposición correcta. Después, en la primera lista marca las cosas que tuviste que hacer la semana pasada. Luego en la segunda lista marca las cosas que no pudiste hacer, y en la tercera lista marca las cosas que hiciste para divertirte.

Tuviste que...

_____ trabajar _____ ocho horas

_____ escribir una composición

_____ tomar un examen _____ la mañana

_____ buscar información por Internet

_____ hacer trabajo voluntario

_____ asistir _____ una reunión (*meeting*)

_____ preparar un proyecto

_____ hacer una presentación

_____ ir _____ la oficina de un/a profesor/a

No pudiste...

_____ terminar la tarea

_____ dormir bien

_____ comer comida saludable (_healthy_)

_____ prepararte bien _____
un examen de...

_____ hablar _____ tus padres

_____ contestar un email

_____ hacer ejercicio _____
bajar de peso (_to lose weight_)

_____ escuchar el programa de
audio de español

_____ leer una novela _____
la clase de...

Para divertirte...

_____ ir _____ cine /

_____ un restaurante

_____ charlar por Internet

_____ bailar _____ una
discoteca

_____ mirar un DVD

_____ organizar una fiesta

_____ ir _____ una fiesta

_____ ir de compras

_____ oír un CD nuevo

_____ leer una novela

_____ salir _____ amigos

Parte B. Ahora en parejas, usen la información de la **Parte A** y llamen por teléfono a su compañero/a para contarle qué hicieron la semana pasada. Incluyan información como la siguiente en su conversación.

■■■ La semana pasada tuve que tomar un examen en mi clase de física y por eso no pude dormir bien el martes por la noche. Por suerte, me divertí mucho el sábado porque mis amigos y yo fuimos a una fiesta y bailamos toda la noche.

II. Expressing the Duration of an Action: _Hace_ + Time Expression + _que_ + Verb in the Present

■■■

1 ■ You already know how to say how long ago something took place.

> **Hace** + _time expression_ + **que** + _verb in the preterit_

—¿Cuánto (tiempo) **hace que** ella **llegó**?   _How long ago did she arrive?_
—**Hace dos horas que** ella **llegó.**   _She arrived two hours ago._

2 ■ To express the duration of an action that began in the past and continues into the present, apply the following formula.

> **Hace** + _time expression_ + **que** + _verb in the present_

—¿Cuánto (tiempo) **hace que vives** aquí?   _How long have you lived here?_
—**Hace tres años que vivo** aquí.   _I have lived here for three years._

3 ■ Note the difference between these two sentences.

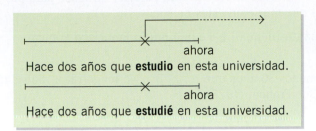

Hace dos años que **estudio** en esta universidad.

Hace dos años que **estudié** en esta universidad.

4 ■ Read the following sentences and decide who has spent vacations in San Andrés, Colombia, for the last five years and who will go again this year, and who went on vacation to San Andrés five years ago.

Hace cinco años que Ramón fue de vacaciones a la isla de San Andrés.
Hace cinco años que Elena va de vacaciones a la isla de San Andrés.

If you answered Elena and Ramón respectively, you are correct.

To practice: Do SAM Workbook and Web activities.

Actividad 16 La entrevista Lee esta parte del currículum vitae de Carmen Fernández y completa la entrevista (*interview*) que sigue. La entrevista fue el 7 de septiembre de 2005.

2003–presente	Programadora de computadoras
1999–presente	Empleada de IBM
1999–2002	Recepcionista
1994–1996	Secretaria, Aeroméxico

ENTREVISTADORA ¿Cuánto tiempo hace que Ud. _____ en IBM?

CARMEN Hace seis años que _____ allí.

ENTREVISTADORA ¿Qué hace?

CARMEN Soy programadora de computadoras ahora, pero hace tres años _____ recepcionista por un tiempo.

ENTREVISTADORA ¿Por cuántos años fue Ud. recepcionista en esa compañía?

CARMEN Tres años.

ENTREVISTADORA ¿Y antes de trabajar para IBM?

CARMEN Fui secretaria para Aeroméxico.

ENTREVISTADORA Entonces, hace seis años que _____ en Aeroméxico.

CARMEN No, hace nueve años que _____ allí.

ENTREVISTADORA Entonces, ¿qué hizo entre 1997 y 1999?

CARMEN Tuve un hijo y me quedé en casa con él.

Actividad 17 Los anuncios comerciales En grupos de tres, Uds. trabajan para una agencia de publicidad. Tienen que escribir anuncios (*ads*) para estos productos.

■■■ el agua de colonia "Atracción"
Hace un año que uso el agua de colonia "Atracción" y ahora tengo muchos amigos.

1. el jabón para la cara "Radiante"
2. el champú para hombres "Hércules"
3. el detergente para ropa "Blancanieves"
4. el perfume "Gloria"
5. el desodorante "Frescura Segura"

■ ■ ■ Franco fue dictador de España desde 1939 hasta 1975.

Actividad *18* **¿Sabes mucho de historia?** En parejas, túrnense para preguntar cuánto tiempo hace que murieron estas personas.

■ ■ ■

A: ¿Cuánto (tiempo) hace que murió Francisco Franco?

B: Hace más o menos 30 años que murió Francisco Franco. (1975)

B: No tengo idea. ¿Sabes tú?

1. Martin Luther King, Jr. y Robert Kennedy
2. John Kennedy
3. Abraham Lincoln
4. Roberto Clemente
5. John Lennon
6. Ray Charles y Marlon Brando
7. Eva Perón
8. el Papa Juan Pablo II

Actividad *19* **El hotel** **Parte A.** Vas a hacerle preguntas a tu compañero/a sobre la última vez que se quedó (*stayed*) en un hotel, pero primero tienes que formar las preguntas. Toma dos minutos y escribe las preguntas que le vas a hacer.

1. cuánto tiempo hace que / estar / en un hotel
2. hacer la reserva por Internet
3. ir a un hotel de cinco estrellas
4. cuántos días / estar
5. el botones / subirle / las maletas a la habitación
6. dormir bien
7. poder hacer ejercicio o nadar en el hotel
8. la empleada / ponerle / chocolates en la almohada (*pillow*)
9. darle propina / a alguien en el hotel
10. usar el teléfono para hacer llamadas de larga distancia
11. le gustaría quedarse en el hotel en el futuro

Parte B. Túrnense para entrevistarse sobre la última vez que se quedaron en un hotel.

Nuevos horizontes

Lectura ESTRATEGIA: **Identifying Main Ideas**

As you saw in Chapter 6, when skimming you read quickly to find only the main ideas of a text. If the topic interests you, you may want to learn more about it, that is, read more in depth about the subject in question. Main ideas can be found in titles, headings, or subheadings and also in topic sentences, which many times begin a paragraph or a section of a reading. Other important or supporting ideas can be found in the body of a paragraph or section.

In the following reading about Spain, each section is introduced by a title and a topic sentence.

Actividad 20 Mira y contesta Antes de leer un artículo sobre la historia de España, contesta las siguientes preguntas.

1. Mira las fotos de las páginas 194 y 195. ¿Son construcciones modernas o antiguas?
2. En tu opinión, ¿cuál es la conexión entre las fotos y el título del artículo?
3. Se dice que para entender el presente tenemos que mirar el pasado. ¿Estás de acuerdo con esta idea? En tu opinión, ¿qué cosas de la historia de un país son importantes para entender el presente?

■ ■ ■ While reading, use your knowledge of cognates to help you get the general idea of the article.

Actividad 21 Ideas principales y detalles Lee el artículo para completar la siguiente tabla con los títulos de las secciones, la oración principal y las subcategorías relacionadas con la historia española.

Historia de España

El estudio de las diferentes civilizaciones que vivieron en España nos ayuda a entender a los españoles; también nos ayuda a comprender a los habitantes de todos los países hispanoamericanos porque esos países recibieron, de algún modo, influencias de la "madre patria".

I. La influencia romana

Una de las culturas que más influyó en España fue la cultura romana. Durante seis siglos, de II a. C. a V d. C., España fue la provincia más importante del Imperio Romano. Los romanos introdujeron la base del sistema educativo actual: escuela primaria, secundaria y escuelas profesionales. Su influencia fue también muy notable en la lengua y en la religión: más o menos el 70% del idioma español proviene de su lengua, el latín, y los romanos también llevaron a España la religión cristiana. Los romanos construyeron anfiteatros y puentes, como el puente de Salamanca, que todavía se usa. Construyeron además acueductos como el acueducto de Segovia, que se hizo hace dos mil años y se usó hasta mediados de los años sesenta del siglo XX.

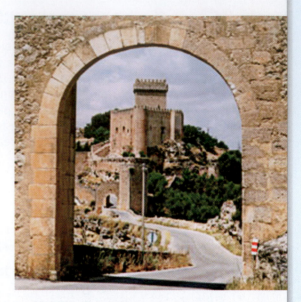

▲ El Parador de Alarcón, un hotel de cuatro estrellas en un castillo medieval.

II. Los moros

Otra influencia importante en España fue la de los moros, árabes del norte de África, que vivieron principalmente en el sur de España por unos ocho siglos (711–1492). Ellos llevaron a España el concepto del cero, el álgebra y su idioma, el árabe, que también influyó en el español. Esta influencia se ve en palabras como alcohol, álgebra y algodón. Los moros fundaron ciudades esplendorosas como Granada y Córdoba. En esta última, instalaron la primera escuela de científicos donde se hizo cirugía cerebral. Además de hacer contribuciones científicas, los moros participaron en la Escuela de Traductores de Toledo. Allí cristianos, moros y judíos —otro grupo que contribuyó a la riqueza cultural de la España medieval— colaboraron para traducir textos científicos e históricos del árabe y del latín al castellano. Toledo entonces era la ciudad que mejor reflejaba la coexistencia pacífica de moros, judíos y cristianos.

III. Los Reyes Católicos y una nueva época

En 1492 los Reyes Católicos (Fernando de Aragón e Isabel de Castilla) derrotaron[1] a los moros, expulsaron a los judíos de España y unificaron el país política y religiosamente. Ese mismo año empezaron a financiar los viajes de Cristóbal Colón y de otros exploradores al Nuevo Mundo. Los viajes de Colón iniciaron una época de exploración y dominación española en el Nuevo Mundo y, al extender su poder, los españoles transmitieron el idioma español, su cultura y la religión cristiana por América.

---

[1] defeated

IV. Los Paradores conservan la historia

Para revivir la historia española, es posible transportarse a través del tiempo y pasar una noche en un parador histórico. Los Paradores de Turismo constituyen la modalidad hotelera más original e interesante de la oferta turística española. La mayoría de estos hoteles están en antiguos edificios de valor histórico como castillos, palacios, monasterios y conventos, que fueron abandonados en el pasado y luego rehabilitados para ofrecerle los más modernos servicios al cliente. Todos tienen de tres a cinco estrellas. El Parador de Alarcón, situado entre Madrid y Valencia, es un ejemplo de la rica historia que tienen los paradores.

Una habitación del ➤
Parador de Alarcón.

La historia del Parador de Alarcón

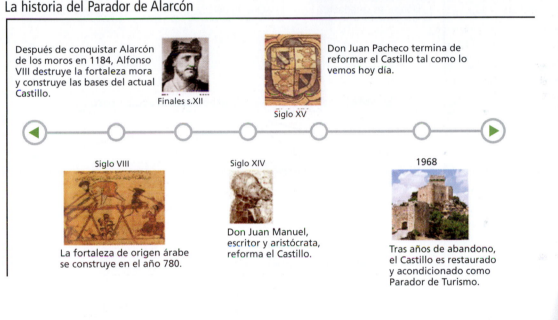

Después de conquistar Alarcón de los moros en 1184, Alfonso VIII destruye la fortaleza mora y construye las bases del actual Castillo.

Finales s.XII

Don Juan Pacheco termina de reformar el Castillo tal como lo vemos hoy día.

Siglo XV

Siglo VIII

La fortaleza de origen árabe se construye en el año 780.

Siglo XIV

Don Juan Manuel, escritor y aristócrata, reforma el Castillo.

1968

Tras años de abandono, el Castillo es restaurado y acondicionado como Parador de Turismo.

Actividad 22 Termina las ideas Después de leer el artículo, habla sobre las siguientes ideas.

1. para Hispanoamérica, ese país es la "madre patria"
2. algo importante que introdujeron los romanos
3. personas que dominaron España durante más de siete siglos
4. una de las ciudades fundadas por los moros
5. dos contribuciones de los moros
6. cuatro cosas que hicieron los Reyes Católicos en 1492
7. tres cosas que transmitieron los españoles a América
8. qué son los paradores
9. año en que se construyó el castillo (*castle*) de Alarcón y dos personas que le hicieron reformas

Escritura

ESTRATEGIA: The Paragraph

When doing formal or informal writing, it is common to develop each paragraph around a theme or idea. The topic sentence generally starts a paragraph and serves as an introduction to the theme of the paragraph. The remainder of the paragraph is comprised of supporting details that expand upon or support the idea expressed in the topic sentence.

Actividad 23 Un email **Parte A.** Write an email to a friend about a recent trip (real or fictitious). Separate your email into three paragraphs and use the following outline as a guide.

■■■ To say what you did, use the preterit. Avoid past description, just say what you did.

■■■ **Quedarse en** + **un hotel** = to stay in a hotel

■■■ To describe the hotel, use the present tense. Remember to integrate hotel-related vocabulary.

■■■ To give your friend advice, remember: **tienes que/debes/puedes** + *infinitive*.

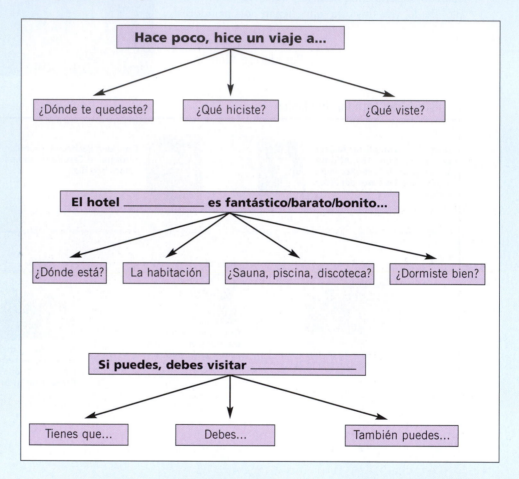

Parte B. Reread your email. Have you included supporting details that will be of interest to your friend? Does the first paragraph contain preterit verb forms? Does the second use the present tense to describe the hotel? Do you vary expressions used to give advice in the third? Make any necessary changes.

Parte C. Staple all drafts and your final draft together to hand in to your instructor.

Vocabulario esencial II

I. Medios de transporte

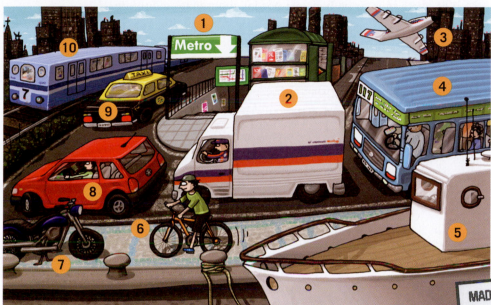

1. el metro
2. el camión
3. el avión
4. el autobús
5. el barco
6. la bicicleta
7. la moto/motocicleta
8. el carro/coche/auto
9. el taxi
10. el tren

Otras palabras relacionadas con el transporte

el aeropuerto   airport
la estación (de trenes, autobuses)   (train, bus) station
la (camioneta) 4 × 4   SUV, 4 × 4
manejar (América Latina); **conducir** (España)   to drive
montar en bicicleta/moto   to ride a bike/motorcycle
ir en barco/tren/etc.   to go by ship/train/etc.

Actividad 24 **Asociaciones** Di qué medios de transporte se asocian con estas palabras: Greyhound, Northwest, U-haul, el color amarillo, Porsche, Titanic, Amtrak, Kawasaki, Trek, Ford Explorer.

Actividad 25 **Los transportes de tu ciudad** En parejas, hagan una lista de los medios de transporte de la ciudad donde Uds. estudian. Digan cuánto cuestan, qué zonas recorren y a qué hora empiezan su servicio. Expliquen también qué medios de transporte no hay y cuáles necesita su ciudad.

■■■ Avianca, la aerolínea nacional de Colombia, fue la primera aerolínea de este hemisferio; comenzó sus operaciones en el año 1919.

■■■ **Carro** is understood throughout most of Hispanic America, although in some countries **auto** and/or **coche** are used; **coche** is used in Spain. **Autobús** = **camión** (México), **guagua** (Puerto Rico, Cuba), **ómnibus** (Perú), **camioneta** (Guatemala). **Bus** is also used in some countries.

■■■ 4 × 4 = cuatro por cuatro

Actividad 26 En grupos de tres, hablen sobre las siguientes preguntas relacionadas con el transporte.

1. ¿Alguna vez durmieron en un tren o en un autobús? ¿Adónde fueron?
2. ¿Cuánto hace que viajaron en avión? ¿Adónde viajaron?
3. Cuando están en un autobús en la ciudad, ¿hablan con la persona que está a su lado? ¿Y cuando viajan en avión?
4. ¿Les gusta viajar en avión? ¿Por qué?
5. ¿Es divertido o tienen miedo de montar en moto?
6. ¿Les gusta montar en bicicleta por las montañas (*mountains*)?

II. El pasaje y el aeropuerto

■■■ Note the use of the 24-hour clock.

VIAJA
Viajes Internacionales

Apellido	Asiento	Fecha
VEGA	23A	26 DE AGOSTO

Destino	Vuelo	Salida
NUEVA YORK	357	14:20

Se prohibe fumar en todos los vuelos de VIAJA.

▲ la tarjeta de embarque

Sr. Vega, su pasaje de ida y vuelta está confirmado. Puede llevar dos maletas y un bolso de mano pero hay un límite de 32 kilos por pasajero.
-- IDA ---
VIAJA 357 de Caracas a Nueva York
  Salida de Caracas: 14:20
    Escala y aduana en Miami
  Llegada a Nueva York (JFK): 22:15
-- VUELTA --------------------------------------
VIAJA 358 de Nueva York a Caracas
  Salida de Nueva York (JFK): 13:15
    Escala en Miami
  Llegada a Caracas: 21:00
  Aduana en Caracas

la aduana customs
el asiento seat
  del medio center
  del pasillo aisle
  de la ventanilla window
el bolso de mano hand/carry-on luggage
el destino destination
el equipaje luggage
la escala a stop, layover
fumar to smoke
la línea aérea airline

la llegada arrival
llegar a tiempo to arrive on time
  con retraso to arrive late
el pasaje ticket
  de ida one way
  de ida y vuelta round trip
el/la pasajero/a passenger
la reserva reservation
la salida departure
el vuelo flight
la vuelta return trip

📖 **Online Study Center**

To practice: Do SAM Workbook and Web activities.

Actividad 27 **¿Qué es?** Contesta estas preguntas, usando el vocabulario del pasaje y de la información de la agencia de viajes.

1. ¿Cómo se llama el pasajero?
2. ¿El señor tiene un pasaje de ida o de ida y vuelta?
3. ¿Cómo se dice en español *a one-way ticket*?
4. ¿Qué se presenta a la entrada del avión antes de subir?
5. ¿Tiene el Sr. Vega un vuelo a Nueva York directo o con escala?
6. ¿Cuánto equipaje puede llevar el Sr. Vega? ¿Cuántos kilos puede llevar como máximo?
7. ¿Cuál es el número del asiento del Sr. Vega? ¿Es de la ventanilla o del pasillo? ¿Prefieres asiento de pasillo o de ventanilla? ¿Por qué?
8. ¿A qué hora llega el vuelo a Nueva York? ¿Y a Caracas?
9. ¿Sabes qué cosas no se pueden pasar por la aduana?
10. ¿Hay aduanas en aeropuertos que no son internacionales? ¿Qué aeropuertos de este país tienen aduana?

Actividad 28 Información En parejas, una persona necesita información sobre vuelos y le pregunta a un/a empleado/a del aeropuerto. Usen la siguiente información sobre vuelos para contestar las preguntas.

Llegadas internacionales

Línea aérea	Número de vuelo	Procedencia	Hora de llegada	Comentarios
Iberia	952	Lima	09:50	a tiempo
Aeropostal	354	Santo Domingo	10:29	11:05
LanChile	988	Santiago/Miami	12:45	a tiempo
LASCA	904	México/N.Y.	14:00	14:35

Salidas internacionales

Línea aérea	Número de vuelo	Destino	Hora de salida	Comentarios	Puerta
American Airlines	750	San Juan	10:55	11:15	2
Avianca	615	Bogotá	11:40	a tiempo	3
Aeropostal	357	Miami/N.Y.	14:20	a tiempo	7
Aeroméxico	511	México	15:00	16:05	9

1. ¿A qué hora llega el vuelo número 354 de Santo Domingo?
2. ¿De qué línea aérea es el vuelo 904? ¿Llega a tiempo o con retraso?
3. ¿De dónde viene el vuelo 952?
4. ¿A qué hora sale el vuelo 615 para Bogotá?
5. ¿De qué puerta sale el vuelo 615? ¿Sale con retraso?
6. ¿Adónde va el vuelo 511 de Aeroméxico?

Ahora cambien de papel.

1. ¿A qué hora sale el vuelo de Aeropostal a Miami?
2. ¿De dónde viene el vuelo 354?
3. ¿Llega a tiempo o con retraso el vuelo de México?
4. ¿A qué hora llega el vuelo de Santiago?
5. ¿Adónde va el vuelo 750 de American Airlines?
6. ¿De qué puerta sale el vuelo a Nueva York? ¿Sale con retraso?

Actividad 29 La reserva En parejas, Uds. están en México en una agencia de viajes. "A" es el/la cliente que habla con "B", un/a agente de viajes, para hacer una reserva. Lean el papel que les corresponde y mantengan una conversación en la agencia.

■■■ US$ = dólares estadounidenses

■■■ MX$ = pesos mexicanos

A. Cliente

Quieres viajar de México, D. F. a Lima el 23 de diciembre para volver el 2 de enero. No puedes salir por la mañana. No quieres hacer escala. Necesitas saber la aerolínea, la hora de salida y de llegada y el precio.

B. Agente

Usa la siguiente información para tomar la reserva.

```
TACA      México-Bogotá-Lima    Ida: US$399 (MX$4492)

          México 13:15          Ida y vuelta: US$668 (MX$7521)

          Lima 23:45

LanPerú   México-Lima           Ida: US$530 (MX$5970)

          México 8:10           Ida y vuelta: US$739 (MX$8327)

          Lima 13:40
```

Para escuchar

Un día normal en el aeropuerto

Pasajeros en el aeropuerto ➤
de Santo Domingo.

darse cuenta de algo	to realize something
No me di cuenta de la hora.	I didn't realize the time.
¿Cómo que...?	What do you mean . . . ?
¿Cómo que no hay asiento?	What do you mean there aren't seats?

Mientras Juan Carlos y Claudia tienen problemas en Segovia, Teresa también tiene algunos problemas durante su viaje. Antes de regresar a España, ella va a la República Dominicana para trabajar una semana en el aeropuerto. Mientras ayuda en el mostrador (check-in counter) del aeropuerto de Santo Domingo, empiezan los problemas con los pasajeros.

 Actividad 30 ¿Cierto o falso? Lee las siguientes oraciones. Después, mientras escuchas las conversaciones, marca si estas oraciones son ciertas (**C**) o falsas (**F**).

1. _____ El señor es paciente.
2. _____ El señor quiere un asiento de pasillo.
3. _____ El niño viaja solo.
4. _____ Al final, el niño no lleva el ron.
5. _____ La señora perdió el pasaje.
6. _____ La señora llegó con un día de retraso.

 Actividad 31 Los problemas de los pasajeros **Parte A.** Después de escuchar las conversaciones otra vez, identifica cuáles son los problemas del señor, del niño y su madre, y de la señora.

Parte B. Ahora di cómo son físicamente el señor, la madre y la señora e identifica quién está confundido/a (*confused*), nerviosa/a, enojado/a, preocupado/a.

Gramática para la comunicación II

I. Indicating Time and Age in the Past: *Ser* and *tener*

Until now you have been using the *preterit* to talk about the past. The *imperfect*, which has its own set of rules, is also used when talking about the past.

1 ■ When you want to express age in the past, use an imperfect form of the verb **tener.**

tener	
ten**ía**	ten**íamos**
ten**ías**	ten**íais**
ten**ía**	ten**ían**

Álvaro **tenía** diez años cuando viajó en avión por primera vez.

Álvaro was ten when he flew for the first time.

Una vez, cuando **tenía** quince años, fui a Santo Domingo.

Once, when I was fifteen, I went to Santo Domingo.

2 ■ When you want to indicate the time an action took place, use the imperfect form of the verb **ser: era** or **eran.**

Era la una de la mañana cuando me llamó mi novia.

It was one in the morning when my girlfriend called me.

Eran las ocho cuando salí de mi casa.

It was eight when I left my house.

Actividad 32 ¿Cuántos años tenían? Parte A. En parejas, averigüen cuántos años tenía su compañero/a cuando hizo estas cosas.

■■■ aprender a nadar

A: ¿Cuántos años tenías cuando aprendiste a nadar?

B: Tenía siete años cuando aprendí a nadar.

1. terminar la escuela secundaria
2. manejar un carro
3. tener su primer (*first*) trabajo
4. tener novio/a por primera vez
5. aprender a leer

Parte B. En parejas, averigüen cuántos años tenía alguien de su familia cuando ocurrieron estas cosas.

1. su madre / él/ella nacer (*to be born*)
2. su padre / él/ella nacer

En parejas, lean la siguiente historia y después digan a qué hora ocurrieron las acciones que se presentan, empezando cada oración con **Era/Eran** (+ hora) **cuando...**

> Era medianoche cuando Pablo llegó a casa. Una hora más tarde, alguien llamó por teléfono, pero él no contestó porque diez minutos antes había empezado (*had started*) a bañarse. Estuvo en el baño por media hora. Justo cuando salió de la bañera empezó un episodio viejo de "Seinfeld" donde un señor antipático no le quiere servir sopa a Elaine y ella se pone furiosa. Cuando terminó el programa, Pablo se acostó.

1. él / llegar / a casa
2. alguien / llamar
3. él / empezar a bañarse
4. el programa / empezar
5. él / acostarse

II. Avoiding Redundancies: Direct-Object Pronouns

In the conversation between the mother and the child at the airport, to what does **Las** refer in the following exchange?

NIÑO   Mamá, ¿dónde pongo estas botellas de ron?

MADRE   **Las** llevas en la mano.

■ ■ ■ **Compro** un pasaje. (pasaje = direct object)

Le **compro** un pasaje *a mi hermano.* (**pasaje** = direct object; **le/a mi hermano** = indirect object)

If you said **estas botellas de ron,** you are correct. By using the direct-object pronoun **las** instead of repeating **estas botellas de ron,** the conversation sounds more natural. We frequently use direct-object pronouns (**pronombres de complemento directo**) to avoid redundancy.

1 ■ A direct object (**objeto directo**) is the person or thing that is directly affected by the action of the verb. It answers the question *what?* or *whom?* In the sentence **Necesito un pasaje,** a ticket is *what* you need. In the sentence **Necesito a mi amigo,** your friend is *whom* you need. Remember that when the direct object is a person, it is preceded by the *personal* **a.**

■ ■ ■ Review the *personal* **a,** Ch. 4.

In Spanish, the direct object may be expressed by the direct-object pronoun to avoid redundancy, as you saw in the exchange above.

Direct-Object Pronouns	
me	nos
te	os
lo/la	los/las

Direct-object pronouns follow the same placement rules as the reflexive and the indirect-object pronouns. All object pronouns are placed:

a. before the conjugated verb,
b. after and attached to the infinitive, or
c. after and attached to the present participle (**-ando/-iendo**).

2 ■ Look at this email that Claudia and Juan Carlos sent to Marisel and see how they avoid redundancy.

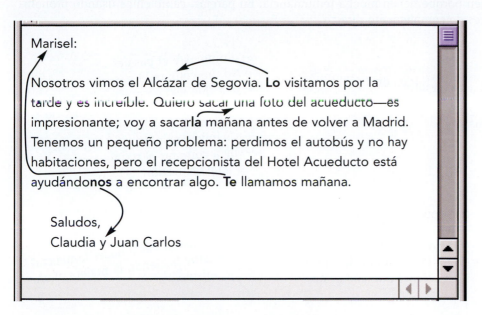

Marisel:

Nosotros vimos el Alcázar de Segovia. **Lo** visitamos por la tarde y es increíble. Quiero sacar una foto del acueducto—es impresionante; voy a sacar**la** mañana antes de volver a Madrid. Tenemos un pequeño problema: perdimos el autobús y no hay habitaciones, pero el recepcionista del Hotel Acueducto está ayudándo**nos** a encontrar algo. **Te** llamamos mañana.

Saludos,
Claudia y Juan Carlos

3 ■ The following verbs can frequently take direct objects.

amar*	to love	**poner** + (*una cosa en un lugar*) to put	
ayudar	to help	(*something somewhere*)	
detestar	to detest	**querer** to want; to love	
esperar	to wait for	**respetar** to respect	
invitar	to invite	**ver** to see	
necesitar	to need	**visitar** to visit	
odiar	to hate		

*NOTE: Only use **amar** with people, **Amo a mis padres.** For inanimate objects or concepts, use **gustar** or **fascinar: Me gusta mucho tu camisa./Me fascina tocar el piano.**

—¿Antonia va a la fiesta de tu hermano?
—No sé, voy a invitar**la** esta tarde. **La** voy a ver en casa de Marta.
—¿Dónde pusiste los regalos?
—**Los** puse en mi habitación debajo de la cama.

■ ■ ■ ¿A qué o a quién se refiere la palabra **lo** en la tira cómica?

Online Study Center

To practice: Do SAM Workbook and Lab, and Web activities.

Actividad 34 La redundancia Estas conversaciones no suenan (*sound*) bien porque tienen mucha redundancia. En parejas, cámbienlas usando pronombres de complemento directo.

—¿Dónde está mi tarjeta de embarque?
—¡Caray! Tienes la tarjeta de embarque en la mano.

—¿Compraste el pasaje?
—No, no compré el pasaje.
—¿Por qué no compraste el pasaje?
—Porque mi conexión a Internet no funciona hoy.
—¿Cuándo vas a comprar el pasaje?
—Voy a comprar el pasaje mañana si tengo conexión.

—Puse una canción nueva en mi móvil.
—¿Puedo escuchar la canción nueva?
—Claro. Pero para oír la canción nueva tienes que llamarme.

—¿Cuándo vas a hacer la maleta?
—Estoy haciendo la maleta ahora mismo.

—¿Llamaste al recepcionista para hacer la reserva de la habitación?
—Sí, llamé al recepcionista para hacer la reserva de la habitación.
—¿Y tienen aire acondicionado, caja fuerte y televisión satélite?
—Sí, tienen aire acondicionado, caja fuerte y televisión satélite.

■■■ **pareja** = partner/pair

Actividad 35 Las cosas para el viaje En parejas, una persona es el esposo y la otra es su esposa. Van a hacer un viaje y quieren saber dónde puso su pareja las siguientes cosas. Túrnense para hacer las preguntas.

■■■ A: ¿Dónde pusiste la cámara?
B: La puse en el bolso de mano.

Cosas: el champú, las gafas de sol, los trajes de baño, la máquina de afeitar, el peine, los zapatos de tenis, las sandalias, los cepillos de dientes, el pasaporte, los regalos, el móvil, la ropa interior, la tarjeta telefónica, los pasajes del ferry, la confirmación de la reserva del hotel, el niño
Lugares: la maleta, el carro, el bolso de mano

Actividad 36 Romeo y Julieta En parejas, inventen una conversación romántica entre los protagonistas de una telenovela (*soap opera*): Romeo y Julieta. Usen en la conversación un mínimo de tres de estos verbos en oraciones o preguntas: **querer, necesitar, odiar, detestar, respetar, invitar** y **esperar.**

■■■ Romeo: Julieta, te quiero.
Julieta: Yo también te quiero, pero mi padre te odia.

Actividad 37 ¿Te quiere o no te quiere? **Parte A.** Escribe el nombre de un miembro de tu familia y de alguien que conoces fuera de tu familia con quien te llevas bien (*get along with well*) y un miembro de tu familia y alguien fuera de tu familia con quien te llevas mal.

	Me llevo bien con...	Me llevo mal con...
miembro de tu familia		
conocido		

Parte B. Combina verbos de las dos columnas para hablar de tu relación con las personas de la **Parte A.** Empieza cada oración con una persona de tu lista y su emoción. Luego di lo que haces tú.

■■■ Mi cuñada Elena me odia y por eso yo no la visito nunca.

admirar   (no) invitar a comer
odiar   (no) visitar
querer   (no) llamar con frecuencia
necesitar   (no) ver mucho
detestar   (no) ayudar
respetar

Actividad 38 Una entrevista **Parte A.** En parejas, entrevístense para completar este cuestionario.

¿Cuándo empezaste a estudiar en esta universidad? _____
¿Estudiaste en otra universidad antes de venir aquí? Sí ☐ No ☐
 Si contesta que sí: ¿Cuándo empezaste a estudiar allí? _____
¿Trabajas? Sí ☐ No ☐
 Si contesta que sí: ¿Cuándo empezaste? _____
¿Cuál fue el último trabajo que tuviste? _____
 ¿Cuándo lo empezaste? _____
 ¿Cuándo lo dejaste? _____
¿Dónde vives?
 Residencia estudiantil ☐ Apartamento ☐ Casa ☐
 ¿Cuándo empezaste a vivir allí? _____
¿Vives con alguien? Sí ☐ No ☐
 Si contesta que sí: ¿Con quién vives? _____
¿Tienes carro? Sí ☐ No ☐
 Si contesta que sí: ¿Cuándo lo compraste? _____
¿Tienes bicicleta? Sí ☐ No ☐
 Si contesta que sí: ¿Cuándo la compraste? _____
¿Haces reservas de avión/hotel por Internet? Sí ☐ No ☐
 Si contesta que sí: ¿En qué sitios las haces? _____
¿Usas teléfono móvil para las llamadas de larga distancia? Sí ☐ No ☐
 Si contesta que sí: ¿Cuándo las haces?
  a toda hora ☐ por la noche y los fines de semana ☐

Parte B. Ahora, individualmente hagan un resumen de la información del cuestionario. Por ejemplo:

■■■ Hace dos años que John estudia en esta universidad. Trabaja en la biblioteca y empezó a trabajar allí hace tres meses. Antes trabajó en un restaurante. Empezó a trabajar allí hace dos años y dejó de trabajar (*quit working*) allí el verano pasado...

Online Study Center
Do Web Search activities.

Capítulo **7**   **205**

Vocabulario funcional

El teléfono

el área/prefijo	*area code*
el código internacional	*international access code*
el código/indicativo del país	*country code*
la llamada de larga distancia	*long-distance call*
la llamada local	*local call*
marcar directo	*to dial direct*

¿Aló?/Diga./Dígame.	*Hello?*
¿Está..., por favor?	*Is . . . there, please?*
Quisiera hablar con..., por favor.	*I would like to speak with . . . , please.*
¿De parte de quién?	*Who is calling?*
(De parte) de...	*It's/This is . . .*
¿Quién habla?	*Who is speaking?*
Habla...	*It's/This is . . .*
No, tiene el número equivocado.	*No, you have the wrong number.*
¿Puede(s) hablar más despacio, por favor?	*Can you speak more slowly, please?*
Quisiera dejarle un mensaje.	*I would like to leave him/her a message.*
¿Le puedo dejar un mensaje?	*Can I leave a message for him/her?*
¿Le puede(s) decir que llamó (Claudia)?	*Can you tell him/her that (Claudia) called?*
No tengo batería.	*My battery is dead.*
Tengo la batería baja.	*My battery is low.*
No tengo señal.	*I don't have a signal.*

El hotel

el almuerzo	*lunch*
el baño	*bathroom*
el botones	*bellboy*
la cena	*dinner*
la comida	*meal*
el desayuno	*breakfast*
la empleada (de servicio)	*maid*
la estrella	*star*
la habitación doble	*double room*
la habitación individual	*single room*
la maleta	*suitcase*
media pensión	*breakfast and 1 meal included*
pensión completa	*all meals included*
la propina	*tip*
la recepción	*front desk*
el/la recepcionista	*receptionist*

Medios de transporte

el autobús	*bus*
el avión	*plane*
el barco	*boat*
la bicicleta	*bicycle*
el camión	*truck*
la (camioneta) 4 × 4	*SUV, 4 × 4*
el carro/coche/auto	*car*
el metro	*subway*
la moto/motocicleta	*motorcycle*
el taxi	*taxi*
el tren	*train*
el aeropuerto	*airport*

conducir (España)/manejar (América Latina)	*to drive*
la estación (de trenes, autobuses)	*(train, bus) station*
ir en barco/tren/etc.	*to go by ship/train/etc.*
montar en bicicleta/moto	*to ride a bike/motorcycle*

El pasaje y el aeropuerto

la aduana	*customs*
el asiento	*seat*
del medio	*center*
de pasillo	*aisle*
de ventanilla	*window*
el bolso de mano	*hand/carry-on luggage*
el destino	*destination*
el equipaje	*luggage*
la escala	*a stop, layover*
fumar	*to smoke*
la línea aérea	*airline*
la llegada	*arrival*
llegar a tiempo	*to arrive on time*
con retraso	*to arrive late*
el pasaje	*ticket*
de ida	*one way*
de ida y vuelta	*round trip*
el/la pasajero/a	*passenger*
la reserva	*reservation*
la salida	*departure*
la tarjeta de embarque	*boarding pass*
la vuelta	*return*
el vuelo	*flight*

Verbos

amar	*to love*
ayudar	*to help*
construir	*to build*
creer	*to believe (something)*
detestar	*to detest*
esperar	*to wait (for)*
invitar	*to invite*
mentir (e ⟶ ie, i)	*to lie*
odiar	*to hate*
oír	*to hear*
quedarse en (+ *place*)	*to stay in (+ place)*
repetir (e ⟶ i, i)	*to repeat*
respetar	*to respect*
seguir (e ⟶ i, i)	*to follow*
sentirse (e ⟶ ie, i)	*to feel*

Palabras y expresiones útiles

¡Caray!	*Darn! Rats!* (negative); *Wow!* (positive)
¿Cómo que...?	*What do you mean . . . ?*
darse cuenta de algo	*to realize something*
Lo siento.	*I'm sorry.*
las noticias	*news*
por fin	*at last, finally*
próximo/a	*next*
quisiera/quisiéramos	*I/we would like*
Sí, cómo no.	*Sure.*
la última vez	*the last time*

8 La comida y los deportes

➤ Volcán Poás, Costa Rica.

Chapter Objectives

- Ordering food and planning a meal
- Expressing likes, dislikes, and opinions
- Avoiding redundancies in everyday speech
- Talking about sports
- Describing in the past
- Telling what you used to do

¿Qué saben?

1. Costa Rica solo cubre el 0,03% de la superficie total del planeta, pero contiene aproximadamente un _____ de la biodiversidad mundial.

   a. 2%   b. 4%   c. 6%

2. Desde 1869 la educación en Costa Rica es obligatoria y gratuita (*free*), y hoy día el _____ de la población sabe leer.

   a. 76%   b. 86%   c. 96%

3. Costa Rica no tiene _____ desde 1948.

   a. universidades   b. militares   c. un gobierno estable
      privadas

¡Feliz cumpleaños!

Niños en una carreta ➤
en Costa Rica.

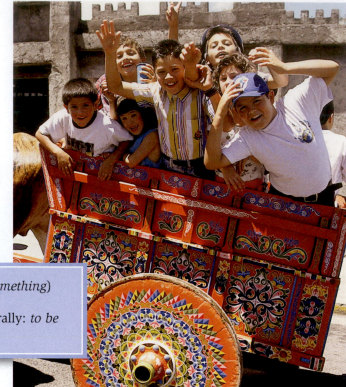

echar de menos	to miss (*someone or something*)
a lo mejor + *verb*	perhaps
aburrirse como una ostra	to be really bored (literally: *to be bored like an oyster*)

Después de pasar un año en España sin ver a su familia, Vicente regresa a Costa Rica de vacaciones para ver a sus padres y para celebrar su cumpleaños.

 Actividad 1 ¿Cierto o falso? Mientras escuchas la conversación entre Vicente y sus padres, escribe **C** si la oración es cierta y **F** si es falsa.

1. _____ Vicente le mandó una tarjeta virtual a su madre.
2. _____ A la madre le gustó la tarjeta.
3. _____ Hoy es el cumpleaños de Vicente.
4. _____ Los padres de Vicente le compraron un regalo.
5. _____ Vicente y sus padres van a ir a Sarchí.
6. _____ A lo mejor Vicente le compra un regalo a Teresa.

 Actividad 2 Preguntas Después de escuchar la conversación otra vez, contesta estas preguntas.

1. ¿Por qué le mandó Vicente una tarjeta virtual a su madre?
2. ¿Qué le regalaron a Vicente sus padres para su cumpleaños?
3. ¿Qué van a hacer Vicente y su padre en Sarchí?
4. ¿Qué va a pasar esta noche en la casa de Vicente?
5. ¿Es verdad que la madre de Vicente se siente mal?
6. La madre de Vicente usa frases de origen religioso. ¿Cuáles son?

Actividad 3 Echo de menos... Ahora que Uds. están en la universidad, a lo mejor echan de menos algunas cosas (casa, pueblo, escuela secundaria, familia, perro, etc.). En parejas, hagan una lista de cinco cosas que echan de menos y de tres cosas que no echan de menos. Después, compartan sus ideas con la clase.

■■■ Paul echa de menos a su perro... y yo echo de menos...

■■■ When speaking about a family pet, it is common to use the *personal* **a.**

¿Lo sabían?

En español las palabras **Dios** y **Jesús** se oyen con frecuencia en las conversaciones. Esto no significa que la persona que las usa es religiosa o irrespetuosa. Algunas expresiones comunes que se usan son **¡Por Dios!, ¡Dios mío!, Con la ayuda de Dios, ¡Sabe Dios...!** (*Who knows . . .*), **Dios mediante** (*God willing*) y **Que Dios te acompañe** (*May God be with you*).

 ¿Es común usar el nombre de Dios en expresiones como estas en tu país?

Vocabulario esencial I

La comida

1. el cerdo	6. la coliflor	11. los camarones	16. el vaso	■■■ Spoons come in many sizes. Some common sizes include **cuchara de sopa** and **cucharita de café.**
2. la sopa	7. la zanahoria	12. la copa de vino	17. el tenedor	
3. el bistec/churrasco	8. los espárragos	13. el cuchillo	18. el pan	
4. el pescado	9. el ajo	14. el plato	19. la taza	
5. las arvejas	10. el pollo	15. la cuchara	20. la servilleta	

(continua en la página siguiente.)

■ ■ ■ NOTE: The following words are used in Spain: **los guisantes (las arvejas); las gambas (los camarones); la patata (la papa); las judías verdes (las habichuelas).**

■ ■ ■ Think of the names of food items when you eat.

Las legumbres y los cereales (*Legumes and cereals*)

el arroz   rice
los frijoles   beans
las lentejas   lentils

Las verduras (*Vegetables*)

la cebolla   onion
las espinacas   spinach
las habichuelas   green beans
la lechuga   lettuce
el maíz/elote   corn
la papa   potato
  el puré de papas   mashed potatoes
  las papas fritas   French fries
el tomate   tomato

Las carnes (*Meats*)

la carne de res   beef
la chuleta   chop
el cordero   lamb
la ternera   veal

Las aves (*Poultry*)

el pavo   turkey

Los postres (*Desserts*)

el flan   Spanish egg custard
la fruta   fruit
el helado   ice cream
  de chocolate   chocolate
  de vainilla   vanilla

Otras palabras relacionadas con la comida

la bebida   beverage
los cubiertos   silverware
la cuenta   the bill
la ensalada   salad
  el aceite   oil
  el vinagre   vinegar
  la sal   salt
  la pimienta   pepper
poner la mesa   to set the table
el primer/segundo plato   first/second course
el queso   cheese

Online Study Center

To practice: Do SAM Workbook and Web activities.

¿Lo sabían?

La comida básica de los países hispanos varía de región a región según la geografía. Por ejemplo, en la zona del Caribe la base de la comida es el plátano (*plantain*), el arroz y los frijoles. El maíz es importante especialmente en México y Centroamérica, y la papa en la región andina de Suramérica. En el Cono Sur se come mucha carne, producto de las pampas argentinas. Y en España, que está en una península y por eso tiene mucha costa, es común comer pescado y mariscos (*seafood*). El nombre de muchas comidas también varía según la región; por ejemplo, judías verdes, habichuelas, porotos verdes, vainas y ejotes son diferentes maneras de decir *green beans*.

¿? ¿Con qué regiones de los Estados Unidos relacionas estas comidas: langosta (*lobster*), "grits", "jambalaya" y el queso "cheddar"? ¿Por qué son populares estos platos en esas regiones?

Actividad 4 **¿Comen bien o mal?** En grupos de tres, averigüen qué comieron Uds. ayer en el almuerzo y en la cena e incluyan el primer plato, el segundo plato, el postre y la bebida. Luego decidan quién de los tres come bien y tiene una dieta buena.

Actividad 5 **La cena en el hospital** En grupos de tres, Uds. trabajan en la cocina de un hospital y necesitan planear la cena para los siguientes pacientes: el paciente No. 1 es vegetariano, la paciente No. 2 necesita una dieta de mucha proteína, el paciente No. 3 necesita comidas bajas en calorías. Incluyan el primer plato, el segundo plato, el postre y la bebida.

Actividad 6 Cómo poner la mesa Numera cada cosa que ves en esta foto de una mesa elegante.

1. copa de agua
2. copa de champán
3. copa de vino
4. cuchara de postre
5. cuchara de sopa
6. cuchillo de entrada (*first course*)
7. cuchillo de postre
8. cuchillo principal
9. pimentero (*pepper shaker*)
10. plato para pan
11. platos
12. salero (*salt shaker*)
13. servilleta
14. tenedor de entrada
15. tenedor de mariscos (*seafood*)
16. tenedor principal

Actividad 7 ¡Camarero! En grupos de cuatro, una persona es el/la camarero/a y las otras tres son clientes que van a comer juntos en Los Ticos, un restaurante costarricense que tiene comida típica y comida internacional. Miren las siguientes listas de frases útiles para prepararse a pedir comida o a tomar el pedido (*the order*).

Camarero/a

¿Qué van a comer?
¿De primer plato?
¿De segundo plato?
¿Qué desean beber?
El/La... está muy bueno/a hoy.
El/La... está muy fresco/a hoy.
El menú del día es...
De postre tenemos...
Aquí tienen la cuenta.

Clientes

¿Está bueno/a el/la...?
¿Cómo está el/la...?
Me gustaría el/la...
¿Qué hay de primer/segundo plato?
¿Viene con papas?
¿Hay...?
¿Cuál es el menú del día?
¿Qué hay de postre?
La cuenta, por favor.

El menú está en la página siguiente.

Los Ticos

Primer plato
Sopa de pollo	¢ 320
Sopa de verduras	¢ 350
Espárragos con mayonesa	¢ 425

Segundo plato
Pollo con salsa de espárragos	¢ 1900
Pollo al ajillo	¢ 1820
Pescado al curry	¢ 1859
Bistec con salsa de tomate	¢ 1950
Chuletas de cerdo a la plancha con puré de papas	¢ 1995
Espagueti con salsa blanca	¢ 1500

Platos típicos
Casado con pollo en salsa picante (con arroz, frijoles negros y ensalada mixta)	¢ 2200
Casado con bistec encebollado (con arroz, frijoles negros, plátano frito y ensalada mixta)	¢ 2500

Olla de carne (con papa, yuca, plátano verde, elote)	¢ 1200

Ensaladas
Mixta	¢ 350
Ensalada verde	¢ 360
Ensalada de pollo	¢ 400

Bebidas
Agua en botella	¢ 350
Refresco natural o tropical	¢ 325
Cervezas	¢ 500
Gaseosas (Pepsi, 7-Up)	¢ 475
Café	¢ 200
Café con leche	¢ 250

Postres
Ensalada de frutas	¢ 430
Helado de vainilla, chocolate	¢ 400
Flan de coco	¢ 510

Plato del día: primer plato – ensalada mixta o sopa de pescado, segundo plato – pollo al curry con arroz, postre – fruta y café ¢ 2390

Gramática para la comunicación I

I. Expressing Likes, Dislikes, and Opinions: Using Verbs Like *gustar*

¡Me fascina Buenos Aires, es una ciudad que tiene mucha vida!

In Chapter 2, you learned how to use the verb **gustar.**

¿**Te gusta** el festival?
Nos gustan las carretas de Sarchí.

1 ■ Here are some other verbs that follow the same pattern as **gustar.**

encantar	to like a lot, to love
faltar	to lack, to be missing
fascinar	to like a lot, to find fascinating
molestar	to be bothered by, to find annoying

A Vicente **le encanta** visitar a su familia.

Vicente loves to visit his family. (literally: Visiting his family is really pleasing to him.)

Le fascina hablar y salir con sus amigos,* pero **le molestan** las personas que fuman en los bares.

He likes to talk to and go out with his friends, but he is bothered by people who smoke in bars. (literally: . . . people that smoke in bars bother him.)

***NOTE:** Use the singular verb form when one or more infinitives follow.

2 ■ The verb **parecer** (*to seem*) follows a similar pattern to **gustar,** but is generally used with an adjective. It is used in the singular when followed by a singular adjective or an idea introduced by **que** and in the plural when followed by a plural adjective.

Ese restaurante **me parece horrible.**	*This restaurant seems horrible to me.*
Esas chuletas de cerdo **me parecen exquisitas.**	*Those pork chops seem delicious to me.*
A ella **le parece que** es mejor comer afuera.	*It's seems better to her to eat outside.*

Notice the meaning of **parecer** when it is used in a question with the word **qué.**

—¿**Qué te pareció** el flan?	*How did you like (What did you think of) the flan?*
—**Me pareció** delicioso.	*I thought it was (seemed) delicious.*

Actividad *8* **¿No te gusta, te gusta o te encanta?** Vas a hacer una encuesta. Pregúntales a tus compañeros si les gustan estas cosas. Anota (*Jot down*) sus nombres en la columna apropiada y luego comparte la información con el resto de la clase.

■■■ ¿Te gusta la comida picante?

No, no me gusta.   Sí, me gusta.   Sí, me encanta.

	no gustar	gustar	encantar
la comida picante (*spicy*)	_____	_____	_____
los postres	_____	_____	_____
la coliflor	_____	_____	_____
cocinar	_____	_____	_____
los espárragos	_____	_____	_____
la zanahoria	_____	_____	_____
comer comida china	_____	_____	_____
las lentejas	_____	_____	_____
las papas fritas con mayonesa	_____	_____	_____
las habichuelas	_____	_____	_____

▼ En México y en algunos países centroamericanos y suramericanos se usa una gran variedad de chiles en la preparación de comidas picantes.

■■■ En muchos países es común comer las papas fritas con mayonesa en vez de ketchup.

Actividad *9* **Las cosas que le faltan** En parejas, miren la siguiente lista y usen la imaginación para decir las tres cosas más importantes que le faltan a la universidad y las tres cosas más importantes que le faltan a la cafetería.

■■■ A esta universidad le falta(n)… También le…

En general

laboratorios de computadoras
lugares para estacionar (*to park*)
espacio verde
residencias modernas
un periódico estudiantil informativo
diversidad étnica

Comida

fruta orgánica
variedad de helados
verduras frescas
café bueno
porciones grandes
una cafetería abierta las 24 horas

Actividad 10 **¿Te molesta?** **Parte A.** En parejas, digan si les encanta o si les molesta hablar de los siguientes temas: la política, la religión, el arte, la música, los problemas de otros, sus problemas, la economía, la comida, la vida de personas famosas, los deportes, la ropa.

Parte B. Teniendo en cuenta los temas que le encantan a su compañero/a, sugiéranle una revista.

> ▪▪▪ Debes comprar *Rolling Stone* porque te encanta...

Actividad 11 **¿Qué te pareció?** **Parte A.** En parejas, túrnense para averiguar qué opina su compañero/a sobre estos temas.

> ▪▪▪ A: ¿Qué te pareció la última prueba de la clase de español?
> B: Me pareció fácil/difícil/justa/etc.

1. el partido del último *Superbowl*
2. los resultados de las últimas elecciones
3. los escándalos presidenciales de Clinton
4. la última película de Hilary Swank
5. tus clases del semestre pasado
6. el último disco compacto de Beyonce

Parte B. Ahora, pregúntenle a su compañero/a cuál de los temas de la **Parte A** le interesa más: los deportes, la política, el cine, la universidad o la música. Luego conversen con su pareja sobre ese tema por un minuto. Por ejemplo, si a su pareja le interesa la música:

> ▪▪▪ A: ¿Cuál de los temas te interesa más: los deportes, la política, etc.?
> B: Me interesa más la música.
> A: ¿Qué te parece la música de...?

II. Avoiding Redundancies: Combining Direct- and Indirect-Object Pronouns

In the conversation, you heard Vicente's father say to his son, **"Vamos a darte tu regalo de cumpleaños. Te lo compramos porque sabemos que es algo que te gusta."** In the last sentence, *to whom* and *to what* do you think the words **te** and **lo** refer?

If you said *to Vicente* and *to the gift*, you were correct.

In Chapters 6 and 7 you learned how to use the indirect- and the direct-object pronouns separately. Remember that the subject performs the action, the indirect object tells *for whom* or *to whom* the action is done, and the direct object is the person or thing that is directly affected by the action and answers the question *what* or *whom*.

Indirect-Object Pronouns	
me	nos
te	os
le	les

Direct-Object Pronouns	
me	nos
te	os
lo, la	los, las

—**Le** compré un pastel para el cumpleaños.

I bought her a cake for her birthday.

—Y ¿mandaste el regalo?

And did you send the gift?

—Sí, **lo** mandé.

Yes, I sent it.

1 ■ When you use both an indirect- and a direct-object pronoun in the same sentence, the indirect-object pronoun immediately precedes the direct-object pronoun.

Mi novio me dio <u>una raqueta</u>.   ¿Quién te compró <u>el pastel</u>?

Mi novio **me la** dio.   ¿Quién **te lo** compró?
My boyfriend gave it to me.   *Who bought it for you?*

2 ■ The indirect-object pronouns **le** and **les** become **se** when combined with the direct-object pronouns **lo, la, los,** and **las.** The chart on the right shows all possible combinations.

> me lo, me la, me los, me las
> te lo, te la, te los, te las
> se lo, se la, se los, se las
> nos lo, nos la, nos los, nos las
> os lo, os la, os los, os las
> se lo, se la, se los, se las

le/les → **se** + lo/la/los/las
Le voy a pedir un café (a Inés). → **Se lo** voy a pedir (a Inés/a ella).
Les escribí las instrucciones (a ellos). → **Se las** escribí (a ellos).

NOTE: Never use **me lo, me la,** etc., with verbs like **gustar** since the noun following the verb is not a direct object, but rather the subject of the verb.

3 ■ Remember that object pronouns either precede a conjugated verb or are attached to the end of an infinitive or present participle.

Se lo preparé ayer.	=	———
Se lo voy a preparar.	=	Voy a prepar**árselo.**
Se la estoy escribiendo.	=	Estoy escrib**iéndosela.**

■ ■ ■ Remember to add accents when needed.

Actividad 12 **Me lo, me la...** La conversación que escuchaste al principio de este capítulo usa pronombres de complemento directo e indirecto para evitar la redundancia. Mira las páginas R19–R20 y di a qué o a quién se refieren las palabras en negrita en las siguientes líneas. ¡Ojo! Tienes que leer estas líneas en el contexto de la conversación para poder contestarlas.

1. MADRE: ... Y muchas gracias por la tarjeta virtual que **me** mandaste para mi santo.
2. VICENTE: Cuando vi esa tarjeta en Internet, **te la** mandé inmediatamente.
3. PADRE: Sí, **lo** celebran hoy.
4. PADRE: Sí, yo conozco un lugar perfecto donde **se la** puedes comprar.

Actividad 13 **La redundancia** Estas conversaciones tienen mucha repetición innecesaria. En parejas, arréglenlas (*fix them*) para hacerlas más naturales.

1. A: ¿Piensas comprarle un regalo a tu hermano?
   B: Sí, mañana pienso comprarle un regalo a mi hermano.
   A: ¿Cuándo vas a mandarle el regalo a tu hermano?
   B: Voy a mandarle el regalo a mi hermano mañana por la tarde.

2. A: Vicente, ¿les trajiste los cubiertos a Teresa y a Marisel?
   B: No, no les traje los cubiertos a Teresa y a Marisel. ¿Quieres que les traiga los cubiertos a Teresa y a Marisel mañana?
   A: Claro, mañana puedes traerles los cubiertos.

3. A: ¿Cuándo vas a prepararme mi comida favorita?
   B: Estoy preparándote tu comida favorita ahora.
   A: Pero no me gustan los frijoles. Siempre dices que vas a prepararme mi comida favorita y nunca me preparas esa comida. No me quieres.
   B: Bueno, bueno. Voy a prepararte tu comida favorita mañana. Perdón, mi amor, ¿cuál es tu comida favorita?

■ ■ ■ Remember: The indirect-object pronouns **le** and **les** become **se** when followed by **lo, la, los,** and **las.**

Actividad 14 ¿Lo hiciste? En parejas, Uds. son hermanos/as y están preparando comida. En parejas, usen las oraciones de la lista que sigue para formar dos conversaciones lógicas de seis líneas cada una. A continuación tienen la primera oración de cada conversación.

Conversación A

—¿Me compraste el pollo?
—¿ ?

Conversación B

—¿Me compraste la carne?
—¿ ?

_____ Ah, es verdad. Los puse en la mesa.

_____ Sí, te lo compré anoche. ¿Y tú? ¿Le preparaste los frijoles a la abuela?

_____ Te lo di, ¿no?

_____ No, no se los preparé.

_____ Perfecto. ¿Puedes darme los cubiertos?

_____ Sí, se lo preparé.

_____ Ah, es cierto. Y yo se lo di a Carmen.

_____ Sí, te la compré anoche. ¿Y tú? ¿Le preparaste el pastel a Juancito?

_____ Te los di, ¿no?

_____ ¿Puedes prepararlos ahora, por favor? ¿Y cuándo vas a darme el dinero para el supermercado?

Actividad 15 En casa En parejas, túrnense para hacerse las siguientes preguntas sobre la última vez que visitaron a sus padres. Cuando puedan, contesten usando pronombres de complemento directo e indirecto para evitar la redundancia.

La última vez que estuviste en la casa de tus padres...

¿quién te preparó la comida?

¿saliste a comer en un restaurante? ¿Con quién o con quiénes fuiste? ¿Quién pagó la cuenta?

¿tu madre o padre te enseñó a preparar tu comida favorita?

¿tus padres te dieron comida para llevar a la universidad? ¿Qué te dieron?

¿quién te lavó la ropa?

¿les mandaste emails a tus amigos de la universidad?

¿estudiaste español?

¿tu madre o tu padre te dio dinero al salir de casa?

Actividad 16 No es así Las oraciones de la primera columna contienen información incorrecta. La segunda columna contiene la información necesaria para corregirlas, pero está fuera de orden. En parejas, túrnense para leer estas oraciones. Al leer una oración, la otra persona tiene que corregir la información. Sigan el modelo.

■■■ A: Los navajos le vendieron la ciudad de Nueva York a Peter Minuit.
B: No, los lenapes **se la** vendieron.

1. Los navajos le vendieron la ciudad de Nueva York a Peter Minuit.
2. Los aztecas les ofrecieron la papa a los españoles.
3. La Cruz Roja le construye casas a la gente necesitada.
4. El avión Barón Rojo les tiró la bomba atómica a los habitantes de Hiroshima.
5. Los mayas les dieron el chocolate a los españoles.
6. En el año 2000 los ingleses le dieron el control del canal a Panamá.
7. AmeriCorps les da asistencia médica a personas enfermas en todo el mundo.
8. Julián de Medici le financió el viaje a Cristóbal Colón.
9. Inglaterra les regaló la Estatua de la Libertad a los norteamericanos.

a. los incas
b. Francia
c. Isabel la Católica
d. Habitat para la Humanidad
e. los lenapes
f. los aztecas
g. los norteamericanos
h. Médicos Sin Fronteras
i. Enola Gay

III. Using *ya* and *todavía*

A. *Ya*

1 ▪ **Ya** means *already* or *now*. Context helps determine which meaning is being conveyed.

—¿Te explico la lección?
—No, gracias. **Ya** la entiendo.

Shall I explain the lesson to you?
*No, thank you. I **already** understand it.*

—¿Ves? Así se hace una tortilla.
—¡Ah! ¡**Ya** entiendo!

See? This is how a tortilla is made.
***Now** I understand!*

2 ▪ **Ya no** means *no longer, not anymore*.

Ya no tengo que estudiar porque terminé los exámenes.
Ya no fumo.

*I **don't** have to study **anymore** because I finished my exams.*
*I **don't** smoke **anymore**./I **no longer** smoke.*

B. *Todavía*

1 ▪ **Todavía** means *still*.

Todavía tengo problemas.

*I **still** have problems.*

2 ▪ **Todavía no** means *not yet*.

—¿Estudiaste?
—**Todavía no.**

Did you study?
Not yet.

Online Study Center

To practice: Do SAM Workbook and Web activities.

Actividad **17** **¿Ya estudiamos...?** En parejas, háganse preguntas para ver si ya estudiaron los siguientes temas en esta clase de español.

▪▪▪   A: ¿Ya estudiamos el pretérito?

B: Sí, ya lo estudiamos.   B: Todavía no.

1. el objeto directo
2. el imperfecto
3. el subjuntivo
4. los números del cien al millón
5. palabras afirmativas y negativas
6. las comparaciones
7. el objeto indirecto
8. el pretérito perfecto
9. los colores

Actividad *18* **En el restaurante** **Parte A.** En parejas, una persona es el/la camarero/a y cubre la columna A y la otra persona es el/la dueño/a (*owner*) y cubre la columna B. Los dos quieren saber si la otra persona hizo las cosas que tenía que hacer. El/La dueño/a hace preguntas primero, basándose en la información de la columna A.

■ ■ ■ Dueño/a: ¿Le llevó la comida a la mesa 2?

       Camarero/a: Sí, ya se la llevé./No, todavía no se la llevé.

A (Dueño/a)

Esto es lo que tiene que hacer el/la camarero/a:

- ☐ llevarles el pescado a los clientes de la mesa 1
- ☐ limpiar (*clean*) la mesa 4
- ☐ poner la mesa 4
- ☐ servirle las chuletas a la señora de la mesa 2
- ☐ tomar todos los pedidos (*orders*)
- ☐ poner los cubiertos en la mesa 3

B (Camarero/a)

Esto es lo que tienes que hacer:

- ☑ limpiar (*clean*) la mesa 4
- ☐ servirle las chuletas a la señora de la mesa 2
- ☐ llevarles el pescado a los clientes de la mesa 1
- ☑ poner los cubiertos en la mesa 3
- ☐ poner la mesa 4
- ☑ tomar todos los pedidos (*orders*)

Parte B. Ahora, el/la camarero/a hace las preguntas, basándose en la información de la columna B abajo.

A (Dueño/a)

Cosas que debes hacer:

- ☑ prepararle la cuenta a la mesa 4
- ☐ traer los cubiertos para el postre
- ☑ servirles una copita de coñac a las personas de la mesa 5
- ☑ darle la lista de platos especiales para mañana al chef
- ☐ comprar más vinagre para esta noche

B (Camarero/a)

Cosas que debe hacer el/la dueño/a:

- ☐ traer los cubiertos para el postre
- ☐ darle la lista de platos especiales para mañana al chef
- ☐ prepararle la cuenta a la mesa 4
- ☐ comprar más vinagre para esta noche
- ☐ servirles una copita de coñac a las personas de la mesa 5

Nuevos horizontes

Lectura ESTRATEGIA: Finding References

When reading in Spanish, as in English, you need to identify the subject of a verb to discern who is doing or did what, and you also need to identify the referent for object pronouns to understand what is done to whom.

- In Spanish the subject generally precedes the verb, but it may also follow.
   Mi madre le regaló una corbata a mi padre.
   Le regaló **mi madre** una corbata a mi padre.
   Mi padre se puso la corbata que le regaló **mi madre.**

- Subjects usually follow verbs like **gustar,** or they may be omitted altogether. Infinitives may also serve as subjects of verbs like **gustar.**
   —¿Le gustan mucho **los deportes?**   —¿Le gusta mucho **jugar?**
   —Sí, le encantan.   —Sí, le fascina.

- With the verb **parecer,** a noun phrase or a clause introduced by **que** can function as the subject. Also, if the subject is omitted when using **parecer,** you will need to look at the preceding sentences to identify it.
   Me parece interesante **la película.**
   Me parece **que la película es interesante.**
   Ya vi **esa película.** Me pareció interesante.

In Spanish, as in English, writers frequently use pronouns to avoid redundancies. As you read, it is necessary to identify the referent for subject, object, and reflexive pronouns.

Subject pronouns: **yo, tú, Ud., él, ella, nosotros/as, vosotros/as, Uds., ellos/as**
Direct-object pronouns: **me, te, lo/la, nos, os, los/las**
Indirect-object pronouns: **me, te, le (se), nos, os, les (se)**
Reflexive pronouns: **me, te, se, nos, os, se**

You will practice identifying subjects of verbs and finding referents for pronouns in the reading passage that follows.

■ ■ ■ noun phrase: a phrase that has a noun, but not a conjugated verb

clause: a phrase that has a conjugated verb

■ ■ ■ Remember: The indirect-object pronouns **le** and **les** become **se** when followed by **lo, la, los,** or **las.**

Actividad *19* **Los deportistas profesionales** Antes de leer un artículo sobre el fútbol, habla sobre las siguientes preguntas.

1. Generalmente, ¿cuántos años juega profesionalmente un deportista? ¿Siempre juega en el mismo equipo (*team*)?

2. ¿En ciertos deportes, hay un límite de dinero que puede recibir un jugador? ¿En ciertos deportes, hay un límite de dinero que puede gastar un equipo en sueldos (*wages*) para los jugadores?

3. ¿Reciben los jugadores primas o bonos, es decir dinero extra, si hacen algo especial (por ejemplo si un lanzador [*pitcher*] de béisbol gana más de 20 partidos)?

4. ¿Cuánto tiempo pasa hasta que un jugador puede ser un agente libre (*free agent*)?

5. ¿Cómo te sientes cuando un jugador cambia de equipo? ¿Y cuando un equipo cambia de ciudad como cuando los Rams fueron de Los Ángeles a St. Louis?

6. ¿Puedes nombrar jugadores de la NBA que no son de este país? ¿Y de béisbol?

Actividad **20** Predicciones **Parte A.** En el siguiente artículo llamado "El fútbol y yo", el escritor comenta que no está muy contento con el fútbol profesional. Piensa tú en algunos de los problemas de los deportes profesionales en los Estados Unidos y antes de leer el artículo, contesta esta pregunta: ¿Qué quejas (*complaints*) crees que puede tener el escritor sobre el fútbol? Escribe una lista de por lo menos tres quejas.

■■■ Los jugadores no son buenos modelos para los jóvenes.

Parte B. Lee el artículo rápidamente para confirmar o corregir tus predicciones.

El fútbol y yo
Adolfo Marsillach

Hay algunas cosas de **las** que últimamente me estoy quitando. Y entre **ellas** está el fútbol. Ya no me **gusta.** Recuerdo que cuando era jovencito jugué de

5 portero y me metían muchos goles, pero yo lo pasaba muy bien. Luego, **me** hice partidario de un equipo de mi ciudad que

10 **perdía** casi siempre. Este fracaso[1] continuo me parecía fascinante porque venía a coincidir con mi idea romántica de enten-

15 der la vida. (Me **encanta** sentirme al lado de los perdedores. No hay que darme las gracias, naturalmente.)

20 En aquella época, el fútbol reunía dos condiciones estupendas: era un juego que se basaba en atacar y hacer gol y, por

25 otra, los jugadores pertenecían a la región que **representaba** el equipo para el que **estaban**

jugando. En cuanto se **pusieron** de moda[2] las tácticas defensivas y se contrataron —a precios irritantes— futbolistas de todos los países del

30 mundo, comencé a aburrirme como una ostra. (No sé quién descubrió que las ostras se aburren: segu-

35 ramente alguien que no tenía nada que hacer.)

Y, además, está lo de las primas[3]. Me **parece** escandaloso que se premie a un individuo para que

40 haga bien algo que está obligado a no hacer mal. Vamos, como si a un actor **le** entregaran unas pesetillas[4] para que diga su texto

45 sin equivocarse. Bueno, lo dejo, no vaya a dar ideas.

Adolfo Marsillach, español, ex director de la Compañía Nacional de Teatro Clásico.

▲ Un partido entre Bolivia y España.

1 *failure* 2 *became fashionable* 3 dinero extra 4 unas pocas pesetas (*old Spanish currency before the euro*)

1. ¿A qué o a quiénes se refieren estos pronombres?
   a. **las** (línea 1)
   b. **ellas** (línea 2)
   c. **me** (línea 8)
   d. **le** (línea 43)

2. ¿Cuáles son los sujetos de estos verbos?
   a. **gusta** (línea 3)
   b. **perdía** (línea 10)
   c. **encanta** (línea 15)
   d. **representaba** (línea 26)
   e. **estaban jugando** (líneas 26–27)
   f. **pusieron** (línea 27)
   g. **parece** (línea 37)

Actividad 22 **¿Qué opina?** **Parte A.** Adolfo Marsillach, que escribe el artículo, está un poco molesto con el fútbol. ¿Cuáles son las tres razones que menciona?

1. Ahora es un juego defensivo y no ofensivo.
2. Su equipo favorito siempre pierde.
3. Los jugadores del mismo equipo son de todas partes del mundo.
4. A los jugadores les dan demasiado dinero y hasta les dan pagos extra simplemente por hacer su trabajo.
5. Hay muchos escándalos hoy en día, como el consumo de drogas ilegales.

Parte B. En parejas, discutan las siguientes preguntas sobre los deportes.

1. ¿Los deportistas ganan (earn) poco, mucho o demasiado dinero?
2. ¿Abusan las universidades de sus deportistas?
3. Las mujeres deportistas normalmente ganan menos dinero que los hombres. ¿Va a cambiar en el futuro? ¿Va a ser más popular en el futuro el basquetbol o el voleibol de mujeres?
4. ¿Qué les gustaría ser: un político famoso, un deportista famoso, un actor famoso o una persona normal con un trabajo interesante? ¿Por qué?
5. Hay deportistas como Mike Tyson, Kobe Bryant, Diego Maradona y O. J. Simpson que tienen problemas con la ley. ¿Les molesta eso? ¿Por qué sí o no?
6. Sabemos que muchos deportistas toman esteroides. ¿Es esto un gran problema? ¿Debe haber controles más estrictos en las ligas profesionales? ¿En las universidades? ¿En las escuelas primarias y secundarias?

Escritura

ESTRATEGIA: Avoiding Redundancy

When writing in Spanish, you should avoid redundancy whenever possible to make the text more pleasing to read. One way of doing this is to use direct- and indirect-object pronouns to avoid needless repetition.

Another way to enrich your writing is to express similar thoughts using different words. For example:

me gusta ⟶ me encanta ⟶ me fascina
me molesta ⟶ no me gusta ⟶ no me gusta nada
la Universidad de Harvard ⟶ la universidad ⟶ Harvard

Actividad 23 **Tus impresiones** **Parte A.** Write two or three paragraphs on the following topic. Conclude with two or three sentences that summarize your opinions.

¿Te parece buena, mala o regular tu universidad? ¿Qué te gusta de la universidad y qué le falta a la universidad?

Parte B. Check your draft to see if you did the following and then make any necessary corrections.

- Did you support your opinions or simply state them?
- To support opinions, did you use words like **por eso, por lo tanto** (therefore), **como resultado** (as a result), **eso quiere decir que, es decir** (that is), **porque,** etc.?

Parte C. Staple all drafts together and turn them in to your instructor.

Los artículos deportivos

El Estadio del Deporte

312 Alcalá   Tel: 91 456 33 42

SE CIERRA EL NEGOCIO GRANDES REBAJAS

Tenemos todo lo que Ud. necesita para los deportes: en el campo de fútbol, en la cancha de tenis, en el gimnasio. Uniformes de todo tipo.

1. los balones de fútbol, fútbol americano, basquetbol y las pelotas de tenis, squash, golf y béisbol
2. las raquetas de tenis y de squash
3. las bolas de bolos
4. los patines de hielo y en línea
5. los esquíes de agua y de nieve
6. los bates
7. los guantes de béisbol, boxeo y ciclismo
8. los uniformes
9. las pesas
10. los cascos de bicicleta, moto y fútbol americano
11. los palos de golf

■ ■ ■ jugar a los bolos = jugar al boliche

Otras palabras relacionadas con los deportes

el/la campeón/campeona   champion
el campeonato   championship
el equipo   team; equipment, gear
ganar   to win
el/la hincha   fan
el/la jugador/a   player
el partido   game
el torneo   tournament

Online Study Center

To practice: Do SAM Workbook and Web activities.

Actividad 24 **Asociaciones** Asocia estas personas con un deporte y los objetos que se usan en ese deporte.

1. Serena y Venus Williams
2. Pelé y Hugo Sánchez
3. Shaq y Kobe
4. Sammy Sosa y Nomar Garcíaparra
5. Michelle Kwan y Sasha Cohen
6. Arnold Schwarzenegger
7. Muhammad Ali y Óscar de la Hoya
8. Tiger Woods y Sergio García
9. Tom Brady, Tiki Barber y Peyton Manning
10. Laverne y Shirley

Actividad 25 **¿Son Uds. deportistas?** En grupos de cuatro, identifiquen estos equipos y digan de dónde son, a qué deporte juegan, cómo se llama el estadio donde juegan, cuáles son los colores de su uniforme y cuándo fue la última vez que ganaron la Serie Mundial o el Superbowl.

■■■ El equipo de los Packers es de Green Bay, Wisconsin. Ellos juegan al fútbol americano en el Estadio Lambeau. Los colores de su uniforme son verde y amarillo. Hace (más o menos) XX años que ganaron el Superbowl.

1. los Yankees
2. los Bears
3. los Broncos
4. los Blue Jays
5. los Twins
6. los Patriots

Actividad 26 **Opiniones** Los deportes favoritos cambian de país en país. En grupos de cuatro, digan cuáles son los deportes más populares de su país, de Suramérica y del Caribe y por qué creen que son populares. Después de terminar, comparen sus opiniones con las de otros grupos.

■■■ A: Para mí el béisbol es...
B: No, para mí el béisbol no es el deporte...
C: El fútbol americano puede ser el deporte... porque...

¿Lo sabían?

En la mayoría de los países hispanos el fútbol es el deporte más popular. Es un deporte muy económico porque solo se necesita un balón y se puede jugar en cualquier lugar. En los Estados Unidos vive un comentarista argentino de fútbol llamado Andrés Cantor. Él es famoso por su gran conocimiento de todos los aspectos de este deporte, pero quizá es más famoso por la manera en que grita la palabra **gol**. Un "¡GOOOOOOL!" de Cantor puede durar más de 20 segundos.

En el Caribe el deporte más popular es el béisbol. A principios del siglo XX, los norteamericanos lo llevaron a esa zona porque tiene un clima ideal que permite practicar el deporte todo el año. Otros deportes populares en el mundo hispano incluyen el voleibol y el atletismo (*track*) en Cuba, el boxeo en Panamá y Cuba y el basquetbol en España y en Puerto Rico.

En países como España, México y Perú, la corrida de toros es popular. A mucha gente le gusta ver la corrida y la considera un arte y no un deporte, pero también hay muchas personas a quienes no les gusta.

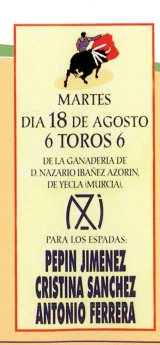

MARTES
DIA **18** DE AGOSTO
6 TOROS 6
DE LA GANADERIA DE
D. NAZARIO IBAÑEZ AZORIN,
DE YECLA (MURCIA).

(X)

PARA LOS ESPADAS:
PEPIN JIMENEZ
CRISTINA SANCHEZ
ANTONIO FERRERA

¿? ¿Te parece cruel la corrida de toros? ¿Por qué crees que algunos la consideran un arte? ¿Por qué el fútbol profesional no es tan popular en los Estados Unidos como en el resto del mundo?

Actividad 27 **¿Y tú?** En parejas, pregúntenle a su compañero/a qué deportes practica y qué equipo tiene para jugarlos. Averigüen también qué deportes le gusta ver (en el estadio o en la televisión) y cuáles no le gustan nada.

Para escuchar

Teresa, campeona de tenis

Playa Brasilito, Costa Rica. ➤

cambiando de tema	changing the subject
dejar de + *infinitive*	to stop/quit + -ing
Te va a salir caro.	It's going to cost you.

Vicente acaba de volver de sus vacaciones en Costa Rica y está hablando con Teresa.

 Actividad 28 **¿Qué hizo?** Mientras escuchas la conversación, marca las cosas que hizo Vicente en Costa Rica.

1. _____ Pasó tiempo con sus padres.
2. _____ Salió con sus amigos.
3. _____ Votó en las elecciones.
4. _____ Fue a la playa.
5. _____ Jugó un partido de fútbol.
6. _____ Fue a un partido de fútbol.
7. _____ Vio a una estrella de cine.
8. _____ Notó tensión por problemas económicos.
9. _____ Jugó al tenis.
10. _____ Ganó un partido de tenis.

Actividad 29 **¿Entendiste?** Escucha la conversación otra vez y contesta estas preguntas.

1. ¿Qué grita Andrés Cantor?
2. ¿Cómo es la situación económica de Costa Rica? ¿Y del resto de Centroamérica?
3. Teresa fue campeona de tenis, pero dejó de jugar. ¿Cuándo dejó de jugar?
4. Teresa y Vicente van a jugar al tenis. ¿Qué va a pasar si gana Vicente? ¿Y si gana Teresa?

Actividad 30 **¿Quién va a ganar?** En parejas, usen la información de la conversación para predecir quién va a ganar el partido de tenis, Teresa o Vicente, y por qué.

■■■ En mi opinión... porque.../Para mí... porque...

Actividad 31 **Problemas económicos** Uds. acaban de recibir la cuenta de Visa y no tienen dinero para pagarla. En parejas, decidan qué van a dejar de hacer para ahorrar (*save*) el dinero.

■■■ Ahora tomo mucho café en Starbucks, pero puedo dejar de comprar café.

Gramática para la comunicación II

Describing in the Past: The Imperfect

■■■ **(tú) dices = (vos) decís** (Argentina)
mamuts = wooly mammoth

In the conversation, when talking about tennis, Vicente said, **"Practicaba todos los días..."** and Teresa responded, **"Yo también jugaba mucho."** In these sentences, do the verbs **practicaba** and **jugaba** refer to past actions that occurred only once or to habitual past actions?

If your response is habitual past actions, you are correct.

As you have already learned, the preterit in Spanish is used to talk about completed past actions. There is another set of past tense forms, the imperfect, whose main function is to describe and to report habitual past actions.

A. Formation of the Imperfect

1 ■ To form the imperfect of *all* -**ar** verbs, add -**aba** to the stem.

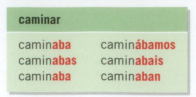

caminar	
camin**aba**	camin**ábamos**
camin**abas**	camin**abais**
camin**aba**	camin**aban**

NOTE: All -**ar** verbs in the **nosotros** form have an accent.

2 ■ To form the imperfect of -**er** and -**ir** verbs, add -**ía** to the stem.

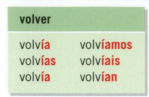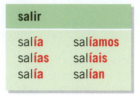

volver		salir	
volv**ía**	volv**íamos**	sal**ía**	sal**íamos**
volv**ías**	volv**íais**	sal**ías**	sal**íais**
volv**ía**	volv**ían**	sal**ía**	sal**ían**

NOTE: Accents are used in -**er** and -**ir** verbs to break diphthongs.

3 ■ There are only three irregular verbs in the imperfect.

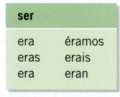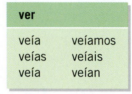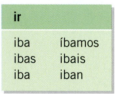

ser		ver		ir	
era	éramos	veía	veíamos	iba	íbamos
eras	erais	veías	veíais	ibas	ibais
era	eran	veía	veían	iba	iban

B. Using the Imperfect

1 ■ As you learned in Chapter 7, the imperfect (**el imperfecto**) is always used when telling time and one's age in the past.

Eran las diez de la mañana.　　　*It was ten in the morning.*
El salvavidas **tenía** unos 19 años.　　*The lifeguard was about 19 years old.*

2 ■ The imperfect is also used in the following situations.

■ to describe people, places, things, or scenes in the past	El salvavidas **era** alto y **tenía** pelo corto. **Había** mucha gente en el mar.* **Hacía** mucho calor en la playa.
■ to describe ongoing past states of mind and feelings	La gente **estaba** contenta.
■ to describe habitual or recurring actions in the past	Todos los días **nadaban** en el mar y **jugaban** en la playa. (*habitual*)** Cada año **organizaban** un torneo de voleibol. (*recurring*)**

NOTE: *Había** means both *there was* and *there were*.
**Habitual or recurring past actions can be expressed in English with the simple past, "used to + verb" or "would + verb":

Every day we *swam* and *played* at the beach.
Every day we *used to swim* and *play* at the beach.
Every day we *would swim* and *play* at the beach.

Online Study Center

To practice: Do SAM Workbook and Lab, and Web activities.

Actividad 32 Los deportes que jugabas Habla con un mínimo de cinco personas para averiguar a qué deportes jugaban cuando estaban en la escuela primaria y cuáles en la escuela secundaria y de qué color eran sus uniformes si jugaban en equipo.

■ ■ ■ Description of habitual past actions.

> ■ ■ ■ A: ¿A qué deportes jugabas en la escuela primaria? ¿Y de qué color era el uniforme?
>
> B: Jugaba al fútbol, al béisbol, ... Cuando jugaba al béisbol llevaba camiseta blanca con mangas azules.
>
> A: ¿Y en la secundaria?
>
> B: ...

Unos jóvenes juegan al ➤ béisbol en La Habana, Cuba.

Actividad 33 La niñez Parte A. Marca las actividades que hacías cuando eras pequeño/a bajo la columna **Tú.**

Tú	Tu compañero/a	Acción
		comer espinacas
		chuparse el dedo gordo
		asistir a una escuela privada
		asistir a una escuela pública
		tomar el autobús
		caminar a la escuela
		ir en coche con sus padres a la escuela
		llevar la comida a la escuela
		comer la comida de la escuela
		portarse bien en clase
		hablar en clase

■ ■ ■ **chuparse el dedo gordo** = to suck one's thumb

Parte B. Ahora, en parejas, entrevístense para ver qué hacían cuando eran niños/as. Marquen la respuesta de su compañero/a en la lista de la **Parte A.** Sigan el modelo.

■ ■ ■ Past habitual actions.

> ■ ■ ■ A: ¿Caminabas a la escuela?
>
> B: Sí, caminaba a la escuela./No, no caminaba a la escuela.

Parte C. Cuéntenle a la clase las cosas que hacían Uds. cuando eran niños.

> ■ ■ ■ Yo tomaba el autobús a la escuela, pero él caminaba. Nosotros llevábamos la comida a la escuela y...

ANA VON REBEUR

Actividad 34 **Otra vida** En parejas, miren este dibujo y describan cómo era la señora cuando era joven y tres cosas que hacía. Luego describan cómo es ahora y tres cosas que hace.

■■■ Past habitual actions.

Actividad 35 **Tus gustos** **Parte A.** Usa la siguiente escala de uno a cuatro para marcar en la columna que dice **Tú** qué actividades o cosas no te gustaban y cuáles te encantaban cuando eras niño/a.

1. no me gustaba/n nada
2. me gustaba/n

3. me gustaba/n mucho
4. me encantaba/n

	Tú	Tu compañero/a
leer novelas como *Harry Potter*	_____	_____
el fútbol	_____	_____
jugar en un equipo	_____	_____
nadar sin traje de baño	_____	_____
escuchar música	_____	_____
el helado	_____	_____
dormir en casa de amigos	_____	_____
las verduras	_____	_____
los perros calientes (*hot dogs*)	_____	_____
invitar a los amigos a la casa	_____	_____
mirar mucha televisión	_____	_____
la sopa	_____	_____
los juegos electrónicos	_____	_____
los maestros	_____	_____
hablar mucho en clase	_____	_____
las papas fritas	_____	_____

Parte B. En parejas, entrevisten a su compañero/a para averiguar qué actividades o cosas le gustaban o no cuando era niño/a. Marquen las respuestas en la lista de la **Parte A.** Sigan el modelo.

■■■ A: ¿Leías novelas como *Harry Potter*?
B: Sí, me gustaban mucho./Sí, me encantaban./No, no me gustaban nada.

■■■ Describing people in the past.

Parte C. En parejas, piensen en las respuestas de su compañero/a para decirle cuáles de los siguientes adjetivos describen mejor cómo era él/ella de niño/a y por qué, y si comía bien o no.

■■■ **travieso/a** = mischievous, naughty

■■■ **bien educado/a** = well behaved/mannered

1. extrovertido/a o introvertido/a
2. hablador/a o callado/a
3. travieso/a u obediente

4. activo/a o inactivo/a
5. bien/mal educado/a
6. comer bien/mal

Actividad 36 **La rutina diaria** En parejas, describan un día típico de su vida cuando tenían quince años. Incluyan qué comida comían y qué hacían con sus amigos.

■ ■ ■ Description of habitual past actions.

Actividad 37 **Ilusiones y desilusiones** **Parte A.** En parejas, pregúntenle a su compañero/a (1) qué fantasías tenía cuando era niño/a y cuándo dejó de creer en ellas, y (2) si hacía ciertas cosas y cuándo dejó de hacerlas. Usen las siguientes listas.

■ ■ ■ Describing ongoing past states of mind and past habitual actions.

¿Creías...?

en el Coco (*boogie man*)
en el ratoncito (*tooth fairy*)
que había monstruos (*monsters*) debajo de la cama
que la cigüeña (*stork*) traía a los bebés

¿Hacías estas cosas?

odiar a los chicos/las chicas
dormir con la luz encendida (*lit*)
jugar con pistolas/muñecas (*dolls*)
comer toda la comida

Parte B. Ahora comenten esta pregunta: Muchos niños tienen fantasías, ¿es bueno tener fantasías? ¿Por qué sí o no?

¿Lo sabían?

Por influencia de los Estados Unidos y Europa, en muchos países hispanos se habla de Santa Claus o Papá Noel. En algunos países, como Panamá, Uruguay y Puerto Rico, los niños reciben los regalos de Papá Noel o del Niño Jesús a la medianoche del veinticuatro de diciembre (Nochebuena).

En España, México y otros países hispanos, de la misma manera que en Bélgica y Francia, los Reyes Magos (*Three Wise Men*) les traen los regalos a los niños el 6 de enero, día de la Epifanía. Los Reyes Magos llegan en camello y dejan los regalos en los balcones o cerca de las ventanas. Con frecuencia, en las ventanas de la casa, los niños ponen los zapatos llenos de paja (*hay*) para los camellos y, al día siguiente, encuentran los regalos al lado de ellos.

▲ En Tizmín, estado de Yucatán en México, se celebra la Epifanía. ¿Sabes cuándo es la Epifanía?

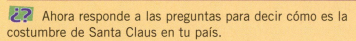 Ahora responde a las preguntas para decir cómo es la costumbre de Santa Claus en tu país.

- ¿Santa viaja en una 4 × 4 o en trineo?
- ¿Qué animales lo ayudan: perros o renos?
- ¿Cómo entra en la casa: por la chimenea o por la puerta?
- ¿Qué cuelgan los niños en la chimenea: medias o zapatos?
- ¿Qué le dejan los niños a Santa Claus: leche y galletas o una taza de café?
- ¿Dónde les deja los regalos Santa Claus: enfrente de la chimenea o debajo del árbol?
- ¿En qué son similares y diferentes Santa Claus y los Reyes Magos?

Actividad *38* **¿Tenías razón?** **Parte A.** Piensa en las ideas que tenías sobre la universidad antes de comenzar el primer año y di qué piensas ahora. ¿Qué creías y qué crees ahora?

Lo que creía antes	**Lo que creo ahora**
las clases eran difíciles	las clases son fáciles
¿ ?	¿ ?

Parte B. En grupos de tres, compartan sus ideas y digan si cambiaron o no. Usen oraciones como:

■ ■ ■ Yo creía que las clases eran difíciles, pero ahora me parece que son fáciles.

■ ■ ■ Description in the past.

Actividad *39* **Descripciones** En grupos de tres, describan cómo creen que eran las siguientes personas u otros personajes famosos y qué hacían.

■ ■ ■ George Washington era honesto y nunca decía mentiras. Tenía pelo blanco, era alto y se dice que tenía dientes de madera, pero no es verdad. ...

Ray Charles, la princesa Diana, Don Quijote, Abraham Lincoln, Marilyn Monroe, John Belushi, Christopher Reeve, Martin Luther King, Jr.

■ ■ ■ Description of a person or thing.

Actividad *40* **El extraterrestre** Uds. vieron a un extraterrestre. En grupos de tres, contesten estas preguntas para describirlo. Después, léanle su descripción al resto de la clase.

1. ¿Dónde estaban Uds. cuando lo vieron?
2. ¿Día?
3. ¿Hora?
4. ¿Qué tiempo hacía?
5. ¿Cómo era el extraterrestre?

6. ¿Color?
7. ¿Cuántos ojos?
8. ¿Llevaba ropa?
9. ¿ ?

Actividad *41* **Mi habitación** En parejas, explíquenle a su compañero/a cómo era su habitación y qué hacían allí cuando tenían diez años. Sigan este bosquejo. Al terminar, cambien de papel.

I. Descripción física
   Muebles: cama/s (dormir solo/a o con hermano/a), silla/s, escritorio/s

II. Decoración y diversión
   A. color
   B. carteles (*posters*)
   C. juguetes (*toys*)
   D. televisión, equipo de audio, radio, computadora, etc.
   E. cosas para practicar deportes

III. Actividades y cuándo
   A. Con amigos
      jugar, hablar, dormir
   B. Solo/a
      leer, escuchar música, estudiar, mirar televisión, comer, jugar videojuegos

■ ■ ■ Póster is a common Anglicism for **cartel;** in many countries, **afiche** is used.

Online Study Center
Do Web Search activities.

Vocabulario funcional

La comida

Las legumbres y los cereales · *Legumes and cereals*
el arroz · *rice*
las arvejas · *peas*
los frijoles · *beans*
las habichuelas · *green beans*
las lentejas · *lentils*

Las verduras · *Vegetables*
el ajo · *garlic*
la cebolla · *onion*
la coliflor · *cauliflower*
los espárragos · *asparagus*
las espinacas · *spinach*
la lechuga · *lettuce*
el maíz/el elote · *corn*
la papa · *potato*
  las papas fritas · *French fries*
  el puré de papas · *mashed potatoes*
el tomate · *tomato*
la zanahoria · *carrot*

Las carnes · *Meats*
el bistec/churrasco · *steak*
la carne de res · *beef*
el cerdo · *pork*
la chuleta · *chop*
el cordero · *lamb*
la ternera · *veal*

Las aves · *Poultry*
el pavo · *turkey*
el pollo · *chicken*

Los postres · *Desserts*
el flan · *Spanish egg custard*
la fruta · *fruit*
el helado · *ice cream*
  de chocolate · *chocolate*
  de vainilla · *vanilla*
el pastel · *cake*

Otras palabras relacionadas con la comida
el aceite · *oil*
la bebida · *beverage*
los camarones · *shrimp*
la ensalada · *salad*
el pan · *bread*
el pescado · *fish*
la pimienta · *pepper*
el queso · *cheese*
la sal · *salt*
la sopa · *soup*
el vinagre · *vinegar*
poner la mesa · *to set the table*
la copa de vino · *wine glass*
los cubiertos · *silverware*
  la cuchara · *spoon*
  el cuchillo · *knife*
  el tenedor · *fork*
el plato · *plate; dish, course*
la servilleta · *napkin*
la taza · *(coffee/tea) cup*
el vaso · *glass*
la cuenta · *the bill*

el primer plato · *first course*
el segundo plato · *second course*

Otros verbos como *gustar*
encantar · *to like a lot; to love*
faltar · *to lack, be missing*
fascinar · *to like a lot; to find fascinating*
molestar · *to be bothered by; to find annoying*
parecer · *to seem*

Artículos deportivos y deportes
el balón · *ball (large in size)*
el bate · *bat*
la bola de bolos · *bowling ball*
el casco · *helmet*
los esquíes de agua/nieve · *water skis/snow skis*
los guantes · *gloves*
el palo de golf · *golf club*
los patines de hielo/en línea · *ice skates/in-line skates*
la pelota · *ball (small in size)*
las pesas · *weights*
la raqueta · *racquet*
el uniforme · *uniform*
el basquetbol · *basketball*
el béisbol · *baseball*
el boxeo · *boxing*
el ciclismo · *cycling*
el fútbol · *soccer*
el fútbol americano · *football*
el golf · *golf*
el hockey · *hockey*
el squash · *squash*
el tenis · *tennis*
el voleibol · *volleyball*

Otras palabras relacionadas con los deportes
el campeón/la campeona · *champion*
el campeonato · *championship*
el equipo · *team; equipment, gear*
el estadio · *stadium*
ganar · *to win; to earn*
el/la hincha · *fan*
el/la jugador/a · *player*
el partido · *game*
patinar · *to skate*
el torneo · *tournament*

Palabras y expresiones útiles
aburrirse como una ostra · *to be really bored (literally: to be bored like an oyster)*
a lo mejor + *verb* · *perhaps*
cambiando de tema · *changing the subject*
como resultado · *as a result*
dejar de + *infinitive* · *to stop, quit + -ing*
echar de menos · *to miss (someone or something)*
es decir · *that is*
limpiar · *to clean*
por lo tanto · *therefore*
Te va a salir caro. · *It's going to cost you.*
todavía · *still, yet*
todavía no · *not yet*
ya · *already; now*
ya no · *no longer, not any more*

Videoimágenes

El buen sabor

Antes de ver

Actividad 1 **¿Dónde comen qué?** Antes de ver el segmento, mira la siguiente lista de comidas e indica con qué país asocias cada comida.

1. _____ coco (*coconut*)
2. _____ carne a la parrilla (*grilled*)
3. _____ tacos
4. _____ paella

a. Argentina
b. España
c. México
d. Puerto Rico

Mientras ves

26:10–30:18

Actividad 2 **Cómo preparar y comer un taco** En este segmento Javier va a una taquería en el D. F. y una pareja le explica cómo preparar y comer un taco al pastor. Escucha la conversación y completa las siguientes instrucciones sobre los seis pasos para preparar un taco y los tres pasos para comerlo.

Seis pasos para preparar un taco al pastor

1. Cortar _____ de cerdo.
2. Ponerle _____ a la tortilla.
3. _____ un trocito de piña (*pineapple*).
4. Ponerle frijoles.
5. Ponerle _____ roja.
6. Ponerle _____.

Tres pasos para comerlo

1. Ponerse de pie.
2. Inclinarse hacia _____.
3. Extender los _____ y las manos hacia delante.

➤ Charo, Paquita y Javier en la cocina de La Corralada, un restaurante en Madrid.

Actividad 3 Restaurante La Corralada En este segmento Javier visita un restaurante en Madrid. Mientras miras el video, contesta las siguientes preguntas.

1. ¿Cuál es la especialidad de este restaurante los miércoles?
2. ¿De qué región de España es la comida de este restaurante?
3. ¿A qué hora almuerza la gente? ¿A qué hora cena?
4. ¿Cuántos platos pide una persona y qué bebe después de comer?

Después de ver

Actividad 4 Cuando eras niño/a Después de ver el segmento, en grupos de tres, hablen de las siguientes preguntas relacionadas con la comida.

1. ¿Qué comías en casa cuando eras niño/a?
2. ¿Cuántos platos había en una comida normal en tu casa?
3. ¿Cuál era tu restaurante favorito y qué comida pedías?
4. ¿Te gustaba comer en casa de amigos? ¿Por qué?

¿Lo sabían?

En varios países hispanos, el uso del tenedor y el cuchillo para ciertas comidas es mucho más frecuente que en este país. En casa o en restaurantes que no sirven comida rápida, es común usar estos cubiertos para comer sándwiches, pizza y papas fritas. Inclusive se usan los cubiertos para comer frutas tales como la sandía (*watermelon*). Hasta la banana se pela (*one peels it*), con frecuencia, con cuchillo y tenedor y no con la mano. Por otro lado, a la hora de comer pan en la mesa, es común partirlo (*break it*) con la mano en trozos pequeños a medida que se come. También en algunos lugares se usa el pan como otro utensilio para empujar (*push*) la comida hacia el tenedor. Las costumbres pueden variar de país a país; por eso, cuando estés en el mundo hispano, es importante observar e imitar.

9 Cosas que ocurrieron

> ➤ **Balsa muisca,
Museo del Oro,
Bogotá.**

Chapter Objectives

- Explaining medical problems
- Discussing car-related needs and problems
- Describing and narrating past events

¿Qué saben?

1. ¿Qué país o países de Suramérica tiene(n) costa en dos océanos?
2. ¿De qué explorador famoso recibió su nombre Colombia?
3. ¿Qué colombiano famoso escribió el libro *Cien años de soledad?*
4. ¿Cuáles son las principales exportaciones de Colombia?
   a. petróleo y café
   b. carros y oro
   c. tecnología y flores

De vacaciones y enfermo

(No) vale la pena.	It's (not) worth it.
(No) vale la pena + *infinitive*	It's (not) worth + *-ing*
ahora mismo	right now
además	besides

Don Alejandro, el tío de Teresa, tuvo que ir a Bogotá en un viaje de negocios y decidió llevar a toda la familia para hacer turismo. Cuando estaban allí, su hijo Carlitos no se sentía bien y lo llevaron al médico para ver qué tenía.

Actividad **1** **Marca los síntomas** Mientras escuchas la conversación en el consultorio de la doctora, marca los síntomas que tenía Carlitos.

_____ diarrea   _____ falta de apetito

_____ hemorragia   _____ dolor de cabeza

_____ dolor de estómago   _____ fiebre

_____ náuseas   _____ dolor de pierna

_____ vómitos

Actividad **2** **¡Pobre Carlitos!** Después de escuchar la conversación otra vez, pon esta lista en orden cronológico. Luego, en parejas, comparen sus respuestas.

_____ antibióticos   _____ dolor de pierna

_____ tener dolor de estómago,   _____ 39° C de fiebre
náuseas y no querer comer   _____ análisis de sangre

_____ operación

▪▪▪ 39° C = 102.2° F

Actividad 3 · Una llamada de larga distancia En parejas, una persona hace el papel de don Alejandro, el tío de Teresa, y la otra persona hace el papel de Teresa. Don Alejandro llama a Teresa para informarle qué le pasa a Carlitos.

TERESA:	Aló.
ALEJANDRO:	Hola, Teresa, te llamo desde Bogotá para decirte que Carlitos está en el hospital.
TERESA:	¡Por Dios! ¿Qué le pasó? ¿Tuvo un accidente? ¿Está bien ahora?
ALEJANDRO:	…
TERESA:	…

Actividad 4 · ¿Vale la pena? Habla de las cosas que valen o no valen la pena hacer, formando oraciones con frases de las tres columnas.

si no estás enamorado		tener aire acondicionado
si no hace mucho calor en tu ciudad		conocer Machu Picchu
si quieres saber esquiar bien		ver su última película
si te gusta Sean Penn	(no) vale la pena	tener alarma en la casa
si visitas Perú		tomar clases
si quieres sentirte seguro/a (*safe*)		casarte
si no te gusta el pescado		tener unos esquíes buenos
		ir por el Camino del Inca
		comer en Red Lobster

¿Lo sabían?

En Colombia hay muchos lugares de atracción turística. Uno de ellos es el Museo del Oro en Bogotá, que contiene más de 33.600 piezas precolombinas hechas de oro. Estas piezas son de pueblos como los tayronas o los muiscas que antes de la llegada de los españoles vivían en lo que hoy día es Colombia.

La Catedral de Sal es otro lugar de interés turístico. Está en Zipaquirá, a unos 50 kilómetros de Bogotá, y es una obra única de ingeniería, arquitectura y arte. Es una iglesia enorme, construida en varios niveles (*levels*) debajo de la tierra, en una mina de sal que los indígenas ya explotaban antes de la llegada de los españoles a América.

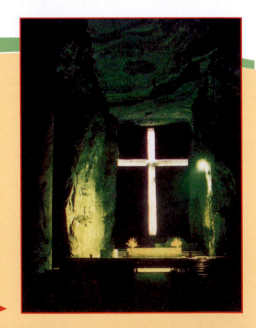

Catedral de Sal, Zipaquirá, Colombia. ➤

¿? En el año 2004, el Smithsonian abrió el *Museo nacional del indio americano* en Washington, D.C. que incluye grupos de todo el continente. ¿Conoces este museo? ¿Qué tipos de artefactos tiene?

I. La salud

1. la sangre **3.** tener escalofríos **5.** la fractura
2. el enfermero **4.** la ambulancia **6.** la radiografía

Otras palabras útiles

caerse to fall
cortarse to cut oneself
doler* (ue) to hurt
la enfermedad sickness, illness
estar mareado/a to be dizzy
estar resfriado/a to have a cold
estornudar to sneeze
la herida injury, wound
la infección infection
lastimarse to hurt oneself
quemarse to burn oneself
romperse (una pierna) to break (a leg)
sangrar to bleed

tener
  buena salud to be in good health
  catarro to have a cold
  diarrea to have diarrhea
  dolor de cabeza to have a headache
  fiebre to have a fever
  gripe to have the flu
  náuseas to feel nauseous
  tos to have a cough
tenerle alergia a (los gatos) to be allergic to (cats)
torcerse (ue) un tobillo to sprain an ankle
toser to cough
vomitar/devolver (ue) to vomit

*NOTE: The verb **doler,** like **gustar,** agrees with the subject that follows: **Me duelen los pies. Me duele la cabeza.**

■■■ Remember: In Spanish, the possessive adjectives (**mi, tu, su,** etc.) are seldom used with parts of the body: **Me duele <u>la</u> cabeza.**

Actividad 5 **Los síntomas** Di qué síntomas puede tener una persona que...

1. le tiene alergia al polen
2. tuvo un accidente automovilístico
3. está embarazada (*pregnant*)
4. tiene gripe
5. se cayó de una escalera (*ladder*)
6. tiene apendicitis

Actividad 6 **Los dolores** Después de jugar un partido de fútbol, los deportistas profesionales siempre tienen problemas. Mira el dibujo de estos futbolistas y di qué les duele.

■ ■ ■ Al número 10 le duele el codo.

Actividad 7 **Una emergencia** En parejas, lea cada uno solamente uno de los siguientes papeles. Luego mantengan una conversación telefónica.

Sala de Emergencias + Hospital Privado Francés

Fecha:	el 14 de mayo
Hora:	6:30 p.m.
Paciente:	Mariano Porta Lerma
Dirección:	Avenida Bolívar, 9
Ciudad:	Asunción
Teléfono:	26-79-08
Estado civil:	casado
Alergias:	penicilina
Diagnóstico:	contusiones; fractura de la tibia izquierda
Tratamiento:	5 puntos en el codo derecho
Causa:	accidente automovilístico

Ernesto Bello

■ ■ ■ **puntos** = stitches

A

Tú eres el Dr. Bello y vas a llamar a la Sra. Porta por teléfono para decirle que su esposo tuvo un accidente automovilístico. Usa la ficha médica para explicar qué ocurrió. Al contestar ella el teléfono, dile: —Buenas noches. ¿Habla la Sra. Porta?

B

Tú eres la Sra. Porta y estás preocupada porque son las 12 de la noche y tu esposo todavía no llegó a casa. Ahora suena el teléfono. Contesta el teléfono diciendo: —Aló.

II. Los medicamentos y otras palabras relacionadas

el antibiótico antibiotic	**la inyección** injection, shot
la aspirina aspirin	**el jarabe** (cough) syrup
la cápsula capsule	**la píldora/pastilla** pill
la curita/tirita Band-Aid	**la receta (médica)** prescription
las gotas drops	**el vendaje** bandage

NOTE: With **curita/tirita, gotas, inyección,** and **vendaje** one can use the verb **poner** with a reflexive or an indirect-object pronoun.

Tuve que **ponerme** una inyección.	*I had to get a shot./I had to give myself a shot.*
El médico **me puso** una inyección.	*The doctor gave me a shot.*

Online Study Center

To practice: Do SAM Workbook and Web activities.

▲ Puesto de un mercado de La Paz, Bolivia, donde se venden hierbas para combatir diferentes enfermedades: úlceras, gases de estómago, bronquitis, etc.

¿Lo sabían?

Si viajas a un país hispano y te enfermas a las tres de la mañana, ¿adónde vas para comprar medicamentos? En muchas ciudades hispanas hay farmacias de turno, o de guardia, adonde puedes ir durante la noche. Estas se anuncian en el periódico o en la puerta de las farmacias mismas.

Hay muchos medicamentos que no necesitan receta médica como en los Estados Unidos. Antes de comprar un medicamento para la tos, para un catarro o para algo más grave, la gente con frecuencia recurre al farmacéutico para saber qué tomar.

FARMACIAS

Farmacias en servicio de urgencia día y noche, ininterrumpidamente.

Tetuán-Fuencarral-Peña Grande y barrio del Pilar: Bravo Murillo, 257 / San Modesto, 42 (delante de la clínica Ramón y Cajal) / San Benito, 20 (Ventilla) / Sangenjo, 5 (semiesquina a Ginzo de Limia) / Capitán Haya, 5.

Universidad-Moncloa: Martín de los Heros, 48 (esquina a Rey Francisco) / Fernando el Católico, 12.

Chamberí: Divino Pastor, 28 (próximo a San Bernardo) / Plaza de San Juan de la Cruz, 3 (frente al Ministerio de la Vivienda)

Centro-Latina: Marqués de Valdeiglesias, 6 (semiesquina a Gran Vía, 2) / Paseo Imperial, 29 (semiesquina a Gil Imón, 10) / Argensola, 12 (semiesquina a Génova).

¿? ¿Adónde vas en tu país para comprar medicamentos a las tres de la mañana?

Actividad 8 Asociaciones Di qué palabras asocias con estas marcas: Bayer, Contac, Formula 44, ACE, Valium, Visine y Nyquil.

Actividad 9 Tratamientos Di cuáles son algunos tratamientos para los siguientes síntomas. ¡Ojo! Hay muchas posibilidades.

Problema	Tiene que/Debe...
1. Una persona se cortó y está sangrando.	a. comer poco y beber agua mineral
2. Tiene tos.	b. ponerse un vendaje
3. Tiene una infección de oído.	c. ponerse una inyección para la gripe
4. Está resfriado.	d. tomar pastillas para la alergia
5. Tiene fiebre.	e. tomar antibióticos
6. Tiene diarrea.	f. acostarse y dormir
7. Cree que se rompió el brazo.	g. tomar un jarabe
8. Estornuda cuando está cerca de los gatos.	h. tomar aspirinas
9. Tiene conjuntivitis.	i. ponerse unas gotas
10. Tiene 80 años y problemas de respiración.	j. hacerse una radiografía

Actividad 10 Consejos En parejas, "A" se siente enfermo/a y llama a su compañero/a para quejarse (*to complain*). "B" le da consejos (*advice*). Después cambien de papel.

> ■■■ B: ¿Aló?
> A: Hola, habla...
> B: Ah, hola. ¿Qué tal?
> A: La verdad, estoy fatal. Tengo fiebre y no tengo mucho apetito.
> B: Lo siento. Debes tomar dos aspirinas y acostarte.

Gramática para la comunicación I

I. Narrating and Describing in the Past (Part I): The Preterit and the Imperfect

■■■ Review uses of the imperfect in Ch. 8.

Before studying the grammar explanation, look at the following sentences and identify the uses of the imperfect that you have learned.

a. Paco **tenía** siete años.
b. (Él) **era** alto, **tenía** ojos color café y **era** muy simpático.
c. Él siempre **se levantaba** temprano.
d. Pero ese día, **eran** las 11:00 cuando se despertó.
e. **Era** un día fantástico; **hacía** calor y por eso fue a la playa con su familia.
f. **Estaba** contento de no tener clases.

Sentence **a** tells Paco's age, which provides a background for something that occurred; **b** describes what Paco looked like and was like; **c** expresses a habitual or recurring action in the past; **d** tells the time and provides a background for when he awoke; **e** describes the scene by telling what the weather was like; and **f** describes a state of mind or feeling.

1 ■ The basic difference between the preterit and the imperfect is one of focus. The preterit is generally used when recalling a completed action or state or the beginning or end of an action or state.

A gas line **exploded** in a hotel.	Completed action.
I **was scared** when it happened.	Completed state limited by time.
The building **burned** for three hours.	Completed action limited by time.
The fire **began** at 2:00 and **was put out** by 5:00.	Start and end of an action.

2 ■ In contrast, the imperfect is used to focus on the middle of an action or state. If you think of the preterit as a photograph that gives you individual, separate shots of events, you can think of the imperfect as a video camera that gives a series of continuous shots of a situation. Look at the following.

El edificio **se quemaba** cuando **llegó** la ambulancia.

In the preceding example, the use of the imperfect places the speaker's focus on the middle of the action of burning; it is an action in progress that was occurring when the ambulance arrived (a completed action = preterit). The start, duration, or end of the fire is irrelevant and is not the focus.

3 ■ Compare the uses of the preterit and imperfect in the charts below and on page 242.

Preterit	Imperfect
■ Focus on a completed action or state or a series of actions or states	■ Focus on the middle of an action or state or a series of simultaneous actions in progress or states
X	
Ayer el médico me **operó** de apendicitis.	Ayer a las 3:30 el médico me **operaba** de apendicitis.
X X X	
Primero me **pusieron** anestesia y luego me **hicieron** una incisión y me **sacaron** el apéndice.	Mientras el médico me **operaba**, **escuchaba** música clásica. **Estaba** muy tranquilo.

(continued)

Preterit	Imperfect
■ Focus on a completed action or state that occurred over a set time period  La operación **duró** un poco más de dos horas. El médico **trabajó** todo el tiempo sin sentarse.*	■ Focus on habitual or recurring events  Cuando era niño, **me enfermaba** con frecuencia y por eso **pasaba** muchos días en cama.
■ Focus on the beginning or end of an action or state **X... ...X** Ayer a las 3:00 el médico me **operó** (= *began to operate*) en la sala 6. La operación **terminó** a las 5:15.	■ Focus on time, age, or a description of people, places, or things **Eran** las 5:15 cuando salí de la sala. Mi enfermero **era** simpático, bajo y gordo y **tenía** unos 25 años.

■ Focus on the middle of an action (imperfect) and a completed action (preterit) that may or may not interrupt the one in progress

Yo **dormía**** tranquilamente después de la operación cuando el enfermero me **despertó** para darme un antibiótico.

Mientras el médico me **explicaba**** los detalles de la operación, mi madre **salió** para comprarme unas revistas.

NOTE: *In English, you can either say *The doctor worked the whole time without sitting down* or *The doctor was working the whole time without sitting down*. The latter is usually preferred to place emphasis on the duration of the action. In Spanish, you can only use the preterit, even though it happened for a while, since it is viewed as a completed action that is limited by time (**un poco más de dos horas**).

**A past action in progress can also be expressed by using the past progressive.

■ ■ ■ To review the present participle, see p. 88.

estaba/estabas/etc. + *present participle* = imperfect

dormía = **estaba durmiendo**   explicaba = **estaba explicando**

4 ■ When telling a story, the imperfect sets or describes the background and tells what is going on, while the preterit moves the story forward. In the following story, notice how you can tell what happened by simply looking at the verbs in the preterit. The imperfect is used to add background details to the story.

Cuando **llegué** al hospital, **llovía**. Yo **tenía** fiebre y me **dolía** la pierna derecha. Entonces el médico **pidió** una sala para operarme de urgencia. Mientras yo **esperaba** en una cama, **llegó** una enfermera y me **puso** una inyección para el dolor. **Estuve** en el hospital tres días y **llovió** todo el tiempo. Cuando **salí**, ya no **llovía** más y yo **me sentía** bien.

Actividad 11 Las costumbres Hay ciertos personajes de la televisión que todos conocemos. En parejas, digan qué cosas de la lista hacían los siguientes personajes en su programa de televisión: Gilligan, Marcia Brady, Phoebe, el Sr. Rogers.

> ■ ■ ■ Gilligan siempre llevaba la misma ropa y…

llevar suéter	cantar sobre un gato oloroso
siempre llevar la misma ropa	llevar ropa de los años setenta
hablar con Greg	ser masajista
caerse mucho	vivir en un apartamento
tocar la guitarra	tener problemas con sus novios
cambiarse los zapatos	nadar en una laguna
tener familia grande	ser amigo del cartero McFeely

Actividad 12 Estaba… En parejas, uno de Uds. es detective y está investigando un crimen que ocurrió ayer. Háganle preguntas al sospechoso (*suspect*) para saber qué estaba haciendo ayer a las siguientes horas. Luego cambien de papel.

> ■ ■ ■ A: ¿Qué estaba haciendo ayer a las ocho y diez de la mañana?
>
> B: A las ocho y diez, yo estaba durmiendo./A las ocho y diez, yo dormía.

1. 7:00 a. m.	3. 12:15 p. m.	5. 6:05 p. m.	7. 10:30 p. m.
2. 9:30 a. m.	4. 3:30 p. m.	6. 8:45 p. m.	8. 11:45 p. m.

Actividad 13 Dos cosas a la vez Parte A. Muchas personas hacen dos cosas a la vez (*at the same time*). Piensa en lo que hacías ayer mientras hacías las siguientes cosas.

> ¿Qué hacías ayer mientras…

1. comías?	4. mirabas televisión?
2. hablabas por teléfono?	5. caminabas a clase?
3. escuchabas música?	6. escuchabas al/a la profesor/a?

Parte B. Ahora usa la siguiente lista para explicar las cosas que ocurrieron o que hiciste mientras hacías las cosas de la **Parte A.**

> ■ ■ ■ A: ¿Qué pasó ayer mientras hablabas por teléfono?
>
> B: Mientras hablaba por teléfono, un amigo llegó.

Cosas que ocurrieron

a. una amiga llamarte por teléfono	d. un amigo llegar
b. dormirte	e. empezar a tener náuseas
c. caerte y torcerte el tobillo	f. hacer una caricatura de él/ella

Actividad 14 Todos somos artistas Parte A. Rompe un papel en cuatro partes iguales. En cada papel, dibuja una de las siguientes oraciones, pero no escribas la oración en el papel.

> El terrorista salía del banco cuando explotó la bomba.
> El terrorista salió del banco y explotó la bomba.
>
> Ella besaba a su novio cuando su padre entró.
> Ella besó a su novio y su padre entró.

Parte B. Muéstrales tus dibujos a otras personas de la clase para que decidan a cuál de las oraciones se refiere cada uno.

■■■ Middle of a state and completed action.

Actividad 15 Los problemas médicos

Ayer la enfermera estuvo muy ocupada.
Combina ideas de las dos columnas
para explicar cómo se sentía, qué
síntomas tenía o qué le pasó a cada
paciente y qué hizo la enfermera
en cada caso.

■■■ No. 7: estar resfriado / darle antibióticos

El paciente de la habitación siete estaba
resfriado y por eso la enfermera le dio
antibióticos.

Habitación	Enfermera
No. 1: dolerle la cabeza	ponerle agua fría
No. 2: estar mareado	darle aspirinas
No. 3: tener tos	darle jarabe
No. 4: dolerle un ojo	ponerle una curita
No. 5: quemarse	ponerle gotas
No. 6: cortarse un poco el dedo	ofrecerle una silla

■■■ Ongoing action interrupted by another action.

Actividad 16 ¿Qué pasó?

En parejas, pregúntenle a su compañero/a si
alguna vez le ocurrió alguna de estas cosas y averigüen qué estaba haciendo
cuando le ocurrió.

■■■ A: ¿Alguna vez dejaste las llaves en el carro?
B: Sí.
A: ¿Qué pasó?/¿Qué estabas haciendo?
B: ...

1. encontrar dinero
2. torcerse el tobillo
3. romperse una pierna/un brazo

4. quemarse
5. ¿ ?

Actividad 17 ¿Aló?

Uds. están en la cola del supermercado y un hombre
está hablando muy fuerte por su móvil. Uds. pueden escuchar todo lo que él
dice. En parejas, intenten inventar la otra parte de la conversación telefónica.

—¿Dónde estaba José?
—¿Con quién?
—¿Qué estaban haciendo ellos mientras tú esperabas?
—¿Qué ocurrió?
—¡Por Dios! ¿Y después?
—¿Qué hizo la policía?
—¿De verdad?
—¿Qué hacían ellos mientras la policía hacía eso?
—¿Cómo se sentían?
—¿Adónde fueron?

■■■ Remember: **La policía** (*the police*) is singular.

II. Narrating and Describing in the Past (Part II): Time Expressions

1 ▪ Some time expressions are often used with the imperfect when describing habitual or recurring actions or states in the past. Other expressions can be used with either the preterit or the imperfect when narrating a story.

To describe past habitual actions or states and recurring events (imperfect)	To narrate a story (preterit or imperfect)
a menudo frequently, often	**anoche** last night
cada día/mes/año every day/month/year	**ayer** yesterday
con frecuencia frequently, often	**anteayer** the day before yesterday
a veces at times	**la semana pasada** last week
de vez en cuando once in a while, from time to time	**el mes pasado** last month
muchas veces many times	**el año pasado** last year
siempre always	**hace dos/tres semanas/meses/años** two/three weeks/months/years ago
todos los días/meses every day/month	**mientras** while*
	de repente** suddenly

NOTE: *Most of the time, the imperfect is used with **mientras.**
**De repente is always used with the preterit.

Cuando estaba en la escuela secundaria, **con frecuencia** tenía catarro o gripe. También tenía alergias y entonces, **a veces** cuando comía muchos chocolates, vomitaba. Ahora no me enfermo tanto, pero **ayer** comía un chocolate cuando **de repente** empecé a sentir náuseas.

2 ▪ The expressions in the left-hand column of the preceding chart tend to be used with the imperfect to describe habitual or recurring actions. But, notice how, by adding a specific period of time, the same expressions can be used with the preterit to report events that were neither recurring nor habitual, but rather completed. Compare these sentences.

Habitual action/recurring event = Imperfect	Non-habitual action/non-recurring event = Preterit
Cuando era niño, todos los días mis padres me daban una sopa que no me gustaba.	Estuve en el hospital **durante tres días** y **todos los días** me dieron una sopa que no me gustó nada.
Durante los veranos, cada tarde nadaba en la piscina de mis abuelos.	Después de mi operación, fui a Cancún **para pasar unas vacaciones y cada tarde** nadé en la piscina.

Online Study Center

To practice: Do SAM Workbook and Web activities.

Actividad 18 Las vacaciones Los siguientes párrafos cuentan lo que les pasó a diferentes personas durante sus vacaciones. Primero lee cada uno y luego complétalos con el pretérito o el imperfecto de los verbos que aparecen después de cada historia. Los verbos están en orden.

A. Para mis últimas vacaciones _____ (1) a Puerto Rico por una semana. Me quedé en un hotel espectacular que _____ (2) al lado de la playa y _____ (3) cuatro piscinas y un club de golf. El hotel también _____ (4) televisión por cable, conexión a Internet, sauna y jacuzi. Durante toda la semana, _____ (5) al golf por la mañana y por la tarde, _____ (6) en la piscina. Al mediodía _____ (7) en los restaurantes del hotel y por la noche _____ (8) a los restaurantes locales. Un día _____ (9) un tour del interior de la isla y otro día _____ (10) a visitar San Juan. _____ (11) unas vacaciones estupendas.

ir, estar, tener, tener, jugar, nadar, comer, salir, hacer, ir, ser

B. Para nuestras últimas vacaciones de verano mi familia y yo _____ (1) a las Islas Canarias. Los primeros días _____ (2) diferentes partes de la isla, pero un día mientras _____ (3) por una playa que _____ (4) muchas rocas, yo _____ (5) y _____ (6) el tobillo. Mis padres me _____ (7) al hospital y los médicos me _____ (8) una radiografía. Me _____ (9) un vendaje y luego mi familia y yo _____ (10) al hotel. _____ (11) fatal y por eso _____ (12) una pastilla de Tylenol para el dolor. Durante el resto del viaje _____ (13) a la playa todos los días, pero no _____ (14). Después de las vacaciones, _____ (15) bronceada por el sol menos el tobillo que _____ (16) una raya blanca.

ir, visitar, caminar, tener, caerse, torcerse, llevar, hacer, poner, volver, sentirse, tomar, ir, nadar, estar, tener

C. De pequeño, me _____ (1) ir de vacaciones con mis padres y mis hermanos. Todos los veranos _____ (2) el mes de agosto en las montañas. En el carro _____ (3) canciones infantiles y _____ (4) a "veo una cosa que empieza con la letra **a**" y la otra persona _____ (5) que decir algo que empezaba con la letra **a** como "ambulancia". Pero un día _____ (6) una montaña cuando de repente _____ (7) otro carro. _____ (8) de un lado a otro a mucha velocidad y finalmente _____ (9) contra un árbol. Mi padre _____ (10) del carro, _____ (11) hacia el otro carro y _____ (12) al conductor. Le _____ (13) la vida porque el carro _____ (14) unos minutos después. Por eso, cuando yo era niño, mi padre _____ (15) mi héroe y todavía lo es.

encantar, pasar, cantar, jugar, tener, subir, ver, ir, chocar, salir, correr, sacar, salvar, explotar, ser

Actividad *19* **Con frecuencia** En parejas, digan cuándo o con qué frecuencia hicieron o hacían las siguientes actividades cuando eran niños. Usen el pretérito o el imperfecto, según el caso, y palabras como **una vez, dos veces, a veces, de vez en cuando, con frecuencia, a menudo, todos los sábados, una vez al año,** etc. Sigan el modelo.

> ■ ■ ■ Cuando era pequeña, yo iba al dentista dos veces al año, ¿y tú?

1. ir al dentista
2. visitar Disneyworld o Disneylandia
3. ir a conciertos
4. comer pavo
5. ver películas
6. hacerse una operación
7. jugar videojuegos
8. visitar a sus abuelos
9. romper una ventana
10. asistir a un servicio religioso
11. romperse una pierna/un brazo
12. lastimarse

Actividad *20* **¿Qué hiciste ayer?** En parejas, hablen de las cosas que hicieron ayer. Usen palabras como **primero, después, a las 8:30, mientras,** etc.

> ■ ■ ■ Ayer me levanté a las... Después...

Actividad *21* **La bomba y Lulú** En parejas, miren una de las historias de la Actividad 13 en las páginas 188–189. Primero cuenten qué ocurrió usando expresiones de tiempo (**anoche**, **luego**, **más tarde**, etc.) y luego cuenten la historia otra vez para "decorarla" con la siguiente información.

La bomba

- el aeropuerto estar lleno de gente
- hacer buen tiempo
- los aviones llegar y salir mientras el terrorista...
- la bomba estar debajo de un asiento
- la gente tener miedo
- el perro ser grande, inteligente
- la policía estar contenta

Lulú Camacho

- Lulú ser musculosa, bonita
- haber mucha gente en el público
- ella estar contenta
- los organizadores estar enojados
- el agente estar nervioso
- haber muchos periodistas
- Lulú estar triste

Actividad *22* **¿Una noche ideal?** En parejas, miren la siguiente historia y cuenten qué ocurrió el sábado pasado en la casa de Francisco. Usen el pretérito y el imperfecto y expresiones de tiempo como **mientras, de repente, luego, más tarde, después, al final** para contar la historia.

Nuevos horizontes

Lectura ESTRATEGIA: Approaching Literature

When reading a work of literature, it is important to separate what may be reality from what may be fantasy. Once you have distinguished between the two, the meaning of the work becomes clearer.

You will get a chance to practice separating reality from fantasy when reading "Tragedia" by the Chilean author Vicente Huidobro (1893–1948). In many Spanish-speaking countries, it is common to have two first names (Juan Carlos, José María, Miguel Ángel, etc.). Many of the women's names start with María (María Elena, María del Carmen, María José, etc.). In this story, the author tells us about a woman named María Olga who seems to have a dual personality, just as she has a double first name.

▲ Vicente Huidobro, chileno (1893–1948).

Actividad 23 Las relaciones de pareja Antes de leer "Tragedia", contesta las siguientes preguntas.

1. ¿Qué haces si tu pareja te critica mucho?
   a. No dices nada.
   b. Lo/La escuchas.
   c. Lo/La criticas también.
   d. Te vas con tus amigos/as.
   e. ¿ ?

2. En un matrimonio tradicional, ¿de qué manera cumple la mujer con su deber (*does what she is supposed to do*)?

   _____ tiene un trabajo fuera de casa   _____ adora a su esposo

   _____ prepara la comida   _____ tiene niños

   _____ da su opinión   _____ se ocupa de los niños

   _____ limpia la casa   _____ cocina

   _____ toma decisiones   _____ va al supermercado

3. ¿Cómo era el rol de tu abuela en su familia cuando tenía 40 años? ¿Qué hacía? ¿Era igual o diferente al rol que ocupa tu madre (o tú si eres madre) hoy?

Actividad 24 María Olga Mira esta lista de ideas y luego mientras lees el cuento, escribe una **M** si la oración se refiere a María o una **O** si se refiere a Olga.

1. _____ Se casó.
2. _____ Tenía un amante.
3. _____ Hacía todo lo que su esposo quería.
4. _____ Vio la pistola.
5. _____ No entendió.
6. _____ Murió.
7. _____ Es feliz, pero un poco zurda.

Tragedia
Vicente Huidobro

María Olga es una mujer encantadora. Especialmente la parte que se llama Olga.

5 Se casó con un mocetón grande y fornido, un poco torpe, lleno de ideas honoríficas, reglamentadas como árboles de paseo.

Pero la parte que ella casó era su parte que se llamaba María. Su parte 10 Olga permanecía soltera y luego tomó un amante que vivía en adoración ante sus ojos.

Ella no podía comprender que su marido se enfureciera[1] y le 15 reprochara[1] infidelidad. María era fiel, perfectamente fiel. ¿Qué tenía él que meterse con Olga?[2] Ella no comprendía que él no comprendiera[1]. María cumplía con su deber, la parte 20 Olga adoraba a su amante.

¿Era ella culpable de tener un nombre doble y de las consecuencias que esto puede traer consigo?

Así, cuando el marido cogió el 25 revólver, ella abrió los ojos enormes, no asustados, sino llenos de asombro, por no poder entender un gesto tan absurdo.

Pero sucedió que el marido se 30 equivocó y mató a María, a la parte suya, en vez de matar a la otra. Olga continuó viviendo en brazos de su amante, y creo que aún sigue feliz, muy feliz, sintiendo solo que es un 35 poco zurda[3].

1 Verb forms you will study in future: **enfureciera** *became angry,* **reprochara** *reproached,* **comprendiera** *understood*   2 *Why did he have to stick his nose in Olga's business?* 3 *left-handed; awkward; incomplete*

Actividad 25 La narración Parte A. Vuelve a leer el cuento y marca todos los verbos que aparecen en el pretérito.

Parte B. Ahora lee solo las frases del cuento que tienen un verbo en el pretérito y di para qué se usa el pretérito en este cuento.

a. para contar los hechos (*the events*) de la historia
b. para hablar de acciones pasadas en progreso
c. para describir escenas (*scenes*)

Parte C. Vuelve a leer el cuento y marca todos los verbos que aparecen en el imperfecto.

Parte D. Ahora lee solo las frases del cuento que tienen un verbo en el imperfecto y di cuáles de los siguientes usos tiene en cada caso.

a. describir un sentimiento o un estado
b. describir una acción habitual

Actividad 26 **¿Entendiste?** **Parte A.** Contesta estas preguntas sobre el cuento.

1. ¿Quién se casó? ¿Cómo era el esposo físicamente? ¿Era un hombre tradicional o moderno?
2. ¿Quién tenía un amante? ¿Cómo era su relación con el amante: romántica o aburrida?
3. ¿A quién mató el marido?
4. Al final, ¿el marido está contento? ¿Olga está contenta?

Parte B. En parejas, discutan (*discuss*) el final del cuento. Decidan si el marido de verdad mató a María o si la acción de matarla fue solamente una metáfora. Estén preparados para defender su opinión.

Escritura

ESTRATEGIA: Narrating in the Past

When narrating in the past, you need to say what happened (preterit) and usually add descriptive and background information (imperfect). As you saw while reading "Tragedia," it is by combining the preterit and the imperfect that one is able to give a complete narration in the past.

Actividad 27 **Una anécdota** **Parte A.** Think about something that occurred in the past. It can be a personal experience. Make two lists. The first should contain what happened and the second should contain description.

Qué pasó (pretérito)	Descripción (imperfecto)

Parte B. Now, combine the sentences from the first column with the descriptions in the second column to create a story with logical paragraphs.

Parte C. Hand in your lists from Part A, your drafts, and your final version to your instructor.

Vocabulario esencial II

El carro

1. la llanta
2. la puerta
3. el tanque de gasolina
4. el baúl
5. el parabrisas
6. el limpiaparabrisas
7. las luces

■ ■ ■ While in a car, practice vocabulary by quizzing yourself on car parts and actions relating to driving.

Otras palabras relacionadas con el carro

el aceite   oil
el aire acondicionado   air-conditioning
automático   automatic
la batería   battery
el cinturón de seguridad   seat belt
con cambios   standard shift
el estacionamiento   parking lot
los frenos   brakes
la gasolinera   gas station
la licencia/el permiso de conducir   driver's license
la llave   key
la matrícula/placa   license plate
el motor   engine

Verbos útiles

abrocharse el cinturón   to buckle the seat belt
acelerar   to accelerate
alquilar   to rent
apagar   to turn off
arrancar el carro   to start the car
atropellar   to run over
chocar (con)   to crash (into)
descomponerse   to break down
echarle gasolina al carro   to put gas in the car
estacionar   to park
frenar   to brake
funcionar   to work (things)
ponerle una multa (a alguien)
   Me puso una multa (por exceso de velocidad).   I got a (speeding) ticket.
   Le puse una multa.   I gave him/her a ticket.
revisar   to check

■ ■ ■ **Descomponerse** is conjugated like **poner** (puso; se descom<u>puso</u>).

Online Study Center

To practice: Do SAM Workbook and Web activities.

Actividad 28 **Definiciones y problemas** **Parte A.** En grupos de tres, una persona da definiciones de palabras asociadas con el carro y las otras personas tienen que adivinar qué cosas son.

> ■ ■ ■ A: Es un líquido que cambias cada tres meses.
> B: El aceite.

Actividad 29 **¡Qué desastre!** Todos conocemos a alguien que tiene un carro desastroso. Combina ideas de las dos columnas para decir oraciones que normalmente oye un mecánico.

> ■ ■ ■ Tengo un problema con...

1. las llantas
2. el limpiaparabrisas
3. la batería
4. la llave
5. el motor
6. el aire acondicionado

a. no funcionar cuando llueve
b. no echar aire frío
c. no arrancar cuando hace frío
d. nunca tener suficiente aire
e. no abrir el baúl
f. el carro no tener electricidad

■ ■ ■ If you have never been in an accident, invent one.

Actividad 30 **El accidente automovilístico** En parejas, usen la siguiente información como guía para contar un accidente automovilístico que tuvieron o que vieron.

Antes del accidente

dónde y con quién estabas
cómo se sentían Uds.
qué tiempo hacía
qué hora era
a qué velocidad iban
si tenían el cinturón de seguridad puesto
si hacías algo mientras manejabas

El accidente

qué ocurrió
si había personas heridas (fracturas, sangrar, etc.)
si llegó la ambulancia o la policía
si al/a la otro/a conductor/a le pusieron una multa por exceso de velocidad / por estar borracho/a
cómo se sentían Uds.

Actividad 31 **La persuasión** En parejas, Uds. van a mantener una conversación en una tienda de carros (*car dealership*). Para prepararse, lea cada uno solamente el papel A o B. Luego empiecen la conversación así:

> ■ ■ ■ A: Buenos días. ¿En qué puedo servirle?
> B: Me interesa comprar este carro.
> A: ¡Ah! Es un carro fantástico. Tiene llantas Michelín...

radio con CD estéreo	estándar
llantas Michelín	estándar
cinturones de seguridad	estándar
limpiaparabrisas trasero	estándar
motor de seis cilindros	estándar
frenos hidráulicos	estándar
bolsas de aire	estándar
transmisión automática	$999
aire acondicionado	$799
ventanillas y cierre automático	$349
asientos de cuero	$689
Precio total sin IVA ni matrícula	$28.995

Garantía: 7/70.000
35 millas por galón de gasolina

A

Eres vendedor/a de carros y recibes comisión si los clientes compran los accesorios adicionales del carro. Tu misión: El/La cliente debe gastar mucho dinero. Intenta convencerlo/la.

B

Eres cliente y estás interesado/a en comprar un carro. Quieres un buen precio, no tienes mucho dinero y les tienes fobia a los vendedores de carros.

Para escuchar

Si manejas, te juegas la vida

◄ Cordillera Real, los Andes, Bolivia. ¿Te gustaría manejar en esta carretera?

¡Qué lío!	What a mess!
¡Qué va!	No way!
para colmo	to top it all off
jugarse la vida	to risk one's life

Operaron a Carlitos y don Alejandro todavía tiene negocios que hacer. Por eso deja a la familia en Bogotá y se va en un carro alquilado hacia el sur del país. Ahora, don Alejandro tiene una conversación de larga distancia con su esposa.

Actividad 32 **¿Cierto o falso?** Mientras escuchas la conversación, marca **C** si la oración es cierta o **F** si es falsa. Corrige las oraciones falsas.

1. _____ Cuando don Alejandro llamó, su esposa estaba preocupada.
2. _____ Don Alejandro llegó tranquilo a Cali.
3. _____ El carro alquilado era un desastre.
4. _____ Las gasolineras estaban cerradas porque era mediodía.
5. _____ Carlitos va a salir mañana del hospital.
6. _____ Don Alejandro va a regresar en carro.
7. _____ A don Alejandro le gusta viajar en carro por Colombia.

Actividad 33 ¡Qué problemas! Después de escuchar la conversación otra vez, contesta estas preguntas.

1. Cuando don Alejandro llamó, ¿dónde estaba él y dónde estaba su esposa Rosaura?
2. Don Alejandro tuvo muchos problemas. ¿Cuáles fueron?
3. ¿Cómo era el mecánico? ¿Qué le ofreció a don Alejandro y por qué?
4. ¿Por qué es difícil viajar en carro por Colombia?
5. ¿Manejaste alguna vez en las montañas? ¿Fue fácil o difícil? ¿Tenías miedo mientras manejabas?

Actividad 34 Jugarse la vida Di en cuáles de las siguientes situaciones te jugaste la vida.

Me jugué la vida cuando...

subirse a un árbol muy alto
estar en un carro con un/a conductor/a borracho/a
acelerar a más de 80 millas por hora en una calle
saltar con una cuerda bungee
comer pescado de la semana anterior
¿ ?

¿Lo sabían?

Si viajas, vas a notar que en muchos países hispanos no es común tener autoservicio en las gasolineras; normalmente hay personas que atienden a los clientes y es costumbre darles una pequeña propina.

El precio de la gasolina puede ser muy alto, a veces más de un dólar por litro o más o menos el doble que en los Estados Unidos. También es más común encontrar carros pequeños. Los carros con transmisión automática no son nada comunes y, por eso los carros de alquiler normalmente son con cambios.

¿? ¿Por qué crees que es común tener carros pequeños y con cambios en muchos países hispanos en vez de carros grandes? ¿Es igual en tu país?

▲ Una calle típica de Albarracín, España.

Gramática para la comunicación II

I. Narrating and Describing in the Past (Part III)

A. Expressing Past Intentions and Responsibilities:
Iba a + infinitive and *tenía/tuve que* + infinitive

1 ▪ To express what you were going to do, but didn't, use **iba a** + *infinitive*. To tell what you actually did, use the preterit.

Iba a estudiar, pero **fui** a una fiesta.	*I was going to study, but I went to a party.* (unfulfilled intention)

2 ▪ To express what you had to do, and perhaps didn't, use **tenía que** + *infinitive*.

Tenían que trabajar, pero **fueron** al cine.	*They had to/were supposed to work, but they went to the movies.* (They did not fulfill their obligation.)
—**Tenía que** hablar con el profesor.	*I had to/was supposed to speak with the professor.*
—¿Y? ¿**Hablaste** con él o no?*	*And? Did you speak with him or not?*

*NOTE: The listener does not know whether or not the obligation was fulfilled and therefore has to ask for a clarification.

3 ▪ To express what you had to do and did (a completed action), use **tuve que** + *infinitive*.

—**Tuve que ir** al médico.	*I had to go to the doctor.* (I had to and did go.)
—¿Qué te dijo el médico?	*What did the doctor tell you?*

(continued)

After studying the grammar explanation, answer the following questions.

- In the sentences that follow, who actually went to buy a present, the man or the woman?

Ella fue a comprarle un regalo.   Él iba a comprarle un regalo.

If you said "the woman," you were correct since the words **iba a** imply merely an unfulfilled intention to do something.

- If someone said, **"Tenía que comprarle un regalo"**, what would be a logical response?

¿Qué compraste?   ¿Y lo compraste?

If you chose the second, you were correct. **Tenía que** simply indicates an obligation; if that obligation was met or not is up in the air.

B. *Saber* and *conocer* in the Imperfect and Preterit

Saber and **conocer** express different meanings in English depending on whether they are used in the preterit or the imperfect. When used in the preterit, they express the beginning of knowing. Note that the imperfect retains the original meaning of the verb.

■ ■ ■ To review uses of **saber** and **conocer**, see Ch. 4.

	Imperfect	Preterit
conocer	knew	met (for the first time), became acquainted with
saber	knew	found out

Virginia **supo** que recibió una oferta de trabajo de InTec.

Ella **sabía** demasiado para tener un trabajo tan fácil, pero aceptó la oferta de todos modos.

Conoció a mi padre el lunes cuando empezó el trabajo —es su jefe.

Ya **conocía** a mi primo Fernando que también trabaja en InTec.

Virginia found out that she received a job offer from InTec.

She knew too much to have such an easy job, but she accepted the offer anyway.

She met my father on Monday when she started the job—he's her boss.

She already knew my cousin Fernando who also works for InTec.

Actividad 35 Buenas intenciones En español, como en inglés, hay un refrán que dice "No dejes para mañana lo que puedas hacer hoy". Pero, con frecuencia, todos dejamos para mañana lo que podemos hacer hoy. En parejas, digan qué acciones iban a hacer la semana pasada, pero no hicieron. Usen algunas de las siguientes ideas si quieren.

llamar a sus padres   lavar ropa
visitar a su hermana   limpiar la casa/habitación
pagar la cuenta del móvil   hacer un trabajo para la clase de...

■ ■ ■ Iba a visitar a mi hermana, pero no fui porque no tenía carro.

Actividad 36 ¿Mala memoria? Su profesor/a organizó una fiesta para la clase, pero nadie fue. Ustedes tienen vergüenza y tienen que inventar buenas excusas. Empiecen diciendo: **"Lo siento. Iba a ir, pero tuve que..."**

Actividad 37 **¿Eres responsable?** Escribe tres cosas que tenías que hacer y que no hiciste el fin de semana pasado y tres cosas que tuviste que hacer. Luego, en parejas, comenten por qué las hicieron y por qué no.

Actividad 38 **¿Cuántos años tenías?** Di cuántos años tenías cuando conociste a las siguientes personas o supiste la siguiente información.

1. ¿Cuántos años tenías cuando conociste a las siguientes personas?
   a. tu mejor amigo
   b. tu mejor amiga
   c. tu profesor favorito de la escuela secundaria

2. ¿Cuántos años tenías cuando supiste la siguiente información?
   a. de dónde venían los niños
   b. que Santa Claus no existía
   c. que un/a amigo/a tomaba drogas ilegales

Actividad 39 **¿Ya sabías?** En parejas, digan a qué personas o qué cosas ya conocían o qué información ya sabían el primer día de clases de su primer año de universidad y qué personas o lugares conocieron o qué información supieron después de empezar el año.

■■■ A: ¿Sabías el número de tu habitación?
     B: Sí, ya lo sabía./No, no lo sabía todavía.
     A: ¿Cuándo lo supiste?
     B: Lo supe cuando llegué a la residencia.

1. la ciudad universitaria
2. dónde ibas a vivir
3. el nombre de tu compañero/a de cuarto
4. tu compañero/a de cuarto o apartamento
5. tu número de teléfono
6. tus profesores
7. tu horario de clases
8. tu email de la universidad

II. Describing: Past Participle as an Adjective

■■■

1 ■ The past participle (**participio pasivo**) can function as an adjective to describe a person (the *injured* woman), place (the *constructed* shopping mall), or thing (a *finished* assignment, a *rented* car), and agrees in gender and number with the noun it modifies. To form the past participle in Spanish, add **-ado** to the stem of all **-ar** verbs, and **-ido** to the stem of most **-er** and **-ir** verbs.

alquilar ⟶ alquil**ado**   perder ⟶ perd**ido**   servir ⟶ serv**ido**

Él fue a Cali en un carro **alquilado.**	*He went to Cali in a rented car.*
Solo encontró gasolineras **cerradas.**	*He only found closed gas stations.*

2 ■ Use **estar** + *past participle* to describe a condition resulting from an action. The past participle functions as an adjective.

Cerraron las gasolineras.	*They closed the gas stations.*
Ahora las gasolineras **están cerradas.**	*The gas stations are closed now.*
Él arregló los frenos.	*He fixed the brakes.*
Los frenos **están arreglados.**	*The brakes are fixed.*

3 ■ The following verbs have irregular past participles.

abrir	**abierto**	morirse	**muerto**
cubrir (*to cover*)	**cubierto**	poner	**puesto**
decir	**dicho**	romper (*to break*)	**roto**
escribir	**escrito**	ver	**visto**
hacer	**hecho**		

Online Study Center

To practice: Do SAM Workbook and Lab, and Web activities.

—Alguien entró en mi apartamento.	*Someone entered my apartment.*
—¿Robaron algo?	*Did they steal anything?*
—No, pero un vaso **estaba roto** y la mesa **estaba cubierta** de leche.	*No, but a glass was broken and the table was covered with milk.*

Actividad 40 ¿Qué pasó? Terminen estas oraciones usando **estar** + *el participio pasivo* de un verbo apropiado: **abrir, aburrirse, beber, cubrir, dormir, encantar, morirse, pagar, preocuparse, resfriarse, romper, vender** y **vestirse.**

■■■ Use **estaba/n** + *past participle,* since you are describing in the past.

■■■ Remember: Past participles as adjectives agree in gender and number with the nouns they modify.

1. El carro iba haciendo eses (*was zigzagging*) porque el conductor _____ .

2. La chica estaba en una clase de matemáticas y el profesor hablaba y hablaba y ella _____ .

3. Ella se fue el fin de semana a la playa y desafortunadamente no les puso agua a las flores. Cuando llegó, todas _____ .

4. Salí a comer con mi amigo y cuando iba a pagar la cuenta, el camarero me dijo que la cuenta ya _____ .

5. Mi esposo y yo estábamos en el carro y hacía un calor terrible. Entonces decidí poner el aire acondicionado, pero _____ así que casi nos morimos de calor.

6. El tenor José Carreras no pudo cantar porque _____ .

7. Mi padre _____ en el sillón cuando terminó el programa de televisión.

8. Cuando llegué al carro, no lo podía creer. La puerta del conductor _____ y me faltaba la radio.

9. Queríamos comprar entradas para el cine, pero todas _____ .

10. No pude sentarme. Como siempre, el sofá y las sillas _____ de periódicos.

11. Mi novio llegó temprano y tuvo que esperar porque todavía yo no _____ .

12. Su esposa debía de llegar a las 8:00 y ya era la medianoche. El señor _____ .

Actividad 41 Detectives En parejas, Uds. son el detective Sherlock Holmes y su ayudante Watson. Describan la escena que encontraron al entrar en un apartamento donde ocurrió un asesinato. Usen el participio pasivo de los siguientes verbos: **abrir, cubrir, escribir, hacer, morirse, poner, preparar, romper** y **servir**.

■■■ Un plato estaba roto...

■■■ Vocabulario útil: **la cortina** = curtain; **el asesino** = assassin, murderer; **la vela** = candle.

Actividad 42 Un poema Parte A. Alfonsina Storni (1892–1938), poeta argentina, escribió el poema "Cuadrados y ángulos" para hacer un comentario social. Primero, cierra los ojos y escucha mientras tu profesor/a lee el poema en voz alta. Después contesta esta pregunta: ¿Oíste mucha repetición de letras? ¿De palabras?

Parte B. En parejas, pongan las letras de los dibujos al lado de la línea del poema que representan.

Cuadrados y ángulos

Casas enfiladas[1], casas enfiladas,
casas enfiladas. _____
Cuadrados[2], cuadrados, cuadrados. _____
Casas enfiladas. _____
Las gentes ya tienen el alma[3] cuadrada, _____
ideas en fila _____
y ángulo en la espalda. _____
Yo misma he vertido[4] ayer una lágrima[5],
Dios mío, cuadrada. _____

1 in rows   2 Squares   3 soul   4 shed   5 tear

Parte C. Ahora, decidan cuál de las siguientes oraciones describe mejor el mensaje del poema. Justifiquen su respuesta.

1. Storni dice que la vida es aburrida porque todo es igual —no hay variedad.
2. Storni dice que la gente se conforma con las normas establecidas de la sociedad —no hay individualismo.

Parte D. Discutan estas preguntas y justifiquen sus respuestas.

1. ¿Storni se conforma con las normas establecidas o es individualista?
2. ¿Uds. se conforman con las normas establecidas o son individualistas?

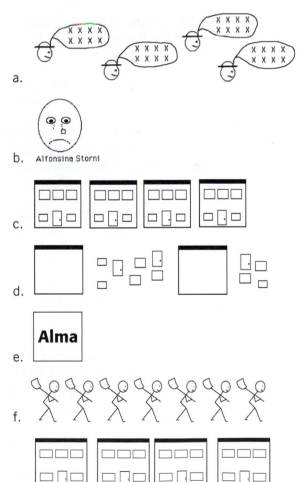

Actividad 43 **Músicos, poetas y locos** "De música, poeta y loco, todos tenemos un poco", dice el refrán. Escribe un poema siguiendo las indicaciones.

primera línea: un sustantivo

segunda línea: dos adjetivos (es posible usar participios)

tercera línea: tres acciones (verbos)

cuarta línea: una frase relacionada con el primer sustantivo (cuatro o cinco palabras máximo)

quinta línea: un sustantivo que resuma la idea del primer sustantivo

Online Study Center
Do Web Search activities.

¿Lo sabían?

Entre los grandes poetas del mundo hispano se encuentran los chilenos Gabriela Mistral (1889–1957) y Pablo Neruda (1904–1973). Mistral, que llegó a ser diplomática y ministro de cultura, fue la primera mujer de América Latina en recibir el Premio Nobel de Literatura. Los temas principales de su poesía son el amor, la tristeza y los recuerdos dolorosos. Entre sus obras más famosas está *Sonetos de la muerte*. Neruda, que fue diplomático y estaba afiliado al partido marxista, también recibió el Premio Nobel de Literatura. Entre sus obras más famosas está *Veinte poemas de amor y una canción desesperada*. Él habla no solo del amor sino también de la lucha política de la izquierda y del desarrollo histórico-social de Suramérica.

En los países de habla española, generalmente, los estudiantes de la primaria y la secundaria tienen que memorizar poemas de escritores famosos para recitarlos, pues se considera que la poesía se escribe para ser escuchada. Esto lleva a tener cierta apreciación por la poesía y no es de sorprender que si un grupo de adultos hacen un tour en autobús, en vez de cantar canciones, alguien recite un poema.

▲ Para conmemorar los 100 años del nacimiento de Pablo Neruda los chilenos escribieron un poema de dos kilómetros de largo en Valparaíso, Chile.

¿? ¿Cuáles son unos grandes poetas de tu país? ¿Los estudiantes tienen que memorizar poemas en la escuela? ¿Puedes recitar un poema? Para ti, ¿es mejor leer u oír un poema? Cuando lees poesía, ¿lees los poemas en voz alta?

Vocabulario funcional

La salud (*Health*)

la ambulancia	*ambulance*
caerse	*to fall*
cortarse	*to cut oneself*
doler (o ⟶ ue)	*to hurt*
la enfermedad	*sickness, illness*
el/la enfermero/a	*nurse*
estar mareado/a	*to be dizzy*
estar resfriado/a	*to have a cold*
estornudar	*to sneeze*
la fractura	*fracture, break*
la herida	*injury, wound*
la infección	*infection*
lastimarse	*to hurt oneself*
quemarse	*to burn oneself*
la radiografía	*X-ray*
romperse (una pierna)	*to break (a leg)*
sangrar	*to bleed*
la sangre	*blood*
tener	
buena salud	*to be in good health*
catarro	*to have a cold*
diarrea	*to have diarrhea*
dolor de cabeza	*to have a headache*
escalofríos	*to have the chills*
fiebre	*to have a fever*
gripe	*to have the flu*
náuseas	*to feel nauseous*
tos	*to have a cough*
tenerle alergia a (los gatos)	*to be allergic to (cats)*
torcerse un tobillo (o ⟶ ue)	*to sprain an ankle*
toser	*to cough*
vomitar/devolver (o ⟶ ue)	*to vomit*

Los medicamentos y otras palabras relacionadas

el antibiótico	*antibiotic*
la aspirina	*aspirin*
la cápsula	*capsule*
la curita/tirita	*Band-Aid*
las gotas	*drops*
la inyección	*injection, shot*
el jarabe	*(cough) syrup*
la píldora/pastilla	*pill*
la receta (médica)	*prescription*
el vendaje	*bandage*

El carro

el aceite	*oil*
el aire acondicionado	*air conditioning*
automático	*automatic*
la batería	*battery*
el baúl	*trunk*
el cinturón de seguridad	*seat belt*
con cambios	*standard shift*
el estacionamiento	*parking lot*
los frenos	*brakes*
la gasolinera	*gas station*
la licencia/el permiso de conducir	*driver's license*
el limpiaparabrisas	*windshield wipers*
la llanta	*tire*
la llave	*key*
las luces	*lights*
la matrícula/placa	*license plate*
el motor	*engine*
el parabrisas	*windshield*
el tanque de gasolina	*gas tank*

Acciones relacionadas con el carro

abrocharse el cinturón	*to buckle the seat belt*
acelerar	*to accelerate*
alquilar	*to rent*
apagar	*to turn off*
arrancar el carro	*to start the car*
atropellar	*to run over*
chocar (con)	*to crash (into)*
descomponerse	*to break down*
echarle gasolina al carro	*to put gas in the car*
estacionar	*to park*
frenar	*to brake*
funcionar	*to work, function (things)*
ponerle una multa (a alguien)	*to give (someone) a ticket*
revisar	*to check*

Expresiones de tiempo

a menudo	*frequently, often*
a veces	*at times*
cada día/mes/año	*every day/month/year*
con frecuencia	*frequently, often*
de repente	*suddenly*
de vez en cuando	*once in a while, from time to time*
mientras	*while*
muchas veces	*many times*
todos los días/meses	*every day/month*

Palabras y expresiones útiles

además	*besides*
ahora mismo	*right now*
la calle	*street*
cubrir	*to cover*
jugarse la vida	*to risk one's life*
(No) Vale la pena.	*It's (not) worth it.*
(No) Vale la pena + infinitive.	*It's (not) worth + -ing.*
para colmo	*to top it all off*
¡Qué lío!	*What a mess!*
¡Qué va!	*No way!*
quejarse	*to complain*
romper	*to break*

10 Mi casa es tu casa

> **Aeropuerto Ronald Reagan en Washington, D.C., diseñado por César Pelli, arquitecto argentino.**

Chapter Objectives

- Indicating sequence
- Describing wants and needs
- Describing the layout of a house
- Describing furnishings and household items
- Expressing hope, giving advice, and making requests

¿Qué saben?

1. Calatrava es el arquitecto español que diseñó...
   a. la terminal de transportes en la "zona cero" de Nueva York.
   b. la Catedral de Nuestra Señora de Los Ángeles.
   c. el Museo Guggenheim en Bilbao, España.
2. Los edificios del arquitecto español Antonio Gaudí son famosos por el uso de...
   a. la línea recta.   b. la curva.
3. ¿Qué creó el artista español Jaume Plensa?
   a. la fuente de Trevi en Roma
   b. la estatua de la Libertad en Nueva York
   c. la fuente de Corona en Chicago

Para escuchar

En busca de apartamento

◄ La Pedrera, edificio de apartamentos en Barcelona, España, diseñado por el arquitecto español Antonio Gaudí. Se pueden visitar el techo (*roof*) y el ático del edificio, donde hay una exhibición de las obras del arquitecto español.

o sea	that is to say
Fulano, Mengano y Zutano	Tom, Dick, and Harry
¡Vaya!	Wow!

Las cuatro chicas buscan apartamento porque el colegio mayor se cierra el mes de agosto durante las vacaciones. Ahora Diana, Marisel y Teresa están hablando sobre qué tipo de apartamento quieren.

Actividad 1 Marca qué buscan Lee la siguiente lista. Después, mientras escuchas la conversación, marca qué cosas buscan las chicas en un apartamento.

dormitorios	2	3	4
cocina grande	sí	no	opcional
muebles	sí	no	opcional
portero	sí	no	opcional
línea de teléfono	sí	no	opcional
balcón	sí	no	opcional
muchas ventanas	sí	no	opcional

Actividad 2 ¿Comprendiste? Después de escuchar la conversación otra vez, contesta estas preguntas.

■ ■ ■ **Departamento** is sometimes used for **apartamento** in some Latin American countries.

1. ¿Qué comentario hace Marisel sobre los novios de Teresa y de Claudia?
2. ¿Qué es un portero? ¿Es común tener portero en los Estados Unidos? ¿Te gustaría vivir en un edificio con portero?
3. ¿Por qué dice Marisel que no hay problema por ahora si no tienen línea de teléfono en el apartamento?

4. Cuando Diana dice, "¡Uf! ¡No pedimos nada!", ¿quiere decir que va a ser fácil o difícil encontrar apartamento?
5. ¿En qué piso/s (*floor/s*) no quieren vivir las chicas: en la planta baja (*ground floor*), el primero o el segundo? ¿Por qué?
6. ¿Prefieres vivir en un apartamento o en una residencia estudiantil?

Actividad 3 ¿Qué prefieren Uds.? En grupos de cinco, decidan cuáles son las cosas más importantes para Uds. en un apartamento. Clasifiquen las siguientes cosas con una escala de uno a tres. Después díganle al resto de la clase las cosas que son importantes para Uds.

1 no es importante

2 es importante

3 es muy importante

_____ el número de dormitorios	_____ que tenga garaje
_____ que sea barato	_____ que tenga cocina grande
_____ que tenga balcón	_____ el piso en que esté
_____ que esté amueblado	_____ que tenga portero
_____ la parte de la ciudad en que esté	_____ que tenga aire acondicionado

¿Lo sabían?

Los países de habla española le han dado al mundo un grupo de arquitectos con gran visión artística. Entre ellos se encuentra el minimalista mexicano Luis Barragán (1902–1988), quien recibió el Premio Pritzker en 1980 por sus diseños de casas que incluyen no solo aspectos autóctonos mexicanos sino también árabes y mediterráneos. Otro arquitecto incomparable es Antonio Gaudí (1852–1926) de Barcelona, España, quien parecía no conocer la línea recta. Sus edificios se caracterizan por sus curvas sensuales y su diseño casi surrealista que les dan un aspecto de fantasía.

El argentino César Pelli (1926–), que fue decano (*dean*) de la Facultad de Arquitectura de Yale, tiene una empresa de arquitectura que diseña torres de oficinas, teatros, museos, hoteles, estadios deportivos, etc., en todo el mundo. Santiago Calatrava, español (1951–), quien también

▲ *El Pabellón Quadracci*, extensión del Museo de Arte de Milwaukee realizada por Santiago Calatrava, arquitecto español. Esta estructura simula un pájaro con alas que se abren y se cierran y funciona como un parasol para el pabellón que está debajo.

diseña en diferentes partes del mundo, es conocido por sus estructuras dinámicas de estilo muy abierto y que, algunas veces, hasta se mueven (*they even move*). Es el arquitecto del nuevo centro de transporte en la "zona cero" de Nueva York.

¿? ¿Sabes los nombres de algunos arquitectos famosos de tu país? ¿Sabes si un arquitecto hispano construyó algo en tu ciudad o país?

■■■ Pelli and Calatrava have their own web pages, and Barragán as well as Gaudí have many web pages written about them. All contain photos and descriptions of their works.

Vocabulario esencial I

I. Los números ordinales

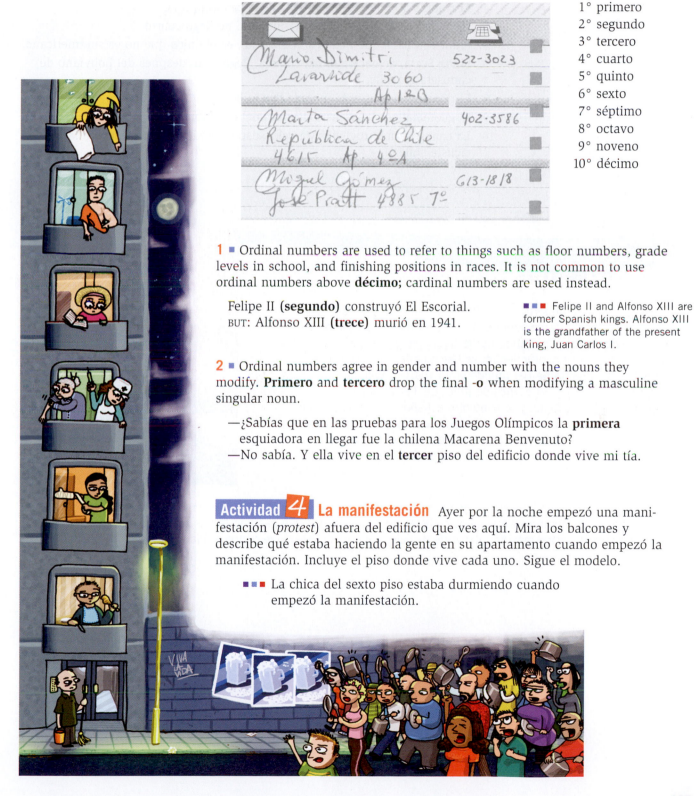

1°	primero
2°	segundo
3°	tercero
4°	cuarto
5°	quinto
6°	sexto
7°	séptimo
8°	octavo
9°	noveno
10°	décimo

Directory card:
Mario Dimitri   522-3023
Lavardide 3060
Ap 12B

Marta Sánchez   402-3586
República de Chile
4615   Ap 4°A

Miguel Gómez   613-1818
José Pratt 4885 7°

1 ▪ Ordinal numbers are used to refer to things such as floor numbers, grade levels in school, and finishing positions in races. It is not common to use ordinal numbers above **décimo;** cardinal numbers are used instead.

Felipe II **(segundo)** construyó El Escorial.
BUT: Alfonso XIII **(trece)** murió en 1941.

▪▪▪ Felipe II and Alfonso XIII are former Spanish kings. Alfonso XIII is the grandfather of the present king, Juan Carlos I.

2 ▪ Ordinal numbers agree in gender and number with the nouns they modify. **Primero** and **tercero** drop the final **-o** when modifying a masculine singular noun.

—¿Sabías que en las pruebas para los Juegos Olímpicos la **primera** esquiadora en llegar fue la chilena Macarena Benvenuto?
—No sabía. Y ella vive en el **tercer** piso del edificio donde vive mi tía.

Actividad **4** **La manifestación** Ayer por la noche empezó una manifestación (*protest*) afuera del edificio que ves aquí. Mira los balcones y describe qué estaba haciendo la gente en su apartamento cuando empezó la manifestación. Incluye el piso donde vive cada uno. Sigue el modelo.

▪▪▪ La chica del sexto piso estaba durmiendo cuando empezó la manifestación.

En una carrera (*race*) de ciclismo este fin de semana participaron seis ciclistas de Hispanoamérica. En parejas, lean las pistas (*clues*) y adivinen el número de llegada (primero, segundo, etc.), nombre, nacionalidad y color de camiseta de cada ciclista.

1. Claudio Vardi, con camiseta roja, es de un país suramericano.
2. El uruguayo llegó en tercer lugar.
3. El hombre de camiseta amarilla se llama Augusto Terranova y no es uruguayo.
4. El colombiano que llegó primero tiene camiseta roja.
5. Hernando Calasa, con camiseta morada, no llegó cuarto.
6. Francisco Lara, que tiene camiseta azul, es el único que no es suramericano.
7. Silvio Scala, de nacionalidad chilena, llegó justo después del boliviano de camiseta amarilla.
8. El peruano de camiseta morada llegó último.
9. El guatemalteco llegó justo después del colombiano.
10. La camiseta del uruguayo Marcelo Ruso es verde y no negra como la del ciclista chileno.

¿Lo sabían?

El ciclismo es un deporte muy popular en muchos países y cada año hay carreras internacionales. Quizás las más interesantes sean las de España y de Colombia, por la habilidad de los participantes y también por ser muy difíciles, pues hay muchas montañas. La carrera más importante del mundo es la Vuelta a Francia, que tiene lugar todos los años en el mes de julio. En 1988, la ganó un español, Pedro Delgado, y la ganó otro español, Miguel Indurráin, de 1991 a 1995. Aunque la mayoría de los ciclistas profesionales son de Europa o los Estados Unidos, los ciclistas colombianos generalmente se clasifican entre los mejores del mundo.

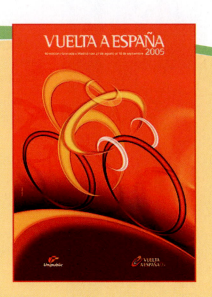

¿? ¿Sabes los nombres de algunos ciclistas norteamericanos que ganaron la Vuelta a Francia? Piensa en los deportes más populares de tu país. ¿Qué lugar crees que ocupa el ciclismo?

II. Las habitaciones de una casa

■■■ **Dormitorio** = habitación, alcoba, cuarto, recámara, pieza

1. hall de entrada
2. sala
3. comedor
4. ⎫
5. ⎬ dormitorio
6. ⎭
7. pasillo
8. ⎫ baño
9. ⎭
10. cuarto de servicio
11. cocina

Otras palabras relacionadas con la casa

el agua	water	**la electricidad/luz**	electricity
el alquiler	rent	**la fianza/el depósito**	security deposit
amueblado/a	furnished	**el gas**	gas
la calefacción	heat	**los gastos**	expenses

Online Study Center

To practice: Do SAM Workbook and Web activities.

Actividad 6 **Asociaciones** Di qué cuartos de la casa asocias con las siguientes actividades o cosas: dormir, mirar televisión, comer, estudiar, hablar con amigos, leer, ducharse, escuchar música, lavarse las manos, preparar comida.

Actividad 7 **¿Cómo es tu casa?** **Parte A.** En grupos de tres, cada persona les describe la casa de su familia a sus compañeros. Digan si es grande o pequeña, qué tiene (cuántos dormitorios, etc.) y si tiene alguna característica especial.

Parte B. Ahora describan cómo era la casa en que vivían cuando tenían entre 8 y 10 años. Si es la misma casa que tiene su familia ahora, digan las cosas que eran diferentes.

En grupos de tres, "A" y "B" van a trabajar en Montevideo, Uruguay, por seis meses y tienen que alquilar un departamento. "C" es un/a amigo/a y les dice que hay un departamento para alquilar en su edificio. "A" y "B" quieren información sobre el departamento y le hacen preguntas a "C". Lean solo su papel.

A y B

Quieren saber:
1. cuánto es el alquiler
2. si es necesario pagar depósito
3. si está amueblado
4. si hay calefacción
5. si hay otros gastos como gas, agua y luz

C

Sabe:
1. el alquiler es 5.500 pesos al mes
2. un mes de depósito
3. está amueblado (con muebles viejos)
4. hay calefacción central
5. el alquiler incluye gas, agua y luz

Gramática para la comunicación I

I. Using Other Affirmative and Negative Words

In Chapter 6 you learned some affirmative and negative expressions such as **algo–nada, alguien–nadie, siempre–nunca.** Here are some more expressions.

■■■ Review other affirmative and negative words, Ch. 6.

Affirmative and Negative Adjectives	Affirmative and Negative Pronouns
algún/alguna/algunos/algunas + **noun** some/any + *noun*	**alguno/alguna/algunos/algunas** some/any
ningún/ninguna + **singular noun** not any + *noun*	**ninguno/ninguna** none/no one/not any

Note that **alguno** and **ninguno** can <u>never</u> be followed by a noun because they are pronouns. Also note that the adjectives **ningún/ninguna** and the pronouns **ninguno/ninguna** are seldom used in the plural.

—¿**No** vamos a ver **ningún** apartamento este fin de semana?

Aren't we going to see any apartments this weekend?

—Sí, es posible. ¿Tienes **algunos** teléfonos para llamar?

Possibly. Do you have any telephone numbers to call?

—Tengo **algunos,** pero **no** tengo **ninguno** aquí.

I have some, but I don't have any here.

Actividad 9 **¿Qué hay?** En algunas salas de clase hay muchas cosas, pero otras no tienen mucho. ¿Cuáles de las siguientes cosas hay y no hay en tu clase? Fotografías, mapas, televisor con video, ventanas, proyector, pantalla (*screen*), computadora, reloj, equipo de audio, tablón de anuncios, aire acondicionado, reproductor de DVD. Sigue el modelo.

▪▪▪ En nuestra clase no hay ninguna...
    En nuestra clase hay...

Actividad 10 **La habitación desordenada** En parejas, "A" cubre el dibujo B y "B" cubre el dibujo A. El dibujo A está incompleto y por eso "A" debe averiguar qué cosas de las que están debajo de su dibujo se necesitan para completarlo, cuántas hay y dónde están. Cuando averigüe, "A" debe dibujar las cosas en el lugar apropiado.

▪▪▪   A: ¿Hay alguna camisa en esta habitación?

B: Sí, hay una.   B: No, no hay ninguna.
A: ¿Dónde está?   A: ¿Hay algunos televisores?
B: ...   B: ...

II. Talking About the Unknown: The Present Subjunctive

Up to now, you have used all verbs in the indicative mood. There is another verbal mood called the subjunctive (**el subjuntivo**), which is used to express things such as doubt, uncertainty, hope, influence, and to talk about the unknown. You will learn about these uses little by little in this and the next chapter.

A. Use of the Present Subjunctive

1 ▪ When talking about something or someone, you may describe it/him/her with an adjective or with an adjective clause usually introduced by **que**.

> **Vivo en un apartamento** *grande.* (adjective)
> **Vivo en un apartamento** *que es grande.* (adjective clause with a conjugated verb in the indicative mood)

The two previous sentences describe an apartment where the speaker lives. The apartment actually exists: the speaker knows the address, how many bedrooms it has, what color the walls are, etc. When describing something that you are not sure exists, you may also use an adjective or an adjective clause, normally introduced by **que,** that contains a verb in the subjunctive mood.

> **Busco un apartamento** *grande.* (adjective)
> **Busco un apartamento** *que sea grande.* (adjective clause with a conjugated verb in the subjunctive mood)

2 ▪ Compare the following sentences.

Exists	May or may not exist
Conozco al portero **que trabaja en mi edificio.**	Busco un portero **que trabaje bien.***
Tengo una cama **que es pequeña**.	Necesito una cama **que sea grande**.
Mis padres viven en un apartamento **que tiene balcón**.	Mis padres quieren un apartamento **que tenga balcón**.
Conozco un apartamento **que tiene una cocina grande que es perfecta para ti.**	¿Hay algún apartamento **que tenga una cocina grande que sea perfecta para mí?**

***NOTE:** The *personal* **a** is not used when the direct object refers to a person or persons that may or may not exist, unless it is **alguien** or **algún/alguna:**
Busco a alguien/alguna persona que conozca bien la zona.

3 ▪ A verb in the subjunctive mood is also used in adjective clauses to describe something that does not exist from the point of view of the speaker. This type of construction is frequently used to complain or whine about a problem.

No encuentro una persona **que me alquile un apartamento amueblado.***	*I can't find a person who will rent me a furnished apartment.*
No conozco a ningún portero **que sea eficiente.***	*I don't know any doorman who is efficient.*
No conozco a nadie **que sepa cocinar bien.***	*I don't know anybody who knows how to cook well.*

***NOTE:** The *personal* **a** is not used when the direct object refers to a person or persons that do not exist, unless it is **nadie** or **ningún/ninguno/a.**

▪▪▪ clause: a phrase that has a conjugated verb

B. Forms of the Present Subjunctive

1 ■ To conjugate most verbs in the subjunctive, apply the following rules.

a. Take the present indicative **yo** form: **hablo, como, salgo**

b. Drop the **-o** from the verb ending: **habl-, com-, salg-**

c. Add **-e** for **-ar** verbs: que habl**e**
Add **-a** for **-er** and **-ir** verbs: que com**a**, que salg**a**

d. Add the endings for the other persons as shown in the following charts.

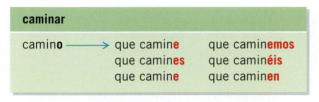

caminar	
camino ⟶ que camin**e**	que camin**emos**
que camin**es**	que camin**éis**
que camin**e**	que camin**en**

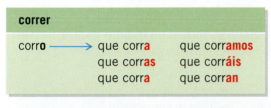

correr	
corr**o** ⟶ que corr**a**	que corr**amos**
que corr**as**	que corr**áis**
que corr**a**	que corr**an**

salir	
salg**o** ⟶ que salg**a**	que salg**amos**
que salg**as**	que salg**áis**
que salg**a**	que salg**an**

■ ■ ■ When practicing the subjunctive, say **que** before each form to emphasize the dependency of the subjunctive clause.

NOTE:

a. Remember that reflexive pronouns precede a conjugated form.

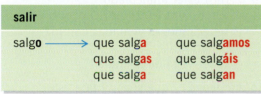

levantarse	
que **me** levant**e**	que **nos** levant**emos**
que **te** levant**es**	que **os** levant**éis**
que **se** levant**e**	que **se** levant**en**

b. Verbs ending in **-car, -gar, -zar,** and **-ger** require spelling changes in all present subjunctive forms.

	Indicative	Subjunctive
to**car**	toco	que to**que**
pa**gar**	pago	que pa**gue**
empe**zar**	empiezo	que empie**ce**
esco**ger** (*to choose*)	esco**jo**	que esco**ja**

■ ■ ■ Remember these spelling conventions:
ca **que** qui co cu
ga **gue** gui go gu
za **ce** ci zo zu
ja ge gi **jo** ju

2 ■ In the subjunctive, stem-changing verbs ending in **-ar** and **-er** have the same changes as in the present indicative: **que yo piense, que tú vuelvas, que él quiera, que ellos jueguen.** Remember that there is no change in the **nosotros** and **vosotros** forms: **que almorcemos, que empecéis.** Stem-changing verbs ending in **-ir** have the same stem change as in the present indicative. In addition, the **nosotros** and **vosotros** forms require a stem change from **-e-** to **-i-** or from **-o-** to **-u-**.

■ ■ ■ Review **-ir** stem-changing verbs, Chs. 5 (p. 125–126) and 7 (p. 186).

mentir	
que m**ie**nta	que m**i**ntamos
que m**ie**ntas	que m**i**ntáis
que m**ie**nta	que m**ie**ntan

dormir	
que d**ue**rma	que d**u**rmamos
que d**ue**rmas	que d**u**rmáis
que d**ue**rma	que d**ue**rman

3 ■ The following verbs are irregular in the present subjunctive.

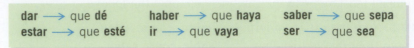

dar	→ que **dé**	haber	→ que **haya**	saber	→ que **sepa**
estar	→ que **esté**	ir	→ que **vaya**	ser	→ que **sea**

Here are the complete conjugations of **dar** and **estar**.

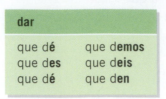

dar	
que d**é**	que d**emos**
que d**es**	que d**eis**
que d**é**	que d**en**

estar	
que est**é**	que est**emos**
que est**és**	que est**éis**
que est**é**	que est**én**

■■■ The accent distinguishes **dé**, the subjunctive, from **de**, the preposition. Accents on **estar** reflect pronunciation.

■■■ **hay** = indicative
que haya = subjunctive

Online Study Center

To practice: Do SAM Workbook and Web activities.

■■■ If something exists, use the indicative. If something may or may not exist, use the subjunctive.

Actividad 11 Por teléfono En parejas, una persona busca apartamento y necesita llamar a una agencia de alquiler. Tomen un minuto para pensar en la siguiente información y después una persona llama a la otra buscando apartamento.

ser grande/pequeño	tener garaje (para 1 ó 2 carros)
estar cerca de la universidad/del centro	(no) estar amueblado
tener cocina grande/pequeña	estar en el 1er/2°/3er/... piso
ser moderno/antiguo	tener muchas ventanas con luz natural
tener 1 ó 2 baños	tener vista de la ciudad

■■■ A: Busco un apartamento que tenga..., que sea... y que esté...

B: Tenemos un apartamento que tiene..., que es... y que está...

Actividad 12 Nuestra primera casa Parte A. En parejas, imagínense que Uds. son una pareja de recién casados (*newlyweds*) y quieren comprar una casa. Obviamente, tienen que pensar en el futuro y la vida que van a tener. Decidan cómo debe ser su casa. **Queremos una casa que...**

Parte B. Ahora, comparen lo que quieren Uds. con lo que quiere la pareja de la siguiente tira cómica de Maitena.

Actividad 13 **Lo ideal** En grupos de cuatro, describan a su profesor/a, jefe/a (*boss*), secretario/a, padre/madre o amigo/a ideal. El/La secretario/a del grupo toma apuntes. Después, comparen su descripción con las de otros grupos.

■■■ Queremos tener un profesor que...
Buscamos un jefe que...

Actividad 14 **Se busca** **Parte A.** Busca personas de la clase que tengan o hagan las siguientes cosas.

■■■ que tenga dos hijos
A: ¿Tienes dos hijos?
B: Sí, tengo dos hijos./No, no tengo dos hijos.

1. que trabaje en un restaurante
2. que termine los estudios este año
3. que vaya a Bolivia este verano
4. que tenga tres hermanos
5. que sepa hablar catalán
6. que sea de Illinois
7. que hable japonés
8. que piense casarse este año
9. que tenga perro
10. que sepa preparar mole poblano

■■■ **Catalán** = idioma que se habla en Calatuña (noreste de España). La capital de Cataluña es Barcelona.

■■■ **Mole poblano** = salsa picante (*spicy*) mexicana que se prepara con chocolate.

Parte B. Ahora, contesta las preguntas de tu profesor/a.

■■■ ¿Hay alguien en la clase que trabaje en un restaurante?

Sí, hay alguien que trabaja en un restaurante; [Charlie] trabaja en [Red Lobster].

No, no hay nadie que trabaje en un restaurante.

Actividad 15 **El eterno pesimista** Eres una persona pesimista. Completa estas oraciones de forma original.

■■■ No hay ninguna persona que sea inteligente.

1. No hay nadie que...
2. No tengo nada que...
3. No conozco a ningún estudiante que...
4. El presidente no hace nada que...
5. En las tiendas no encuentro nada que...
6. No tengo ningún profesor que...

■■■ Nonexistence from the speaker's point of view = subjunctive

Actividad 16 Se necesita Parte A. Lee y completa los siguientes anuncios. Después decide cuáles pueden combinarse.

■ ■ ■ The infinitive is frequently used to give impersonal written commands: **Llamar a Marta.**

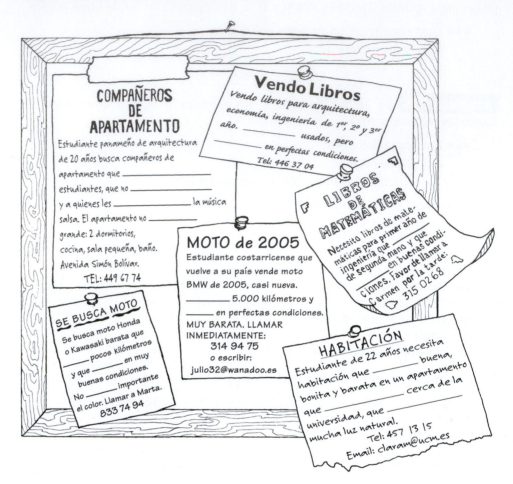

COMPAÑEROS DE APARTAMENTO

Estudiante panameño de arquitectura de 20 años busca compañeros de apartamento que _____ estudiantes, que no _____ y a quienes les _____ la música salsa. El apartamento no _____ grande: 2 dormitorios, cocina, sala pequeña, baño. Avenida Simón Bolívar.
TEL: 449 67 74

Vendo Libros

Vendo libros para arquitectura, economía, ingeniería de 1er, 2o y 3er año. _____ usados, pero _____ en perfectas condiciones.
Tel: 446 37 04

LIBROS DE MATEMÁTICAS

Necesito libros de matemáticas para primer año de ingeniería que _____ de segunda mano y que _____ en buenas condiciones. Favor de llamar a Carmen por la tarde.
315 02 68

MOTO de 2005

Estudiante costarricense que vuelve a su país vende moto BMW de 2005, casi nueva. _____ 5.000 kilómetros y _____ en perfectas condiciones. MUY BARATA. LLAMAR INMEDIATAMENTE: 314 94 75 o escribir: julio32@wanadoo.es

SE BUSCA MOTO

Se busca moto Honda o Kawasaki barata que _____ pocos kilómetros y que _____ en muy buenas condiciones. No _____ importante el color. Llamar a Marta. 833 74 94

HABITACIÓN

Estudiante de 22 años necesita habitación que _____ buena, bonita y barata en un apartamento que _____ cerca de la universidad, que _____ mucha luz natural.
Tel: 457 13 15
Email: claram@ucm.es

Parte B. En parejas, una persona llama para pedir más información y la otra da información adicional.

■ ■ ■ A: ¿Aló?
B: Sí, llamo por la moto...

¿Lo sabían?

En los países hispanos no es común vender cosas de segunda mano delante de la casa o en el garaje (*tag or garage sales*). Generalmente, la gente les regala la ropa usada a miembros de la familia, a personas pobres o también a la iglesia. Las cosas usadas como equipos de audio, computadoras y libros se anuncian en la sección de avisos clasificados del periódico, en revistas o periódicos como *Segundamano* o en Internet.

¿? ¿Conoces algún periódico como este en tu ciudad o un lugar en Internet que venda cosas de segunda mano? ¿Compras o vendes cosas usadas por Internet?

Nuevos horizontes

Lectura

ESTRATEGIA: Using the Dictionary

■■■ Note: Since all dictionaries are not the same, it is important to familiarize yourself with your dictionary. Consult the Table of Contents and indexes.

So far in this text you have practiced a number of strategies to help you understand the meaning of a passage you are reading; for example, predicting, identifying cognates, and guessing meaning from context. In this chapter, you will practice using the dictionary to discern meaning. Remember: Use a dictionary only when the word is essential to your understanding of the passage.

The following guidelines will help you make better use of the dictionary.

1. Try to guess meaning from context. Then, look up the word to confirm your guess. Remember that a word may have more than one meaning, so you should check the context in which it appears when making your choice.

■■■ In Spanish, the verb *to leave* can be transitive or intransitive and has two equivalents when translated. Transitive (takes a direct object): He always *leaves his keys* on the table. **Siempre deja las llaves en la mesa.** Intransitive (doesn't take a direct object): Every morning she *leaves* at seven. **Todas las mañanas ella sale a las siete.**

2. Check the grammatical form of the word. This may help you determine which definition is correct according to context. Important grammar abbreviations are: *m.* (masculine noun), *f.* (feminine noun), *adj.* (adjective), *adv.* (adverb), *v. tr.* (a transitive verb—one that is followed by a direct object), *v. intr.* (an intransitive verb—one that does not admit a direct object), and *reflex.* (reflexive verb).

3. If a word you are looking up is part of an idiom, you will find it referenced under the main word of the idiom.

4. Nouns are usually presented in the singular form of the corresponding gender: masculine singular, feminine singular.

■■■ In the sentence **Busco una persona que tenga estas credenciales,** the word **tenga** is the subjunctive of the verb **tener** and you should look up the word **tener.**

5. Adjectives are normally presented in their masculine singular form.

6. Verbs are normally listed only in the infinitive form; therefore, it is necessary to determine what the infinitive is from the conjugated form.

7. Knowing some common abbreviations may be helpful: ARTS fine arts; BOT. botany; CHEM. chemistry; COLL. colloquial; FIG. figurative; ZOOL. zoology; etc. There is normally a key to abbreviations in the dictionary itself, which should be consulted when a question arises.

Actividad 17 **El contexto histórico** **Parte A.** Antes de leer un poema de la poeta española Ángela Figuera, que escribió después de la guerra civil en su país, lee sobre la historia de España.

La guerra civil española entre los nacionalistas (conservadores, entre ellos militares y monarquistas con tendencias fascistas) y los republicanos (izquierdistas, entre ellos los sindicatos, comunistas y anarquistas) duró tres años, de 1936 a 1939. Los nacionalistas, que recibieron ayuda de Hitler y Mussolini, ganaron y el general Francisco Franco subió al poder. Después de la guerra, España estaba totalmente destruida: el pueblo español pasó por una época difícil de mucha censura y no

■■■ During the post-war years, labor unions, demonstrations, civil marriage, and divorce were banned. The Catholic church played a prominent role in society and religious education was compulsory in schools.

había ni las cosas necesarias para la vida diaria como la comida. Había mucha inflación y por eso, algunas personas sacaron su dinero del país. Muchos republicanos también salieron del país y otros fueron a la cárcel (*prison*). En esos años España no recibió ningún tipo de ayuda internacional porque pronto empezó la segunda guerra mundial. Hitler y Mussolini perdieron la guerra y entonces España, que estaba bajo el gobierno de Franco, se encontró aislada (*isolated*) del resto del mundo. Europa recibió dinero del Plan Marshall para su reconstrucción, pero España no.

Ángela Figuera, ➤ española (1902–1984).

Parte B. Ahora marca si las siguientes oraciones son ciertas (**C**) o falsas (**F**) para ver cuánto sabes sobre la guerra civil y la posguerra española.

1. ¿Qué es lo que no puede hacer la gente bajo un gobierno militar?

   _____ criticar al gobierno

   _____ leer periódicos objetivos

   _____ organizar manifestaciones

   _____ leer los libros que quieren

   _____ los hombres llevar pelo largo

   _____ llevar ropa sexy

   _____ estar en la calle después de las 10 p. m.

   _____ hablar con libertad

   _____ viajar libremente

2. Después de una guerra civil, ¿en qué condiciones crees que se encuentre un país?

   _____ No hay comida para todos.

   _____ La gente está muy triste.

   _____ La gente está contenta.

   _____ La gente no confía en (*trust*) el vecino.

   _____ La gente está dividida.

   _____ Hay mucha pobreza.

   _____ La gente está enojada.

Actividad 18 Lectura rápida Lee el poema una vez y mira los dibujos para comprender mejor el significado de algunas palabras. No uses el diccionario. Contesta estas preguntas al terminar.

1. ¿Cómo se siente la poeta Ángela Figuera, triste o contenta?
2. ¿Qué aspecto de la sociedad critica: que la gente es demasiado materialista o que no tiene libertad de expresión?
3. En tu país, ¿pueden pasar las cosas que ella critica? ¿Por qué sí o no?

No quiero

Ángela Figuera

1　No quiero
　　que los besos se paguen
　　ni la sangre se venda
　　ni se compre la brisa
　　ni se alquile el **aliento**.

2　No quiero
　　que el trigo se queme y el pan se **escatime**.

3　No quiero
　　que haya frío en las casas,
　　que haya miedo en las calles,
　　que haya rabia en los ojos.

4 No quiero
    que en los labios se encierren mentiras,
    que en las arcas se encierren millones,
    que en la cárcel se encierre a los buenos.

5 No quiero
    que el **labriego** trabaje sin agua,
    que el marino navegue sin brújula,
    que en la fábrica no haya **azucenas,**
    que en la mina no vean la aurora,
    que en la escuela no **ría** el maestro.

6 No quiero
    que las madres no tengan perfumes,
    que las mozas no tengan amores,
    que los padres no tengan tabaco,
    que a los niños les pongan los **Reyes**
    camisetas de **punto** y cuadernos.

7 No quiero
    que la tierra se parta en porciones,
    que en el mar se establezcan dominios,
    que en el aire se **agiten** banderas,
    que en los trajes se pongan señales.

8 No quiero
    que mi hijo desfile,
    que los hijos de madre desfilen
    con fusil y con muerte en el hombro:
    que jamás se **disparen** fusiles,
    que jamás se fabriquen fusiles.

9 No quiero
    que me manden Fulano y Mengano,
    que me **fisgue** el vecino de enfrente,
    que me pongan carteles y sellos,
    que decreten lo que es poesía.

10 No quiero
    amar en secreto,
    llorar en secreto,
    cantar en secreto.

11 No quiero
    que me **tapen** la boca
    cuando digo NO QUIERO.

Actividad 19 El diccionario Lee el poema otra vez con más cuidado (*care*). Mira las palabras que están en negrita (*boldface*) y busca el significado de cada palabra. A continuación se presentan definiciones de estas palabras.

a·gi·tar tr. (*sacudir*) to wave, shake; FIG. (*alborotar*) to agitate, excite —reflex. (*sacudirse*) to wave, flutter; FIG. (*perturbarse*) to be agitated *or* excited; MARIT. to be rough or choppy.

a·lien·to m. (*soplo*) breath; (*respiración*) breathing, respiration; FIG. (*valor*) strength, courage ◆ **dar a. a** FIG. to encourage • **de un a.** FIG. in one breath, without stopping • **cobrar a.** FIG. to take heart • **sin a.** breathless.

a·zu·ce·na f. BOT. white *or* Madonna lily; CUBA, BOT. nard; FIG. pure *or* delicate person ◆ **a. anteada** day *or* fire lily • **a. atigrada** tiger lily • **a. de agua** water lily.

dis·pa·rar tr. to fire, shoot; (*echar*) to throw, hurl.

es·ca·ti·mar tr. to skimp on, to be sparing with ◆ **e. la comida** to skimp on food; to spare • **no e. esfuerzos** to spare no effort.

fis·gar tr. (*pescar*) to spear, harpoon (fish); (*husmear*) to pry into, snoop on —intr. & reflex. to make fun of, mock.

la·brie·go, -ga m.f. farm hand or worker.

pun·to m. (*señal pequeña*) small dot; (*sitio*) point, spot ◆ **p. de reunión** the meeting point; (*ocasión*) point, verge • *ellos están a p. de lograrlo* they are on the verge of accomplishing it; GRAM. dot *el p. de la i* the dot of the i; period; • **al p.** at once, immediately • **a p.** just in time • **a p. de** on the verge of, about to • **de p.** knitted • **calcetines de p.** knitted socks • **dos puntos** GRAM. colon • **en p.** on the dot, sharp.

reír intr. to laugh *echarse a. r.* to burst out laughing; FIG. (*burlar de*) to make fun of, laugh at; (*brillar*) to be bright, sparkle, (one's eyes).

rey m. (*monarca*) king, sovereign; (*en juegos*) king; FIG. king • **r. de los animales** the king of beasts ◆ **a cuerpo de r.** FIG. like a king *vivir a cuerpo de r.* to live like a king • **cada uno es r. en su casa** a man's home is his castle • **día de Reyes** Epiphany, Twelfth Night • **Reyes magos** the Three Magi *or* Wise Men.

rí·a f. estuary.

rí·a, río *see* reír

ta·par tr. (*cubrir*) to cover, cover up; (*cerrar*) to plug up, to stop up; (*ocultar*) to block, obstruct (the view); FIG. (*esconder*) to conceal, hide —reflex. to cover oneself up.

Actividad 20 En otras palabras Indica qué idea representa mejor cada estrofa (*stanza*) del poema.

_____ El mundo debe estar unido y nadie debe controlar nada.

_____ Los jóvenes no deben tener que ser soldados y llevar armas.

__1__ La gente necesita ser libre: poder respirar y amar libremente.

_____ La gente no debe esconder (*to hide*) ideas ni dinero y el gobierno no debe poner en la cárcel a los inocentes.

_____ La gente debe tener calefacción, y no debe tener miedo ni estar enojada.

_____ Los trabajadores deben tener buenas condiciones de trabajo y sentirse contentos.

_____ Nadie debe darle órdenes a nadie ni censurar lo que escribe.

_____ La poeta quiere poder hablar y criticar cuando quiere.

_____ La poeta quiere poder hacer las cosas más personales abierta y libremente sin tener a nadie vigilándola cuando las hace.

_____ Debe haber comida para todos.

_____ Todos deben tener pequeños placeres (*pleasures*).

Escritura ESTRATEGIA: **Pastiche**

When you read in English, you frequently learn new words and phrases that you then incorporate in your speech and writing. By using your knowledge of Spanish, your observational skills, and common sense, you can learn about the Spanish language while reading. Not only can you pick up vocabulary words and idiomatic phrases, but structures as well. Trust your instincts, take calculated risks, and try to use new knowledge with someone who will correct you when needed. Risk takers are good language learners.

Actividad *21* Poesía **Parte A.** Test your observational skills by doing the following activity.

1. Answer these questions about part of the sixth stanza of the poem **"No quiero."**

No quiero
  que las madres no tengan perfumes,

What is the subject of **No quiero?**
What is the subject of **no tengan?**

Therefore, the sentence **"No quiero que las madres no tengan perfumes,"** has two subjects. What word comes right after the first verb? Is **tengan** in the indicative or the subjunctive mood?

2. Reread this stanza and answer the questions.

No quiero
  amar en secreto,
  llorar en secreto,
  cantar en secreto.

What is the subject of **No quiero?** Are there any other subjects in the next three lines of the stanza? Is the word **que** present? What form of the verb are **amar, llorar,** and **cantar?**

Parte B. Imitate Figuera's style and apply what you have just learned through observation to write your own poem, titled **"Quiero."**

Quiero
  que _____
  que _____
  que _____
Quiero
  que _____
  que _____
  que _____
Quiero
  _____
  _____
  _____
Quiero
  que _____
  que _____
  que _____

Did you use a subject other than **yo** after **que** in each line?

Did you use a subject other than **yo** after **que** in each line?

Did you use an infinitive to start each line to describe what you want to do?

Did you use a subject other than **yo** after **que** in each line?

Vocabulario esencial II

En la casa

En la cocina

■ ■ ■ Clothes dryers (**secadoras**) are not as common in Spain and Hispanic America as in the U.S. **La secadora** = (clothes) dryer; **el secador** = hair dryer.

■ ■ ■ Some people say **el lavava-jillas** for **el lavaplatos.**

1. la lavadora
2. la aspiradora
3. la nevera/el refrigerador
4. el congelador
5. el lavaplatos

6. la cafetera
7. el fregadero
8. la estufa/cocina eléctrica/de gas
9. el (horno de) microondas
10. la tostadora

En el baño

1. el lavabo
2. el espejo
3. el inodoro
4. el bidé
5. la bañera
6. la ducha

Actividad 22 **¿Dónde se ve?** Lee las siguientes situaciones y decide si estas se ven generalmente en los Estados Unidos (**E**), en un país hispano (**H**) o en los dos (**EH**).

1. ____ Hay portero en el edificio.
2. ____ Los ascensores tienen espejos.
3. ____ En el congelador hay mucha comida congelada.
4. ____ Hay televisor en la cocina.
5. ____ No hay secadora en la casa.
6. ____ Hay bidé en el baño.

Actividad 23 **Asociaciones** Asocia estas marcas con el vocabulario de la cocina y el baño.

Maytag	Mr. Coffee	Mr. Bubble	Hoover
Frigidaire	Toastmaster	Kenmore	Saniflush

Actividad 24 **Describe y dibuja** En parejas, "A" le describe a "B" su cocina o baño. "A" debe indicar qué muebles y otras cosas tiene en ese cuarto y dónde están. "B" dibuja un plano del lugar con muebles y otras cosas. Después cambien de papel.

Los muebles

1. la alfombra
2. el armario/el ropero
3. el sillón
4. el estante
5. la cómoda

Actividad 25 **Otras asociaciones** Di qué muebles u objetos asocias con las siguientes habitaciones, acciones o cosas.

1. la sala, el dormitorio, el comedor
2. dormir, maquillarse, escribir, comer, sentarse, bañarse, lavar ropa
3. suéteres, vestidos, peine, diccionario, las verduras
4. hacer café, lavar los platos, lavarse las manos, ducharse, leer

Online Study Center

To practice: Do SAM Workbook and Web activities.

Mira el plano (*diagram*) de la casa en la página 267 y describe los muebles que ves y di en qué parte de la casa están.

En grupos de tres, Uds. acaban de alquilar un apartamento semiamueblado. El apartamento tiene tres dormitorios, sofá, dos camas, dos cómodas, una mesa grande en el comedor y solamente tres sillas para la mesa. Miren la siguiente lista y decidan las cuatro cosas más importantes que van a comprar.

alfombras	cómodas	una lavadora	un teléfono
una aspiradora	equipo de audio	un microondas	un televisor
una cafetera	espejos	sillas para el comedor	una tostadora
camas	estantes	sillones	

Para escuchar

Todos son expertos

ojalá (que) + *subjunctive*	I hope (that) . . .
Ojalá que quiera venderla.	I hope (that) he wants to sell it.
la plata	slang for "money" (literally: *silver*)
¡Por el amor de Dios!	For heaven's sake! (literally: *For the love of God!*)

El Rastro, un mercado al ➤ aire libre en Madrid, España. Solo se abre los domingos.

Don Alejandro, el tío de Teresa, tiene algunos muebles para el apartamento que acaban de alquilar las chicas, pero ellas tienen que comprar algunas cosas. Vicente y don Alejandro le están dando consejos a Teresa sobre los muebles de la casa.

■■■ **Ojalá** = may God grant (from Arabic).

Actividad 28 **Marca los muebles** Mientras escuchas la conversación, marca solo las cosas que necesitan las chicas.

_____ alfombra

_____ cama

_____ cómoda

_____ escritorio

– estantes

_____ lámpara

_____ lavadora

_____ sofá

Actividad 29 **¿Hay soluciones?** Después de escuchar la conversación otra vez, explica cómo va a obtener Teresa la cama, una lámpara, dos estantes y la lavadora.

Actividad 30 **Los deseos de Año Nuevo** Uds. están celebrando el Año Nuevo y están brindando (_toasting_) por el año que comienza. Hagan un deseo para el año nuevo.

■■■ Ojalá que este año pueda ir de vacaciones a México.

¿Lo sabían?

El famoso mercado de El Rastro se encuentra en el corazón de Madrid y ocupa varias calles. Allí puedes encontrar de todo: ropa, zapatos, juguetes, muebles e inclusive antigüedades. Se abre solo los domingos por la mañana y se cierra a eso de las 2:00 de la tarde. En contraste con este y otros mercados en grandes metrópolis, hay otros como el mercado de Chichicastenango que se encuentra en una ciudad pequeña de Guatemala donde los indígenas de la zona venden sus productos. En este colorido mercado, los jueves y los domingos, se venden flores, artesanías (_crafts_), textiles, muebles, frutas, condimentos y hierbas medicinales, entre otras cosas.

▲ Vendedoras de comida en el mercado de Chichicastenango, Guatemala.

¿? ¿Hay mercados en tu ciudad que sean como los que se mencionan? ¿Qué es posible comprar?

 flea market = **mercado de (las) pulgas**

Gramática para la comunicación II

Giving Advice and Stating Desires: Other Uses of the Subjunctive

¿Qué lugares me recomiendas que visite?

Te recomiendo que empieces en la Plaza San Martín.

In the conversation you heard between Teresa and her uncle, (1) how many subjects are there in each sentence in the following exchange? (2) Is the uncle asking for permission not to do something or is he requesting her not to do something?

TÍO **No quiero que compres una cama usada.**

TERESA **...¿quieres que duerma en la alfombra?**

If you said two in each for the first question and requesting her not to do something for the second question, you were correct. What form of the verb follows the word **que?** The correct answer is *subjunctive*.

1 ■ Look at how you can give advice, and express hopes, desires, and requests in a personal way.

To give someone advice, make requests of others, or express hopes and desires about others, use a verb that expresses advice, hope, or request + **que** + *subjunctive*.	To express what you want for yourself or what other people want for themselves, use a verb that expresses desire or hope + *infinitive*.
Quiero que (tú) vayas al Rastro. *I want you to go to the Rastro.*	**Quiero ir** al Rastro. *I want to go to the Rastro.*
Espero que encuentres algunos estantes. *I hope that you find some bookshelves.*	**Espero encontrar** algunos estantes. *I hope to find some bookshelves.*
Te recomiendo que llegues temprano porque hay mucha gente. *I recommend that you arrive early because there are a lot of people.*	**Pienso llegar** temprano porque hay mucha gente. *I plan on arriving early because there are a lot of people.*

The sentence **Quiero que (tú) vayas al Rastro** has two clauses. **Quiero** is called an independent clause since it is actually a sentence all by itself. But, **que (tú) vayas al Rastro** is simply a phrase that cannot stand on its own, and is therefore called a dependent clause. In order to form a sentence there must be an independent clause prior to the dependent.

2 ■ The following verbs are frequently used to give advice, to request an action, or to express hopes and desires.

desear		aconsejarle (a alguien) to advise
esperar	} to hope	pedirle (e ⟶ i, i) (a alguien)
querer		prohibirle (a alguien) to forbid, prohibit
		recomendarle (e ⟶ ie) (a alguien) to recommend

Ella **me pide que no use** su aspiradora.

She asks me not to use her vacuum cleaner.

Y yo **le prohíbo que coma** mi comida.

And I forbid her to eat my food.

3 ■ Now look at how you can give advice, and express hopes, desires, and requests in an impersonal way.

To give advice, express hopes or desires, or make requests in an impersonal way about someone or something, use an impersonal expression + **que** + *subjunctive.*	To give advice, express hopes or desires, or make requests of no one in particular, use an impersonal expression + *infinitive.*
Es mejor que mires mucho antes de comprar. *It's better that you look around a lot before buying.*	**Es mejor mirar** mucho antes de comprar. *It is better to look around a lot before buying.*
Es importante que busques buen precio. *It's important that you look for a good price.*	**Es importante buscar** buen precio. *It's important to look for a good price.*

4 ■ The following impersonal expressions are frequently used to give advice, request an action, or express hopes and desires.

es mejor	(no) es necesario
es bueno	(no) es importante

You now know many ways to give people advice, all with different degrees of forcefulness. Compare the following.

1. Es importante estudiar.
2. Debes estudiar.
3. Es importante que estudies.
4. Quiero que estudies.
5. Te aconsejo que estudies.
6. Tienes que estudiar.

Online Study Center

To practice:
Do SAM Workbook and Lab,
and Web activities.

Actividad 31 **La búsqueda** Termina esta conversación entre Mario y un señor que trabaja para la agencia Vivir Feliz. Escribe las formas apropiadas de los verbos indicados usando el subjuntivo, el indicativo o el infinitivo.

MARIO   Necesito un apartamento que _____ (1) cerca de la universidad. (estar)

AGENTE   Hay un apartamento a cinco minutos de aquí que _____ (2) un dormitorio. (tener)

MARIO   No, ese no me va a servir. Busco un apartamento que _____ (3) tres dormitorios y dos baños. (tener)

AGENTE   Te aconsejo que _____ (4) con otra agencia porque nosotros solo tenemos apartamentos pequeños. (hablar)

(Continúa en la pagina siguiente.)   Capítulo **10**   **285**

MARIO   ¿Algún otro consejo?

AGENTE   Sí, es importante que _____ (5) a buscar ahora, porque hay pocos apartamentos y muchos estudiantes. (empezar)

MARIO   Buena idea. ¿Es necesario que yo _____ (6) un depósito o solamente tengo que firmar un contrato? (pagar)

AGENTE   Generalmente es necesario _____ (7) en el momento de firmar. (pagar)

MARIO   Ahora tengo que _____ (8), pero como Ud. dice, es importante que yo _____ (9) temprano para buscar apartamento. Muchas gracias, Sr. Moreno. (estudiar, levantarse)

Actividad 32 ¿Quién lo dice? Mira las siguientes ideas y marca quién te las dice generalmente. Luego comparte la información con el resto de la clase.

▪▪▪ Mi compañero de habitación me dice "Es importante que..."

	Tu compañero/a de habitación	Tu profesor/a de español	Un/a compañero/a de esta clase
Te aconsejo que hagas la tarea todos los días.	_____	_____	_____
Te pido que me expliques la tarea.	_____	_____	_____
Es importante que pases la aspiradora.	_____	_____	_____
Espero que estudies conmigo para el examen del subjuntivo.	_____	_____	_____
Es necesario pagar el alquiler a tiempo.	_____	_____	_____
Es importante que no escuches música a todo volumen.	_____	_____	_____
Te recomiendo que no comas la comida de la cafetería.	_____	_____	_____
Es importante que no copies las respuestas.	_____	_____	_____
Quiero que me ayudes con el subjuntivo.	_____	_____	_____

Todos quieren algo de mí Combina las ideas de las dos columnas para decir lo que diferentes personas quieren que tú hagas y contrástalo con lo que tú quieres hacer.

■■■ Mi madre quiere que yo sea dentista, pero yo quiero ser director/a de cine.

1. mi madre
2. mi padre
3. mis amigos
4. mi profesor/a de...
5. mi perro/gato

ser (+ ocupación)
estudiar mucho
llamarlos con frecuencia
darle comida
llevarlo al parque
jugar al (deporte)
sacar buenas notas
pasar las vacaciones con ellos

Consejos para presidentes **Parte A.** Imagina que tienes la oportunidad de hablar directamente con el/la presidente/a de tu país. Dale consejos.

1. No querer / que / Ud. / subir / los impuestos (*taxes*)
2. Es importante / que / Ud. / preocuparse / por los pobres
3. Es mejor / que / los candidatos / no recibir / dinero de grupos con intereses económicos
4. Es necesario / que / haber / menos corrupción en el gobierno
5. Esperar / que / Ud. / escuchar / al pueblo (*people*)
6. Aconsejarle / que / ser / (más o menos) liberal
7. ¿ ?

Parte B. Tu universidad es buena, pero no es perfecta. En parejas, preparen cuatro consejos para el/la presidente/a de su universidad con cambios que les gustaría ver.

Los consejos de un padre En parejas, "A" es un padre o una madre que tiene que darle consejos a su hijo/a sobre las drogas y el alcohol. "B" es el/la hijo/a que reacciona y también da consejos. Lean sus papeles y al hablar, usen frases como **te aconsejo (que), te prohíbo (que), es importante (que),** etc.

A (El padre/La madre)

Crees que tu hijo/a de 16 años consume drogas y bebe alcohol. Quieres mucho a tu hijo/a. Habla con él/ella y explícale lo que sabes. Luego dale consejos. Recuerda: tú no eres perfecto/a tampoco. Tú empiezas diciendo, "Hijo/a, quiero que hablemos. Estoy muy preocupado/a."

B (El hijo/La hija)

Tienes 16 años y eres muy rebelde. Últimamente tu padre toma una copa de vino cuando llega del trabajo y también con la comida. Tu madre siempre toma un whisky antes de la comida. Los dos fuman. Explícale a tu padre/madre lo que sabes y luego dale algún consejo. Recuerda: tú no eres perfecto/a tampoco.

Actividad 36 **Querida Esperanza** **Parte A.** Dos personas con problemas personales le escribieron a Esperanza, una señora que da consejos en Internet. Para completar sus emails, primero escoge el verbo correcto de la lista y luego escribe la forma correcta del indicativo (presente, pretérito, imperfecto), el infinitivo o el subjuntivo.

Querida Esperanza:

cambiar

comprar

empezar

escribir

hablar

hacer

poder

salir

ser

tener

tener

_____ (1) un hombre de 35 años y tengo un problema: hace una semana _____ (2) una crema especial y muy cara para cambiarme el color del pelo. Mi pelo _____ (3) de color, pero también _____ (4) a caerse. Antes _____ (5) mucho pelo, pero ahora ya no _____ (6) pelo.

¡Imagínese! Me da vergüenza _____ (7) de casa. ¿Qué puedo _____ (8)? ¿Comprar un sombrero? ¿Qué es mejor, que le _____ (9) a la compañía que hizo la crema o que _____ (10) con un abogado? ¿Hay algún abogado que Ud. me _____ (11) recomendar?

Calvo y sin plata

Para la respuesta de Esperanza, haz clic **aquí**.

Querida Esperanza:

caminar

comprar

estar

estar

hablar

hacer

hacer

llevar

morirse

tener

Hace un mes _____ (1) mi suegra y ahora _____ (2) problemas con la herencia. Ella _____ (3) enferma durante tres años y yo la _____ (4) al médico, le di de comer y cuando ya no pudo _____ (5), le _____ (6) una silla de ruedas. Ella _____ (7) feliz con la silla que le compré. El hermano de mi esposa no _____ (8) nada, pero recibió todo el dinero y a nosotros mi suegra nos dejó solamente el gato y un álbum de fotos. ¿Qué nos aconseja que _____ (9)? ¿Es necesario que _____ (10) con el hermano de mi esposa?

Responsable pero pobre

Para la respuesta de Esperanza, haz clic **aquí**.

Online Study Center
Do Web Search activities.

Parte B. Ahora imagínate que eres Esperanza y tienes que escribir respuestas a estas personas. Usa expresiones como **es necesario que, le aconsejo que,** etc.

Vocabulario funcional

Los números ordinales

primero	*first*
segundo	*second*
tercero	*third*
cuarto	*fourth*
quinto	*fifth*
sexto	*sixth*
séptimo	*seventh*
octavo	*eighth*
noveno	*ninth*
décimo	*tenth*

Las habitaciones de la casa

el baño	*bathroom*
la cocina	*kitchen*
el comedor	*dining room*
el cuarto de servicio	*maid's room*
el dormitorio	*bedroom*
el hall (de entrada)	*entrance hall*
el pasillo	*hallway*
la sala	*living room*

Palabras relacionadas con la casa o el apartamento

el agua	*water*
el alquiler	*rent*
amueblado/a	*furnished*
el apartamento	*apartment*
la calefacción	*heat*
el edificio	*building*
la electricidad	*electricity*
la fianza/el depósito	*security deposit*
el garaje	*garage*
el gas	*gas*
los gastos	*expenses*
la luz	*light; electricity*
el piso	*floor*
el portero	*doorman; janitor*

En la cocina

la aspiradora	*vacuum cleaner*
la cafetera	*coffee maker*
el congelador	*freezer*
la estufa/cocina eléctrica/ de gas	*electric/gas stove*
el fregadero	*kitchen sink*
el (horno de) microondas	*microwave (oven)*
la lavadora	*washing machine*
el lavaplatos	*dishwasher*
la nevera/el refrigerador	*refrigerator*
la tostadora	*toaster*

En el baño

la bañera	*bathtub*
el bidé	*bidet*
la ducha	*shower*
el espejo	*mirror*
el inodoro	*toilet*
el lavabo	*sink*

Los muebles

la alfombra	*carpet*
el armario/el ropero	*armoire, closet*
la cómoda	*dresser*
el estante	*bookshelf; shelf*
el sillón	*easy chair*

Palabras afirmativas y negativas

algún, alguna, algunos, algunas (*adjectives*)	*some; any*
alguno, algunas, algunos, algunas (*pronouns*)	*some; any*
ningún, ninguna (*adjectives*)	(*not*) *any*
ninguno, ninguna (*pronouns*)	*none; no one; not any*

Más verbos

aconsejarle (a alguien)	*to advise* (*someone*)
escoger	*to choose, select*
esperar	*to hope*
prohibirle (a alguien)	*to forbid, prohibit*
recomendarle (e ⟶ ie) (a alguien)	*to recommend* (*to someone*)

Palabras y expresiones útiles

el consejo	*advice*
de segunda mano	*secondhand, used*
es bueno	*it's good*
es importante	*it's important*
es mejor	*it's better*
es necesario	*it's necessary*
la esperanza	*hope*
Fulano, Mengano y Zutano	*Tom, Dick, and Harry*
el/la jefe/a	*boss*
o sea	*that is to say*
ojalá (que) + *subjunctive*	*I hope that . . .*
la plata	*slang for "money"* (literally: *silver*)
¡Por el amor de Dios!	*For heaven's sake!* (literally: *For the love of God!*)
¡Vaya!	*Wow!*

Videoimágenes

La vida de la ciudad

Antes de ver

Actividad 1 El barrio ideal Antes de ver el video, en parejas, digan qué cosas de la siguiente lista buscan Uds. en el barrio (*neighborhood*) ideal y por qué. Sigan el modelo.

> ▪▪▪ Es importante que tenga un supermercado cerca porque no quiero usar mi carro para hacer compras.

ser tranquilo
haber mucha gente joven
ser seguro
tener tiendas muy cerca
(no) haber muchos niños

poder estacionar el carro en la calle
tener restaurantes económicos
estar en un lugar céntrico
tener acceso a transporte público

Mientras ves

 34:34–37:33

Actividad 2 Busca un apartamento que... Javier quiere alquilar un apartamento en Madrid en el mes de agosto. Mientras miras el siguiente segmento, escribe qué muebles y otras cosas ves en las diferentes habitaciones del apartamento de Carmen, una secretaria administrativa que vive con su hija en un barrio de clase media.

salón comedor	dormitorio	baño	cocina

Javier con Carmen Fernández. ➤

Actividad 3 **Visita por el barrio** En este segmento, Carmen lleva a Javier a conocer el barrio. Escribe una lista de lugares que están cerca del apartamento.

Después de ver

Actividad 4 **A comparar** Después de ver el video, compara tu casa o apartamento con el de Carmen Fernández. Luego compara el barrio de Madrid donde vive Carmen con el de tu casa o apartamento.

Mientras ves

Actividad 5 **Visita por Buenos Aires** En este segmento Mariela habla con una amiga en Buenos Aires, Argentina, sobre el centro de esa ciudad. Mientras escuchas la conversación, completa las siguientes ideas.

37:44–38:41

38:42–end

1. San Martín es el _____ de Argentina.
2. El Kavannagh es el _____ rascacielos (*skyscraper*) de América Latina.
3. La zona de la calle Florida es el centro _____.
4. El horario de trabajo es de _____ a _____.
5. El horario del almuerzo es de _____ a _____.
6. La ropa típica que llevan los hombres al trabajo es pantalones _____, saco _____ y camisa _____.
7. Después del trabajo la gente va a la casa, _____ o a _____.

Después de ver

Actividad 6 **Costumbres de este país** Después de ver el segmento, en parejas, digan cuáles son algunas costumbres del país donde viven Uds. para poder describírselas a un turista.

1. horario de trabajo
2. horario del almuerzo
3. ropa típica que llevan al trabajo los hombres y las mujeres
4. cosas típicas que hace una persona después del trabajo
5. número de semanas de vacaciones

El tiempo libre

➤ **Indígenas zapotecas en un mercado del estado de Oaxaca, México.**

Chapter Objectives

- Discussing leisure-time activities
- Expressing doubt and certainty
- Telling how an action is done (quickly, etc.)
- Discussing food and its preparation
- Giving instructions
- Expressing emotion

¿Qué saben?

1. México es _____ veces más grande que Texas.
   a. dos   b. tres   c. cinco

2. México tiene más de 20.500.000 turistas al año. Entre ellos el _____ son estadounidenses.
   a. 67,5%   b. 77,5%   c. 87,5%

3. ¿Qué países forman parte del Tratado de Libre Comercio de Norteamérica? (*NAFTA*)?

4. ¿Cómo se llaman las fábricas en México y Centroamérica donde hacen productos para luego venderlos principalmente en los Estados Unidos?

5. ¿Cómo se llama la ciudad mexicana que está al otro lado de la frontera de El Paso, Texas?

Para escuchar

El trabajo y el tiempo libre

◄ Un restaurante en México.

tal vez/quizá(s) + *subjunctive*	perhaps/maybe
Somos dos.	There are two of us.
¡Qué (buena) suerte!/	What (good) luck!/
¡Qué mala suerte!	What bad luck!

■ ■ ■ **Tal vez** and **quizá** (or **quizás**) don't use **que;** they are followed directly by the subjunctive.

Raúl, un amigo de Vicente y Juan Carlos que es sociólogo, está ahora en México haciendo investigación sobre las maquiladoras. Las maquiladoras, plantas que importan materiales para ensamblar (assemble) *y luego exportar, generalmente están en México o Centroamérica y muchas son de compañías de los Estados Unidos y Japón. Ahora Raúl entra a almorzar en un restaurante con su amiga Rosa, una asistente social mexicana.*

Actividad 1 ¿Cierto o falso? Lee las siguientes oraciones y luego, mientras escuchas la conversación, identifica si son ciertas (**C**) o falsas (**F**).

1. _____ La gente de Nogales que trabaja en las maquiladoras no tiene tiempo libre.
2. _____ Muchas mujeres trabajan durante el día.
3. _____ Raúl compara a Rosa con Frida Kahlo.
4. _____ A las mujeres les pagan igual que a los hombres.
5. _____ Las mujeres trabajan menos que los hombres.
6. _____ El sábado Raúl va a comer en un restaurante.

Actividad 2 Preguntas Después de escuchar la conversación otra vez, contesta estas preguntas.

1. ¿Por qué muchas mujeres trabajan por la noche en las maquiladoras?
2. ¿Por qué conoce Rosa los problemas que existen en las maquiladoras?
3. ¿Por qué Raúl compara a Rosa con Frida Kahlo?
4. ¿Cómo es el salario de los trabajadores de las maquiladoras: alto, bajo o normal?
5. En tu país, ¿cómo es la situación laboral para los hombres y las mujeres?

Actividad 3 **¿Qué crees?** **Parte A.** Contesta estas preguntas escogiendo las opciones que describen tu opinión.

1. ¿Crees que exista la suerte?

   _____ Sí, creo que existe.   _____ Es posible que exista.
   _____ No, no creo que exista.

2. ¿Crees que se pueda ver el futuro en la palma de la mano?

   _____ Sí, creo que se puede ver el futuro en la palma de la mano.
   _____ Es posible que se pueda ver el futuro en la palma de la mano.
   _____ No, no creo que se pueda ver el futuro en la palma de la mano.

3. ¿Crees que haya vida en otros planetas (Venus, Marte, Plutón, Urano)?

   _____ Sí, creo que la hay.   _____ Es posible que la haya.
   _____ No, no creo que la haya.

4. ¿Crees que algunas personas tengan percepción extrasensorial (*ESP*)?

   _____ Sí, creo que algunas personas tienen percepción extrasensorial.
   _____ Es posible que algunas personas tengan percepción extrasensorial.
   _____ No, no creo que ninguna persona tenga percepción extrasensorial.

Parte B. En parejas, háganle a su compañero/a las preguntas de la **Parte A** para ver qué opina y por qué.

Actividad 4 **Quizás... quizás... quizás** En parejas, Uds. tienen problemas y quieren hablar con un/a amigo/a para pedirle consejos. "A" cubre la columna B y "B" cubre la columna A. Primero "A" le explica sus problemas a "B" para ver qué cree que debe hacer. Después cambien de papel.

■■■ A: Dejé las llaves dentro del coche.
     B: Tal vez tengas que romper la ventanilla./Quizás debas llamar a la policía.

A

1. No funciona el televisor nuevo que compraste.
2. Acabas de recibir una cuenta de teléfono de $325. Hay tres llamadas de larga distancia a Japón y no llamaste a nadie allí.
3. Te acaban de poner una multa.

B

1. Acabas de empezar un nuevo trabajo y de repente te obligan a trabajar sábados y domingos.
2. Un buen amigo bebe mucho y crees que es alcohólico.
3. Acabas de romper un espejo.

Vocabulario esencial I

Los pasatiempos

1. hacer rompecabezas
2. jugar juegos de mesa
3. jugar (a las) cartas
4. jugar (al) ajedrez
5. jugar (al) billar
6. jugar con juegos electrónicos/videojuegos

Otros pasatiempos

arreglar el carro   to fix the car
cocinar   to cook
coleccionar   to collect
  estampillas   stamps
  monedas   coins
  tarjetas de béisbol   baseball cards
coser   to sew
cuidar plantas (hacer jardinería)
  to take care of plants (to do gardening)
escribir poesía   to write poetry

hacer artesanías   to make crafts
hacer crucigramas   to do crossword puzzles
navegar por Internet   to surf the Net
pasar tiempo con amigos
  to hang out with friends
pescar   to fish
pintar   to paint
tejer   to knit; to weave

■ ■ ■ Associate people you know with their hobbies.

 **Online Study Center**

To practice: Do SAM Workbook and Web activities.

Actividad 5 Los pasatiempos Parte A. Escribe la primera letra de tu nombre en el primer espacio en blanco de la columna apropiada para describir tus pasatiempos. Luego, escribe una **M** o una **P** en el segundo espacio en blanco de la columna apropiada para describir los pasatiempos de tu madre o tu padre.

Me/Le gusta	mucho	poco	nada
1. pintar	____ ____	____ ____	____ ____
2. cuidar plantas	____ ____	____ ____	____ ____
3. navegar por Internet	____ ____	____ ____	____ ____
4. pescar	____ ____	____ ____	____ ____
5. hacer crucigramas	____ ____	____ ____	____ ____
6. jugar juegos de mesa	____ ____	____ ____	____ ____
7. ¿ ?	____ ____	____ ____	____ ____

Parte B. En parejas, hablen con su compañero/a para ver qué hacen él/ella y su madre o padre en el tiempo libre. Hagan preguntas como **¿Te gusta cocinar? ¿Pintas en tu tiempo libre? ¿A tu madre/padre le gusta cuidar plantas?**

Parte C. En parejas, escriban tres oraciones para describir qué hacen Uds. en su tiempo libre. Por ejemplo:

■■■ A nosotros nos gusta mucho navegar por Internet, pero a la madre de Phil no le gusta nada.

Actividad 6 Los intereses En grupos de tres o cuatro, háganse las siguientes preguntas para averiguar qué hacen en su tiempo libre.

1. jugar a las cartas
   Si contestan que sí: ¿A qué juegan? ¿Con quiénes? ¿Juegan por dinero? En general, ¿pierden o ganan dinero?
   Si contestan que no: ¿Por qué no?

2. tener alguna colección
   Si contestan que sí: ¿De qué? ¿Cuántos/as tienen en su colección? ¿Cuántos años tenían cuando empezaron esa colección?
   Si contestan que no: ¿Les gustaría tener una colección? ¿Qué les gustaría coleccionar?

3. hacer crucigramas o rompecabezas
   Si contestan que sí: ¿Dónde? ¿Cuándo? ¿Son expertos?
   Si contestan que no: ¿Por qué? ¿Son interesantes esos juegos o les causan frustración?

4. jugar con juegos electrónicos
   Si contestan que sí: ¿Cuáles? ¿Dónde? ¿Son expertos? ¿Cuánto tiempo hace que juegan?
   Si contestan que no: ¿Por qué no juegan? ¿Tienen computadora?

5. ¿Qué otra actividad hacen en su tiempo libre?

Actividad 7 El juego apropiado Uno de Uds. tiene que organizar una reunión donde va a haber personas de diferentes edades y la otra persona trabaja en una tienda de juegos. Cada uno mire solamente un papel.

Organizador/a

Necesitas buscar actividades o juegos para las siguientes personas:

■ niños de 10 años
■ un grupo de adolescentes
■ una persona a quien le encanta estar sola
■ personas entre 40 y 60 años
■ una persona muy intelectual

Usa frases como **Busco un juego/una actividad que sea...**

Vendedor/a

Estos son algunos de los juegos o pasatiempos que puedes sugerir:

■ juegos de mesa: Monopolio, Pictionary, ajedrez
■ cartas para jugar a "Texas Hold'em", al solitario, al bridge
■ revistas de crucigramas
■ juegos electrónicos

Recuerda dar consejos con expresiones como **Le aconsejo que..., Es bueno que...**

Gramática para la comunicación I

I. Expressing Doubt and Certainty: Contrasting the Subjunctive and the Indicative

In the conversation between Rosa and Raúl at the beginning of the chapter, Rosa says, **"Dudo que yo pinte tan bien como la Kahlo."** Is she expressing certainty or doubt? Which of the two verbs in the sentence is in the indicative mood and which is in the subjunctive?

If you said doubt to the first question, and **dudo** (indicative) and **pinte** (subjunctive) to the second one, you were correct.

1 ▪ To express doubt, denial, or certainty in a personal way, use the following.

Expression of doubt/denial + **que** + subjunctive	Expression of certainty + **que** + indicative
dudar que... **¿creer que...?** **no creer que...**	**no dudar que...** **estar seguro/a de que...** **creer que...**
Dudo que ellos **sean** buenos amigos. *I doubt that they are good friends.*	**Estoy segura de que son** buenos amigos. *I'm sure that they are good friends.*
¿Crees que ellos **se diviertan** con el ajedrez? *Do you believe (think) that they have fun with chess?*	Él **está seguro de que** ellos **se divierten** con el ajedrez. *He is sure they have fun with chess.*
No creo que ella **salga** con él esta noche. *I don't think that she will go out with him tonight.*	**Creo* que** ella **sale** esta noche. *I believe (think) that she will go out tonight.*

*NOTE: Creer in an affirmative statement does not imply doubt.

2 ▪ To express doubt, denial, or certainty in an impersonal way, use the following.

Expression of doubt/denial + **que** + subjunctive	Expression of certainty + **que** + indicative
(no) es posible que... **(no) es probable que...** **quizás/tal vez*** **es dudoso que...** **no está claro que...** **no es evidente que...** **no es cierto que...** **no es verdad que...**	**no hay duda que...** **está claro que...** **es evidente que/es obvio que...** **es cierto que...** **es verdad que...**
No es cierto que Diana **escriba** poesía. *It isn't true that Diana writes poetry.*	**Es cierto que** Diana **escribe** poesía. *It's true that Diana writes poetry.*
Es probable que ellos **jueguen** a las cartas. *It's probable that they play cards.*	

*NOTE: Quizás and **tal vez** do not use **que**.

3 ▪ You can use **(no) es posible** + *infinitive* to express doubt, when referring to no one in particular.

Es posible ir mañana.   *It's possible to go tomorrow.*

■ ■ ■ Doubt = subjunctive
Certainty = indicative

Actividad *8* **La política** **Parte A.** En parejas, turnénse para dar sus opiniones sobre el presidente de los Estados Unidos, formando oraciones con frases de las tres columnas.

Es evidente		ser inteligente
Dudo		entender los problemas del país
(No) creo		querer mejorar la educación
(No) es cierto	que el presidente	ser liberal
Es obvio		ser bueno
(No) es posible		trabajar mucho
(No) es probable		decir la verdad
(No) es verdad		saber hablar con otros líderes

■ ■ ■ Doubt = subjunctive
Certainty = indicative

Parte B. Después de escuchar las oraciones de tu pareja, ¿crees que él/ella sea liberal, conservador/a o que tenga poco interés en la política?

■ ■ ■ Doubt = subjunctive
Certainty = indicative

Actividad *9* **En la calle** Hace calor y Uds. están caminando por la calle. Todas las ventanas están abiertas y oyen conversaciones relacionadas con los pasatiempos. En parejas, hagan conjeturas sobre qué está haciendo la gente o de qué está hablando. Usen frases como **es posible que..., es probable que..., creo que...**

1. —Voy a comprar un hotel.
   —¡Caray! ¡Otro hotel! Ya tienes cinco.
   —Vas a perder.
   —No creo. Vamos a ver. Uno, dos, tres, cuatro, cinco, seis, siete.
   —Ja, ja, ja. Tienes que ir a la cárcel. ¿Ves? Como te dije, no vas a ganar.

2. —¡Gané yo! Tengo tres ochos.
   —Un momento, dos... tres... cuatro... cinco... y seis y todas de corazón.
   —¡Caray!

3. —Comida de viejas.
   —¿Cuántas letras?
   —Ocho y la primera es una "l" y la tercera es una "n".
   —Lentejas.
   —Gracias.

4. —Esta tarjeta me la regaló mi padre.
   —¿Y quién es ese en la foto?
   —Es Roberto Clemente y jugó para los Tigres de Pittsburgh.
   —Y, dime, ¿cuántas tienes?
   —Más o menos 250 ahora.

Actividad 10 **Los mexicanos** **Parte A.** Lee la siguiente información sobre los mexicanos y responde a las preguntas de tu profesor/a.

- México es un país principalmente católico pues casi el 90% de la población es católica aunque muchos no van a la iglesia.

- En el país se hablan más de 250 idiomas diferentes y la gran mayoría son idiomas indígenas como el náhuatl.

- La composición étnica de la población es la siguiente:

mestizo	60%
amerindio	30%
blanco	9%
otro	1%

- La educación pública a nivel primario, secundario y universitario es gratuita o casi gratuita, pero la gente de clase alta generalmente asiste a instituciones privadas.

- Con frecuencia, los hijos no se van de la casa de sus padres hasta casarse. Algunos de la clase trabajadora se quedan en la casa después de casarse y al tener hijos, si ya no hay más lugar en la casa, se van.

- El 10% más rico de la población consume el 35,6% del mercado interno mientras que el 10% más pobre consume el 1,6%.

Parte B. Ahora, en parejas, usen la información que leyeron en la **Parte A** para expresar su opinión sobre las siguientes ideas. Al opinar, usen frases como **creo que..., dudo que..., no creo que...** y expliquen por qué piensan de esa manera.

1. Hay mucha diversidad en México.
2. No existe la discriminación racial en México.
3. Hay igualdad de oportunidades.
4. Las familias son muy unidas.
5. El porcentaje de divorcios es muy bajo.

■■■ A: ¿Cuándo es tu cumpleaños?/¿De qué signo eres?

B: Mi cumpleaños es el... de...

C: Entonces eres de virgo/acuario/etc.

Ahora lean su propio horóscopo y el de sus compañero/as para este mes y coméntenlos usando las siguientes frases.

es evidente que hoy debo... porque...   es probable que yo/tú...

no creo que sea verdad porque yo/tú...   dudo que tú...

es posible que yo/tú...   es mejor que tú...

es necesario que tú...   te aconsejo que...

ARIES

21 de marzo—20 de abril

Alguien que te ama secretamente va a confesarte su amor. Vas a perder mucho dinero este mes jugando a las cartas. Suerte: días 25 y 29.

TAURO

21 de abril—21 de mayo

Entras en una etapa de expansión sentimental. Debes escribir poesía romántica. Conoces a una persona que va a ser muy importante en tu vida. Suerte: días 17 y 29.

GÉMINIS

22 de mayo—21 de junio

Esa cosa que esperas hace mucho tiempo finalmente llega. Estás muy nervioso; debes tomar bebidas sin cafeína y hacer crucigramas para relajarte. Suerte: días 14 y 27.

CÁNCER

22 de junio—22 de julio

Este mes vas a estar lejos de una persona que quieres mucho. Vas a sentirte un poco triste, pero si te mantienes activo todo va a ser mucho mejor. Hacer jardinería o arreglar el carro te pueden ayudar a estar activo. Suerte: días 17 y 18.

LEO

23 de julio—23 de agosto

Días muy positivos en tu vida. Buena semana para buscar un trabajo nuevo. Si navegas por Internet, puedes encontrar opciones interesantes. Tu situación económica va a mejorar considerablemente. Suerte: días 15 y 16.

VIRGO

24 de agosto— 23 de septiembre

Toda la energía que pusiste en tu trabajo hasta ahora va a darte resultados inesperados. Vas a recibir un gran regalo. Es hora de pasar tiempo con los amigos y la familia. Suerte: días 19 y 20.

LIBRA

24 de septiembre— 22 de octubre

Días de contraste entre tu vida sentimental y tu vida laboral. Llega una sorpresa. Suerte: días 12 y 17.

ESCORPIÓN

23 de octubre— 22 de noviembre

Una persona que conoces hace mucho tiempo te va a decir que está loca de amor por ti. Debes actuar con calma. Suerte: días 14 y 29.

SAGITARIO

23 de noviembre— 20 de diciembre

Alguien que conoces quiere invitarte a bailar. Acepta esa invitación. Va a hacerte feliz. Suerte: días 13 y 17.

CAPRICORNIO

21 de diciembre— 20 de enero

No te preocupes demasiado por tus obligaciones. Necesitas dormir más. Debes quedarte en casa y hacer cosas allí. Suerte: días 11 y 29.

ACUARIO

21 de enero—19 de febrero

Un amigo te da un buen consejo. ¡Ojo! Puede afectar tu futuro. Suerte: días 10 y 27.

PISCIS

20 de febrero—20 de marzo

Un amigo de la escuela secundaria viene a pasar tiempo contigo. Vas a recordar momentos felices. ¡Ojo con las comidas que cocina él! Suerte: días 11 y 29.

Actividad 12 **¿Verdad o mentira?** **Parte A.** Escribe tres oraciones sobre tu vida actual y dos sobre tus pasatiempos. Dos deben ser falsas y tres deben ser ciertas. Por ejemplo:

▪▪▪ Vivo en un apartamento con cinco personas y dos perros.

Uno de mis pasatiempos favoritos es.../Tengo una colección de...

Parte B. En parejas, túrnense para leerle las oraciones a su compañero/a. El/La compañero/a debe decir si cree que son verdad o mentira. Usen frases como **(No) creo que..., Dudo que..., (No) es verdad que..., Es cierto que...** y justifiquen sus respuestas. Sigan el modelo.

▪▪▪ A: Vivo en un apartamento con cinco personas y dos perros.

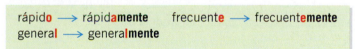

B: Creo que sí vives en un apartamento con... porque...

B: No creo que vivas en un apartamento con... porque...

II. Saying How an Action is Done: Adverbs Ending in *–mente*

▪▪▪

1 ▪ An adverb of manner indicates how the action expressed by the verb is done. In English, many adverbs of manner end in *-ly*. In Spanish, adverbs of manner are formed by adding **-mente** to the feminine singular form of the adjective. However, if the adjective ends in a consonant or **-e,** simply add **-mente.** If the adjective has an accent, it is retained when **-mente** is added.

> rápid**o** ⟶ rápid**amente**   frecuent**e** ⟶ frecuent**emente**
> genera**l** ⟶ genera**lmente**

Speedy González corre **rápidamente.**   *Speedy González runs rapidly.*

2 ▪ If used in a series, only the last adverb ends in **-mente;** the others, however, use the feminine form of the adjective.

Speedy González corre **rápida** y **frecuentemente.**

3 ▪ Common adverbs include:

constantemente	frecuentemente	probablemente
continuamente	generalmente	rápidamente
divinamente	inmediatamente	solamente*
fácilmente	posiblemente	tranquilamente

*NOTE: solamente = solo (*only*)
It is common to say **solamente** or simply **solo.** (You may see this word written with an accent: **sólo.**)

Online Study Center

To practice: Do SAM Workbook and Web activities.

ADVERTENCIA DEL CIRUJANO GENERAL: Dejar de Fumar Ahora Reduce Enormemente Los Graves Riesgos Para Su Salud.

▲ El pueblo español de Pedvaza tiene solo una entrada. En viejos tiempos se cerraba la puerta fácilmente para proteger al pueblo de sus enemigos. Hoy día la gente pasa en coche lenta y cuidadosamente porque solo puede pasar un coche a la vez y este es el único lugar para entrar y salir del pueblo.

Actividad 13 ¿Cómo son? Pon el nombre apropiado de una persona famosa en cada oración. Luego, en parejas, comparen sus respuestas.

1. _____ baila divinamente.

2. _____ maneja rápidamente.

3. Frecuentemente _____ tiene problemas con la policía.

4. _____ solo hace papeles dramáticos en las películas.

5. _____ cambia de novio/a constantemente.

6. Generalmente _____ le miente al pueblo (*the people*).

7. Normalmente _____ es muy cómico/a.

■■■ solo = solamente

Actividad 14 ¿Qué hace? ¿Conoces bien a tu compañero/a? Escribe oraciones para expresar tu opinión sobre las costumbres de tu compañero/a combinando ideas de todas las columnas. Usa expresiones como **dudo que, no creo que, estoy seguro que, creo que...** y justifica tus ideas. Después, en parejas, léanse las oraciones para ver si Uds. se conocen bien o no.

■■■ A: Dudo que duermas tranquilamente porque siempre estás cansada/o en clase.

B: Es verdad que no duermo tranquilamente.

B: No, yo duermo tranquilamente todas las noches.

		hacer rompecabezas	constante
		leer poesía	continuo
		jugar con videojuegos	divino
		conducir	fácil
tú	(no)	dormir	frecuente
		dormirte	general
		navegar por Internet	inmediato
		fumar	tranquilo
		¿ ?	rápido

Nuevos horizontes

ESTRATEGIA: Reading an Informative Interview Article

Interview articles are normally easier to read than prose since the questions serve as a guide or outline that helps the reader focus on the important points. Here are a few tips that can help you when reading an informative interview article.

1. Read the headline and introductory paragraph; these usually contain or summarize the main idea of the article.
2. Look at the pictures, tables, or graphs that may accompany the text; they illustrate themes in the article.
3. Scan the text to read only the interviewer's questions, which will clue you in to the main ideas.
4. Find out who is being interviewed: Is the person considered an expert on the subject because of research he or she has done? Is the person relating a life experience? Is the person a spokesperson for a company?, etc.

By following these steps, you will gain background knowledge about the topic, which will increase your understanding when reading the complete text.

Actividad 15 Lee y adivina Antes de leer un artículo sobre las maquiladoras o maquilas, haz las siguientes cosas.

1. Lee el título y la introducción y mira la foto de esta página. Explica en una oración la idea del artículo. Luego lee solamente las preguntas de la entrevistadora para confirmar tu predicción.
2. Mira el artículo para buscar quién es la persona entrevistada:
   a. el dueño de una maquiladora
   b. la presidenta del sindicato (*union*) de trabajadores
   c. una persona que trabajó en las maquiladoras
   d. la directora de una película documental

Ahora, sin leer el artículo, trata de responder a las siguientes preguntas.
3. ¿Crees que el trabajo en la maquiladora sea fácil o difícil?
4. ¿Crees que el salario que se gana en la maquiladora sea bueno o malo?
5. ¿Por qué dejó de trabajar en la maquiladora la persona entrevistada?

Ahora lee la entrevista para confirmar tus respuestas y saber más sobre las maquiladoras.

◀ Mujeres trabajando en una maquiladora en México.

LA VIDA EN LA MAQUILA

Por sólo 60 dólares al mes, la joven nicaragüense Miriam V. trabajó durante ocho años en una maquila, industrias manufactureras ubicadas en zonas francas de México y Centroamérica, principalmente. La explotación que sufren estas trabajadoras se retrata en el documental "Maquiladoras".

Durante ocho años, Miriam V. trabajó los siete días de la semana, catorce horas diarias, en varias maquilas de Nicaragua. La necesidad de alimentar y vestir a sus tres hijos llevó a esta joven de 26 años a trabajar en condiciones de explotación, "como una máquina" como ella misma dice, y por unos quince dólares a la semana.

La historia de Miriam y de muchas otras mujeres nicaragüenses que trabajan en las maquilas se narra en el documental "Maquiladoras" que estos días se presenta en Barcelona. Para explicar de primera mano las condiciones en las que trabajan las maquiladoras, Miriam viajó hasta España. "Espero que el documental sea un granito de arena[1] y ayude a mejorar las condiciones en las maquilas", explica esperanzada.

¿Cómo es un día de trabajo en una maquila?

► Mi jornada comenzaba a las seis de la mañana y acababa a las siete o las ocho de la tarde, sábados y domingos incluidos. La jornada era bien dura porque trabajaba numerando un montón de piezas de tela, para después poder armar pantalones, y el trabajo venía y venía sin cesar. En un sólo día podía contar miles de piezas y pantalones, siempre de pie, en un área con mucho polvo y sin descanso en todo el día, sólo con 45 minutos para almorzar.

¿Qué derechos tenías como trabajadora?

► Tenemos el derecho al pago de nuestras horas extras, pero no a un salario digno. También tenemos derecho a ir a la clínica, pero siempre y cuando en tu tarjeta del seguro especifique la fecha en la que vas, así que si tienes dolor de cabeza o te sientes mal no puedes ausentarte. En toda nuestra jornada laboral, además, sólo podemos ir dos veces al baño.

¿Cuánto se cobra por realizar este trabajo?

► En una de las cuatro fábricas en las que trabajé tenía un salario básico de 15 dólares a la semana, trabajando las 48 horas legales más un mínimo de 24 horas extra.

En comparación con otros empleos, ¿es un trabajo bien pagado?

► Está mal pagado. Mucha gente me pregunta cómo entré a trabajar en una maquila. La verdad es que me casé a los 16 años, ahora tengo 26 y tres niñas, una de 9 años y un par de gemelas de 8 años. Empecé a trabajar en una maquila para verlas alimentadas, vestidas y con su salud pagada porque al cotizar[2], mi seguro de asistencia médica también las cubría a ellas.

¿Todas las prendas de ropa que confeccionan se exportan o algunas se comercializan en Nicaragua?

► Todo lo que producen las maquilas sale al exterior, sólo se instalan en Nicaragua para explotar la mano de obra.

Es algo impresionante, porque por poner un ejemplo, una camiseta sencilla para una niña pequeña la pueden vender por 18 dólares, ¡más de uno de mis sueldos semanales! ¿Puedes imaginar un encargo de 100.000 camisas a la maquila que con cada prenda gana 18 dólares y se produce en un país donde no paga impuestos?

LA ACTITUD DEL GOBIERNO

A pesar de las malas condiciones laborales en las maquilas, ¿favorece el gobierno la entrada de estas fábricas en Nicaragua?

► Sí, porque al Estado no le conviene tener a tanta gente desempleada. El trabajo que ofrecen las maquilas no respeta las leyes laborales, pero eso el Estado no lo tiene en cuenta, no piensa en crear una ley que obligue a estas fábricas a respetar a los ciudadanos. El sueldo y el trato que reciban los trabajadores no les importa.

Fuente: Canal Solidario Catalunya
1 *grain of sand*   2 *when calculating* (*the contents of her benefit package*)

Durante ocho años trabajaste en varias maquilas pero finalmente abandonaste este trabajo, ¿cómo te decidiste?

► Llevaba nueve meses trabajando en una maquila y, a causa de las condiciones en las que tenemos que trabajar, tuve problemas de salud. Pero no me querían dar permiso para ir al médico porque había mucho trabajo. Me dio neumonía, padecí de asma, tuve fiebre muy alta... llevé un documento en el que constaba que debía hacer 15 días de reposo, de tan grave que estaba, y estuve dos días internada en una clínica.

Hasta que el jefe me dijo que era demasiado tiempo de permiso, que tenía que trabajar. Yo todavía andaba mal y al final me planté en su despacho y le dije que no trabajaba, que priorizaba mi salud, y salí de la maquila.

EL DOCUMENTAL, UN 'GRANITO DE ARENA'

Ahora que has dejado de trabajar en las maquilas, que has pasado unas semanas en España y que regresas a tu país con tu marido y tus hijas, ¿cómo ves tu futuro?

► Mi sueño es estudiar Derecho. Me gustaría darle otra imagen a mi vida, no tanto por mí como por mis hijas, para que valoren el estudio y no tengan que trabajar en una maquila.

Actividad 16 Preguntas Lee el artículo otra vez y contesta las siguientes preguntas usando tus propias palabras.

1. ¿Cuántas horas por semana, contando el almuerzo, trabajaba la entrevistada?
2. ¿Qué tipo de trabajo hacía y cuánto dinero ganaba por semana?
3. Menciona dos derechos que tiene un trabajador en las maquiladoras y dos que no tiene.
4. ¿Por qué trabajó Miriam V. en una maquiladora?
5. ¿Por qué son las maquiladoras buenas para el gobierno de Nicaragua?
6. ¿Por qué decidió dejar el trabajo?
7. ¿Qué quiere que hagan sus hijas?

Actividad 17 Tu opinión Parte A. En el artículo que acabas de leer, no se publica el apellido de Miriam. En grupos de tres, digan un mínimo de tres razones por las que no se lo publicó.

Parte B. El documental "Maquiladoras" muestra las injusticias que ocurren en las maquiladoras. ¿Conocen Uds. otras películas o documentales que muestren injusticias? ¿Qué problemas presentan?

ESTRATEGIA: Describing and Giving Your Opinion

In the article on the maquiladoras, the author hopes to raise the reader's consciousness about an issue. Through her writing, she wants people to be moved enough by the article to see the documentary and even to take action so that conditions in the maquiladoras improve. In order to reach this goal, she chose to simply introduce the theme and print the transcript of the interview, letting Miriam V.'s comments speak for themselves. Another way to educate the reader and to promote action through writing is to provide commentary and opinions about a topic or situation. To do this:

1. Summarize the main idea, situation, theory, or point of view you want to convey by answering the question *what?*

2. Address the questions *who?*, *when?*, *where?*, *how?*, and *why?* to provide supporting details and background information so that your reader gains an understanding of the situation.
3. Include statistics, first-hand accounts, and quotes to support your point of view.
4. Use expressions such as **es importante notar, se dice, es bueno/malo que,** etc., to introduce your point of view. In informal writing, you may express your point of view or interpretation of the topic with phrases such as **dudo que, en mi opinión, creo que,** and **tal vez.**

Actividad 18 Querida Esperanza Parte A. A mother wrote an email to "Querida Esperanza" explaining a problem she is having with her daughter. Read it to learn what the problem is.

Querida Esperanza:

Le escribo porque estoy preocupada por mi hija Isabel. La chica tiene 13 años y es adicta a los videojuegos. Cuando regresa de la escuela se sienta frente a la computadora y juega eternamente. Solamente se levanta para comer algo y siempre navega por Internet, chatea con gente que no conoce y juega a las cartas con sus amigos virtuales. Ella dice que le gusta porque puede conocer a gente de todo el mundo. También dice que yo la quiero controlar y que no le doy suficiente libertad. Isabel es buena estudiante, pero no tiene amigos de verdad, solo amigos virtuales, y su único pasatiempo es usar la computadora. No hace nada de ejercicio físico y eso me preocupa también porque está un poco gorda. Necesito ayuda urgentemente.
Una madre desesperada

Parte B. You are "Querida Esperanza". Write your response to the mother in Part A and remember to address her formally.

- Summarize in your own words the problem that the mother has and give her your opinions using expressions like **(no) creo que, dudo que, (no) es verdad que,** etc.
- You can research the issue and include statistics, quotes, or personal accounts of others to support your opinion (lack of outside interests, lack of physical activity, disconnecting from friends, dangers of Internet chat rooms, etc.).
- End the email with advice for the mother using expressions like **le aconsejo que, es necesario que, Ud. tiene que,** etc.

■■■ Keep a copy of your email in case your partner loses it!

Parte C. Exchange your email with a partner. At home, critique (in Spanish) your partner's email.

- Is it clear? Logical? Well explained?
- Are ideas from the mother's email paraphrased or are they copied too closely from the text?
- Are there supporting details? Is there a need for a justification somewhere?
- Are there grammar or vocabulary problems (agreement of subjects with verbs and of adjectives with nouns)?

When commenting, use phrases like: **Interesante. Bien explicado. Buena justificación. No entiendo. Necesitas más explicación. No entiendo la lógica. No es correcto. La forma del verbo es incorrecta.** (etc.) Make at least <u>five</u> comments. When finished, write at the top of the paper: "**Revisado por**" and your name.

Parte D. Read your partner's comments and make all necessary changes in your final draft. Staple together all drafts and hand them in to your instructor.

Vocabulario esencial II

I. El desayuno

■■■ Practice these words when cooking, eating breakfast, etc.

1. el jugo/zumo (España)
2. la mermelada
3. la tostada
4. el yogur
5. la mantequilla
6. la galleta
7. el azúcar
8. el café
9. el croissant/la medialuna

Otras palabras relacionadas con el desayuno

el cereal   cereal
el chocolate con churros   hot chocolate with Spanish crullers
las fresas   strawberries
los huevos (fritos, revueltos, duros)   eggs (fried, scrambled, hard boiled)
el jamón   ham
la manzana   apple
la naranja   orange
la salchicha   sausage
el tocino   bacon

¿Lo sabían?

En muchos países hispanos generalmente se toma un desayuno ligero (*light*) que puede consistir en café con leche y galletas, croissants o tostadas con mantequilla y mermelada. Hoy día algunas personas también comen cereal para el desayuno, pero no comen huevos con tocino. En España, muchos jóvenes pasan la noche en las discotecas y a primera hora de la mañana van a una churrería para tomar un desayuno de chocolate con churros.

 ¿El desayuno de tu país es grande o pequeño? ¿En qué consiste y por qué crees que sea así?

Actividad 19 Las calorías Divide las comidas de la lista de vocabulario en dos categorías: comidas que tienen muchas calorías y comidas que tienen pocas.

Actividad 20 Las preferencias En grupos de tres, cuenten qué desayunan durante la semana y el fin de semana. Si comen huevos, averigüen cómo los prefieren.

Actividad 21 Un café ¡Marchando! En grupos de cuatro, "A" es el/la camarero/a y "B", "C" y "D" son tres amigos que entran en la cafetería para tomar el desayuno. Antes de pedir, cada persona debe leer solamente las instrucciones para su papel. Después de pedir, "B", "C" y "D" deben dar su opinión sobre el lugar y el/la camarero/a.

A (Camarero/a)

No hay tocino, croissants, churros, jugo de naranja.
Hay tostadas, salchichas, jugo de tomate, huevos, chocolate y café.
Si un cliente te pide algo que no hay, dale un consejo sobre lo que puede comer.

B

Hoy te gustaría un desayuno fuerte porque no vas a poder almorzar. Te gusta mucho el jugo de naranja fresco. Da tu opinión sobre el/la camarero/a usando expresiones como **Dudo que..., Creo que...**

C

Te gustaría comer un croissant y tomar un café con leche para despertarte. Da tu opinión sobre esta cafetería usando expresiones como **Dudo que..., Creo que...**

D

Te encanta el chocolate con churros. Siempre comes algo dulce por la mañana. Da tu opinión sobre la comida usando expresiones como **Dudo que..., Creo que...**

¿Lo sabían?

En español hay muchos dichos relacionados con la comida:

- **Se vende como pan caliente/Se venden como churros** se usa cuando una cosa es muy popular y se vende mucho en las tiendas.
- **Estoy hecho/a una sopa** se dice cuando una persona está muy mojada después de caminar en la lluvia o después de hacer ejercicio.
- **Se puso rojo como un tomate** se dice cuando una persona tiene vergüenza y se pone rojo.
- **No sabe ni papa** se usa cuando una persona es ignorante.

¿? ¿Hay equivalentes en inglés para estos dichos? ¿Qué dichos relacionados con la comida conoces en inglés?

II. La preparación de la comida

1. el recipiente
2. la sartén
3. la olla
4. revolver (o → ue)
5. añadir
6. darle la vuelta
7. freír (e → i, i)
8. cortar
9. hervir (e → ie, i)

■ ■ ■ **Freír** is an irregular verb. See Appendix A.

To practice: Do SAM Workbook and Web activities.

Actividad 22 **Los cocineros** Di qué cosas de la siguiente lista de comida se pueden cortar, freír, revolver, añadir, etc.

■ ■ ■ Note: **Se cort<u>a</u> el jamón,** but **Se cort<u>an</u> los tomates.**
Se _le_ da la vuelta al huevo, but **Se _les_ da la vuelta a los huevos.**

se corta/n	los huevos
se fríe/n	la mantequilla
se añade/n	las papas
se le/s da la vuelta a	el jamón
se revuelve/n	el café con azúcar
se hierve/n	las zanahorias
	el queso
	las cebollas
	el tocino
	la coliflor

Actividad 23 **El buen comer** En parejas, una persona le explica a la otra cómo se prepara uno de los siguientes platos. Al terminar la otra persona le explica cómo se prepara otro plato típico que se come en este país.

macarrones con queso
French toast
tacos
ensalada de pollo

Después de comer, nada mejor que la sobremesa

◄ *Making Tortillas*, Diego Rivera, 1926.

hay que + *infinitive*	one/you must + *verb*
mientras tanto	meanwhile
No puedo más.	I can't eat/take it/do it anymore.
tomarle el pelo a alguien	to pull someone's leg (literally: *hair*)

■■■ **platicar** = to chat (*Mexico*); many other countries use **charlar.**

Después de la cena en casa de Rosa y Mauricio, Raúl y sus amigos hacen la sobremesa, es decir, platican y beben un café después de la comida.

 Actividad 24 ¿Cierto o falso? Mientras escuchas la conversación entre Rosa, Mauricio y Raúl, escribe **C** si la oración es cierta y **F** si es falsa.

1. _____ Rosa y Mauricio son cocineros excelentes.
2. _____ Raúl quiere postre con el café.
3. _____ Comieron tacos en la comida.
4. _____ En muchos hogares (*homes*) de México, la tortilla es más importante que el pan.
5. _____ El maíz (*corn*) se cultiva en pocas zonas de México.
6. _____ Con la comida, Raúl bebió una bebida hecha de maíz.

Actividad 25 Preguntas Después de escuchar la conversación otra vez, contesta estas preguntas.

1. ¿Quiénes son buenos cocineros? Y tú, ¿cocinas bien?
2. ¿Qué comidas con tortillas comió Raúl en México?
3. ¿Cuál es el ingrediente principal de las tortillas y por qué es tan importante en México?
4. ¿Dónde se compran las tortillas en México? ¿Y en tu ciudad?
5. ¿Qué bebida tomó Raúl con la cena?
6. ¿Con qué dice Rosa que hay que acompañar el café y por qué?
7. ¿Sabes cuál es la diferencia entre la tortilla española y la tortilla mexicana?

¿Lo sabían?

El año 1492 fue muy importante para el mundo entero. El encuentro entre culturas cambió la dieta en el continente europeo y el americano. Los europeos conocieron en América el maíz, el tomate, la papa, el pavo, los chiles y el chocolate y trajeron a este continente la caña de azúcar. Muchas comidas de los dos continentes se combinaron y el chocolate, como lo conocemos hoy día, es un buen ejemplo de la fusión de culturas.

- Los aztecas bebían chocolate caliente, una bebida amarga (*bitter*) que no les gustaba mucho a los europeos.

- En 1492 Colón llevó semillas de cacao a España.
- Cortés mezcló el chocolate con el azúcar de caña.
- En España empezaron a mezclarlo con vainilla y canela (*cinammon*) y así los europeos comenzaron a beberlo. Era muy popular entre la clase alta.
- En 1847 una compañía inglesa produjo chocolate sólido.
- En 1876 los suizos le añadieron leche y así crearon el chocolate que conocemos hoy día.

¿? ¿Conoces algunas comidas o algunos animales que existían en Europa y no en América en 1492? ¿Qué comidas de América luego influyeron en la comida de Irlanda e Italia?

Actividad 26 Hay que... Termina estas frases, usando **hay que.**

■■■ Para aprender más sobre México...

Hay que buscar información en Internet./Hay que ir a la biblioteca y leer./Hay que hablar con los mexicanos./Hay que hablar con el/la profesor/a de español./etc.

1. Para ver las pinturas de Frida Kahlo y Diego Rivera...
2. Para hacer un viaje a México...
3. Para preparar un taco...
4. Para comer comida mexicana auténtica,...

Gramática para la comunicación II

I. Giving Instructions: The Passive *se*

One way to give instructions in Spanish is to use the *passive* **se (se pasivo).** You already did this in **Actividad 22.** The *passive* **se** is used when it is not important to know who is performing the action. Study the following formulas and examples.

se	+	third person singular of verb	+	singular noun
		third person plural of verb	+	plural noun or series of nouns

Primero, **se lava la lechuga.**

First, you wash the lettuce. (literally: *First, the lettuce is washed.*)

Segundo, **se cortan los tomates** en trozos pequeños.

Second, you cut the tomatoes in small pieces. (literally: *Second, the tomatoes are cut in small pieces.*)

Tercero, **se cortan una cebolla y una papa.**

Third, you cut an onion and a potato. (literally: *Third, an onion and a potato are cut.*)

*NOTE: You may also use the *passive* **se** to request or give information as in the following sentences.

¿Dónde **se venden verduras** frescas en esta ciudad?

Where do they sell fresh vegetables in this city? (literally: *Where are fresh vegetables sold in this city?*)

Se necesitan camareros.

Waiters (are) needed. (Sign seen in a restaurant window.)

Gazpacho andaluz

2 kilos de tomates muy maduros
1/2 pepino
1 barrita de pan pequeña
un vaso (de los de vino) de aceite
sal
1 pimiento grande
1 cebolla grande
2 dientes de ajo
2 ó 3 cucharadas (de las de sopa) de vinagre

Primero, se pelan los tomates y se pasan por la licuadora. Mientras tanto, se ponen a remojar el pan y los pepinos (cortados en rodajas) en un poco de agua con sal. Se trituran juntos, en la licuadora, el pepino, el pimiento, la cebolla, el ajo, el aceite, el pan, el agua del pan, el vinagre y sal a gusto. Se mezcla este líquido con los tomates y se pasa todo, otra vez, por la licuadora. Se pone todo en la nevera. Se sirve con trocitos de pimiento, pepino, tomate y pan.

◄ Una tortilla española, jamón serrano y pan. ¿Tienes hambre?

Actividad 27 Una receta La tortilla española es muy diferente de la tortilla mexicana. Da instrucciones para preparar una tortilla española usando el **se** pasivo.

▪▪▪ Lavas las patatas. ⟶ Se lavan las patatas.

1. Cortas las patatas y la cebolla.
2. Fríes las patatas y la cebolla.
3. Pruebas (*Taste*) las patatas y la cebolla.
4. Revuelves los huevos.
5. Pones las patatas y la cebolla en un recipiente.
6. Revuelves las patatas y la cebolla con los huevos.
7. Añades la sal.
8. Quitas casi todo el aceite de la sartén.
9. Lo pones en la sartén.
10. Le das la vuelta a la tortilla.
11. Comes la tortilla.

Actividad 28 El "chef" Parte A. En parejas, Uds. son cocineros y ahora van a inventar un plato nuevo. Escriban la receta (*recipe*). Por ejemplo: **Primero se cortan..., Después se...,** etc. **Se llama... y es delicioso.**

Parte B. Cada pareja debe leerle su receta a la clase y los miembros de la clase deben hacer comentarios y dar recomendaciones: **Creo que ese plato es un asco** (*disgusting*) **porque... Dudo que sea delicioso porque... Les aconsejo que le añadan...**

II. Other Uses of *para* and *por*

You have already learned some uses of **para** and **por** in Chapter 5. The following table presents some new uses as well as the ones you have already learned.

Time	
Use **para**:	Use **por**:
■ to express a deadline	■ to express duration of an action. You can use **durante** instead or just the time period.
El pastel es **para** mañana.	Se revuelven los ingredientes **(por/durante)** diez minutos.
	■ to express a general time period
	Se preparan churros **por** la mañana y sándwiches **por** la tarde.

Direction	
Use **para**:	Use **por**:
■ to indicate direction towards a destination	■ to express *along, by, through*
Salgo **para** el restaurante en cinco minutos.	El guitarrista camina **por** el restaurante mientras toca canciones románticas.
	Tienes que pasar **por** el pueblo para llegar al restaurante que está al otro lado.
	Voy a pasar **por** el banco antes de ir a comer.

Other Uses	
Use **para**:	Use **por**:
■ to express purpose (**para** + *infinitive*)	■ to indicate *by means of*
Compré comida **para** preparar unos sándwiches.	Mandé los chocolates **por** avión.
■ to indicate the recipient of a thing or an action	■ to express exchange or substitute for
El yogur es **para** mi hermana.	Te cambio mi medialuna **por** tus churros.
Trabajo **para** Inka Cola.	Si mi amigo está enfermo, yo trabajo **por** él.
■ to give a personal opinion	
Para mí, la comida mexicana es fantástica.	

Actividad 29 **Las deportistas** Compara estos dibujos y completa cada oración con **para** o **por.**

Ana y Raquel juegan _____ los Tigres.

Perla va a jugar _____ Raquel.

Actividad 30 **La encuesta** Haz una encuesta (*poll*) para averiguar si tus compañeros hacen las siguientes cosas conectadas con la universidad y el trabajo. Intenta encontrar a dos personas para cada situación. Completa las ideas con **para** o **por** y haz preguntas como **¿Trabajas para tus padres en el verano?/¿Para quién trabajas en el verano?**

nombres

1. en el verano trabaja _____ sus padres   _____ _____
2. toma apuntes _____ un/a compañero/a si no va a clase   _____ _____
3. _____ él/ella, esta es una universidad divertida   _____ _____
4. trabaja mientras estudia _____ tener dinero   _____ _____
5. pagó más de 60 dólares _____ su mochila   _____ _____
6. estudia _____ ser hombre/mujer de negocios   _____ _____
7. pasa _____ una cafetería antes de ir a clase   _____ _____

Actividad 31 **Opiniones** **Parte A.** En grupos de tres, expresen sus opiniones sobre estas oraciones.

■■■   A: ¿Crees que los colegios mayores sean excelentes?

B: Sí, para mí son excelentes porque...

C: No, para mí son horribles porque...

1. El Mini Cooper es un carro fantástico.
2. El programa de "Jeopardy" es muy aburrido.
3. La música rap es antifeminista.
4. El presidente es muy inteligente.

Parte B. Ahora, forma oraciones para describir las opiniones de las personas de tu grupo.

■■■ Para mí, el Mini Cooper es un carro fantástico porque..., pero para ellos, el Mini Cooper es un carro feo.

Actividad 32 Quinceañera Sandra vive en un pueblo de México y hoy cumple 15 años. Sus padres le organizaron una fiesta muy grande. Forma oraciones para las siguientes situaciones relacionadas con la fiesta usando **para** o **por**.

1. Los padres de Sandra alquilaron un salón de fiestas y celebraron su cumpleaños.
2. Los padres le compraron un vestido blanco a Sandra. Les costó 5.000 pesos.
3. Óscar compró doce rosas porque es el cumpleaños de su novia.
4. El padre de Sandra trabaja en el Banco Central de México.
5. Hoy su padre no fue al trabajo para asistir a la fiesta. Su amigo Ramón trabajó en su lugar.
6. Su tío de Los Ángeles le mandó un regalo. Usó la compañía FedEx.
7. Después de la misa, la quinceañera, su familia y los invitados caminaron de la iglesia al salón de fiestas detrás de una banda de músicos. Caminaron a través del pueblo.
8. En la fiesta, su padre le cambió los zapatos a Sandra. Le quitó los zapatos de tacón bajo y le puso unos de tacón alto.
9. Sandra cree que su cumpleaños de quince años fue un evento muy especial.

¿Lo sabían?

En México y en partes de los Estados Unidos donde hay influencia mexicana, cuando las chicas cumplen los 15 años se hace una celebración que marca el paso de niña a mujer. El día del cumpleaños, la quinceañera, su familia y los invitados van a una misa especial en la iglesia. Después, es común organizar un baile en la casa o en un salón de fiestas. En pueblos pequeños la quinceañera, su familia y sus amigos caminan detrás de una banda desde la iglesia hasta el lugar de la fiesta. En las grandes ciudades, algunos alquilan limosinas para este corto viaje. En la fiesta, el padre da un discurso para presentar a su hija en sociedad y luego empieza el baile con música en vivo. La quinceañera primero baila con su padre, generalmente un vals, pero después baila música moderna con sus chambelanes. En algunos casos, las damas de honor y los chambelanes hacen un baile con coreografía. En algunos festejos, la quinceañera lleva zapatos de tacón bajo a la iglesia, y luego en la fiesta, el padre le cambia los zapatos y le pone zapatos de tacón alto para representar que ya no es una niña.

▲ Tarjeta de Hallmark.

■ ■ ■ chambelanes y damas de honor = a group of young men and women similar to a prom court

¿? ¿Hay fiestas similares en tu país? ¿Cómo se celebran?

III. Expressing Emotions: More Uses of the Subjunctive

Up to now, you have seen that the subjunctive is used in sentences that describe what you are looking for, to give advice, to indicate hope, and express doubt. It is also used to express emotion about other people's actions.

1 ■ As with other uses of the subjunctive, notice how you can express emotion in a personal way.

To express emotion in a personal way about another person's actions or about a situation, use a verb that expresses emotion + **que** + *subjunctive*.	To express emotion in a personal way about someone's own actions or a situation, use a verb that expresses emotion + *infinitive*.
Me alegro de que vayamos a ese restaurante. *I am happy that we are going to that restaurant.*	**Me alegro de ir** a ese restaurante. *I am happy about going to that restaurant.*
A ella le **gusta qué tú seas** buen cocinero. *She likes it that you are a good cook.*	A ella le **gusta ser** buena cocinera. *She likes to be a good cook.*

2 ■ The following verbs are frequently used to express emotions.

esperar	**tener miedo de** to be scared of	**alegrarse de** to be happy about
gustar	**temer** to be afraid of	**sorprenderse de** to be surprised
molestar	**sentir** (e → ie, i) to feel/ be sorry	about

3 ■ Now notice how you can express emotion in an impersonal way.

To express emotion in an impersonal way about someone or something specific, use an impersonal expression + **que** + *subjunctive*.	To express emotion in an impersonal way about no one in particular, use an impersonal expression + *infinitive*.
¡Es fantástico que ella **tome** el desayuno en la cama! *It's great that she has breakfast in bed.*	**Es fantástico tomar** el desayuno en la cama. *It's great to have breakfast in bed.*

4 ■ The following impersonal expressions are frequently used to express emotions.

es fantástico	**qué pena** what a pity
qué lástima what a shame	**es una pena** it's a pity

■ ■ ■ At the end of the Workbook chapter, you will find a complete review of the subjunctive.

Online Study Center

To practice: Do SAM Workbook and Lab, and Web activities.

Actividad 33 La esperanza y el miedo Todos tenemos esperanzas y miedos sobre el futuro. Lee la siguiente lista de frases y di si te dan miedo o si son tus esperanzas. Empieza con **Espero (que)...** o **Tengo miedo de (que)...**, etc.

1. la gente / preocuparse / por la ecología
2. (yo) ayudar / a otras personas
3. el mundo / tener / una guerra nuclear
4. la gente del mundo / vivir / en paz
5. California / tener / un terremoto (*earthquake*)
6. (yo) conseguir / un trabajo bueno
7. (yo) sacar / buenas notas
8. todos los grupos religiosos / aprender a vivir / juntos

Actividad 34 Esperanzas Haz una lista de cosas que esperas hacer en el futuro y otra de cosas que esperas que hagan tus compañeros de clase.

■■■ Espero vivir en una ciudad grande porque...

Espero que Steve sea profesor de filosofía porque...

Actividad 35 Nada es perfecto En parejas, hagan una lista de algunas características positivas y otras negativas de su universidad. Usen expresiones como:

Positivas	**Negativas**
Me alegro de que...	Es una pena...
Es fantástico que...	¡Qué pena que...!
Me sorprendo de que...	Me sorprendo de que...
Estoy contento/a de...	Es una lástima que...
Espero que...	Siento que...
Me gusta que...	Me molesta que...

Actividad 36 La salud Parte A. Mira y completa las siguientes cosas que puede hacer una persona para adelgazar usando **para** o **por.**

1. correr _____ un parque grande
2. hacer dieta _____ un mes
3. no comer tarde _____ la noche
4. reemplazar huevos fritos _____ huevos duros
5. cocinar comida de bajas calorías _____ él/ella y sus amigos
6. reemplazar el tocino _____ el jamón
7. cambiar el juego de ajedrez _____ el Twister
8. no pasar tanto tiempo navegando _____ Internet
9. salir _____ el trabajo temprano y caminar _____ hacer ejercicio

Parte B. En parejas, uno/a de Uds. es una persona que tiene el colesterol muy alto y va a ver al médico. La otra persona es el/la doctor/a. Lea cada uno un papel solamente.

Paciente	Doctor/a
Ahora entras al consultorio (*office*) de un/a doctor/a para hablar de tu colesterol alto. Tu problema es que te encanta comer y no te gusta hacer ejercicio. Expresa tus emociones sobre las recomendaciones del/de la doctor/a usando frases como **Es terrible que yo no pueda... porque...**	Eres doctor/a y tu paciente tiene el colesterol muy alto. Debes darle recomendaciones sobre las comidas que puede y no puede comer. Recomiéndale también algunos pasatiempos activos. Usa ideas de la **Parte A** si quieres y expresiones como **Le aconsejo que..., Es necesario que...**

Actividad 37 ¿Cuál? Parte A. Tus amigos y tú siempre intentan tomar las mismas clases juntos. Uds. tienen que tomar una clase de Anatomía I porque quieren ser médicos. Lee las siguientes descripciones de los profesores y decide con cuál de los tres quieres estudiar. Escribe tres razones por las que quieres tener a esta persona como profesor/a y escribe dos razones en contra de los otros dos.

Profesor Emilio Escarpanter

56 años. Es muy inteligente y va a clase bien preparado, pero tiene una voz monótona. Sus clases no son interesantes, pero siguen una organización lógica y es muy fácil tomar apuntes. La asistencia a clase es obligatoria y te baja la nota final si tienes muchas faltas. Hay que leer muchísimo para la clase. Hay dos exámenes parciales y un examen final. Sus exámenes son muy difíciles (se basan en los apuntes de clase y las lecturas), pero el 45% de la clase recibe buenas notas.

■ ■ ■ **apuntes** = class notes
notas = grades
lecturas = readings

Profesora Rosalía Obregón

45 años. Es muy inteligente y muy organizada en clase. Es cómica y explica las lecciones a base de ejemplos divertidos. A veces trae su guitarra a clase y canta canciones para ayudar a los estudiantes a recordar la materia importante. Es necesario asistir a clase todos los días. También hay que leer mucho y saber la materia antes de ir a clase porque la participación cuenta un 25% de la nota final. Hay un proyecto que también cuenta un 25% y un examen final que cuenta el 50%. Ella no tiene fama de dar buenas notas, pero es justa. Hay que trabajar mucho en su clase, pero los estudiantes saben la materia al terminarla.

Profesora Enriqueta Maldonado

45 años. Es muy inteligente, pero muy desorganizada en clase. Si un estudiante tiene preguntas, es mejor verla fuera de clase. Es muy simpática y escribe buenas cartas de recomendación. La asistencia no es obligatoria y los exámenes se basan en las lecturas, no en la materia presentada en clase. Sus exámenes son relativamente fáciles y el 65% de la clase recibe buena nota, pero por lo general no están bien preparados para Anatomía II al terminar el curso.

Parte B. En grupos de tres, decidan con quién van a tomar la clase. Usen frases como:

es posible que	creo que	es mejor que
es una lástima que	dudo que	me molesta que
me gusta que	es una pena que	es fantástico que

Online Study Center
Do Web Search activities.

Vocabulario funcional

Los pasatiempos (*Hobbies*)

arreglar el carro	to fix the car
cocinar	to cook
coleccionar estampillas/ monedas/tarjetas de béisbol	to collect stamps/coins/ baseball cards
coser	to sew
cuidar plantas/hacer jardinería	to take care of plants, do gardening
escribir poesía	to write poetry
hacer artesanías	to make crafts
hacer crucigramas	to do crossword puzzles
hacer rompecabezas	to do jigsaw puzzles
jugar (al) ajedrez	to play chess
jugar (al) billar	to play billiards
jugar (a las) cartas	to play cards
jugar con juegos electrónicos/videojuegos	to play videogames
jugar juegos de mesa	to play board games
navegar por Internet	to surf the Net
pasar tiempo con amigos	to hang out with friends
pescar	to fish
pintar	to paint
tejer	to knit; to weave

El desayuno

el azúcar	sugar
el café	coffee
el cereal	cereal
el chocolate con churros	hot chocolate with Spanish crullers
el croissant/la medialuna	croissant
las fresas	strawberries
la galleta	cookie/cracker
los huevos (fritos, revueltos, duros)	eggs (fried, scrambled, hard boiled)
el jamón	ham
el jugo/zumo (España)	juice
la mantequilla	butter
la manzana	apple
la mermelada	marmalade
la naranja	orange
la salchicha	sausage
el tocino	bacon
la tostada	toast
el yogur	yoghurt

La preparación de la comida

añadir	to add
cocinar	to cook
cortar	to cut
darle la vuelta	to turn over, flip
freír (e ⟶ i, i)	to fry
hervir (e ⟶ ie, i)	to boil
la olla	pot
probar (o ⟶ ue)	to taste
el recipiente	bowl
revolver (o ⟶ ue)	to mix
la sartén	frying pan

Expresiones impersonales de duda y negación

no es cierto/verdad	it isn't true
no está claro	it isn't clear
es dudoso	it's doubtful
no es evidente	it isn't evident
(no) es posible	it is/isn't possible
(no) es probable	it is/isn't probable
quizá/quizás/tal vez	perhaps

Expresiones impersonales de certeza

es cierto/verdad	it's true
está claro	it's clear
es evidente	it's clear, evident
es obvio	it's obvious
no hay duda (de)	there's no doubt

Expresiones impersonales de emoción

es fantástico	it's fantastic
es una pena	it's a pity
qué lástima	what a shame
qué pena	what a pity

Adverbios

constantemente	constantly
continuamente	continually
divinamente	divinely
fácilmente	easily
frecuentemente	frequently
generalmente	generally
inmediatamente	immediately
posiblemente	possibly
probablemente	probably
rápidamente	rapidly
solamente	only
tranquilamente	calmly

Verbos

alegrarse de	to be happy about
dudar	to doubt
estar seguro/a (de)	to be sure (of)
sentir (e ⟶ ie, i)	to be/feel sorry
sorprenderse de	to be surprised about
temer	to be afraid (of)
tener miedo de	to be scared of

Palabras y expresiones útiles

hay que + *infinitive*	one/you must + verb
mientras tanto	meanwhile
No puedo más.	I can't eat/take it/do it anymore.
¡Qué (buena) suerte!	What (good) luck!
¡Qué mala suerte!	What bad luck!
Somos dos.	There are two of us.
tener (buena) suerte/tener mala suerte	to be lucky/unlucky
tomarle el pelo a alguien	to pull someone's leg (literally: *hair*)

12 ¡Viva la música!

➤ Una pareja baila un tango sensual para un grupo de turistas, en el barrio de La Boca en Buenos Aires.

Chapter Objectives

- Talking about music
- Discussing postal services and the Internet
- Making comparisons
- Giving orders
- Describing geographical features

¿Qué saben?

1. La música salsa se originó en...

   a. Cuba. b. Puerto Rico. c. Nueva York.

2. La música que se asocia con Ecuador es...

   a. el tango. b. el flamenco. c. la música andina.

3. Celia Cruz era conocida como la reina...

   a. del flamenco. b. de la salsa. c. del tango.

4. Tres cantantes españoles de ópera son...

   a. Segovia, Casals y Cugat.
   b. Domingo, Carreras y Caballé.
   c. Puente, Arnaz y Ferrer.

¡Qué música!

¡Qué chévere!	Great! (*Caribbean expression*)
¡Qué cursi!	How tacky!
¿Algo más?	Something/Anything else?
ni... ni	neither . . . nor

Teresa jugó un partido de tenis con Vicente y ganó ella. Por eso él tuvo que invitarla a comer. Ahora están en un restaurante argentino donde hay un conjunto de música.

Actividad *1* **¿Cierto o falso?** Mientras escuchas la conversación, marca **C** si la oración es cierta y **F** si es falsa.

1. _____ Teresa aprendió a jugar al tenis en un parque de Puerto Rico.
2. _____ Vicente juega bien al tenis.
3. _____ El profesor de tenis de Teresa le daba muchas órdenes (*orders*).
4. _____ Vicente es un hombre muy romántico.
5. _____ A Teresa le gusta mucho que los músicos le toquen una canción.

Actividad *2* **Preguntas** Después de escuchar la conversación otra vez, contesta estas preguntas.

1. ¿Qué tipo de música se asocia con Argentina?
2. ¿Por qué es buena jugadora de tenis Teresa?
3. ¿Qué van a comer Vicente y Teresa?
4. ¿Por qué a Vicente le gusta Teresa?
5. ¿Crees que la última canción que tocan los músicos sea un tango?
6. ¿Por qué crees que los músicos fueron a la mesa de Vicente y Teresa a tocar esa canción?

El tango se originó en los barrios pobres de inmigrantes en las afueras de Buenos Aires al final del siglo XIX. Los instrumentos originales del tango eran la guitarra, la flauta y el violín, pero más tarde se introdujo el bandoneón, que es una especie de acordeón con botones. Al principio se consideraba el tango como una música vulgar, pero en los años 20 el cantante Carlos Gardel empezó a tener fama y a llevar el tango a los escenarios de Europa y de todo el continente americano y llegó a hacer películas para la Paramount Pictures. Lamentablemente en 1935, Gardel falleció en un accidente aéreo en Colombia. Hoy día Gardel sigue siendo un símbolo del tango, y su estatua, que se encuentra en el Cementerio de la Chacarita en Buenos Aires, tiene placas y flores frescas de admiradores de todas partes del mundo.

▲ El mausoleo de Carlos Gardel, cantante de tango.

¿? ¿Qué tipo de música se originó en tu país?

Actividad 3 ¿Cursi o chévere? Di si las siguientes cosas son cursis o chéveres o ninguna de las dos.

■■■ ¡Qué chévere es la foto de la pareja bailando tango!
¡Qué cursis son las tarjetas del día de San Valentín!
El Mini Cooper no es ni cursi ni chévere.

jugar al bingo
Graceland y Elvis
los videojuegos
unas vacaciones en el Caribe
el concurso de Miss Universo
ganar la lotería

Actividad 4 ¿Qué sabes de música? El bandoneón es el instrumento principal del tango como la guitarra es el del flamenco. En parejas, decidan cuáles de los instrumentos de la lista necesitan estos grupos musicales: **una orquesta sinfónica, una banda municipal** y **un conjunto de rock.**

la flauta
la trompeta
el violín
el saxofón
el trombón
la batería (*drums*)
el clarinete
el violonchelo
la guitarra eléctrica

Vocabulario esencial I

El correo y la red

■ ■ ■ **Correo** = post office *or* mail. **Oficina de correos** is also used.

el remite

el sobre

POR AVION

Isabel Durán de Mendoza
Apartado Postal 496-1000
San José, Costa Rica

Sr. Vicente Mendoza Durán
Colegio Mayor Hispanoamericano
Universidad Complutense de Madrid
Avenida de la Moncloa s/n
28016 Madrid
España

la estampilla/
el sello

el código postal

la dirección

■ ■ ■ Practice this vocabulary while receiving and sending letters, and working on the Internet.

■ ■ ■ In Spanish, many people use English terms with Spanish pronunciation when discussing cyberspace; others choose to use the Spanish equivalent. Note: The term **Internet** is frequently used without an article in Spanish: **Lo leí en Internet.**

Otras palabras relacionadas con el correo y la red

el buzón   mailbox
la carta   letter
el/la cartero   letter carrier
el fax
hacer cola   to stand in line
mandar (una carta)   to send (a letter)
el paquete   package
la (tarjeta) postal   postcard

bajar información/música   to download information/music
el buscador   search engine
caerse el servidor   to go down/crash (server)
la contraseña   password
el correo electrónico/mensaje electrónico/email
el enlace/link
el/la Internet
navegar por Internet   to surf the Net
el nombre de usuario   user name
perder la conexión   to lose the connection
el sitio web   website
la tarjeta (virtual)   (virtual) greeting card

This is how you read an Internet address in Spanish:

http://www.gauchonet.com = **h t t p dos puntos barra barra w w w punto gauchonet punto com**

This is how to read an email address:

smith@abc.edu = **smith arroba a b c punto edu**

In Spanish, if one can easily pronounce part of an address, it is pronounced vs. spelled. For example: "dot e d u" would be read as two words: **punto edu.**

Online Study Center

To practice: Do SAM Workbook and Web activities.

Actividad 5 **En orden, por favor** En parejas, pongan estas oraciones sobre el correo en orden lógico.

_____ Busco un buzón.

_____ Escribo el remite en el sobre.

_____ Le pongo una estampilla.

_____ Echo la carta en el buzón.

_____ Escribo la carta.

_____ La pongo en un sobre.

_____ Escribo la dirección en el sobre.

Actividad 6 **Definiciones** En parejas, una persona define o explica palabras relacionadas con el correo y la red y la otra adivina qué palabras son. Túrnense con frecuencia.

■■■ A: Si quiero mandarte un regalo, te mando esto.

B: Un paquete.

Actividad 7 **La red** En grupos de tres, hablen con sus compañeros para averiguar si usan y cómo usan la red. Apunten sus respuestas.

1. su dirección de correo electrónico
2. si mandan muchos o pocos mensajes por correo electrónico cada semana
3. a quién le escriben
4. si cada semana navegan mucho o poco por Internet
5. si su servidor se cae con frecuencia
6. su buscador favorito
7. su enlace favorito y la dirección (si la saben)
8. qué bajan de Internet
9. si usan muchos nombres de usuario y contraseñas diferentes
10. qué hacen para recordar sus nombres de usuario y contraseñas

Actividad 8 **El toque personal** Mira este anuncio del Correo Argentino. Luego, di si hay ocasiones cuando uno debe mandar una carta o una tarjeta en vez de un email o una tarjeta virtual.

Querida Laura:

Aquí te escribe tu amado Fernando y lo hago en forma manual porque creo en la revalorización de la escritura, en la sensibilidad del trazo personal y en el valor agregado de la tinta y el papel.

Te escribo de todo corazón, Laura, porque todo argentino tiene derecho a tener su "carta manuscrita"

Las cartas son pensamientos que quedan.

www.correoargentino.com.ar

CORREO ARGENTINO

Gramática para la comunicación I

I. Making Comparisons (Part I)

A. Comparisons of Inequality

1 ▪ To compare two people or two things that are different (**comparación de desigualdad**), use the following formula.

Mando **más emails que** tú.	I send more emails than you.
Bajo **menos música que** mi hermana.	I download less music than my sister.
Mi conexión es **más rápida que** tu conexión.	My connection is faster than your connection.
Me acosté **más tarde que** tú porque estaba bajando canciones.	I went to bed later than you because I was downloading songs.

2 ▪ To indicate that there is more or less than a certain *amount*, use the following formula.

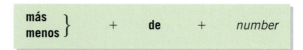

| **Más de 1.500** personas visitaron mi sitio web ayer. | More than 1,500 people visited my website yesterday. |
| Mi conexión de alta velocidad cuesta **menos de $40** por mes. | My high-speed connection costs less than $40 a month. |

3 ▪ Some adjectives have an irregular comparative form.

Irregular Comparisons		
bueno	**mejor**	*better*
malo	**peor**	*worse*
grande	**mayor**	*older* (*person*)
pequeño	**menor**	*younger* (*person*)

Mandar un email es **mejor que** mandar una carta.	Sending an email is better than sending a letter.
Mi sitio web es **peor que** tu sitio.	My website is worse than your site.
Carlitos es **menor que** tu primo y ya navega por Internet.	Carlitos is younger than your cousin and he already surfs the Net.
Creo que Steve Jobs es **mayor que** Bill Gates.	I think that Steve Jobs is older than Bill Gates.

B. The Superlative

When you want to compare three or more people or things, use the superlative (**el superlativo**).

> **el/la/los/las** (*noun*) **más** }
> **el/la/los/las** (*noun*) **menos** } + *adjective*

Esta es **la mejor** (tarjeta de cumpleaños).*

This is the best (*birthday card*).

Para mí, entre Google, Yahoo! y AOL, Google es **el** (buscador) **más eficiente de** los tres.*

For me, among Google, Yahoo! and AOL, Google is the most efficient (*search engine*) *of the three.*

*NOTE:

a. **Mejor** (*Best*) and **peor** (*worst*) usually precede the nouns they modify: **Calatrava.com es** *el mejor sitio* **que conozco.**

b. In the superlative, *in* = **de: Para mí, Calatrava es el mejor arquitecto** *del* **mundo.**

La música caribeña y sus diferentes ritmos son la mejor expresión de la mezcla europea y africana.

Actividad 9 Las vacaciones En parejas, "A" cubre la columna B y "B" cubre la columna A. Uds. deben decidir adónde quieren ir de vacaciones. Con su compañero/a, describan y comparen diferentes características de los lugares para decidir cuál de los dos lugares les parece mejor.

■■■ A: El Hotel Casa de Campo tiene tres canchas de tenis.

B: Pues el Hotel El Caribe tiene seis canchas.

A: Entonces el Hotel Caribe tiene más canchas de tenis que el Hotel Casa de Campo.

A

La Romana, República Dominicana
Hotel Casa de Campo ★ ★ ★ ★
Media pensión
Temperatura promedio 30°C
Increíble playa privada
Tres canchas de tenis
Golf, windsurfing
Discoteca
US$2.199 por persona en
  habitación doble por semana

B

Cartagena, Colombia
Hotel El Caribe ★ ★ ★ ★ ★
Pensión completa
Temperatura promedio 27°C
Playas fabulosas
Seis canchas de tenis
Golf, pesca, esquí acuático
Casino
US$2.599 por persona en
  habitación doble por semana

■■■ 30°C = 86°F
27°C = 81°F

Actividad 10 ¿Cuánto gana? Di cuánto crees que gana una persona en las siguientes ocupaciones durante el primer año de trabajo. Sigue el modelo.

■■■ El primer año de trabajo, un médico gana más de 50.000 dólares y menos de 75.000 dólares.

1. un/a abogado/a
2. un/a policía
3. un/a asistente social
4. un/a recepcionista
5. un/a diseñador/a de sitios web
6. un beisbolista profesional
7. un/a profesor/a de escuela secundaria
8. un/a cartero

Las playas del Caribe ➤ son unas de las mejores del mundo. Playa Flamenco en la isla Culebra, Puerto Rico.

Actividad *11* **¿Mejor o peor?** **Parte A.** En parejas, túrnense para preguntar cuáles de las siguientes cosas son mejores o peores. Justifiquen sus respuestas. Digan si están de acuerdo o no con su compañero/a y por qué.

1. unas vacaciones en las montañas o en la playa
2. tener un trabajo aburrido donde se gana muchísimo dinero o tener un trabajo interesante donde se gana poco dinero
3. tener un hijo o tener muchos hijos
4. vivir en una ciudad o vivir en el campo
5. una cena romántica o un concierto
6. ir de camping o quedarse en un hotel elegante
7. el machismo o el feminismo
8. mandar una tarjeta de cumpleaños de Hallmark o una tarjeta virtual con música y animalitos que bailan

Parte B. Basándose en sus respuestas de la **Parte A,** discutan si Uds. son compatibles o no.

Actividad *12* **Comparaciones** **Parte A.** Rompe un papel en tres partes. Sin consultar con nadie, escribe el nombre de una persona famosa en el primer papel. En el segundo papel, escribe el nombre de un lugar famoso. En el tercero, escribe el nombre de una cosa. Dobla cada papel.

Parte B. Tu profesor/a tiene tres sobres grandes, uno dice **gente famosa,** otro dice **lugares** y el tercero dice **cosas.** Pon los papeles en los sobres correspondientes.

Parte C. Un estudiante debe escoger dos o tres papeles del mismo sobre y leer el contenido en voz alta. La clase debe hacer comparaciones. Repitan este proceso cinco o seis veces.

■■■ Alicia Keys / Beyonce / Britney Spears
Alicia Keys es la más inteligente y la mejor cantante de las tres.

¿Lo sabían?

En español hay muchos dichos que son comparaciones. Es común oír expresiones como "es más viejo que (la moda de) andar a pie", "es más viejo que Matusalén", "es más largo que una cuaresma (*Lent*)" o "es más largo que una semana sin carne". Para hablar de la mala suerte se dice: "es más negra que una noche". Para decir que una persona es muy religiosa, los hispanoparlantes dicen "es más papista que el Papa".

¿? ¿Qué se puede aprender de una cultura y los valores de su gente a través de sus dichos?

Actividad *13* **Los recuerdos de la escuela secundaria** En parejas, hablen sobre los siguientes recuerdos de la escuela secundaria.

1. el mejor profesor que tuviste: cómo se llamaba, cómo era, por qué te gustaba su clase
2. el peor profesor que tuviste: cómo se llamaba, cómo era, por qué no te gustaba su clase
3. las mejores vacaciones que tuviste: adónde fuiste, con quién, por qué te gustaron

Actividad *14* **El mejor o el peor** Uds. quieren comprar un perro. En grupos de tres, miren los perros y decidan cuál van a comprar y por qué. Usen frases como **Chuchito es más bonito que Toby. Toby es el más inteligente de todos. Rufi es la mejor porque...**

Rufi (hembra), 8 semanas

Chuchito (macho), 6 meses

Toby (macho), 6 meses

Actividad *15* **El Oscar** En grupos de tres, hagan una lista de las mejores películas de este año y hagan nominaciones para estas categorías: película dramática, película cómica, actor y actriz. Digan por qué cada una de sus nominaciones es mejor que las otras y por qué debe ganar. Después, hagan una votación (*vote*).

II. Making Requests and Giving Commands (Part I): Commands with *usted* and *ustedes*

You have already learned several ways to ask somebody to do something.

Es importante que mandes este paquete ahora.
No quiero que usen mis estampillas.
Debes mandar esta carta.
Tiene que mandarle este fax al Sr. Pérez.

1 ▪ To make a direct request or to give a command (**órdenes**) to people you address as **Ud.** or **Uds.**, use the corresponding present subjunctive verb forms.

Busque (Ud.) la información en Internet.* ⎫	*Look for the information on*
Busquen (Uds.) la información en Internet.* ⎭	*the Internet.*
¡No pierdan mi dirección de email!	*Don't lose my email address.*

▪▪▪ To review formation of the subjunctive, see Ch. 10 (p. 271–272).

***NOTE:** Subject pronouns **Ud.** and **Uds.** are often omitted with commands, but if they are used, they follow the verb and are used for emphasis.

2 ▪ When reflexive or object pronouns are used with commands, follow these rules.

a. When the command is affirmative, the pronouns are attached to the end of the verb.

Mánde**lo** por FedEx.	*Send it by FedEx.*
Dígan**selo** a él.	*Tell it to him.*
Siénte**se** enfrente de esa computadora, señor.	*Sit in front of that computer, sir.*

▪▪▪ Remember to use accents. To review double object pronouns, see Ch. 8.

b. When the command is negative, the pronouns immediately precede the verb.

¡**No se lo** mande tarde!   *Don't send it to him late!*
No se lo digan a él, por favor.   *Please, don't tell it to him.*
Sr. Palacios, **no se siente** enfrente de esa computadora porque no funciona.   *Mr. Palacios, don't sit in front of that computer because it doesn't work.*

To practice: Do SAM Workbook and Web activities.

Actividad 16 Sigan las instrucciones Escuchen las instrucciones de su profesor/a y hagan las acciones del siguiente gesto (*gesture*) hispanos.

Para indicar que una persona es tacaña (*stingy*):

1. Levántense.
2. Doblen el brazo derecho con la mano hacia arriba.
3. Cierren la mano derecha.
4. Abran la mano izquierda.
5. Pongan la mano izquierda debajo del codo derecho.
6. Con la palma de la mano izquierda, tóquense el codo varias veces.

Actividad 17 Te toca a ti Lee las siguientes instrucciones y escribe órdenes con los verbos entre paréntesis para poder hacer otros gestos típicos de la cultura hispana. Usa la forma de Uds. al escribir las instrucciones.

1. Para indicar que se debe tener cuidado:
   _____ el dedo índice debajo del ojo y _____ hacia abajo. (Poner, tirar = *to pull*)
2. Para indicar que una persona es delgada:
   _____ la mano y _____ el dedo meñique (*little finger*) hacia arriba. (Cerrar, levantar)
3. Para indicar que hay muchas personas en un lugar:
   Con la palma de la mano hacia arriba, _____ la mano. _____ los dedos hacia arriba. _____ el pulgar (*thumb*) con los otros dedos. (cerrar, Extender **(ie)**, Tocar)

Actividad 18 ¿Quién dice qué? Parte A. Completa las siguientes órdenes con la forma de Uds.

1. No _____ en voz alta. (hablar)
2. No _____ canciones en nuestras computadoras. (bajar)
3. No _____. (fumar)
4. No _____. (tocar)
5. _____ a la policía. (Llamar)
6. _____ cola. (Hacer)
7. _____ el cinturón de seguridad. (Abrocharse)

Parte B. Ahora en parejas, decidan en qué situaciones o lugares se dicen estas órdenes.

Actividad 19 **La clase de Internet** Trabajas como voluntario dando clases de computación en un centro para personas mayores. Hoy tienes solo un estudiante de 80 años en clase que va a usar Internet por primera vez. Dale órdenes para hacer todo correctamente.

1. usar buscadores buenos como Google
2. no dar el número de su tarjeta de crédito por Internet si no conoce la tienda
3. escoger un nombre de usuario y contraseña fáciles
4. escribir su nombre de usuario y contraseña en un lugar seguro
5. guardar sus enlaces favoritos
6. no mandarles demasiados chistes a sus amigos
7. tener cuidado con los virus

Actividad 20 **Los asistentes de vuelo** **Parte A.** Lee las siguientes medidas de seguridad que se escuchan en un avión y subraya todas las órdenes que encuentres.

Buenos días y bienvenidos a bordo. Ahora unas medidas de seguridad. Abróchense el cinturón de seguridad. Mantengan el respaldo del asiento en posición vertical, la mesa en la posición inicial y pongan su equipaje de mano completamente debajo del asiento de adelante o en uno de los compartimientos de arriba. Recuerden: no usen móviles durante el vuelo. Por favor, apaguen el móvil. Se prohíbe fumar en todos los vuelos de TACA. Obedezcan el aviso de no fumar. En el respaldo del asiento, delante de Uds., hay una tarjeta con información. Esta tarjeta les indica la salida de emergencia más cercana. Tomen unos minutos para leerla. En este avión hay dos puertas en cada extremo de la cabina y dos salidas sobre las alas. En caso de que sea necesario, el cojín del asiento puede usarse como flotador: pasen los brazos por los tirantes que están debajo del cojín. Si hay un cambio brusco de presión en la cabina, los compartimientos que contienen las máscaras de oxígeno se abren automáticamente. Entonces, pónganse la máscara sobre la nariz y la boca y respiren normalmente. Después, tomen la cinta elástica y póngansela sobre la cabeza. Después de ponerse la máscara, ajusten bien la máscara de sus niños. Gracias por su atención y esperamos que tengan un buen viaje a bordo de TACA.

Parte B. La aerolínea costarricense TACA va a hacer un video para demostrar las medidas de seguridad en sus vuelos. En grupos de cuatro, lean las siguientes instrucciones para su papel.

Estudiantes A, B y C

Uds. quieren ser actores en el video de TACA. Van a hacer una prueba (*audition*) para ver quién es el/la mejor actor/actriz. Un empleado de TACA va a leer el guion del video mientras Uds. hacen las acciones.

Estudiante D

Trabajas para TACA y tienes que seleccionar a la mejor persona para actuar en un video que demuestra las medidas de seguridad de la aerolínea. Lee en voz alta el texto que aparece en la **Parte A** de esta actividad y observa como actúan los posibles actores. Selecciona a la mejor persona para el trabajo.

Parte C. Ahora las personas que trabajan para TACA van a decirle a la clase cuál fue el/la mejor actor/actriz de su grupo en las siguientes categorías y por qué:

cómico/a   claro/a   energético/a   creativo/a

■■■ El más cómico fue... porque...

Nuevos horizontes

Lectura ESTRATEGIA: The Importance of Background Knowledge

When reading an article, an essay, a poem, a novel, or song lyrics (**la letra de una canción**) on a specific topic, your background knowledge helps you to interpret the message being conveyed. Song lyrics may draw attention to an event in an attempt to enact change, or simply to keep the event in the memory of the people. This was particularly true in the United States during the tumultuous 1960s, when songwriters such as Bob Dylan, Joan Baez, and John Lennon wrote songs in opposition to the Vietnam War.

You will read the lyrics to a song entitled **"El padre Antonio y el monaguillo** (*altar boy*) **Andrés"** by Rubén Blades. In order to best understand this song you must know the following background information.

■ ■ ■ Rubén Blades (1948–) is a Panamanian singer, actor, politician, lawyer, and Minister of Tourism. He has acted in over 30 films, including *The Cradle Will Rock, Gideon's Crossing, All the Pretty Horses, Crossover Dreams, The Milagro Beanfield War, The Two Jakes, Mo' Better Blues,* and *The Devil's Own.*

■ ■ ■ To learn more about Archbishop Romero, search the Internet.

El 24 de marzo de 1980, el arzobispo Óscar Arnulfo Romero fue asesinado en El Salvador. Una persona desconocida entró en la iglesia donde el padre Romero celebraba misa (*mass*) y lo mató. Se especula que el asesino era militar porque Romero era considerado portavoz (*spokesman*) de los pobres y había expresado su oposición a la represión y la violencia de los militares. Desde su muerte, el padre Romero es un símbolo político y, en Roma, se han recibido peticiones para canonizarlo (hacerlo santo).

▲ El arzobispo Óscar Arnulfo Romero.

Actividad 21 Otras canciones En grupos de tres, nombren por lo menos tres canciones populares que tienen mensaje social y expliquen cuál es el mensaje de cada una.

Actividad 22 Mensajes Ahora vas a leer la letra de "El padre Antonio y el monaguillo Andrés". Al leer, contesta estas preguntas. Recuerda que no necesitas entender todas las palabras para contestar las preguntas.

1. Según la primera estrofa, ¿cómo es el padre Antonio?
   a. burocrático   b. agresivo   c. sencillo
2. Según la segunda estrofa, ¿cómo es Andrés?
   a. un niño normal   b. un niño muy   c. un niño con
                                     inteligente   conflictos
3. ¿Qué tragedia ocurrió y dónde tuvo lugar?
4. ¿El final de la canción es pesimista o expresa esperanza para el futuro?
5. ¿Cómo crees que sea la música de la canción?
   a. rápida, con buen   b. una balada lenta   c. ni rápida ni lenta,
      ritmo para bailar   pero seria

"El padre Antonio y el monaguillo Andrés"

Rubén Blades

(canción dedicada al Padre A. Romero)

El padre Antonio Tejeira vino de España
Buscando nuevas promesas en esta tierra.
Llegó a la selva sin la esperanza de ser obispo,
Y entre el calor y entre los mosquitos habló de Cristo.
5   El Padre no funcionaba en el Vaticano entre papeles
Y sueños de aire acondicionado,
Y fue a un pueblito en medio de la nada a dar su sermón.
Cada semana pa'[1] los que busquen la salvación.

El niño Andrés Eloy Pérez tiene diez años
10 Y estudia en la elementaria Simón Bolívar.
Todavía no sabe decir el credo correctamente.
Le gusta el río, jugar al fútbol y estar ausente.
Le han dado el puesto en la iglesia de monaguillo
A ver si la conexión compone al chiquillo.
15 Y su familia está muy orgullosa porque a su vez se cree
Que con Dios conectando a uno conecta a diez.

Suenan las campanas un – dos – tres
Del padre Antonio y su monaguillo Andrés.
Suenan las campanas otra vez...
20 Del padre Antonio y su monaguillo Andrés.

El Padre condena la violencia.
Sabe por experiencia que no es la solución.
Les habla de amor y de justicia
De Dios va la noticia vibrando en su sermón.

25 Suenan las campanas un – dos – tres
Del padre Antonio y su monaguillo Andrés.
Suenan las campanas otra vez...
Del padre Antonio y su monaguillo Andrés.

Al Padre lo halló la guerra un domingo en misa,
30 Dando la comunión en manga de camisa.
En medio del Padre Nuestro entró el matador
Y sin confesar su culpa le disparó.
Antonio cayó hostia[2] en mano y sin saber por qué.
Andrés se murió a su lado sin conocer a Pelé.
35 Y entre el grito y la sorpresa agonizando otra vez
Estaba el Cristo de palo pegado a la pared.
Y nunca se supo el criminal quién fue
Del padre Antonio y su monaguillo Andrés.
Pero suenan las campanas otra vez
40 Por el padre Antonio y su monaguillo Andrés.

Suenan las campanas tierra va a temblar.
Suenan las campanas por América.
Suenan las campanas ¡O Virgen Señora!
Suenan las campanas ¿Quién nos salva ahora?
45 Suenan las campanas de Antonio y Andrés.
Suenan las campanas óyelas otra vez.
Suenan las campanas centroamericanas.
Suenan las campanas por mi tierra hermana.
Suenan las campanas mira y tú verás.
50 Suenan las campanas el mundo va a cambiar.

Suenan las campanas para celebrar.
Suenan las campanas nuestra libertad.
Suenan las campanas porque un pueblo unido.
Suenan las campanas no será vencido.
55 Suenan las campanas de Antonio y Andrés.
Suenan las campanas suénenlas otra vez.
Suenan las campanas por un cura bueno.
Suenan las campanas Arnulfo Romero.
Suenan las campanas de la libertad.
60 Suenan las campanas por América.

▲ Rubén Blades.

1 pa' = para   2 *the Host*

Actividad 23 **Descripción** **Parte A.** En tus propias palabras, describe qué pasó en la iglesia. ¿Qué estaba haciendo el padre Antonio? ¿Y Andrés? ¿Qué ropa llevaba el padre Antonio? ¿Qué ocurrió?

Parte B. Rubén Blades intenta mostrarnos (*is trying to show us*) que el padre Antonio es una persona común y corriente y que Andrés es un niño típico. Busca partes de la canción que muestren esto.

Actividad 24 **Las ideas** En un concierto, Rubén Blades dijo: "En Latinoamérica matan a la gente, pero no la idea". Di qué opinas sobre este comentario.

Escritura

ESTRATEGIA: Comparing and Contrasting

To compare or contrast two ideas is to present their similarities and differences. This may be done by presenting one idea and then the other or by presenting the similarities of both ideas followed by their differences. The following linking words can help create cohesive and coherent sentences.

a diferencia de	**como**
a pesar de (*in spite of*)	**sin embargo** (*nevertheless*)
al igual que (*just like*)	**por un lado** (*on the one hand*)
pero	**por otro lado** (*on the other hand*)
más/menos... que	

When writing a comparison, you may want to use a Venn Diagram to help organize your ideas. The following diagram reflects information on **el padre Antonio** and **Andrés.** The circle on the left contains information about **el padre Antonio,** and the other has data about **Andrés.** Where the circles overlap there is information common to both of them.

■■■ Remember: Use an infinitive after a preposition: **A pesar de ser una persona sencilla,...** vs. **A pesar de que era una persona sencilla,...**

El padre Antonio　　　**Andrés**

ser mayor　　　　　tener diez años

no ser un cura (*priest*) típico　　persona simple　　ser un niño típico

no funcionar en el Vaticano　　vivir en un pueblo　　jugar al fútbol

condenar la violencia　　estar en misa　　estar ausente

hablar de Cristo　　morir　　ayudar al padre Antonio

Actividad 25 **Contrastes** **Parte A.** Vas a escribir un párrafo que contraste y compare elementos positivos y negativos de tu personalidad, dos ciudades o dos universidades. Primero, escoge el tema y haz un diagrama de Venn para organizar tus ideas. Después, escribe el párrafo.

Parte B. Revisa bien el párrafo. ¿Usaste frases como **sin embargo, más/menos... que** y **a diferencia de**? Al terminar, entrégale el diagrama de Venn, los borradores y la copia final a tu profesor/a.

Vocabulario esencial II

La geografía

el norte

el oeste

el este

el sur

1. el bosque	**4.** el río	**7.** el lago	**10.** el puerto
2. la catarata	**5.** la montaña	**8.** la carretera	**11.** la isla
3. el pueblo	**6.** el valle	**9.** el puente	**12.** la cost

Otras palabras relacionadas con la geografía

la autopista   freeway, toll road
el campo   countryside
la ciudad   city
la colina   hill
el desierto   desert

el mar   sea
el océano   ocean
la playa   beach
la selva   jungle
el volcán   volcano

Online Study Center

To practice: Do SAM Workbook
and Web activities.

Actividad 26 Asociaciones Asocia estos nombres con las palabras presentadas.

Amazonas	Cuba	Andes	Quito
Cancún	Mediterráneo	Iguazú	Atacama
Pacífico	Titicaca	Baleares	Panamericana

Actividad 27 Categorías En parejas, organicen las palabras relacionadas con la geografía en las siguientes categorías.

1. cosas que asocian Uds. con el agua
2. lugares donde normalmente hace calor
3. lugares donde normalmente hace frío
4. cosas que no forman parte de la naturaleza (*nature*)

La variedad geográfica de Hispanoamérica incluye fenómenos naturales como el lago de Nicaragua que, aunque es de agua dulce (*fresh water*), tiene tiburones (*sharks*) y el lago Titicaca, entre Bolivia y Perú, que es el lago navegable más alto del mundo. En los Andes está el Aconcagua, la montaña más alta del hemisferio. También hay erupción de volcanes y terremotos causados por una falla (*fault line*) que va de Centroamérica a Chile. Esta variedad geográfica que les da su encanto a diferentes partes de América Latina, también trae problemas catastróficos. Algunos desastres que ocurrieron al final del siglo XX hicieron eco en todo el mundo.

1985   La erupción de un volcán en Colombia destruyó un pueblo de más de 20.000 habitantes.

1998   El huracán Mitch mató a 8.000 personas en Honduras y un millón de personas se quedaron sin casa.

1999   En la ciudad de La Guaira, en la costa venezolana, hubo terribles inundaciones y derrumbamientos de lodo (*mud slides*). Murieron más de 30.000 personas.

▲ El Salto Ángel, Venezuela, la catarata más alta del mundo.

■ ■ ■ **agua salada** = salt water

¿? Menciona algún desastre natural que ocurrió en el mundo recientemente. ¿Está bien preparado tu país para los desastres naturales?

Actividad 28 ¿Dónde naciste tú? Parte A. En parejas, descríbanle a su compañero/a la geografía de la zona donde nacieron.

Parte B. Ahora, descríbanle a su compañero/a la geografía de una zona donde les gustaría vivir. Empiecen diciendo: **Quiero vivir en un lugar que tenga...**

Actividad 29 La propaganda Parte A. En grupos de cuatro, cada uno de Uds. va a preparar un anuncio para la televisión hispanoamericana para atraer más turismo a una zona específica. Deben poner énfasis en la variedad de belleza natural que tiene cada lugar. Escojan uno de los siguientes lugares.

- Las islas Galápagos
- El Petén
- La Patagonia
- Los Picos de Europa

Como tarea, cada uno debe investigar su lugar en Internet y preparar un anuncio comercial de un mínimo de 30 segundos e incluir fotos del lugar.

Parte B. Cada persona debe presentarle el anuncio a su grupo.

Para escuchar

La propuesta

◀ Una pareja en Mérida, Venezuela.

hoy (en) día	today; nowadays
verdadero/a	real, true
Ya era hora.	It's about time.

Vicente tiene una pequeña sorpresa (surprise) planeada para Teresa. Todos sus amigos los esperan en el apartamento para ver qué pasa.

Actividad 30 Reacciones iniciales Escucha la conversación y marca tus reacciones a estas preguntas.

1. ¿Cómo está Teresa al principio de la conversación?

   _____ triste

   _____ contenta

   _____ preocupada

   _____ distraída (*distracted*)

2. ¿Cómo es Vicente?

   _____ romántico

   _____ chistoso (*funny*)

   _____ estúpido

   _____ absurdo

Actividad 31 Preguntas Después de escuchar la conversación otra vez, contesta estas preguntas que continúan en la página siguiente.

1. ¿Cómo son las canciones que canta Vicente: románticas, violentas, cómicas, cursis, tristes?
2. ¿Qué le propone Vicente a Teresa?
3. ¿Teresa le contesta que sí o que no?
4. ¿Cómo sabes que Vicente estaba convencido de que Teresa iba a decir que sí?
5. ¿Te gustaría tener un/a novio/a tan chistoso/a como Vicente o prefieres una persona más romántica?

6. Las cuatro primeras canciones que canta Vicente son canciones de amor y todas tienen un tema en común. ¿Cuál es?
   a. la atracción física entre el cantante y la mujer
   b. solo hay una mujer para el cantante y es la mujer a quien le canta
   c. la atracción espiritual entre el cantante y la mujer
   d. el cantante salió con muchas mujeres, pero la mujer a quien le canta es la mejor de todas

¿Lo sabían?

En España, muchas facultades de las diferentes universidades tienen conjuntos musicales llamados tunas, formadas de estudiantes que cantan y tocan guitarras, bandurrias (*mandolins*) y panderetas (*tambourines*). Los tunos, o miembros de la tuna, llevan trajes al estilo de la Edad Media y cantan canciones tradicionales en restaurantes, en plazas y por las calles. Esta tradición también se puede ver en algunas universidades en lugares como México, Perú y Puerto Rico. Generalmente, los tunos son hombres, pero últimamente también es posible ver tunas de mujeres.

▲ Un miembro de la Tuna de Derecho de Valladolid se casa en la iglesia de Santa María en Wamba, España.

¿? ¿Hay grupos de estudiantes que canten en tu universidad? ¿Cómo se llaman algunos de estos grupos? ¿Qué tipo de música cantan? ¿Participas tú en alguno de esos grupos?

Gramática para la comunicación II

I. Making Comparisons (Part II): Comparisons of Equality

When you want to compare things that are equal (**comparaciones de igualdad**), you can apply the following formulas.

> **tan** + *adjective/adverb* + **como**

Esa isla es **tan bonita como** la isla de Pascua.

Llegaste **tan tarde como** tus hermanos porque no fuiste por la autopista.

That island is as pretty as Easter Island.

You arrived as late as your brothers because you didn't go on the freeway.

> **tanto/a/os/as** + *noun* + **como**

La República Dominicana tiene **tantas playas como** Puerto Rico.

Hay **tantas mujeres como** hombres en el tour del volcán.

The Dominican Republic has as many beaches as Puerto Rico.

There are as many women as men on the tour of the volcano.

Actividad 32 **La comparación** Forma oraciones lógicas para comparar lugares famosos del mundo usando **tan... como, tanto/a/os/as... como.**

■ ■ ■ El Gran Cañón del Colorado es tan impresionante como las cataratas del Iguazú.

el Gran Cañón del Colorado es	caliente	en Alaska
el agua cristalina del lago Titicaca es	playas blancas	los Pirineos
en Seatle llueve	carros	las cataratas del
en Puerto Rico hay	impresionante	Iguazú
las montañas de los Andes son	frío	el cielo (sky)
en la Patagonia hace	azul	en la selva tropical
el agua de mar Mediterráneo es	bonitas	del Amazonas
en México D. F. hay	frecuentemente	en Costa Rica
		en las autopistas de Los Ángeles
		el agua del Caribe

Actividad 33 **Tan... como...** Usa la imaginación para comparar dos personas o animales de la siguiente lista. Incluye las expresiones **tan... como...,** **tantos/tantas... como** y **más/menos... que...**

■ ■ ■ Bart Simpson es tan inteligente como Ozzy Osbourne, pero es más inteligente que Regis Philbin.

Jennifer López   Ozzy Osbourne   Jim Carrey   Flipper   Gael García Bernal   Tiger Woods   Halle Berry

Pedro Martínez   Martha Stewart   Matt Damon

Charlize Theron   Donald Trump   Tom Cruise   Drew Barrymore   Brad Pitt

Bart Simpson   Adam Sandler   Jon Stewart   Ricky Martin

Lucy Liu   Beyonce Knowles   Johnny Depp   Jackie Chan

Denzel Washington   Serena Williams   Catherine Zeta-Jones   Queen Latifah   Angelina Jolie

Shakira   Jesse Jackson   Marc Anthony   Will Smith   Winona Ryder

Shaquille O'Neal   Regis Philbin   Lassie

Actividad 34 **Las comparaciones** En parejas, comparen a Adela y Consuelo, dos buenas amigas que tienen muchas cosas en común. "A" cubre la columna B y "B" cubre la columna A. Túrnense para dar información.

■ ■ ■ A: Adela tiene 28 años. ¿Y Consuelo?
   B: Veintinueve. Entonces Adela es menor que Consuelo./Entonces Consuelo es mayor que Adela.

A

Adela
medir 1,70 (uno setenta)
pesar 65 kilos
ser bonita
jugar bien al tenis
tener dos carros
tener $10.000 en el banco

B

Consuelo
medir 1,65 (uno sesenta y cinco)
pesar 65 kilos
ser bonita
jugar bien al tenis
tener dos carros
tener $l.000 en el banco

■ ■ ■ **medir** (e ⟶ i, i)
■ ■ ■ **1,70 = 1 metro 70 centímetros = 5 pies 6 pulgadas**
■ ■ ■ 65 kilos = 142 libras

II. Making Requests and Giving Commands (Part II): Commands with *tú*

¡Bésame, bésame mucho!

■■■ **Sé** is a familiar command, **se** is a reflexive pronoun and an object pronoun.

At the start of the conversation, Marisel says, **"Juan Carlos, cállate."** Is she making a suggestion or giving a command? Do you think Marisel is using the **Ud.** or the **tú** form when talking to her friend?

If you said command to the first question and the **tú** form to the second question, you were correct.

1 ■ In this book you have seen the singular familiar command (**tú**) used in the directions for many activities (**imagina, escribe**). To give an affirmative familiar command or to make a request, use the present indicative **tú** form of the verb omitting the **-s** at the end: **hablas ⟶ habla.**

practicar ⟶ practic**a** traer ⟶ tra**e** subir ⟶ sub**e**

—**Sube** al carro y **maneja** con cuidado.   *Get in the car and drive with care.*
—¡**Espera** un momento! ¿Cómo llego a   *Wait a minute! How do I get to the*
la autopista?   *freeway?*

2 ■ The familiar commands for the following verbs are irregular.

decir	**di**	salir	**sal**
hacer	**haz**	ser	**sé**
ir	**ve**	tener	**ten**
poner	**pon**	venir	**ven**

Ve al campo para relajarte.   *Go to the country to relax.*
Sé bueno y **ven** a la costa conmigo.   *Be good and come to the coast with me.*

■■■ To review formation of the subjunctive, see Ch. 10.

3 ■ To give a negative familiar command, use the **tú** form of the present subjunctive.

No salgas de la ciudad esta tarde.   *Don't leave the city this afternoon.*
No vayas por las montañas; hay   *Don't go through the mountains; there*
muchas curvas.   *are lots of curves.*

NOTE: Subject pronouns are seldom used with familiar commands, but if they are, they follow the verb: **Estoy ocupado; ven tú. No lo hagas tú; yo voy a hacerlo.**

4 ■ In familiar commands, as in formal commands (**Ud.** and **Uds.**), reflexive and object pronouns are attached to the end of an affirmative command and immediately precede the verb in a negative command.

■■■ Note the need for an accent.

Levántate.   *Get up.*
No se lo digas.   *Don't tell it to her.*

■■■ **Vosotros** affirmative commands: **decir = deci + d ⟶ decid.**

■■■ Negative **vosotros** commands use the corresponding subjunctive forms: **no digáis.**

■■■ Reflexive affirmative **vosotros** commands: **lavarse = lava + os ⟶ lavaos.**

5 ■ The following chart summarizes the forms used for commands.

Ud./Uds.		Tú	
Affirmative: subjunctive	Negative: subjunctive	Affirmative: present indicative **tú** form without **-s**	Negative: subjunctive
suba/n	**no suba/n**	**sube***	**no subas**

Online Study Center

To practice: Do SAM Workbook and Lab, and Web activities.

*****NOTE:** All forms are identical to the subjunctive except the affirmative command form of **tú.**

Actividad 35 **Los mayores siempre mandan** **Parte A.** Los niños reciben muchas órdenes inclusive cuando están de vacaciones. Completa las siguientes órdenes que escucha un niño.

1. No _____ por el puente solo. (caminar)
2. _____ del mar porque es hora de comer. (Salir)
3. _____ el protector solar. (Ponerse)
4. _____ la colina conmigo. (Subir)
5. No _____ arena a la gente. (tirarle)
6. No _____ flores. (cortar)
7. _____ aquí ahora mismo. (Venir)
8. _____ dónde estabas. (Decirle)
9. _____ y _____ helados. (Correr, comprarnos)

Parte B. Ahora, en parejas, hagan una lista de, por lo menos, cinco órdenes afirmativas y cinco órdenes negativas que un niño o una niña de cinco años normalmente oye de sus padres, hermanos o maestros.

Prepara un delicioso y refrescante vaso de Nescafé Frappé.

1. Pon Nescafé y azúcar a tu gusto en la coctelera.

2. Añade agua fría y hielo (hasta la mitad, aproximadamente).

3. Agita la coctelera, hasta hacer espuma.

4. Sírvelo en vaso largo.

Actividad 36 **¡Cuántas órdenes!** En grupos de tres, Uds. son tres hermanos que viven juntos e invitaron a comer a un amigo de su padre que está de visita en la ciudad. Tienen que darse órdenes para preparar la comida. Normalmente, los hermanos se contradicen (*contradict each other*) mucho.

> A: ¡Corre a la tienda y compra café!
> B: ¡No compres café, compra té!
> C: No, voy a comprar Pepsi.

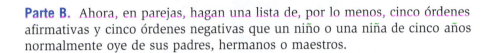

hacer papas fritas   hacer una ensalada   limpiar la casa
ir al supermercado y comprar carne
salir y comprar Coca-Cola   comprar manzanas
preparar el pollo   lavar y secar los platos   servir vino

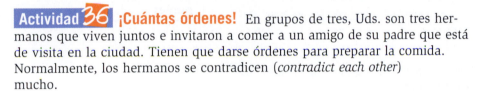

Actividad 37 **¿Quién hace qué?** En parejas, Uds. son Vicente y Teresa y están organizando su boda. Lean primero solo las instrucciones para su papel; luego denle órdenes a su novio/a. Si hay algo que no quieren hacer, negocien con la otra persona. Sigan el modelo.

> VICENTE: Yo no sé nada de flores, así que escoge tú las flores, ¿bien?
> TERESA: No, escógelas tú porque luego vas a decir que no te gustan.
> VICENTE: Si las escoges, puedo hacer otra cosa.
> TERESA: ...

Vicente

Quieres que Teresa:
- escoja las flores para la iglesia
- haga la lista de regalos
- baje de Internet música para la fiesta
- vaya a ver la iglesia
- reserve el salón para la fiesta
- busque un hotel en Ibiza para la luna de miel

Tú ya: escribiste el remite en todos los sobres

Teresa

Quieres que Vicente:
- baje de Internet música para la fiesta
- te diga cuántos invitados tiene
- busque un hotel en Ibiza para la luna de miel
- escriba el remite en todos los sobres
- escoja las flores para la iglesia
- mande las invitaciones

Tú ya: reservaste el salón para la fiesta

Actividad 38 Lo bueno y lo malo **Parte A.** En grupos de tres, "A" tiene dudas sobre qué debe hacer en ciertas situaciones. "B" y "C" son su conciencia buena y su conciencia mala. Después de escuchar las dos voces de la conciencia, la persona "A" tiene que decidir qué va a hacer y por qué.

1. No tengo dinero y quiero un helado. ¿Debo robarle el dinero a mi madre?

2. No sé la respuesta, pero puedo ver el examen de Gonzalo. ¿Debo copiar la respuesta?

3. Hay una cola larga y no tengo mucho tiempo. ¿Debo ponerme adelante de alguien o debo ir al final de la cola?

4. No fui al trabajo ayer porque fui a la montaña. ¿Debo mentirle a mi jefa y decirle que estuve enfermo/a?

5. Me encanta esa canción y está en Internet. ¿Debo bajarla ilegalmente o comprarme el CD?

Parte B. Todos sabemos que es malo robar como también es malo ser deshonesto. En su grupo, miren las siguientes acciones y digan si una es peor que la otra o si una es tan **mala, deshonesta** o **irresponsable** como la otra.

> ■■■ Es tan irresponsable copiar... como...
> Es peor copiar... que...

1. robarle $10 a tu madre o robárselo a tu novio/a

2. copiar la respuesta de un compañero en un examen o dejar que se copien de ti

3. mentirle a un jefe y decir que estuviste enfermo/a y por eso no fuiste a trabajar o mentirle a un profesor y no ir a clase

4. bajar una canción ilegalmente o comprar un CD pirata

Online Study Center
Do Web Search activities.

Vocabulario funcional

La música y los instrumentos

la batería	*drums*
el clarinete	*clarinet*
el conjunto	*band, group*
la flauta	*flute*
la orquesta	*orchestra*
el saxofón	*saxophone*
el trombón	*trombone*
la trompeta	*trumpet*
el violín	*violin*
el violonchelo	*cello*

El correo

el buzón	*mailbox*
la carta	*letter*
el/la cartero	*letter carrier*
el código postal	*zip code*
la dirección	*address*
la estampilla/el sello	*stamp*
el fax	*fax*
hacer cola	*to stand in line*
mandar (una carta)	*to send (a letter)*
el paquete	*package*
el remite	*return address*
el sobre	*envelope*
la (tarjeta) postal	*postcard*

La red

bajar información/música	*to download music*
el buscador	*search engine*
caerse el servidor	*to go down/crash (server)*
la contraseña	*password*
el correo electrónico/ mensaje electrónico/email	*email*
el enlace/link	*link*
el/la Internet	*Internet*
navegar por Internet	*to surf the Net*
el nombre de usuario	*user name*
perder la conexión	*to lose the connection*
el sitio web	*website*
la tarjeta (virtual)	*(virtual) greeting card*
arroba @	
barra /	
dos puntos :	

Las comparaciones

más	*more*
mayor	*older; greater* (+ noun)
mejor	*better*
menor	*younger; lesser* (+ noun)
menos	*less*
peor	*worse*
tan	*so*
tan... como	*as . . . as*
tanto/a... como	*as much . . . as*
tantos/as... como	*as many . . . as*

La geografía

la autopista	*freeway, toll road*
el bosque	*woods*
el campo	*countryside*
la carretera	*highway*
la catarata	*waterfall*
la ciudad	*city*
la colina	*hill*
la costa	*coast*
el desierto	*desert*
la isla	*island*
el lago	*lake*
el mar	*sea*
la montaña	*mountain*
el océano	*ocean*
la playa	*beach*
el pueblo	*town*
el puente	*bridge*
el puerto	*port*
el río	*river*
la selva	*jungle*
el valle	*valley*
el volcán	*volcano*

Los puntos cardinales

el este	*east*
el norte	*north*
el oeste	*west*
el sur	*south*

Palabras y expresiones útiles

¿Algo más?	*Something/Anything else?*
hoy (en) día	*today; nowadays*
ni... ni	*neither . . . nor*
¡Qué chévere!	*Great!* (Caribbean expression)
¡Qué cursi!	*How tacky!*
verdadero/a	*real, true*
Ya era hora.	*It's about time.*

Videoimágenes

Ritmos

Antes de ver

Actividad **La música** ¿Cuánto sabes sobre la música hispana? Antes de ver el segmento, marca qué país o región asocias con estos tipos de música.

1. _____ flamenco
2. _____ mariachi
3. _____ merengue
4. _____ música andina
5. _____ salsa
6. _____ tango

a. Argentina
b. el Caribe
c. España
d. México
e. Perú, Ecuador y Bolivia

Mientras ves

42:14–46:20

Actividad **2** **En España** La música nos revela mucho de una cultura. Escucha esta entrevista con Carmen Cubillos y contesta las siguientes preguntas sobre el flamenco, la música típica de Andalucía, una región del sur de España.

1. ¿Qué instrumento musical se asocia con este tipo de música?
   a. la trompeta
   b. la guitarra
   c. el piano

2. Al escuchar la música, ¿qué influencia notaste?
   a. polkas de Alemania
   b. música del Medio Oriente
   c. cantos gregorianos

3. Según Carmen Cubillos, ¿qué partes del cuerpo son importantes al bailar flamenco?
   a. los brazos
   b. las piernas
   c. todo el cuerpo

4. ¿Qué adjetivo es el que describe mejor el flamenco?
   a. alegre
   b. dramático
   c. lento

46:21–51:55

Actividad **3** **En Ecuador** Mientras escuchas una entrevista con el conjunto otavaleño Ñanda Mañachi ("Préstame el camino", en quichua), completa las siguientes ideas y contesta las preguntas sobre la música andina. Lee las preguntas antes de mirar el video.

1. La música andina tiene influencias...
   a. indígena, española y africana.
   b. indígena y española.
   c. indígena y africana.

2. El señor toca y habla de varios instrumentos. Escribe una **V** si el instrumento es de viento o una **C** si es un instrumento de cuerda (*string*).

_____ bandolín

_____ guitarra

_____ bocina

_____ rondador

_____ charango

_____ zampoña o sikus

▲ El charango, un instrumento típico de la zona andina.

3. ¿Qué animal se usa para hacer un charango?
   a. el armadillo
   b. el cocodrilo
   c. la tortuga (*turtle*)

4. ¿Cuál es el tema principal de las canciones de Ñanda Mañachi?
   a. la naturaleza
   b. los problemas de los indígenas
   c. el amor

Actividad 4 En Puerto Rico La salsa es un baile típico del Caribe. Mira este segmento del video para completar estas ideas sobre la salsa.

51:56–end

1. La salsa tiene influencias...
   a. indígena, española y africana.
   b. indígena y española.
   c. africana y española.

2. Para bailar salsa, ¿qué es importante? Es posible marcar más de una respuesta.
   a. mantener la espalda recta
   b. mover mucho las caderas (*hips*)
   c. comunicarse con su pareja
   d. nunca separarse de su pareja

Después de ver

Actividad 5 ¿Tocas? En grupos de tres, descubran el talento musical de sus compañeros. Pregúntenles qué instrumentos tocan o tocaban y averigüen algo sobre su experiencia musical, según las indicaciones.

Nombre _____

Instrumento(s) _____

Toca/Tocaba _____ muy bien _____ bien _____ un poco

Cuándo empezó a tocar _____

Dónde aprendió a tocar _____

Quién le enseña/enseñaba _____

Cuánto tiempo practica/practicaba _____

Si ya no toca, cuándo dejó de tocar y por qué _____

_____

Si no toca ningún instrumento, pregúntale cuál le gustaría tocar y por qué _____

13 Turismo por América

➤ **Desfile puertorriqueño en Chicago.**

Chapter Objectives

- Discussing travel plans
- Making bank transactions
- Narrating and describing in the past
- Talking about unintentional occurrences
- Discussing sites to visit
- Talking about past experiences in relation to the present
- Expressing doubts, feelings, and desires about the past

¿Qué saben?

1. ¿Qué estados de los Estados Unidos eran parte de México antes de 1848?

2. Los Estados Unidos es el _____ país en cantidad de población de habla hispana.

   a. quinto   b. décimo   c. décimo quinto

3. Para ser considerado hispano en los Estados Unidos la persona...

   a. tiene que hablar español.

   b. tiene que ser de un país de habla española.

   c. no puede ser ni negra, ni blanca, ni asiática.

   d. a, b y c

   e. ni a, ni b, ni c

La oferta de trabajo

ya que	since, because
¿De acuerdo?	O.K.? Agreed?
sacar de un apuro (a alguien)	to get (someone) out of a jam

Don Alejandro ya regresó de Colombia y quiere hablar con Juan Carlos y con Álvaro para ofrecerles un trabajo.

Actividad 1 **¿Qué oferta?** Mientras escuchas la conversación, identifica cuál es la oferta que hace don Alejandro y si los muchachos la aceptan.

Actividad 2 **En el bar** Después de escuchar la conversación otra vez, contesta estas preguntas.

1. ¿Cuándo es el viaje?
2. ¿Qué experiencia tienen los dos jóvenes?
3. ¿A cuántos países va a ir el grupo? ¿Cuáles son?
4. ¿Qué quiere practicar Álvaro en los Estados Unidos? ¿Lo va a practicar mucho? ¿Por qué?
5. ¿Viajaste alguna vez en un tour organizado? ¿Adónde, con quiénes y cuándo fuiste?

¿Lo sabían?

Los Estados Unidos está poblado de inmigrantes de todas partes del mundo y entre los grupos de inmigrantes hispanos más numerosos están los mexicanos, los cubanos y los puertorriqueños. Los mexicanos ya habitaban lo que es hoy día California, Utah, Nuevo México, Arizona, Texas, y partes de Colorado y Wyoming cuando México se los cedió a los Estados Unidos en 1848 por medio del Tratado de Guadalupe Hidalgo. Sin embargo, la gran ola de mexicanos llegó a ese país en el siglo XX cuando se necesitaba mano de obra barata para construir ferrocarriles (*railroads*) y para trabajar en las cosechas (*harvests*). Algunos llegaron legalmente y otros sin documentación en busca de trabajo.

En 1959, la revolución cubana puso fin a la dictadura de Batista y llevó al poder a Fidel Castro. Los primeros cubanos en salir del país eran profesionales como médicos, hombres de negocios y abogados que apoyaban a Batista y, por eso, tenían miedo del nuevo gobierno. Los Estados Unidos los recibió con los brazos abiertos porque Castro estableció un gobierno comunista y esa era la época de la Guerra Fría. Con el tiempo, el gobierno de Castro creó cierto descontento entre parte de la población y muchos decidieron salir de Cuba y se exiliaron principalmente en la zona de la Florida.

Los puertorriqueños representan otro tipo de inmigración. Como la isla es un Estado Libre Asociado de los Estados Unidos, sus habitantes pueden entrar y salir legalmente sin restricciones. Los puertorriqueños tienen muchos de los mismos

▲ Un restaurante nicaragüense en la Calle 8 de Miami.

derechos que otros americanos y el ejército estadounidense puede reclutar (*recruit*) en la isla, pero los puertorriqueños no tienen representación en Washington ni votan para presidente. Después de la Segunda Guerra Mundial, la economía de los Estados Unidos estaba floreciendo y hubo dos eventos importantes que contribuyeron al aumento de la población puertorriqueña en ese país. Uno de los eventos fue que muchos veteranos de guerra puertorriqueños volvieron a la isla y numerosas fábricas de Nueva York, Hartford, Chicago y Philadelphia fueron a Puerto Rico en busca de empleados. El otro evento significativo fue que durante esos años empezaron los vuelos entre la isla y los Estados Unidos, facilitando así el viaje entre los dos lugares.

¿Hay algún grupo de inmigrantes en tu ciudad? ¿De qué país vinieron? ¿Sabes cuándo y por qué motivo vinieron?

Actividad **3** **Ya que...** Escoge frases de cada columna para formar oraciones lógicas sobre Juan Carlos y Álvaro.

Álvaro va a poder hablar español en Miami		van a ir en el tour de América tomó clases
Juan Carlos necesita tener el pasaporte al día		les encanta la comida cubana fue guía turístico en Machu
En Miami van a comer plátanos fritos	ya que	Picchu la ciudad tiene muchos habi-
Álvaro sabe bailar rumba		tantes de descendencia
Juan Carlos tiene experiencia en turismo		hispana le encanta viajar
Los dos están contentos		

Vocabulario esencial I

I. El viaje

Traveltur

Itinerario e instrucciones especiales para Juan Carlos y Álvaro:

PRIMER DÍA --

10:45	Llegada a Miami del vuelo charter 726 de Iberia
	Traslado del aeropuerto al hotel en autobús
	($15,00 de propina para el chofer pagada por Traveltur)
13:00	Almuerzo en el hotel

Tarde libre para ir a la playa

Explíquenle al grupo que en los Estados Unidos no es como en España donde la propina está incluida en el precio o se deja muy poco. Hay que darles un 15% a los camareros en los restaurantes y a los taxistas. A los botones en los hoteles, como en España, se les da $1 por cada maleta. A los guías y al chofer del autobús los pasajeros no tienen que darles nada si no quieren; Traveltur les da propinas.

SEGUNDO DÍA --

9:00	Tour por la ciudad en autobús con guía turístico ($30,00 de propina para el guía pagada por Traveltur)
	Visita a Vizcaya (museo y jardines), el Seaquarium y el Metro Zoo
	Entradas incluidas en el tour de la ciudad
Almuerzo libre	Sugerencias: el comedor del hotel; también hay muchas cafeterías cerca del hotel
Tarde:	Excursión opcional a los Everglades Precio: $20,00
Cena libre	Sugerencias: Joe's Stone Crab (mariscos), Los Ranchos (nicaragüense), Versailles (cubano), La Carreta (cubano), Restaurante Monserrate (colombiano)

TERCER DÍA --

9:30	Traslado del hotel al aeropuerto en autobús ($10,00 de propina para el chofer pagada por Traveltur)
	Tiempo libre para ir de compras en el aeropuerto
	Los impuestos de los aeropuertos están incluidos en el precio del tour
13:00	Salida del vuelo 356 de Aeroméxico para México
	Almuerzo a bordo

¿Lo sabían?

La costumbre de dejar propina en los restaurantes no es uniforme en el mundo hispano y la cantidad que se deja en un restaurante varía según la categoría del restaurante. En los económicos generalmente no se espera propina, pero en los más elegantes la propina puede variar entre el 5% en países como España al 15% en países como México. Antes de viajar a un país hispano, es buena idea consultar guías turísticas en Internet como **www.lonelyplanet.com** para saber cuánta propina se debe dejar; o si no al llegar al país, se puede hablar con la gente del lugar.

¿? ¿Cuáles son las costumbres en cuanto a propinas en tu país?

Actividad 4 Las responsabilidades En grupos de tres, contesten las siguientes preguntas según el itinerario.

1. ¿Cuáles son algunas cosas que Juan Carlos y Álvaro tienen que explicarle al grupo?
2. ¿A quiénes les tienen que dar ellos propina? ¿A quiénes les tienen que dar propina los pasajeros?
3. ¿Cómo van a ir del aeropuerto al hotel y viceversa?
4. Ya que Álvaro y Juan Carlos tienen que ir en todas las excursiones, ¿qué van a ver ellos?

Actividad 5 Preferencias Parte A. En parejas, entrevístense para ver cuáles son sus preferencias sobre los viajes.

1. ¿Te gusta tener mucho tiempo libre cuando viajas o prefieres tener muchas actividades planeadas?
2. ¿Te interesan las explicaciones históricas de los guías?
3. ¿Te interesa ver los monumentos de las ciudades que visitas o solamente quieres descansar?
4. ¿Te gustan las excursiones en autobús donde puedes conocer a gente nueva o prefieres alquilar un carro y explorar la zona con dos o tres amigos?
5. Cuando viajas, ¿compras libros para aprender algo del área o prefieres hacer una excursión con un guía que te lo explique todo?
6. Generalmente, ¿das propinas cuando viajas? ¿A quién y cuánto le das?
7. ¿Crees que viajar a otros países cambia tu manera de pensar?

Parte B. Ahora, de la siguiente lista de viajes, sugiérele a tu compañero/a el viaje perfecto de acuerdo con sus preferencias. Usa oraciones como: **Me parece que…, (No) creo que…, ¿No te gustaría…?**

A	B	C
4 días en la Ciudad de México con 3 excursiones con guía turístico	4 días en Mazatlán con carro para explorar la costa	2 días en la Ciudad de México, tour opcional de la ciudad el segundo día. 2 días en la playa de Mazatlán.

II. En la casa de cambio

1. la tarjeta bancaria
2. el cajero automático
3. firmar
4. el billete
5. la moneda
6. el cajero

■■■ **moneda** = coin, but **la moneda de Perú** = Peru's currency

cambiar (dinero)   to exchange; to change (money)
el cheque de viajero   traveler's check
el (dinero en) efectivo   cash
la firma   signature
sacar   to take out; to withdraw
la tarjeta de crédito   credit card

Online Study Center

To practice:
Do SAM Workbook and Web activities.

¿Lo sabían?

Si viajas a un país hispano, puedes obtener dinero de los cajeros automáticos con una tarjeta bancaria. Estos te dan el dinero en la moneda del país y, por eso, tienes que calcular cuánto es el equivalente en dólares que estás sacando de tu cuenta. Pero antes de viajar, es buena idea preguntar en tu banco si te van a cobrar algo cada vez que saques dinero de un cajero. Si optas por no usar el cajero automático, es bueno cambiar dinero en un banco o en una casa de cambio porque generalmente las tiendas y los hoteles cobran una comisión alta. En algunos países no se puede cambiar dinero en todos los bancos; hay que hacerlo en casas de cambio o en bancos que tienen un aviso que dice "CAMBIO". También es bueno que lleves cheques de viajero, pues son más seguros y generalmente los bancos te dan mejor cambio por ellos.

¿? ¿Viajaste a otro país en los últimos dos años? Si contestas que sí, ¿llevaste cheques de viajero o usaste cajeros automáticos con tu tarjeta bancaria?

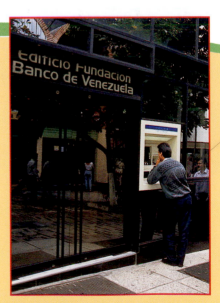

▲ Cajero automático en Caracas, Venezuela.

Actividad 6 **¿Cómo pagas?** En parejas, decidan cómo explicarle a un/a visitante hispano/a dónde o cuándo se paga en su país con dinero en efectivo, con cheque personal, con cheque de viajero, con tarjeta de crédito o con tarjeta bancaria.

Actividad 7 **El dinero** Los billetes de los Estados Unidos son todos del mismo tamaño (*size*), pero en otros países, unos billetes son más grandes y otros son más pequeños y de colores diferentes. En grupos de cinco, miren e identifiquen de dónde son estos billetes. ¿Quién o qué aparece en el billete? ¿Cuáles son las ventajas y desventajas de tener billetes de diferentes tamaños y colores?

➤ (*left*) **Ignacio Carrera Pinto** is a Chilean war hero from the **Guerra del Pacífico**. He is known as **"el capitán de los 77"**. Seventy-seven men under his command died while trying to hold off over 2,000 Peruvians. (*right*) The bill depicting an Embera was issued in Colombia to commemorate the Quincentennial (500 years since the arrival of the Spaniards).

Actividad 8 **El cambio** En parejas, "A" es un/a cliente que entra en una casa de cambio en San Juan, Puerto Rico, y "B" es un/a cajero/a en la casa de cambio. Lea cada uno las instrucciones para su papel.

Cliente

Piensas ir a las ciudades de Santiago, Montevideo y Buenos Aires y necesitas tener moneda local para ir desde el aeropuerto al hotel. También quieres visitar Iguazú e ir al lado brasileño solo por un día. Decide cuántos dólares quieres cambiar por la moneda de cada país. Pregúntale al/a la cajero/a: **¿A cuánto está el** + (moneda a cambiar)**?**

Cajero/a

Pregúntale al/a la cliente si quiere comprar o vender, qué moneda quiere, cuánto dinero quiere cambiar y dile a cuánto está el cambio.

Cambio	US$
Unión Europea/euro	0,81
Argentina/peso	3,07
Bolivia/boliviano	8,00
Brasil/real	2,25
Chile/peso	531,17
Guatemala/quetzal	7,61
México/peso	10,53
Perú/nuevo sol	3,35
Uruguay/peso	24,17

Gramática para la comunicación I

I. Review of Narrating and Describing in the Past: The Preterit and the Imperfect

To narrate in the past tense in Spanish, you need to use the preterit and the imperfect. To review uses, see the explanations in Chapters 8 and 9. The following is a brief summary of some of the major concepts underlying the use of the preterit and the imperfect. Since correct usage is conceptual in nature, the discussion is in English but readily applied to Spanish.

1 ■ The imperfect sets the scene and is used to describe habitual actions and recurring events. Keeping this in mind, look at the following paragraph.

> When I **was** young, I **attended** a public school. It **was** a small rural school with about 300 students. The school **was** about six miles from my house. My father **drove** me to school and **picked** me **up** afterwards every day because I **used to get sick** on the school bus. Sometimes I **stayed** after school because I **played** sports.

In the preceding paragraph, all verbs would be in the imperfect in Spanish since they refer to descriptions or habitual actions. Now, look at this paragraph.

> When I **was** eight years old, my father **drove** me to school and **picked** me **up** afterwards every day. One day in February, when it **was** very cold, I **lost** my mittens at recess, and later my father **had** an accident and **didn't come** to get me at school. It **was** five o'clock and it **was snowing**. No one **called** me and I **walked** the six miles to my house . . . without mittens!

The verbs in red move the story along and tell what happened that day. These verbs would be in the preterit in Spanish.

2 ■ The distinction between habitual actions and recurring events as opposed to something that occurred but was not habitual nor a recurring event is quite simple. Basically, if you can insert the words *used to* in a sentence without changing meaning, then you should use the imperfect. If not, use the preterit. Study these examples.

When I was little, we **spent** the summers at the lake.

When I was little, we **used to spend** the summers at the lake.

Both of the preceding sentences convey the same idea and *used to spend* makes perfect sense; therefore, the imperfect would be used in Spanish.

Last year we **spent** the summer at the lake.

Last year we **used to spend** the summer at the lake.

In the preceding pair of sentences, the first makes sense, but the second makes no sense whatsoever since the action was not habitual; therefore, the preterit is needed.

3 ■ The imperfect is also used to describe an action in progress and the preterit is used for an interrupting action. Compare these sentences.

He **was leaving** the bank when the mugger **robbed** him.

He **left** the bank and the mugger **robbed** him.

These two sentences represent completely different scenes. In the first sentence, the victim was in the doorway of the bank in the process of leaving (imperfect), and his action was interrupted (preterit). In the second, the victim left the bank (preterit) and he was robbed (preterit). By visualizing what you are trying to relate, you can more easily choose between the preterit and imperfect.

Actividad 9 Ricitos de Oro Lee la siguiente historia de *Ricitos de Oro y los tres osos* y complétala con el pretérito o el imperfecto de los verbos que están entre paréntesis.

En el bosque _____ (1. vivir) una familia con tres osos: papá oso, mamá osa y el hijo osito. Ellos _____ (2. tener) una casa pequeña, pero _____ (3. estar) muy felices de vivir allí. Todos los días _____ (4. levantarse) temprano y _____ (5. desayunar) juntos antes de empezar el día. Pero un día, que _____ (6. ser) el primer día de la primavera y _____ (7. hacer) muy buen tiempo, ellos _____ (8. decidir) salir a caminar antes de desayunar.

En otra parte del bosque una niña, que _____ (9. tener) siete años y que _____ (10. llamarse) Ricitos de Oro, _____ (11. empezar) a recoger flores y a alejarse (*to get further away*) de su casa. De repente, cuando _____ (12. levantar) los ojos, _____ (13. ver) una casa pequeña muy bonita. Como ella _____ (14. ser) muy curiosa y como la puerta _____ (15. estar) abierta, _____ (16. decidir) entrar. En la sala de la casa _____ (17. haber) una mesa con tres recipientes. Uno _____ (18. ser) grande, el otro mediano y el último pequeño, pero todos _____ (19. tener) leche con miel (*honey*). Ricitos _____ (20. probar) la leche del primer recipiente y luego del segundo, pero _____ (21. estar) muy caliente. Sin embargo, la leche del recipiente más pequeño _____ (22. estar) perfecta y Ricitos la _____ (23. tomar). Después de caminar y de comer, _____ (24. estar) cansada y por eso en la sala _____ (25. probar) las tres sillas. Al final le _____ (26. gustar) la silla más pequeña porque _____ (27. ser) la más cómoda, pero la _____ (28. romper) al sentarse. Luego _____ (29. ir) a la habitación de la casa y _____ (30. probar) todas las camas. Finalmente _____ (31. acostarse) y _____ (32. dormirse) en la más pequeña.

Mientras _____ (33. dormir) muy tranquilamente, _____ (34. llegar) a casa los tres osos. _____ (35. Tener) mucha hambre y _____ (36. ir) inmediatamente a la mesa para desayunar, pero cuando los tres _____ (37. sentarse), el hijo osito _____ (38. protestar) porque su recipiente no _____ (39. tener) leche. Luego en la sala, él _____ (40. ver) que su silla favorita _____ (41. estar) rota. Después los tres _____ (42. ir) a la habitación y _____ (43. ver) que en la cama más pequeña _____ (44. haber) una niña que _____ (45. dormir). Ninguno de los tres la _____ (46. conocer). De repente, Ricitos _____ (47. despertarse) y _____ (48. ver) a los tres osos que la _____ (49. mirar). Ellos _____ (50. estar) muy enojados y entonces Ricitos _____ (51. levantarse) rápidamente de la cama y _____ (52. escapar) de la casa. _____ (53. Estar) muy nerviosa y _____ (54. correr) por el bosque una hora hasta que final- mente _____ (55. encontrar) su casa.

Actividad 10 Jack y la habichuela gigante En grupos de tres, Uds. van a contar ahora la versión abreviada de otro cuento de niños muy popular. Primero, lean las ideas de las dos columnas y luego cuenten la historia usando el pretérito y el imperfecto. Incluyan también las siguientes expresiones de tiempo para conectar su historia.

un día	cuando	mientras	de repente
más tarde	luego/después	generalmente	de vez en cuando

Descripciones y acciones en progreso	Acciones completas
(1.) Jack tener diez años y vivir con su madre	
(2.) Los dos ser muy pobres: no tener comida, pero tener una vaca (*cow*) lechera	
	(3.) La madre decidir vender la vaca
	(4.) Jack ir a vender la vaca
(5.) Jack caminar →	conocer a un hombre
	(6.) El hombre cambiarle la vaca por unas habichuelas mágicas
	(7.) Jack volver a la casa y mostrarle las habichuelas a la madre
(8.) La madre estar muy enojada →	(la madre) tirar las habichuelas por la ventana
	(9.) Por la noche, Jack mirar por la ventana y ver una planta
(10.) La planta ser enorme	(11.) (Jack) subir por la planta y llegar a un castillo
(12.) El castillo ser muy grande: tener muchos muebles de oro	(13.) Entrar en el castillo y una señora enorme esconderlo en la cocina dentro de la estufa
	(14.) Un gigante sentir olor (*scent*) a niño y entrar en la sala pero no ver a Jack
	(15.) El gigante dormirse
	(16.) Jack salir de la estufa y
	(17.) (Jack) ver una gallina (*hen*) y decidir escapar con ella
(18.) La madre estar muy nerviosa porque no saber dónde estar su hijo	
(19.) Jack bajar por la planta →	ver que el gigante empezar a bajar por la planta también
	(20.) Jack tomar un hacha (*ax*) y cortar la planta
	(21.) El gigante volver inmediatamente a su castillo
	(22.) La gallina poner un huevo (*to lay an egg*) de oro
(23.) Jack y su madre estar sorprendidos	(24.) Ellos hacerse (*to become*) ricos

Actividad 11 Las vacaciones Parte A. En grupos de tres, describan qué hacían durante las vacaciones de verano cuando estaban en la escuela primaria. Hable cada uno de un mínimo de cinco actividades.

Parte B. Ahora cuenten qué hicieron durante unas vacaciones en particular que les organizó una agencia de viajes. Expliquen cosas como cuál fue el itinerario, qué excursiones hicieron, si había guía turístico, qué hicieron durante el tiempo libre y si llevaron cheques de viajero. Si nunca organizaron unas vacaciones con una agencia, inventen un viaje.

II. Talking About Unintentional Occurrences: *Se me olvidó* and Similar constructions

Seguro para tu teléfono*

¿Se te cayó?
¿Se te perdió?
¿Te lo robaron?

Cingular® te ofrece protección por solo $3.99 al mes.

Para más información llama al 787.397.5000

Servicio provisto por Lockline, LLC.

To express accidental and unintentional actions or events, use the following construction with verbs like **acabar** (*to run out of*), **caer, olvidar, perder** (e ⟶ ie), **quemar,** and **romper.**

se me	se nos	*third person singular of verb + singular noun or infinitive*
se te	se os	+
se le	se les	*third person plural of verb + plural noun or a series of nouns*

Se nos quemó la tortilla.	*We burned the tortilla (accidentally).*
Se me olvidó llamarte ayer.	*I forgot to call you yesterday (unintentionally).*
¿Cómo? ¿**Se te perdieron** las entradas?	*What? You lost the tickets (unintentionally)?*
BUT: **Quemamos** la carta.	*We burned the letter (intentionally).*

NOTE: Remember that the person who accidentally does the action is represented by an indirect-object pronoun, which may be clarified or emphasized by a phrase with **a: a mí, a él,** etc. The indirect-object pronoun is mandatory; the phrase introduced by the preposition **a** is optional.

Se **le** cayó el helado.	*He/She/You (formal) dropped the ice cream. (pronoun ambiguous)*
Se **le** perdió la maleta (**a él**).	*He lost the suitcase. (pronoun clarified)*
(**A mí**) siempre se **me** olvida llevar los libros a clase.	*I always forget to take my books to class. (pronoun emphasized)*
Se **le** rompieron las gafas (**a Jorge**).	*Jorge broke the glasses. (pronoun clarified)*

Online Study Center

To practice:
Do SAM Workbook and Web activities.

Actividad 12 Problemas Ángela y Carlos tuvieron problemas en sus últimas vacaciones. Forma oraciones para decir qué les pasó.

1. A Carlos / perderse la maleta
2. A Ángela y a Carlos / acabarse el dinero en efectivo
3. A Ángela / olvidarse cosas en un hotel
4. A Carlos / romperse algo en una tienda
5. A Ángela y a Carlos / perderse las entradas de un concierto
6. A Ángela / abrirse un perfume en la maleta
7. A Carlos / olvidarse sacar la tarjeta bancaria del cajero automático

Actividad 13 Dichos En español hay muchos dichos que tienen la construcción **se me, se te,** etc. Unos muy populares son los siguientes.

Se le hace agua la boca.	Se le acabó la paciencia.
Se le fue la lengua.	Se le fue el alma (*soul*) a los pies.
Se le hizo tarde.	Se le cae la baba (*drool*) (por alguien).

En parejas, adivinen el significado de cada dicho y digan qué dicho se puede usar en cada una de las siguientes situaciones.

1. Tenía que ir a la biblioteca para buscar un libro; iba a ir a las siete, pero llegué a las ocho y ya estaba cerrada. _____
2. El niño no debía decirle nada a nadie, pero le dijo a su abuela que sus padres tenían problemas económicos. _____
3. Miguel está muy enamorado de Marcela y tiene ganas de salir con ella. _____
4. Mi abuela acaba de preparar ropa vieja. UMMMMM. A nosotros _____.
5. Al final, el camarero se enfadó con los clientes y les tiró toda la comida encima. _____
6. Raquel tuvo un accidente y su madre recibió una llamada del hospital. _____

Actividad 14 ¿Qué ocurrió? Parte A. Uds. tuvieron un mal día ayer. En grupos de tres, cada uno debe mirar sus dibujos y contarles a sus compañeros que ocurrió.

manejar / hablar por el móvil

poner / el móvil en el tablero

doblar a la izquierda / (a mí) / caerse el móvil por la ventanilla

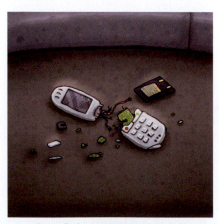

(a mí) / romperse el móvil

Estudiante B

cocinar / sonar el teléfono

hablar por teléfono / (a mí) / calentarse demasiado la comida

(a mí) / caerse el pescado y quemarse la manga de la camisa

Estudiante C

mirar foto / llorar

cortar fotos / tirarlas a la basura

quemar fotos

Parte B. Ahora digan quién de los tres tuvo el peor día y por qué. Luego cuenten si alguna vez, les ocurrió algo similiar como en los dibujos a Uds. o a otra persona que conocen.

Nuevos horizontes

Lectura   ESTRATEGIA: Linking Words

In a text, phrases and sentences are linked with connectors, or linking words, to provide a smooth transition from one idea to another. Linking words establish relationships between parts of a text. For example, in the sentence *I lost the tickets; therefore, I stayed home*, the word *therefore* expresses a result. In the sentence *I went to the movies and then I had dinner*, sequence is established by the words *and then*. The following list contains common Spanish linking words.

Function	Linking Words
Adding	**y, también, además de** (*apart from, besides*), **asimismo** (*likewise*), **a la vez** (*at the same time*), **sino también** (*but also*)
Contrasting and comparing	**a diferencia de, en cambio** (*instead*), **pero, sin embargo, por un lado, por otro lado, a pesar de que, aunque, más/menos… que, tan... como, al igual que, como**
Exemplifying	**por ejemplo, tal(es) como** (*such as*)
Generalizing	**por lo general, generalmente, normalmente**
Giving reasons	**por** + *infinitive*, **porque, pues, ya que**
Indicating possibility	**quizá(s), tal vez**
Referencing	**según** (*according to*)
Showing results	**por lo tanto** (*therefore*), **por eso, como consecuencia/ resultado, entonces**
Showing sequence	**primero, después, luego, finalmente, al final**

Actividad 15 Preguntas Antes de leer un texto sobre inmigrantes, contesta estas preguntas.

1. ¿Quiénes fueron los primeros inmigrantes que llegaron a los Estados Unidos?
2. ¿Por qué vinieron?
3. ¿Dónde hay inmigrantes hispanos en los Estados Unidos?
4. ¿Crees que la cultura hispana sea homogénea o heterogénea?
5. En tu opinión, ¿los inmigrantes que llegan a los Estados Unidos pierden sus costumbres en las generaciones sucesivas?

Actividad 16 El significado En las siguientes oraciones, las palabras que están en negrita aparecen en la lectura que sigue. Lee estas oraciones y escoge el sinónimo para cada palabra.

1. Voy a **criar** a mis hijos exactamente como mis padres me criaron. Mis padres son fantásticos. (educar, mirar)
2. Soy de Guatemala, pero vivo en México y no puedo volver a mi **patria** por razones políticas. (ciudad, país)

3. Después de cometer muchos delitos (*crimes*) contra el pueblo, el nuevo gobierno mandó al ex presidente a vivir a otro país. En **el destierro** estaba muy triste y quería volver. (la prisión, el exilio)
4. Es increíble **el cariño** que tiene por su hijo de cinco meses: lo besa, lo baña y le lee cuentos infantiles. Su hijo es la luz de sus ojos. (el amor, la admiración)
5. Estaba furioso porque después de pasar dos horas escribiendo una composición, la computadora me **borró** todo lo que escribí. (copió, eliminó)
6. Es importante que las plantas tengan agua, sol y **abono** —el mejor es el natural que no contiene productos químicos. (calor, fertilizante)
7. Un bebé **recién nacido** pesa más o menos tres kilos. (de muy pocas horas, de seis meses)
8. Raúl va a dar su primer recital y su profesor de música le compró flores porque está muy **orgulloso de** él. (contento por, triste por)

Actividad 17 Asociaciones Mientras lees los relatos (*accounts*), asocia estas oraciones con las personas de los relatos y escribe sus iniciales después de cada oración. ¡Ojo! Puede haber más de una persona para cada idea.

1. Nací y me crie en Cuba. _____
2. Nací en Cuba, pero me crie en los Estados Unidos. _____
3. Nací en los Estados Unidos de padres cubanos. _____
4. Nada es gratis en este mundo. Hay que trabajar. _____
5. Echo muchísimo de menos a mi familia en Cuba. _____
6. Al llegar a otro país, la persona que nos recibió tenía un nombre muy irónico. _____
7. Tengo doble patria: me siento de Cuba y de los Estados Unidos. _____
8. Me siento más cubano/a que norteamericano/a. _____

Retratos y relatos

Las siguientes lecturas son citas de diferentes cubanos o personas de origen cubano que viven en los Estados Unidos. Cada uno tiene una historia diferente que refleja algún aspecto de la experiencia de ser cubano y vivir fuera de su patria. Algunos llegaron antes de subir Fidel Castro al poder en 1959 y otros después. Todos han pasado por lo menos parte del régimen de Castro en los Estados Unidos. Al leer sus historias, se puede ver un poco del alma de cada uno de ellos y aprender así algo más sobre los cubanos.

PAMELA MARÍA SMORKALOFF
Escritora, Nueva York

Mi familia emigró a los Estados Unidos en los años 30. Mi abuela me enseñaba en los libros *National Geographic* dónde estaba Cuba, porque después de la revolución, en los partes meteorológicos no aparecía; la habían borrado.

Yo nací en Nueva York, pero desde pequeña mi madre y mi abuela me inculcaron la cultura cubana. Ellas no tenían idea, en ese entonces, que después de grande escribiría un estudio de la cultura literaria cubana, publicado en La Habana.

JULIO RAMÍREZ MARQUES
Desempleado, Miami, Florida

"Soy balsero y trabajo por comida. Ayúdame." Yo llegué aquí el 14 de noviembre de 1993. Un hombre ahí me dijo que eso era un mal ejemplo para los cubanos porque yo estaba pidiendo trabajo por comida. Yo le dije que yo no sé hacer otra cosa. Yo no sé robar. No sé quitarle la cartera a una vieja. No sé vender drogas. En Cuba yo trabajaba en abono químico. Soy de Regla y no tengo familia. Allá yo no podía vivir por el régimen que está muy malo.

HILDE F. CRUZ
All-Car Service, Washington Heights, Nueva York

Yo soy de Banes, Oriente. Nosotros nos fuimos de Cuba el 26 de septiembre de 1961. La lancha era de catorce pies y medio, con un motor fuera de borda de 15 H.P. Salimos para las Bahamas en un viaje como de 18 horas. Éramos cuatro en la lancha. Cuando llegamos a Nassau, el cubano que atendía a los cubanos recién llegados, por esas cosas del destino, ¡se llamaba Fidel Castro!

RUBÉN D. JIMÉNEZ
Maestro, Nueva York

Salí de Cuba hace más de 25 años y prácticamente me siento tan cubano como la caña de azúcar. Ser cubano exiliado es una ventaja amarga puesto que el destierro nos ha enseñado a querer a nuestra patria aún más.

Siempre pienso en el regreso a ver a mi familia, pues aunque hayan pasado tantos años, el amor y la relación familiar jamás se han perdido. ¿Qué les diría? ¿Cuál será la relación de ese momento en adelante? Verdaderamente es difícil tratar de recuperar el tiempo perdido, pero el cariño puede vencer. Los años pasan y mi juventud se va marchitando y el miedo de llegar viejo a Cuba y no poder disfrutarla me entristece.

Nací en La Habana, Cuba, procedente de una familia de clase media, y me crie en Nueva York. Hoy día soy maestro de educación especial en la misma escuela donde fui estudiante hace 25 años.

OFELIA COBIÁN
Agente de publicidad, Nueva York

Yo nací en Oriente, Cuba, el 13 de abril de 1966. Mi niñez fue feliz, **aunque** con muy pocas riquezas. En 1980 emigré junto con mi familia a los Estados Unidos. Soy el producto de dos culturas y de dos naciones. De mi hispanidad estoy muy orgullosa y es **por eso** que representé a la comunidad latina de Nueva York en un concurso internacional. **Por otro lado,** amo a este país **y,** aunque todo aquí no es perfecto, fue la mejor decisión que tomaron mis padres al traerme a este país para garantizarme un mejor futuro. Hoy en día, mi vida es **como** la de cualquier hispano neoyorquino y no la cambiaría por nada en el mundo.

Actividad 18 Comparar En parejas, lean los relatos una vez más y decidan cuál de las cinco personas es la más feliz y cuál es la más triste y por qué.

Actividad 19 Enlaces Lee otra vez lo que dice Ofelia Cobián y contesta estas preguntas.

1. ¿Qué cosas contrasta **aunque** en la línea 2?
2. ¿Qué resultado indica **por eso** en la línea 5?
3. ¿Qué sentimientos contrasta **Por otro lado** en la línea 7?
4. ¿Qué añade **y** en la línea 7?
5. ¿Qué cosas compara **como** en la línea 10?

ESTRATEGIA: Linking Words

One of the ways to express clear ideas when you write is to use appropriate linking words. These words can help you introduce examples **(tales como),** to add an idea **(además de),** to indicate results **(por lo tanto),** etc. For a list of common linking words see the chart on p. 360.

Actividad 20 El inmigrante Write a story explaining how an immigrant came to this country. Include linking words to connect your ideas. To do this assignment, follow these steps.

1. Interview a family member, a friend, etc., or view the movie *El Norte* (this is a story about a Guatemalan brother and sister's entry into the United States).
2. Write a composition explaining the following:

   - age of the person and year when he/she came
   - what his/her life was like in his/her country and what motivated him/her to leave
   - how he/she came, include anecdotes and details when possible
   - what his/her life was like when he/she arrived
   - what his/her life is like today

3. Reread your first draft. Is the story complete, interesting, logical? Check to make sure you included linking words.
4. Hand in your drafts and final version to your instructor.

Vocabulario esencial II

Lugares de interés

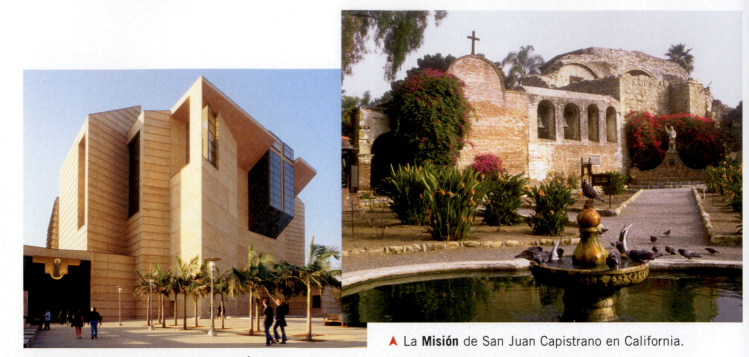

▲ La **Misión** de San Juan Capistrano en California.

▲ La **Catedral** Nuestra Señora de Los Ángeles en California.

▲ El **Templo** del Jaguar en Chichén Itzá, México.

▲ Las **ruinas** de Monte Albán, México.

el **acuario**   aquarium
el **acueducto**   aqueduct
el **anfiteatro**   amphitheater
el **ayuntamiento**   city hall
el **cementerio**   cemetery
el **centro de información turística**   tourist center
el **centro cultural**   cultural center
el **consulado**   consulate

el convento convent
la embajada embassy
el jardín botánico botanical garden
la mezquita mosque
el monasterio monastery
el monumento monument
la muralla wall
el museo museum
el palacio palace
el parque de atracciones amusement park
el parque nacional national park
el parque salvaje wild game farm
la pirámide pyramid
la sinagoga synagogue
la torre tower
el zoológico zoo

Online Study Center

To practice:
Do SAM Workbook and Web
activities.

Actividad 21 Categorías Di qué lugares de la lista de vocabulario asocias
con las siguientes ideas.

las civilizaciones indígenas   las instituciones religiosas
los reyes y la Edad Media   los griegos, los fenicios y los romanos
la modernidad   los animales

Actividad 22 Asociaciones Di qué palabras asocias con los siguientes
lugares.

1. San Patricio en Nueva York
2. Seis Banderas (*Flags*)
3. El Sol, La Luna, Tenochtitlán
4. la Tora, Jerusalén
5. Arlington, La Recoleta
6. Pisa, Eiffel
7. Bronx, San Diego
8. Segovia, romanos, agua
9. el Coliseo romano
10. la Meca

Actividad 23 ¿Qué vas a visitar? En grupos de tres, hablen de las
siguientes ideas.

1. Miren la lista de lugares de interés y digan cuáles tiene su ciudad.
2. Expliquen con detalles qué lugares de interés visitaron en otras ciudades o
   países.
3. Imaginen que van a una ciudad por primera vez y seleccionen dos de los
   siguientes lugares que les gustaría visitar. Expliquen sus preferencias.
       museo de arte moderno, ruinas con pirámides, zoológico, acuario,
       palacio, parque de atracciones, jardín botánico
4. Digan los pros y los contras de sacar a los animales de su hábitat natural y
   ponerlos en un zoológico o en un parque salvaje.

Impresiones de Miami

Jugando al dominó en la ➤
Calle Ocho.

así	like this/that
todo el mundo	everybody, everyone
volver a + *infinitive*	to do (something) again

Juan Carlos y Álvaro llegaron ayer a Miami con el grupo de turistas españoles y ahora regresan al hotel en el autobús después de hacer el tour de la ciudad.

 Actividad 24 Cierto o falso Mientras escuchas la conversación, identifica si estas oraciones son ciertas (**C**) o falsas (**F**).

1. _____ A los turistas les sorprendió ver que Miami no fuera una ciudad típica de los Estados Unidos.
2. _____ La Dra. Llanos estuvo en Cuba.
3. _____ Las películas presentan al norteamericano tal como es.
4. _____ El Sr. Ruiz y la Dra. Llanos no son muy buenos amigos.
5. _____ Mañana el Sr. Ruiz tiene que ir a la oficina de American Express.

Actividad 25 **¿Comprendiste?** Después de escuchar la conversación otra vez, contesta las siguientes preguntas.

1. ¿Quién ganó jugando al dominó?
2. Según Juan Carlos, ¿en qué parte de los Estados Unidos hay muchos hispanos?
3. Según el Sr. Ruiz, ¿a qué ciudad se parece Miami y por qué?
4. Menciona qué le sorprendió a la Dra. Llanos.
5. ¿Adónde pueden ir las personas del tour para mandar email?
6. Álvaro menciona los estereotipos que se ven en las películas. En tu opinión, ¿cuáles son? ¿Cómo es el estereotipo del hispano? ¿Y del norteamericano? ¿Qué piensas de los estereotipos en general?

¿Lo sabían?

El Carnaval Miami es la celebración latina más grande de los Estados Unidos. Se celebra en la Calle Ocho y empezó en el año 1979 como una pequeña celebración. Ahora cuenta con torneos de golf, una carrera de 8 kilómetros, conciertos, concursos de cocina y también el concurso de Miss Carnaval Miami. Sin embargo, uno de los eventos más tradicionales es el torneo de dominó, un juego muy popular en la zona del Caribe. Más de 65 compañías importantes, tanto nacionales como internacionales, patrocinan (*sponsor*) el festival oficialmente. El último día del carnaval se calcula que asiste un millón de personas y comen arepas, plátanos, ropa vieja y tamales mientras toman batidos de frutas tropicales o leche de coco y después bailan rumba, salsa, cumbia y merengue.

¿? ¿Conoces otro festival grande en los Estados Unidos? Compara ese festival con el Carnaval Miami.

▲ El Carnaval Miami, en la Calle Ocho de la Pequeña Habana.

Actividad 26 **Volver a empezar** Di las cosas que tienes que volver a hacer, completando estas frases.

■■■ Si no entiendo las instrucciones, tengo que volver a leerlas.

1. Si no sale bien la comida, …
2. Si estás contando dinero en efectivo y te interrumpen, …
3. Si el profesor no está en su oficina, …
4. Si te devuelven una carta por no tener estampillas, …
5. Si pierdes la conexión a Internet, …
6. Si no entiendes el final de la novela, …

Gramática para la comunicación II

I. Speaking About Past Experiences: The Present Perfect

1 ■ The present perfect (**el pretérito perfecto**) is frequently used to ask and answer the question *"Have you ever . . . ?"* To form the present perfect use the following formula.

haber (*present*)		
he	hemos	
has	habéis	} + *past participle*
ha	han	

—¿**Han ido** Uds. a Suramérica   *Have you (ever) gone to*
   alguna vez?   *South America?*
Possible answers include:
—No, nunca **hemos ido.**   *No, we have never gone.*
—No, todavía no **hemos ido** a   *No, we haven't gone to South America*
   Suramérica, pero nos gustaría.   *yet, but we would like to.*
—Sí, ya **hemos ido** y nos gustaría   *Yes, we have gone already and we*
   volver pronto.   *would like to return soon.*
—Sí, ya **fuimos** y nos encantó.   *Yes, we already went and we loved it.*

NOTE: The past participle always ends in **-o** in the present perfect. Compare:

Action		**Description**
Ellas **han abierto** la puerta.	versus	La puerta **está abierta**.
(*present perfect*)		(*adjective*)

2 ■ The present perfect can also be used to talk about the recent past. As in English, it can be used interchangeably with the preterit without changing the message of the sentence or question.

¿**Has visto** el nuevo video de   *Have you seen the new video by*
   Marc Anthony?   *Marc Anthony?*
¿**Viste** el nuevo video de Marc   *Did you see the new video by*
   Anthony?   *Marc Anthony?*

Ya **he comido.**   *I have already eaten.*
Ya **comí.**   *I already ate.*

Actividad 27 De viaje Parte A. Entre todos, hagan una lista en la pizarra de lugares interesantes para visitar.

Parte B. Pregúntenles a algunos de sus compañeros si han estado en esos lugares. Si contestan que sí, pregúntenles cuándo fueron, con quién, cuánto tiempo estuvieron y qué hicieron.

■■■ A: ¿Has estado en el parque de Yellowstone?

B: Sí, he estado.   B: No, no he estado nunca.
A: ¿Cuándo fuiste?   A: ¿Te gustaría ir?
B: Fui en 2005.   B: Sí/No...
A: ¿Qué hiciste?   A: ¿Por qué?
B: ...   B: ...

Actividad 28 **Los preparativos para el viaje** En parejas, tu esposo/a y tú se van de viaje con sus siete hijos a una playa de Puerto Rico. "A" preparó una lista de cosas que cada persona de la familia tenía que hacer y ahora quiere saber si las hicieron. "B" sabe qué hizo o no hizo cada uno. Miren solo su papel.

■■■ Juan: hacer la maleta

A: ¿Ha hecho Juan la maleta?

B: Ya la ha hecho./Todavía no la ha hecho, pero va a hacerla hoy.

A

1. Pablo: comprar los pasajes
2. Pepe y Manuel: cambiar dinero en la casa de cambio
3. Victoria y Ángela: comprar gafas de sol
4. Elisa: llevar el perro a la casa de su amiga
5. Guillermo y Manuel: recoger (*pick up*) sus pasaportes en el consulado
6. Tu esposo/a: poner el Pepto-Bismol en la maleta
7. Victoria: hacer la reserva del hotel
8. Pablo: comprar las entradas para el Ballet Concierto de Puerto Rico
9. Todos: poner los trajes de baño en la maleta

B

Tú sabes que tus hijos y tú han hecho las cosas que tenían que hacer, pero que tus hijas no las han hecho.

Actividad 29 **El Club Med** El Club Med de Florida está entrevistando gente para el puesto (*position*) de director de actividades. Esta es la persona que entretiene a todos los huéspedes (*guests*) durante una semana, organizando bailes, competencias deportivas y otras actividades como excursiones opcionales fuera del club. En parejas, escojan el Papel A o B y sigan las instrucciones para su papel. El Club Med siempre busca gente bilingüe, por eso, esta entrevista es en español.

A

Trabajas para el Club Med y vas a entrevistar a una persona para el puesto de director de actividades. La persona que buscas debe haber hecho las siguientes cosas: trabajar para el Club Med antes y tener experiencia con adultos o con niños y con primeros auxilios (*first aid*). Buscas una persona que sea dinámica. Haz preguntas como la siguiente: ¿Has trabajado antes para el Club Med?

B

Estás en una entrevista para el puesto de director de actividades del Club Med. Esta es la información que puede ayudarte a conseguir (*get*) el trabajo: fuiste huésped en un Club Med hace dos años, el verano pasado trabajaste en un parque de atracciones, fuiste recepcionista en un centro de información turística de tu ciudad, y enseñas educación física en una escuela. En este momento, estás en un curso de primeros auxilios (*first aid*).

II. Expressing Doubts, Feelings, and Desires About the Past: *Haya* + Past Participle

■ ■ ■ Review the subjunctive, Ch. 10 and 11.

To express present doubts, feelings, and desires about past actions or events, use an expression of doubt, emotion, hope, etc., in the present, followed by a clause with a verb in the present perfect subjunctive (**pretérito perfecto del subjuntivo**). It is formed as follows.

> **que** + *present subjunctive of* **haber** + *past participle*

haber (*present subjunctive*)		
que **haya**	que **hayamos**	
que **hayas**	que **hayáis**	+ *past participle*
que **haya**	que **hayan**	

—Dudo que ella **haya viajado** mucho y yo busco personas que **hayan estado** en Suramérica.
—¿Crees que ella **haya ido** a Bolivia a visitar a su novio?

I doubt that she has traveled a lot, and I'm looking for people who have been in South America. Do you think she has gone to Bolivia to visit her boyfriend?

Compare:

now
Espero que **venga.**

now
Espero que **haya venido.**

Online Study Center

To practice:
Do SAM Workbook and Lab, and Web activities.

Actividad 30 **El puesto** Una jefa y su asistente hablan sobre los posibles candidatos para un puesto en un Club Med. Completa la conversación con el pretérito perfecto o el pretérito perfecto del subjuntivo de los verbos que están entre paréntesis.

ASISTENTE: Tenemos una candidata que es muy buena. _____ (1. trabajar) con niños de cinco a siete años. También _____ (2. estudiar) primeros auxilios y eso es esencial para este trabajo.

JEFA: ¿Crees que _____ (3. estar) en alguno de nuestros Club Med del Caribe?

ASISTENTE: Es posible que _____ (4. ir) a alguno, pero no sé si en el Caribe porque en su currículum solo _____ (5. escribir) que le gustan los programas de entretenimiento de nuestros Club Med y que ella y su familia _____ (6. ir) a varias islas del Caribe. Pero también dice que _____ (7. visitar) ruinas indígenas. O sea, es posible que _____ (8. ir) a México u otro país.

JEFA: Estoy segura, entonces, que _____ (9. conocer) alguno de nuestros clubes. Tenemos varios allí y si le interesa este trabajo es porque _____ (10. ver) nuestros clubes y sabe cómo funcionan. ¿Y nos _____ (11. mandar) el currículum algún otro candidato?

ASISTENTE: Sí, pero ninguno tiene la experiencia de esta chica.

JEFA: ¡Qué lástima que no _____ (12. recibir) el currículum de más candidatos con las condiciones que queremos porque no hay muchos para elegir!

Actividad 31 **Hispanos famosos** **Parte A.** Combina los nombres de hispanos famosos en los Estados Unidos con las ideas de la segunda columna.

1. _____ Gloria Estefan y el Miami Sound Machine
2. _____ Antonio Villaraigosa
3. _____ Arturo Moreno
4. _____ Ellen Ochoa
5. _____ Gustavo Santaolalla
6. _____ Ysrael Seinuk
7. _____ Jennifer López

a. trabajar en la película *Selena* y empezar su propia línea de ropa y fragancias
b. comprar un equipo de béisbol llamado Los Ángeles Angels
c. ganar las elecciones para alcalde de Los Ángeles
d. componer música para películas como *Diarios de motocicleta* y *Secreto de la montaña* (Brokeback Mountain)
e. construir el Trump World Center de Nueva York
f. ser primeros en las categorías de música pop, baile, negra y latina de Billboard
g. ser la primera astronauta hispana

Parte B. En parejas, miren la lista de la Parte A y háganse preguntas para averiguar qué sabe la otra persona sobre esos hispanos famosos. Usen las siguientes ideas: **leer algo sobre..., oír hablar de..., estudiar algo sobre...** Sigan el modelo.

■■■ A: ¿Has leído algo sobre...?

B: Sí, he leído sobre... Él/Ella...   B: No, no he leído nada sobre...

A: ¿Qué hizo?   A: Es posible que haya...

B: ...   B: Sí, pero también es posible que.../Dudo que haya...

Actividad 32 **Una llamada urgente** En parejas, imaginen que su profesor/a de español hoy no vino a clase. Reaccionen a esa situación usando frases como **Dudo que haya..., Es posible que..., No creo que...**

■■■ Es posible que haya tenido problemas con la policía.

Actividad 33 **¿Alguna vez...?** **Parte A.** Busca personas de la clase que hayan hecho las siguientes actividades. Si contestan que sí, escribe su nombre.

■■■ A: ¿Has visitado las pirámides de Egipto?

B: Sí, las he visitado.   B: No, nunca las he visitado.

nombre

1. subir a la torre Eiffel _____
2. ir a la gran muralla de la China _____
3. montar en una montaña rusa (*roller coaster*) en el parque _____
   de atracciones de la Isla de Coney _____
4. ver los animales en el zoológico de San Diego _____
5. visitar las pirámides de Teotihuacán _____
6. explorar las ruinas de Machu Picchu _____
7. hacer un tour del Palacio de Buckingham _____
8. caminar por el monumento de Lincoln en Washington _____
9. explorar el parque nacional de Yellowstone _____
10. conocer el monasterio de Santa Catalina en Perú _____

Parte B. Ahora su profesor/a va a hacerles algunas preguntas.

■■■ Profesor/a: ¿Hay alguien en la clase que
haya visitado las pirámides de Egipto?

S1: No, no hay nadie que las haya visitado.

S2: Sí, hay alguien que ha visitado las pirámides.
Profesor/a: ¿Quién es?
S2: Jim las visitó el año pasado.

Parte C. Ahora en parejas, tomen dos minutos cada uno para contarle a su compañero/a sobre uno de los lugares que han visitado.

■■■ A: Subí a la torre Eiffel.
B: ¿Te gustó?
A: Me encantó. Era súper alta y muy interesante. Fui con mis amigos y...

Online Study Center
Do Web Search activities.

Vocabulario funcional

El viaje

el/la chofer	driver, chauffeur
la entrada	entrance ticket
la excursión	excursion, side trip
el/la guía turístico/a	tour guide
los impuestos	taxes
el itinerario	itinerary
libre	free (with nothing to do)
opcional	optional
la propina	tip, gratuity
el/la taxista	taxi driver
el tour	tour
el traslado	transfer

En la casa de cambio

el billete	bill (paper money)
la caja	cashier's desk
el/la cajero/a	cashier
el cajero automático	ATM
cambiar (dinero)	to exchange; to change (money)
el cambio	exchange rate; change
el cheque de viajero	traveler's check
el (dinero en) efectivo	cash
la firma	signature
firmar	to sign
la moneda	currency; coin
sacar	to take out; to withdraw
la tarjeta bancaria	ATM card
la tarjeta de crédito	credit card

Lugares de interés

el acuario	aquarium
el acueducto	aqueduct
el anfiteatro	amphitheater
el ayuntamiento	city hall
la catedral	cathedral
el cementerio	cemetery
el centro de información turística	tourist center
el centro cultural	cultural center

el consulado	consulate
el convento	convent
la embajada	embassy
el jardín botánico	botanical garden
la mezquita	mosque
el monasterio	monastery
el monumento	monument
la muralla	wall
el museo	museum
el palacio	palace
el parque de atracciones	amusement park
el parque nacional	national park
el parque salvaje	wild game farm
la pirámide	pyramid
las ruinas	ruins
la sinagoga	synagogue
el templo	temple
la torre	tower
el zoológico	zoo

Más verbos

acabar	to run out of
caer	to fall; to drop
conseguir (e $\longrightarrow$ i, i)	to get, obtain
haber	to have (auxiliary verb)
obtener	to obtain
olvidar	to forget
pasar	to spend (time)
perder (e $\longrightarrow$ ie)	to lose
quemar	to burn

Palabras y expresiones útiles

alguna vez	(at) sometime; ever
así	like this/that
¿De acuerdo?	O.K.?, Agreed?
sacar de un apuro (a alguien)	to get (someone) out of a jam
todo el mundo	everybody, everyone
volver a + infinitive	to do (something) again
ya que	since, because

14 Derechos universales

➤ Detalle del mural *Historia de la conquista* de Diego Rivera en el Palacio Nacional de la Ciudad de México.

Chapter Objectives

- Giving directions
- Asking and requesting
- Giving indirect commands
- Avoiding repetition
- Expressing possession in an emphatic way
- Discussing animals

¿Qué saben?

1. ¿Cuáles de los siguientes artistas eran muralistas mexicanos?

   a. Goya   b. Orozco   c. Siqueiros
   d. Velázquez   e. Rivera   f. Kahlo

2. ¿Cómo se llaman dos de los grupos indígenas que vivían en México?

   a. los incas   b. los aztecas   c. los mayas

3. Hoy día el _____ de los habitantes de México son indígenas.

   a. 10%   b. 20%   c. 30%   d. 40%   e. 50%

4. En México, hay casi 1.450.000 personas que hablan náhuatl. ¿Cuáles de las siguientes palabras vienen del náhuatl?

   a. chicle   b. chipotle   c. chocolate
   d. coyote   e. guacamole   f. tomate

5. ¿Qué se celebra el 12 de octubre en Latinoamérica?

   a. la conquista   b. el día de la Raza
   c. el día de la Independencia

En México y con problemas

◄ La Plaza de las Tres Culturas, México. ¿Puedes identificar cuáles son las tres culturas representadas?

¡Basta (de...)!	(That's) enough (. . .)!
¡Ya voy!	I'm coming!
una enciclopedia ambulante	a walking encyclopedia
¡Ni loco/a!	Not on your life!

Mientras el grupo de turistas tiene unas horas libres en México, Álvaro y Juan Carlos tienen cosas que hacer.

Actividad / Por la calle Mientras escuchas la conversación, identifica las respuestas a estas preguntas.

1. ¿Adónde va a ir Álvaro y por qué?
2. ¿Adónde va a ir Juan Carlos?
3. ¿Por qué llama Álvaro a Juan Carlos "una enciclopedia ambulante"?

Actividad 2 ¿Comprendiste? Después de escuchar la conversación otra vez, contesta estas preguntas.

1. ¿Qué tiene que llevar Álvaro al consulado de España y por qué? ¿Alguna vez has perdido tu identificación?
2. ¿Por qué Juan Carlos no quiere prestarle la chaqueta de cuero a Álvaro?
3. ¿A qué hora tienen que estar Álvaro y Juan Carlos en el hotel y por qué?
4. ¿Qué es el Zócalo?
5. ¿Qué representó Rivera en sus murales?
6. ¿Qué culturas están representadas en la Plaza de las Tres Culturas?
7. ¿Qué van a visitar en el Parque de Chapultepec?

■ ■ ■ En el video al final de este capítulo, vas a ver la Plaza de las Tres Culturas.

Actividad 3 **Un buen amigo** Cuando hablan dos amigos, como Juan Carlos y Álvaro, no es igual que cuando hablan dos personas que no se conocen bien. En parejas, lean la conversación de la página R27 e indiquen qué oraciones y comentarios muestran que ellos son amigos y por qué.

¿Lo sabían?

Durante siglos los indígenas fueron marginados política y económicamente en países como México, Ecuador, Guatemala y Bolivia, pero esta situación ha empezado a mejorar. A través de sus propias páginas de Internet y con la ayuda de grupos como Amnistía Internacional, le informan al mundo cuando hay abusos de sus derechos y también publican informes cuando ven que hay progreso. Las Naciones Unidas intenta ayudar a resolver estos conflictos también. Tanto Rigoberta Menchú (guatemalteca que lucha por los derechos de los indígenas) como Óscar Arias (costarricense que ayuda a mantener la paz en Centroamérica) recibieron el Premio Nobel de la Paz por su trabajo para mejorar la situación de Centroamérica. Con la ayuda de diferentes organizaciones internacionales y con su presencia en Internet, diferentes grupos indígenas ahora presionan más a los gobiernos de sus países y cada día tienen una voz más fuerte para poder participar en decisiones que afectan su propio futuro y el del continente americano.

▲ Residentes del estado de Chiapas celebran la retirada de tropas del gobierno.

¿? En los Estados Unidos, el 12 de octubre se celebra el día de Cristóbal Colón, pero en México y otras partes de Latinoamérica se celebra el día de la Raza. ¿Qué simbolizan estas dos celebraciones?

Actividad 4 **Una enciclopedia ambulante** Si una persona sabe muchos datos, coloquialmente se dice que es "una enciclopedia ambulante". ¿Cómo se puede describir a las siguientes personas usando la palabra **ambulante?**

1. una persona que tiene muchos medicamentos
2. una persona que siempre lleva muchos libros
3. una persona que sabe la definición de muchas palabras
4. una persona que sabe mucha geografía

Vocabulario esencial I

Cómo llegar a un lugar

Hoy Juan Carlos le dio indicaciones a Álvaro y al grupo para ir al Museo Nacional de Antropología en México, D.F.

1. **Bajen** en el **ascensor** hasta la planta baja.

2. Salgan del hotel y **pasen por el estacionamiento.**
   ■ ■ ■ estacionamiento = parking (España)

3. Caminen dos **cuadras.**
   ■ ■ ■ cuadra = manzana (España), bloque (Puerto Rico)

4. En la **esquina doblen** a la derecha. No vayan por **el callejón.**

5. En **el semáforo,** está **la entrada** al metro. Bajen **las escaleras.**
   ■ ■ ■ la entrada al metro = la boca del metro (España)

6. **Suban** al metro, **tomen** la línea 1.

7. **Bajen del** metro en **la estación** de Chapultepec.

8. Al salir del metro, **crucen** por **el cruce peatonal.**

9. **Sigan derecho** y pronto van a ver el museo.

10. Suban las escaleras.

derecho = recto

Online Study Center

To practice:
Do SAM Workbook and Web activities.

el boleto de autobús/metro   bus/subway ticket
la parada de autobús/taxi   bus stop/taxi stand
el/la peatón   pedestrian

Actividad 5   Cómo llegar a un lugar En parejas, Uds. tienen dos amigos que llegan hoy al aeropuerto para visitarlos. Sus amigos no tienen mucho dinero, por eso, Uds. deben darles instrucciones para ir del aeropuerto a la clase de la forma más económica.

➤ Primero, salgan del aeropuerto, después crucen por el cruce peatonal para...

Actividad 6   ¿Dónde estás? Parte A. Escribe instrucciones para llegar desde la clase a otro lugar de la universidad. No escribas en el papel el nombre del lugar. Sigue el ejemplo.

➤ Sal de la clase, baja las escaleras...

Parte B. Ahora en parejas, lea cada uno las instrucciones que escribió la otra persona y digan a qué lugar de la universidad llegaron con esas instrucciones.

Actividad 7   En la calle Parte A. En grupos de tres, discutan las siguientes preguntas sobre su comportamiento (*behavior*) en la calle.

1. ¿Generalmente cruzan la calle por el cruce peatonal?
2. Si tienen que ir a un lugar que está a quince cuadras de su casa, ¿caminan, manejan o toman el autobús o el metro?
3. Si conducen, ¿con qué frecuencia cruzan con el semáforo en amarillo?
4. ¿Hablan con la gente en la parada del autobús o en la estación de metro?
5. ¿Alguna vez se les ha olvidado dónde dejaron el carro en un estacionamiento?
6. Por la noche, ¿caminan a veces por un callejón cuando este es el camino más corto para llegar adonde van?
7. Si tienen que subir tres pisos, ¿suben las escaleras o usan el ascensor?

Parte B. Ahora usen las siguientes palabras para describir cómo creen que son sus compañeros y expliquen por qué eligieron esas palabras.

respetuoso/a	sociable
audaz (*daring*)	perezoso/a (*lazy*)
distraído/a (*absent-minded*)	atlético/a

Gramática para la comunicación I

I. Negating: *Ni... ni*

To express *neither. . . nor* use **ni... ni**. If **ni... ni** is part of the subject, a plural form of the verb is normally used.

Ni él **ni** ella cono**cen** México bien.
No visitaron **(ni)** el palacio **ni**
   el museo.*

Neither he nor she knows Mexico well.
They didn't visit (neither) the
   palace nor the museum.

*NOTE: When **no** precedes the verb, the first **ni** is often omitted: *No* **visitaron el palacio ni el museo.**

Actividad *8* **Viajar con amigos** **Parte A.** Piensas viajar con un/a amigo/a a Latinoamérica este verano. Vas a hablar con otra persona para ver si son compatibles o no. En parejas, averigüen qué cosas le gustaría visitar, hacer, probar, etc. a la otra persona y qué no le gustaría.

■■■ Me gustaría visitar... y... pero no me interesaría visitar ni... ni...

1. visitar:

     catedrales   zoológicos
     museos de arte   parques de atracciones
     ruinas   palacios

2. comer:

     cuy (*guinea pig*) en Perú
     mole (una salsa de chocolate sin azúcar que se pone al pollo) en México
     ceviche (pescado sin cocinar) en Perú
     sopa de mondongo (intestinos) en Colombia

3. beber:

     Inca Cola (una bebida amarilla muy dulce) en Perú
     mate de coca (un té) en Bolivia
     pisco (alcohol como aguardiente) en Chile y Perú
     horchata (una bebida dulce de arroz) en México
     atole (bebida a base de maíz) en México

4. viajar:

     en autobuses locales   en canoa por el río Amazonas
     en trenes   en bicicleta
     en un tour organizado

Parte B. ¿Una de las personas es más conservadora y la otra más aventurera? ¿Son Uds. compatibles o no? ¿Por qué sí o no?

¿Lo sabían?

La hoja de coca tiene muchos usos en países como Perú y Bolivia. Los indígenas de la región andina mastican la hoja de coca para combatir el hambre y el cansancio y para muchos de ellos la coca es considerada una planta sagrada. La población de esos países, en general, bebe té de coca como en otros países se bebe café o té. Los turistas también toman té de coca para combatir el soroche (mal de altura).

Algunos políticos creen que hay que eliminar las plantaciones de coca para erradicar el problema de la cocaína, un derivado de la planta de coca. Sin embargo, otros, entre ellos Evo Morales, presidente de Bolivia, creen que hay que erradicar el problema del consumo de la cocaína. Evo Morales no está de acuerdo en que los indígenas tengan que cambiar sus tradiciones culturales ya que la coca, si no es procesada, no es una droga. Esta opinión le ayudó a ganar la presidencia de su país pues tuvo el apoyo, principalmente, de los indígenas que forman más de la mitad de la población.

¿? En los Estados Unidos en 1994 se legalizó el uso del peyote, un alucinógeno, para ceremonias tradicionales indígenas. ¿Crees que sea bueno respetar las tradiciones de algunos grupos o en tu opinión, deben asimilarse esos grupos a las normas culturales de la mayoría?

II. Asking and Requesting: *Preguntar* Versus *pedir*

■ ■ ■ Remember: **hacer preguntas =** to ask questions

1 ■ Use the verb **preguntar** when reporting a question that was asked or talking *about* a question that will be asked.

Me **preguntaron** cuánto costaba la entrada.	*They asked me how much the entrance fee was.*
Le voy a **preguntar** si quiere ir al museo conmigo.	*I'm going to ask her if she wants to go to the museum with me.*

2 ■ Use the verb **pedir** when reporting or talking about a request *for* something or *for* someone to do something.

Pidieron varios millones por el cuadro.	*They asked several million for the painting.*
Vamos a **pedirles** el dinero.	*We are going to ask them for the money.*
Ellos siempre me **piden** que los visite.*	*They always ask me to visit them.*

*Note the use of the subjunctive after **pedir que.**

Actividad *9* **En el museo** Un grupo de estudiantes tiene que ir al Museo Nacional de Antropología y algunos no quieren ir. Están hablando sobre qué van a **preguntarles** sus profesores y qué van a **pedirles** que hagan. En parejas, formen oraciones sobre lo que probablemente van a decir estos adolescentes para quejarse de la visita.

■ ■ ■ qué pensamos de los artefactos

Van a preguntarnos qué pensamos de los artefactos de las diferentes culturas.

1. si tenemos el carnet de estudiante para recibir un descuento
2. que no comamos

3. que no hablemos en voz alta
4. cómo nos sentimos al ver un artefacto
5. cuál de los artefactos nos gusta más
6. que no toquemos las esculturas
7. si entendemos el simbolismo
8. que expliquemos el simbolismo
9. si preferimos más escuchar las explicaciones del guía o las presentaciones multimedia
10. que estudiemos más sobre las diferentes culturas
11. que escribamos una composición sobre nuestras impresiones
12. si queremos comprar algo en la tienda

Actividad 10 Conocer a alguien Parte A. En parejas, usen **pedir** y **preguntar** para explicar lo que hace generalmente una persona en una fiesta cuando conoce a alguien que le interesa.

Le pregunta/pide...

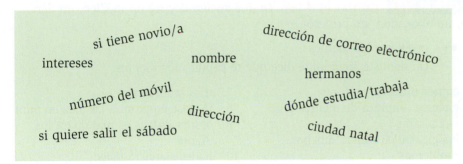

si tiene novio/a
dirección de correo electrónico
intereses
nombre
hermanos
número del móvil
dónde estudia/trabaja
dirección
si quiere salir el sábado
ciudad natal

Parte B. Ahora hablen de la última vez que conocieron a alguien interesante y cómo lo/la conocieron.

III. Giving Indirect Commands: *Decir* + Subjunctive

You have learned in this book how to give orders: **Vayan al museo. No saques fotos aquí.** Another way to give an order is to use **decir + que** (*to tell to*) followed by the subjunctive. This is called an indirect command.

Te **digo que vayas** al consulado.	*I'm telling you to go to the consulate.*
¡Oigan! Les **estoy diciendo que vengan.**	*Listen! I'm telling you to come.*

However, to report what somebody says, use **decir + que** (*to tell/say that*) followed by the indicative.

Él **dice que** no **va** a llover.	*He says that it's not going to rain.*
Le **digo que vamos** al Zócalo.	*I'll tell her that we're going to the Zócalo.*
Ella **dice que** él **es** buen guía.	*She says that he is a good guide.*

Online Study Center

To practice:
Do SAM Workbook and Web activities.

Ya es la quinta vez que te digo que no juegues en la escalera mecánica.

Remember:
indirect command = subjunctive
information = indicative

Actividad *11* **¿Quién lo dice?** Di qué suelen decirte un médico, un dentista, un abogado y un profesor.

■■■ cepillarse los dientes
Un dentista siempre te dice que te cepilles los dientes.

1. comer muchas verduras
2. hacerse limpieza de dientes una vez al año
3. los cigarrillos causar muchos problemas
4. no decirle nada a nadie
5. tomar buenos apuntes
6. tener problemas de estrés
7. ir al laboratorio
8. la clase empezar a las diez en punto
9. comer dulces es malo para los dientes
10. hacer ejercicio físico
11. darle dinero antes de empezar el trabajo
12. tomar dos aspirinas y llamarlo mañana

Actividad *12* **Escúchame niño** En parejas, una persona lee las instrucciones para el papel A y la otra persona lee el papel B.

A

Tu padre/madre siempre te da órdenes y a veces obedeces y a veces no. Haz las siguientes acciones para hacer enojar (*make angry*) a tu padre/madre. Cuando escuches una orden, cuestiónala y continúa haciendo lo que estás haciendo. Tú empiezas haciendo una de las acciones.

B

Tienes un hijo/una hija muy rebelde que necesita aprender a comportarse bien. Reacciona a lo que hace, dándole órdenes para que haga lo que tú quieres y explícale por qué. Si no obedece, repítele la orden diciendo **te digo que...** Tu hijo/a va a empezar.

comer con la boca abierta   sentarse en el piso   saltar
quitarse los zapatos y poner los pies en la silla   meterse el dedo en la nariz
dibujar en la pared

Nuevos horizontes

ESTRATEGIA: Defining Style and Audience

In novels or short stories, the author usually decides whether to write in third or first person. Some authors write in first person from the point of view of one of the characters, and the reader can only rely on what the character says and does to better understand his/her personality and opinions. When writing in third person, the omniscient author can convey more information about the characters and the story to the reader. A writer also chooses an audience (adults, teenagers, etc.) and keeps it in mind when writing the text.

As you read, it is useful to determine in which person the author is writing and who his/her audience is in order to best understand the work.

Actividad 13 Antes de leer Parte A. Según la Organización de las Naciones Unidas en su *Declaración universal de derechos del hombre*, toda persona tiene ciertos derechos inalienables. En parejas, expliquen en sus propias palabras qué significan los siguientes derechos inalienables. Pueden dar ejemplos para explicar sus ideas.

1. "Todo individuo tiene derecho a la libertad de opinión y de expresión…"
2. "Toda persona tiene derecho a la libertad de reunión y de asociación pacíficas."
3. "Toda persona tiene derecho a un recurso efectivo, ante los tribunales competentes…"

Parte B. No todos los países respetan los derechos explicados en la Parte A. Uds. van a leer el cuento "Beatriz (Una palabra enorme)" del autor uruguayo Mario Benedetti. Antes de leerlo, en parejas, expliquen qué es un **preso político.**

▲ Mario Benedetti, uruguayo (1920–)

■ ■ ■ preso = prisionero
cárcel = prisión

Actividad 14 Lectura rápida Lee rápidamente el primer párrafo para determinar si el cuento está escrito:

a. en tercera persona.
b. en primera persona.
c. en primera persona desde el punto de vista de un personaje.

Actividad 15 Identificar Mientras lees el cuento, identifica con qué persona se relaciona cada frase de la lista. Escribe la letra de la frase al lado del nombre de cada persona. Hay más de una respuesta correcta para algunas personas y una frase puede relacionarse con más de un persona.

_____ Mario Benedetti

_____ el papá

_____ Beatriz

_____ Rolando

_____ Graciela

_____ Angélica

a. una amiguita
b. el tío de la narradora
c. un prisionero político
d. la madre de la narradora
e. la esposa del prisionero
f. la narradora
g. el autor del cuento
h. una niña pequeña
i. vive en Libertad
j. tiene ideas
k. su perro se llama Sarcasmo
l. la más alunada

Beatriz (Una palabra enorme)

Mario Benedetti

Libertad es una palabra enorme. Por ejemplo, cuando terminan las clases, se dice que una está en libertad. Mientras dura la libertad, una pasea, una juega, una no tiene por qué estudiar. Se dice que un país es libre cuando una mujer cualquiera o un hombre cualquiera hace lo que se le antoja[1]. Pero hasta los países libres tienen cosas muy pro-
5   hibidas. Por ejemplo matar. Eso sí, se pueden matar mosquitos y cucarachas, y también vacas para hacer churrascos. Por ejemplo está prohibido robar, aunque no es grave que una se quede con algún vuelto[2] cuando Graciela, que es mi mami, me encarga alguna com-pra. Por ejemplo está prohibido llegar tarde a la escuela, aunque en ese caso hay que hacer una cartita, mejor dicho la tiene que hacer Graciela, justificando por qué. Así dice la maes-
10   tra: justificando.

Libertad quiere decir muchas cosas. Por ejemplo, si una no está presa, se dice que está en libertad. Pero mi papá está preso y sin embargo está en Libertad, porque así se llama la cárcel donde está hace ya muchos años. A eso el tío
15   Rolando lo llama qué sarcasmo. Un día le conté a mi amiga Angélica que la cárcel en que está mi papá se llama Libertad y que el tío Rolando había dicho qué sarcasmo y a mi amiga Angélica le gustó tanto la palabra que cuando su padrino le regaló un perrito le puso de nombre
20   Sarcasmo. Mi papá es un preso pero no porque haya mata-do o robado o llegado tarde a la escuela. Graciela dice que mi papá está en Libertad, o sea está preso, por sus ideas. Parece que mi papá era famoso por sus ideas. Yo también a veces tengo ideas, pero todavía no soy famosa. Por eso no
25   estoy en Libertad, o sea que no estoy presa.

▲ Mural de protesta contra la dictadura de Pinochet en Santiago, Chile.

Si yo estuviera presa, me gustaría que dos de mis muñecas[3], la Toti y la Mónica, fue-ran también presas políticas. Porque a mí me gusta dormirme abrazada por lo menos a la Toti. A la Mónica no tanto, porque es muy gruñona[4]. Yo nunca le pego, sobre todo para darle ese buen ejemplo a Graciela.
30   Ella me ha pegado pocas veces, pero cuando lo hace yo quisiera tener muchísima li-bertad. Cuando me pega o me rezonga[5] yo le digo Ella, porque a ella no le gusta que la llame así. Es claro que tengo que estar muy alunada[6] para llamarla Ella. Si por ejemplo viene mi abuelo y me pregunta dónde está tu madre, y yo le contesto Ella está en la cocina, ya todo el mundo sabe que estoy alunada, porque si no estoy alunada digo solamente Graciela está
35   en la cocina. Mi abuelo siempre dice que yo salí la más alunada de la familia y eso a mí me deja muy contenta. A Graciela tampoco le gusta demasiado que yo la llame Graciela, pero yo la llamo así porque es un nombre lindo. Solo cuando la quiero muchísimo, cuando la adoro y la beso y la estrujo[7] y ella me dice ay chiquilina no me estrujes así, entonces sí la llamo mamá o mami, y Graciela se conmueve y se pone muy tiernita y me acaricia[8] el pelo,
40   y eso no sería así ni sería tan bueno si yo le dijera mamá o mami por cualquier pavada[9].

O sea que la libertad es una palabra enorme. Graciela dice que ser un preso político como mi papá no es ninguna vergüenza. Que casi es un orgullo. ¿Por qué casi? Es orgullo o es vergüenza. ¿Le gustaría que yo dijera que es casi vergüenza? Yo estoy orgullosa, no casi orgullosa de mi papá, porque tuvo muchísimas ideas, tantas y tantísimas que lo metieron
45   preso por ellas. Yo creo que ahora mi papá seguirá teniendo ideas, tremendas ideas, pero es casi seguro que no se las dice a nadie, porque si las dice, cuando salga de Libertad para vivir en libertad, lo pueden meter otra vez en Libertad. ¿Ven como es enorme? ■

1 lo que quiere   2 el cambio (monedas)   3 Ken y Barbie son muñecos   4 una persona que protesta mucho   5 me dice qué hago mal y qué debo hacer   6 de mal humor   7 abrazo fuertemente
8 toca con amor   9 cosa sin importancia; tontería

Actividad 16 **Después de leer** Lee el cuento otra vez y busca las respuestas a las siguientes preguntas.

1. El cuento está escrito desde el punto de vista de una niña, pero ¿es un cuento para niños o adultos? Explica tu respuesta.
2. Beatriz dice que un país es libre "cuando una mujer cualquiera o un hombre cualquiera hace lo que se le antoja". También menciona tres cosas específicas que no se pueden hacer: matar, robar y llegar tarde a la escuela. Sin embargo, dice que en ciertos casos es posible hacer estas tres cosas. ¿Cuáles son las tres excepciones que menciona Beatriz?
3. Al escribir el cuento, el autor usa letras mayúsculas y minúsculas para las mismas palabras. ¿Cuál es la diferencia entre **libertad** y **Libertad**? ¿Cuál es la diferencia entre **ella** y **Ella**?
4. Si un gobierno pone en la cárcel a alguien por sus ideas políticas, ¿crees que esto sea una violación de sus derechos aun cuando (*even though*) sus ideas puedan ser peligrosas para la estabilidad del gobierno?

Actividad 17 **El futuro** **Parte A.** En parejas, comparen a Beatriz con su padre. ¿Son parecidos o muy diferentes? Justifiquen su respuesta.

Parte B. Imaginen que Beatriz tiene 20 años. En parejas, digan las cosas que le dice su madre para que a ella no la pongan en la cárcel como a su padre.

   ■■■ Te digo que...

1. no participar en manifestaciones
2. no escribir cartas al periódico
3. no poner nada en Internet contra el gobierno
4. poder enfadar al gobierno con tus ideas
5. no hacerte socia de Amnistía Internacional
6. no luchar por los derechos de los indígenas
7. existir otras maneras de ayudar a la gente
8. hablar de tus opiniones políticas solamente en casa
9. poder pasar el resto de tu vida en la cárcel por expresarte libremente

Escritura

ESTRATEGIA: Journal Writing

In the story you just read, Beatriz justified why she thought liberty was such an enormous word; she recorded her thoughts. For many people, the recording of their thoughts in journals or diaries helps them clarify their beliefs. Beatriz appears to be very spontaneous in her writing with one thought leading to another. This allows her to freely examine her feelings.

When you write a journal or diary, you sometimes concentrate on the day's highlights, making comments and jotting down your impressions about what happened. You usually write down your thoughts freely, focusing on the content of the writing, not its form. This spontaneous style of writing helps ideas flow and minimizes writer's block.

Actividad 18 **Día tras día** Divide las hojas en dos columnas, una ancha (*wide*) y otra angosta (*narrow*) para escribir un diario. En la parte ancha, escribe, durante un mínimo de tres días, las cosas importantes que te ocurrieron y haz comentarios. La segunda columna es para que tu profesor/a haga comentarios sobre tus ideas.

Vocabulario esencial II

Los animales

En el zoológico

1. el oso
2. el mono
3. la serpiente
4. el león
5. el elefante
6. el loro
7. el pájaro
8. el pato
9. el pez

En la granja

1. el caballo
2. el ratón
3. el toro
4. la vaca
5. la gallina
6. el gato
7. el perro
8. la oveja
9. el gallo

 Online Study Center

To practice: Do SAM Workbook
and Web activities.

Actividad 19 Los sonidos, dichos y refranes **Parte A.** Cuando la gente imita en español los sonidos que hacen los animales, a veces son similares y a veces diferentes de los sonidos que hace la gente de habla inglesa. Mira la siguiente lista y trata de adivinar qué animal dice qué.

1. _____ perro   a. pío pío
2. _____ gato   b. guau guau
3. _____ pájaro   c. cua cua
4. _____ gallo   d. miau
5. _____ pato   e. quiquiriquí

Parte B. También existen dichos o refranes que dice la gente relacionados con los animales. Por ejemplo, tanto en español como en inglés existe la "oveja negra" de la familia. Intenta encontrar las terminaciones de los siguientes refranes y dichos combinando las ideas de las dos columnas.

_____ 1. Cada oveja   a. que cien volando.
_____ 2. Ellos se pelean como   b. con su pareja.
_____ 3. Es la gallina   c. perros y gatos.
_____ 4. Más vale pájaro en mano   d. muere el pez.
_____ 5. A caballo regalado   e. mono con navaja (*pocketknife*).
_____ 6. Por la boca   f. un loro.
_____ 7. Es más peligroso que   g. no se le mira el diente.
_____ 8. Es tan fuerte como   h. un toro.
_____ 9. Habla como   i. de los huevos de oro.

Parte C. En parejas, imaginen que están mirando la televisión con amigos en un país hispano. ¿Cuáles de los dichos y refranes de la Parte B van a decir si ven las siguientes imágenes?

1. un hombre que levanta 200 kilos
2. una persona en una telenovela se queja cuando recibe de un amigo un regalo que no le gusta
3. una persona que maneja por la ciudad a mucha velocidad
4. dos personas caminando de la mano —él tiene pelo anaranjado y ella pelo azul
5. una pareja enojada —ella gritando y él rompiendo cosas
6. un hombre al que le ofrecen 100.000 pesos o la opción de elegir entre dos cajas —él sabe que una tiene 200.000 pesos, pero la otra solo tiene 100— el señor elige recibir los 100.000 pesos
7. un niño que siempre interrumpe y no deja de hablar
8. un informe sobre cómo ganar muchísimo dinero invirtiendo (*investing*) en un nuevo proceso para producir petróleo sintético que no produce gases tóxicos
9. en un programa policial, un hombre, en vez de callarse, dice algo que solo puede saber el asesino

Actividad 20 Características En parejas, clasifiquen los animales que aprendieron según los siguientes adjetivos.

■■■ grande   El animal más grande es el elefante.

1. feo   6. simpático
2. gracioso   7. tonto
3. rápido   8. bonito
4. tímido   9. inteligente
5. valiente   10. cobarde (*cowardly*)

¿Lo sabían?

La llama, la vicuña, la alpaca y el guanaco son animales de la familia del camello y viven en los altiplanos de los Andes. Tanto el guanaco como la vicuña son salvajes y están en peligro de extinción, pues los indígenas de los Andes los cazan para usar su piel (*hide*) y su lana, que es muy fina y muy cara. La llama y la alpaca han sido domesticadas por los indígenas y se emplean como animales de carga en zonas muy elevadas de los Andes. Pueden llevar cargas hasta de cuarenta y cinco kilos (100 libras). De la llama y la alpaca se usan también la leche y la carne, además de la lana y la piel.

¿? ¿Qué animales han sido importantes en la historia de tu país y por qué?

▲ Mujer con llama en Saqsaywaman, Perú.

Actividad 21 Los animales hablan En parejas, usen la imaginación y túrnense para decir las frases que diría un animal. La otra persona debe adivinar qué animal es. Sigan el modelo.

▪▪▪ A: Me gusta vivir en la selva porque yo soy el rey.
     B: Eres un león.

Actividad 22 ¿Te gustan los animales? Parte A. En el cuento "Beatriz (Una palabra enorme)" Beatriz tiene una amiga con un perro que se llama Sarcasmo. Le puso el nombre porque le gustó la palabra al oírla sin saber que significaba. En grupos de tres, pregúntenles a sus compañeros si tienen o alguna vez han tenido una mascota, qué nombre le pusieron y por qué.

Parte B. Ahora comenten los pros y las contras de tener un animal en una casa y compartan sus ideas con el resto de la clase.

Parte C. Mucha gente dice que las mascotas tienen ciertos derechos básicos. Digan qué derechos deben respetar los dueños de estos animales.

Para escuchar

En Yucatán

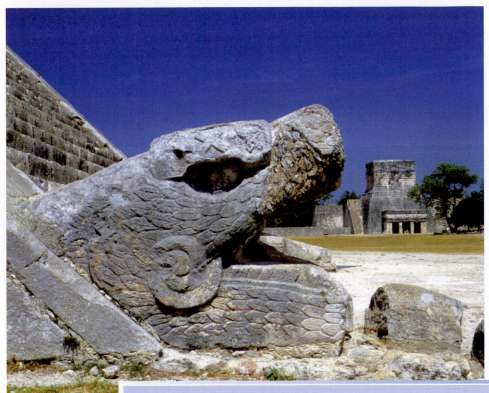

◄ Ruinas mayas en Chichón Itzá, península de Yucatán, México.

pasarlo bien/mal	to have a good/bad time
por un lado... por el otro	on the one hand . . . on the other
tenerle fobia a...	to have a fear of . . . ; to hate . . .

Juan Carlos está en Yucatán, México, y llama a Claudia a España para contarle del viaje.

Actividad 23 **Cierto o falso** Escucha la conversación e indica si las siguientes oraciones son ciertas o falsas.

1. _____ Juan Carlos y Álvaro lo están pasando muy bien en México.
2. _____ Álvaro tuvo un problema en la habitación del hotel.
3. _____ El grupo de Álvaro tiene gente divertida.
4. _____ El Sr. Ruiz llega tarde para el desayuno.
5. _____ Las ruinas de Yucatán son aztecas.

Actividad 24 ¿Comprendiste? Lee cada pregunta y luego escucha la conversación otra vez.

1. ¿A qué le tiene fobia Álvaro? ¿Cómo lo sabes? ¿A qué le tiene fobia Juan Carlos? ¿Tienes tú alguna fobia?
2. ¿Qué piensa hacerle Juan Carlos al Sr. Ruiz?
3. ¿Cuáles son algunas diferencias entre el español de España y el de México?
4. ¿Dónde están ahora los turistas? ¿Qué visitaron?
5. ¿Qué figuras de animales vio Juan Carlos en Chichén Itzá?
6. ¿Has viajado alguna vez en tour? ¿Adónde fuiste? ¿Había alguien como el Sr. Ruiz en el grupo?

¿Lo sabían?

▲ La bandera de México.

La serpiente es un animal que aparece representada con frecuencia en ruinas indígenas de México y Centroamérica. Se encuentra inclusive en la bandera de México, donde se puede ver un águila sobre un cacto comiendo una serpiente. Cuenta la leyenda que el dios Huitzilopochtli les ordenó a los aztecas buscar un lugar para vivir donde hubiera un águila, posada en un cacto, devorando a una serpiente. Después de siglos, finalmente pudieron encontrar el águila con la serpiente y establecieron la ciudad de Tenochtitlán en una isla del lago Texcoco.

Hay diferentes versiones sobre lo que representan los colores de la bandera, pero una teoría dice que el verde representa la esperanza, el blanco la pureza y el rojo la sangre que se derramó (*shed*) durante la Guerra de la Independencia.

¿? ¿Cuántas estrellas y cuántas franjas tiene la bandera de los Estados Unidos? ¿Qué representan las estrellas y las franjas?

Actividad 25 Los pros y los contras Di cuáles son los pros y los contras de las siguientes acciones.

▪▪▪ leer el periódico mientras viajas

Por un lado es bueno leer el periódico mientras viajas porque sabes qué pasa en el mundo, pero **por otro lado,** generalmente las noticias son muy tristes y si estás de vacaciones, quieres olvidarte un poco de los problemas.

1. viajar en tour
2. trabajar como guía
3. tener un zoológico en tu ciudad
4. vivir en una granja

Gramática para la comunicación II

I. Avoiding Repetition: Nominalization

In his conversation with Claudia, Juan Carlos says " **el de Álvaro tiene personas un poco aburridas.**" Is he referring to **las responsabilidades, el grupo,** or **el trabajo?**

If you answered **el grupo,** you were correct.

Nominalization consists of avoiding the repetition of a noun by using only its corresponding article and the word or words that modify the noun.

Con repetición	Sin repetición
Nos gustan las ruinas mayas y **las ruinas aztecas** también.	Nos gustan las ruinas mayas y **las aztecas** también.
Pon unas maletas aquí y **unas maletas** allí.	Pon unas maletas aquí y **unas** allí.
El souvenir que quería comprar y **el souvenir que compré** son muy diferentes.	El souvenir que quería comprar y **el que compré** son muy diferentes.
Tu email y **los emails de Teresa y Claudia** llegaron ayer.	Tu email y **los de Teresa y Claudia** llegaron ayer.

NOTE: The indefinite article **un** becomes **uno** when the noun is eliminated.

Me compré un póster de Diego Rivera y **un póster de Frida Kahlo.**

Me compré un póster de Diego Rivera y **uno de Frida Kahlo.**

Actividad 26 **En la tienda** En parejas, formen dos conversaciones lógicas. Tienen la primera oración de cada conversación y deben terminarlas usando solo oraciones de la siguiente lista. Al final van a tener dos conversaciones de seis líneas cada una. Las primeras dos oraciones son:

Conversación A	Conversación B
—¿Desea ver una camisa?	—¿Quiere ver un vestido?
—...	—...

_____ Me gusta mucho, pero déjeme ver la blanca también.

_____ ¿Le gusta? Tengo una igual en blanco.

_____ Prefiero el azul.

_____ ¿Le gusta más el blanco o el azul?

_____ ¿Prefiere la blanca o la azul?

_____ Sí. El azul, por favor.

_____ ¿Le gusta? Tengo el mismo en blanco.

_____ Sí. Una azul, por favor.

_____ Voy a llevar las dos.

_____ Me gusta, pero también quiero ver el blanco.

Actividad 27 **¿Qué prefieres?** En parejas, túrnense para preguntarle a su compañero/a qué cosas prefiere de la siguiente lista y por qué.

■■■ la sopa de verduras / la sopa de pescado

A: ¿Te gusta más/Prefieres la sopa de verduras o la de pescado?

B: Me gusta más/Prefiero la de verduras porque...

1. una clase de geografía / una clase de cálculo
2. los carros grandes / los carros pequeños
3. las ruinas de Machu Picchu / las ruinas de Chichén Itzá
4. el equipo de los Yanquis / el equipo de las Medias Rojas
5. un restaurante vegetariano / un restaurante chino
6. un perro grande / un perro pequeño
7. un tour organizado / un tour independiente

■■■ Machu Picchu see p. 102, Chichén Itzá see p. 389

II. Expressing Possession: Long Forms of Possessive Adjectives and Pronouns

Possessive adjectives have corresponding long forms that are used for emphasis. The long forms agree in gender and in number with the noun being modified, and they always follow the noun.

mío/a/os/as	nuestro/a/os/as
tuyo/a/os/as	vuestro/a/os/as
suyo/a/os/as	suyo/a/os/as

■■■ The combination **ese/a** + *noun* + *possessive* is frequently used to complain.

Un amigo **mío** viene a visitarme y esa habitación **tuya** está sucia.

A friend of mine is coming to see me and that room of yours is dirty.

NOTE: The possessive pronouns, which have the same forms as the possessive adjectives, are a form of nominalization.

Adjective		el/la/los/las + *Possessive Pronoun*
Mi grupo es divertido, pero	→	**el tuyo** es aburrido.
Ella tiene **su** habitación y	→	nosotros tenemos **la nuestra.**
No es **su** maleta	→	es **(la) mía.***

 **Online Study Center**

To practice:
Do SAM Workbook and Lab, and Web activities.

*NOTE: After **ser,** the definite article may be omitted: **Esta maleta es (la) tuya, pero esa es (la) mía.**

Actividad 28 **Los míos son mejores** Saca tres cosas —un bolígrafo, un cuaderno, un libro, una chaqueta, un suéter, etc. Tu compañero/a tiene que tener las mismas cosas. Después intenta convencer a tu compañero/a de que tus cosas son mejores. Sigue el modelo.

■■■ A: Mi bolígrafo es mejor que el tuyo.

B: No, el mío es mejor porque no es de plástico.

A: Pero el mío...

Actividad 29 **Un poco de preocupación** **Parte A.** En grupos de tres, "A" es un/a agente de policía y "B" y "C" son dos personas que perdieron a sus hijas en el aeropuerto. Sigan las instrucciones para su papel.

A: Eres policía. Dos personas preocupadas vienen a decirte que no encuentran a sus hijas. Necesitas la siguiente información para tu informe. Entrevista a las dos personas simultáneamente. Usa oraciones como: **¿Cuántos años tiene su hija?** **¿Y la suya? ¿De qué color es el pelo de la suya?**

Niños perdidos
Sexo: M _____   F _____
Edad _____
Nombre _____   Apellidos _____ _____
Color de pelo _____   Color de ojos _____
Ropa _____
Objetos personales que tiene _____
Comentarios _____

Niños perdidos
Sexo: M _____   F _____
Edad _____
Nombre _____   Apellidos _____ _____
Color de pelo _____   Color de ojos _____
Ropa _____
Objetos personales que tiene _____
Comentarios _____

B: No encuentras a tu hija de cinco años y estás preocupado/a. Mira el dibujo y descríbesela al/a la policía.

C: No encuentras a tu hija de siete años y estás preocupado/a. Mira el dibujo y descríbesela al/a la policía.

Parte B. Ahora en su grupo, discutan las siguientes preguntas.

1. Cuando eran niños/as, ¿se perdieron alguna vez? Describan las circunstancias: dónde estaban, con quién, qué ocurrió, etc.
2. Hoy día existe la posibilidad de implantarle al niño un chip en el cuerpo para encontrarlo cuando se pierde. ¿Qué opinan de esta idea?

Actividad 30 **¿Con cuál nos quedamos?** En grupos de tres, Uds. comparten un apartamento y acaban de llegar a casa cada uno con una mascota diferente: un perro, un gato y un loro. Pero hay un problema: el dueño del apartamento permite que Uds. tengan un solo animal. Cada uno debe intentar convencer a las otras personas de que el animal que trajo es el mejor y que los otros dos van a causar problemas. Para hacer esto deben comparar los animales usando frases como **el mío/la mía es el/la mejor porque…, en cambio el/la tuyo/a…**

loro
hablar dos idiomas
ser exótico
cantar "La bamba"
hacer sus necesidades en un periódico

perro
ser mi mejor amigo
traer el periódico
proteger la casa
hacer sus necesidades afuera

gata
no necesitar mucha atención
no hacer ruido
ser independiente
hacer sus necesidades en
    una caja

Actividad 31 **Los compañeros de cuarto** En grupos de tres, Uds. van a hablar de sus compañeros/as de cuarto. Cada persona tiene que convencer a las otras que su compañero/a es el/la peor. Sigan el ejemplo:

▪▪▪ A: Mi compañero es súper raro porque siempre mira películas de *Kung Fu*.

B: La mía es requetediferente. Su película favorita es *Legalmente rubia* con Reese Witherspoon. La mira cada semana. Y piensa comprar *Legalmente rubia 2* la semana que viene.

C: Los suyos me parecen normales. El mío está loco porque...

Ideas para su conversación:

música
pósteres
programa de televisión favorito
comida
película favorita
novio/a
libro favorito
cuenta del teléfono/gas, limpieza, cocina, etc.

Online Study Center
Do Web Search activities.

Vocabulario funcional

Cómo llegar a un lugar

el ascensor	*elevator*
bajar	*to go down*
bajar de	*to get off* (a bus, subway)
boleto de autobús/metro	*bus/subway ticket*
el callejón	*alley*
¿Cómo se llega a... ?	*How does one get to . . . ?*
el cruce peatonal	*pedestrian walkway*
cruzar	*to cross* (the street)
la cuadra	*city block*
doblar	*to turn*
la entrada al metro	*entrance to the metro*
la(s) escalera(s)	*stair(s), staircase*
la esquina	*corner*
la estación	*station* (bus, subway, train)
el estacionamiento	*parking*
la parada de autobús/taxi	*bus stop/taxi stand*
pasar por	*to pass by/through*
el/la peatón	*pedestrian*
¿Puede decirme cómo llegar a... ?	*Can you tell me how to get to . . . ?*
¿Sabe dónde está... ?	*Do you know where . . . is?*
seguir derecho	*to keep going straight ahead*
el semáforo	*traffic light*
subir	*to go up*

Los animales

En el zoológico — *At the zoo*

el elefante	*elephant*
el león	*lion*
el loro	*parrot*
el mono	*monkey*
el oso	*bear*
el pájaro	*bird*
el pato	*duck*
el pez	*fish*
la serpiente	*serpent*

En la granja — *On the farm*

el caballo	*horse*
la gallina	*hen*
el gallo	*rooster*
el gato	*cat*
la oveja	*sheep*
el perro	*dog*
el ratón	*mouse*
el toro	*bull*
la vaca	*cow*

Palabras y expresiones útiles

¡Basta (de...)!	*(That's) enough (. . .)!*
la cita	*appointment; date*
dulce	*sweet*
una enciclopedia ambulante	*a walking encyclopedia*
¡Ni loco/a!	*Not on your life!*
pasarlo bien/mal	*to have a good/bad time*
por un lado... por el otro	*on the one hand . . . on the other hand*
quejarse (de)	*to complain (about)*
tenerle fobia a...	*to have a fear of . . . ; to hate . . .*
¡Ya voy!	*I'm coming!*

Videoimágenes

Justicia social
■ ■ ■

Antes de ver

Actividad 1 México y su gente Antes de ver el video, en grupos de tres digan qué saben sobre los siguientes temas relacionados con la historia de México.

1. ¿Dónde vivían los aztecas? ¿Y los mayas?
2. ¿De dónde eran los conquistadores que llegaron a México?
3. ¿Se mezclaron los conquistadores con los indígenas?

Mientras ves

55:01–58:05

Actividad 2 El pasado y el presente Ahora mira el segmento sobre México para averiguar la siguiente información.

1. ¿Qué era Tlatelolco?
2. ¿Qué culturas están representadas en la Plaza de las Tres Culturas?
3. ¿Qué opinan tres personas sobre la situación del indígena?

Después de ver

Actividad 3 La marginalización En el segmento sobre México, una persona opina que los indígenas de ese país aún hoy día se encuentran marginados. En grupos de tres, decidan si uno o más de los siguientes tipos de marginalización son un problema serio en su país. Den ejemplos para justificar su opinión.

color de piel
belleza
religión
edad

Antes de ver

Actividad 4 El gobierno de tu país En el cuento "Beatriz (Una palabra enorme)" hay un hombre a quien su gobierno pone en la cárcel por sus ideas políticas. A lo largo de la historia de tu país, ¿ha hecho el gobierno ciertas cosas para silenciar la opinión de la gente? Mira la siguiente lista y di si tu gobierno ha hecho algunas de estas cosas.

quitarle dinero a alguien
prohibir que la prensa hable de
    un caso
prohibir que un acusado publique
    un libro
acusar a alguien de delitos que
    no cometió
difamar a alguien

prohibir que un acusado hable en
    televisión o radio
poner a alguien en la cárcel sin
    permitirle hablar con su
    abogado
torturar
matar

Mientras ves

Actividad 5 Las Madres de la Plaza de Mayo **Parte A.** Mira el segmento sobre las Madres de la Plaza de Mayo para averiguar quiénes son y por qué están en la plaza.

 58:06–end

Parte B. Mira otra vez el segmento donde cinco madres hablan de sus hijos. Completa las siguientes ideas con toda la información que puedas escribir y luego úsala para decir cuáles eran las características comunes de las personas que desaparecieron.

 1:02:14 end

▲ Una madre en la Plaza de Mayo, Buenos Aires.

Año en que desaparecieron	Edad	Ocupación

Después de ver

Actividad 6 Los derechos humanos Después de ver el video y en grupos de tres, mencionen lugares del mundo donde en la actualidad se violan los derechos humanos. Expliquen brevemente cada caso.

¿Lo sabían?

Durante la dictadura militar de Argentina entre 1976 y 1984 desaparecieron unas treinta mil personas. Entre ellos había mujeres embarazadas que dieron a luz (*gave birth*) mientras estaban en la cárcel. Muchas de estas mujeres fueron torturadas y asesinadas y sus bebés fueron dados en adopción ilegalmente. Las abuelas de esos niños buscaron a sus nietos durante años, y una vez restaurada la democracia y con la ayuda de la justicia y de exámenes de sangre, pudieron encontrar a algunos de esos niños. Si quieres saber más sobre este tema, puedes mirar la película *La historia oficial*, que ganó el Oscar a la Mejor Película Extranjera en 1985.

15 El medio ambiente

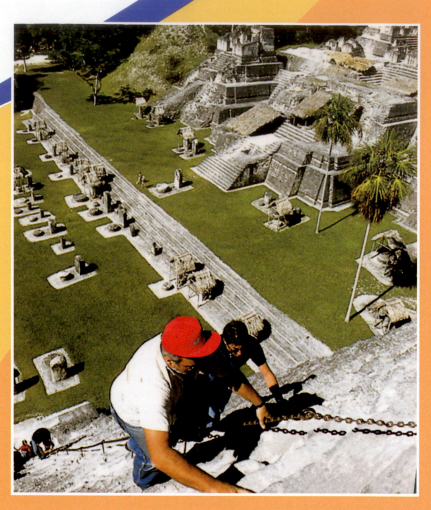

➤ **Ruinas mayas en plena selva. Tikal, Guatemala.**

Chapter Objectives

- Discussing the environment and ecology
- Expressing pending actions
- Making suggestions
- Requesting information
- Expressing a past action that preceded another past action
- Relating ideas
- Describing personality traits

¿Qué saben?

1. Guatemala es un poco más pequeño que el estado de _____.
   a. Nueva York   b. California   c. Tenesí
2. Aparte del español, en Guatemala se hablan _____ lenguas indígenas.
   a. 3   b. 13   c. 23
3. El principal producto de exportación de Venezuela es/son _____.
   a. el petróleo
   b. el café
   c. las frutas tropicales, especialmente la banana
4. Simón Bolívar es considerado el _____ de Venezuela.
   a. Pablo Picasso   b. George Washington   c. Pancho Villa

Para escuchar

Pasándolo muy bien en Guatemala

◄ Mujer con niña, Guatemala.

al + *infinitive*	upon + *-ing*
Me cae (la mar de) bien.	I like him/her (a lot).
Me cae mal.	I don't like him/her.

El grupo de turistas está en Guatemala y hoy se dividieron en dos grupos para hacer diferentes excursiones. Juan Carlos fue con un grupo y Álvaro con el suyo. Acaban de regresar al hotel.

Actividad 1 **¿Qué hicieron?** Mientras escuchas la conversación, anota las respuestas a estas preguntas.

1. ¿Adónde fue el grupo de Álvaro?
2. ¿Adónde fue el grupo de Juan Carlos?
3. En tu opinión, ¿quiénes se divirtieron más y por qué?

Actividad 2 **¿Comprendiste?** Después de escuchar la conversación otra vez, escoge la respuesta correcta.

1. Según Álvaro, la selva tropical…
   a. está intacta. b. está en peligro. c. tiene ruinas aztecas.
2. La ciudad de Antigua…
   a. tiene ruinas mayas. b. es de la época colonial. c. está en la selva.
3. La Dra. Llanos usa la palabra **pesado** para referirse al Sr. Ruiz. Ella quiere decir que el Sr. Ruiz…
   a. es gordo. b. molesta mucho. c. es divertido.
4. El vendedor le regaló un cinturón al Sr. Ruiz porque él…
   a. le cayó bien. b. compró mucho. c. a y b.

Actividad 3 **¿Cómo te cae?** Hazles preguntas a personas de la clase para averiguar cómo les caen las siguientes personas y por qué: **su consejero académico, su profesor de..., su compañero/a de habitación, sus compañeros de clase, los padres de su novio/a.**

- A: ¿Te cae bien tu consejero académico?
- B: Me cae (muy/la mar de) bien. / Me cae (muy) mal.
- A: ¿Por qué?
- B: Porque...

¿Lo sabían?

En la ciudad de Antigua, vieja capital de Guatemala, se puede ver la maravillosa celebración de Semana Santa. Esta tiene sus orígenes en las celebraciones de Sevilla, España, que empezaron en el siglo XIII, pero en Guatemala se puede ver el sincretismo entre la religión católica y las tradiciones indígenas.

Durante siete días se realizan procesiones con cientos de hombres vestidos de morado llevando la imagen de Cristo y caminando sobre alfombras de colores hechas de aserrín (*sawdust*) y flores. Las alfombras pueden tener diseños tradicionales con la imagen de Cristo o diseños típicos guatemaltecos que incluyen loros o símbolos precolombinos.

A pesar de que la mayoría de la población de Guatemala es católica, últimamente un gran número de gente se ha convertido al protestantismo o a otras religiones. De acuerdo al reverendo Edward Cleary, director de Estudios Latinoamericanos en Providence College, "La conversión religiosa es el proceso social más importante que está cambiando a Latinoamérica y el Caribe en los siglos XX y XXI". Esto se debe en parte a que la congregación de un cura católico es muy numerosa —un cura para 8.600 feligreses (*parishioners*) en México— en comparación con la de un evangelista (un pastor para 230 feligreses) y de ahí que los fieles sientan más apoyo o atención de su nueva religión.

▲ Procesión de Semana Santa en Antigua, Guatemala.

¿Cuál es la religión más común en tu país? ¿Qué religiones han obtenido más fieles en los últimos años?

Vocabulario esencial I

El medio ambiente

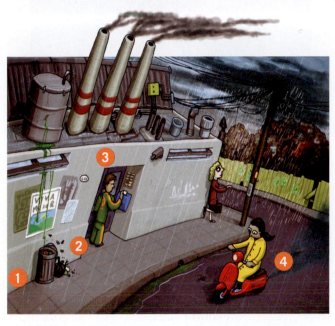

■ ■ ■ **El medio ambiente** = environment

1. la basura
2. la fábrica
3. la contaminación
4. la lluvia ácida
5. el reciclaje; reciclar
6. la energía solar
7. plantar un árbol

Otras palabras relacionadas con el medio ambiente

el/la activista   activist
el agua potable   potable water (*suitable for drinking*)
el agujero   hole
el biocombustible   biofuel
la capa de ozono   ozone layer
el carro híbrido   hybrid car
el cartón   cardboard
la conservación; conservar   conservation; to conserve, to preserve
desechable   disposable
la destrucción; destruir   destruction; to destroy
la ecología   ecology
en peligro (de extinción)   in danger (of extinction)
la energía nuclear   nuclear energy
el envase   container
el etanol   ethanol
la lata de aluminio   aluminum can
el plástico   plastic
proteger   to protect
ser consciente   to be aware
el vidrio   glass

■ ■ ■ Both **la contaminación** and **la polución** are used, but the former is more common.

GREENPEACE

OZONO: Protegerlo o Destruirlo

JUEGUE LIMPIO CON BUENOS AIRES

Municipalidad de la Ciudad de Buenos Aires

Online Study Center

To practice:
Do SAM Workbook and Web activities.

¿Lo sabían?

▲ Turistas con las tortugas gigantes de las islas Galápagos, Ecuador.

Las islas Galápagos, que están en el océano Pacífico, son parte de Ecuador y son famosas en todo el mundo por su gran variedad de animales y plantas. Charles Darwin fue a esas islas por primera vez en el año 1835 y allí hizo estudios para su teoría de la evolución. Allí está el Instituto Darwin, donde los biólogos estudian muchas especies de animales que no existen en otras partes del mundo. Hoy, la flora y la fauna de las Galápagos están en peligro de extinción por varias razones:

- se llevaron a las islas plantas y animales que no eran típicos del lugar
- ha habido derrames (*spills*) de petróleo en la zona
- hay pesca excesiva
- llega una gran cantidad de turistas al lugar

¿? ¿Qué animales están en peligro de extinción en tu país? ¿Sabes por qué están en peligro?

Actividad 4 La conservación, ¿sí o no? Hazle esta encuesta sobre la ecología a uno de tus compañeros y después comenta los resultados con la clase.

1. ¿Estás a favor o en contra de estas fuentes de energía?
   energía nuclear: a favor _____   en contra _____
   biocombustibles: a favor _____   en contra _____
   carbón: a favor _____   en contra _____
   energía eólica: a favor _____   en contra _____

■■■ **energía eólica = energía producida con el uso del viento**

2. Las armas nucleares son… para un país.
   esenciales _____   importantes _____   peligrosas _____   inútiles _____

3. ¿Haces algún esfuerzo por reciclar materiales?
   latas de aluminio: sí _____   a veces _____   no _____
   periódicos: sí _____   a veces _____   no _____
   papel: sí _____   a veces _____   no _____
   vidrio: sí _____   a veces _____   no _____
   plástico: sí _____   a veces _____   no _____

4. El control del gobierno sobre las fábricas es…
   excesivo _____   adecuado _____   insuficiente _____   no sé _____

5. ¿Alguna vez le has escrito una carta sobre la contaminación a algún político?
   sí _____   no _____

6. La extinción de especies de animales…
   afecta mucho al ser humano _____
   afecta poco al ser humano _____

7. ¿Haces algo para reducir la cantidad de contaminación?
   no usar plástico _____
   tener un carro híbrido _____
   no usar fluorocarburos (productos aerosoles) _____
   reusar bolsas de papel o de plástico _____
   llevar tus propias bolsas de tela (*fabric*) al supermercado _____
   no comprar verduras y frutas empacadas (*packed*) _____
   otras cosas _____

▲ Selva tropical de Costa Rica.

El consumo personal **Parte A.** En parejas, miren el siguiente gráfico sobre la producción de basura sólida municipal (bsm) en los Estados Unidos y, teniendo en cuenta que ha aumentado la población del país a lo largo de los años, seleccionen la frase que mejor describe la información del gráfico.

Fuente: http://www.epa.gov/msw/facts.htm.

■ ■ ■ **basura sólida municipal** = common trash (solid municipal waste)

■ ■ ■ La producción de basura per cápita del europeo occidental es más o menos la mitad de la del estadounidense.

A. En 43 años, la cantidad de basura sólida subió un 268%. Esto se debe al crecimiento de la población total del país.
B. La población ha crecido y, por eso, el consumo total es mayor. Sin embargo, el consumo per cápita ha crecido también.

Parte B. En parejas, contesten las siguientes preguntas sobre su vida personal, sobre la basura sólida que producen y su consumo de energía.

1. En las cafeterías de la universidad, ¿sirven comida en platos y vasos de verdad o desechables?
2. Piensen en la última vez que fueron al supermercado y gastaron más de $30. ¿Cuántas bolsas de plástico y/o de papel usaron? Incluyan todas las bolsas, por ejemplo: la bolsa de los tomates, la de las papas, etc. ¿Compraron otras cosas envueltas en plástico como, por ejemplo, la carne?
3. ¿La lavadora que usan se abre por arriba o por delante? ¿Cuál es más común en su país? Si han estado en otro país, ¿notaron si las lavadoras se abren por arriba o por delante? ¿Saben cuál de las dos usa menos agua y electricidad?
4. Cuando van a la casa de sus padres, ¿qué opciones tienen para transporte? ¿Coche? ¿Tren? ¿Autobús? ¿Avión? ¿Cuál de estas opciones usan?
5. ¿Qué medios de transporte público tiene su ciudad? ¿Los usan Uds.?

Parte C. Basándose en las respuestas que escucharon, en parejas, denle recomendaciones a su compañero/a para que pueda reducir su nivel de consumo. Usen frases como **te aconsejo que..., es mejor que..., debes..., tienes que...**

Actividad **6** **La responsabilidad del gobierno** **Parte A.** En parejas, contesten las siguientes preguntas.

1. Alaska y otros estados han sufrido grandes derrames de petróleo que han afectado la ecología del área. ¿Qué sugerencias pueden dar Uds. para evitar esos desastres? ¿Quién debe tener la responsabilidad de limpiar los derrames que ocurren?

2. ¿Debe hacer más el gobierno para promocionar el transporte público? Si contestan que sí, ¿qué debe hacer? Si contestan que no, ¿por qué?

3. ¿Qué hace el gobierno para buscar alternativas a la gasolina? ¿Qué ciudades en su país tienen tren para ir a otra ciudad cercana? Si han viajado a otro país o continente, comparen los sistemas de transporte público con los de su país.

4. Piensen en lo que compraron en el último mes (un CD, perfume, una cámara digital, etc.), ¿tenían mucho plástico, papel o cartón? Cuando compraron estas cosas, ¿se las pusieron en una bolsa de papel o plástico?

5. ¿Reciben Uds. muchas ofertas por correo? ¿Cuántos papeles de ese tipo tiran por semana? ¿Reciben catálogos de tiendas?

Parte B. En parejas, tomen en cuenta lo que contestaron en la Parte A y háganles sugerencias al gobierno y a las grandes corporaciones para reducir la cantidad de basura sólida. Usen frases como **recomendamos que..., sugerimos que..., es necesario que..., es importante que...**

Gramática para la comunicación I

I. Expressing Pending Actions: The Subjunctive in Adverbial Clauses

Look at the following sentences to decide which one refers to an action that may occur in the future.

> **Cuando llegue a España, quiero conocer a su familia.**
> **Cuando llegué a España, quería conocer a su familia.**

If you chose the first, you were correct.

1 ■ To express present or past *habitual* actions as well as *completed* actions, use the indicative after adverbial conjunctions such as **cuando, después de que,** and **hasta que.**

Habitual

Siempre llevo una bolsa conmigo **cuando voy** al supermercado.	*I always take a bag with me when I go to the supermarket.*
Siempre llevaba una bolsa conmigo **cuando iba** al supermercado.	*I used to (would) take a bag with me when I went to the supermarket.*

Completed

Llevé una bolsa conmigo **cuando fui** al supermercado.	*I took a bag with me when I went to the supermarket.*

2 ■ To express intentions or actions that have not occurred yet and are *pending*, use the subjunctive after **cuando, después de que,** and **hasta que.**

■ ■ ■ Remember: After a preposition, use an infinitive: **Después de llegar a casa…**

Pending

Voy a hacer una donación a Greenpeace **cuando tenga** dinero.	*I'm going to make a donation to Greenpeace when I have money.*
¿Qué vamos a hacer **después de que** no **haya** más agua potable?	*What are we going to do after there's no more potable water?*
Vamos a protestar **hasta que obtengamos** un cambio.	*We are going to protest until we get a change.*

Actividad 7 Los padres Parte A. Juan Carlos le describe a su familia al Sr. Ruiz. Completa el párrafo que sigue con el infinitivo o la forma, tiempo y modo correctos de los verbos entre paréntesis.

■ ■ ■ Remember: After a preposition, use the infinitive.

Mis papás se casaron cuando _____ (1. tener) veinticinco años. Yo nací cuando mi mamá _____ (2. tener) veintinueve. Después de _____ (3. tener) a mis cuatro hermanos menores, mi mamá _____ (4. dejar) de trabajar. Mi papá es abogado y trabajó quince años para una compañía de reciclaje hasta que _____ (5. cambiar) de trabajo y empezó a trabajar para el Ministerio del Medio Ambiente. Dice que cuando _____ (6. cumplir) sesenta y dos años no va a trabajar más, pero hasta que yo no lo _____, (7. ver) no voy a creerlo porque él es un hombre que vive para el trabajo. También dice que después de que _____ (8. dejar) de trabajar, todos los inviernos va a hacer un crucero por el Caribe.

Parte B. En parejas, después de leer la descripción de la familia de Juan Carlos, hablen con su compañero/a sobre su familia y sus planes para el futuro.

Actividad 8 Tus planes futuros Termina estas frases y después, pregúntales a algunos compañeros cuáles son sus planes para el futuro.

1. Después de que termine los estudios universitarios…
2. Voy a trabajar hasta que…
3. Cuando tenga cincuenta y cinco años…

Actividad 9 Un poco de variedad Parte A. Muchas personas se quejan de no tener variedad en la vida y de que su rutina diaria siempre es igual. Termina estas oraciones con lo que haces normalmente.

■ ■ ■ Habitual and completed actions = indicative; pending actions = subjunctive

1. Todos los días cuando termina la clase, yo…
2. Cuando llega el verano, yo…
3. Todos los días cuando entro en mi casa, yo…
4. Cuando llega el fin de semana, mis amigos y yo…
5. Los sábados cuando voy a fiestas, yo…

Parte B. Ahora, cuéntale a un/a compañero/a qué haces normalmente y qué vas a hacer para cambiar tu rutina. Sigue el modelo.

■ ■ ■ Todos los días **cuando termina** la clase, voy a la cafetería de la universidad y como una hamburguesa, pero mañana **cuando termine** la clase, pienso ir a un restaurante mexicano y pedir una quesadilla.

Actividad 10 **Lo que haces o vas a hacer** En parejas, digan las cosas que hacen habitualmente o que van a hacer en el futuro para proteger el medio ambiente. Sigan el modelo.

> ■■■ ir al supermercado / llevar una bolsa conmigo
>
> Cuando vaya al supermercado la próxima vez, voy a llevar una bolsa conmigo.
>
> Cuando voy al supermercado, siempre llevo una bolsa conmigo.

1. comprar una casa / tener paneles solares en el techo
2. tomar una ducha / no usar mucha agua
3. tener dinero / hacer una donación a Greenpeace
4. tirar la basura / reciclar periódicos y botellas
5. votar en las próximas elecciones / examinar las posturas ecológicas de los candidatos
6. comprar una lavadora / considerar una que se abra por delante
7. llegar la primavera / plantar un árbol
8. completar mis estudios / hacer un viaje de ecoturismo

II. Making Suggestions: *Let's . . .*

1 ■ When you want to suggest to someone that he/she do something with you, use a **nosotros** command, which is identical to the subjunctive form.

—Tenemos mucha basura esta semana.	*We have a lot of garbage this week.*
—**Seamos** más conscientes.	*Let's be more aware.*
—Podemos conservar energía y ahorrar dinero si bajamos el termostato solo un grado.	*We can conserve energy and save money if we lower the thermostat one degree.*
—**Bajémoslo** ahora mismo.	*Let's lower it right now.*
No le **demos** la botella de vidrio al niño.	*Let's not give the glass bottle to the child.*

■■■ Let's go. = **Vámonos./Vamos.**

2 ■ When the **nosotros** affirmative command is followed by **se** or **nos,** drop the final **-s** from the command form.

—¿Vamos a comprarle un carro híbrido para su cumpleaños?
—Sí, ¡**comprémoselo**!

—Como hay sequía (*draught*), ¿es necesario que nos duchemos rápidamente?
—Claro, ¡**duchémonos** rápidamente!
BUT:
—¿Vamos a comprar un carro híbrido?
—Sí, ¡**comprémoslo**!

—¿Quieres que bañemos al perro rápidamente?
—Claro ¡**bañémoslo** rápidamente!

Actividad *11* **Los voluntarios** En grupos de tres, Uds. están trabajando como voluntarios en una escuela primaria. Ahora van a ayudar a un grupo de niños a hacer carteles con sugerencias de cómo proteger el medio ambiente. Sigan el modelo.

■■■ caminar a la escuela

¡Caminemos a la escuela!

1. apagar la luz al salir de una habitación
2. no darnos duchas largas
3. no dejar correr el agua al lavarnos los dientes
4. reciclar las botellas y las latas
5. escribir en las dos caras de un papel
6. venir en bicicleta a la escuela
7. no tirar basura en la clase o en la calle
8. llevar los celulares viejos a un centro de reciclaje
9. reducir la cantidad de basura que tiramos
10. ser considerados con el medio ambiente / cuidarlo

Actividad *12* **Un día de viaje** En grupos de tres, Uds. están en la ciudad de Guatemala por un solo día y tienen que aprovechar (*take advantage of*) el tiempo. Lean el siguiente folleto sobre la ciudad y decidan qué van a hacer.

■■■ Veamos… Visitemos…

MUSEOS

- **Museo Nacional de Arqueología y Etnología** Parque Aurora, Zona 13. Trajes típicos de Guatemala. Modelo de Tikal. Esculturas, cerámicas, textiles, colección de máscaras. Excelente colección de jade. Precio: *Q.30. Niños menores de 10 años gratis.
- **Museo Nacional de Historia Natural** Parque Aurora, Zona 13. Colección de animales y pájaros embalsamados. Mariposas. Especímenes geológicos. Precio: *Q.10.
- **Museo Popol Vuh.** La Reforma 8-60, Zona 9. Amplia colección de artefactos precolombinos y coloniales. Precio: *Q.10.

    * precios en quetzales

RESTAURANTES

- **El Rodeo** Avenida 7, 14-84, Zona 9. Bistecs excelentes. $
- **Hola** Avenida Las Américas, Zona 14. Comida francesa e italiana. $$
- **Los Antojitos** Calle 17, 6-28, Zona 1. Comida regional (bananas, aguacates, sopa, pollo, arroz, frijoles negros). Música. $$$
- **Señor Sol** Calle 5, 11-32, Zona 1. Comida vegetariana. $

IGLESIAS

- **Catedral** Calle 8 y Avenida 7. Se terminó de construir en 1815. Fue dañada por un terremoto en 1976. Pinturas y estatuas de la ciudad de Antigua.
- **San Francisco** Avenida 6 y Calle 13, Zona 1. Escultura de la Cabeza Sagrada, originalmente de Extremadura. Interesante museo con pinturas.
- **Capilla de Yurrita** Ruta 6 y Vía 8. Zona 4. Construida en 1928. Estilo de iglesia ortodoxa rusa.

TIENDAS ARTESANALES

- **La Momosteca** Avenida 7, 14-48, Zona 1. Textiles y objetos de plata.
- **La Placita** Calle 18 y Avenida 5. Ropa y maletas de cuero.
- **Mercado del Sur** Avenida 6, 19-21, Zona 1. Mercado de comidas, sección de artesanías.
- **Pasaje Rubio** Calle 9, cerca de Avenida 6. Objetos de plata y monedas.

III. Requesting Information: ¿Qué? and ¿cuál/es?

1 ■ In most cases, the uses of **¿qué?** (*what?*) and **¿cuál/es?** (*which?*) are similar in Spanish and English.

¿Qué pasa?/**¿Qué** hay?	*What's going on?/What's up?*
¿Qué tienes?	*What do you have?/What's the matter?*
¿Cuál prefieres?	*Which (one) do you prefer?*
¿Cuáles de tus amigas son activistas?	*Which of your friends are activists?*

2 ■ Both **¿qué?** and **¿cuál/es?** followed by the verb **ser** express *what*.

a. Use **¿qué + ser...?** only when asking for a definition or a classification, such as a political affiliation, religion, or nationality.

¿Qué es el calentamiento global?	*What is global warming?* (definition)
¿Qué eres, conservador o liberal?	*What are you, conservative or liberal?* (classification)

NOTE: **¿Qué es eso/esto?** is used to ask for the identification of an unknown item or action.

b. Use **¿cuál/cuáles + ser...?** in all other cases.

¿Cuál es la forma de energía más limpia?	*What is the cleanest form of energy?*
¿Cuál es la ciudad más contaminada del mundo?	*What is the most polluted city in the world?*
¿Cuáles son los problemas más urgentes?	*What are the most urgent problems?*

3 ■ Use **qué** when a noun follows: **¿qué +** *noun...*?

¿Qué cosas reciclas?	*What/Which items do you recycle?*
¿En qué clase aprendiste sobre la conservación del medio ambiente?	*In what/which class did you learn about the preservation of the environment?*

■ ■ ■ **Qué + ser** = definition or classification; **Cuál + ser** = all other cases

Actividad 13 La entrevista estudiantil Completa las siguientes preguntas sobre los estudios académicos con **qué** o **cuál/es**. Luego usa las preguntas para entrevistar a tres compañeros de la clase a quienes no conozcas bien. Háblale sobre las respuestas al resto de la clase.

1. ¿_____ eres, estudiante de primer año, de segundo, de tercero o de cuarto?
2. ¿_____ asignaturas tienes este semestre?
3. ¿_____ es tu clase favorita?
4. ¿_____ son las clases más difíciles?
5. ¿_____ problemas tuviste al llegar a la universidad?
6. ¿_____ piensas hacer cuando termine el semestre?
7. ¿_____ son tus planes para el futuro?

Actividad 14 Cultura general En parejas, preparen un examen de diez preguntas sobre las culturas hispanas con **qué** y **cuál/es**. Después de preparar el examen, dénselo a algunos compañeros para que lo hagan.

■ ■ ■ ¿Cuál es la capital de Honduras?
¿Qué idiomas se hablan en Guatemala?

Actividad 15 **Una prueba sobre el medio ambiente** **Parte A.** En parejas, Uds. están preparando una prueba sobre el medio ambiente para estudiantes de quinto grado de una escuela primaria. Completen las preguntas con **qué** y **cuál/es.**

1. ¿_____ de los siguientes atraviesan la atmósfera: rayos solares o los gases acumulados?

2. ¿_____ irradia energía solar?

3. ¿_____ es un cóctel de gases? ¿Diferentes gases o mucho gas de un tipo solamente?

4. ¿_____ es el efecto invernadero?

5. ¿_____ aumentó 0,6°C durante el siglo XX?

6. ¿_____ fue la década más cálida del siglo XX?

7. ¿_____ es el aumento mínimo de temperatura y _____ es el máximo que proyectan para el año 2100?

8. ¿_____ de las siguientes no van a aumentar en los próximos años: las especies de animales, las emisiones de los carros o la cubierta de nieve?

9. ¿_____ va a subir unos 88 cm para el año 2100?
   Pregunta extra: ¿_____ es la lluvia ácida?

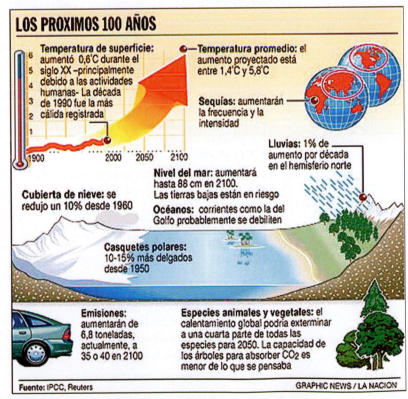

Parte B. Ahora escriban la clave de respuestas (*answer key*) para las preguntas de la prueba.

Nuevos horizontes

Lectura ESTRATEGIA: Mind Mapping

Mind mapping is a way of brainstorming before you read a text in order to activate your background knowledge and predict the contents of a reading selection. To apply this technique, you start with a key concept and jot down related ideas in different directions radiating from the key concept. This technique lets your mind run freely to tap whatever is stored in it about the topic. In the following example you can see how the mind-mapping technique was applied to the word **hogar** (*home*).

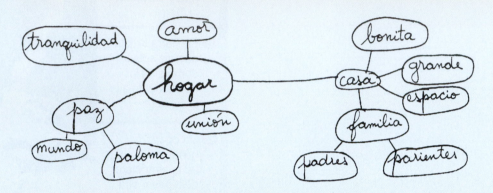

Actividad 16 El mapa mental En parejas, hagan un mapa mental con la palabra **ecología** y luego compártanlo con el resto de la clase. Después piensen en los temas relacionados con este concepto que puedan aparecer en el siguiente artículo sobre la ecología. Por último, lean el artículo "Pobre tierra" de la revista peruana *Debate* para confirmar sus predicciones.

¡Pobre tierra!

DEBATE identificó los principales problemas ecológicos que sufre nuestro planeta. Junto a una breve explicación de cada uno de ellos, DEBATE ofrece consejos prácticos que se pueden seguir desde la propia casa para mejorar el medio ambiente.

Desechos peligrosos

Son productos químicos que contaminan el agua, el aire y los alimentos.

- Utilice jabón de lavar en lugar de detergentes y lejía, estos contienen fosfatos que contaminan ríos y mares.
- Utilice menos bolsas y empaques plásticos.
- Use baterías recargables en sus aparatos, las desechables contienen cadmio, gas que permanece en el medio ambiente.
- Prefiera envases de vidrio reciclables en lugar de botellas, latas o envases desechables.

Lluvia ácida

Los gases tóxicos producidos por los vehículos de motor y las fábricas, permanecen en la atmósfera, luego son condensados, y caen nuevamente a la tierra en forma de lluvia o nieve, lo cual destruye plantas y animales y erosiona incluso los edificios.

- Controle los gases tóxicos de los vehículos y maquinaria manteniéndolos en buen estado.
- Disminuya el consumo de petróleo; utilice otros medios de transporte: bicicletas, caminatas; comparta movilidad.

5

10

15

20

25

Destrucción de la capa de ozono

La capa de ozono protege a la tierra y a sus habitantes de la radiación solar de los rayos ultravioletas. Esta

30 capa protectora se está destruyendo rápidamente por la contaminación. Un solo átomo de gas dañino destruye

35 100.000 moléculas de ozono. La radiación que recibe la tierra destruye el sistema inmunológico del ser humano; además, ha

40 elevado el número de casos de cáncer a la piel.

- Evite usar aire acondicionado en su casa, oficina o automóvil.
45 - No utilice aerosoles.

Basura acumulada

Los depósitos para basura en las ciudades estarán ocupados al máximo de su capacidad dentro de los próximos años, y los miles de metros cuadrados de desperdicios aumentan

50 día a día.

- Utilice menos envases plásticos.
- Recicle el papel periódico.
- Evite los pañales plásticos porque demoran 500 años en desintegrarse: prefiera los de
55 tela.
- Compre baterías recargables.

Efecto invernadero

El efecto invernadero es el fenómeno que regula la temperatura de la tierra. Debido a la contaminación, el efecto invernadero ha llegado

60 al punto de ser perjudicial. El exceso de dióxido de carbono proveniente de la quema de combustibles eleva la temperatura y queda atrapado en la atmósfera, recalentando la tierra.

- Disminuya su consumo de electricidad.
65 - Mantenga su automóvil y artefactos eléctricos en buen estado.
- Alumbre con fluorescentes compactos: dan mayor luminosidad, ahorran 75% de la energía y duran entre 5 y 10 años.
70 - Comparta la movilidad al colegio y a la oficina: ahorra en gasolina y contamina menos.
- Maneje menos y camine más. Movilícese en bicicleta.

Contaminación ambiental

75 El aire que respiramos es sucio e insano. La contaminación del medio ambiente es el resultado del uso del petróleo en vehículos y maquinaria. Ello produce el recalentamiento de la tierra y es la causa principal de los casos de

80 cáncer de pulmón en los países en vías de desarrollo. Las recomendaciones son las mismas que para el efecto invernadero.

Extinción de la vida salvaje

El crecimiento de la población mundial, la destrucción de bosques, la contaminación de

85 los mares y la comercialización de pieles y colmillos de animales han ocasionado la desaparición de muchas especies. Tres especies animales o vegetales desaparecen al día, con lo cual para el año 2015 habrá desaparecido el

90 20% de las especies de la fauna y flora.

- Guarde periódicos viejos y papel que no sirva, envíelo a reciclar a una planta papelera. Le pagarán por kilo.
- Evite las bolsas y envases plásticos: use
95 canastas, cajas de cartón (que también se pueden reciclar) o bolsas de papel.
- Lave con jabón en lugar de detergente.
- No compre artículos fabricados con pieles o colmillos de animales salvajes.
100 - Prefiera siempre artículos orgánicos: telas de fibras naturales en lugar de sintéticas o de plástico.

Actividad 17 Problemas y soluciones En parejas, usen la información del artículo que leyeron para decidir qué acciones de la segunda columna disminuyen los problemas de la primera columna. Puede haber más de una respuesta posible para cada uno.

_____ 1. desechos peligrosos

_____ 2. lluvia ácida

_____ 3. destrucción de la capa de ozono

_____ 4. basura acumulada

_____ 5. efecto invernadero

_____ 6. contaminación ambiental

_____ 7. extinción de la naturaleza y la vida salvaje

a. tomar el autobús para ir al trabajo

b. volver a usar las bolsas del supermercado

c. no comprar botas de piel de caimán

d. comprar botellas de vidrio reciclable

e. no usar detergentes

f. apagar las luces cuando no se usa un cuarto

g. abrir las ventanas del carro cuando hace calor

h. revisar el carro con frecuencia

i. usar ropa de algodón y no de poliéster

j. no usar aerosoles

Escritura

ESTRATEGIA: Mind Mapping

The mind-mapping technique described under the **Lectura** section on page 410 can also be used as a pre-writing strategy. This is a useful way of generating ideas in a nonlinear and unstructured way. Once you finish your mind map, choose the main ideas and organize them.

Actividad 18 El progreso Parte A. Haz un mapa mental con la palabra **progreso** en el centro. Incluye tanto los aspectos positivos como los negativos.

Parte B. Escoge las ideas más interesantes del mapa mental y haz un bosquejo (_outline_) para escribir una composición sobre el progreso. Después, escribe la composición.

Parte C. Entrégale el mapa mental, el bosquejo, el borrador (o los borradores) y la versión final a tu profesor/a.

Vocabulario esencial II

La personalidad

abierto/a open
agresivo/a aggressive
amable nice
ambicioso/a ambitious (*negative connotation*)
arrogante arrogant
astuto/a astute
capaz capable
carismático/a charismatic
chismoso/a gossipy
cobarde cowardly
confiable trustworthy
corrupto/a corrupt
creído/a conceited, vain
encantador/a charming
honrado/a honest
ignorante ignorant
impulsivo/a impulsive
indiferente indifferent, apathetic
insoportable unbearable
justo/a fair
mentiroso/a untruthful, lying, false
orgulloso/a proud (*negative connotation*)
pacifista pacifist
perezoso/a lazy
persistente persistent
sensato/a sensible

sensible sensitive
sociable sociable
sumiso/a submissive
testarudo/a stubborn
valiente brave

Expresiones

es buena gente he/she is a really good person
es un/a santo/a he/she is a good person (literally: *a saint*)
es un/a loco/a de atar he/she is a crazy person (literally: *a crazy person to tie up*)
es un/a caradura he/she has a lot of nerve (literally: *a hard face*)
es un/a sinvergüenza he/she is a jerk (literally: *a shameless person*)

■ ■ ■ To help you remember these adjectives, associate them with people you know (friends, relatives, etc.).

Online Study Center

To practice:
Do SAM Workbook and Web activities.

¿Cómo eres? ¿Te conoces bien a ti mismo?

1. Cuando tienes un problema, ¿lo confrontas o no haces nada?
2. Cuando cometes un error, ¿lo admites?
3. Cuando un amigo te habla de sus problemas, ¿lo escuchas?
4. Si necesitas un trabajo, ¿lo buscas activamente?

Actividad *19* ¿Cómo somos? De la lista anterior, escoge la característica que más te describa y la que menos te describa y anótalas. Luego en parejas, escojan una característica que describa a su compañero/a y una que no lo/la describa. Comparen las palabras y digan por qué las seleccionaron.

Actividad *20* ¿Positivo o negativo? En grupos de tres, decidan cuáles de las palabras de la lista anterior representan defectos y cuáles representan cualidades deseables. ¿Es positivo o negativo ser orgulloso o ambicioso? ¿Creen que sea igual en otras culturas?

Actividad *21* Personas famosas Describe cómo son o eran estas personas: Paula Abdul, la princesa Diana, Britney Spears, Abraham Lincoln, Kanye West, Hillary Clinton, Jamie Foxx, Simon Cowell, John F. Kennedy.

Actividad *22* Los sexos Parte A. Piensa en los estereotipos de un hombre y una mujer en un contexto laboral, mira la lista de adjetivos de la página 413 y di si se relacionan más con un hombre o con una mujer. ¿Hay palabras que se interpretan como positivas si describen a un hombre y que son negativas si describen a una mujer y viceversa? ¿Hay algún adjetivo de la lista que se relacione solo con hombres o solo con mujeres?

Parte B. Menciona las consecuencias negativas a las que llevan estos estereotipos en el campo laboral. Si conoces a alguien que haya sufrido discriminación por esas percepciones, explica el caso.

Actividad *23* El activismo En grupos de cuatro, digan quién de las siguientes personas es o era un/a santo/a, un/a loco/a de atar, un/a sinvergüenza, etc. Después, para justificar su opinión, describan más detalles de la personalidad de cada una y las cosas que hacen o hicieron.

1. Julia "Butterfly" Hill pasó 738 días subida en un árbol para salvar un bosque de árboles que tenían más de mil años. Unos años más tarde, en vez de pagar impuestos, mandó el dinero que debía a organizaciones sin fines de lucro (*not-for-profit*).
2. La Madre Teresa ayudó a los pobres de Calcuta.
3. Charlton Heston fue presidente de la Asociación Nacional del Rifle.
4. Leonardo Di Caprio produjo un documental sobre el calentamiento global. El Consejo de Defensa de Recursos Naturales en Los Ángeles abrió el Centro de Activismo Leonardo di Caprio.
5. Wangari Muta Maathai, ganadora del Premio Nobel de la Paz, trabajó con mujeres en Kenya y logró la plantación de más de 20.000.000 de árboles. Hoy continúa luchando por el medio ambiente.
6. Pamela Anderson se puso un bikini hecho con lechuga para promover la dieta vegetariana en un anuncio de PETA.

Actividad *24* Los gobernantes Parte A. En parejas, hablen de las cualidades que deben tener los políticos para ganar elecciones.

Parte B. Entre los integrantes de una monarquía parlamentaria como la de España o Inglaterra se encuentran los miembros de la familia real (el rey, la reina, los príncipes, las princesas, etc.) que a veces son muy populares y a veces no. ¿Qué cualidades debe tener un rey y una reina para ser popular con el público? Comparen estas cualidades con las que mencionaron sobre los políticos en la Parte A. ¿Son iguales o diferentes?

¿Lo sabían?

▲ El rey Juan Carlos I, la reina Sofía y su hijo el príncipe Felipe reciben a Condoleezza Rice en el Palacio de la Zarzuela en Madrid.

España tiene una monarquía parlamentaria que está formada por el poder legislativo, el poder ejecutivo y el poder judicial. Dentro del ejecutivo, además del primer ministro, el vicepresidente y el gabinete (*cabinet*), se encuentra el rey Juan Carlos I de Borbón que es Jefe de Estado (cargo que es de por vida). Las funciones del rey son sancionar y proclamar leyes nuevas, disolver el parlamento y llamar a elecciones parlamentarias, actuar como jefe de las Fuerzas Armadas y también representar al país en relaciones internacionales.

El príncipe Felipe, hijo del rey Juan Carlos I y la reina Sofía, va a ser el futuro rey de España y, para prepararse, se ha educado en diferentes universidades nacionales y del extranjero, entre ellas Georgetown. Tiene especializaciones en política, economía y derecho. También ha sido miembro de las tres fuerzas militares españolas: la Armada, la Marina y la Fuerza Aérea. Él es el miembro de la familia real más preparado de la historia de España y es muy popular con el pueblo español. Aunque no es común que la familia real participe en la política diariamente, con frecuencia el príncipe habla de temas como la protección del medio ambiente y la ayuda a los pobres. En los Estados Unidos no existe una familia real, pero a veces la primera dama o el vicepresidente tienen ese tipo de rol.

¿? ¿Qué hacen la primera dama y el vicepresidente que normalmente no hace el presidente de los Estados Unidos?

Para escuchar

Sí, mi capitana

◄ Parque Nacional Mochima, Venezuela.

dar una vuelta	to take a ride; to go for a stroll/walk
llevarse bien/mal (con alguien)	to get along/not to get along (with someone)

El grupo de turistas salió de Guatemala para hacer un crucero por el Mar Caribe.

Actividad 25 Cierto o falso Mientras escuchas el anuncio de la capitana, marca si estas oraciones son ciertas (**C**) o falsas (**F**).

1. _____ Hace buen tiempo.
2. _____ Durante la conquista se exportaba plata desde La Guaira.
3. _____ La Guaira es una ciudad muy moderna.
4. _____ El Sr. Ruiz va a invitar a las personas del grupo a cenar esta noche porque es su cumpleaños.

 Actividad 26 ¿Comprendiste? Después de escuchar el anuncio de la capitana otra vez, contesta estas preguntas.

1. ¿Dónde van a hacer escala hoy?
2. ¿Cuál es la importancia de ese lugar?
3. ¿Qué va a hacer el grupo allí?
4. ¿Has hecho alguna vez un crucero o conoces a alguien que haya hecho un crucero? ¿Adónde? ¿Con quién?

¿Lo sabían?

El origen de los nombres de algunos países hispano-americanos es muy variado. Por ejemplo, cuando llegaron los españoles a Venezuela, vieron casas construidas sobre pilotes (*stilts*) en el agua y recordaron a Venecia, en Italia. Por eso, llamaron a esa tierra Venezuela, que quiere decir "pequeña Venecia". Colón le dio su nombre a Costa Rica porque cuando llegó a esos lugares vio que tenían una rica vegetación. Uruguay es una palabra indígena que quiere decir "río de los pájaros". Nicaragua lleva el nombre del jefe indígena que los españoles encontraron en esa región.

▲ Casas sobre pilotes en Venezuela.

 ¿Sabes qué significan las palabras Colorado, Nevada y Montana?

Actividad 27 ¿Bien? En parejas, pregúntenle a su compañero/a el nombre de dos personas con quienes se lleva bien y dos personas con quienes se lleva mal y por qué (describan su personalidad). Pueden ser amigos, compañeros de trabajo, profesores, vecinos (*neighbors*), etc.

Gramática para la comunicación II

I. Expressing a Past Action that Preceded Another Past Action: The Pluperfect

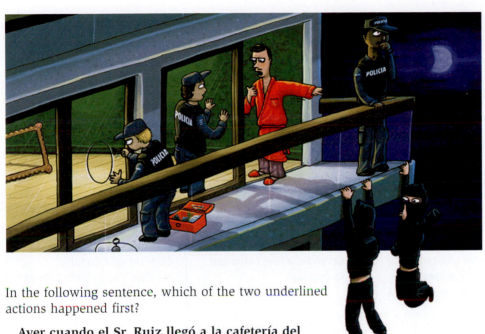

◀ Cuando la policía llegó, los ladrones ya habían escapado.

In the following sentence, which of the two underlined actions happened first?

Ayer cuando el Sr. Ruiz <u>llegó a la cafetería</u> del hotel para desayunar, el grupo ya <u>había salido en una excursión</u>.

If you answered **había salido en una excursión,** you were correct.

The pluperfect (or past perfect) is used to express a past action that occurred prior to another past action. To form the pluperfect (**el pluscuamperfecto**) use the following formula.

■■■ Review formation of the past participle, Ch. 9.
Remember: **hay** = there is/are
había = there was/were
Other forms of the verb **haber** (**habías, había,** etc.) are only used with past participles.

haber (imperfect)		
había	habíamos	
habías	habíais	} + *past participle*
había	habían	

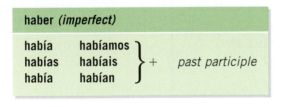

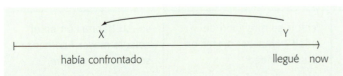

Ella ya **había confrontado** a su amigo mentiroso cuando yo llegué.

Cuando me di cuenta de que el senador Bert era corrupto, ya **había votado** por él.

She had already confronted her lying friend when I arrived.

When I realized that Senator Bert was corrupt, I had already voted for him.

En parejas, completen las dos oraciones que siguen. Después inventen cinco oraciones más, históricas o personales, que presenten una acción que ya había ocurrido cuando ocurrió otra.

1. John F. Kennedy ya _____ (morir) cuando Neil Armstrong
   _____ (llegar) a la luna.

2. Yo ya _____ (sacar) la licencia de manejar cuando
   _____ (graduarse) de la escuela secundaria.

Actividad *29* **Ya lo había hecho** Vas a jugar al *Bingo*. Hazles preguntas a diferentes compañeros para averiguar si ya habían hecho una acción antes de hacer otra. Si la persona contesta que sí, escribe su nombre en la casilla (*square*) correspondiente. El primero en completar una hilera (*row*) diagonal, vertical u horizontal es el/la ganador/a.

■■■ A: ¿Ya habías dejado de salir con tu novia de la escuela secundaria cuando viniste a esta universidad?

B: Sí, ya había dejado de salir con ella.

B: No, no había dejado de salir con ella.

sacar la licencia de manejar / comprar un carro	obtener una tarjeta de crédito / empezar los estudios universitarios	aprender a leer / empezar la escuela	dejar de salir con una persona insoportable / llegar a la universidad
ir a Disneyworld o Disneylandia / cumplir 14 años	empezar los estudios universitarios / ver un partido de basquetbol en la universidad	abrir una cuenta en un banco / empezar los estudios universitarios	obtener su primer trabajo / graduarse de la escuela secundaria
ir a Europa / cumplir los 18 años	comprar un móvil / cumplir 14 años	enamorarse de una persona sensible / entrar en la universidad	recibir una beca / decidir venir a esta universidad
conocer a su compañero/a de cuarto / llegar a la universidad	estudiar francés / estudiar español	recibir su dirección de email / empezar clases en la universidad	ver su habitación en el colegio mayor / comenzar su primer semestre

II. Other Uses of *por*

1 ▪ **Por** is used to express rate or measurement.

Se vende la gasolina **por** litro.
La velocidad máxima es de 110 km
  por hora.

Gas is sold by the liter.
The speed limit is 110 km an hour.

2 ▪ **Por** is used in many common expressions.

> **por (pura) casualidad** by (pure) chance
>
> **por eso** that's why, therefore
>
> **por lo menos** at least
>
> **por si acaso** (just) in case
>
> **por suerte** luckily
>
> **por supuesto** of course

No debes decirle mucho **por si
  acaso** es chismoso.
Por suerte, el profesor es muy justo.
Ellos conocen, **por lo menos**, a veinte
  personas corruptas en el gobierno.
Por casualidad, ¿sabes si ella es
  capaz de hacer las traducciones?

*You shouldn't tell him much in case
  he is a gossip.*
Luckily, the professor is very fair.
*They know at least twenty corrupt
  people in the government.*
*Do you, by any chance, know if she
  is capable of doing the translations?*

Actividad 30 Oído en una fiesta Estás en una fiesta y escuchas partes de
diferentes comentarios. Complétalos de forma lógica, usando una expresión con **por.**

1. Odio a mi jefe/a y...
2. Para vivir bien económicamente hay que tener...
3. Su novia es muy agresiva, pero...
4. No sé si va a nevar, pero...
5. Mi moto es muy rápida; puede ir a...
6. Yo sé que tengo razón y...
7. ¡Qué bueno! No tenía la tarea y...
8. Conocí a mi novio/a...
9. Él es muy chismoso...
10. Para tener un equipo de trabajo armonioso hay que tener...

Actividad 31 La historia La siguiente idea es el principio de una historia. En
grupos de tres, Uds. van a inventar el resto de la historia usando expresiones con **por.**

▪▪▪ **Tengo un trabajo nuevo y tuve que trabajar el sábado
  pasado; <u>por eso</u>...**

III. Relating Ideas:
The Relative Pronouns *que*, *lo que*, and *quien*

> Lo bueno es que tenemos un contacto inmediato con todos los adelantos científicos.

1 ▪ Relative pronouns are words that connect or relate two clauses and refer to a person or thing in the first clause. The most common relative pronoun is **que,** which can refer to both persons and things.

La llama es un animal. ⎫
La llama vive en los Andes. ⎭   La llama es un animal **que** vive en los Andes.

El señor llamó. ⎫
El señor es insoportable. ⎭   El señor **que** llamó es insoportable.

2 ▪ To refer to a situation or occurrence in its entirety, use **lo que.**

Lo que me dijiste no es verdad.   *What (The thing that) you told me isn't true.*

Nos molestó **lo que** pasó esta mañana.   *What happened this morning bothered us.*
   (The speaker knows what happened.)

▪▪▪ Note that relative pronouns have no accents.

▪▪▪ When *what* is not a question word, use **lo que.**

3 ▪ The relative pronoun **quien/es** is used after a preposition when referring to people.

No conozco al chico **con quien** sales.   *I don't know the young man you are dating.*

Les vendí el apartamento a esos señores encantadores **de quienes** me hablaste.   *I sold the apartment to that charming couple that you spoke to me about.*

Actividad 32 La bicimáquina Completa este párrafo sobre la bicimáquina con **que, lo que** o **quien/es.**

▲ Hombre usa la bicilicuadora.

Maya Pedal es una organización _____ (1) busca ayudar a las familias rurales de Guatemala para _____ (2) la situación económica es muy difícil. La organización fomenta la creación de pequeños proyectos con el propósito de preservar el medio ambiente.

Con la ayuda de la organización Pedal de Canadá, la organización guatemalteca ha construido las llamadas bicimáquinas. Estas son máquinas de un bajo nivel de emisiones _____ (3) funcionan cuando la persona _____ (4) las monta, pedalea como en una bicicleta. Se han construido diferentes tipos de bicimáquinas _____ (5) se usan, entre otras cosas, para sacar agua de un pozo (*well*), para generar electricidad y para compactar cemento. _____ (6) llama la atención es que estas ingeniosas máquinas están hechas con bicicletas recicladas, cemento, madera y metal. Un ejemplo de este tipo de máquina es la bicilicuadora que le permite a _____ (7) la usa procesar frutas, verduras, etc. para hacer bebidas sin utilizar energía eléctrica (ver foto). La persona luego puede vender las bebidas en festivales o a _____ (8) juegan fútbol en un parque.

Maya Pedal siempre busca voluntarios a _____ (9) les interese ayudar con el proyecto de las bicimáquinas. Para más información, visita http://www.mayapedal.org.

Online Study Center

To practice:
Do SAM Workbook and Lab, and Web activities.

Actividad 33 **Esa cosa** Cuando no recuerdas o no sabes la palabra exacta para algo, necesitas describirlo o definirlo. En parejas, usen **que** para explicar las palabras que buscan. Describan palabras relacionadas con la personalidad, animales, medicina, carros, ropa y comida.

■■■ A: Es un líquido que le echamos al carro.
B: Ah, la gasolina.
A: Correcto.
B: Es un adjetivo que usamos para describir a una persona que miente mucho.
A: Mentiroso.

Actividad 34 En parejas, cuéntenle a su compañero/a sobre un/a nuevo/a amigo/a que tienen, completando las siguientes frases. Usen la imaginación y, cuando sea posible, incluyan palabras que describan la personalidad.

Conocí a un/a chico/a que...   No sé lo que...
Lo que más me gusta de él/ella...   Creo que es una persona a quien...
Es una persona que...   Es una persona con quien...

Actividad 35 **La tecnología** **Parte A.** En los últimos cincuenta años, la tecnología ha avanzado muy rápidamente. En grupos de tres, comenten qué tipo de tecnología ya existía cuando Uds. nacieron y qué cosas no existían. Usen oraciones como **Cuando nací, ya habían inventado las computadoras, pero no había computadoras portátiles.**

Parte B. Hablen de la tecnología actual. Usen oraciones como **Ahora es muy común tener computadora personal para ayudarnos con el trabajo; Tenemos problemas con la cantidad de basura, especialmente...; La gente tiene que ser más...; Los políticos corruptos...; Pero también hay políticos y activistas que...**

Parte C. Usen la imaginación para predecir cuáles van a ser los avances tecnológicos de este siglo y cómo van a afectar al medio ambiente. Usen frases como **En el año 2020, cuando tenga... años, es posible que no haya...; Espero que los políticos...; Lo que más me preocupa es/son...**

Parte D. Ahora expliquen cómo podemos evitar o solucionar los problemas de la Parte C con o sin la tecnología. Usen frases como **Los países que..., Los animales que..., Lo que hay que hacer es...**

Online Study Center
Do Web Search activities.

Vocabulario funcional

El medio ambiente (*The environment*)

el agujero	*hole*
la basura	*garbage*
el biocombustible	*biofuel*
la capa de ozono	*ozone layer*
el carro híbrido	*hybrid car*
el cartón	*cardboard*
la conservación	*conservation*
conservar	*to conserve, to preserve*
la contaminación	*pollution*
desechable	*disposable*
la destrucción	*destruction*
destruir	*to destroy*
la ecología	*ecology*
en peligro (de extinción)	*in danger (of extinction)*
la energía nuclear	*nuclear energy*
la energía solar	*solar energy*
el envase	*container*
el etanol	*ethanol*
la fábrica	*factory*
la lata de aluminio	*aluminum can*
la lluvia ácida	*acid rain*
plantar un árbol	*to plant a tree*
el plástico	*plastic*
proteger	*to protect*
el reciclaje	*recycling*
reciclar	*to recycle*
ser consciente	*to be aware*
el vidrio	*glass*

La personalidad

abierto/a	*open*
agresivo/a	*aggressive*
amable	*nice*
ambicioso/a	*ambitious (negative connotation)*
arrogante	*arrogant*
astuto/a	*astute*
capaz	*capable*
carismático/a	*charismatic*
chismoso/a	*gossipy*
cobarde	*cowardly*
confiable	*trustworthy*
corrupto/a	*corrupt*
creído/a	*conceited, vain*
encantador/a	*charming*
honrado/a	*honest*
ignorante	*ignorant*

impulsivo/a	*impulsive*
indiferente	*indifferent, apathetic*
insoportable	*unbearable*
justo/a	*fair*
mentiroso/a	*untruthful, lying, false*
orgulloso/a	*proud (negative connotation)*
pacifista	*pacifist*
perezoso/a	*lazy*
persistente	*persistent*
sensato/a	*sensible*
sensible	*sensitive*
sociable	*sociable*
sumiso/a	*submissive*
testarudo/a	*stubborn*
valiente	*brave*

Expresiones

es buena gente	*he/she is a really good person*
es un/a santo/a	*he/she is a good person (literally: a saint)*
es un/a loco/a de atar	*he/she is a crazy person (literally: a crazy person to tie up)*
es un/a caradura	*he/she has a lot of nerve (literally: a hard face)*
es un/a sinvergüenza	*he/she is a jerk (literally: a shameless person)*

Expresiones con *por*

por (pura) casualidad	*by (pure) chance*
por eso	*that's why, therefore*
por lo menos	*at least*
por si (acaso)	*(just) in case*
por suerte	*luckily*
por supuesto	*of course*

Palabras y expresiones útiles

al + *infinitive*	*upon + -ing*
dar una vuelta	*to take a ride; to go for a stroll/walk*
llevarse bien/mal (con alguien)	*to get along/not to get along (with someone)*
Me cae (la mar de) bien.	*I like him/her (a lot).*
Me cae mal.	*I don't like him/her.*
nacer	*to be born*

16 La universidad y el trabajo

Niño en la República Dominicana. ➤

Chapter Objectives

- Discussing university studies
- Discussing occupations
- Establishing job requirements and discussing benefits
- Expressing future plans
- Expressing hypothetical actions
- Expressing probability in the present and past

¿Qué saben?

1. La República Dominicana comparte la isla de Hispaniola con _____.
   a. Haití   b. Puerto Rico   c. Jamaica
2. Santo Domingo, su capital, fue la ciudad de América que tuvo _____.
   a. el primer hospital   b. la primera catedral
   c. la primera universidad   d. a, b y c
3. ¿Cuál es el deporte nacional de la República Dominicana?
   a. el voleibol   b. el béisbol   c. el fútbol
4. ¿Qué es el CAFTA?
   a. un acuerdo comercial   b. un acuerdo educativo
   c. un acuerdo político

Ya nos vamos...

Bahía de Barahona, ➤
República Dominicana.

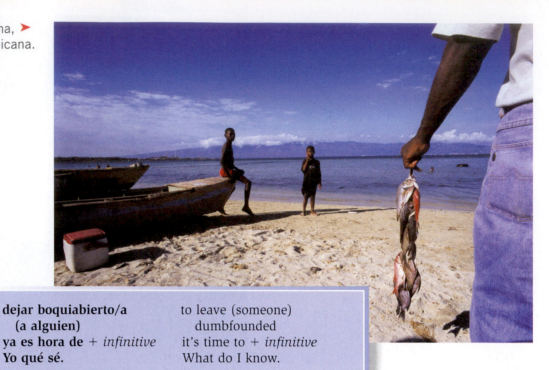

dejar boquiabierto/a (a alguien)	to leave (someone) dumbfounded
ya es hora de + *infinitive*	it's time to + *infinitive*
Yo qué sé.	What do I know.

Ya se termina el tour y Juan Carlos y Álvaro están en la playa en Punta Cana, República Dominicana, aprovechando los últimos momentos de descanso antes de regresar a España con el grupo de turistas.

 Actividad *1* **Temas principales** Mientras escuchas la conversación, indica los temas que se mencionan.

_____ las playas de la República Dominicana

_____ el merengue

_____ Santo Domingo es muy aburrida

_____ la vida nocturna de Caracas

_____ los indígenas de Guatemala

_____ los problemas de Álvaro

 Actividad *2* **¿Comprendiste?** Después de escuchar la conversación otra vez, contesta estas preguntas.

1. ¿Quiere volver a España Juan Carlos? ¿Por qué?
2. ¿Qué van a ver en Santo Domingo?
3. ¿Qué fue lo que más les gustó a Juan Carlos y Álvaro del viaje?
4. ¿Se nota mucho en Guatemala la influencia de la globalización?
5. ¿Crees que les gustó a los muchachos viajar con el grupo? ¿Te gustaría viajar a Hispanoamérica con un grupo de turistas?

¿Lo sabían?

"Globalización" es un término que se refiere a la influencia global sobre el sector cultural, económico y social de una nación o región. A nivel cultural, se observa esta influencia en ciertos cambios de tradiciones y costumbres. Hoy día, por ejemplo, no es raro ver a adultos y niños del mundo hispano comiendo hamburguesas en lugares de comida rápida como McDonald's, en vez de comer la comida tradicional que normalmente se prepara en casa. A nivel social y económico, la globalización le ofrece a un gran sector de la población un mayor acceso al confort que brinda la tecnología. Por ejemplo, con antenas satelitales de televisión, teléfonos celulares o acceso a Internet, la vida diaria, económica y social ha visto grandes cambios y se han facilitado la industria y el comercio. Pero por otro lado, algunas consecuencias de la globalización han sido negativas, como días laborales más largos, pérdida de beneficios y un aumento en el costo de servicios públicos. Esto ocurre a medida que los capitales extranjeros invierten en el país y exigen medidas que los favorezcan.

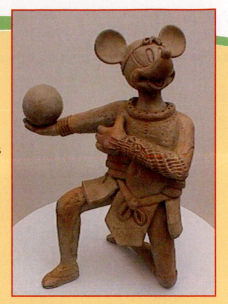

▲ Nadín Ospina combina una figura precolombina con la cabeza de Mickey Mouse.

¿? ¿Qué efectos de la globalización a nivel económico, social y cultural se ven en tu país?

Ranking mundial de globalización	
Panamá (22) España (24) Chile (34) México (42) Argentina (47) Colombia (51) Perú (53) Venezuela (55)	Este ranking tiene en cuenta trece factores que indican el nivel de relación del país con otros países. Entre los factores considerados están el comercio internacional, las inversiones extranjeras, viajes y turismo y número de usuarios de Internet. El estudio incluye a sesenta y dos países.

Fuente: © 2005 Carnegie Endowment For International Peace. © 2005 Fride.

Actividad 3 ¿Sabes el refrán?

Parte A. Álvaro y Juan Carlos están hablando del Sr. Ruiz y cuando Álvaro lo ve venir dice "**Hablando del rey de Roma (pronto asoma** [he soon shows up])". Aquí hay más refranes populares. Intenta completarlos con una terminación lógica de la segunda columna.

_____ 1. Del odio al amor...

_____ 2. Dime con quién andas...

_____ 3. El dar es honor...

_____ 4. En boca cerrada...

_____ 5. Llama al pan, pan, ...

_____ 6. Quien mucho duerme...

_____ 7. Ojos que no ven...

_____ 8. Más vale tarde...

_____ 9. Quien más tiene, ...

_____ 10. Más vale estar solo...

a. corazón que no siente.

b. y el pedir, dolor.

c. hay solo un paso.

d. más quiere.

e. no entran moscas (flies).

f. y te diré quién eres.

g. poco aprende.

h que mal acompañado.

i. que nunca.

j. y al vino, vino.

Parte B. Ahora, en parejas, inventen situaciones para cada refrán.

■■■ "En boca cerrada no entran moscas."

John no sabía que Carla ya no sale con Pete y le preguntó por él delante de su nuevo novio.

Vocabulario esencial I

Los estudios

■■■ In Spanish-speaking countries, one begins university studies by entering a **facultad** to study **una carrera**. The concept of a major, a minor, core requirements, and electives that can be taken in a variety of departments does not exist. The course of study has required courses and a few electives for each year. All courses are taken in the same **facultad**. Therefore, a 19-year-old, first-year student in the **Facultad de Derecho** would not be able to take a course in art history in the **Facultad de Filosofía y Letras.**

1. tomar apuntes

2. estar en la luna

3. prestar atención

4. el catedrático

■■■ In some countries, **copiarse** or **hacer trampa** is preferred over **copiar.**

■■■ **la chuleta** (España) = **el acordeón** (México), **la batería** (Panamá), **el machete** (Argentina), **el torpedo** (Chile), words vary from one country to another

1. el asistente de cátedra

2. estar estresado/a

3. copiar

4. la chuleta

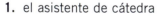 faculty = **el profesorado**

la carrera (universitaria)   major; university studies
el ensayo   essay
el estrés   stress
la facultad   academic department
la matrícula   tuition
el (examen) parcial   midterm
el título (universitario)   (university) degree
el trabajo escrito/la monografía   (term) paper

Verbos relacionados con los estudios

aplazar a alguien   to fail someone
aprobar/pasar   to pass (*an exam, a class*)
no aprobar/no pasar   to fail (*an exam, a class*)
correr el riesgo de no + *infinitive*   to run the risk of not *verb* + *ing*
darle una excusa a alguien   to give an excuse to someone
dejar algo para último momento   to leave something for the last minute
estudiar en el extranjero/exterior   to study abroad
hacer un mínimo/gran esfuerzo   to make a minimum/big effort
Ir/asistir de oyente   to audit
matricularse   to enroll
pasar la noche en vela   to pull an all-nighter
regalar la nota   to give high grades (to be an easy grader)
repetir un curso   to repeat a class
ser estresante   to be stressful
ser exigente   to be demanding
tener flojera   to feel lazy

Online Study Center

To practice:
Do SAM Workbook and Web activities.

Actividad 4 La vida universitaria En parejas, usen palabras del vocabulario de los estudios para hablar de las siguientes ideas.

1. cosas que hace un catedrático
2. cosas que hace un buen estudiante
3. cosas que hace un mal estudiante
4. situaciones que son estresantes para un estudiante

Actividad 5 Ventajas y desventajas En parejas, miren las siguientes ideas y discutan las ventajas y desventajas de cada una. Pueden usar las expresiones **por un lado** y **por el otro** para contrastar ideas.

1. tomar un examen parcial en casa
2. ir de oyente a una clase
3. pasar la noche en vela
4. estudiar en el exterior
5. tomar una clase con un asistente de cátedra
6. usar chuletas
7. tener un profesor que regala la nota
8. repetir un curso

Actividad 6 Los estudios Parte A. En grupos de tres, comparen su vida académica en la secundaria y su vida académica actual. Sigan el modelo.

■■■ Cuando estaba en la secundaria, no pasaba la noche en vela para un examen, pero ahora sí. Este semestre ya he pasado dos noches en vela para los parciales.

Parte B. Basándose en la experiencia que ahora tienen, preparen un mínimo de cinco recomendaciones para un estudiante que va a entrar a primer año de universidad.

■■■ Te recomendamos que no dejes el estudio para último momento porque...

¿Lo sabían?

A medida que los países se abren más y más a la globalización, empieza a aparecer la necesidad de tener que relacionarse más íntimamente con otros países. Por eso, muchas universidades están conscientes de la importancia de que sus estudiantes y profesores estudien o enseñen en el extranjero. Se considera que la experiencia de vivir por un tiempo en otra cultura ayuda no solo a entender esa cultura sino también a ver las cosas en general desde otra perspectiva. Muchos estudiantes optan por estudiar en el exterior en países donde se habla su mismo idioma, pero otros ven las ventajas de combinar la experiencia de vivir en otro país con la posibilidad de mejorar su habilidad de comunicarse en otro idioma. Cada año, casi 200.000 estudiantes de los Estados Unidos estudian en el extranjero mientras que más de medio millón llegan del exterior a los Estados Unidos para realizar sus estudios universitarios.

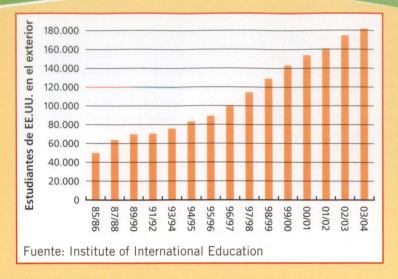

Fuente: Institute of International Education

¿? ¿Cuáles son otras ventajas de estudiar en el extranjero? ¿Conoces a alguien que haya estudiado en otro país? ¿Era un país de habla española? ¿Qué te contó de su experiencia allí? ¿Piensas estudiar en otro país en el futuro?

Gramática para la comunicación I

I. Describing: *Lo* + Masculine Singular Adjective

To characterize something in a general or abstract way, use the neutral article **lo** with a masculine singular adjective.

Lo bueno es que regresaron sin problemas.

The good thing is that they returned without any problems.

Lo más interesante del viaje fue la gente.

The most interesting part of the trip was the people.

Lo difícil para los españoles era la comida mexicana picante.

The difficult thing for the Spaniards was the hot Mexican food.

Actividad 7 Lo mejor En grupos de tres, hagan comentarios sobre la vida universitaria usando expresiones como **lo bueno, lo malo, lo interesante, lo divertido** y expliquen por qué opinan eso. Aquí se presentan unos temas posibles para comentar.

■■■ Lo terrible son los exámenes parciales porque todos son la misma semana.

1. los profesores exigentes
2. tomar clases con asistentes de cátedra
3. tomar clases con catedráticos
4. la matrícula
5. los exámenes parciales para hacer en casa
6. pasar la noche en vela
7. matricularse por Internet
8. estudiar en el exterior

Actividad 8 Los críticos En parejas, escojan una película interesante que Uds. dos hayan visto y comenten distintos aspectos de la película. Usen expresiones como **lo bueno, lo malo, lo inesperado, lo interesante, lo cómico, lo triste** y **lo peor de todo.**

■■■ Lo mejor fue el final porque…
Lo más divertido fue cuando…

II. Expressing the Future: The Future Tense
■■■

In the conversation at the beginning of the chapter Juan Carlos says, "**… también iremos a visitar la zona colonial de Santo Domingo.**" In this sentence he is discussing the future. How can you express this in another way?

If you answered **… también vamos a visitar…,** you were correct.

As you have already seen, the future may be expressed with the present indicative or with the construction **ir + a +** *infinitive:* **Te veo mañana. Voy a verte mañana.** The future may also be expressed with the future tense. To form the future tense, add the following endings to the infinitives of **-ar, -er,** and **-ir** verbs.

mirar	
miraré	miraremos
mirarás	miraréis
mirará	mirarán

traer	
traeré	traeremos
traerás	traeréis
traerá	traerán

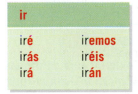

ir	
iré	iremos
irás	iréis
irá	irán

■■■ Note that the **nosotros** form has no accent.

Estoy segura que **aprobaré** el examen de biología.
Si puede, Claudia **irá** de oyente a esa clase.

I'm sure I will pass the biology exam.
If she can, Claudia will audit that class.

The following groups of verbs have an irregular stem in the future tense, but use the same endings as regular verbs.

poder ⟶ **podré**
querer ⟶ **querré**
saber ⟶ **sabré**

poner ⟶ **pondré**
salir ⟶ **saldré**
tener ⟶ **tendré**
venir ⟶ **vendré**

decir ⟶ **diré**
hacer ⟶ **haré**

NOTE: Hay = there is/are   **Habrá** = there will be

Tendrá que repetir el curso si no estudia.
Harán un mínimo esfuerzo para aprobar la clase.

He will have to repeat the course if he doesn't study.
They will make a minimum effort to pass the class.

Actividad 9 **El futuro universitario** En parejas, usen las siguientes ideas para decir cómo será la universidad en 2050.

1. existir solamente los parciales computarizados
2. haber robots como asistentes de cátedra
3. los profesores dar solo tres notas, A, C y F
4. la enseñanza ser más personalizada
5. tener catedráticos virtuales
6. los estudiantes hacer chuletas invisibles
7. haber jacuzzi en los colegios mayores para combatir el estrés
8. los estudiantes poder tomar todas las materias por Internet

Actividad 10 **La bola de cristal** Escribe predicciones sobre el mundo de Hollywood y de Washington.

1. El próximo presidente de este país…
2. La boda del año en Hollywood…
3. El próximo escándalo en Washington…
4. La mejor película del año…
5. El divorcio menos esperado…
6. ¿ ?

Actividad 11 **La suerte** En parejas, "A" quiere saber su suerte (*fortune*) y "B" sabe leer la palma de la mano. Lea cada uno las instrucciones para un solo papel.

A

Tú crees en lo sobrenatural y quieres saber qué te ocurrirá en el futuro; por eso vas a ver a una persona que te lea la mano. Antes de empezar, piensa en preguntas que puedes hacerle como: **¿Qué ocurrirá en mi vida? ¿Tendré muchos hijos?** (etc.)

B

Tú sabes leer la palma de la mano y ahora viene un/a estudiante que quiere saber qué le ocurrirá en el futuro. Mira el dibujo de la mano como guía para interpretar la palma de la mano del/de la estudiante. Usa expresiones como **tendrás un futuro…, en cuanto a los estudios…; tendrás…; irás…** Empieza la conversación diciendo **Buenas tardes.**

Actividad 12 **Supersticiones dominicanas** **Parte A.** En parejas, combinen ideas de las dos columnas para formar supersticiones comunes en la República Dominicana. Usen el futuro con los verbos de la segunda columna.

1. Si una persona se viste de negro para una boda, _____
2. Si una persona duerme con los pies hacia el frente de la casa, _____
3. Si alguien siente picor (*itch*) en la mano derecha, _____
4. Si una persona va al cementerio cuando está enferma, _____
5. Si se le pega a un niño el Jueves o el Viernes Santo, _____

a. morirse de esa enfermedad.
b. morirse.
c. la mano quedarle pegada (*stick*) al cuerpo del niño.
d. traerles mala suerte a los novios.
e. recibir dinero.

Parte B. Ahora terminen estas supersticiones que son comunes en los Estados Unidos.

1. Si un gato negro cruza delante de una persona, …
2. Si a una mujer soltera le cae el ramo de flores en una boda, …
3. Si pisas una grieta (*crack*) en la acera (*sidewalk*), …
4. Si encuentras un trébol de cuatro hojas, …
5. Si alguien rompe un espejo, …

III. Expressing Hypothetical Actions and Reporting: The Conditional

The conditional tense **(tiempo potencial)** may be used to express something that you would do in a hypothetical situation. It is also used to report what someone said. The formation of this tense is similar to that of the future tense in that it uses the same stems. Add the conditional endings (**-ía, -ías, -ía,** etc.) to all stems.

mirar	
mira**ría**	mira**ríamos**
mira**rías**	mira**ríais**
mira**ría**	mira**rían**

traer	
trae**ría**	trae**ríamos**
trae**rías**	trae**ríais**
trae**ría**	trae**rían**

ir	
i**ría**	i**ríamos**
i**rías**	i**ríais**
i**ría**	i**rían**

■ ■ ■ The conditional endings are the same as those of imperfect **-er** and **-ir** verbs. Unlike the imperfect endings, they are added to the infinitive or to an irregular stem.

¡¿Quedarme en una clase cuando tengo una nota súper baja?! Yo **dejaría** la clase.

Gonzalo me dijo que **pasaría** la noche en vela por el examen.

Stay in a class when I have a super low grade!? I would drop the class. (hypothetical)

Gonzalo told me he would pull an all-nighter because of the exam. (reporting)

The following groups of verbs have the same irregular stems in the conditional as they do in the future.

pod**er** ⟶ **podría**
quer**er** ⟶ **querría**
sab**er** ⟶ **sabría**

pon**er** ⟶ **pondría**
sal**ir** ⟶ **saldría**
ten**er** ⟶ **tendría**
ven**ir** ⟶ **vendría**

dec**ir** ⟶ **diría**
hac**er** ⟶ **haría**

NOTE: Hay = there is/are   **Habría** = there would be

Con ocho horas de estudio, **podríamos** sacar una buena nota en el parcial.

With eight hours of studying, we could get a good grade on the midterm.

¡¿Copiar en el examen?! Yo no lo **haría.**

Copy during the exam? I wouldn't do it.

Online Study Center

To practice:
Do SAM Workbook and Web activities.

¿Has mentido alguna vez para evitar problemas o por el bien de otra persona? Decide qué harías en las siguientes situaciones. Después, en parejas, compartan las respuestas con su compañero/a. Justifiquen sus respuestas.

■■■ For hypothetical situations, use the conditional.

■■■ Durante un parcial, un amigo te pide que lo dejes ver tu examen para poder copiar las respuestas.

    a. decirle que no y enfadarte   c. algo diferente
    b. mover tu silla para ayudarlo

Yo le diría que no y me enfadaría porque... / Movería mi silla para ayudarlo porque... / No le contestaría y me sentaría lejos de él porque...

1. Tuviste problemas con tu novio/a y no pudiste terminar un trabajo escrito de diez páginas para hoy. Ahora estás en clase y el profesor pide que entreguen el trabajo.
    a. contarle el problema que tuviste   c. algo diferente
    b. decirle que tuviste problemas con la computadora

2. Vuelves de un viaje a México y traes tres kilos de una salchicha que te gustó muchísimo; el agente de aduanas te pregunta si traes carne.
    a. decirle que sí   b. decirle que no   c. algo diferente

3. Tus padres dicen que te van a pagar la matrícula de la universidad, pero solo si estudias ingeniería u otra carrera que a ti no te interesa.
    a. darles las gracias,   b. aceptar y estudiar ingeniería
       pero no aceptar el dinero   c. algo diferente

4. Un niño de cuatro años te dice que su hermana mayor le dijo que Santa Claus no existía.
    a. explicarle la verdad   c. algo diferente
    b. decirle que su hermana le mintió

5. Tu universidad tiene un código de honor y viste a un estudiante usar una chuleta en un examen. Él sacó la única nota alta del examen.
    a. contárselo al catedrático   c. algo diferente
    b. callarte y luego hablar con ese estudiante

Actividad **14** El dilema Un avión pequeño tiene problemas con un motor y está perdiendo altitud rápidamente. Hay ocho pasajeros y un piloto, pero solo hay cuatro paracaídas (*parachutes*). En grupos de cuatro, lean las descripciones de las personas y decidan a quiénes les darían Uds. los paracaídas y por qué.

■■■ Lo importante/interesante/fundamental es que Antonio Sánchez tiene tres hijos; por eso le daría uno de los paracaídas.

1. Antonio Sánchez: 44 años, piloto, casado y con tres hijos
2. Pilar Tamayo: 34 años, soltera, doctora famosa por sus investigaciones contra el cáncer
3. Lola del Rey: 35 años, catedrática; es muy exigente, si el estudiante no trabaja, no aprueba. A los estudiantes que trabajan les regala la nota porque está en contra de usar el sistema de notas para aprobar una clase.
4. Tommy González: 10 años, estudiante de cuarto grado, jugador de fútbol
5. Angustias Ramírez: 63 años, casada, con cinco hijos y siete nietos, abuela de Tommy González; ayuda a los pobres en un programa de la iglesia
6. Enrique Vallejo: 46 años, divorciado, con tres hijos, político importante, liberal, líder del movimiento ecológico
7. El padre Pacheco: 56 años, cura católico de una iglesia para trabajadores migratorios, fundador del programa E.S.D. (Escuela Sin Drogas), una escuela para jóvenes ex drogadictos
8. Lulú Camacho y Víctor Robles: 25 y 28 años, dos fisicoculturistas (*bodybuilders*) que participan en competencias internacionales; hacen anuncios en la televisión para el Club Cuerposano

Nuevos horizontes

ESTRATEGIA: Understanding the Writer's Purpose

In writing a text, the writer chooses a purpose, such as informing, convincing, or entertaining. A writer does this by painting a picture with his/her words. In order to form one's own opinions about what one reads, it is important to note the writer's bias and how it can affect what he/she writes. By recognizing a writer's purpose and biases one can better filter the information presented.

Actividad 15 **La globalización** Vas a leer un artículo escrito por el dominicano Avelino Stanley conocido por sus cuentos y novelas. Recibió el premio nacional de novela por *Tiempo muerto*. Antes de leer el siguiente artículo, en parejas, hablen sobre las ventajas y desventajas de la globalización para un país en vías de desarrollo (*developing country*).

Avelino Stanley, ➤
dominicano (1959–).

Actividad 16 **Propósito** Lee el artículo y decide cuál de las siguientes palabras describe mejor su propósito: informar, criticar, persuadir o entretener. Justifica tus respuestas con ejemplos específicos.

Las culturas locales en el mundo globalizado

Por Avelino Stanley

Al comenzar el siglo XXI hay muchos estudiosos escandalizados por lo que le pueda suceder a las culturas locales frente al fenómeno de la globalización. Dicen los más extremistas que las manifestaciones culturales de los países más débiles están amenazadas[1] con desaparecer frente a la cultura de los países más poderosos de la tierra.

5   Ya sabemos que la cultura de una localidad determinada abarca el conjunto de sus manifestaciones religiosas, educativas, folklóricas, artísticas, técnicas, etc. Esos son los símbolos físicos y abstractos que conforman la identidad local. Como la globalización tiende a borrar[2] cada vez más las fronteras geopolíticas, ese solo hecho no es suficiente para que se puedan borrar las manifestaciones culturales que son exclusivas de un país. Incluso hay

10   muchos países que dentro de sus mismas fronteras tienen manifestaciones culturales exclusivas de una región. En la República Dominicana, un país pequeño, tenemos varios casos. Los guloyas de San Pedro de Macorís son propios del Este. La variante lingüística del Cibao es única de esa región. Hay prácticas de otras formas de fe no católicas que tienen un arraigo particular[3] en el Sur. De la única manera que esas manifestaciones culturales pueden

■ ■ ■ **guloyas = bailarines descendientes de inmigrantes africanos y de gente de habla inglesa de otras islas caribeñas**

■ ■ ■ Speakers from Cibao substitute an "i" for an "r": **porque = poique.**

1 *threatened*   2 *erase*   3 *are deeply ingrained*

▲ Guloyas en el Carnaval de la Vega.

15 desaparecer es si se borra de la existencia física a la República Dominicana, y después que esto ocurriera todavía sería necesario hacer desaparecer al resto de los dominicanos radicados en el exte-
20 rior. Naturalmente eso es imposible.

Ahora bien, las culturas locales tienen un reto[4] frente a la globalización. Y un reto grande. Con la globalización se impondrá[5] en cada momento no solo
25 el producto que tenga más calidad a menor precio. Sino también el que tenga la información más fresca a mano. Por tanto, el rol que deben jugar las culturas locales frente a la globalización es el de fortalecerse. Las identidades locales deben ser
30 arraigadas con toda la vehemencia posible en los ciudadanos. Las manifestaciones locales de cultura deben exhibirse más, en el contexto local y fuera de éste. Los agentes culturales de todos los niveles tienen que prepararse cada vez con mayor solidez. Los sistemas educativos locales tienen que hacerse competitivos con los sistemas educativos de los países más avanzados. Si esto se da, las culturas locales no corren el riesgo de quedarse rezagadas. Por tanto,
35 para que así sea, el reto es de todos.

4 *challenge*   5 *will impose*

Actividad 17   ¿Cierto o falso? Después de leer el artículo otra vez, indica si las siguientes ideas son ciertas o falsas para el autor.

La globalización y la cultura:

1. _____ La cultura incluye manifestaciones religiosas, educativas, folklóricas, artísticas y técnicas.
2. _____ La globalización generalmente elimina los límites entre países.
3. _____ La globalización elimina la cultura local.
4. _____ En el sur de la República Dominicana la religión católica es la única fe.
5. _____ Para que desaparezca la cultura local hay que eliminar un país y su gente en el exterior.

Soluciones para enfrentarse a la globalización:

6. _____ Las culturas locales deben aceptar las culturas extranjeras.
7. _____ Debe haber manifestaciones culturales más obvias en el país y en el exterior.
8. _____ El sistema educativo debe ser tan bueno como en los países avanzados.
9. _____ La responsabilidad de enfrentarse al problema es principalmente del gobierno.

Actividad 18   ¿Y en tu país? Parte A. En el artículo, Stanley dice que existen no solo manifestaciones de la cultura a nivel nacional sino también a nivel regional. En grupos de tres, hablen de algunas costumbres regionales de su país (acentos, diferencias dialectales, celebraciones, etc.).

Parte B. Stanley escribió sobre cómo mantener la cultura de un país frente a la amenaza de los países desarrollados. En países como los Estados Unidos hay gente que cree que los inmigrantes amenazan la cultura predominante del país, mientras que otros opinan que su presencia la hace más interesante y rica. En grupos de tres, hablen de los pros y los contras de la inmigración y cómo puede influir en la cultura de los Estados Unidos para bien o para mal. Usen frases como:

lo bueno	lo que me gusta	lo que me fascina	lo interesante
lo malo	lo que me preocupa	lo que no tolero	lo triste

■■■ El 40% de la población hispana en los Estados Unidos nació en otro país, entre ellos, unos 700.000 nacieron en la República Dominicana.

ESTRATEGIA: Writing a Persuasive Proposal

When writing a persuasive proposal, you need to use logic and reason to convince the reader that your request has merit. A basic proposal should answer the questions *what?*, *how?*, and *why?* In some cases the proposal may require the reader to do a specific action; therefore, you should also take into consideration the interests of the reader. To support your ideas you might include solid facts, data that you have researched, who will benefit, as well as an explanation of why the proposal should be implemented. It should end with a strong statement supporting your request and contain a thank you to the reader.

Here are some useful phrases when writing a proposal.

a la vez	por ejemplo	por (lo) tanto (*therefore*)
por lo general	por un lado… por el otro	sin embargo
lo mejor sería + *infinitive*	desde mi punto de vista	estoy convencido/a de
sería bueno porque	sería mejor porque	para terminar

Actividad 19 Una propuesta

Parte A. Lee la siguiente propuesta que le hace una estudiante a la presidenta de su universidad para convencerla de que patrocine (*sponsor*) un baile con merengue. Observa cómo usa las frases de transición y los verbos en potencial que están en negrita (*bold*).

Estimada Señora Presidenta:

Soy estudiante de esta universidad y le escribo porque creo que necesitamos que la universidad patrocine un baile con merengue para los estudiantes de la República Dominicana. Esta universidad tiene muchos estudiantes dominicanos, **sin embargo**, no hay ningún evento para celebrar sus costumbres o tradiciones. El baile que propongo **atraería** no solo a dominicanos sino a otros estudiantes también. No le **costaría** nada a la universidad excepto el uso de una sala por una noche.

La universidad tiene eventos para celebrar las tradiciones de diferentes grupos. **Por ejemplo**, este semestre celebraremos el día de San Patricio, el 17 de marzo, para los estudiantes de origen irlandés y el 5 de mayo para los de origen mexicano. **Desde mi punto de vista**, todos los eventos que ofrece la universidad contribuyen a tener más respeto por las diferentes culturas presentes en nuestra comunidad y a despertar el interés y la curiosidad por aprender de nuestros estudiantes.

Para terminar, estoy convencida de que patrocinar un baile con merengue **sería bueno** para Ud. **porque tendría** el apoyo y la aceptación de muchos estudiantes.

Muchas gracias por su atención.
La saluda atentamente,

Ernestina Rojas

Parte B. Ahora vas a escribirle una propuesta al/a la presidente/a de tu universidad para convencerlo/la de que patrocine un evento cultural, una fiesta, una exhibición o una conferencia (*lecture*). Para organizarte, contesta primero las siguientes preguntas sobre la propuesta que vas a escribir.

¿qué?	¿cómo? ¿dónde?	¿por qué?
¿por qué le conviene al/a la presidente/a?	¿datos? ¿evidencia?	¿beneficios?

Parte C. Escribe la propuesta e integra el potencial y expresiones como las de la propuesta modelo que aparecen en negrita (*bold*).

Parte D. Revisa tu carta para ver si es lógica, si usaste los tiempos verbales correctos, si incluiste las expresiones indicadas, etc.

Parte E. Entrégale el borrador y la versión final a tu profesor/a.

Vocabulario esencial II

En busca de trabajo

EXTRANJEROS

REGISTRO

(Régimen General)

ESPAÑA

SOLICITUD DE PERMISO DE TRABAJO Y RESIDENCIA

POR FAVOR, NO ESCRIBA EN LOS ESPACIOS SOMBREADOS. VEA
INSTRUCCIONES AL DORSO. RELLÉNELO A MÁQUINA O CON
BOLÍGRAFO NEGRO Y LETRA DE IMPRENTA

DATOS DEL TRABAJADOR

Apellido(s) — Nombre

Apellido de nacimiento — País de nacionalidad

Lugar de nacimiento (localidad) — País de nacimiento

Fecha de nacimiento (día, mes y año) — Sexo — Estado civil — Profesión habitual

Núm. de afiliación a la Seguridad Social española (1) — Titulación y conocimientos especiales

Apellido(s) y nombre de la madre — Apellido(s) y nombre del padre

¿TUVO PERMISO DE RESIDENCIA Y TRABAJO CON ANTERIORIDAD A ESTA SOLICITUD? (2) No ☐ Sí ☐ ¿Por cuenta propia? ☐ ¿Por cuenta ajena? ☐

SI YA TRABAJA O VA A TRABAJAR: Dependencia laboral (2) Cuenta propia ☐ Cuenta ajena ☐

los (anuncios) clasificados classified ads	**la entrevista** interview
la carta de recomendación letter of recommendation	**la experiencia** experience
completar to fill out	**el/la jefe/a** boss
contratar to contract, hire	**la pasantía** internship
el contrato contract	**el puesto** job, position
el currículum (vitae)/currículo résumé, curriculum vitae	**el seguro médico** medical insurance
el desempleo unemployment	**solicitar** to apply for
despedir (e → i, i) to fire	**la solicitud** application
el/la empleado/a employee	**el sueldo** salary
el empleo job, position; employment	**trabajar tiempo parcial/tiempo completo** to work part time/full time
la empresa company	

Ocupaciones

el bibliotecario

el bombero

la jueza

la psiquiatra

el carpintero

la veterinaria

el chef

la científica

Otras ocupaciones

el/la agente inmobiliario/a   real estate agent
el/la analista de sistemas   systems analyst
el/la artesano/a   artisan
el/la biólogo/a marino/a   marine biologist
el/la consultor/a   consultant
el/la director/a ejecutivo/a   executive director
el/la investigador/a   researcher
el/la supervisor/a   supervisor

Online Study Center

To practice:
Do SAM Workbook and Web activities.

Actividad 20 **Definiciones** Termina estas oraciones con una palabra o frase lógica de la lista presentada en la sección **En busca de trabajo**.

1. Antes de una entrevista, tienes que completar una _____.
2. Al solicitar un puesto, es bueno pedirles a varias personas una
   _____.
3. Solo trabajas veinte horas por semana; es decir que trabajas
   _____ y no _____.
4. La cantidad de dinero que recibes por semana o por mes es tu
   _____.
5. Tu historia profesional escrita se llama _____.
6. Un beneficio que te pueden dar es el _____.

¿Lo sabían?

Cuando una empresa termina de entrevistar a los posibles candidatos para un puesto, selecciona finalmente a la persona más adecuada. La persona entonces recibe una oferta de trabajo y si acepta, en muchos países hispanos, necesita pasar por un test psicotécnico.

El propósito de esta prueba es conocer la personalidad y capacidad laboral del candidato ya que no solo van a ser muy importantes los conocimientos y experiencia que tenga sino también su habilidad para relacionarse con los demás y trabajar en grupo. Una de las cualidades que

también se puede observar con este tipo de examen es si la persona tiene capacidad de liderazgo y si su liderazgo puede ser democrático o carismático.

Otro detalle laboral es que en muchos países hispanos se divide el sueldo anual en catorce pagos en vez de doce. De esta forma, una persona recibe normalmente el doble del sueldo mensual en julio y en diciembre. Muchos empleados usan este dinero o bono para las compras de Navidad y para las vacaciones, que normalmente son de un mínimo de 15 días a un mes entero según el país.

¿? En tu país, ¿se dan tests psicotécnicos? ¿Cuántas semanas de vacaciones tiene normalmente un empleado? ¿Te gustaría recibir bonos o prefieres repartir el sueldo en doce pagos iguales?

Actividad 21 ¿Quién lo hace? Forma oraciones para decir quién o quiénes hacen las siguientes acciones: un futuro jefe, un jefe, un ex jefe, un futuro empleado o un empleado.

1. anunciar un puesto de trabajo
2. recibir seguro médico
3. despedir a alguien
4. firmar un contrato
5. leer una solicitud
6. completar una solicitud
7. escribir cartas de recomendación
8. hacer el currículum vitae
9. recibir sueldo
10. participar en una entrevista

Actividad 22 ¿Qué ocupaciones? En parejas, hablen de las siguientes ideas conectadas con ocupaciones.

1. las ocupaciones para las que se necesita tener título universitario
2. las profesiones en mayor demanda hoy día
3. las ocupaciones que serán más populares en el futuro
4. las ocupaciones que le permiten a la persona trabajar por su cuenta (*on his/her own*)

■■■ Use the conditional in this activity to speculate.

Actividad 23 El trabajo y el futuro Parte A. En grupos de tres, Uds. tienen la posibilidad de ser chef, artesano/a y veterinario/a por un año. Explique cada uno cómo sería su vida laboral. Empiecen cada idea diciendo **Yo, como** (ocupación)...

■■■ Yo, como artesano/a, trabajaría en mi casa y no tendría jefe.

1. dónde trabajar
2. qué sueldo recibir
3. (no) tener seguro médico
4. cuántas horas trabajar
5. tener una vida laboral interesante/aburrida/activa/tranquila

Parte B. Ahora discutan las siguientes preguntas relacionadas con el trabajo.

1. ¿Qué ocupación les gustaría tener cuando se gradúen?
2. ¿Les gustaría tener su propia empresa / trabajar por su cuenta / trabajar en casa / tener un puesto en el exterior?
3. ¿Cuánto dinero les gustaría ganar? Expliquen por qué escogieron esa cifra (*figure*).

Parte C. Tengan en cuenta sus respuestas de la Parte B para decir qué harán Uds. para conseguir el trabajo que quieren. Usen palabras y frases como: **mirar los anuncios clasificados, obtener cartas de recomendación, completar la solicitud, hacer una pasantía, escribir un currículum, buscar en Internet, poner el currículum en Internet**.

■ ■ ■ Use the future to say what you will do.

> ■ ■ ■ Como quiero ser… , antes de graduarme, haré una pasantía en…
> Cuando me gradúe, buscaré trabajo en…

Actividad 24 **En busca de trabajo** En parejas, "A" busca empleo y "B" es consejero/a en la agencia de empleos de la universidad. Lean solo las instrucciones para su papel.

A

Tienes título universitario en economía y estás empezando tus estudios de posgrado; por eso, necesitas un trabajo de tiempo parcial. Tu lengua materna es el inglés pero hablas francés y español. Durante la escuela secundaria trabajaste en McDonald's y mientras estudiabas en la universidad, trabajaste en una compañía de importaciones escribiendo emails dirigidos a países hispanos y a países francófonos.
Averigua: qué posibilidades de empleo hay, qué beneficios ofrecen, qué documentos tendrás que presentar y qué debes incluir en tu currículum.

B

Los siguientes son dos puestos disponibles (*available*). Averigua las cosas que sabe hacer "A" y recomiéndale uno de estos puestos.

Camarero/a en el restaurante de primera categoría El Charro; lunes, martes, fines de semana; 25 horas semanales; sueldo según experiencia; propinas; 2 semanas de vacaciones; sin seguro médico. Requisitos: buena presencia; con experiencia; carta de recomendación del último jefe; currículum; conseguir la solicitud en el restaurante. Avenida Guanajuato 3252.

Traductor/a para compañía de seguros; bilingüe (español/inglés); horario variable—aproximadamente 20 horas por semana; $25 por página; seguro médico incluido. Requisitos: un año de experiencia; buen nivel de inglés; 3 cartas de recomendación; currículum; título universitario. Bajar la solicitud en http://AsegureSuVida.com.

Actividad 25 **El puesto ideal** Ahora, el/la consejero/a quiere simular una entrevista. "A" y "B" deben practicar entrevistas para los puestos presentados en la actividad anterior. Cambien de papel después de la primera entrevista.

Para escuchar

¿A trabajar en la Patagonia?

Pingüinos en la Península ➤
de Valdés, Argentina.

los chismes	gossip
resultó ser...	it/he/she turned out to be . . .
odiar a muerte (algo / a alguien)	to really hate (something/ someone) (literally: *to hate until death*)

Juan Carlos y Álvaro acaban de regresar de su viaje, y mientras estaban en Venezuela, Juan Carlos conoció a un señor que le habló de un posible empleo. Ahora él está otra vez en Madrid con Claudia, contándole sobre el viaje y completando la solicitud en Internet.

 Actividad 26 Escucha y responde Mientras escuchas la conversación, indica si las siguientes ideas con ciertas o falsas.

1. _____ Juan Carlos conoció a un señor venezolano.
2. _____ El señor conoce al tío de Juan Carlos.
3. _____ El señor le habló de un buen puesto en su empresa.
4. _____ Juan Carlos tiene que mandarles una solicitud por correo a los jefes de personal.
5. _____ Don Alejandro no está muy contento con el trabajo de Juan Carlos y Álvaro.
6. _____ Si Juan Carlos consigue el puesto, irá a la Patagonia.

Actividad 27 **Un resumen** Después de escuchar la conversación otra vez, en parejas, resuman la conversación entre Juan Carlos y Claudia usando solo cinco oraciones.

Actividad 28 **Predicciones** Escribe las respuestas a las siguientes preguntas y después, en parejas, comparen sus respuestas con las de su compañero/a. Deben estar preparados para defender sus predicciones.

1. Algún día, ¿serán amigos el Sr. Ruiz y la Dra. Llanos?
2. ¿Qué dirá don Alejandro en la carta de recomendación?
3. ¿Le darán el empleo a Juan Carlos?
4. ¿Qué pasará con Claudia y Juan Carlos?

En español se dice que si una persona está debajo de un árbol grande, está protegida por su sombra (*shade*). Este dicho se refiere a lo importante que es conocer a personas de influencia para obtener un buen puesto o, a veces, para que le hagan favores. Esta costumbre se la conoce como **tener enchufe** en España y **tener palanca** en Latinoamérica.

¿? ¿Crees que esta costumbre sea común en muchos países? ¿Y en tu país? ¿Puedes pensar en algunas palabras o expresiones en inglés que se relacionen con esta costumbre? ¿Sabes de alguien que haya obtenido su puesto con "palanca"?

Actividad 29 **Al fin** Di qué ocurrió en las siguientes situaciones, usando la frase **resultó ser** para terminar las oraciones.

1. Fui a una entrevista de trabajo y el gerente...
2. Conseguí un puesto con la ONU (Organización de las Naciones Unidas) y...
3. Cuando un amigo mío conoció a su primera novia, ella era simpática, trabajadora y tenía ambiciones, pero después de unos años...
4. Para Juan Carlos el viaje...

Gramática para la comunicación II

I. Expressing Probability: The Future and the Conditional

The future and the conditional tenses are often used to express probability or to wonder about a situation. When you wonder about the present, use the future tense. When you wonder about the past, use the conditional.

—¿Recuerdas a Antonio? ¿Qué **hará** hoy día?

Do you remember Antonio? I wonder what he's doing these days.

—**Será** veterinario porque de joven le gustaban mucho los animales.

He's probably (He must be) a vet because when he was young he used to like animals a lot.

—¿Cuántos años **tendría** cuando le regalaron su primera mascota?

I wonder how old he was when he received his first pet. (How old could he have been when he received his first pet?)

—**Tendría** unos diez.

He probably was (must have been) about ten.

—¿Qué año **sería** cuando lo conociste?

What year was it when you met him?

—**Sería** en 1994.

It must have been (It probably was) in 1994.

The future is frequently used when wondering about time.

—¿Qué hora **será**?

I wonder what time it is.

—**Serán** las 3:00.

It must be (It's probably) 3:00.

■■■ present probability → future

Actividad 30 Situaciones Imagínate qué están haciendo las personas que dicen estas oraciones.

■■■ "Me encanta esta música."

Estará en un concierto. / Estará escuchando un iPod.

1. "Está deliciosa. Realmente eres un genio."
2. "No puedo continuar. Estoy cansadísima."
3. "No me interrumpas. Debo terminar esto lo antes posible."
4. "Justo ahora que estoy aquí, suena el teléfono."
5. "Ya puse los dos empleos que tuve durante la carrera. ¿También debo poner el trabajo voluntario que he hecho?"

Actividad 31 Los misterios de la vida En parejas, digan por qué creen que ocurrieron estas cosas.

■■■ Gloria no fue a la entrevista de trabajo.
Estaría enferma.

1. Te dio la impresión que tu amiga Viviana, que no es una persona muy honrada, miraba algo durante un parcial.
2. Rosa te llamó por teléfono anoche para decirte que no iba a tu casa porque estaba enferma, pero al hablar con ella escuchaste a mucha gente hablando y riendo.
3. Tu amigo Felipe siempre lleva jeans y camiseta, pero hoy lo viste en la calle con traje y corbata y un currículum en la mano.
4. La perra de un amigo estaba muy gorda. Siempre tenía hambre.

II. Expressing Restriction, Possibility, Purpose and Time: The Subjunctive in Adverbial Clauses

The following adverbial conjunctions are always followed by the subjunctive.

E	**en caso (de) que**	in the event that; in case
S	**sin que**	without
C	**con tal (de) que**	provided that
A	**antes (de) que**	before
P	**para que**	in order that, so that
A	**a menos que**	unless

■■■ Remember the acronym
ESCAPA.

En caso de que me **despidan**, no me iré de vacaciones porque tendré que buscar trabajo.

In case they fire me, I won't go on vacation because I will have to look for a job.

Dicen que no emplearán a personas nuevas **sin que hagan** una pasantía primero.

They say they won't hire new people without them doing an internship first.

Yo acepto el puesto **con tal de que** me **den** un buen sueldo.

I'll accept the position provided that they give me a good salary.

Llámame **antes de que aceptes** esa oferta.

Call me before you accept that offer.

Voy a enviar un email **para que** me **manden** una solicitud.

I'm going to send an email so that (in order that) they send me an application.

Juan Carlos no aceptará el puesto **a menos que** Claudia **vaya** con él.

Juan Carlos won't accept the job unless Claudia goes with him.

NOTE: Sin que, para que, and **antes de que** take the subjunctive when there is a change of subject. If there is no change of subject, an infinitive immediately follows after the prepositions, omitting the word **que.**

Trabajo **para que mi familia viva** bien.
Trabajo **para vivir** bien.

Ella se va a casar **sin que sus padres** lo **sepan.**
Ella se va a casar **sin decirles** nada a sus padres.

Online Study Center

To practice: Do SAM Workbook and Lab, and Web activities.

Actividad 32 Los deseos de los padres Muchas veces nuestros padres nos piden que hagamos cosas que no queremos hacer. Cuando ocurre esto, tenemos tres opciones: decir que sí, decir que no o negociar con ellos. Cuando negociamos, les ponemos condiciones. Pon condiciones a los siguientes pedidos de tus padres.

1. Tus padres quieren que tú salgas con el hijo/la hija de uno de sus amigos que va a estar de visita en la ciudad. No conoces a ese/a joven, pero es posible que no te caiga bien.
   No saldré con él/ella a menos que...
2. Tus padres quieren que tú pases el fin de semana con ellos para celebrar una reunión familiar, pero tus amigos van a hacer una fiesta fabulosa.
   Iré a la reunión familiar con tal de que...
3. Tú te quieres cambiar de universidad, pero tus padres se oponen a la idea.
   No me cambiaré de universidad a menos que...
4. Tu padre quiere que trabajes este verano con su hermano, el veterinario, y tu madre quiere que trabajes con su hermano, el chef.
   Trabajaré para mi tío el... con tal de que...

■■■ Remember: **ESCAPA**.

Actividad 33 Usa la imaginación Completa las siguientes frases sobre los personajes del libro de forma original usando expresiones como **antes de que, sin que, para que**.

■■■ Juan Carlos no irá a Caracas a menos que le den el trabajo.

1. Don Alejandro va a entrevistar a varias personas...
2. Teresa estudia turismo...
3. Claudia piensa casarse con Juan Carlos...
4. No le van a dar el trabajo a Juan Carlos...
5. Vicente y Teresa irán de vacaciones a Centroamérica...
6. Claudia le pregunta a Juan Carlos sobre sus planes...
7. Marisel quiere quedarse en España...

Actividad 34 Los últimos detalles Parte A. Tienes 30 años y vas a llevar a un grupo de estudiantes universitarios norteamericanos a la República Dominicana para que vivan con familias dominicanas durante un mes y estudien español. Completa la carta que recibieron las familias dominicanas que van a hospedar (*host*) a los estudiantes. Usa las expresiones **en caso de que, sin que, con tal de que, antes de que, para que** y **a menos que**.

Dos estudiantes de Boston ➤ College con niños dominicanos.

Estimados señores:

Muchas gracias por participar en nuestro programa de intercambio estudiantil. Ésta es la última carta que les voy a escribir antes de la llegada de los jóvenes a la República Dominicana. A continuación hay información que puede ayudarlos:

1. _____ los estudiantes lleguen, Uds. van a recibir su nombre, su dirección en los Estados Unidos y el nombre de sus padres. Si no tienen esta información, por favor comuníquense con nuestra oficina.

2. _____ su estudiante tenga un accidente o se enferme, deben llevarlo a la Clínica Infantil Dr. Robert Reid Cabral en Santo Domingo. Todos los estudiantes tienen seguro médico. Uds. no tienen que pagar nada. No tienen que avisar a la oficina _____ sea algo grave.

3. Los estudiantes no pueden hacer viajes a otras ciudades _____ Uds. avisen a nuestra oficina.

4. Los estudiantes pueden salir de noche _____ les avisen a Uds. si van a llegar tarde. _____ Uds. no se preocupen por su seguridad, les recomendamos que impongan una hora de llegada.

5. Si los estudiantes no van a comer en casa, deben decírselo a Uds. con anticipación _____ no preparen nada para ellos.

6. _____ los estudiantes no tengan móvil, Uds. deben explicarles sus reglas en cuanto al uso del teléfono de la casa.

7. Nuestra oficina no permite que los estudiantes cambien de casa _____ el estudiante, la familia y el director del programa lo consideren necesario.

Los estudiantes llegarán el sábado a las 11:32 de la mañana en el vuelo número 357 de TACA. Allí los espero frente a la sala de aduanas número 2 para recibir a los estudiantes.

Los saluda atentamente,

Rafael Ginés Vicens

Parte B. En grupos de tres, Uds. quieren que los estudiantes representen bien a los Estados Unidos mientras estén en la República Dominicana, pero temen que pueda haber problemas. Aquí hay algunas preocupaciones que Uds. tienen. Hablen de la lista y sus posibles consecuencias.

No hablarán español.
No querrán probar la comida.
Llegarán tarde por la noche sin avisar.
Habrá problemas con el alcohol.

Pasarán todas las noches en las discotecas y no aprobarán los exámenes.
Tendrán problemas con la policía por consumo de drogas.

Parte C. Ahora en su grupo, preparen lo que les dirán a los jóvenes para evitar problemas. Estén listos para decirlo enfrente de la clase. Por ejemplo: **Pueden salir por la noche con tal de que les avisen a sus padres dominicanos porque... Deben recordar que sus padres dominicanos son sus padres en la República Dominicana y...**

Online Study Center
Do Web Search activities.

Vocabulario funcional

Los estudios

el/la asistente de cátedra	teaching assistant
la carrera	major; university studies
el/la catedrático	professor
la chuleta (España)	cheat sheet
el ensayo	essay
el estrés	stress
la facultad	academic department
la matrícula	tuition
el (examen) parcial	midterm
el título (universitario)	(university) degree
el trabajo escrito/ la monografía	(term) paper

Verbos relacionados con los estudios

aplazar a alguien	to fail someone
aprobar/pasar	to pass (an exam, a class)
no aprobar/no pasar	to fail (an exam, a class)
copiar	to cheat, copy
correr el riesgo de no + infinitive	to run the risk of not verb + ing
darle una excusa a alguien	to give an excuse to someone
dejar algo para último momento	to leave something for the last minute
estar en la luna	to have one's head in the clouds
estar estresado/a	to be stressed
estudiar en el extranjero/ exterior	to study abroad
hacer un mínimo/gran esfuerzo	to make a minimum/ big effort
ir/asistir de oyente	to audit
matricularse	to enroll
pasar la noche en vela	to pull an all-nighter
prestar atención	to pay attention
regalar la nota	to give high grades (to be an easy grader)
repetir un curso	to repeat a class
ser estresante	to be stressful
ser exigente	to be demanding
tener flojera	to feel lazy
tomar apuntes	to take notes

En busca de trabajo

los (anuncios) clasificados	classified ads
la carta de recomendación	letter of recommendation
completar	to fill out
contratar	to contract, hire
el contrato	contract
el currículum (vitae)/ currículo	résumé, curriculum vitae

el desempleo	unemployment
despedir (e ⟶ i, i)	to fire
el/la empleado/a	employee
el empleo	job, position; employment
la empresa	company
la entrevista	interview
la experiencia	experience
el/la jefe/a	boss
la pasantía	internship
el puesto	job, position
el seguro médico	medical insurance
solicitar	to apply for
la solicitud	application
el sueldo	salary
tener enchufe/palanca	to have an in (to have friends in high places)
trabajar tiempo parcial/ tiempo completo	to work part time/ full time

Ocupaciones

el/la agente inmobiliario/a	real estate agent
el/la analista de sistemas	systems analyst
el/la artesano/a	artisan
el/la bibliotecario/a	librarian
el/la biólogo/a marino/a	marine biologist
el/la bombero/a	fire fighter
el/la carpintero/a	carpenter
el/la chef	chef
el/la científico/a	scientist
el/la consultor/a	consultant
el/la director/a ejecutivo/a	executive director
el/la investigador/a	researcher
el/la juez/a	judge
el/la psiquiatra	psychiatrist
el/la supervisor/a	supervisor
el/la veterinario/a	veterinarian

Palabras y expresiones útiles

los chismes	gossip
dejar boquiabierto/a (a alguien)	to leave (someone) dumbfounded
es hora de + infinitive	it's time to + infinitive
inesperado/a	unexpected
odiar a muerte (algo / a alguien)	to really hate (something/someone) (literally: to hate until death)
resultó ser...	it/he/she turned out to be . . .
Yo qué sé.	What do I know.

Videoimágenes

La comunidad global

Antes de ver

Actividad 1 **El mundo es un pañuelo** Antes de ver un segmento sobre la globalización, decidan en parejas si las siguientes compañías son de los Estados Unidos o de otros países. Sigan el modelo.

> ▪▪▪ (Si estás seguro/a) Es de los EE.UU.
>
> (Si intentas adivinar) Será de los EE.UU.

1. Braun
2. Phillips
3. Shell
4. Johnson & Johnson
5. Benetton
6. Knorr
7. Nestlé
8. Goodrich
9. Panasonic
10. Volvo
11. Nokia
12. Motel 6

Mientras ves

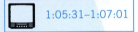
1:04:06–1:05:30

Actividad 2 **Las multinacionales** Ahora mira este segmento del video sobre el mundo hispano y haz una lista de las marcas y compañías que aparecen en el video y que tú conoces.

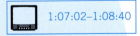
1:05:31–1:07:01

Actividad 3 **Los efectos de la globalización** **Parte A.** Ahora mira otro segmento para enterarte (*find out*) de aspectos de España que se han visto afectados por la globalización y cuál ha sido el efecto de la Unión Europea sobre ese país.

1:07:02–1:08:40

Parte B. Ahora mira este segmento para enterarte de cuáles han sido los aspectos positivos y negativos de la globalización en la Argentina y si el ALCA (Área de Libre Comercio de las Américas) podría ser positivo o negativo para el país.

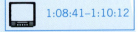
1:08:41–1:10:12

Parte C. Mira el siguiente segmento sobre México para saber cuáles son los aspectos positivos del TLC y qué aspectos negativos podría traer consigo este acuerdo.

Mientras ves

Actividad 4 **Los otavalos** Mariela está en Otavalo, Ecuador, donde entrevista a unos indígenas del lugar sobre cómo coexiste su cultura antigua con la modernización del siglo XXI. Mira el siguiente segmento y contesta las preguntas que les hace Mariela.

1. ¿Qué hacen para transmitir la cultura de sus antepasados a sus hijos y así mantener viva su cultura y su lengua?
2. ¿Qué han hecho para entrar en el mercado global?
3. En la página web de los otavalos hay una frase que dice "Queremos pertenecer a una comunidad global sin dejar de ser lo que somos". ¿Qué quieren decir ellos con esta frase?

Mariela habla con ►
dos otavaleños.

Después de ver

Actividad 5 **Los indígenas de tu país** ¿Han podido aprovechar el desarrollo tecnológico los indígenas de tu país a nivel nacional y/o internacional? Busca en Internet información sobre el tema y tráela a la próxima clase para compararla con lo que hacen los otavalos.

17 Mirar un cuadro

Las Meninas, Diego Velázquez de Silva (1599–1660), español.

Chapter Objectives

- Discussing art and giving opinions about art
- Expressing past feelings and doubts
- Expressing your ideas on love and romance
- Expressing reciprocal actions
- Describing hypothetical situations

¿Qué saben?

1. ¿De qué países son los siguientes artistas: Zurbarán, Velázquez, Botero, Kahlo, Orozco y Goya?

2. ¿Dónde están los siguientes museos: el Museo del Prado, el Museo del Barrio, el Museo de Artes de las Américas, el Museo del Oro?

3. ¿En qué ciudad de los Estados Unidos se pueden ver esculturas al aire libre de Miró y de Picasso?

El arte escondido

Los fusilamientos en la montaña del Príncipe Pío, Francisco de Goya y Lucientes (1746–1828), español.

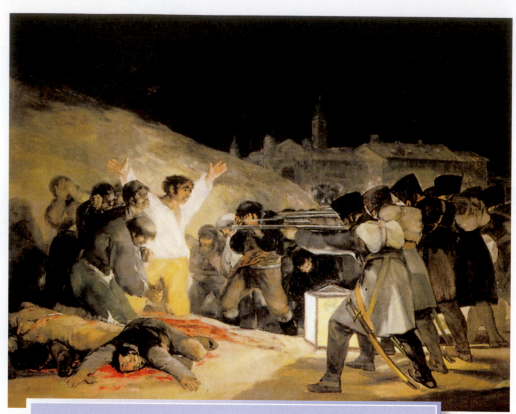

no veo la hora de + *infinitive*	I can't wait to + *infinitive*
dar a conocer	to make known
en seguida	at once, right away

Diana y Álvaro van en el carro escuchando la radio cuando oyen una noticia increíble.

 Actividad / Busca información Mientras escuchas la conversación y la noticia, anota las respuestas a las siguientes preguntas.

1. ¿Cuándo tendrá examen Álvaro?
2. ¿Qué se encontró en la casa de la señora?
3. ¿Qué le pasó a la señora?
4. ¿Qué le molesta a Álvaro?
5. ¿Cuántas veces ha ido Álvaro al Museo del Prado?

Actividad 2 ¿Comprendiste? Después de escuchar la conversación otra vez, completa estas oraciones.

1. Diana y Álvaro tienen que estudiar porque…
2. La pintura de Goya se encontró…
3. El valor de la obra…
4. Diana le dice a Álvaro que es un loco porque…
5. Álvaro prefiere…
6. Mañana es posible que Álvaro…

Actividad 3 No veo la hora… Escribe una lista de cuatro cosas que deseas que ocurran muy pronto. Después, en parejas, comparen su lista con la de su compañero/a y pregúntenle por qué quiere que pasen estas cosas.

■■■ No veo la hora de terminar el semestre.

¿Lo sabían?

Uno de los mejores museos de arte del mundo es el Museo del Prado de Madrid. El Prado tiene una colección artística de más de tres mil pinturas y unas cuatrocientas esculturas de artistas de todo el mundo. Además de obras de El Greco, Velázquez, Goya, Ribera y muchos otros artistas españoles, el museo tiene la segunda colección más importante de pintores flamencos del mundo, con obras de Rubens, El Bosco, Van Dyck y Brueghel. En otro museo de Madrid, el Centro de Arte Reina Sofía, se puede ver la obra más política de Picasso, *Guernica*, y los dibujos que hizo el pintor cuando preparaba esta famosa obra.

Un museo relativamente nuevo en Madrid, el Museo Thyssen-Bornemisza, recibe su nombre del barón Hans Heinrich Thyssen-Bornemisza (1921–2002), holandés con nacionalidad suiza, casado con una española. Ellos le vendieron su colección de setecientos setenta y cinco cuadros, una de las mejores del mundo, al gobierno español a un precio mínimo. En una visita al Thyssen-Bornemisza se puede ver la evolución del arte europeo a través de los años, porque está organizado en orden cronológico empezando con los italianos del siglo XIV y terminando con cuadros del siglo XX. Aunque la mayoría de los cuadros son de origen europeo, inclusive de españoles como Goya, Ribera, Picasso y Miró, también hay pintores norteamericanos como Sargent, O'Keeffe, Rothko y Hopper.

■■■ Goya was the Garry Trudeau of his time. (Trudeau created the cartoon strip *Doonesbury*.) Goya's instrument was the brush.

¿? ¿Has visitado uno de estos museos? Si contestas que sí, ¿cuál te gustó más y por qué? ¿Has estado en algún museo en los últimos nueve meses? Si contestas que sí, ¿dónde y qué viste?

Vocabulario esencial I

El arte

■■■ **Arte** is normally masculine when singular (**el arte moderno**) and feminine when plural (**las bellas artes**).

1. el/la artista
2. el cuadro/la pintura
3. el/la modelo

4. la escultura
5. el/la escultor/a
6. el dibujo

Otras palabras relacionadas con el arte

■■■ When studying, try to associate these words with people or things: **pintor = Picasso; estatua = Venus de Milo.**

el autorretrato   self-portrait
la copia   copy
dibujar   to draw, sketch
la escena   scene
la estatua   statue
la exhibición/exposición   exhibition
la naturaleza muerta   still life
la obra maestra   masterpiece
el original   original
el paisaje   landscape
pintar   to paint
el/la pintor/a   painter
el retrato   portrait

Online Study Center

To practice:
Do SAM Workbook and Web activities.

museo de arte
prehispánico
de méxico
rufino tamayo

Nº 008575

morelos 503 oaxaca, oax.

¿Hay artistas en la clase? En parejas, háganle las siguientes preguntas a su compañero/a para ver si es una persona artística o una persona a quien le gusta el arte.

1. Cuando eras pequeño/a, ¿dibujabas o pintabas mucho?
2. Hoy día, ¿dibujas en los cuadernos durante tus clases o cuando hablas por teléfono?
3. ¿Te gusta dibujar? ¿Pintar? ¿Has hecho alguna escultura?
4. ¿Has tomado clases de arte?
5. ¿Hay cuadros en la casa de tus padres y/o abuelos? ¿Son originales o copias? Descríbelos.
6. ¿Te gusta visitar museos? ¿Cuál fue el último museo que visitaste? ¿Qué viste?
7. ¿Qué pintores/artistas te gustan y por qué?
8. ¿Has comprado por Internet pósteres de artistas famosos?

¿Lo sabían?

Muchos artistas hacen comentarios sociales como los hizo Goya hace doscientos años. El arte mexicoamericano es un comentario social importante en los Estados Unidos. Los mexicoamericanos comenzaron a pintar murales urbanos en Chicago en 1968 y hoy en día hay murales en otras ciudades del país, especialmente en Los Ángeles. Estos murales representan, de forma a veces satírica, la historia mexicana, el movimiento de los trabajadores agrícolas y la tradición mexicana en los Estados Unidos; en ellos se ve la influencia de los grandes muralistas de México como Diego Rivera, José Clemente Orozco y David Alfaro Siqueiros.

▲ *La antorcha* (torch) *de Quetzalcóatl,* Leo Tanguma, mexicoamericano. Este mural portátil muestra la historia del mexicoamericano y su lucha por mantener sus costumbres dentro de la sociedad de los Estados Unidos.

 ¿Había murales en tu escuela secundaria? ¿Qué se representaba en ellos?

Actividad **5** **Críticos de arte** En grupos de cuatro, miren los cuadros de este capítulo y coméntenlos dando sus impresiones. Usen frases como **lo interesante es…, lo curioso es…, lo que (no) me gusta es…,** etc. Incluyan el nombre del artista y del cuadro.

■■■ Lo interesante de *Los fusilamientos en la montaña del Príncipe Pío* de Goya es que no se ven las caras de los militares.

Actividad **6** | **Usa la imaginación** En parejas, escojan uno de los siguientes cuadros para inventar una historia sobre lo que ocurrió fuera del cuadro antes y después de que lo pintaran. Usen la imaginación para crear la historia y utilicen el pretérito y el imperfecto para contarla. Sigan este modelo sobre el cuadro de Goya de la página 450.

■■■ Era el 3 de mayo y la gente tenía miedo y estaba cansada, cuando los soldados capturaron a un grupo de hombres...

▲ *Antes del juego*, Claudio Bravo, chileno.

▲ *Las manos del terror*, Osvaldo Guayasamín, ecuatoriano.

▲ *La mujer solitaria en una cantina*, Luz Ríos Duarte, costarricense.

Gramática para la comunicación I

I. Expressing Past Feelings and Doubts: The Imperfect Subjunctive

> ¿Por qué me aconsejaste que lo llevara a clases de arte?

In the radio newscast that you heard at the beginning of the chapter, the newscaster says, "**Al principio se dudaba que fuera un original…**" Was he referring to a past or present doubt?

If you answered past, you were correct. When expressing a past doubt, emotion, desire, or to report on past advice given, you need to use an imperfect subjunctive form of the verb in the second clause.

■ ■ ■ Review uses of the subjunctive, Ch. 10, 11, 14, 15, and 16.

Formation of the Imperfect Subjunctive

You use the imperfect subjunctive in the same cases as the present subjunctive, except that you are referring to the past. To conjugate any verb in the imperfect subjunctive, apply the following rules.

1. Put the verb in the **Uds./ellos** form of the preterit: **cerrar** ⟶ **cerraron**
2. Drop the final -**ron:** cerra-
3. Add the appropriate -**ra** endings: **que cerrara, que cerraras,** etc.

cerrar	
cerra**ron**	
que cerra**ra**	que cerrá**ramos***
que cerra**ras**	que cerra**rais**
que cerra**ra**	que cerra**ran**

ser	
fue**ron**	
que fue**ra**	que fué**ramos***
que fue**ras**	que fue**rais**
que fue**ra**	que fue**ran**

salir	
salie**ron**	
que salie**ra**	que salié**ramos***
que salie**ras**	que salie**rais**
que salie**ra**	que salie**ran**

***NOTE:** The **nosotros** form always takes an accent on the final vowel of the stem.

Quería que vinieras temprano.	*I wanted you to come early.*
Les **aconsejé** a mis padres **que vieran** la exhibición.	*I advised my parents to see the exhibit.*
Busqué un cuadro **que fuera** famoso.	*I looked for a painting that was famous.*
Teresa **iba** a llevar a Carlitos al museo **para que viera** un cuadro de El Greco.	*Teresa was going to take Carlitos to the museum so that he could see one of El Greco's paintings.*

Actividad 7 **La indecisión** Tú tienes talento artístico y tomas clases con un profesor muy indeciso que siempre cambia de idea. Lee estas oraciones que explican qué quiere tu profesor hoy y compáralo con lo que quería ayer.

■■■ Hoy mi profesor me dice que use colores más brillantes en mis cuadros, pero ayer me dijo que usara colores más oscuros.

1. Hoy mi profesor me pide que yo pinte paisajes, pero ayer…
2. Hoy me aconseja que experimente con figuras más abstractas; pero ayer…
3. Hoy quiere que termine un cuadro para el lunes que viene; pero ayer…
4. Hoy me dice que le traiga más muestras (*samples*) de mis dibujos; pero ayer…
5. Hoy me dice que use más tonos de rojo en mis cuadros, pero ayer…
6. Hoy me sugiere que yo participe en una exhibición en la Galería Vicens, pero ayer…

Actividad 8 **¿Qué sabes?** Combina ideas de las dos columnas para obtener información sobre artistas hispanos. Usa la forma correcta del imperfecto del subjuntivo con los verbos de la segunda columna.

1. Picasso, español, dijo que, por su tema político, su cuadro *Guernica* no podía estar en España antes de que…
2. Diego Rivera, mexicano, pintó murales políticos para que…
3. Francisco de Goya, español, pintó cuadros más o menos alegres antes de que…
4. Frida Kahlo, mexicana, no hizo ningún autorretrato antes de que…
5. Nadín Ospina, colombiano, hizo esculturas que combinan lo indígena con íconos como Mickey Mouse y Bart Simpson para que…
6. Antes de la segunda mitad del siglo XX, el mundo no reconoció las obras de artistas mujeres a menos de que…

a. el mundo ver los efectos de la globalización.
b. las mujeres tener una conexión con un hombre famoso, como Frida Kahlo con Diego Rivera y Georgia O'Keeffe con Alfred Stieglitz.
c. Napoleón invadir España y el pintor ver los horrores de la guerra.
d. la gente conocer los problemas del pueblo.
e. un accidente terrible dejarla con mucho dolor y sufrimiento.
f. España tener un gobierno democrático.

◄ Hombre copiando un cuadro del pintor Murillo.

Actividad 9 Consejos pasados Todos les hemos dado consejos a amigos o conocidos. En parejas, miren las siguientes situaciones y digan qué consejos dieron Uds. en las siguientes ocasiones usando las expresiones **le recomendé que..., le aconsejé que..., quería que...**

1. Una amiga estaba muy triste porque tenía problemas con su novio.
2. Un amigo iba a tener un semestre muy difícil y quería tomar una clase fácil, pero interesante.
3. Una persona nueva en la ciudad quería ir a comer a un buen restaurante.
4. Una persona no sabía dónde vivir el año siguiente, y por eso, buscaba un apartamento bueno, bonito y barato cerca de la universidad.
5. Una persona que fue a tu ciudad quería ver una escultura al aire libre o una exhibición interesante.

II. Using the Subjunctive in Different Time Frames

In order to decide which form of the subjunctive to use (**hable, haya hablado,** or **hablara**), follow these three guidelines.

1 ■ To express *future* or *present* emotions, doubt, to give advice, etc., about a *future* or *present* situation, use the present subjunctive in the second clause.

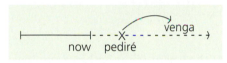

| Le **pediré** a Álvaro que **venga** conmigo al museo el sábado. | *I'll ask Alvaro* (in the future) *to come with me to the museum on Saturday* (in the future). |

| **Dile** que me **llame** esta noche. | *Tell him* (in the future) *to call me tonight* (in the future). |

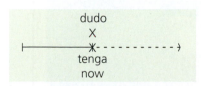

| **Espero** que **podamos** ir al Museo del Prado el sábado. | *I hope* (right now) *that we can go to the Prado Museum on Saturday* (in the future). |

dudo
X
*──── ─ ─ ─ ─ ─ ─→
tenga
now

| **Dudo** que Álvaro **tenga** un libro de arte. | *I doubt* (right now) *that Álvaro has* (right now) *a book on art.* |

2 ■ To express *present* emotions, doubt, etc., about a *past* situation, use the present perfect subjunctive in the second clause.

Espero que Álvaro **haya estudiado** algo sobre arte.

I hope (right now) *that Álvaro has studied something about art* (at some time in the past).

3 ■ To express *past* emotions, doubt, etc., about a *past* situation, or to report advice given or a request made, use the imperfect subjunctive in the second clause.

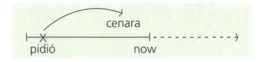

Me **pidió** que **cenara** con él para hablar más de arte.

He asked me (past) *to have dinner with him to talk more about art* (reporting).

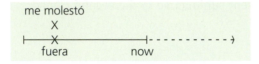

Al principio me **molestó** que **fuera** tan inculto, pero ahora sé que me estaba tomando el pelo.

At the beginning it bothered me (past) *that he was so uncultured* (past), *but now I know that he was pulling my leg.*

Actividad *10* **Interpretaciones** Diana llevó a Álvaro al Museo del Prado en Madrid. Completa las oraciones que ella le dijo a él durante la visita.

Aparición del apóstol San Pedro a San Pedro Nolasco, Francisco de Zurbarán (1598–1664), español.

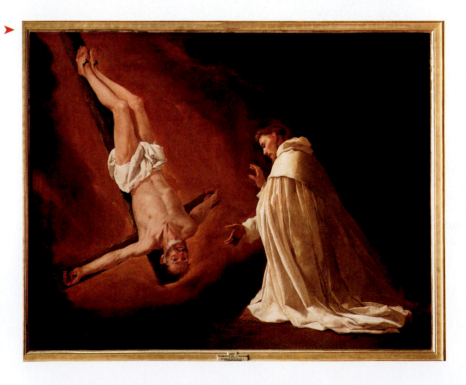

1. Al entrar en el museo: Cuando _____ los cuadros, te sugiero que los _____ sin prejuicios. Es posible que te _____ los cuadros y las esculturas que vas a ver hoy. (ver, mirar, gustar)

2. Al ver *Las Meninas*: Velázquez quería que nosotros _____ mucha perspectiva en ese cuadro; por eso pintó al hombre en la escalera. El artista necesitaba algo o a alguien que _____ como punto de perspectiva del cuadro. (ver, servir)

■■■ Ver p. 449.

3. Al ver los cuadros de Goya: El gobierno le pidió a Goya que _____ cuadros como *Los fusilamientos de la montaña del Príncipe Pío* porque quería que la gente _____ sobre los actos heroicos de los soldados españoles. (pintar, saber)

■■■ Ver p. 450.

4. Al ver un cuadro de Zurbarán: Te aconsejo que _____ bien este cuadro de San Pedro y San Pedro Nolasco. Solo se ven dos figuras y nada más. Para el pintor, era importante que el observador no _____ tiempo mirando detalles y que _____ en las dos figuras solamente. (observar, perder, enfocarse)

■■■ Ver p. 458.

Actividad 11 Consejos de maestros En parejas, hablen de los consejos que les dieron sus maestros, sus padres u otros parientes cuando Uds. eran pequeños. Comparen estos consejos con los consejos que les dan esas personas hoy día. Usen oraciones como: **Antes me aconsejaban que..., pero ahora creen que es mejor que yo...; Cuando tenía diez años, un profesor me dijo que... para que..., pero ahora...**

■■■ Remember:
Present advice ⟶ present subjunctive.
Past advice ⟶ imperfect subjunctive.

Actividad 12 Los artistas Parte A. Hagan entre todos una lista de artistas famosos del mundo entero. Una persona debe escribir los nombres en la pizarra.

Parte B. Examinen la lista. ¿A cuántas mujeres pusieron? ¿Incluyeron a algunas que pintaran antes del siglo XX?

Parte C. Durante siglos, el arte producido por las mujeres no recibía ni ayuda económica de los gobiernos ni reconocimiento mundial. Nadie apoyaba la formación de pintoras ni escultoras. Formen oraciones sobre ese período. Usen frases como **Antes la sociedad dudaba que..., era imposible que..., (no) creían que..., (no) querían que...**

Parte D. Después de la revolución femenina, muchas mujeres han podido exponer sus obras en los museos más importantes del mundo. Contrasten las opiniones de la Parte C con las opiniones sobre el arte producido por mujeres hoy día. Usen frases como **Ahora (no) creen que..., es posible que..., quieren que...**

Nuevos horizontes

Lectura

ESTRATEGIA: Timed Reading

One way of improving your reading speed is by timing yourself when you read. The advantage of this technique is that it forces you to focus on main ideas instead of stopping to wonder about individual words. Regular practice of this technique can help you learn to read faster and also hone in on key ideas. You will have a chance to practice this strategy while you read the selection.

Actividad 13 Mira y contesta Antes de leer unos textos sobre Botero, contesta estas preguntas.

1. ¿Qué crees que representen las obras de arte que hay en esta página y en la siguiente? ¿Por qué crees que sean tan gordas las personas?
2. En tu opinión, ¿qué quiere expresar el artista?
3. ¿Por qué crees que se pinte un cuadro o se haga una escultura?

Actividad 14 Lectura veloz En cuatro minutos, lee este texto y los textos de la página siguiente sobre el artista Fernando Botero y su obra. Concéntrate en buscar las ideas principales que se presentan.

▲ *Los músicos*, Fernando Botero, colombiano.

Datos interesantes sobre Fernando Botero

1932	Nace el 19 de abril en Medellín, Colombia.
1956	Enseña en la escuela de Bellas Artes de la Universidad Nacional en Bogotá y luego se va a vivir a México para estudiar las obras de los muralistas Rivera y Orozco.
1963	El Museo de Arte Moderno de Nueva York compra y exhibe su *Monalisa*, mientras que el Museo Metropolitano expone la *Mona Lisa* de Leonardo da Vinci.
1973	Tiene un terrible accidente automovilístico en España en el que muere su hijo Pedro. Botero pierde parte de dos dedos de la mano derecha y por muchos meses los doctores creen que no va a poder pintar más.
1975	Conoce a Sofía Vari, su compañera desde ese momento, quien lo conecta con la alta sociedad europea y con muchos coleccionistas de arte.
1990	Bate el récord en Christie's del mayor precio pagado hasta este momento por una obra de arte latinoamericana: $1.530.000 por su cuadro *La familia*.
1992–1997	Hace una serie de exposiciones de sus esculturas gigantes en importantes avenidas del mundo incluyendo los Campos Elíseos de París, la Avenida Park de Nueva York, la Castellana de Madrid y el Mall de Washington, D.C.
2005	Exhibe en Europa más de 50 óleos y bosquejos de las atrocidades en la prisión de Abu Ghraib. Pinta esos cuadros para que las imágenes perduren en la conciencia mundial.

FERNANDO BOTERO

Pinturas Dibujos Esculturas

Del 22 de Junio al 15 de Agosto
Sala A-O

MINISTERIO DE CULTURA

Centro de Arte Reina Sofía
C/. Santa Isabel. 52-28012 MADRID

◄ *Hombre a caballo*, Fernando Botero, colombiano.

"Después de haber estado colonizados durante siglos, nosotros los artistas hispanoamericanos sentimos con especial fuerza la necesidad de encontrar nuestra propia autenticidad. El arte ha de ser independiente...Quiero que mi pintura tenga raíces, porque estas raíces son las que dan sentido y verdad a lo que se hace. Pero, al mismo tiempo, no quiero pintar únicamente campesinos sudamericanos. Quiero poder pintar de todo, así también a María Antonieta, pero siempre con la esperanza de que todo lo que toque reciba algo del alma sudamericana..."

Esta es la primera gran exposición individual de Fernando Botero en España. Organizada por la Kunsthalle de Munich, se ha exhibido ya en Bremen y Frankfurt, de donde llega a Madrid, ciudad en que finaliza su intinerario.

Junto al casi centenar de obras que integran la exposición itinerante, procedentes de Galerías, Museos y Colecciones privadas de EE.UU. y Europa, se presentarán unas 30 obras más entre pinturas, dibujos y esculturas de la colección del artista, que quiere subrayar así la importancia que concede a su exposición en Madrid.

El mundo creado por Botero—nutrido del arte de Piero della Francesca, Velázquez, Rubens, Ingres o Bonard entre otros—es un mundo imaginario, una distorsión poética de lo cotidiano, en donde subyace la realidad latinoamericana que Botero transforma.

Sus temas surgen de las ciudades de su juventud, padres e hijos, curas, monjas, cardenales, militares, etc., que no sólo quedan plasmados en los óleos, sino también en sus monumentales esculturas; "gigantismo" no exento de inocencia que provoca en el espectador una respuesta de acercamiento a su obra, por otro lado difícil de olvidar, ya que la originalidad de su estilo la convierte inmediatamente en reconocible.

Botero ha realizado desde 1951 exposiciones individuales y colectivas, en las más importantes galerías y museos, en muchos de los cuales sus obras se encuentran en la colección permanente.

Preguntas **Parte A.** Después de leer los textos, contesta las siguientes preguntas.

1. Menciona algunos eventos importantes de la vida del artista.
2. ¿Dónde va a tener lugar la exposición de las obras de Botero?
3. ¿De dónde son las pinturas de esta exhibición?
4. ¿Qué influencias tuvo este artista?
5. ¿Cuáles son los temas de sus pinturas?
6. Botero dice que "El arte ha de ser (*should be*) independiente". ¿Independiente de qué?

Parte B. Ahora en grupos de tres, discutan las siguientes preguntas relacionadas con el arte.

1. ¿Qué opinan del "gigantismo" en las obras de Botero?
2. Se ha pagado un millón quinientos treinta mil dólares por un cuadro del artista. ¿Qué opinan de pagar tanto dinero por una obra de arte?
3. Hagan una lista de un mínimo de tres razones por las que pinta un artista. Miren los cuadros que aparecen en este capítulo como ayuda.

Escritura

ESTRATEGIA: Describing a Scene

To describe a scene for an audience who will not see it, one must look carefully at all the details and make a list of those that are essential to include. If you were to describe a painting or a sculpture, you would not only focus on the physical characteristics of the work itself (size, colors, images, etc.), but also on the sentiments it evoked in you. To describe a work of art, use phrases such as **Al mirarlo siento…, Me parece que…,** and **Me da la impresión de que…** You may also want to speculate as to the message the artist was trying to convey using phrases such as **El artista quería que nosotros…** and **La artista esperaba que la gente…**

Actividad *16* **Descripción de un cuadro** **Parte A.** Observa detenidamente el siguiente cuadro de Frida Kahlo. Haz una lista de elementos de la obra. Por ejemplo: **lágrima** (*tear*), **cejas** (*eyebrows*), etc.

Parte B. Escribe qué sientes al mirar el cuadro y por qué.

Parte C. Contesta esta pregunta: En tu opinión, ¿qué quería Kahlo que pensáramos al ver el cuadro?

Parte D. Finalmente, escribe una descripción que incluya también tu interpretación de la obra. Usa todos los datos de las Partes A, B y C al expresar tu opinión.

Parte E. Entrégale todas las hojas a tu profesor/a con la versión final.

Diego y yo, Frida Kahlo ➤
(1907–1954), mexicana.

Vocabulario esencial II

La expresión del amor

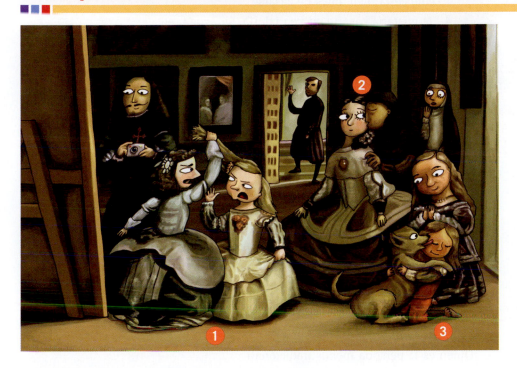

1. pelearse
2. el beso/besar
3. el abrazo/abrazar

el/la amante   lover/mistress (*usually a negative connotation*)
la aventura (amorosa)   affair
el cariño   affection
el compromiso   engagement
el divorcio   divorce
feliz   happy
juntos   together
la novia   girlfriend; fiancée; bride
el novio   boyfriend; fiancé; bridegroom
la pareja   couple; lovers (*positive connotation*)
mi/tu pareja   partner, significant other, lover (*positive connotation*)
querido/a, cariño   dear (*terms of endearment*)
la soledad   loneliness

Verbos relacionados con el amor

amar a alguien   to love someone
dejar de salir (con)   to break up (with) (*casual relationship*)
divorciarse (de)   to get divorced (from)
enamorarse (de)   to fall in love (with)
estar comprometido/a   to be engaged
estar enamorado/a (de)   to be in love (with)
odiar   to hate
pelearse (con)   to fight (with)
querer a alguien   to love someone
romper (con)   to break up (with) (*serious relationship*)
salir (con)   to date, go out (with)
separarse (de)   to separate (from)
ser celoso/a   to be a jealous person
tener celos (de)/estar celoso/a (de)   to be jealous (of)

Online Study Center

To practice:
Do SAM Workbook and Web activities.

Actividad 17 Opiniones Parte A. Lee estas oraciones y escribe **sí** si te identificas con lo que dicen y **no** si no te identificas con lo que dicen.

—— 1. Te enamoras fácilmente.

—— 2. Te molesta ver parejas que se besan y se abrazan en público.

—— 3. Es importante salir con una persona por lo menos un año para conocerla bien antes de casarse.

—— 4. Te gustaría casarte en una iglesia, sinagoga, etc.

—— 5. Para casarse, es más importante que haya más amistad que amor.

—— 6. Te casarías con una persona que no supiera besar bien.

—— 7. Es mejor vivir juntos antes de casarse.

—— 8. Muchas parejas se divorcian rápidamente sin intentar solucionar los problemas.

—— 9. En la televisión hay demasiadas aventuras amorosas y eso no refleja la realidad.

—— 10. Te gusta usar palabras como "cariño", "querido/a" y "mi amor" cuando hablas con tu novio/a.

—— 11. El refrán que dice "Más vale estar solo que mal acompañado" es verdad.

—— 12. El refrán "Donde hubo fuego, cenizas (*ashes*) quedan" es verdad.

—— 13. Las mujeres tienen tantas aventuras amorosas como los hombres.

Parte B. En grupos de tres, comparen sus respuestas, decidan lo siguiente y expliquen por qué.

1. ¿Quién es la persona más romántica?
2. ¿Quién es la persona menos tradicional?

¿Lo sabían?

En países como Uruguay, Paraguay y Argentina se celebra el día del amigo. Esta tradición fue idea del argentino Enrique Febbraro, doctor en odontología (*dentistry*) y profesor de historia y ética, que mientras miraba televisión, observó al astronauta norteamericano Neil Armstrong caminar en la luna el 20 de julio de 1969 y decir, "Es un pequeño paso para el hombre, pero un gran salto para la humanidad". El acontecimiento, según Febbraro, sirvió para abrir las puertas a que la humanidad se conectara. Por eso, el doctor pensó que esa fecha era el día más adecuado para una nueva celebración: El día del amigo. Ahora cada 20 de julio, las personas generalmente se llaman por teléfono para desearse un feliz día, se mandan tarjetas virtuales o salen a comer en grupo.

¿? ¿Existe una celebración equivalente en tu país? ¿Cuál sería una fecha ideal para celebrar el día del amigo y por qué? ¿Cómo lo celebrarías?

Actividad *18* **La boda** En parejas, Uds. están comprometidos y van a casarse dentro de un mes. Escojan el papel A o B y lean solamente las instrucciones para su papel. Después conversen según las indicaciones.

A

El fin de semana pasado fuiste a una fiesta sin tu novio/a y conociste a otro/a. Esta persona te gusta muchísimo y has decidido no casarte. Ve a casa de tu novio/a para decirle que no quieres casarte, pero sé diplomático/a para no herir (*hurt*) mucho sus sentimientos.

B

Estás planeando algunos detalles de tu boda y justo en ese momento llega tu novio/a. Pregúntale a quién invitó él/ella, si ya mandó las invitaciones y si reservó el salón para la fiesta.

Actividad *19* **Una telenovela** Las telenovelas siempre tienen un argumento (*plot*) muy complicado. Aquí tienen Uds. seis personajes. Deben inventar la siguiente información: nombre, profesión, personalidad, su relación con las otras personas, qué hizo últimamente. En grupos de tres, descríbanlos y usen las palabras de la lista **La expresión del amor** (página 463).

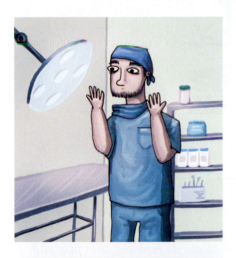

Para escuchar

La pregunta inesperada

◄ *Don Quijote*, Pablo Ruiz Picasso (1881–1973), español.

invitar	to invite; to treat
por algo será	there must be a reason
te lo digo en serio / en broma	I'm serious / I'm joking

Juan Carlos invitó a Claudia a pasar el día en Alcalá de Henares, una pequeña ciudad que está a media hora de Madrid.

 Actividad 20 Busca la información Mientras escuchas la conversación, anota qué hay en Alcalá de Henares y después, di por qué están allí Juan Carlos y Claudia.

 Actividad 21 ¿Comprendiste? Después de escuchar la conversación otra vez, contesta estas preguntas.

1. ¿Por qué es romántico Alcalá de Henares para Juan Carlos?
2. ¿Qué sabes de Cervantes?
3. ¿Qué van a hacer Juan Carlos y Claudia ahora que casi se acaba el año?
4. ¿Por qué fueron a la Hostería del Estudiante y no a otro restaurante?
5. ¿Crees que Claudia diga que sí o que no? ¿Por qué?
6. En tu opinión, ¿cómo es Juan Carlos: romántico, cursi,...?

¿Lo sabían?

Alcalá de Henares fue un centro cultural muy importante en siglos pasados. Por su universidad pasaron muchas personas famosas, incluso el escritor más famoso de la lengua española, Miguel de Cervantes Saavedra. Cervantes escribió *El ingenioso hidalgo Don Quijote de la Mancha,* la novela cumbre de la literatura española. La figura de Don Quijote representa el idealismo y Sancho Panza, su fiel compañero, el realismo. En la obra, Don Quijote se enamora de una mujer que se llama Dulcinea, pero nunca habla con ella, solo la admira desde lejos porque, en realidad ella no existe, pero para él es la mujer perfecta aunque solo exista en su imaginación. Y es del libro *El Quijote* de donde viene la palabra "Dulcinea", que tiene una connotación parecida a la de *Juliet* en inglés. Si un hombre dice que una mujer es su Dulcinea significa que la adora, la respeta y que la va a defender contra cualquier mal.

 ¿Sabes qué significa la palabra inglesa *quixotic*?

Actividad 22 **Los estereotipos** Los hispanos tienen fama de ser muy románticos. En cambio, los norteamericanos tienen fama de ser fríos y poco apasionados. En grupos de cuatro, comenten si son ciertos o falsos estos estereotipos y por qué.

Gramática para la comunicación II

I. Expressing Reciprocal Actions

Él la besa.

Ella lo besa.

Ellos se besan.

1 ▪ To express a reciprocal action (something people do to each other or to one another), use the reflexive pronouns **nos, os,** and **se** with the corresponding form of the verb. Some common verbs used reciprocally are **abrazar, amar, besar, escribir, mirar, llamar, odiar, pelear,** and **querer.**

▪▪▪ Review placement of reflexive pronouns, Ch. 4.

Las amigas **se** escriben a menudo.	*The friends write to each other often.*
Cuando entró mamá, **nos** estábamos besando.	*When Mom came in, we were kissing (each other).*

2 ■ You may use **uno a otro** (*one another*) for clarification or emphasis. **Uno a otro** agrees in gender and number with the nouns or pronouns being modified.

Ellas **se** llam**an una a otra** todos los días.

They call each other every day.

Al ganar, los miembros del equipo **se** abraz**aron unos a otros.**

Upon winning, the team members hugged each other.

NOTE: Use the masculine form of the clarification or emphatic phrase for a male and a female or males and females.

Él y ella se besaron **uno a otro.**

Actividad 23 La felicidad matrimonial Explica qué pasa en cada dibujo, usando los verbos que se presentan. Conecta las ideas con frases como **más tarde, luego, después** y **por último.**

gritar   no / hablar / mirar   mirar   mirar

mirar   besar   abrazar   hablar

Actividad 24 Luz, cámara, acción En grupos de tres, uno de Uds. es director/a de películas y los otros dos (un hombre y una mujer) son actores. Los dos actores deben cerrar el libro ahora mismo. El/la director/a va a leer en voz alta las siguientes líneas del guion mientras los actores representan la escena.

Escena romántica

(Él y ella están sentados.)

Acción:
Él mira hacia la puerta y ella mira hacia la ventana.
Él la mira a ella.
Él mira la pizarra.
Ella lo mira a él.
Ella mira hacia la ventana otra vez.
Él la mira a ella.
Ella lo mira a él.
Se miran con amor por cinco segundos.
Él le toca la mano a ella.
Ella la retira y mira hacia la ventana.
Él se pone de pie enfrente de ella.

Se miran intensamente.
Ella se levanta.
Él la abraza.
Ella no lo abraza y se sienta otra vez.
Él se pone de rodillas y le dice: "Lo siento".
Ella se ríe.
Ellos se abrazan.
Se besan (si el director o la directora quiere).
FIN

II. Expressing Hypothetical Situations: Clauses with *si*

1 ■ When making a hypothetical statement about possible future plans, use the present indicative after **si**, and the present, **ir a** + *infinitive*, or the future in the result clause.

Si fueras turista por dos días en tu ciudad, ¿qué visitarías?

Future plans

Si Clause		Result Clause
si + present indicative	+	present tense **ir a** + *infinitive* future tense

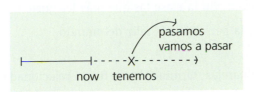

Si tenemos tiempo, **pasamos/vamos a pasar** por la agencia de viajes para darle la noticia de la boda a don Alejandro.

If we have time, we are going to stop by the travel agency to give/tell don Alejandro the news of the wedding.

Si Teresa **tiene** dinero, **irá** a Bogotá para la boda de Claudia y Juan Carlos.

If Teresa has money, she will go to Bogotá for Claudia's and Juan Carlos's wedding.

2 ■ To express hypothetical situations about the present, use the imperfect subjunctive after **si** and the conditional in the result clause. Notice in the examples that the **si** clause expresses information that is contrary-to-fact.

■■■ When the subjunctive is used after **si** in contrary-to-fact statements, it must be a form of the subjunctive in the past.

Present hypothetical situations

Si Clause		Result Clause
si + imperfect subjunctive	+	conditional

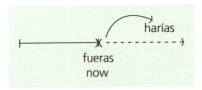

—**Si fueras** Claudia, ¿qué **harías**?

If you were Claudia (which you are not), what would you do?

—**Si estuviera** enamorada de verdad, **haría** una boda grande.

If I were truly in love (which I am not), I would have a big wedding.

Online Study Center

To practice:
Do SAM Workbook and Lab, and Web activities.

Actividad 25 **A locas** **Parte A.** En grupos de seis, preparen situaciones hipotéticas. Tres personas leen el papel A y tres personas leen el papel B. Sigan las instrucciones.

A

Usen la imaginación y escriban cinco situaciones como las siguientes usando la forma de **yo** (cuanto más exageradas las ideas, mejor): **Si yo ganara $100 por hora…, Si estuviera enamorado/a…, Si tuviera un león en casa…, Si estuviera en Siberia…,** etc.

B

Usen la imaginación y escriban cinco resultados como los siguientes usando la forma de **yo** (cuanto más exageradas las ideas, mejor): **… tendría ocho carros, … sería la persona más feliz del mundo,** etc.

Parte B. Cuando estén listos, miren todas las frases del grupo y hagan combinaciones para formar oraciones. Compartan con la clase las que más les gusten.

■■■ Si estuviera en Siberia, sería la persona más feliz del mundo.

Actividad 26 **¿Qué pasaría?** En parejas, terminen estas frases relacionadas con el amor.

1. Yo sería feliz si mi novio/a…
2. Solo me casaría si…
3. Si estuviera casado/a, solo me divorciaría si…
4. Si me enamorara de una persona de otro país, mis padres…
5. Si quisiera casarme con alguien que a mis padres no les gustara, …
6. Si pudiera viajar a través del tiempo, yo… una aventura amorosa con… porque…

Actividad 27 **Mi media naranja** **Parte A.** Tu vida romántica está muy mal últimamente y por eso, decides ir a la agencia "Corazones solitarios" para encontrar a la persona de tus sueños. Tienes que completar este formulario.

Nombre _____

Edad _____ Soltero/a _____ Divorciado/a _____

Intereses _____

Estoy contento/a cuando _____

Creo que la inteligencia de una persona es tan importante como su aspecto físico.

Sí _____ No _____

Termina estas frases: Si la persona que me selecciona…

fuera quince años mayor que yo, _____

tuviera otras creencias religiosas, _____

fuera mucho más baja que yo, _____

no tuviera dinero, _____

no quisiera tener hijos, _____

no tuviera estudios universitarios, _____

viviera a más de cinco horas de mi casa, _____

no creyera en la igualdad de los sexos, _____

Creo que una noche perfecta es cuando _____

_____

Parte B. Ahora, vas a tener una entrevista con un/a empleado/a de la agencia. Trabajen en parejas, y basen la entrevista en las respuestas del formulario de la Parte A. Después, cambien de papel.

> ▪▪▪ A: Veo que a Ud. le interesa esquiar. ¿Le importaría salir con una persona que no esquiara?
>
> B: Sí, me molestaría porque viajo a muchos centros de esquí.

Actividad 28 **El arte que provoca** Los artistas producen obras de arte por varias razones, una de ellas es provocar reacciones tanto positivas como negativas. El mexicoamericano Daniel Salazar creó una obra llamada *El Mandilón*, donde usó un personaje importante de la historia de México, Emiliano Zapata, pero cambió un poco el contenido de la imagen. Algunas personas se sintieron ofendidas y hasta se manifestaron en contra de la exhibición del cuadro. En parejas, miren el cuadro y contesten estas preguntas.

▪▪▪ Mandilón = a boyfriend/husband that does everything his girlfriend/wife says.

1. ¿Para qué se usan las cosas que tiene Zapata en las manos y que lleva puesta? ¿Qué cosas creen que tenga Zapata en la obra original?
2. El artista se burla de un estereotipo del hombre mexicano. Expliquen ese estereotipo.
3. Para Uds., ¿cuál de estas palabras describe mejor el cuadro: ofensivo, provocativo, crítico o cómico?
4. El artista, Daniel Salazar, es mexicoamericano. ¿Cambiarían Uds. su respuesta a la pregunta anterior si el artista fuera norteamericano? ¿Si fuera una mujer mexicana? ¿Si fuera una mujer norteamericana? ¿Si Uds. fueran hombres mexicanos? ¿Si Uds. fueran mujeres mexicanas?
5. El artista comenta en un sitio web que las mujeres opinan que los hombres que hacen trabajo doméstico son más sexy. ¿Están Uds. de acuerdo con ese comentario?
6. En su casa, ¿cómo se dividen las labores domésticas? ¿Quién lava la ropa, limpia los platos, etc.? ¿Quién saca la basura? En la casa de sus abuelos, ¿qué esperaba su abuelo que hiciera su esposa y viceversa cuando ellos tenían entre 20 y 40 años?
7. ¿Qué buscan Uds. en una pareja? Si su pareja les dijera que, después de casarse, no lavaría platos y que no limpiaría la cocina, ¿cómo reaccionarían? ¿Se casarían con esa persona?
8. Hablen de los estereotipos en general. ¿Cuál es el estereotipo de los estudiantes de su universidad? ¿Se basan los estereotipos en verdades? ¿Son solo generalizaciones o exageraciones?

◄ *El Mandilón*, Daniel Salazar (1952–) mexicoamericano.

Online Study Center
Do Web Search activities.

Vocabulario funcional

El arte

el/la artista	*artist*
el autorretrato	*self-portrait*
la copia	*copy*
el cuadro/la pintura	*painting*
dibujar	*to draw, sketch*
el dibujo	*drawing, sketch*
la escena	*scene*
el/la escultor/a	*sculptor*
la escultura	*sculpture*
la estatua	*statue*
la exhibición / exposición	*exhibition*
el/la modelo	*model*
la naturaleza muerta	*still life*
la obra maestra	*masterpiece*
el original	*original*
el paisaje	*landscape*
pintar	*to paint*
el/la pintor/a	*painter*
el retrato	*portrait*

La expresión del amor

el abrazo	*hug, embrace*
el/la amante	*lover/mistress* (usually a negative connotation)
la aventura (amorosa)	*affair*
el beso	*kiss*
el cariño	*affection*
el compromiso	*engagement*
el divorcio	*divorce*
feliz	*happy*
juntos	*together*
la novia	*girlfriend; fiancée; bride*
el novio	*boyfriend; fiancé; bridegroom*
la pareja	*couple; lovers* (positive connotation)
mi/tu pareja	*partner, significant other, lover* (positive connotation)
querido/a, cariño	*dear* (terms of endearment)
la soledad	*loneliness*

Verbos relacionados con el amor

abrazar	*to hug, embrace*
amar a alguien	*to love someone*
besar	*to kiss*
casarse (con)	*to get married (to)*
dejar de salir (con)	*to break up (with)* (casual relationship)
divorciarse (de)	*to get divorced (from)*
enamorarse (de)	*to fall in love (with)*
estar comprometido/a	*to be engaged*
estar enamorado/a (de)	*to be in love (with)*
odiar	*to hate*
pelearse (con)	*to fight (with)*
querer a alguien	*to love someone*
romper (con)	*to break up (with)* (serious relationship)
salir (con)	*to date, go out (with)*
separarse (de)	*to separate (from)*
ser celoso/a	*to be a jealous person*
tener celos (de)/estar celoso/a (de)	*to be jealous (of)*

Palabras y expresiones útiles

dar a conocer	*to make known*
en seguida	*at once, right away*
invitar	*to invite; to treat*
no veo la hora de + *infinitive*	*I can't wait to* + infinitive
por algo será	*there must be a reason*
te lo digo en serio / en broma	*I'm serious / I'm joking*

18 La despedida

Plaza de Cibeles, ➤
Madrid, España.

Chapter Objectives

- Reviewing
- Reading and performing a short play

¡Felicitaciones!

Terminaste el curso de español. Te sugerimos que veas las siguientes películas durante las vacaciones.

- *Al otro lado*
- *Como agua para chocolate*
- *Diarios de motocicleta*
- *El Norte*
- *Fresa y chocolate*
- *La historia oficial*
- *El crimen ferpecto*
- *María, llena eres de gracia*
- *El polaquito*
- *Nueve reinas*
- *Todo sobre mi madre*
- *Volver*

Para escuchar

El brindis

darle las gracias (a alguien)	to thank someone
llevarle la contraria (a alguien)	to contradict someone
cada loco con su tema	to each his/her own (literally: *each crazy person with his/her own theme*)
¡Que vivan los novios!	Long live the bride and groom!

En el capítulo anterior, Juan Carlos le propuso matrimonio a Claudia. Claudia decidió aceptar y ahora los dos van a volver a Colombia para hacer los preparativos para la boda. La conversación tiene lugar en el aeropuerto de Barajas en Madrid, donde están sus amigos para hacerles una despedida.

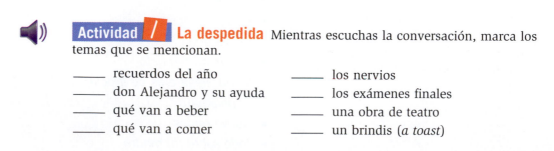

Actividad / La despedida Mientras escuchas la conversación, marca los temas que se mencionan.

_____ recuerdos del año   _____ los nervios

_____ don Alejandro y su ayuda   _____ los exámenes finales

_____ qué van a beber   _____ una obra de teatro

_____ qué van a comer   _____ un brindis (*a toast*)

Actividad 2 **Los detalles** Escucha la conversación otra vez y contesta estas preguntas.

1. Don Alejandro los ayudó mucho a todos este año. ¿Con quién lo compara una de las chicas?
2. ¿Qué piden para tomar?
3. ¿Qué pide Claudia y por qué?
4. Todos vieron una obra de teatro la semana pasada. ¿Cuál crees que sea el título del drama?
5. Vicente hace un brindis y pide tres deseos. ¿Cuáles son?

Actividad 3 **¡Que vivan!** En la conversación, Vicente dice **¡Que vivan los novios!** Es muy típico oír deseos con la construcción **que** + *subjuntivo* en una celebración. Expresa tus deseos sobre el final del curso y el examen final.

> ■ ■ ■ ¡Que el examen sea justo!

Una obra de teatro

ESTRATEGIA: **Reading a Play**

Lectura

A play is meant to be seen and heard. Therefore, while reading a play it is important to visualize the action that is occurring. In order to do this, one must focus on the three integral parts of any play:

- a description of the set including lighting
- the stage directions, which tell the actors how to respond, what gestures to make, and where to go
- the dialogue

You will read a short, one-act play by Virgilio Piñera, a Cuban author. This work is entitled *Estudio en blanco y negro* and is representative of a genre called "theater of the absurd."

Actividad 4 **Llevarle la contraria** En parejas, en la página R32, lean la parte de la conversación donde Claudia y Juan Carlos hablan del drama que vieron. Si tuvieran que crear un drama con esa información, ¿de qué trataría? ¿Quiénes serían los personajes principales?

■ ■ ■ Use the conditional to hypothesize.

■ ■ ■ **el personaje** = character in a play

el carácter = character of a person

Actividad 5 Según el contexto Antes de leer el drama *Estudio en blanco y negro* de Virgilio Piñera, debes comprender el significado de algunas palabras que encontrarás. Intenta sacar el significado de las palabras en negrita (*bold*).

1. Mira esos dos como están **arrullándose,** parece que están muy enamorados.
   a. peleándose
   b. abrazándose
   c. sentándose

2. Siempre me molesta cuando alguien **alza la voz** al hablar con los extranjeros. El problema no es que no puedan oír sino que no entienden bien el español.
   a. habla en voz baja
   b. habla con claridad
   c. habla en voz alta

3. El otro día Juan **se me declaró,** pero yo le dije que no lo quería. El pobre estaba muy triste.
   a. me dijo que me quería
   b. me propuso que viviéramos juntos
   c. me propuso que nos separáramos

4. —Un hombre me insultó en la calle.
   —**¡Qué más te da!** Ni lo conoces y nunca lo vas a volver a ver.
   a. ¡No importa!
   b. ¡Qué molesto!
   c. ¡Qué significativo!

5. —Yo que tú, le diría que debe aceptar el trabajo.
   —**¿Quién te dio vela en este entierro?** Él no es ni tu novio ni tu marido y de verdad, no tienes por qué opinar.
   a. Gracias por tu opinión.
   b. No estoy de acuerdo con tu opinión.
   c. No es asunto tuyo, por eso no debes dar tu opinión.

6. —Mi hermano me dijo que no iba a contarles nada a mis padres con tal de que yo le diera 1.000 pesos.
   —Conque **chantaje,** ¿eh?
   a. dinero para comprar algo en una tienda
   b. dinero para que otra persona no hable
   c. dinero para otra persona por un servicio

7. Pepe y Carlos se pelearon y Pepe **le dio dos bofetadas** a Carlos. Debías de haberlo visto. El pobre Carlos tenía el ojo totalmente cerrado y se le cayó un diente.
   a. le pegó   b. le habló en voz alta   c. le rompió algo

8. —¿Qué quieres que te diga?
   —Quiero que **seas franca,** no quiero oír más mentiras.
   a. digas la verdad   b. seas puntual   c. des la respuesta correcta

9. Pobre Carmela, se le murió el marido y después perdió al hijo en un accidente de tráfico. La pobre se volvió loca y la pusieron en un **manicomio.**
   a. hospital para enfermos mentales
   b. hospital para pacientes con problemas físicos
   c. centro de rehabilitación para gente con problemas de drogadicción

10. —Creo que **encendí la candela** hoy con Pablo.
    —¿Se enfadó contigo? ¿Por qué?
    —Le conté un chiste sobre calvos y creo que se ofendió.
    a. terminé algo
    b. causé problemas
    c. justifiqué mi opinión

Estudio en blanco y negro

Virgilio Piñera

*Una plaza. Estatua ecuestre en el centro de la plaza. En torno a la estatua,
cuatro bancos de mármol. En uno de los bancos se arrulla una pareja. Del
lateral derecho un hombre que se cruza con otro hombre que ha salido del
lateral izquierdo exactamente junto a la estatua. Al cruzarse se inmovilizan*
5 *y se dan la vuelta como si se hubieran reconocido. La acción tiene lugar
durante la noche.*

HOMBRE 1º: Blanco…

HOMBRE 2º: ¿Cómo ha dicho?

HOMBRE 1º: He dicho blanco.

10 HOMBRE 2º: (*Denegando con la cabeza.*) No… no… no… no… Blanco, no;
negro.

HOMBRE 1º: He dicho blanco, y blanco tiene que ser.

HOMBRE 2º: Así que ésas tenemos… (*Pausa.*) Pues yo digo negro. Cámbielo
si puede.

15 HOMBRE 1º: Y lo cambio. (*Alza la voz.*) Blanco.

HOMBRE 2º: Alza la voz para aterrorizarme, pero no irá muy lejos. Yo también tengo pulmones. (*Gritando.*) Negro.

HOMBRE 1º: (*Ya violento agarra a* HOMBRE 2º *por el cuello.*) Blanco, blanco y
blanco.

20 HOMBRE 2º: (*A su vez agarra por el cuello a* HOMBRE 1º, *al mismo tiempo que
se libra del apretón de éste con un brusco movimiento.*) Negro,
negro y negro.

HOMBRE 1º: (*Librándose con igual movimiento del apretón del* HOMBRE 2º,
frenético.) Blanco, blanco, blancooooo…

25 HOMBRE 2º: (*Frenético.*) Negro, negro, negrooooo…

Las palabras "blanco" y "negro" llegan a ser ininteligibles. Después sobreviene el silencio. Pausa larga. HOMBRE 1º *ocupa un banco.* HOMBRE 2º *ocupa otro banco. Desde el momento en que ambos hombres empezaron a gritar, los* NOVIOS *han suspendido sus caricias y se han dedicado a mirarlos con manifiesta extrañeza.*

■ ■ ■ **Mima** and **mami** are used interchangeably as terms of endearment in Cuba. **Papi** is a corresponding term for men.

30   NOVIO: (*A la* NOVIA.) Hay muchos locos sueltos…

            NOVIA: (*Al* NOVIO, *riendo.*) Y dilo… (*Pausa.*) El otro día…

            NOVIO: (*Besando a la* NOVIA.) Déjalos. Cada loco con su tema. El mío es besarte. Así. (*Vuelve a hacerlo.*)

            NOVIA: (*Al* NOVIO, *un tanto bruscamente.*) Déjame hablar. Siempre que voy a

35   decir algo me comes a besos. (*Pausa.*) Te figuras que soy nada más que una muñequita de carne…

            NOVIO: (*Contemporizando.*) Mima, yo no creo eso.

            NOVIA: (*Al* NOVIO *más excitada.*) Sí que lo crees. Y más que eso. (*Pausa.*) El otro día me dijiste que los hombres estaban para pensar y las

40   mujeres para gozar.

            NOVIO: (*Riendo.*) ¡Ah, vaya! ¿Es eso lo que tenías guardado? Por eso dijiste: «El otro día…»

            NOVIA: (*Moviendo la cabeza.*) No, no es eso. Cuando dije «el otro día» es que iba a decir… (*Se calla.*)

45   NOVIO: (*Siempre riendo.*) Acaba por decirlo.

            NOVIA: (*Con mohín de pudor.*) Es que me da pena.

            NOVIO: (*Enlazándole la cintura con ambos brazos.*) Pena con tu papi…

            NOVIA: Nada, que el otro día un loco se me declaró, y si no llega a ser por un perro, lo paso muy mal. Figúrate que… (*Se calla.*)

50   NOVIO: (*Siempre riendo.*) ¿Qué hizo el perro? ¿Lo mordió?

            NOVIA: No, pero le ladró, el loco se asustó y se mandó a correr.

            NOVIO: (*Tratando de besarla de nuevo.*) Bueno, mima, ya lo dijiste. Ahora déjate dar besitos por tu papi. (*Une la acción a la palabra.*)

     HOMBRE 2º: (*Mostrando el puño a* HOMBRE 1º *lo agita por tres veces.*) Negro.

55   HOMBRE 1º: (*Negando por tres veces con el dedo índice en alto.*) Blanco.

            NOVIO: (*A la* NOVIA.) Esto va para largo. Mima, vámonos de aquí. (*La coge por la mano.*)

NOVIA:	(*Negándose.*) Papi, ¡qué más te da! … Déjalos que griten.
NOVIO:	(*Resignado.*) Como quieras. (*Con sensualidad.*) ¿Quién es tu papito
60	rico?
NOVIA:	(*Con sensualidad.*) ¿Y quién es tu mamita rica?
HOMBRE 1°:	(*Se para, se acerca a la pareja, pregunta en tono desafiante.*) ¿Blanco
	o negro?
NOVIO:	(*Creyendo habérselas con un loco.*) Lo que usted prefiera, mi amigo.
65 HOMBRE 1°:	Lo que yo prefiera, no. ¿Blanco o negro?
NOVIA:	(*Siempre en el mismo temperamento.*) Bueno, la verdad que no sé…
HOMBRE 1°:	(*Enérgico.*) ¡Cómo que no sabe! ¿Blanco o negro?
NOVIA:	(*Mirando ya a* HOMBRE 1° *ya a su* NOVIO, *de súbito.*) Blanco.
NOVIO:	(*Mirando a su* NOVIA *y dando muestras de consternación.*) ¿Blanco?…
70	No; blanco, no; negro.
NOVIA:	(*Excitada.*) Que te crees tú eso. He dicho blanco.
NOVIO:	(*Persuasivo.*) Mima, ¿me vas a llevar la contraria? (*Pausa.*) Di negro,
	como tu papi lo dice.
NOVIA:	(*Con mohín de disgusto.*) ¿Y por qué te voy a dar el gusto? Cuando
75	el loco preguntó, yo dije blanco. (*Pausa.*) Vamos a ver: ¿por qué
	también no dijiste blanco?
NOVIO:	(*Siempre persuasivo, pero con violencia contenida.*) Mima, di negro,
	complace a tu papi. ¿Qué más te da decirlo?
NOVIA:	Pídeme lo que quieras, menos que diga negro. Dije blanco, y blanco
80	se queda.
NOVIO:	(*Ya violento.*) ¿De modo que le das la razón a ese tipejo y me la
	quitas a mí? (*Pausa.*) Pues vete con él.
NOVIA:	(*Con igual violencia.*) ¡Ah!, ¿sí? ¿Conque chantaje? Pues oye: ¡blanco,
	blanco, blanco, blanco! (*Grita hasta desgañitarse, terminando en*
85	*un acceso de llanto. Se deja caer en el banco ocultando la cara*
	entre las manos.)
HOMBRE 1°:	(*Se arrodilla a los pies de la* NOVIA, *saca un pañuelo, le seca las lágri-*
	mas, le toma las manos, se las besa, con voz emocionada y un tanto
	en falsete:) ¡Gracias, señorita, gracias! (*Pausa. Se para. Gritando.*)
90	¡Blanco!

NOVIA: (*Mirándolo extrañada.*) ¿Quién te dio vela en este entierro? (*Pausa.*) ¡Negro, negro, negro!

NOVIO: (*Se sienta junto a la* NOVIA, *le coge las manos, se las besa.*) Gracias mami; gracias por complacer a tu papi. (*Hace por besarla, pero ella hurta la cara.*)

NOVIA: ¡Que te crees tú eso! ¡Blanco, blanco!

HOMBRE 1º: (*A la* NOVIA.) Así se habla.

NOVIO: (*A* HOMBRE 1º, *agresivo.*) Te voy a partir el alma…

HOMBRE 2º: (*Llegando junto al* NOVIO.) Déle dos bofetadas, señor. Usted es de los míos.

NOVIO: (*A* HOMBRE 2º.) No se meta donde no lo llaman.

HOMBRE 2º: (*Perplejo.*) Señor, usted ha dicho, como yo, negro.

NOVIO: (*A* HOMBRE 2º.) ¡Y qué! Pues digo blanco. ¿Qué pasa?

NOVIA: (*Amorosa.*) Duro y a la cabeza, papi. Te quiero mucho.

NOVIO: (*A la* NOVIA.) Sí, mami; pero eso es aparte. No le permito a ese tipejo que hable en mi nombre. Si digo negro es porque yo mismo lo digo.

NOVIA: (*Al* NOVIO.) Pero ahora mismo acabas de decir blanco.

NOVIO: (*A la* NOVIA.) Por llevarle la contraria, mami; por llevársela. (*Pausa.*) Desde un principio dije negro, y si tú me quieres también debes decir negro.

NOVIA: (*Categórica.*) Ni muerta me vas a oír decir negro. Hemos terminado. (*Adopta una actitud desdeñosa y mira hacia otro lado.*)

NOVIO: (*Igual actitud.*) Bueno, cuando te decidas a decir negro me avisas. (*Se sienta en otro banco.*)

HOMBRE 1º y HOMBRE 2º ocupan los dos bancos restantes. La escena se oscurece hasta un punto en que no se distinguirán las caras de los actores. Se escuchará en sordina, cualquier marcha fúnebre por espacio de diez segundos. De nuevo se hace luz.

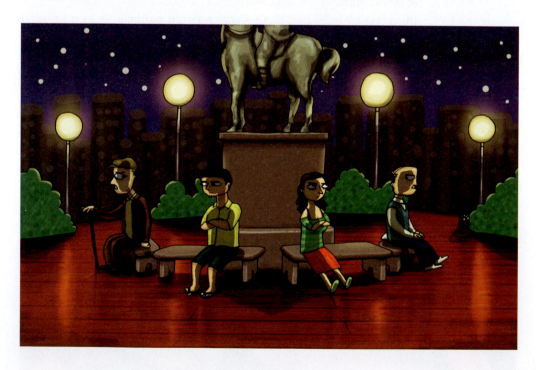

	NOVIO:	(*Desde su banco, a la* NOVIA.) ¿Cómo se llama este parque?
120	NOVIA:	(*Con grosería, sin mirarlo.*) Ni lo sé ni me importa.
	NOVIO:	(*Se para, va al banco de su* NOVIA, *se sienta junto a ella.*) Vamos, mami, no es para tanto… (*Trata de abrazarla.*)
	NOVIA:	(*Se lo impide.*) Suelta… Suelta…
	HOMBRE 1º:	(*Desde su banco.*) Éste es el Parque de los Mártires.
125	NOVIA:	(*Sin mirar a* HOMBRE 1º.) No me explico, sólo se ve un mártir.
	HOMBRE 1º:	(*A la* NOVIA.) Se llama Parque de los Mártires desde hace veinticinco años. Hace diez erigieron la estatua ecuestre. Es la del general Montes.
	HOMBRE 2º:	(*Se para, camina hacia el banco donde están los* NOVIOS.) Perdonen que intervenga en la conversación. (*Pausa.*) Sin embargo, les interesará saber que el general Montes fue mi abuelo.
130		
	HOMBRE 1º:	(*Se para, camina hacia el banco donde están los novios. A* HOMBRE 2º.) ¿Es cierto, como se dice, que el general murió loco?
	HOMBRE 2º:	Muy cierto. Murió loco furioso.
135	HOMBRE 1º:	(*A* HOMBRE 2º.) Se dice que imitaba el ladrido de los perros. ¿Qué hay de verdad en todo esto?
	HOMBRE 2º:	(*A* HOMBRE 1º.) No sólo de los perros, también de otros animales. (*Pausa.*) Era un zoológico ambulante.
	HOMBRE 1º:	(*A* HOMBRE 2º.) La locura no es hereditaria.
140	HOMBRE 2º:	(*A* HOMBRE 1º.) No necesariamente. Que yo sepa, en mi familia ha sido el único caso.
	NOVIA:	(*A* HOMBRE 2º.) Perdone, pero soy tan fea como franca. Para mí, usted es un loco de atar.
145	HOMBRE 2º:	(*Con suma cortesía y un dejo de ironía.*) Perdón, señorita; su opinión es muy respetable. Ahora bien: siento defraudarla. No estoy loco. Me expreso razonablemente.
150	NOVIA:	(*A* HOMBRE 2º.) ¿Cuerdo usted? ¿Cuerdo se dice? ¿Y cuerdo se cree? (*Pausa.*) ¿Así que usted llega a un parque, se para y grita: «¡Negro!», y cree estar cuerdo? (*Pausa.*) Pues mire, por menos que eso hay mucha gente en el manicomio. (*Pausa. A* HOMBRE 1º.) Y usted no se queda atrás. Entró por allí (*Señala el lateral derecho.*) gritando «¡Blanco!»
155	HOMBRE 1º:	(*A la* NOVIA.) Siempre es la misma canción. Si uno grita blanco o cualquier otra cosa, en seguida lo toman por loco. (*Pausa.*) Pues sepa que me encuentro en pleno goce de mis facultades mentales.
	HOMBRE 2º:	(*A la* NOVIA.) Igual cosa me ocurre a mí. Nadie, que yo sepa, está loco por gritar blanco, negro u otro color. (*Pausa.*) Vine al parque; de pronto me entraron unas ganas locas de gritar algo. Pues grité «¡Negro!» y no pasó nada, no se cayó el mundo.
160	NOVIO:	(*A* HOMBRE 2º.) ¿Que no pasó nada? Pues mire: mi novia y yo nos hemos peleado.
	HOMBRE 2º:	Lo deploro profundamente. (*Pausa.*) Ahora bien: le diré que eso es asunto de ustedes. (*A* HOMBRE 1º.) ¿Vive por aquí?
165	HOMBRE 1º:	No, vivo en la playa; pero una vez por mes vengo a efectuar un pago en ese edificio de la esquina. (*Señala con la mano.*) Usted comprenderá que el tramo es más corto atravesando el parque. (*Pausa.*) Y usted, ¿vive en este barrio?

	HOMBRE 2º:	Allí, en la esquina. (*Señala con la mano.*) Es la casa pintada de azul. ¿La ve? La de dos plantas. En ella murió el general.
170	NOVIO:	(*Nervioso, a ambos hombres.*) ¡Oigan! Ustedes ahí muy tranquilos conversando después de haber encendido la candela…
	HOMBRE 1º:	(*Mirando a* HOMBRE 2º *y después mirando al* NOVIO.) ¿La candela? … No entiendo.
175	NOVIO:	¡Pues claro! Se pusieron a decir que si blanco, que si negro; nos metieron en la discusión, y mi novia y yo, sin comerlo ni beberlo, nos hemos peleado por ustedes.
	HOMBRE 2º:	(*Al* NOVIO.) Bueno, eso de sin comerlo ni beberlo se lo cuenta a otro. Usted se decidió por negro.
180	NOVIO:	Porque ella dijo blanco. (*Pausa. A la* NOVIA.) A ver, ¿por qué tenía que ser blanco?
	NOVIA:	(*Al* NOVIO.) ¿Y por qué tenía que ser negro? A ver, dime.
	NOVIO:	(*A la* NOVIA.) Mami, no empieces…
	NOVIA:	(*Al* NOVIO.) ¡Anjá! Conque no empiece… ¿Y quién empezó?
185	NOVIO:	(*A la* NOVIA.) Mira, mami, yo lo que quiero es que no tengamos ni un sí ni un no. ¿Qué trabajo te cuesta complacer a tu papi?
	NOVIA:	(*Al* NOVIO.) Compláceme a mí. Di blanco. Anda, dilo.
	NOVIO:	(*A la* NOVIA.) Primero muerto y con la lengua cosida. Negro he dicho y negro seguiré diciendo.
	HOMBRE 1º:	(*Al* NOVIO.) Que se cree usted eso. Es blanco.
190	NOVIO:	(*Se levanta, desafiante.*) ¿Qué te pasa? Está bueno ya, ¿no? No me desmoralices a mi novia. (*A la* NOVIA.) Mami, di que es negro.
	NOVIA:	(*Se levanta hecha una furia. Al* NOVIO.) No, no y mil veces no. Es blanco y seguirá siendo blanco.
195	HOMBRE 1º:	(*Cuadrándose y saludando militarmente.*) Es blanco. (*Al* NOVIO, *presentándole el pecho abombado.*) Puede matarme, aquí mi corazón; pero seguiremos diciendo blanco. (*A la* NOVIA.) ¡Valor, señorita!
	NOVIO:	(*A* HOMBRE 1º.) Y yo te digo que es negro y te voy a hacer tragar el blanco.
	HOMBRE 2º:	(*Gritando.*) ¡Negro, negro!
200	NOVIA:	(*Gritando.*) ¡Blanco!
	NOVIO:	(*Gritando.*) ¡Negro!
	HOMBRE 1º:	(*Gritando.*) ¡Blanco!
	HOMBRE 2º:	(*Gritando.*) ¡Negro!

Ahora todos gritan indistintamente «blanco» o «negro». Las palabras ya no se
205 *entienden. Agitan los brazos.*

	HOMBRE 3º:	(*Entrando por el lateral izquierdo, atraviesa el parque gritando:*) ¡Amarillo! ¡Amarillo! ¡Amarillo!

Los cuatro personajes enmudecen y se quedan con la boca abierta y los brazos en alto.

210 HOMBRE 3º: (*Vuelve sobre sus pasos, siempre gritando:*) ¡Amarillo! ¡Amarillo!
¡Amarillo! (*Desaparece. Telón.*)

FIN DE *ESTUDIO EN BLANCO Y NEGRO*

Actividad 6 **¿Cuánto entendiste?** Contesta estas preguntas sobre el drama.

1. ¿Dónde tiene lugar la acción?
2. ¿Cuántos personajes hay? ¿Quiénes son?
3. ¿Cómo empieza la pelea entre los hombres?
4. ¿Al principio qué piensan los jóvenes de los dos hombres?
5. ¿Quiere responder el NOVIO cuando el HOMBRE 1º le pregunta si es blanco o negro? ¿Por qué sí o no?
6. ¿Cómo empieza la pelea entre los dos jóvenes?
7. ¿Cómo se llama el parque y de quién es la estatua?
8. La NOVIA cree que el HOMBRE 2º es **un loco de atar.** ¿El HOMBRE 2º se considera loco o cuerdo?
9. En las líneas 171–172, el NOVIO acusa a los dos hombres de **encender la candela.** ¿A qué se refiere esa expresión en ese contexto?
10. ¿Cómo termina el drama?
11. Para ti, ¿cuál es el mensaje del drama?

Actividad 7 **Luz, cámara, acción** En grupos de cinco, ensayen el drama para representarlo enfrente de la clase. Una persona es el/la director/a y el *HOMBRE 3º* y los otros son los demás personajes. Tomen de diez a quince minutos para ensayar su actuación.

El rodaje de una película en Madrid.

Actividad 8 **El feminismo y el machismo** En el drama hay varios ejemplos de machismo y de feminismo. Busca los ejemplos y prepárate para defender tu opinión.

■■■ Él le dijo a ella que quería que ella... Eso es típico del machismo porque...

Actividad 9 **Su vida** En parejas, háganse las siguientes preguntas sobre su vida.

1. ¿Alguna vez has tenido una pelea con alguien sobre algo totalmente insignificante? Si contestas que sí, ¿recuerdas de qué se trataba?
2. ¿Conoces a alguien que sea muy machista? Si contestas que sí, ¿te molesta su actitud? ¿Por qué sí o no?
3. ¿Conoces a alguien que sea muy feminista? Si contestas que sí, ¿te molesta su actitud? ¿Por qué sí o no?

Actividad 10 **Opiniones** Piensa en tus respuestas a las siguientes preguntas. Luego, en parejas, comparen sus respuestas y defiendan su opinión.

1. ¿Cómo reaccionarías si tu pareja ganara más dinero que tú?
2. Si estuvieras con un grupo de amigos y si tu pareja dijera algo con lo cual no estuvieras de acuerdo, ¿le llevarías la contraria? ¿Por qué sí o no? Si dices que dependería de las circunstancias, explica las circunstancias.
3. ¿Cómo reaccionarías si tu hermana o una amiga estuviera casada con un hombre que no trabajara y que se ocupara de la casa y de los niños? ¿Cómo reaccionarían tus padres?
4. ¿Cómo reaccionarías si tu pareja te tratara como el novio del drama? ¿Y si tu pareja te tratara como la novia?

Actividad _11_ El futuro En parejas, imagínense que la pareja del drama *Estudio en blanco y negro* se casa. ¿Cómo será su vida en el futuro? ¿Serán felices? ¿Vivirán tranquilamente? ¿Se pelearán? Hagan predicciones sobre el futuro.

■ ■ ■ Predicting the future

Actividad _12_ Narración en el pasado En parejas, Uds. son críticos de obras de teatro y van a hacer una crítica de *Estudio en blanco y negro*. Primero, hablen de cómo era el escenario, de qué trataba el drama, qué ocurrió, el machismo y feminismo en la obra y si les gustó la obra o no y por qué.

■ ■ ■ Narrating and describing in the past and expressing opinions

Fin de curso

Actividad _13_ Preparándose para el examen Parte A. En grupos de tres, hablen de cómo se van a preparar para el examen final. Anoten sus ideas.

■ ■ ■ Use future tense.

> ■ ■ ■ Haremos las actividades de la página web de *¡Claro que sí!*

Parte B. Conviertan las oraciones de la Parte A en mandatos para darle órdenes al resto de la clase.

■ ■ ■ Use commands.

> ■ ■ ■ Haremos las actividades de la página web de *¡Claro que sí!*
>   ⟶ Hagan las actividades de la página web de *¡Claro que sí!*

Actividad _14_ La última actividad Felicitaciones, Uds. acaban de terminar el curso de español. En grupos de tres hablen sobre los siguientes temas.

1. Tres cosas que aprendieron este año sobre el mundo hispano y que no sabían antes.
2. Cómo usarán el español en el futuro. Deben pensar en cinco posibilidades, por lo menos.

Videoimágenes

Imágenes

Antes de ver

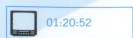
01:20:52

Actividad **1** **¿Qué recuerdas?** A lo largo de este video has visto cinco ciudades: Madrid, San Juan, el D. F., Quito y Buenos Aires. Di a cuál te interesaría ir y por qué.

Cascada en El Yunque, ➤ Puerto Rico.

Mientras ves

01:13:34–end

Actividad **2** **Lugares de interés** Mariela y Javier le preguntan a gente de las cinco ciudades qué lugares recomendarían para visitar en un día solamente y por qué. Escucha lo que dice la gente y marca qué lugar está en qué ciudad.

	el D. F.	San Juan	Quito	Buenos Aires	Madrid
La Boca					
la Iglesia de la Compañía					
la Iglesia San Francisco					
el Morro					
el Museo de Antropología					
el Museo del Prado					
el Palacio de Bellas Artes					
el Parque de Chapultepec					
el Parque de la Alameda					
el Parque del Retiro					
la Plaza de la Independencia					
la Plaza Mayor					
la Recoleta					
San Telmo					
el Yunque					
el Zócalo					

Después de ver

Actividad 3 ¿Cuáles prefieres? Imagina que puedes ir a una de las cinco ciudades que viste en el segmento. Decide cuál prefieres y prepárate para justificar tu preferencia. Luego, en grupos de tres, Uds. van a ir juntos a una de las cinco ciudades que vieron. Traten de convencer a las otras personas del grupo que su ciudad es la mejor.

Actividad 4 Tu ciudad En grupos de tres, imaginen que un grupo de estudiantes de otro país está de visita por un día en la ciudad donde Uds. estudian. Decidan cuatro lugares que van a recomendarles que visiten y por qué.

Reference Section

Appendix A: Verb Charts

Regular Verbs

Infinitive	hablar	comer	vivir
Present participle	hablando	comiendo	viviendo
Past participle	hablado	comido	vivido

Simple Tenses

	hablar	comer	vivir
Present indicative	habl**o**	com**o**	viv**o**
	as	**es**	**es**
	a	**e**	**e**
	amos	**emos**	**imos**
	áis	**éis**	**ís**
	an	**en**	**en**
Imperfect indicative	habl**aba**	com**ía**	viv**ía**
	abas	**ías**	**ías**
	aba	**ía**	**ía**
	ábamos	**íamos**	**íamos**
	abais	**íais**	**íais**
	aban	**ían**	**ían**
Preterit	habl**é**	com**í**	viv**í**
	aste	**iste**	**iste**
	ó	**ió**	**ió**
	amos	**imos**	**imos**
	asteis	**isteis**	**isteis**
	aron	**ieron**	**ieron**
Future indicative	hablar**é**	comer**é**	vivir**é**
	ás	**ás**	**ás**
	á	**á**	**á**
	emos	**emos**	**emos**
	éis	**éis**	**éis**
	án	**án**	**án**
Conditional	hablar**ía**	comer**ía**	vivir**ía**
	ías	**ías**	**ías**
	ía	**ía**	**ía**
	íamos	**íamos**	**íamos**
	íais	**íais**	**íais**
	ían	**ían**	**ían**
Affirmative and negative commands	**tú:** habl**a**, no habl**es**	come, no com**as**	vive, no viv**as**
	Ud.: habl**e**, no habl**e**	com**a**, no com**a**	viv**a**, no viv**a**
	Uds.: habl**en**, no habl**en**	com**an**, no com**an**	viv**an**, no viv**an**
	vosotros/as: habl**ad**, no habl**éis**	com**ed**, no com**áis**	viv**id**, no viv**áis**
Present subjunctive	que habl**e**	que com**a**	que viv**a**
	es	**as**	**as**
	e	**a**	**a**
	emos	**amos**	**amos**
	éis	**áis**	**áis**
	en	**an**	**an**
Imperfect subjunctive	que habl**ara**	que com**iera**	que viv**iera**
	aras	**ieras**	**ieras**
	ara	**iera**	**iera**
	áramos	**iéramos**	**iéramos**
	arais	**ierais**	**ierais**
	aran	**ieran**	**ieran**

Compound Tenses

	hablar	comer	vivir
Present perfect indicative	he hablado has hablado, *etc.*	he comido has comido, *etc.*	he vivido has vivido, *etc.*
Pluperfect indicative	había hablado habías hablado, *etc.*	había comido habías comido, *etc.*	había vivido habías vivido, *etc.*
Future perfect	habré hablado habrás hablado, *etc.*	habré comido habrás comido, *etc.*	habré vivido habrás vivido, *etc.*
Conditional perfect	habría hablado habrías hablado, *etc.*	habría comido habrías comido, *etc.*	habría vivido habrías vivido, *etc.*
Present perfect subjunctive	que haya hablado hayas hablado, *etc.*	que haya comido hayas comido, *etc.*	que haya vivido hayas vivido, *etc.*
Pluperfect subjunctive	que hubiera hablado hubieras hablado, *etc.*	que hubiera comido hubieras comido, *etc.*	que hubiera vivido hubieras vivido, *etc.*

Stem-Changing Verbs

Note: Only forms in which a change occurs are shown.

	-ar verbs: e → ie		-er verbs: e → ie	
Infinitive	**pensar** to think		**entender** to understand	
Present indicative	**pienso**	pensamos	**entiendo**	entendemos
	piensas	pensáis	**entiendes**	entendéis
	piensa	**piensan**	**entiende**	**entienden**
Affirmative and negative commands	**piensa** / no **pienses**	pensad / no penséis	**entiende** / no **entiendas**	entended / no entendáis
	(no) **piense**	(no) **piensen**	(no) **entienda**	(no) **entiendan**
Present subjunctive	que **piense**	pensemos	que **entienda**	entendamos
	pienses	penséis	**entiendas**	entendáis
	piense	**piensen**	**entienda**	**entiendan**

	-ar verbs: o → ue		-er verbs: o → ue	
Infinitive	**contar** to tell; to count		**volver** to return	
Present indicative	**cuento**	contamos	**vuelvo**	volvemos
	cuentas	contáis	**vuelves**	volvéis
	cuenta	**cuentan**	**vuelve**	**vuelven**
Affirmative and negative commands	**cuenta** / no **cuentes**	contad / no contéis	**vuelve** / no **vuelvas**	volved / no volváis
	(no) **cuente**	(no) **cuenten**	(no) **vuelva**	(no) **vuelvan**
Present subjunctive	que **cuente**	contemos	que **vuelva**	volvamos
	cuentes	contéis	**vuelvas**	volváis
	cuente	**cuenten**	**vuelva**	**vuelvan**

-ir verbs: e ⟶ i, i		
Infinitive	**servir** to serve	
Present indicative	**sirvo**	servimos
	sirves	servís
	sirve	**sirven**
Affirmative and	**sirve / no sirvas**	servid / **no sirváis**
negative commands	(no) **sirva**	(no) **sirvan**
Present subjunctive	que **sirva**	**sirvamos**
	sirvas	**sirváis**
	sirva	**sirvan**
Preterit	serví	servimos
	serviste	servisteis
	sirvió	**sirvieron**
Imperfect subjunctive	que **sirviera**	
	sirvieras, *etc.*	
Present participle	**sirviendo**	

-ir verbs: e ⟶ ie, i			-ir verbs: o ⟶ ue, u		
Infinitive	**sentir** to feel; to regret		**dormir** to sleep	
Present indicative	**siento**	sentimos	**duermo**	dormimos
	sientes	sentís	**duermes**	dormís
	siente	**sienten**	**duerme**	**duermen**
Affirmative and	**siente /**	sentid /	**duerme /**	dormid /
negative commands	**no sientas**	**no sintáis**	**no duermas**	**no durmáis**
	(no) **sienta**	(no) **sientan**	(no) **duerma**	(no) **duerman**
Present subjunctive	que **sienta**	**sintamos**	que **duerma**	**durmamos**
	sientas	**sintáis**	**duermas**	**durmáis**
	sienta	**sientan**	**duerma**	**duerman**
Preterit	sentí	sentimos	dormí	dormimos
	sentiste	sentisteis	dormiste	dormisteis
	sintió	**sintieron**	**durmió**	**durmieron**
Imperfect subjunctive	que **sintiera**		que **durmiera**	
	sintieras, *etc.*		**durmieras,** *etc.*	
Present participle	**sintiendo**		**durmiendo**	

Verbs with Spelling Changes

Note: Only forms in which a change occurs are shown.

Verbs in **-car:** c ⟶ qu before e			Verbs in **-gar:** g ⟶ gu before e		
Infinitive	**buscar** to look for		**llegar** to arrive	
Preterit	**busqué**	buscamos	**llegué**	llegamos
	buscaste	buscasteis	llegaste	llegasteis
	buscó	buscaron	llegó	llegaron
Affirmative and	busca /	buscad /	llega /	llegad /
negative	**no busques**	**no busquéis**	**no llegues**	**no lleguéis**
commands	(no) **busque**	(no) **busquen**	(no) **llegue**	(no) **lleguen**
Present subjunctive	que **busque**	**busquemos**	que **llegue**	**lleguemos**
	busques	**busquéis**	**llegues**	**lleguéis**
	busque	**busquen**	**llegue**	**lleguen**

	Verbs in **-ger** and **-gir:** **g ⟶ j** before **a** and **o**		Verbs in **-guir:** **gu ⟶ g** before **a** and **o**	
Infinitive	**escoger** to choose		**seguir** to follow	
Present indicative	**escojo**	escogemos	**sigo**	seguimos
	escoges	escogéis	sigues	seguís
	escoge	escogen	sigue	siguen
Affirmative and	escoge /	escoged /	sigue /	seguid /
negative	**no escojas**	**no escojáis**	**no sigas**	**no sigáis**
commands	**(no) escoja**	**(no) escojan**	**(no) siga**	**(no) sigan**
Present subjunctive	que **escoja**	**escojamos**	que **siga**	**sigamos**
	escojas	**escojáis**	**sigas**	**sigáis**
	escoja	**escojan**	**siga**	**sigan**

	Verbs in **-zar:** **z ⟶ c** before **e**	
Infinitive	**empezar** to begin	
Preterit	**empecé**	empezamos
	empezaste	empezasteis
	empezó	empezaron
Affirmative and	empieza / **no empieces**	empezad / **no empecéis**
negative commands	**(no) empiece**	**(no) empiecen**
Present subjunctive	que **empiece**	**empecemos**
	empieces	**empecéis**
	empiece	**empiecen**

	Verbs in **-eer:** unstressed **i ⟶ y**	
Infinitive	**creer** to believe	
Preterit	creí	creímos
	creíste	creísteis
	creyó	**creyeron**
Imperfect subjunctive	que **creyera**	**creyéramos**
	creyeras	**creyerais**
	creyera	**creyeran**
Present participle	**creyendo**	

Reflexive Verbs

	levantarse to get up; to stand up
Present indicative	me levanto, te levantas, se levanta nos levantamos, os levantáis, se levantan
Participles	levantándose, levantado
Affirmative and	**tú:** levántate / no te levantes
negative commands	**Ud.:** levántese / no se levante
	Uds.: levántense / no se levanten
	vosotros/as: levantaos / no os levantéis

Irregular Verbs

	caerse to fall	**conducir** to drive
Present indicative	me caigo, te caes, se cae, nos caemos, os caéis, se caen	conduzco, conduces, conduce, conducimos, conducís, conducen
Preterit	me caí, te caíste, se cayó, nos caímos, os caísteis, se cayeron	conduje, condujiste, condujo, condujimos, condujisteis, condujeron
Imperfect	me caía, te caías, *etc.*	conducía, conducías, *etc.*
Future	me caeré, te caerás, *etc.*	conduciré, conducirás, *etc.*
Conditional	me caería, te caerías, *etc.*	conduciría, conducirías, *etc.*
Present subjunctive	que me caiga, te caigas, se caiga, nos caigamos, os caigáis, se caigan	que conduzca, conduzcas, conduzca, conduzcamos, conduzcáis, conduzcan
Imperfect subjunctive	que me cayera, te cayeras, se cayera, nos cayéramos, os cayerais, se cayeran	que condujera, condujeras, condujera, condujéramos, condujerais, condujeran
Participles	cayéndose, caído	conduciendo, conducido
Affirmative and negative commands	_____ / no te caigas _____ / no se caiga _____ / no se caigan	conduce / no conduzcas conducid / no conduzcáis (no) conduzca (no) conduzcan

	conocer to know, be acquainted with	**construir** to build
Present indicative	conozco, conoces, conoce, conocemos, conocéis, conocen	construyo, construyes, construye, construimos, construís, construyen
Preterit	conocí, conociste, conoció, conocimos, conocisteis, conocieron	construí, construiste, construyó, construimos, construisteis, construyeron
Imperfect	conocía, conocías, *etc.*	construía, construías, *etc.*
Future	conoceré, conocerás, *etc.*	construiré, construirás, *etc.*
Conditional	conocería, conocerías, *etc.*	construiría, construirías, *etc.*
Present subjunctive	que conozca, conozcas, conozca, conozcamos, conozcáis, conozcan	que construya, construyas, construya, construyamos, construyáis, construyan
Imperfect subjunctive	que conociera, conocieras, conociera, conociéramos, conocierais, conocieran	que construyera, construyeras, construyera, construyéramos, construyerais, construyeran
Participles	conociendo, conocido	construyendo, construido
Affirmative and negative commands	conoce / no conozcas conoced / no conozcáis (no) conozca (no) conozcan	construye / no construyas construid / no construyáis (no) construya (no) construyan

	dar to give		**decir** to say; to tell	
Present indicative	doy, das, da, damos, dais, dan		digo, dices, dice, decimos, decís, dicen	
Preterit	di, diste, dio, dimos, disteis, dieron		dije, dijiste, dijo, dijimos, dijisteis, dijeron	
Imperfect	daba, dabas, *etc.*		decía, decías, *etc.*	
Future	daré, darás, *etc.*		diré, dirás, *etc.*	
Conditional	daría, darías, *etc.*		diría, dirías, *etc.*	
Present subjunctive	que dé, des, dé, demos, deis, den		que diga, digas, diga, digamos, digáis, digan	
Imperfect subjunctive	que diera, dieras, diera, diéramos, dierais, dieran		que dijera, dijeras, dijera, dijéramos, dijerais, dijeran	
Participles	dando, dado		diciendo, dicho	
Affirmative and negative commands	da / no des dad / no deis (no) dé (no) den		di / no digas decid / no digáis (no) diga (no) digan	

	estar to be		**freír** to fry	
Present indicative	estoy, estás, está, estamos, estáis, están		frío, fríes, fríe, freímos, freís, fríen	
Preterit	estuve, estuviste, estuvo, estuvimos, estuvisteis, estuvieron		freí, freíste, frió, freímos, freísteis, frieron	
Imperfect	estaba, estabas, *etc.*		freía, freías, *etc.*	
Future	estaré, estarás, *etc.*		freiré, freirás, *etc.*	
Conditional	estaría, estarías, *etc.*		freiría, freirías, *etc.*	
Present subjunctive	que esté, estés, esté, estemos, estéis, estén		que fría, frías, fría, friamos, friáis, frían	
Imperfect subjunctive	que estuviera, estuvieras, estuviera, estuviéramos, estuvierais, estuvieran		que friera, frieras, friera, friéramos, frierais, frieran	
Participles	estando, estado		friendo, frito	
Affirmative and negative commands	está / no estés estad / no estéis (no) esté (no) estén		fríe / no frías freíd / no friáis (no) fría (no) frían	

	haber to have (*auxiliary verb*)		**hacer** to do; to make	
Present indicative	he, has, ha, hemos, habéis, han		hago, haces, hace, hacemos, hacéis, hacen	
Preterit	hube, hubiste, hubo, hubimos, hubisteis, hubieron		hice, hiciste, hizo, hicimos, hicisteis, hicieron	
Imperfect	había, habías, *etc.*		hacía, hacías, *etc.*	
Future	habré, habrás, *etc.*		haré, harás, *etc.*	
Conditional	habría, habrías, *etc.*		haría, harías, *etc.*	
Present subjunctive	que haya, hayas, haya, hayamos, hayáis, hayan		que haga, hagas, haga, hagamos, hagáis, hagan	
Imperfect subjunctive	que hubiera, hubieras, hubiera, hubiéramos, hubierais, hubieran		que hiciera, hicieras, hiciera, hiciéramos, hicierais, hicieran	
Participles	habiendo, habido		haciendo, hecho	
Affirmative and negative commands	————		haz / no hagas haced / no hagáis (no) haga (no) hagan	

	ir to go	**oír** to hear
Present indicative	voy, vas, va, vamos, vais, van	oigo, oyes, oye, oímos, oís, oyen
Preterit	fui, fuiste, fue, fuimos, fuisteis, fueron	oí, oíste, oyó, oímos, oísteis, oyeron
Imperfect	iba, ibas, iba, íbamos, ibais, iban	oía, oías, *etc.*
Future	iré, irás, *etc.*	oiré, oirás, *etc.*
Conditional	iría, irías, *etc.*	oiría, oirías, *etc.*
Present subjunctive	que vaya, vayas, vaya, vayamos, vayáis, vayan	que oiga, oigas, oiga, oigamos, oigáis, oigan
Imperfect subjunctive	que fuera, fueras, fuera, fuéramos, fuerais, fueran	que oyera, oyeras, oyera, oyéramos, oyerais, oyeran
Participles	yendo, ido	oyendo, oído
Affirmative and negative commands	ve / no vayas id / no vayáis (no) vaya (no) vayan	oye / no oigas oíd / no oigáis (no) oiga (no) oigan

	poder (ue) to be able, can	**poner** to put
Present indicative	puedo, puedes, puede, podemos, podéis, pueden	pongo, pones, pone, ponemos, ponéis, ponen
Preterit	pude, pudiste, pudo, pudimos, pudisteis, pudieron	puse, pusiste, puso, pusimos, pusisteis, pusieron
Imperfect	podía, podías, *etc.*	ponía, ponías, *etc.*
Future	podré, podrás, *etc.*	pondré, pondrás, *etc.*
Conditional	podría, podrías, *etc.*	pondría, pondrías, *etc.*
Present subjunctive	que pueda, puedas, pueda, podamos, podáis, puedan	que ponga, pongas, ponga, pongamos, pongáis, pongan
Imperfect subjunctive	que pudiera, pudieras, pudiera, pudiéramos, pudierais, pudieran	que pusiera, pusieras, pusiera, pusiéramos, pusierais, pusieran
Participles	pudiendo, podido	poniendo, puesto
Affirmative and negative commands	————	pon / no pongas poned / no pongáis (no) ponga (no) pongan

	querer (ie) to want; to love (someone)	**saber** to know (how)
Present indicative	quiero, quieres, quiere, queremos, queréis, quieren	sé, sabes, sabe, sabemos, sabéis, saben
Preterit	quise, quisiste, quiso, quisimos, quisisteis, quisieron	supe, supiste, supo, supimos, supisteis, supieron
Imperfect	quería, querías, *etc.*	sabía, sabías, *etc.*
Future	querré, querrás, *etc.*	sabré, sabrás, *etc.*
Conditional	querría, querrías, *etc.*	sabría, sabrías, *etc.*
Present subjunctive	que quiera, quieras, quiera, queramos, queráis, quieran	que sepa, sepas, sepa, sepamos, sepáis, sepan
Imperfect subjunctive	que quisiera, quisieras, quisiera, quisiéramos, quisierais, quisieran	que supiera, supieras, supiera, supiéramos, supierais, supieran
Participles	queriendo, querido	sabiendo, sabido
Affirmative and negative commands	quiere / no quieras quered / no querráis (no) quiera (no) quieran	sabe / no sepas sabed / no sepáis (no) sepa (no) sepan

	salir de to leave; to go out	**ser** to be
Present indicative	salgo, sales, sale, salimos, salís, salen	soy, eres, es, somos, sois, son
Preterit	salí, saliste, salió, salimos, salisteis, salieron	fui, fuiste, fue, fuimos, fuisteis, fueron
Imperfect	salía, salías, salía, salíamos, salíais, salían	era, eras, era, éramos, erais, eran
Future	saldré, saldrás, *etc.*	seré, serás, *etc.*
Conditional	saldría, saldrías, *etc.*	sería, serías, *etc.*
Present subjunctive	que salga, salgas, salga, salgamos, salgáis, salgan	que sea, seas, sea, seamos, seáis, sean
Imperfect subjunctive	que saliera, salieras, saliera, saliéramos, salierais, salieran	que fuera, fueras, fuera, fuéramos, fuerais, fueran
Participles	saliendo, salido	siendo, sido
Affirmative and *negative commands*	sal / no salgas salid / no salgáis (no) salga (no) salgan	sé / no seas sed / no seáis (no) sea (no) sean

	tener to have	**traer** to bring
Present indicative	tengo, tienes, tiene, tenemos, tenéis, tienen	traigo, traes, trae, traemos, traéis, traen
Preterit	tuve, tuviste, tuvo, tuvimos, tuvisteis, tuvieron	traje, trajiste, trajo, trajimos, trajisteis, trajeron
Imperfect	tenía, tenías, *etc.*	traía, traías, *etc.*
Future	tendré, tendrás, *etc.*	traeré, traerás, *etc.*
Conditional	tendría, tendrías, *etc.*	traería, traerías, *etc.*
Present subjunctive	que tenga, tengas, tenga, tengamos, tengáis, tengan	que traiga, traigas, traiga, traigamos, traigáis, traigan
Imperfect subjunctive	que tuviera, tuvieras, tuviera, tuviéramos, tuvierais, tuvieran	que trajera, trajeras, trajera, trajéramos, trajerais, trajeran
Participles	teniendo, tenido	trayendo, traído
Affirmative and *negative commands*	ten / no tengas tened / no tengáis (no) tenga (no) tengan	trae / no traigas traed / no traigáis (no) traiga (no) traigan

	venir to come	**ver** to see
Present indicative	vengo, vienes, viene, venimos, venís, vienen	veo, ves, ve, vemos, veis, ven
Preterit	vine, viniste, vino, vinimos, vinisteis, vinieron	vi, viste, vio, vimos, visteis, vieron
Imperfect	venía, venías, venía, veníamos, veníais, venían	veía, veías, veía, veíamos, veíais, veían
Future	vendré, vendrás, *etc.*	veré, verás, *etc.*
Conditional	vendría, vendrías, *etc.*	vería, verías, *etc.*
Present subjunctive	que venga, vengas, venga, vengamos, vengáis, vengan	que vea, veas, vea, veamos, veáis, vean
Imperfect subjunctive	que viniera, vinieras, viniera, viniéramos, vinierais, vinieran	que viera, vieras, viera, viéramos, vierais, vieran
Participles	viniendo, venido	viendo, visto
Affirmative and *negative commands*	ven / no vengas venid / no vengáis (no) venga (no) vengan	ve / no veas ved / no veáis (no) vea (no) vean

Appendix B: Accentuation and Syllabication

Stress

1 ▪ If a word ends in **-n, -s,** or a **vowel,** the stress falls on the *next-to-last syllable.*

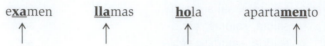

ex**xa**men   **lla**mas   **ho**la   aparta**men**to

2 ▪ If a word ends in any **consonant** other than **n** or **s,** the stress falls on the *last syllable.*

espa**ñol**   us**ted**   regu**lar**   prohi**bir**

3 ▪ Any exception to rules 1 and 2 has a written accent mark on the stressed vowel.

tele**vi**si**ón**   tel**é**fono   **ál**bum   cent**í**metro

4 ▪ Question and exclamation words (**cómo, dónde, cuál, qué,** etc.) always have accents.

5 ▪ Certain words change meaning when written with an accent although pronunciation remains the same.

cómo	how	**como**	like
dé	give	**de**	of/from
él	he/him	**el**	the
más	more	**mas**	but
mí	me	**mi**	my
sé	I know	**se**	*refl. pro.*
sí	yes	**si**	if
té	tea	**te**	you
tú	you	**tu**	your

6 ▪ Demonstrative pronouns have a written accent to distinguish them from demonstrative adjectives in cases of ambiguity (except for **esto, eso,** and **aquello,** which are always neuter pronouns).

este niño ⟶ este (**éste** *if ambiguous*)
esas blusas ⟶ esas (**ésas** *if ambiguous*)

Diphthongs

1 ▪ A diphthong is the combination of a weak vowel (**i, u**) and a strong vowel (**a, e, o**), or the combination of two weak vowels. When two vowels are combined, the strong vowel or the second of two weak vowels takes a slightly greater stress in the syllable.

l**ue**go   **au**to   t**ie**ne   conc**ie**nc**ia**   c**iu**dad   Mar**io**

2 ▪ When the stress of the word falls on the weak vowel of a strong-weak combination, no diphthong occurs and the weak vowel takes a written accent mark to break the diphthong.

pa-**ís**   d**í**-a   t**í**-o   ac-t**ú**-a   Ra-**úl**   Ma-r**í**-a

Syllabication

1 ■ Syllables usually end in a vowel.

ca-sa   Chi-le   dro-ga

2 ■ A diphthong is never separated. When the stress of the word falls on the weak vowel of a strong-weak vowel combination, no diphthong occurs and two separate syllables are present.

Bue-nos   Ai-res   Bo-li-via   BUT: dí-a

3 ■ Two consonants are usually separated except **ch, ll,** and **rr,** which are never separated.

en-can-ta-do   i-gual-men-te   es-ta-dos   BUT: ca-rro

4 ■ The consonants **l** and **r** are never separated from the preceding letters **b, c, d, f, g, p,** or **t.**

po-si-ble   a-brir   es-cri-be   BUT: is-la

5 ■ When there is a cluster of three consonants, the first two stay with the preceding vowel unless the third consonant is an **l** or an **r** and one of the pairs described in rule 4 is formed, in which case the last two consonants stay with the vowel that follows.

ins-ti-tu-ción   BUT: ex-pli-car; des-crip-ción

6 ■ When there is a cluster of four consonants, they are always divided between the second and third consonants.

ins-crip-ción   ins-truc-ción

Appendix C: **Para escuchar**

RECEPCIONISTA	Un momento... ¿Sí? Buenos días.
TERESA	Buenos días.
RECEPCIONISTA	¿Cómo se llama Ud.?
TERESA	Soy Teresa Domínguez Schroeder.

■■■ Asking for a repetition

RECEPCIONISTA	Domínguez... Domínguez... ¿Cómo? ¿Cómo es el segundo apellido?
TERESA	Schroeder.
RECEPCIONISTA	¿Cómo se escribe?
TERESA	Ese-ce-hache-ere-o-e-de-e-ere.
RECEPCIONISTA	Emmm... Domínguez Sánchez, Domínguez Salinas, ¡ah, Domínguez Schroeder! Y ¿cuál es su número de pasaporte?
TERESA	Un momento... por Dios... momentito... Ah, aquí está. Cero-dos-tres...

■■■ Discussing origin

RECEPCIONISTA	Pasaporte americano... Ud. es puertorriqueña, ¿no?
TERESA	Sí, soy de Puerto Rico.
RECEPCIONISTA	Bueno, ¿y el número?
TERESA	Sí, sí, cero-dos-tres-uno-cinco-tres...
RECEPCIONISTA	Cero-dos-uno-cinco...
TERESA	No, cero-dos-tres-uno-cinco.
RECEPCIONISTA	Ah, tres-uno-cinco, ¿sí?
TERESA	Tres-seis-cuatro-cuatro.
RECEPCIONISTA	Treinta y seis, cuarenta y cuatro. Bien. Su habitación es la ocho, señorita.
TERESA	¿Cómo?
RECEPCIONISTA	La ocho.
TERESA	¡Ah! Muchas gracias, señor. Hasta luego.
RECEPCIONISTA	Adiós. No hay de qué.

En la cafetería del colegio mayor

TERESA	Hola, Marisel.
MARISEL	Hola, ¿qué hay?
TERESA	Oye, dime, ¿quién es ella?
MARISEL	¿La chica? Es Diana.
TERESA	¿Es de España?

■■■ Negating

MARISEL	No, es de los Estados Unidos, pero es de origen mexicano.
CAMARERO	¿Qué toman Uds.?
TERESA	Yo, una Coca-Cola.
MARISEL	Para mí, una Fanta de limón.
CAMARERO	Una Coca-Cola y una Fanta de limón.
MARISEL	Eso es. Gracias.
TERESA	¿Y... y ellos? ¿Quiénes son?

■■■ Giving information

MARISEL	Se llaman Juan Carlos y Vicente. Juan Carlos es de Perú y Vicente es de Costa Rica.

■■■ Expressing amazement

TERESA	¡Huy! ¡Entonces todos somos de América!
MARISEL	No, no. El chico que está con Diana es de España, de Córdoba.
TERESA	¿Y, cómo se llama?
MARISEL	Álvaro Gómez.

■■■ Asking for confirmation

TERESA	Todos son estudiantes, ¿no?
MARISEL	Pues, sí y no; son estudiantes, pero Diana también es profesora de inglés.
CAMARERO	La Coca-Cola y la Fanta, tres euros cincuenta, por favor.
MARISEL	Gracias.
CAMARERO	No hay de qué.

Capítulo 2 ¡Me gusta mucho!

MARISEL	Sí, pasa.
TERESA	Hola Marisel. ¿Cómo estás?
MARISEL	Bien. ¿Y tú?
TERESA	Más o menos, tengo que estudiar mucho.
MARISEL	Yo también porque mañana tengo clase de arte moderno y tenemos examen.
TERESA	Pero tienes un minuto, ¿no?
MARISEL	Por supuesto.
TERESA	Oye, ¿tienes café?
MARISEL	¡Claro que sí!
TERESA	¡Ah, Marisel! Tienes computadora portátil.
MARISEL	Sí, es una Macintosh. Me gusta mucho la Macintosh.
TERESA	¿De veras? A mí no me gusta la Mac.
MARISEL	Entonces, ¿qué computadora tienes tú, Teresa Domínguez Schroeder, experta en tecnología?
TERESA	Yo tengo una Toshiba y ¿sabes? ahora tengo conexión ADSL a Internet.
MARISEL	¡Conexión ADSL! Yo tengo conexión a Internet por teléfono normal y no es muy rápida. Oye, ¿te gusta el café solo o con leche?
TERESA	Solo... Mmm. Me gusta mucho. ¡Ah! ¡Qué música tan buena tienes!
MARISEL	Tengo muchos CDs de salsa. ¿Te gusta la música del Caribe?
TERESA	Por supuesto. ¿Tienes CDs de Rubén Blades?
MARISEL	Claro, y de Gilberto Santarrosa, la India, Víctor Manuelle, Óscar de León, Charanga Habanera...

Discussing future actions

Getting someone's attention

Indicating possession

Asking preferences

Planes para una fiesta de bienvenida

MARISEL	Bueno, Álvaro, la fiesta es mañana.
ÁLVARO	¿Qué? ¿Mañana es sábado?
MARISEL	Sí, claro. Lo tenemos que preparar todo.
ÁLVARO	Bueno, entonces yo voy a llevar la música.
MARISEL	Pero tú tienes muchos CDs de ópera. No quiero ópera en la fiesta.
ÁLVARO	¡Pero, bueno! Tengo muchos CDs de ópera, pero también tengo CDs de rock y de salsa.
MARISEL	¡O.K., fantástico! Yo tengo guitarra. ¿Y de beber?
ÁLVARO	¿Qué te gusta más, la cerveza o el vino?
MARISEL	¿Qué tal una sangría?
ÁLVARO	Sí, sí... sangría. ¿Quién va a comprar los ingredientes para mañana?
MARISEL	Juan Carlos, quizás.
ÁLVARO	¿Moreno?
MARISEL	Sí, Juan Carlos Moreno.
ÁLVARO	Vale. Y también tenemos que comprar Coca-Cola.
MARISEL	Ah sí, por supuesto. Claudia va a llevar la Coca-Cola y las papas fritas.
ÁLVARO	Vale. Y Vicente va a llevar la tortilla de patatas, ¿no?
MARISEL	¡Es tortilla de PAPAS!
ÁLVARO	¡Bueno! Papas o patatas, no importa. Eso sí, yo les voy a escribir un email a Juan Carlos, Vicente y Claudia para explicarles quién va a llevar qué a la fiesta.
MARISEL	Buena idea.

Stating an obligation

Expressing agreement

Offering an option

Expressing agreement

Expressing future actions

Capítulo 3 Una llamada de larga distancia

PADRE	¿Aló?
CLAUDIA	Hola, papá. ¿Cómo estás? ¿Qué tal la preparación del concierto de Shakira?
PADRE	Yo bien y la preparación del concierto fantástica. Shakira está en Colombia, pero mañana va a estar aquí en Quito.
CLAUDIA	Pero, ¡qué bueno!

	PADRE	Sí, muy bueno, pero ahora tengo que salir porque necesito hablar con los representantes de Sony y el agente de Shakira. Adiós, hija. Aquí está tu mamá.
	CLAUDIA	Adiós, papi... ¿Mami?
	MADRE	Sí, mi hijita. ¿Cómo estás?
	CLAUDIA	Muy bien, ¿y tú?
	MADRE	Muy bien aquí en Quito. Y tus clases, ¿qué tal?
■■■ Describing	CLAUDIA	Muy bien. Tengo una clase de economía fabulosa y otra de historia con un profesor excelente.
	MADRE	¿Y las otras clases?
	CLAUDIA	Pues... más o menos.
	MADRE	¿Y quién es tu compañera en la residencia?
■■■ Stating profession and origin	CLAUDIA	Se llama Teresa Domínguez Schroeder; su papá es un actor famoso de Puerto Rico y su mamá es de los Estados Unidos.
	MADRE	¿Y qué hace su mamá?
	CLAUDIA	Es abogada.
	MADRE	Si su padre es de Puerto Rico y su madre es de los Estados Unidos, ¿de dónde es Teresa?
	CLAUDIA	De Puerto Rico... es de Ponce.
	MADRE	¿Y qué estudia en España?
	CLAUDIA	Estudia turismo y trabaja en una agencia de viajes. Pero, y Uds., ¿qué van a hacer en Quito?
■■■ Discussing the future	MADRE	Bueno... vamos a visitar la parte colonial esta noche y el sábado vamos al pueblo de Santo Domingo de los Colorados.
	CLAUDIA	Uds. viajan y yo estudio... Bueno mami, tengo que ir a la biblioteca.
	MADRE	Claudia... ¡Tú estudias demasiado!
■■■ Asking about plans	CLAUDIA	Es que tengo examen de economía mañana. ¿Cuándo regresan Uds. a Bogotá?
■■■ Expressing a desire	MADRE	No tengo idea, pero me gustaría regresar la semana próxima.
	CLAUDIA	Bueno, mami, entonces hablamos la semana próxima.
	MADRE	Bueno, hija, un beso. Adiós.
	CLAUDIA	Adiós, mamá.

Hay familias... y... FAMILIAS

	TERESA	Vicente, ¿qué haces?
■■■ Inviting	VICENTE	Estoy mirando el periódico, la sección de cines. Oye, ¿te gustaría ir al cine el jueves?
	TERESA	Me gustaría, pero antes tenemos que tomar un café con mi tío.
	VICENTE	¡¿Tu tío... ?! Pero, ¿por qué?
■■■ Giving a reason	TERESA	Porque es mi tío y por eso, es como mi papá en España.
	VICENTE	Bbbbbueno, pero ¿cómo es?
■■■ Giving physical description	TERESA	No te preocupes. Es alto, moreno, un poco gordo...
	VICENTE	¡No, no! Pero, ¿cómo es? ¿Simpático? ¿Antipático?
■■■ Describing personality traits	TERESA	Es muy simpático, y qué más... es un hombre muy optimista y siempre está contento.
	VICENTE	Pero... es tu familia... y las familias...
	TERESA	Y las familias, ¿qué?
■■■ Expressing feelings	VICENTE	No sé, pero, estoy nervioso. ¿Es tradicional tu tío?
	TERESA	No, hombre. Es un poco serio, eso sí. Mi tío es serio, pero muy liberal.
	VICENTE	Bueno, voy, pero después vamos al cine, ¿O.K.?
	TERESA	Sí, por supuesto, pero con mi tío, ¿no?
	VICENTE	¿Cómo? ¿Estás loca?

Capítulo 4 Noticias de una amiga

	RAFAEL	Oye, José Manuel. Mira, tienes email.
■■■ Showing excitement	JOSÉ MANUEL	Ah, muchas gracias. Vamos a ver quién escribe. ¡Qué bueno! Es de Marisel.
	RAFAEL	¿Marisel?
	JOSÉ MANUEL	¡Marisel, hombre! Es venezolana. Ella está ahora en Madrid.
	RAFAEL	Ah, sí. Es una chica muy simpática e inteligente. Estudia geología, ¿no?
	JOSÉ MANUEL	Exacto. Le gusta mucho la geología.
	RAFAEL	Y... ¿Qué dice?

JOSÉ MANUEL	A ver... Pregunta mucho sobre el proyecto en Machu Picchu: qué hago en el trabajo, cómo son las ruinas incaicas, si hablo con los indígenas sobre su cultura. Tú sabes, preguntas.
RAFAEL	¿Y qué más?
JOSÉ MANUEL	Pregunta si continúo con mi trabajo voluntario con niños que no tienen padre o madre.
RAFAEL	Sí, sí, eres muy bueno y tienes un corazón grande pues trabajas con niños que no tienen padres. Eres perfecto. ¿Pero dice algo más?
JOSÉ MANUEL	Ah... También dice que tengo que afeitarme porque estoy feo con la barba que tengo.
RAFAEL	Es verdad que estás feo, pero ¿cómo sabe que tienes barba?
JOSÉ MANUEL	Porque tiene una foto.
RAFAEL	¡Ahh!
JOSÉ MANUEL	También dice que estoy loco y que voy a tener un accidente.
RAFAEL	¿Y por qué dice que vas a tener un accidente?
JOSÉ MANUEL	Porque en la foto hago andinismo... subo una montaña totalmente vertical.
RAFAEL	¡Qué inteligente es Marisel! Porque, en realidad, tú estás loco.

■■■ Reporting

■■■ Expressing future actions

El mensaje telefónico

TELECOM	Bienvenido a Telecom, ingrese su número de clave. Ud. tiene dos mensajes nuevos. Primer mensaje nuevo:
DON ALEJANDRO	Hola Teresa, habla tu tío Alejandro. Tengo que ir a la librería La Casa del Libro, pero hace muuuucho frío hoy y no estoy bien. ¿Podrías ir tú? La... la librería se llama La Casa del Libro, ¿eh? ¿Sabes dónde está? Pues... eh... si no sabes, está en la Gran Vía, sí. Tomas el metro o el autobús número... dos. Allí en la librería trabaja mi cliente Federico de Rodrigo. Él y su familia desean ir a Chile y a Argentina el mes de agosto. Mmm... Tienes que llevarle un paquete de información sobre vacaciones en Suramérica. El paquete está...
TELECOM	Para borrar el mensaje, pulse siete. Para oír el siguiente mensaje, pulse tres. Segundo mensaje nuevo.
DON ALEJANDRO	Perdón. Soy yo otra vez. El paquete para el Sr. de Rodrigo está en mi escritorio. Tú conoces al Sr. de Rodrigo, ¿no? Es bajo, rubio, un poco gordo y tiene la nariz larga. Trabaja en la librería en la sección de arte. ¡Ah! ¿Podrías también comprar el libro... El libro que tienes que comprar se llama *Los comentarios reales* del Inca Garcilaso de la Vega. Perdón, el autor es el Inca Garcilaso de la Vega. Es para Federico. Va a ser un buen regalo para él porque le gusta la historia y esta es la historia de los incas narrada por una persona con sangre incaica. Un millón de gracias. Besos. Ah.... y también y también me gustaría...

■■■ Expressing obligation

■■■ Asking if someone knows something

■■■ Expressing desires

■■■ Talking about who you know

■■■ Thanking

Capítulo 5 ¿Qué hacemos esta noche?

JUAN CARLOS	Bueno, entonces ¿qué te gustaría hacer?
CLAUDIA	Pues... No sé.
JUAN CARLOS	¿Te gusta el jazz?
CLAUDIA	¡Huy! Me fascina, pero esta noche no.
JUAN CARLOS	¿Y entonces? ¿Prefieres ir al cine?
CLAUDIA	Sí, me gustaría ver una película clásica.
JUAN CARLOS	Bueno, puedo mirar en un periódico. ¡Camarero! ¿Tiene por casualidad un periódico de hoy?
CAMARERO	¿Qué sección quiere?
JUAN CARLOS	La sección de espectáculos.
CAMARERO	Es posible. Un momento... Sí. Aquí está.
JUAN CARLOS	Gracias, y por favor, otra cerveza que tengo sed... Quiero ver una película... una película vieja. Vamos a ver... en el Palafox tienen *Carmen* de Saura. Saura es un director muy bueno y en la película baila Antonio Gades... ¡Vaya! Mira, en el Alphaville podemos ver *El Norte*...
CLAUDIA	¡Huy! *El Norte* es una película clásica. Es de unos jóvenes guatemaltecos que... que emigran a los Estados Unidos, ¿no? Sé que es excelente, pero esta noche quiero algo diferente.

■■■ Offering an option

JUAN CARLOS	¿Y conoces la película *La historia oficial*? Empieza a las diez menos cuarto en el cine Amaya. Creo que actúa la argentina Norma Aleandro.
CLAUDIA	Sí, sí, pero *La historia oficial* es muy triste... Esta noche quiero una película con un poco de romance.
JUAN CARLOS	Bueno, está *Casablanca*.
CLAUDIA	¡No me digas! ¡*Casablanca*! ¡Qué bueno! Vamos a esa.
JUAN CARLOS	¿Te gusta Humphrey Bogart?
CLAUDIA	Sí, y me fascina Ingrid Bergman.
JUAN CARLOS	Bueno. La película empieza a las diez menos cuarto en el Cine Luna.
CLAUDIA	¡Huy! Y son las ocho y media. Después del cine, vamos a salir a comer con Vicente y Teresa para celebrar su cumpleaños.
JUAN CARLOS	¿El cumpleaños de quién?
CLAUDIA	El de Teresa.
JUAN CARLOS	¡Ah, qué bueno!
CLAUDIA	Y entonces, como es su cumpleaños, ella invita, así que no pagamos nada —tenemos comida gratis. Podemos ir a comer a un restaurante chino. ¿Qué tal el Buda Feliz?
JUAN CARLOS	¡Perfecto! Se come muy bien allí. La comida es excelente.

De compras en San Juan

TERESA	Luis, ¡qué grande está Plaza! Cada vez que vengo hay más tiendas.
LUIS	¿Sabes que es el centro comercial más grande del Caribe?
TERESA	¿De verdad? Bueno, no me sorprende, porque es inmenso, pero no sé si puedo encontrar la tienda que quiero. Busco unas camisetas de algodón que me fascinan y que son políticamente correctas.
LUIS	¿Políticamente correctas? ¿De qué estás hablando?
TERESA	Cuando compras una de estas camisetas, la tienda da dos pesos a UNICEF para ayudar a niños necesitados.
LUIS	Pero qué hermana tan buena tengo, ayuda a niños necesitados con su compra. Mira, allí en esa tienda de hombres tienen una rebaja. Me gustaría comprar una guayabera nueva para la fiesta del sábado. ¿Tenemos tiempo?
TERESA	¡Por supuesto! Y después, ¿qué tal si almorzamos? En España, siempre pienso en la comida típica puertorriqueña.

En la tienda de hombres

LUIS	Por favor, busco una guayabera elegante, para una fiesta.
VENDEDOR	Tenemos unas muy elegantes de seda de China que acaban de llegar y... también hay de algodón.
LUIS	Me gustaría ver una blanca de talla 40, pero no de algodón, de seda.
VENDEDOR	Aquí tiene Ud. dos guayaberas muy finas.
TERESA	¿Por qué no te pruebas esta? ¡Me gusta mucho! ¿Cuánto cuesta?
VENDEDOR	Ciento noventa pesos.
LUIS	¡Cómo! ¡Ciento... ciento noventa? ¡Cuesta un ojo de la cara! Creo que me pruebo una de algodón.

LUIS	¡Oye! ¿Te gusta?
TERESA	Te queda muy bien. Y esta, ¿cuánto cuesta?
VENDEDOR	Cuesta treinta pesos.
LUIS	Bueno, me llevo esta.
TERESA	Claro, es que a ti te gustan las tres "bes": **b**ueno, **b**onito y **b**arato. Y vamos, que tenemos que comprar mi camiseta todavía.

Capítulo 6 Una llamada de Argentina

ALEJANDRO	Dígame.
FEDERICO	¿Alejandro? Aquí un amigo que está en Mendoza, Argentina.
ALEJANDRO	Hombre. Federico. ¿Qué tal el viaje?

FEDERICO	Excelente. Por fin estoy sentado sin nada que hacer. Los niños y mi esposa están esquiando en la montaña. A toda la familia le fascina eso de esquiar en agosto. ¡Oye! Los Andes son impresionantes y muy diferentes de los Pirineos en España, y el Aconcagua... es que el Aconcagua es una montaña realmente increíble. Y Las Leñas es un lugar fantástico para esquiar.
ALEJANDRO	Así que te gusta la zona. Pero, ¿qué tal por Buenos Aires?
FEDERICO	Llegamos la semana pasada, el 15, y fuimos directamente al hotel.
ALEJANDRO	Fueron al Hotel Presidente, ¿no?
FEDERICO	Exacto, y ¡qué hotel más lujoso! Gracias por la recomendación. Buenos Aires es maravillosa. Es una ciudad muy europea y bellísima. Es igual que estar en Barcelona, París o Milán. Bellísima te digo, bellísima.
ALEJANDRO	¿Y qué tal los argentinos?
FEDERICO	Nos divertimos escuchando hablar a los argentinos con ese acento tan bonito que tienen —no perdón, lo dije mal—Nos divertimos escuchando hablar a los argentinos con ese acento tan bonito que tienen. Casi cantan al hablar y siempre dicen "che".
ALEJANDRO	¿Qué más hicieron? Perdón, ¿qué más hicieron, che?
FEDERICO	Bueno, fuimos a la calle Florida y compramos ropa, chaquetas de cuero y otras cosas. El cuero aquí es fabuloso. Y Elena compró un mate porque quiere aprender a beber "yerba mate". Por la noche, Elena y yo fuimos a un lugar para bailar tangos y nuestros hijos fueron a la Recoleta.
ALEJANDRO	La Recoleta... interesante el lugar. ¿Les gustó a tus hijos?
FEDERICO	Les sorprendió ver esa zona de cafeterías y restaurantes enfrente de un cementerio donde están las tumbas de las personas más importantes del país. Una zona con mucha gente que está muy contenta, que bebe café y que come al lado de un cementerio lleno de muertos...
ALEJANDRO	De veras es curioso, ¿no? ¿Adónde van después de esquiar en Mendoza?
FEDERICO	Bueno, tenemos que ir a Chile para la boda de la hija de unos amigos y después...
ALEJANDRO	¿Dónde en Chile?
FEDERICO	Santiago. Y después de Chile, volvemos a Argentina para visitar las cataratas del Iguazú y ya para la semana que viene vamos a estar en Madrid.
ALEJANDRO	Si quieres, ¿los voy a buscar al aeropuerto? Perdón, si querés, ¿los voy a buscar al aeropuerto, che?
FEDERICO	Fantástico, che. Un millón de gracias.

■ ■ ■ Discussing actions in progress

■ ■ ■ **El Aconcagua** is the highest peak in the western hemisphere.

■ ■ ■ Talking about past actions

■ ■ ■ Expressing location

■ ■ ■ Asking about future plans

■ ■ ■ Discussing future plans

La boda en Chile

ANDRÉS	Buenos días. ¿Cómo están?
FEDERICO	Estoy cansadísimo. Y se debe decir buenas tardes porque ya son las dos.
ANDRÉS	¡Las dos de la tarde! ¡No me digas! Es que nos acostamos muy tarde después de la boda.
FEDERICO	Pero qué divertido estuvo, ¿no?
CAMILA	Sí, la verdad es que los padres de Olga echaron la casa por la ventana... comida, música, champán... Pero a mí me gustó la ceremonia. ¡Me encantó ver entrar en la iglesia a Olga del brazo de su padre! ¡Y qué buen mozo estaba el novio! Y su madre, ¡qué madrina[1] más elegante!
ANDRÉS	¿Y sabes qué regalos les dieron?
FEDERICO	Una tía de él les dio un televisor gigante de plasma.
ANDRÉS	¡Gigante y de plasma!
CAMILA	Claro y con control remoto para Olga que siempre cambia de canal.
ANDRÉS	¡Qué buena tía! ¡Un televisor gigante de plasma! ¡Eso sí que es un regalo! Si algún día yo me caso, la tía Carmina me va a regalar toallas, no un televisor.
CAMILA	Sí, te va a regalar toallas. Y feas.
ANDRÉS	Sí, toallas bien feas.
CAMILA	Feísimas.
FEDERICO	Basta, la tía Carmina es mi hermana. No critiquen.
ANDRÉS	Superfeas.

■ ■ ■ Talking about past actions

■ ■ ■ Stating who gave what to whom

[1]*maid of honor*

CAMILA	Requetefeas.
FEDERICO	Bueno, bueno, ¿quieres saber qué otras cosas recibieron los novios?
ANDRÉS	Sí, sí.
FEDERICO	El abuelo de Nando les dio un equipo de audio.
ANDRÉS	¡Fantástico!
CAMILA	Sí, están contentísimos con el equipo de audio.
ANDRÉS	¿Y nosotros no les regalamos nada?
FEDERICO	Pues sí, hombre. Nosotros les regalamos un sofá precioso que compramos aquí en Santiago.
ANDRÉS	Claro. Así puede dormir Olga mientras mira la televisión.
CAMILA	¿Y saben? Nando me dijo que los padres de él les pagaron el viaje de luna de miel.[1]
ANDRÉS	¡No me digas! ¿Adónde?
CAMILA	Hoy salen para Santo Domingo y después van a viajar por el Caribe.
FEDERICO	¡Qué romántico! Yo tengo muchas ganas de ir a la República Dominicana.
CAMILA	Sí, las islas del Caribe deben ser muy bonitas.
ANDRÉS	Y si yo me caso, Uds., mis queridos y adorables padres, ¿me van a regalar un viaje a un lugar tropical?
FEDERICO	Claro, pero primero necesitas novia y eso lo veo muy difícil porque con ese pelo tan largo que tienes y con esa barba estás más feo que las toallas de tu tía Carmina.

■■■ Expressing desires

Capítulo 7 ¿En un "banco" de Segovia?

JUAN CARLOS	Por favor, ¿dónde está el autobús para Madrid?
EMPLEADO	Lo siento, señor, salió hace diez minutos.
JUAN CARLOS	¡Caray! No puede ser, son las nueve y diez y el autobús no sale hasta las nueve y veinte.
EMPLEADO	Sí, puede ser porque son las nueve y media.
JUAN CARLOS	¡Caray! ¿Las nueve y media? Pero... pero en mi reloj...
CLAUDIA	¿Y cuándo sale el próximo?
EMPLEADO	Mañana a las ocho y cuarto.
JUAN CARLOS	Gracias. Bueno, perdimos el autobús a Madrid y no hay más esta noche. ¿Qué vamos a hacer?
CLAUDIA	Pues, comprar un reloj nuevo... no... en serio, debemos buscar o un hotel o un hostal, ¿no?
JUAN CARLOS	Mira, allí hay uno... el Hotel Acueducto.

■■■ Discussing transportation schedules

JUAN CARLOS	Buenas noches, señor.
RECEPCIONISTA	Hola, buenas noches. ¿Qué desean?
JUAN CARLOS	Quisiéramos dos habitaciones sencillas.
RECEPCIONISTA	Lo siento, pero no hay.
JUAN CARLOS	Y, ¿una habitación doble?
CLAUDIA	¿Doble?
JUAN CARLOS	No te preocupes. Ya nos arreglamos.
CLAUDIA	Mmm...
RECEPCIONISTA	Hace tres días que el hotel está completo. No hay nada, pero si quiere, puedo llamar a otros hoteles.
JUAN CARLOS	Sí, por favor.
CLAUDIA	¿No sabe dónde hay un teléfono público? Quisiera llamar a Madrid. Mi móvil no tiene batería.
RECEPCIONISTA	Sí, hay uno en el bar de enfrente.
CLAUDIA	Ahora vuelvo. Voy a llamar a Marisel...

■■■ Making a request

■■■ Negating

DON ANDRÉS	Colegio Mayor. Dígame.
CLAUDIA	¿Quién habla? ¿Don Andrés?
DON ANDRÉS	Sí, ¿quién habla?
CLAUDIA	Habla Claudia. ¿Está Marisel?
DON ANDRÉS	No, hace dos horas que la vi salir.
CLAUDIA	¿Le puedo dejar un mensaje?

■■■ Identifying oneself on the phone

■■■ Leaving a message

[1]*honeymoon*

DON ANDRÉS	Sí, cómo no.
CLAUDIA	¿Le puede decir que Juan Carlos y yo perdimos el autobús y estamos en Segovia? Nos dijeron que no hay autobuses hasta mañana.
DON ANDRÉS	Vale, vale. Adiós, Claudia.
CLAUDIA	Gracias, don Andrés. Hasta mañana.

CLAUDIA	Bueno, ¿pudo encontrar habitación para nosotros?	
RECEPCIONISTA	No, lo siento...	■ ■ ■ Apologizing
JUAN CARLOS	Bueno, Claudia, ¿sabes qué? Hay un parque muy bonito cerca de aquí... y tiene unos bancos muy buenos...	

Un día normal en el aeropuerto

TERESA	Siguiente, por favor.	
SEÑOR	¡Por fin! Hace media hora que estoy en esta cola. Aquí está el pasaje, mi pasaporte, la maleta y quiero un asiento de pasillo.	■ ■ ■ Expressing how long an action has been taking place
TERESA	Lo siento, pero no hay asiento de pasillo.	
SEÑOR	¿Cómo que no hay asiento de pasillo? ¿Y de ventanilla?	
TERESA	Perdón señor, pero es tarde y sólo hay asientos en el medio. Aquí está su tarjeta de embarque. ¡Buen viaje!	■ ■ ■ Apologizing
SEÑOR	Pues, va a ser difícil tener un buen viaje... como una sardina en lata voy a viajar...	

TERESA	Siguiente.	
MADRE	Aquí está el pasaje y el pasaporte de mi hijo Ramoncito.	
TERESA	¿Y su hijo viaja solo o con Ud.?	
MADRE	Solo, pero lo espera su tío Ramón en Miami. Yo regreso a casa.	
NIÑO	Mamá, ¿dónde pongo estas botellas de ron?	
MADRE	Las llevas en la mano.	
TERESA	Pero señora, su hijo no puede entrar en los Estados Unidos con alcohol porque no tiene veintiún años.	
MADRE	Pero no lo va a beber él; es para su tío.	■ ■ ■ Giving a reason
TERESA	Señora, tiene que darse cuenta de que es ilegal.	
MADRE	¡Bueno! Las ponemos en el bolso de mano. Ramoncito, si te preguntan en la aduana qué llevas, ¿qué les dices?	
NIÑO	Les digo que no llevo nada, que no hay ron.	

TERESA	Siguiente.	
SEÑORA	¡Ay! Por fin llegué. Eran las cinco y es que estaba en la peluquería y no me di cuenta de la hora y es que vine en taxi y, y, y el taxista manejó muy rápidamente. Casi tuvimos un accidente. ¡Qué nervios! Y luego dejé la maleta en el taxi. Tuve que hablar con un policía, muy simpático por cierto...	■ ■ ■ Narrating a series of past actions
TERESA	Su pasaje y pasaporte, por favor.	
SEÑORA	Sí, aquí están... bueno, el policía muy simpático...	
TERESA	Ejem... señora, lo siento pero su vuelo salió hace 24 horas...	
SEÑORA	¿Qué? ¿Cómo que ya salió?	

Capítulo 8 ¡Feliz cumpleaños!

VICENTE	No saben cuánto me gusta estar en Costa Rica otra vez; siempre los echo de menos a Uds. y a mis amigos.	
MADRE	Y a nosotros nos encanta tenerte en casa, hijo. Y muchas gracias por la tarjeta virtual que me mandaste para mi santo.	
VICENTE	¿Ves que estoy muy lejos, en España, pero me acuerdo de tu santo? Cuando vi esa tarjeta en Internet, te la mandé inmediatamente.	■ ■ ■ Avoiding redundancies
MADRE	Sí, hijo, gracias. ¡Qué tarjeta más bonita! Pero, mi mejor regalo es tener a mi hijo aquí con nosotros, gracias a Dios.	

VICENTE	Gracias, mamá. Bueno, ¿qué vamos a hacer hoy?
PADRE	Primero, vamos a darte tu regalo de cumpleaños; aquí está. Te lo compramos porque sabemos que es algo que te gusta. ¡Feliz cumpleaños!
VICENTE	...¡Una raqueta de tenis! Hace mucho tiempo que no juego. Muchas gracias, mamá... papá.
PADRE	¿Te gusta?
VICENTE	¡Me fascina!
PADRE	Bueno, ahora vamos a ir a Sarchí para ver las carretas.
VICENTE	¿Para el festival?
PADRE	Sí, lo celebran hoy.
VICENTE	¡Pura vida![1] Echo de menos el "canto" de las carretas. Tenía tres años cuando subí a la carreta del abuelo por primera vez y me fascinó. ¿Vas a venir con nosotros, mamá?
MADRE	No, me quedo en casa porque no me siento bien y quiero dormir un poco.
VICENTE	Pero mamá, te vas a aburrir como una ostra.
MADRE	No, Uds. deben ir solos. ¡Ah! ¡Oye! Sarchí es un buen lugar si Uds. quieren comprarle algo de artesanía típica a Teresa.
VICENTE	Ahhh, a lo mejor le regalo una carreta pequeña.
PADRE	Sí, yo conozco un lugar perfecto donde se la puedes comprar.
MADRE	Y no se olviden de ir a comer al Restaurante "Las carretas". Me parece que la comida allí es excelente —especialmente el pollo.
VICENTE	Mmmm, ya tengo hambre. Gracias por la sugerencia. Bueno, voy a echarle gasolina al carro. Ahorita vengo, papá. Adiós mamá. Debes dormir un poco si puedes.
MADRE	Hasta luego, mi amor; que Dios te acompañe.
PADRE	¿Ya llamaste a todos sus amigos?
MADRE	Sí, vienen como a las ocho. A Vicente le va a encantar verlos a todos. Tengo mucho que hacer mientras Uds. están en Sarchí. No pueden llegar hasta las nueve, ¿eh?

Teresa, campeona de tenis

TERESA	¿Qué tal todo por Costa Rica?
VICENTE	¡Pura vida![1] como decimos allí.
TERESA	¿Qué hiciste?
VICENTE	Visité a mis padres, salí con mis amigos, fui al interior y a la playa...
TERESA	O sea... un viaje típico.
VICENTE	¡Ah! ¿No te dije que fui a un partido de fútbol en que jugó Marcelo Salas? ¿Y sabes quién estaba sentado enfrente de mí?
TERESA	No, pero tiene que ser alguien famoso. ¿Una estrella de cine?
VICENTE	Te doy una pista: "¡GOOOOOOOOOOOOOOOOOOOOOOOOOOOOOL!"
TERESA	No me digas. ¿Viste a Andrés Cantor? No te creo.
VICENTE	Fue estupendo. Me divertí mucho.
TERESA	¡Qué bueno! Y tu familia, ¿cómo está?
VICENTE	Todos bien, pero hay muchos problemas económicos en Centroamérica y aun en Costa Rica se siente la tensión.
TERESA	Pero la situación en Costa Rica es bastante buena, ¿no?
VICENTE	Sí, es cierto, pero igual hay tensión.
TERESA	Bueno, pero cambiando de tema, ¿qué hiciste con tus amigos?
VICENTE	Pues... salir, nadar, jugar al tenis; mis padres me regalaron una raqueta de tenis fenomenal para mi cumpleaños.
TERESA	¡Ah! ¿Te gusta el tenis? No sabía que jugabas.
VICENTE	Sí, empecé a jugar cuando tenía ocho años. Practicaba todos los días, pero dejé de jugar cuando vine a España.
TERESA	Yo también jugaba mucho.
VICENTE	¿Y ya no juegas?
TERESA	Muy poco, pero me encanta. ¿Sabes? Fui campeona de mi club en Puerto Rico hace tres años, pero dejé de jugar cuando tuve problemas con una rodilla.
VICENTE	Pero, vas a jugar conmigo, ¿no?

[1]*That's great!* (Costa Rican expression)

TERESA	Claro que sí... y te voy a ganar.
VICENTE	¿Y qué pasa si le gano a la campeona?
TERESA	No me vas a ganar. Pero, si ganas tú, te invito a comer y si gano yo, tú me invitas. ¿De acuerdo?
VICENTE	De acuerdo, pero creo que debes ir al banco ya para sacar dinero porque la comida te va a salir muy cara.

Capítulo 9 De vacaciones y enfermo

ENFERMERA	Pasen Uds.
ALEJANDRO	Gracias... Buenos días, doctora.
DOCTORA	¿Cómo están Uds.?
ALEJANDRO	Mi esposa y yo bien, pero Carlitos nos preocupa. Ayer, el niño estaba bien cuando se levantó; fuimos a visitar la Catedral de Sal y cuando caminábamos en la mina, de repente el niño empezó a quejarse de dolor de estómago, tenía náuseas, vomitó una vez y no quiso comer nada en todo el día.
CARLITOS	Me sentía muy mal. Hoy me duele la pierna derecha y casi no puedo caminar.
DOCTORA	¿También tenía fiebre o diarrea?
ROSAURA	Anoche tenía 39 de fiebre.
DOCTORA	A ver, Carlitos, ¿puedo examinarte?
CARLITOS	¿Me va a doler?
DOCTORA	No, y tú eres muy fuerte... ¿Te duele cuando te toco aquí?
CARLITOS	No.
DOCTORA	¿Y aquí?
CARLITOS	¡Ay, ay, ay!
DOCTORA	Bueno, creo que debemos hacerle un análisis de sangre ahora mismo. Pero por los síntomas, creo que tiene apendicitis.
ALEJANDRO	¿Hay que operarlo?
DOCTORA	Si es apendicitis, hay que internarlo en el hospital y mientras tanto, hay que darle unos antibióticos para combatir la infección.
ROSAURA	Entonces, a lo mejor tenemos que quedarnos unas semanas en Bogotá.
ALEJANDRO	Claro, y Cristina y Carlitos van a perder el comienzo de las clases. Creo que hay que buscarles un profesor particular.
CARLITOS	¡Ay, mamá! No quiero una operación. Y, además, yo quería ir a Monserrate y subir en funicular y... y ahora no voy a poder.
ALEJANDRO	Vamos, Carlitos. No te preocupes. Vas a ver que la operación no es tan mala. Te prometo que antes de regresar a España te vamos a llevar a Monserrate; dicen que desde allí, la vista de la ciudad es muy bonita.
CARLITOS	Bueno, pero, ¿también puedo ir al Museo del Oro?... y quisiera... y...

■ ■ ■ Narrating and describing in the past
■ ■ ■ Explaining symptoms

■ ■ ■ Expressing pain

■ ■ ■ Speculating

■ ■ ■ Expressing desires

Si manejas, te juegas la vida

ROSAURA	¿Aló?
ALEJANDRO	¿Rosaura?
ROSAURA	¿Alejandro? ¡Por Dios! ¡Qué preocupada estaba! ¿Qué te pasó? ¿Por qué no me llamaste?
ALEJANDRO	Iba a llamarte ayer, pero no pude. No sabes cuántos problemas tuve con ese carro que alquilé. Pero, ¿cómo sigue Carlitos?
ROSAURA	Sigue mejor; no te preocupes. Pero, ¿qué te pasó con el carro? ¿Dónde estás ahora?
ALEJANDRO	Pues, ya llegué a Cali, gracias a Dios, pero creí que nunca iba a llegar. ¡Qué lío! Manejar por los Andes es muy peligroso y, para colmo, el carro que alquilé casi no tenía frenos. Y como ya era tarde, las gasolineras estaban cerradas.
ROSAURA	Entonces, ¿qué hiciste?

■ ■ ■ Stating intentions

■ ■ ■ Describing

ALEJANDRO	Pues seguí hasta que por fin encontré una gasolinera que estaba abierta. El mecánico era un hombre muy simpático y eficiente. Arregló los frenos, le echó gasolina al carro y revisó las llantas y el aceite. Pero era tarde cuando terminó y me dijo que era peligrosísimo manejar a esa hora y por eso me ofreció dormir en su casa y, por supuesto, acepté.
ROSAURA	¡Virgen Santa!
ALEJANDRO	Te iba a llamar, pero mi móvil no tenía señal y el teléfono de la gasolinera no funcionaba.
ROSAURA	Pero, ¿estás bien?
ALEJANDRO	Sí, sí. Por fin llegué esta mañana con los nervios destrozados.
ROSAURA	Bueno, qué suerte que llegaste bien. ¿Y qué tal Cali?
ALEJANDRO	Muy agradable; tiene un clima ideal que es un alivio después del frío constante de Bogotá. Y tú, ¿estás bien?
ROSAURA	Sí, solo un poco cansada. Carlitos tenía que salir del hospital hoy, pero los médicos dicen que debemos esperar hasta mañana. ¿Cuándo regresas?
ALEJANDRO	El jueves, si Dios quiere.
ROSAURA	¿Y piensas manejar?
ALEJANDRO	¡Qué va! Me voy por avión. Ahora entiendo por qué Colombia fue el primer país del mundo en tener aviación comercial. Si viajas en carro, ¡te juegas la vida!

Capítulo 10 En busca de apartamento

MARISEL	Entonces necesitamos un apartamento que tenga tres dormitorios.
TERESA	¡Claro! Y también debemos tener una cocina grande porque cocinamos mucho.
MARISEL	¡Por supuesto! Y no solo para nosotras, porque siempre van a estar los novios de Teresa y Claudia que comen como dos gorilas.
TERESA	Tienes razón. No sé por qué comen tanto.
DIANA	Bueno, pero recuerden que el apartamento debe ser barato, y ¿no lo queremos amueblado?
TERESA	No, sin muebles porque mi tío tiene muebles de segunda mano que podemos usar. O sea, tres dormitorios, cocina grande y barato. ¿Algo más?
MARISEL	Sí, que tenga portero.
DIANA	¿Portero? ¿Por qué?

MARISEL	Porque un portero es una ayuda enorme. Limpia la entrada, recibe las cartas, saca la basura, abre la puerta y además es el policía del edificio.
TERESA	Me gusta la idea, pero los edificios con porteros son un poco más caros y...
DIANA	Bueno, bueno. Con o sin portero. Depende del precio. ¿Qué más? ¡Ah! ¿Vamos a poner línea de teléfono?
MARISEL	Bueno, no sé. Todas tenemos móviles, ¿no? Y si necesitamos línea, nos instalan la línea en cuarenta y ocho horas.

DIANA	Sí, es verdad, por ahora no hay problema. Lo único es que a mí me gustaría tener balcón y muchas ventanas.
MARISEL	Pues si... si no quieres que te vean Fulano, Mengano y Zutano desde la calle, es mejor que esté en un primer o segundo piso porque un apartamento en la planta baja... no sé, pero puede traer problemas.
DIANA	¡Vaya! Entonces buscamos un apartamento que esté en un primer piso o más alto, con tres dormitorios, balcón, muchas ventanas, una cocina grande, que sea barato y si es posible, con portero. ¡Uf! ¡No pedimos nada!

Todos son expertos

TÍO	Entonces, con los muebles que voy a darles, ya tienen casi amueblado el apartamento.
TERESA	¡Sí, es fantástico!
VICENTE	Pero todavía necesitan una cama y una lámpara, ¿no?
TERESA	Sí, una cama y una lámpara y también dos estantes para los libros.
VICENTE	¿Crees que en el Rastro puedas encontrar unos estantes y una lámpara que no cuesten mucha plata?
TERESA	Buena idea, porque no tenemos mucho dinero.

TÍO	Oye, Teresa, creo que es necesario que tengan lavadora, ¿no?

TERESA	Es verdad, pero una lavadora nos va a costar un ojo de la cara.
VICENTE	¿Sabes? Ayer me dijo Juan Carlos que la semana que viene Raúl se va a México para hacer investigación.
TERESA	¿Raúl? ¿Quién es Raúl?
VICENTE	Raúl, ¿no recuerdas? Es un amigo sociólogo que se va a trabajar a México por un tiempo. Y tiene apartamento con lavadora. Podemos llamarlo para preguntarle si la va a vender.
TERESA	¡Ah, Raúl! ¡Ya sé quién es! ¿Se va a México? ¡No me digas! Estoy segura que no va a llevar la lavadora a México. Ojalá que quiera venderla. Y podemos preguntarle si también quiere vendernos una cama.
TÍO	Pero, Teresa, ¡cómo que una cama de segunda mano! No quiero que compres una cama usada.
TERESA	Entonces, ¿quieres que duerma en la alfombra?
TÍO	No, ¡por el amor de Dios! Tu tío Alejandro te compra una cama nueva.
VICENTE	¿Matrimonial?

■■■ Expressing hope

■■■ Giving an implied command

Capítulo // El trabajo y el tiempo libre

RAÚL	¿Podemos sentarnos en esa mesa al lado de la ventana?
MESERO	¿Cuántos son?
RAÚL	Somos dos.
MESERO	Sí, ahora la limpio.
RAÚL	Gracias, señor. Rosa, ¿sabías que finalmente entrevisté a gente que trabaja en las maquiladoras allí en Nogales?
ROSA	¡Ah! Para tu investigación. No, no lo sabía. ¿Y cómo te fue?
RAÚL	Pues bien, pero cómo trabaja esa gente. No tienen nada de tiempo libre.
ROSA	Sí, ya lo sé. El tiempo libre no existe para ellos. Y menos para las mujeres. Muchas mujeres trabajan por la noche para... para poder estar con sus hijos durante el día.
RAÚL	Sí, eso lo supe al entrevistarlas.
ROSA	Yo trabajé como asistente social allí en la zona de la frontera con madres que trabajaban en las maquiladoras y que tenían hijos de menos de cinco años de edad.
RAÚL	¡Qué suerte tengo! Conozco a una defensora de los trabajadores. Igual que Frida.
ROSA	¿Qué Frida?
RAÚL	Frida Kahlo, la pintora. Como tú, ella defendía a los trabajadores.
ROSA	Ah, sí, sí, Frida. Bueno, hay algunas diferencias entre la Kahlo y yo, empezando con mi habilidad artística. Dudo que yo pinte tan bien como la Kahlo. Pero mira, volviendo al tema de las maquiladoras, el salario que les pagan a esos trabajadores es mínimo y a las mujeres normalmente les pagan menos que a los hombres.
RAÚL	Es que los hombres son más fuertes, más trabajadores, más inteli...
ROSA	Pero, hombre, no seas machista. Quizás los hombres sean más fuertes, pero para trabajar en las maquiladoras generalmente hacen falta las manos y no los músculos.
RAÚL	Sí, sí ya sé, era un chiste malo. Es súper evidente que las mujeres allí trabajan muchísimo, igual que los hombres.
ROSA	Yo creo que trabajan más que los hombres, pues mira... porque la mujer trabaja adentro y afuera de la casa. También aquí en el D. F. muchas mujeres van al trabajo y luego cuando regresan a la casa, tienen que cuidar a los niños, atender al esposo, cocinar...
RAÚL	Es decir que tampoco tienen mucho tiempo libre.
ROSA	Así es.
RAÚL	Y hablando de cocinar, ¿no me dijiste que me ibas a invitar a comer a tu casa?
ROSA	Es verdad. Pues, si quieres, ven este sábado. Mi esposo Mauricio es un cocinero excelente.
RAÚL	¿Cocina tu marido?
ROSA	Sí, y como ves, no es tan machista como tú.
RAÚL	Pero mujer, yo también cocino.

■■■ Expressing a repetitive past action

■■■ Expressing doubt

■■■ Expressing certainty

Después de comer, nada mejor que la sobremesa

RAÚL	Muchas gracias por la cena. Estuvo maravillosa. Uds. son cocineros excelentes.
ROSA/MAURICIO	Gracias, gracias.
ROSA	Raúl, ¿quieres más postre?
RAÚL	No, gracias. Comí muchísimo. No puedo más. Pero te acepto un café.
MAURICIO	Bueno, Uds. platican y yo, mientras tanto, voy a preparar el café, ¿de acuerdo?
RAÚL	Oye, Rosa. Me sorprendo de que coman tanta tortilla aquí en México. ¿Qué es? ¿El plato nacional? Ayer en el desayuno, comí huevos con tortilla, hoy en la comida comí tacos en una taquería...
ROSA	Y esta noche nosotros te preparamos quesadillas.
RAÚL	Sí, y el otro día en el museo hasta vi un cuadro de Diego Rivera con mujeres preparando tortillas. Parece que es más importante que el pan.
ROSA	Bueno, en muchas casas es así, es mucho más importante que el pan. Para la gente de clase trabajadora, la tortilla muchas veces es la comida más común.
RAÚL	La comida más común, ¿eh?
ROSA	Así es. En otros casos no, pero la tenemos totalmente integrada en nuestra dieta diaria. Es que el maíz, que es el ingrediente principal, se cultiva en todo México.
RAÚL	Y entonces es una comida económica.

ROSA	Sí, es muy barata. Se compran las tortillas en el supermercado, en puestos en la calle o inclusive hay tortillerías para comprarlas. Y el atole que probaste esta noche, ¿te gustó o no?
RAÚL	¿El qué?
ROSA	El atole. La bebida que bebiste con la comida.
RAÚL	Delicioso. Me encantó.

ROSA	Bueno, el atole que bebiste con la comida es un derivado líquido del maíz. Mira, ahí viene Mauricio con el café. Recuerda, hay que acompañar el café con una deliciosa tortilla fresca.
RAÚL	¿Otra vez?
ROSA	No, hombre. Te estoy tomando el pelo.

Capítulo 12 ¡Qué música!

CAMARERO	Su mesa está lista. Siéntense, por favor... Aquí tienen el menú.
VICENTE	Muchas gracias.
TERESA	¡Qué chévere este restaurante argentino! ¡Y con conjunto de música!

VICENTE	Espero que a la experta de tenis le gusten la comida y los tangos argentinos con bandoneón y todo.

TERESA	Los tangos que cantaba Carlos Gardel me fascinan. El otro día bajé de Internet "Mi Buenos Aires Querido cuando yo te vuelva a ver..." Pero, dime Vicente, ¿cómo encontraste este restaurante?
VICENTE	Navegando por Internet. Bajé una lista de restaurantes argentinos y este tenía muy buenos comentarios.
TERESA	¡Qué chévere! Pero volviendo al tenis, juegas bastante bien, ¿sabes?

VICENTE	Juego bien, pero tú juegas mejor que yo. Y dime, ¿cómo aprendiste a jugar tan bien?

TERESA	Cuando era pequeña, aprendí a jugar en Puerto Rico con mi hermano mayor. Todas las tardes, después de la escuela, íbamos a un parque y allí jugábamos con unos amigos de mi hermano.
VICENTE	¡Ah! ¿Así que aprendiste con tu hermano?
TERESA	No exactamente; mi padre vio que mi hermano y yo teníamos talento y nos buscó un profesor particular. El profesor era muy bueno, pero constantemente nos daba órdenes: "¡Corran hacia la pelota! ¡Concéntrense! ¡Jueguen bien!" Yo jugaba al tenis a toda hora; era casi una obsesión... no quería ni comer ni dormir.

VICENTE	¡Por eso! Ya decía yo...
CAMARERO	¿Están listos para pedir?
TERESA	No, todavía no... Perdón, ¿cuál es el menú del día?
CAMARERO	De primer plato, hay sopa de verduras o ensalada mixta; de segundo, churrasco con patatas y de postre, flan con dulce de leche.

TERESA	Me parece perfecto. Quiero el menú con sopa, por favor.	■■■ Ordering a meal
VICENTE	Yo también el menú, pero con ensalada.	
CAMARERO	Sí. ¿Y de beber?	
VICENTE	Vino tinto, ¿no?	
TERESA	Sí, por supuesto.	
CAMARERO	¿Algo más?	
VICENTE	No, nada más, gracias. Teresa, este restaurante es fantástico. No sabes cuánto me gusta estar aquí contigo. Estoy con una chica inteligente y bonita y además ¡la mejor jugadora de tenis del mundo! ¿Me quieres?	■■■ Comparing
TERESA	Claro que sí. ¿Y tú a mí?	
VICENTE	Por supuesto que sí... Mira, aquí vienen los músicos.	
MÚSICOS	*En mi viejo San Juan* *cuántos sueños forjé* *en mis años de infancia...*	
TERESA	¡¡¡VICENTE!!! ¡Te voy a matar! ¡Qué cursi! ¿Cuánto les pagaste?	■■■ Showing playful anger
VICENTE	¿No te gusta?	
TERESA	La próxima vez quiero uno de esos tangos súper románticos y sensuales que cantaba Carlos Gardel.	

La propuesta

GRUPO	Aquí éstan. Ahí vienen. Todos al dormitorio. El champán, ¿eh? Rápido. Vamos. Oye, ¡cierra la puerta! ¡Huy! Shhhhhhh.	
JUAN CARLOS	¿Dónde está...	
MARISEL	Juan Carlos, cállate. Shhhhhhh.	■■■ Giving orders
VICENTE	Hola, hola.	
TERESA	¿No hay nadie?	
VICENTE	No. Solos por fin.	
TERESA	Sí, sí. ¿Por qué no te sientas allí mientras miro el correo?	■■■ Making a suggestion
VICENTE	Bueno.	
TERESA	¿Qué haces?	
VICENTE	Nada. En el restaurante dijiste que querías un tango, ¿no?	
TERESA	¿Cómo? Lo que quiero es leer el correo.	
VICENTE	Sí, un tango romántico.	
TERESA	¿Ahora quieres ser Carlos Gardel?	
VICENTE	Romántico y sensual.	
TERESA	Pero, ¿tú sabes algún tango?	
VICENTE	En realidad no, pero sé canciones tan románticas y sensuales como el tango. Ese es el tipo de canciones que te gustan, ¿no?	■■■ Comparing
TERESA	¡Huy! Ciento catorce euros de mi cuenta del móvil. ¡Por Dios!	
VICENTE	Ahhhh... Aquí tienes la canción más romántica del mundo: "Cuando se quiere de veras, como te quiero yo a ti, es imposible mi vida tan separados vivir."	■■■ Exaggerating
TERESA	¡Ciento catorce euros! Hoy en día todo es tan caro. ¿Me vas a querer si soy pobre? Porque después de pagar...	
VICENTE	"No te acuerdas, cuando te decía, a la pálida luz de la luna: yo no puedo querer más que a una, y esa una, mi vida, eres tú."	
TERESA	¿Y eso es lo que les cantas a todas las mujeres?	
VICENTE	"Solamente una vez, amé en la vida. Solamente una vez y nada más."	
TERESA	... ¿Y esa que amaste soy yo? ¿Por qué?	
VICENTE	"Por ser la chica más guapa del barrio, la más bonita de la localidad."	■■■ Comparing
TERESA	¿Pero estás loco?	
VICENTE	Loco no... "yo soy un hombre sincero de donde crece la palma"...	
TERESA	¡Basta ya! ¡Cállate!	
VICENTE	Teresa... cásate conmigo. Te quiero y quiero que pasemos el resto de la vida juntos.	
TERESA	Sí que estás loco, ¿eh?	
VICENTE	No, no. Nada de loco. Lo digo en serio. ¿Quieres ser mi esposa?	
TERESA	¿Hablas en serio? ¿Esta es una verdadera propuesta de matrimonio?	
VICENTE	Pero, por supuesto. ¿Qué más esperabas de mí? Por favor. Si no te casas conmigo, voy a continuar cantando. "La gallina turuleca ha puesto uno, ha puesto dos, ha puesto tres"...	
TERESA	¡Basta! ¡No puedo más! Sí, sí, sí, sí, me caso contigo.	
GRUPO	¡Felicitaciones! ¡Enhorabuena! Ya era hora.	

JUAN CARLOS	Buenos días, don Alejandro.
ALEJANDRO	¡Entren, entren muchachos! Buenos días. Encantado de verlos.
ÁLVARO	Igualmente, don Alejandro. ¿Cómo está?
ALEJANDRO	Bien, pero muy ocupado. Los invité a la oficina porque quiero hablarles sobre un posible trabajo. Díganme, ¿ya planearon sus vacaciones de Semana Santa?
JUAN CARLOS	Yo todavía no tengo planes. ¿Y tú, Álvaro?
ÁLVARO	Iba a pasar la mayor parte del tiempo en Madrid y quizás pasar un par de días en Sevilla para ver la celebración allí, pero si hay algo más interesante... ¿De qué se trata?
ALEJANDRO	Pues necesito ayuda con un grupo de cuarenta turistas que van a viajar por América. Contraté a un guía, pero necesito a alguien más. Teresa me mencionó que Uds. tenían algo de experiencia de ese tipo. ¿Pueden darme más detalles?
JUAN CARLOS	Yo fui guía turístico en Machu Picchu.
ÁLVARO	Y yo el año pasado acompañé a algunos grupos de estudiantes en varias excursiones.
ALEJANDRO	Bueno, me parece experiencia suficiente ya que no van a tener Uds. toda la responsabilidad. El trabajo consiste en llevar al grupo de los aeropuertos a los hoteles, ir en las excursiones, ayudar al guía a resolver problemas, en fin, ayudar a la gente con todo hasta lo más fácil como dónde y cómo cambiar dinero. El tour va a los Estados Unidos, México, Guatemala, Venezuela y la República Dominicana. ¿Les interesa?
ÁLVARO	¡Me parece buenísimo! ¿Y a ti, Juan Carlos?
JUAN CARLOS	No veo la hora de estar en los Estados Unidos y practicar mi inglés.
ALEJANDRO	Sí, lo vas a poder practicar, pero van a ir a Miami y vas a ver que en muchas ocasiones vas a poder hablar español.
ÁLVARO	Claro, con la cantidad de cubanos que hay...
ALEJANDRO	Álvaro tiene razón. Es español caribeño lo que van a escuchar. Entonces... ah, casi se me olvida decirles algo importante. El viaje es gratis para Uds., por supuesto, y también reciben un pequeño sueldo. Mi secretaria puede darles más detalles. Luego podemos reunirnos la próxima semana para hablar con más calma. ¿De acuerdo?
JUAN CARLOS	Cómo no, don Alejandro, y gracias por la oferta.
ALEJANDRO	¡Uds. son los que me sacan de un apuro! Fue un placer verlos.
ÁLVARO	Adiós, don Alejandro. Gracias nuevamente.
JUAN CARLOS	Hasta luego, don Alejandro.
ÁLVARO	¡Vamos a América! No lo puedo creer.
JUAN CARLOS	Vamos a hablar con la secretaria y luego te invito a tomar una cerveza para celebrarlo.

Impresiones de Miami

ÁLVARO	En primer lugar —felicitaciones al Sr. Ruiz, por ser el gran campeón de dominó de la Calle Ocho. Y esperamos que a todos les haya gustado el tour de la ciudad. Para mí ha sido una verdadera sorpresa.
DRA. LLANOS	Es cierto. ¡Qué sorpresa encontrar una ciudad tan hispana en los Estados Unidos! Es increíble que hayamos oído a tantas personas hablar español hoy.
SR. RUIZ	Intenté pedir algo en un restaurante en inglés. Le dije *"I would like a hamburger"*. Y la señora no me preguntó *"with cheese or without"*... me dijo *"¿con o sin queso?"*.
JUAN CARLOS	Y Miami no es la única; hay hispanos en el suroeste, en California, en Nueva York...
ÁLVARO	Y hasta en Carolina del Norte, Minnesota y Kentucky... vamos... En casi todo el país.
SR. RUIZ	¡Y la Calle Ocho! ¡Qué interesante! Todo el mundo hablando con acento caribeño. Al cerrar los ojos me parecía volver a estar en La Habana. ¿Alguna vez han estado en La Habana? Yo sí y me fascina, sencillamente, ¡me fascina! Y...

Semana Santa = Holy Week

■■■ Stating past intentions

■■■ Describing past actions

■■■ Stating unintentional occurrences

■■■ Inviting someone

■■■ Expressing a hope
■■■ Talking about the recent past

■■■ Asking about the past

ÁLVARO	¿Vieron qué interesante pasear por las calles y ver restaurantes de tantos países hispanos? Hay muchos centroamericanos, ¿no?
JUAN CARLOS	¡Cómo no! Y suramericanos también.
DRA. LLANOS	De veras, los Estados Unidos es un país increíble. No creo que haya otro país tan variado como este, con tal mezcla de gentes y costumbres. Me sorprende este pluralismo cultural.
ÁLVARO	Y qué distinta es la realidad del estereotipo que se ve en las películas. Pero los estereotipos son siempre así...
JUAN CARLOS	Bueno, ¡atención! Ya hemos llegado al hotel. Escuchen, por favor. Ahora hay un rato libre para el almuerzo, pero por favor, si quieren ir a los Everglades, regresen a la una y media porque volvemos a salir a las dos. Ah sí, una cosita más. Para los que necesitan mandar email, hay un ciber-café en la calle Washington cerca del hotel.
SR. RUIZ	¡Virgen Santísima! ¡No encuentro mis cheques de viajero y los tenía en el bolsillo! Se me perdieron. Es que se me perdieron. ¿Ahora qué voy a hacer?
ÁLVARO	Pero, los tiene Ud. en la mano, Sr. Ruiz.
DRA. LLANOS	¡Qué hombre, Dios mío, qué hombre!

■■■ Giving a direct command

■■■ Expressing annoyance

Capítulo 14 En México y con problemas

JUAN CARLOS	Vamos, Álvaro, ya es tarde. Apúrate.
ÁLVARO	¡Ya voy!
JUAN CARLOS	Hombre, te digo que te apures que no vas a tener tiempo ni para ir al consulado español ni para salir con el grupo a conocer la ciudad. ¡Qué memoria tiene este hombre! Perder el pasaporte cuando estamos de viaje. ¡Increíble!
ÁLVARO	Ya estoy listo.
JUAN CARLOS	¿Lo tienes todo?
ÁLVARO	Sí, tres fotos, la denuncia que hice en la policía y...
JUAN CARLOS	Bien, tres fotos, el papel que te dio la policía... ¿Y la fotocopia del pasaporte con tu foto?
ÁLVARO	Aquí está. Por suerte hice una fotocopia de mi pasaporte en España.
JUAN CARLOS	Bien, vamos.
ÁLVARO	Una cosa más. ¿Me prestas tu chaqueta de cuero?
JUAN CARLOS	¿Me pides que te preste mi chaqueta de cuero? ¡Ni loco! Se te va a perder como se te perdió el pasaporte.
ÁLVARO	Bueno, hombre, no te pongas así. Vamos, yo voy al consulado y, mientras tanto, tú puedes ir a sacar dinero de un cajero automático.
JUAN CARLOS	No olvides que tenemos que estar en el hotel a las diez para acompañar al grupo en el tour de la ciudad.
ÁLVARO	Y dime, ¿qué vamos a ver hoy? Lo leí en el itinerario anoche, pero se me olvidó.
JUAN CARLOS	Vamos a ir por la Avenida de la Reforma hasta el Zócalo, que es la plaza principal, para ver la catedral y los murales de Diego Rivera en el Palacio Nacional.
ÁLVARO	Ahhh, los murales de Rivera.
JUAN CARLOS	Qué bien representó ese artista la historia de México con todos sus integrantes: los indígenas, la oligarquía, los trabajadores. Pintó a los indígenas con dignidad y mostró respeto hacia sus costumbres y tradiciones, pero todavía hoy los indígenas son marginados en muchos lugares, y hay conflictos en Chiapas, cerca de Guatemala.
ÁLVARO	Claro, es verdad. ¿Y después de los murales en el Palacio Nacional?
JUAN CARLOS	Después vamos a la Plaza de las Tres Culturas, donde hay edificios de apartamentos modernos, una iglesia colonial y ruinas de un templo azteca. Después almorzamos con el grupo y por la tarde vamos al Parque de Chapultepec a ver el castillo de Maximiliano y Carlota. Luego el guía nos lleva al hotel. ¿Y qué? ¿Ya se te está pasando la amnesia?
ÁLVARO	¡Cuánto sabes! ¿Para qué le pagamos a un guía si tú eres una enciclopedia ambulante?
JUAN CARLOS	¡Basta de tonterías y deja de molestar! Ve al consulado mientras yo voy al cajero automático y luego nos encontramos en el hotel. ¡Chau!

■■■ Giving an implied command

■■■ Reporting a request

■■■ Giving a negative command

■■■ Maximilian and Carlota were emperors of Mexico, sent by Napoleon III in 1864. Their empire was short and disastrous. When Napoleon withdrew his aid to them, Carlota went to Europe to find support, but received none. Frustrated and desperate, she went crazy. Mexicans captured and executed Maximilian in 1867. Carlota died in Belgium sixty years later.

■■■ Giving a command

En Yucatán

CLAUDIA	Aló.
JUAN CARLOS	Claudia. Habla Juan Carlos.
CLAUDIA	Hola, Juan Carlos. ¡Qué bueno escucharte! ¿Cómo estás? ¿Cómo lo están pasando? ¿Cómo está Álvaro?
JUAN CARLOS	¡Álvaro! ¡Qué hombre! ¿Sabías que les tiene fobia a las cucarachas?
CLAUDIA	¿A las cucarachas?
JUAN CARLOS	Sí, el otro día estábamos en la habitación del hotel y de repente vio una cucaracha pequeñita, pequeñita, súper pequeña y se subió a la cama desesperado y empezó a gritar ¡mátala! ¡mátala! Yo me reía tanto pues no lo podía creer. ¡Fobia a las cucarachas!
CLAUDIA	Bueno, bueno. No te rías tanto que tú les tienes fobia a los ascensores.
JUAN CARLOS	Es verdad, pero no se lo digas a Álvaro.
CLAUDIA	Pero, bueno. Cuéntame un poco del viaje. ¿Te gusta tu trabajo?
JUAN CARLOS	Sí, me encanta. Dividimos a la gente en dos grupos: el de Álvaro tiene personas un poco aburridas, pero el mío es muy divertido.
CLAUDIA	Divertido, dices.
JUAN CARLOS	Sí, divertido. Y en mi grupo hay un señor, el Sr. Ruiz, que es excéntrico. Siempre llega tarde para tomar el desayuno y lo tenemos que esperar para ir a las excursiones. Un día de estos lo vamos a dejar en el hotel.
CLAUDIA	¿Y qué tal México?
JUAN CARLOS	México me fascina. En algunos aspectos es como Perú, y se ve bastante la cultura indígena, pero en otros es totalmente distinto. México, la ciudad, es increíblemente grande con gente y tráfico por todas partes. Hemos aprendido expresiones mexicanas como "jale" en vez de "tire" y "camión" en vez de "autobús".
CLAUDIA	¿Al autobús le dicen camión? No sabía. Pero, dime, ¿estás en el D. F. ahora? Yo pensé que...
JUAN CARLOS	No, no. Estamos en Yucatán. Llegamos hace dos días.
CLAUDIA	Ah, entonces ya vieron algunas ruinas mayas y toltecas.
JUAN CARLOS	Sí, sí. Y te digo que las ruinas aztecas y mayas son muy diferentes de las incaicas de Perú, pero también son fascinantes. Ayer estuvimos en las ruinas mayas de Chichén Itzá; es un lugar misterioso donde se practicaban ritos de sacrificios humanos. Me fascinó el Castillo, el templo principal del dios Kukulkán. Y siempre hay figuras de animales como serpientes con plumas y jaguares. Ah, y en una pared de piedra hay un jaguar comiendo un corazón humano.
CLAUDIA	¡Qué horror! Oye, Juan Carlos. Me encanta oír tu voz, pero me tengo que ir a la universidad que tengo examen hoy. ¿Te puedo llamar mañana?
JUAN CARLOS	No te preocupes. Yo te vuelvo a llamar mañana. ¿De acuerdo?
CLAUDIA	De acuerdo, mi amor. Te mando un beso grande.
JUAN CARLOS	Y yo a ti. Te quiero. Adiós.
CLAUDIA	Adiós, adiós.

Capítulo 15 Pasándolo muy bien en Guatemala

DRA. LLANOS	¡Qué cansada estoy! ¿Y tú, Álvaro?
ÁLVARO	Yo también, pero valió la pena hacer el viaje a Tikal.
JUAN CARLOS	O sea, que les gustó, ¿eh?
DRA. LLANOS	Fue interesantísimo; imagínate, ruinas mayas en medio de una selva tropical tan verde y con tal variedad de pájaros cantando por todos lados. Fue maravilloso.
ÁLVARO	Después de ver tanta belleza, no entiendo por qué destruyen la selva.
DRA. LLANOS	Sí, es triste. Parece que el ser humano no va a estar satisfecho hasta que lo destruya todo. Es una pena que seamos así.
ÁLVARO	... ¿Y vosotros en Antigua y Chichicastenango? ¿Qué tal, Juan Carlos?
JUAN CARLOS	Fue fantástico. Antigua es una ciudad colonial bella, con muchas iglesias y muy tranquila. Y llegamos justo para la celebración de Semana Santa. Vimos una procesión que caminaba sobre una alfombra de muchos colores. ¡Increíble!
DRA. LLANOS	¿Y Chichicastenango?

En el margen izquierdo:

■■■ Giving orders

■■■ Indicating possession

■■■ Comparing and contrasting

■■■ Avoiding redundancies

■■■ Speculating about future actions

JUAN CARLOS	El pueblo nos encantó porque es muy pintoresco y el mercado tiene unas artesanías fabulosas. El grupo compró de todo; creo que ya no queda nada en el mercado.
DRA. LLANOS	¿Y qué hizo el Sr. Ruiz esta vez?
JUAN CARLOS	Cada día está más gracioso. Al llegar al mercado, se puso a regatear por un vestido que quería comprar para su hija.
ÁLVARO	¿Y qué pasó?
JUAN CARLOS	No lo van a creer. Le pidió ayuda a una mujer que, según él, tenía la misma talla que su hija y siguió regateando quince minutos más. ¡Hasta la mujer, con el vestido puesto, empezó a ayudarle a regatear!
DRA. LLANOS	¡Qué vergüenza!
JUAN CARLOS	Nada de vergüenza. Fue divertidísimo. Al final el vendedor le dio un descuento, se hicieron amigos y le regaló un cinturón.
DRA. LLANOS	¡Ay! Ese pesado me cae tan mal...
ÁLVARO	Pues a mí me cae la mar de bien. Cuando llegue a España, quiero conocer a su familia. Deben ser todos tan graciosos como él. Seamos justos, es un hombre inofensivo.
DRA. LLANOS	Por mi parte, cuando yo vuelva a España, no lo quiero volver a ver ni pintado en la pared.

■ ■ ■ Showing dislike

■ ■ ■ Making a suggestion

■ ■ ■ Expressing a pending action

Sí, mi capitana

CAPITANA	¡Atención! ¡Atención! Señores pasajeros: Les habla la capitana Leyva. Espero que estén disfrutando del crucero y del agradable clima caribeño. Avanzamos a una velocidad promedio de quince nudos y, como les había prometido ayer, hoy tenemos un día claro y despejado, de sol brillante y poco viento y una temperatura de veintiocho grados centígrados: un día ideal para hacer una parada en La Guaira, Venezuela. La Guaira era el puerto exportador de cacao más importante durante la conquista y más tarde se convirtió en un centro no solo de exportación sino también de importación. Hoy día, es el puerto más importante del país. Es una ciudad del siglo XVI y un lugar de mucho turismo. Hoy tenemos un día para ir de compras en La Guaira, dar una vuelta y luego, mañana, tienen un tour de Caracas. Pasado mañana saldremos para el Parque Nacional Mochima, que tiene unas playas vírgenes maravillosas y donde pueden hacer snorkeling. Este... ¿cómo? ... Un momento por favor... ¡Atención! Acaban de informarme que es el cumpleaños del Sr. Pancracio Ruiz, un miembro del grupo que se lleva muy bien con todo el mundo. Él quiere invitarnos a todos a tomar una copa esta noche en el restaurante La Gabarra. ¡Qué hombre tan encantador! Le damos las gracias y le deseamos un feliz cumpleaños. Gracias por la atención prestada y espero que pasen un día muy agradable.

■ ■ ■ Identifying oneself

■ ■ ■ Describing a past action
■ ■ ■ Describing weather

Capítulo 16 Ya nos vamos...

JUAN CARLOS	Y ya se acaban las vacaciones y tenemos que regresar a España a los estudios... ¡Qué lástima! Estas playas con sus palmeras y sus aguas cristalinas me han dejado boquiabierto. Se ven colores brillantes por todas partes: mar turquesa, arenas blancas, vegetación tropical de un verde intenso. Qué colores, qué colores y pronto vamos a pasar noches en vela, tener exámenes, escribir monografías...
ÁLVARO	Bueno, hombre, deja de pensar en la universidad. Todavía nos queda un día más. Recuerda que mañana nos vamos a Santo Domingo al festival del merengue.
JUAN CARLOS	¿Y tú sabes bailar merengue?
ÁLVARO	No, pero te aseguro que aprenderé pues soy muy bueno para bailar y además no me quiero perder a Juan Luis Guerra y su "Se me sube la bilirrubina".
JUAN CARLOS	¡Ah! Además de bailarín también cantas. No sabía que eras tan talentoso. Pero recuerda que aparte del festival también iremos a visitar la zona colonial de Santo Domingo.

■ ■ ■ Discussing university life

■ ■ ■ Discussing the future

ÁLVARO	Ah, sí, es cierto. Pero, dime, Juan Carlos, ¿qué es lo que más te gustó del viaje?

JUAN CARLOS	No sé... Sería difícil decir. Lo más sorprendente para mí fue ver lo cosmopolita que es Caracas.

ÁLVARO	Sí, llena de discotecas y bares... ¡y qué playas tiene Venezuela! Pero a mí me encantó Guatemala y me llamó la atención que todavía no es muy obvia la influencia de la globalización.
JUAN CARLOS	Bueno, depende, pero recuerda que cada día llegan más y más multinacionales y con el CAFTA...
ÁLVARO	Es verdad, lo vi todo con ojos de turista. ¿Qué pasará entonces?
JUAN CARLOS	No sé, tal vez mejore la calidad de vida, pero tal vez pierdan parte de su cultura. O quizás mejore la vida solo para algunos. Yo qué sé. Pero... trabajar con el grupo ha sido una experiencia magnífica, ¿no?
ÁLVARO	¡Claro que sí! Pero, ya es hora de volver...
JUAN CARLOS	¡Ay, Dios mío! Mira qué hora es y yo le prometí al Sr. Ruiz que iría...
ÁLVARO	Y hablando del rey de Roma... Ahí viene el Sr. Ruiz.
JUAN CARLOS	¡Por Dios! Mira el traje de baño que lleva y como siempre, sacando fotos.
ÁLVARO	¡Qué barbaridad! ¡Ese traje de baño tiene más colores que toda la República Dominicana!

¿A trabajar en la Patagonia?

CLAUDIA	¿Por qué no sigues contándome de la Dra. Llanos y el Sr. Ruiz? Ayer no terminaste de explicarme por qué ella lo odiaba a muerte. No me sorprendería verlos después muy amigos.
JUAN CARLOS	¿Amigos, ellos? Nunca. ¡Estás loca! Tú no los viste en el viaje.
CLAUDIA	Y, ¿por qué no? Del odio al amor hay solo un paso...

JUAN CARLOS	Bueno, dejémonos de chismes y ayúdame a terminar esta solicitud, pues quiero mandarla antes de que salgamos a comer.
CLAUDIA	Lo que no entiendo es que te fuiste de viaje y llegaste con una oferta de trabajo. ¿Cómo es posible?

JUAN CARLOS	Fue pura casualidad. Estábamos en Venezuela celebrando el cumpleaños del Sr. Ruiz en un club y me puse a hablar con un señor de Lima que tendría unos cuarenta años. Resultó ser gerente de una empresa de ingenieros e íntimo amigo de un tío mío.
CLAUDIA	Para mala suerte, Álvaro, y para suerte loca, Juan Carlos.
JUAN CARLOS	Bueno, entonces cuando supo quién era mi tío y que yo estudiaba ingeniería, me dijo que por qué no solicitaba un puesto con su empresa. Y ahora tengo que mandarles esta solicitud por email a los jefes de personal.
CLAUDIA	O sea, conoce a tu tío, ¿eh? ... Eso se llama tener palanca.
JUAN CARLOS	Bueno, pero también tengo un buen currículum, ¿no? Oye, Claudia, ¿crees que don Alejandro me escribiría una carta de recomendación?
CLAUDIA	Por supuesto. Me dijo Teresa que él está feliz con los comentarios de la gente del tour, pues todo lo que dicen de ti y de Álvaro son maravillas. Lo malo es que esta tarde sale para Londres y no sé dónde estará ahora...

JUAN CARLOS	Podría mandarle un email preguntándole y él podría mandarles la carta por email. No sería tan difícil.
CLAUDIA	Buena idea.
JUAN CARLOS	Con la recomendación de don Alejandro, es posible que me den el puesto sin entrevistarme, ¿no crees?
CLAUDIA	¡Un momento, un momento! Lo que yo quisiera saber es dónde es ese trabajo... Creo que tengo derecho a saber... ¿eh?
JUAN CARLOS	Pues... Lo único es que... es que es... es en la Patagonia...
CLAUDIA	¿La Patagonia? Pero, ¡eso está muy lejos!
JUAN CARLOS	¡Calma, calma! Te estoy tomando el pelo. El posible trabajo es en Caracas, no en la Patagonia y ¡con un buen sueldo...!

ÁLVARO	No veo la hora de terminar el trimestre. A propósito, quería preguntarte, ¿qué tal van tus clases?	■ ■ ■ Showing impatience
DIANA	Pronto tendré exámenes.	
ÁLVARO	Sí, yo tengo uno de derecho penal el martes que viene.	
DIANA	Y yo, uno de literatura.	
ÁLVARO	¡Huy! Literatura, ¡qué aburrido!	
DIANA	De aburrido, nada. A mí me encanta.	
ÁLVARO	Pero la literatura es...	
EL LOCUTOR	¡Atención! Interrumpimos para dar una noticia de última hora...	
DIANA	¡Calla, calla! Escucha.	
EL LOCUTOR	La dirección del Museo del Prado dio a conocer hoy el hallazgo de un cuadro, hasta ahora desconocido, de Goya. Se trata de una de las pinturas de su época negra. El cuadro se encontró en la casa de una señora de noventa y ocho años que murió en la provincia de Zaragoza. Cuando sus hijos estaban sacando los muebles de la casa, encontraron la pintura debajo de la cama. Dijeron que no sabían nada del cuadro, pero que era posible que fuera de un pariente coleccionista. Al principio se dudaba que fuera un original, pero al examinarlo, los expertos en seguida se dieron cuenta de que era una obra maestra del gran pintor español. Al pedirle una declaración al director del museo, solo ha dicho que valoran el cuadro en cientos de millones...	■ ■ ■ Expressing doubt
ÁLVARO	Un loco del siglo XVIII pintó algo para que otro loco del siglo XXI pagara millones por su cuadro.	
DIANA	¡Qué poco entiendes! El loco serás tú.	■ ■ ■ Showing displeasure
ÁLVARO	Es que no me interesa mucho el arte; la arquitectura me fascina, pero los cuadros...	
DIANA	¿Los cuadros qué? ¿Has estado en el Museo del Prado alguna vez?	■ ■ ■ Inquiring about past actions
ÁLVARO	No, pero...	
DIANA	Eres un inculto. Mañana tengo que ir al museo y quiero que vengas conmigo.	
ÁLVARO	¡¿Me estás pidiendo que vaya a un museo?!	
DIANA	Vamos, hombre. Vas a recibir una lección de arte.	

La pregunta inesperada

CLAUDIA	¿Por qué insististe en venir a Alcalá de Henares? No me dices nada, ¿eh? Tú te andas con unos misterios como si tuvieras algún secreto...	
JUAN CARLOS	Pero, ¿no te parece romántico estar aquí, en el lugar donde nació Cervantes? Si no fuera por él, no existiría Dulcinea y entonces yo no te podría llamar "mi Dulcinea".	■ ■ ■ Hypothesizing
CLAUDIA	Por favor, Juan Carlos, no seas cursi y vamos a almorzar que me estoy muriendo de hambre.	
JUAN CARLOS	Bueno, vamos a comer en la Hostería del Estudiante.	
CLAUDIA	¡Huy, huy, huy! ¿A qué se debe tanta elegancia? ¿Qué vamos a celebrar, tu nuevo puesto en Caracas? Supongo que me vas a invitar, ¿no?	
JUAN CARLOS	Claro que te voy a invitar. Si venimos a Alcalá de Henares, por algo será...	

En la Hostería del Estudiante (después de la comida)

CLAUDIA	La comida estaba deliciosa. ¿Tomamos el café en otro lugar?	
JUAN CARLOS	No, mejor nos quedamos aquí porque quiero hablarte. Claudia... este... nosotros nos queremos, ¿no?	
CLAUDIA	Claro que nos queremos. ¿A qué viene esa pregunta? No sé qué te pasa hoy; estás tan... tan no sé qué...	
JUAN CARLOS	Pues es que... ya casi se acaba el año... y... yo me voy a Venezuela y tú te vuelves a Colombia.	
CLAUDIA	No me lo recuerdes... Pero vamos a estar cerca... Vas a ir a visitarme, ¿no?	
JUAN CARLOS	Por supuesto, pero... ya nos conocemos desde hace un año y... ¿Sabes que mi abuelo le propuso matrimonio a mi abuela aquí mismo hace cincuenta y cuatro años? Y... estaba pensando que... ¿Por qué no nos casamos tú y yo?	■ ■ ■ Popping the question

■■■ Showing disbelief	CLAUDIA	¿Cómo? ... ¿Me estás tomando el pelo?
	JUAN CARLOS	Claudia, ¡por favor! Te lo digo en serio, no en broma. Quiero que te cases conmigo, que te vayas a Caracas conmigo y que pasemos el resto de nuestra vida juntos.
	CLAUDIA	Juan Carlos...
■■■ Hypothesizing	CLIENTES	Si fuera más joven, yo me casaría con él... ¡Di que sí! ... ¡Contesta que sí! ¡Acepta! ... ¡No lo hagas sufrir! ¡Cásate!

Capítulo 18 El brindis

	CLAUDIA	Teresa, no te olvides de darle las gracias a don Alejandro otra vez por toda la ayuda que nos dio a Juan Carlos y a mí este año.
	MARISEL	De verdad, él ha sido como un padre para todos nosotros.
	CAMARERO	¿Qué van a tomar?
	JUAN CARLOS	Champán para todos. Hay que celebrar.
	CAMARERO	Bueno, ¿dos botellas?
	JUAN CARLOS	Sí, y siete copas.
	CLAUDIA	Para mí no. Un té.
	JUAN CARLOS	¿Un té? ¿Estás bien?
	CLAUDIA	Sí, estoy bien, solo un poco nerviosa.
■■■ Ordering	JUAN CARLOS	Camarero, dos botellas de champán, siete copas y un té. Por lo menos vas a participar en el brindis y no se puede brindar con una taza de té.
	CLAUDIA	Bueno, tomaré solo un poquito.
	TERESA	¡Ay! Los nervios de la novia.
	JUAN CARLOS	Y del novio. Todavía no conozco a la familia de Claudia y nunca he estado en Colombia.
■■■ Giving an implied command	CLAUDIA	Ya te dije que no te preocuparas. Todos te van a querer mucho y te va a encantar Colombia. Yo tampoco conozco a tu familia.
	JUAN CARLOS	A través de mis emails ya te conocen perfectamente y les caes muy bien. Yo solo espero que tú y yo tengamos una vida feliz juntos y que no nos peleemos como en la obra de teatro que vimos la semana pasada.
	CLAUDIA	Sí, cada vez que él decía negro, ella decía blanco.
	JUAN CARLOS	Negro.
	CLAUDIA	Blanco, te dije.
	JUAN CARLOS	¿Me vas a llevar la contraria? Negro.
	MUJERES	Blanco.
	HOMBRES	Negro.
	VICENTE	Bueno... Bueno... Cada loco con su tema y esos del drama sí que estaban locos, completamente locos.
■■■ Predicting	CLAUDIA	Tú y yo nunca seremos así. Siempre vamos a hablar.
	JUAN CARLOS	Y a escucharnos uno a otro. Así no vamos a tener problemas cuando estemos casados.
	CAMARERO	Aquí tienen Uds. un té, siete copas y dos botellas de champán.
	VICENTE	Mira, el champán es Cordón Negro.
	MUJERES	Blanco.
	HOMBRES	Negro.
	VICENTE	Bueno, negro o blanco, quiero hacer un brindis.
	TERESA	Sí, un brindis.
	VICENTE	Espero que Claudia y Juan Carlos sean felices en su matrimonio o por lo menos que no se peleen mucho por cosas de poca importancia, que todos nosotros podamos ir a Colombia para la boda y que don Alejandro encuentre unos pasajes muy baratos para que vayamos sin que nos cueste un ojo de la cara. ¡Que vivan los novios!
■■■ Making a wish	TODOS	¡Que vivan!

Spanish-English Vocabulary

This vocabulary includes most of the active vocabulary presented in the chapters. (Some exceptions are many numbers, names of cities and countries, and some obvious cognates.) The list also includes many receptive words found throughout the chapters. The definitions are limited to the context in which the words are used in this book. Active words are followed by a number that indicates the chapter in which the word appears as an active item; the abbreviation Pre. refers to the **Capítulo preliminar**.

The following abbreviations are used:

adj.	adjective	*inf.*	infinitive
adv.	adverb	*m.*	masculine
aux.	auxiliary verb	*n.*	noun
dem. adj.	demonstrative	*part.*	participle
	adjective	*pl.*	plural
dem. pro.	demonstrative	*sing.*	singular
	pronoun	*subj.*	subjunctive
f.	feminine	*v.*	verb

a to; at; **al (a + el)/a la** to the; **A la/s...** At . . . o'clock. 5; **~ la vez** at the same time; **~ lo mejor** perhaps 8; **~ menudo** often 9; **~ propósito** by the way; **¿~ qué hora...?** At what time . . . ? 5; **¿~ quién?** to whom?; **~ tiempo** on time 7; in time; **~ veces** at times 9; **~ ver.** Let's see.; **volver ~ +** *inf.* to do (something) again 13
abajo below
abarcar to include, contain
abierto/a open 9, 15
el/la abogado/a lawyer 1
abombado/a: el pecho ~ inflated chest
abrazar to hug; to embrace 17
el abrazo hug; embrace 17
el abrigo coat 5
abril (*m.*) April 4
abrir to open 6; **Abre/Abran el libro en la página...** Open your book to page . . . Pre.
abrocharse el cinturón to buckle the seat belt 9
el/la abuelo/a grandfather/grandmother 6
aburrido/a: estar ~ to be bored 3; **ser ~** to be boring 3
aburrirse como una ostra to be really bored (literally: *to be bored like an oyster*) 8
acabar to run out of 13; **~ de +** *inf.* to have just + *past part.* 5
acaso: por si ~ (just) in case 15
acampar to go camping
la acción action
el aceite oil (*cooking*) 8; oil (*car*) 8, 9
el acelerador accelerator
acelerar to accelerate 9
el acento accent
acentuar to accentuate
aceptado/a accepted
aceptar to accept, agree to do
acercarse to approach, come near
acompañar to accompany
aconsejarle (a alguien) to advise (someone) 10

el acontecimiento event
acordarse (o → ue) de to remember
acostar (o → ue) to put someone to bed 5
acostarse (o → ue) to go to bed 5
acostumbrarse a to become accustomed to
la actitud attitude
la actividad activity Pre.; **Mira/Miren ~...** Look at activity . . . Pre.
activo/a active, lively
el actor/la actriz actor 1
actual present-day, current
actuar to act
el acuario aquarium 13
acuerdo: ¿De ~? Agreed?, O.K.?; **estar de acuerdo (con)** to agree (with)
adecuado/a adequate
además besides 9
Adiós. Good-by. Pre.
la adivinanza guessing game
adivinar to guess
la admisión admission
el adjetivo adjective
¿adónde? where? (*with verb of motion*) 3; **¿~ vas?** Where are you going? 3
adorar to adore
adquirir (i → ie) to acquire
la aduana customs 7; **el/la agente de aduanas** customs official
la aerolínea airline
el aeropuerto airport 7
afectar to affect
afeitar: la crema de ~ shaving cream 2
afeitarse to shave 4
el afiche poster
la afición liking, fondness
el/la aficionado/a enthusiast, fan
africano/a African 1
la agencia de viajes travel agency 3
el/la agente: ~ de aduanas customs official; **~ de viajes** travel agent 1; **~ inmobiliario/a** real estate agent 16
agosto August 4
agradable pleasant
agresivo/a aggressive 15

agrícola agricultural
el agua (*f.*) water 10; **~ de colonia** cologne 2; **~ dulce** fresh water; **~ salada** salt water
el aguacate avocado
el aguardiente strong liquor
el águila (*f.*) eagle
el agujero hole 15
ahora now; **~ mismo** right now 9
ahorrar to save (*money, energy*)
el aire: ~ acondicionado air conditioning 9; **al aire libre** outdoors
aislado/a isolated
el ajedrez chess 11; **jugar (u → ue) (al) ajedrez** to play chess 11
el ajo garlic 8
al to the 2; **~ +** *inf.* upon + *-ing* 15; **~ igual que** like, the same as; **~ lado (de)** next to 6
el ala (*f.*) wing
el albergue hostel
alcanzar to reach
la alcoba bedroom
alcohólico/a alcoholic
alegrarse de to be happy about 11
alegre happy
la alegría happiness
alemán/alemana German 1
la alergia: tenerle alergia a (algo) to be allergic to (something) 9
el alfabeto alphabet Pre.
la alfombra rug 10
algo something 2; **¿~ más?** Something/Anything else? 12; **Por ~ será.** There must be a reason.
el algodón cotton 5
alguien someone 6
algún/alguno/a/os/as some/any 10; **algunas veces** sometimes; **alguna vez** (at) some time; ever 13
alimentar to feed, nourish
alimentado/a fed
el alivio relief
allá over there 4
allí there 4
el alma (*f.*) soul
el almacén department store

almorzar (o → ue) to have lunch 5
el almuerzo lunch 7
¿Aló? Hello? 7
el alojamiento lodging, accommodation
alquilar *v.* to rent 2
el alquiler *n.* rent 10
alrededor de about, around 6
alternar to alternate
el altiplano high plateau
alto/a tall 3
alumbrar to light, illuminate
el/la alumno/a student
el ama de casa (*f.*) housewife 1
amable nice 15
el/la amante lover (*usually a negative connotation*) 17
amar (a alguien) to love 7, 17
amargo/a bitter
amarillo/a yellow 5
el ambiente atmosphere; **el medio ambiente** the environment
ambicioso/a ambitious (*negative connotation*) 15
el ámbito field (*professional*)
ambos/as both
la ambulancia ambulance 9
ambulante: una enciclopedia ~ a walking encyclopedia 14
la amenaza threat
amenazar to threaten
el/la amigo/a friend 2
la amistad friendship
el amor love; **¡Por ~ de Dios!** For heaven's sake! (literally: *For the love of God!*) 10
amueblado/a furnished 10
amueblar to furnish
el analfabetismo illiteracy
el/la analista de sistemas systems analyst 16
anaranjado/a orange (*color*) 5
el/la anciano/a old man/woman
andar to go; to walk; to amble
andinismo: hacer ~ to go mountain climbing, mountaineering
andino/a Andean
el anfiteatro amphitheater 13
el anillo ring
el aniversario anniversary
anoche last night 6
anotar to take notes, jot down
anteayer the day before yesterday 6
los anteojos eyeglasses
el/la antepasado/a ancestor
anterior (*adj.*) former, previous
antes before 3; **~ de** + *inf.* before + *-ing* 6; **~ que nada** before anything else
el antibiótico antibiotic 9
el anticonceptivo contraceptive
antiguo/a ancient, antique
antipático/a unpleasant; disagreeable 3
anunciar to advertise; to announce
el anuncio advertisement, notice; announcement; **los anuncios clasificados** classified ads 16
añadir to add 11; to increase
el año year 1; **Año Nuevo** New Year's Day; **~ pasado** last year 6; **~ que viene** next year; **cumplir años** to have a birthday 4
apagar to turn off 9

aparecer to appear
el apartamento apartment 2
aparte separate; **~ de** apart from
la apatía apathy
apático/a apathetic, indifferent
el apellido: el primer apellido first last name (*father's name*) 1; **el segundo apellido** second last name (*mother's maiden name*) 1
apenas scarcely, hardly
aplazar a alguien to fail someone 16
apoyar to support
el apoyo support
apreciar to value, appreciate
aprender to learn 2
(no) aprobar to fail, to pass (*an exam, a class*) 16
aprovechar to make use of, take advantage of
aproximadamente approximately
apuntar to jot down
el apunte note; annotation; **tomar apuntes** to take notes 16
aquello that thing/issue 4
aquel/aquella (*dem. adj.*) that 4; (*dem. pro.*) that one 4
aquellos/aquellas (*dem. adj.*) those 4; (*dem. pro.*) those ones 4
aquí here 4; **por ~** around here
árabe Arab 1
la araña spider
el árbol tree; **plantar un árbol** to plant a tree 15
el arca (*f.*) treasure chest, coffer
el área (*f.*) area code 7
la arena sand
argentino/a Argentinean 1
el argumento argument (*reasoning*); plot
armar to put together; to arm
el armario armoire, closet 10
el/la arqueólogo/a archaeologist
el/la arquitecto/a architect
arrancar to start the car 9
arreglar to fix; to arrange; **~ el carro** to fix the car 11
el arreglo arrangement
arraigo: tener ~ to be ingrained
arriba above, up
arroba @ (*as in email address*) 12
arrogante arrogant 15
el arroz rice 8
el arte (*m. sing.*) art 2; **las artes** (*f. pl.*) the arts
la artesanía craftsmanship, handicraft; **hacer artesanías** to make crafts 11
el/la artesano/a artisan 16
el artículo article
el/la artista artist 17
arrullarse to cuddle
la arveja pea 8
la ascendencia ancestry
el ascensor elevator 14
asegurar to assure
asesinar to murder
así like this/that 13; **~ es.** That's right.
asiático/a Asian 1
el asiento seat 7; **~ de ventanilla** window seat 7; **~ del medio** middle seat 7; **~ de pasillo** aisle seat 7
la asignatura (school) subject 2
asimilarse to assimilate
asimismo likewise

el/la asistente assistant; **~ de cátedra** teaching assistant 16; **~ de vuelo** flight attendant
asistir a to attend (*class, church, etc.*) 6; **~ de oyente** to audit (*a class*) 16
asociar to associate
el asombro amazement, astonishment
la aspiradora vacuum cleaner 10
la aspirina aspirin 9
astuto/a astute 15
el asunto matter, subject
asustado/a frightened
asustarse to be frightened
atracciones: el parque de ~ amusement park 13
atraer to attract
atrás back, behind, rear
atropellar to run over 9
audaz daring
aumentar to increase
el aumento increase
aun even
aún still, yet
aunque although
la aurora dawn
el auto car 7
el autobús bus 7
automático/a automatic (*transmission*) 9
la autopista freeway, toll road 12
auxilios: los primeros ~ first aid
avanzar to advance
el ave (*f.*) poultry 8; bird
la avenida avenue
la aventura adventure; **~ (amorosa)** love affair 17
averiguar to find out (about)
el avión airplane 7; **por avión** by airmail; by plane
avisar to inform; to warn
el aviso sign
el autorretrato self-portrait 17
ayer yesterday 6
la ayuda help
el/la ayudante helper, assistant
ayudar to help 7; **~ a** + *inf.* to help + *inf.*
el ayuntamiento city hall 13
el azúcar sugar 11
azul blue 5

la bahía bay
bailar to dance 2
el bailarín/la bailarina dancer
el baile dance
bajar (música) to download (music) 12; to go down 14; **~ (de)** to get off (a bus, subway) 14
bajo/a short (*in height*) 3; low (*voice*)
el bajo first floor
el balcón balcony
el balón (large) ball 8
el/la balsero/a political refugee who travels by raft
el banano banana; banana tree
el banco bank 3; bench
la banda band
el bandoneón concertina, type of accordion
la bandurria lute-like instrument
bañarse to bathe 4
la bañera bathtub 10
el baño bathroom 7; **el traje de baño** bathing suit 5

barato/a cheap, inexpensive 3
la barba beard 4
la barbacoa barbecue
barbaridad: ¡Qué ~ ! How awful!
el barco ship, boat 7; **en/por ~** by boat
la barra slash (*as in* http://www) 12
la barrera barrier
el barrio neighborhood
basado/a based
basar to base
el basquetbol basketball 8
¡Basta (de...)! (That's) enough (. . .)! 14
bastante enough
bastardilla: en ~ in italics
la basura garbage 15
el bate bat 8
la batería battery (*cell phone*) 7; battery (*car*) 9; drums 12; **No tengo batería.** My battery is dead. (*cell phone*) 7; **Tengo ~ baja.** My battery is low. (*cell phone*) 7
la batidora blender
el baúl trunk (*car*) 9
beber to drink 2
la bebida drink 8
la beca scholarship
el béisbol baseball 8
la belleza beauty
bello/a beautiful; **bellísimo/a** very beautiful 6
besar to kiss 17
el beso kiss 17
la biblioteca library 3
el/la bibliotecario/a librarian 16
la bicicleta bicycle 7
el bidé bidet 10
bien O.K.; well Pre.; **~ educado/a** well behaved/mannered
bienvenido/a welcome
el/los bigote/s mustache 4
bilingüe bilingual
el billar billiards 11; **jugar (u ⟶ ue) (al) billar** to play billiards 11
el billete bill (*paper money*) 13; ticket
el biocombustible biofuel 15
la biología biology 2
el/la biólogo/a biologist; **~ marino/a** marine biologist 16
el bistec steak 8
blanco/a white 5; **blanco y negro** black and white
blando/a soft
la blusa blouse 5
la boca mouth 4
la boda wedding 6
la bola: ~ de bolos bowling ball 8; ball
el boleto de autobús/metro bus/subway ticket 14
el bolígrafo ballpoint pen Pre.
boliviano/a Bolivian 1
los bolos bowling
la bolsa bag
el bolsillo pocket
el bolso purse 5; **~ de mano** hand luggage, carry-on bag 7
el/la bombero/a fire fighter 16
bonito/a pretty 3
borracho/a drunk 3
el borrador rough draft; eraser
borrar to erase
el bosque woods 12; **~ pluvial** rain forest

el bosquejo outline
la bota boot 5
la botánica store that sells herbs, candles, books, and religious articles (*Puerto Rico, Cuba*)
la botella bottle
el botones bellboy 7
el boxeo boxing 8
brasileño/a Brazilian 1
el brazo arm 4
breve brief
el brindis toast (*drink*)
la brisa breeze
la broma joke; **te lo digo en broma** I'm joking 17
bueno/a good 3; **es bueno** it's good; **buena salud** good health 9; **Buenas noches.** Good night. Good evening. Pre.; **Buenas tardes.** Good afternoon. Pre.; **Buenos días.** Good morning. Pre.
la bufanda scarf (*winter*) 5
el buscador search engine 12
buscar to look for 6
la búsqueda search
el buzón mailbox 12

el caballero gentleman
el caballo horse 14
la cabeza head 4; **tener dolor de cabeza** to have a headache 9
la cabina cabin
cabo: al fin y al ~ after all; **llevar a ~** to accomplish
cada each, every 4; **~ día/mes/año** every day/month/year 9; **~ loco con su tema** to each his/her own (literally: *each crazy person with his/her own theme*) 18
la cadena chain; (television) network
la cadera hip
caer to fall; to drop 13
caerse to fall 9; **~ el servidor** to go down (*server*) 12; to drop; **Me cae (la mar de) bien.** I like him/her a lot. 15; **Me cae mal.** I don't like him/her. 15
el café coffee 2; **tomar café** to have coffee 2
la cafetera coffeepot 10
la cafetería cafeteria, bar 1
la caída fall, drop
la caja cashier's desk 13; box
el/la cajero/a cashier 13; **el cajero automático** ATM 13
la calabaza gourd
el calcetín sock
la calculadora calculator 2
el cálculo calculus 2
la calefacción heat (*in a house*) 10
el calendario calendar
el calentamiento: ~ global global warming
caliente warm
¡Calla! Quiet!
callado/a quiet, silent
callarse to be silent, keep quiet, to shut up
la calle street 9
el callejón alley 14
calor: hace ~ it's hot 4; **tener ~** to be hot 5

calvo/a bald
los calzoncillos/calzones men's/women's underwear
la cama bed 2
la cámara (digital) (digital) camera 2; **~ de video** video camera
el/la camarero/a waiter/waitress 1
los camarones shrimp 8
cambiar to change; **~ de papel** to switch roles; **~ (dinero)** to exchange, change (money) 13; **cambiando de tema** changing the subject 8
el cambio exchange rate 13; change (*i.e., coins*) 13; **~ de raíz** stem change; **en cambio** in exchange; on the other hand; instead
los cambios gears (*car*); **con cambios** standard shift (transmission) 9
caminar to walk 2
la caminata walk, stroll
el camino road, path
el camión truck 7
la camioneta 4 x 4 SUV, 4 x 4 7
la camisa shirt 5
la camiseta T-shirt 5
la campana bell
el campeón/la campeona champion 8
el campeonato championship 8
el/la campesino/a peasant; farmer
el campo countryside 12; field; **~ de fútbol** soccer field
canadiense Canadian 1
el canal de televisión TV channel
la canasta basket
la cancha (*tennis, basketball*) court
la canción song
la canica marble (*for games*)
cansado/a tired 3
el cansancio fatigue, tiredness, weariness
el/la cantante singer 1
cantar to sing 2
la cantidad quantity
el canto singing, song
la capa layer
el caparazón shell
la capa layer (*atmosphere*); **~ de ozono** ozone layer 15
capaz capable 15
la capital capital (city); **¿Cuál es ~ de...?** What is the capital of . . . ? Pre.
el capítulo chapter
la cápsula capsule 9
captar to capture
la cara face 4; side (*paper*); **Cuesta un ojo de ~.** It costs an arm and a leg. (literally: *It cost an eye of my face.*) 5
caradura: ser un/a ~ he/she has a lot of nerve (literally: *a hard face*) 15
¡Caray! Darn! Rats! (*negative*); Wow! (*positive*) 7
la carga load, cargo, burden; **animal de carga** pack animal
cargar to carry, transport
la carne meat 8; **~ de res** beef 8
cariño (*m./ f.*) dear (term of endearment); **el ~** affection 17
carismático/a charismatic 15
el carnet (de estudiante) (student) ID
caro/a expensive 3; **Te va a salir caro.** It's going to cost you. 8
el/la carpintero/a carpenter 16

la carrera major 16; course of study 16; career; race (*bike, car*)

la carreta wagon, cart

la carretera road, highway 12

el carro car 7; **~ híbrido** hybrid car 15

la carta letter 12; menu; **~ de recomendación** letter of recommendation 16

las cartas: jugar (u ⟶ ue) a ~ to play cards 11

el cartel poster

la cartera purse 5; wallet

el/la cartero letter carrier 12

el cartón cardboard 15

la casa house; home 3; **echar ~ por la ventana** to go all out (literally: *to throw the house out the window*) 6

casado/a: estar ~ (con) to be married (to) 6

casarse (con) to marry, get married (to) 6, 17

el casco (de bicicleta/de moto/de fútbol americano) (bicycle/motorcycle/football) helmet 8

casi almost 6

la casilla box

caso: en ~ (de) que in case that; **hacer ~ (de)** to pay attention (to)

el cassette tape, cassette

las castañuelas castanets

el castellano Spanish (*language*)

el castigo punishment

el castillo castle

casualidad: por (pura) ~ by (pure) chance

la catarata waterfall 12

catarro: tener ~ to have a cold 9

la catedral cathedral 13

el/la catedrático professor 16

el/la cazador/a hunter

cazar to hunt

la cebolla onion 8

la cédula ID card

celebrar to celebrate

celos: tener ~ (de) to be jealous (of) 17

celoso/a: estar ~ (de) to be jealous (of) 17; **ser ~** to be jealous

celular: el (teléfono) ~ cell phone 2

el cementerio cemetery 13

la cena dinner 7

cenar to have supper/dinner

el centavo cent

un centenar (one) hundred

centígrados centigrade/Celsius 4

el centro: ~ comercial mall, shopping center 3; **~ cultural** cultural center 13; **~ de información turística** tourist center 13

cepillarse: ~ el pelo to brush one's hair 4; **~ los dientes** to brush one's teeth 4

el cepillo: ~ de dientes toothbrush 2; **~ de pelo** hairbrush 2

cerca (de) near 6

cercano/a near, close by

el cerdo pork 8; pig

el cereal cereal 11

el cerebro brain

cero zero 1

cerrado/a closed

cerrar (e ⟶ ie) to close 5; **Cierra/ Cierren el libro.** Close your book. Pre.

la certeza certainty

la cerveza beer 2

el cetro scepter

el champán champagne

el champú shampoo 2

el chantaje blackmail

Chao. Bye., So long. Pre.

la chaqueta jacket 5

el charango small, five-stringed guitar

la charla talk, conversation

charlar to chat, talk

Chau. Bye., So long. Pre.

el/la chef chef 16

el cheque check; **~ de viajero** traveler's check 13

chévere: ¡Qué ~! Great! (*Caribbean expression*) 12

el/la chico/a boy/girl 1

el chile chili pepper

chileno/a Chilean 1

la chimenea chimney

mi chiquilín/chiquilina my little boy/girl (*term of endearment*)

el/la chiquillo/a a young child

los chismes gossip 16

chismoso/a gossipy 15

el chiste joke, funny story

chocar (con) to crash (into) 9

el chocolate chocolate 8; **~ con churros** hot chocolate with Spanish crullers 11

el chofer driver, chauffeur 13

el chorizo a highly seasoned pork sausage

la chuleta chop (*cut of meat*) 8; cheat sheet (*Spain*) 16

el churrasco steak (*Argentina*) 8

los churros crullers; **el chocolate con churros** hot chocolate with crullers 11

el ciclismo cycling 8

el/la ciclista cyclist

cien one hundred 1

la ciencia science

el/la científico/a scientist 16

ciento uno, ciento dos one hundred and one, one hundred and two 6

Cierra/Cierren el libro. Close your book. Pre.

cierto/a sure, certain, true; **es cierto** it's true 11; **por cierto** by the way

el cigarrillo cigarette

la cigüeña stork

el cine movie theater 3

la cinta tape, cassette

el cinturón belt 5; **~ de seguridad** seat belt 9; **abrocharse ~** to buckle the seat belt 9

la cirugía surgery

la cita appointment 14; date 14; quote

la ciudad city 12; **~ universitaria** college campus

el/la ciudadano/a citizen

el clarinete clarinet 12

claro/a light 5; clear; **Claro.** Of course. 2; **¡Claro que no!** Of course not!; **¡Claro que sí!** Of course! 2; **está claro** it's clear 11

la clase lesson, class; classroom 2

clasificar to rate

clasificado/a classified; **los (anuncios) clasificados** classified ads 16

el claustro cloister

la cláusula clause

clavar to fix upon; to nail down

clic: hacer ~ to click on (*an icon, a link, etc.*)

el/la cliente client

el clima climate

cobarde cowardly 15

cobrar to charge; to collect

cobro: llamada a ~ revertido collect phone call

el coche car 7

la cocina kitchen 10; **~ eléctrica/de gas** electric/gas stove 10

cocinar to cook 11

el/la cocinero/a cook

el código: ~ internacional international access code (*telephone*) 7; **~ del país** country code (*telephone*) 7; **~ postal** postal/zip code 12

el codo elbow 4

el cognado cognate

el cojín pillow, cushion

cola: hacer ~ to stand in line 12

coleccionar to collect 11; **~ estampillas** to collect stamps 11; **~ monedas** to collect coins 11; **~ tarjetas de béisbol** to collect baseball cards 11

el colegio school 3; **~ mayor** dormitory (*Spain*) 1

colgar (o ⟶ ue) to hang

la coliflor cauliflower 8

la colina hill 12

el colmillo eyetooth

colmo: para ~ to top it all off 9

colocado/a positioned, arranged

colombiano/a Colombian 1

la colonia colony; **el agua de colonia** cologne 2

el color color 5; **¿De qué color es?** What color is it? 5

la comedia comedy

el comedor dining room 10

comentar to comment on; to gossip

el comentario comment

comenzar (e ⟶ ie) to begin 5

comer to eat 2

el/la comerciante business owner 1

la comida meal 7; food

el comienzo beginning, start

como like, as; **~ consecuencia** as a consequence; **~ resultado** as a result 8; **~ si** as if

¿cómo? what? / What did you say? 1; **¿~ es?** What is he/she like? 3; **¿~ estás/está?** How are you? (*informal/formal*) Pre., 3; **¿~ que...?** What do you mean . . . ? 7; **¿~ se dice en español?** How do you say it in Spanish? Pre.; **¿~ se escribe?** How do you spell it? Pre.; **¿~ se llama (Ud.)?** What's your name? (*formal*) Pre.; **¿~ se llega a...?** How do you get to . . . ? 14; **¿~ te llamas?** What's your name? (*informal*) Pre.; **Sí, cómo no.** Sure. 7

la cómoda chest of drawers 10

cómodo/a comfortable

el/la compañero/a companion; partner 2; **~ de cuarto** roommate 2

la compañía comercial company, business

comparar to compare
compartir to share
complacer to please
completar to fill out   16; to complete, finish
completo: trabajar tiempo ~ to work full time   16
el comportamiento behavior
comportarse to behave
comprar to buy   2
compras: de ~ shopping; **ir de ~** to shop, go shopping   5
comprender to understand; **No comprendo.** I don't understand.   Pre.
comprobar (o → ue) to check
comprometido/a: estar ~ to be engaged   17
el compromiso engagement   17
la computadora computer   2
común common; **en ~** in common
la comunidad community
con with   6; **~ cambios** standard shift   9; **~ cuidado** carefully; **~ frecuencia** frequently, often   9; **~ mucho gusto** with pleasure; **¿~ quién vas?** With whom are you going?   3; **~ retraso** late   7; **~ tal (de) que** provided that
el concierto concert   5
la concordancia concordance, harmony; agreement (*grammar*)
concordar (o → ue) to agree
el concurso contest
conducir to drive (*Spain*)   7
conectar to connect
la conferencia lecture, talk; long-distance call (*Spain*)
confiable trustworthy   15
la confianza confidence
el congelador freezer   10
el conjunto (musical) group, band   12; outfit
conmigo with me   6
conocer to know (*a person/place/thing*)   4; **dar a ~** to make known
conocido/a known
el conocimiento knowledge
conque so
la conquista conquest
conquistar to win; to conquer; to overcome
la consecuencia consequence; **como consecuencia** as a consequence
conseguir (e → i, i) to get, obtain   13
el/la consejero/a counselor
el consejo advice   10
la conservación conservation   15
conservar to conserve, preserve   15; to take care of
consistir en to consist of
constante constant
constantemente constantly   11
construir to build   7
el consulado consulate   13
consultar to consult
el/la consultor/a consultant   16
el consultorio doctor's office
el consumidor consumer
el consumo consumption
la contaminación contamination, pollution   15
contar (o → ue) to tell   6; to count
contemporáneo/a contemporary

el contenido content
contento/a happy   3
el contestador automático answering machine
contestar to answer   6; **(Ana), contéstale a (Vicente)...** (Ana), answer (Vicente) . . .   Pre.
contigo with you   6
continuamente continually   11
continuar to continue   12
contra: estar en ~ to be against
la contraseña password   12
la contratapa inside cover
contratar to contract, hire   16
el contrato contract   16
el control remoto remote control   6
convencer to convince
el convento convent   13
conversar to converse, talk
convertir (e → ie, i) to convert; to become
la copa stemmed glass, goblet; **~ Mundial** World Cup (*soccer*); **~ de vino** wine glass   8
la copia copy (*art*)   17
copiar to cheat, copy   16
el corazón heart   4
la corbata tie   5
el cordero lamb   8
corregir (e → i, i) to correct
el correo post office; mail   12; **~ electrónico** email   12
correr to run   2; **~ el riesgo de no + inf.** to run the risk of not *verb + -ing*   16
correspondiente corresponding
la corrida de toros bullfight
corrupto/a corrupt   15
cortar to cut   11
cortarse to cut oneself   9
la cortina curtain
corto/a short (*in length*)   3
la cosa thing
la cosecha harvest
coser to sew   11
la costa coast   12
costar (o → ue) to cost   5; **Cuesta un ojo de la cara.** It costs an arm and a leg. (literally: *It cost an eye of my face.*)   5
costarricense Costa Rican   1
la costumbre custom, habit
cotidiano/a daily
crear to create
el crecimiento growth
el crédito: la tarjeta de crédito credit card
la creencia belief
creer to believe; to think   5
creído/a conceited, vain   15
la crema de afeitar shaving cream   2
criar to breed, rear, raise
el croissant croissant   11
el crucero cruise
el cruce: ~ peatonal pedestrian walkway   14
el crucigrama: hacer crucigramas to do crossword puzzles   11
la cruz cross
cruzar to cross (*the street*)   14
la cuadra city block   14
el cuadrado square

el cuadro painting   17; **de cuadros** plaid   5
¿cuál? which?   1; **¿~ es el origen de tu familia?** What is the origin of your family?   1; **¿~ es la capital de...?** What is the capital of . . . ?   Pre.; **¿~ es tu/su número de teléfono?** What is your telephone number?   1
cualquier any; whichever
cuando when; **de vez en ~** once in a while, from time to time   9
¿cuándo? when?   2
cuanto: en ~ when, as soon as
¿cuánto? how much?; **¿~ tiempo hace que + preterit?** How long ago did you . . . ?   6; **¿~ tiempo hace que + present?** How long have you . . . ?   6; **¿~ cuesta/n...?** How much is/are . . . ?   5
¿cuántos? how many?; **¿~ años tiene él/ella?** How old is he/she?   1; **¿~ años tienes?** How old are you?   1
el cuarto room   10; **~ (de hora)** quarter (of an hour)   5; **~ de servicio** maid's room   10
cuarto/a fourth   10
el cuatro four-stringed guitar used in Andean and Caribbean music
cuatrocientos four hundred   6
cubano/a Cuban   1
los cubiertos silverware   8
cubrir to cover   9
la cucaracha cockroach
la cuchara spoon   8
la cucharada spoonful
el cuchillo knife   8
el cuello neck   4
la cuenta check; account; bill   8; **~, por favor.** The check, please.; **darse cuenta de algo** to realize something   7; **tener en cuenta** to take into account, bear in mind
el cuento story
la cuerda string
cuerdo/a sane
el cuero leather   5
el cuerpo body   4
el cuestionario questionnaire
el cuidado care; **con cuidado** carefully; **tener cuidado** to be careful
cuidar to care for, take care of; **~ plantas** to take care of plants   11
la culpa guilt
culpable guilty
cultivado/a cultured, cultivated
el cumpleaños birthday   4; **Feliz cumpleaños.** Happy Birthday.
cumplir años to have a birthday   4
el/la cuñado/a brother-in-law/sister-in-law   6
el cura priest
curar to cure, treat
la curiosidad curiosity; indiscretion; question
curioso/a curious
la curita Band-Aid   9
el currículum (vitae) résumé, curriculum vitae   16
cursar to study, take (*a course*)
cursi overly cute; tacky, in bad taste; **¡Qué ~!** How tacky!   12
el curso course

la dama: la primera dama first lady
la danza dance
el daño damage, harm
dar to give 6; **~ a conocer** to make known 17; **~ de comer** to feed; **~ un paseo** to take a walk; **~ una excusa** to give an excuse 16; **~ una vuelta** to take a ride 15; to go for a stroll/walk; **~le vergüenza** to feel ashamed . . .; **~le la vuelta** to turn over, flip 11; **~le las gracias a alguien** to thank someone 18; **~se cuenta de algo** to realize something 7
el dato fact, piece of information
de of; from 1; **¿~ acuerdo?** O.K.?, Agreed? 13; **~ compras** shopping; **~ cuadros** plaid 5; **¿~ dónde eres?** Where are you from? (*informal*) Pre.; **~ espaldas** back-to-back; **~ lunares** polka-dotted 5; **~ nada.** You're welcome. Pre.; **(~ parte ~)**... It/This is . . . (*telephone*) 7; **¿~ parte de quién?** May I ask who is calling? 7; **¿~ qué color es?** What color is it? 5; **¿~ qué material/tela es?** What material is it made out of? 5; **~ quien** about whom; **¿~ quién/es?** whose? 2; **~ rayas** striped 5; **~ repente** suddenly 6; **~ segunda mano** secondhand, used 10; **¿~ veras?** Really? 2; **~ vez en cuando** once in a while, from time to time 9
debajo (de) below 6
deber to owe; **~ + *inf.*** ought to/should/must + *v.* 4
debido/a due; **debido a** due to, because of
el/la decano/a dean
decidir to decide 6
décimo/a tenth 10
decir to say; to tell 5; **¿Cómo se dice... en español?** How do you say . . . in Spanish? Pre.; **es ~** that is (to say) 8; **¿Qué quiere ~...?** What does . . . mean? Pre.
el dedo finger 4; **~ meñique** little finger; **~ del pie** toe 4; **~ gordo** big toe
dejar to leave behind; to let, allow 6; **~ algo para último momento** to leave something for the last minute 16; **~ boquiabierto (a alguien)** to leave (someone) dumbfounded 16; **~ caer** to drop; **~ de + *inf.*** to stop, quit + *-ing* 8; **~ de salir (con)** to break up (with) (casual relationship) 17
defraudar to defraud; **Lamento ~lo** I'm sorry to disappoint you.
del = de + el of the 2
delante (de) in front of 6
deletrear to spell
delgado/a thin 3
demás remaining, rest
demasiado too much 3
democrático/a democratic
¡Demonios! Damn! What the devil!
demorar to take (time), delay
demostrar (o → ue) to demonstrate
el/la dentista dentist 1

dentro: ~ de in, inside; **~ de poco** in a while
la denuncia police report
el departamento department; apartment
depender de to depend on
el deporte sport 8
el/la deportista (profesional) (professional) athlete 1
deportivo/a (*adj.*) related to sports
el depósito security deposit 10
la derecha right-hand side; **a ~ (de)** to the right (of) 6
el derecho right; law
el derrame spill
desafiante challenging
desafortunadamente unfortunately
la desaparición disappearance
desarrollado/a developed
desarrollar to develop
desarrollo: en vías de ~ developing (nation)
el desastre disaster
desayunar to have breakfast 6
el desayuno breakfast 7
descansar to rest
el descanso rest
el/la descendiente descendant
descomponerse to break down 9
desconocido/a unknown
describir to describe
la descripción description 3
el descubrimiento discovery
descubrir to discover
desde since, from 6; **~ hace** for (*time duration*); **~... hasta** from . . . until; **~ luego** of course
desdeñoso/a disdainful, scornful
deseable desirable
desear to want; to desire 3
desechable disposable 15
el desecho waste
el desempleo unemployment 16
el deseo wish, desire
desesperado/a desperate
desfilar to march
el desfile parade; **~ de modas** fashion show
el desierto desert 12
desnudo/a naked
el desodorante deodorant
el desorden disorder
despacio slow, slowly; **Más ~, por favor.** More slowly, please. Pre.; **¿Puede hablar más ~, por favor?** Can you speak more slowly, please? 7
la despedida farewell
despedir a alguien (e → i, i) to fire someone 16
despedirse (e → i, i) to say good-by
despejado/a clear, sunny; spacious
el desperdicio waste
despertar a alguien (e → ie) to wake someone up 5
despertarse (e → ie) to wake up 5
después after 3; then, later (on) 5; **~ de + *inf.*** after + *-ing* 5; **~ de que** after
destacarse to stand out, be outstanding
el destierro exile
el destino destination 7; destiny
destrozado/a ruined, destroyed
la destrucción destruction 15
destruido/a destroyed

destruir to destroy 15
la desventaja disadvantage
el detalle detail
detener to detain
detenidamente thoroughly
determinado/a specific
detestar to detest 7
detrás (de) behind 6
la deuda debt
devolver (o → ue) to vomit 9; to return, send back
el día day 2; **Buenos días.** Good morning. Pre.; **hoy (en) día** today; nowadays 12; **ponerse al día** to bring up to date; **todos los días** every day 3
el diablo devil
el diálogo dialogue
el diamante diamond
la diapositiva slide
el diario diary, journal
diario/a daily
diariamente daily
diarrea: tener ~ to have diarrhea 9
dibujar to draw 17
el dibujo drawing, sketch 17
el diccionario dictionary 2
el dicho saying
diciembre (*m.*) December 4
el dictado dictation
la dictadura dictatorship
el diente tooth 4; **~ de ajo** clove of garlic; **cepillarse los dientes** to brush one's teeth 4; **la pasta de dientes** toothpaste 2
la dieta: estar a dieta to be on a diet
la diferencia difference; **a diferencia de** unlike; in contrast to
diferente different; **~ de** different from
difícil difficult
Diga/Dígame. Hello. (*Spain, telephone*) 7
¡No me digas! No kidding! 5
Dile a... Tell . . . Pre.
el dinero money 2; **cambiar dinero** to exchange; to change (money) 13; **~ en efectivo** cash
el/la dios/a god/goddess; **¡Por el amor de Dios!** For heaven's sake! (literally: *For the love of God!*) 10
la dirección address 1
directamente directly
el/la director/a director (movies) 1; **~ ejecutivo/a** executive director 16
dirigido/a directed
el disco record; **~ compacto** compact disc 2
la discoteca club, disco 3
discutir to argue; to discuss
el/la diseñador/a designer
disfrutar to enjoy
disparar to fire, shoot
disponible available
disputarse to argue
la distancia distance; **de larga distancia** long-distance (*call*) 7
distraído/a absent-minded; distracted
el distrito district
diversificar to diversify
la diversión amusement, entertainment, recreation
divertido/a entertaining, amusing

divertirse (e → ie, i) to have fun 5
divinamente divinely, wonderfully 11
divino/a divine, wonderful
divorciado/a: estar ~ (de) to be divorced (from) 6
divorciarse (de) to get divorced (from) 17
el divorcio divorce 17
doblado/a dubbed (*movie*)
doblar to turn 14; to fold
doble: la habitación ~ double room 7
el/la doctor/a doctor 1
el documental documentary
doler (o → ue) to hurt 9
el dolor ache, pain 9; **~ de cabeza** headache 9
doloroso/a painful
doméstico/a domestic
el domicilio residence
domingo Sunday 2; **el ~** on Sunday 2; **los domingos** on Sundays, every Sunday 2
don/doña title of respect used before a man's/woman's first name
donde where
¿dónde? where?; **¿~ estás?** Where are you? 3; **¿De ~ eres?** Where are you from? (*informal*) Pre.; **¿De ~ es Ud.?** Where are you from? (*formal*) Pre.; **¿Sabe ~ está...?** Do you know where . . . is? 14
dorado/a gilded, covered with gold
dormir (o → ue, u) to sleep 5
dormirse (o → ue, u) to fall asleep 5
el dormitorio bedroom 10
doscientos two hundred 6
dramático/a dramatic
la droga drug
la ducha shower 10
ducharse to take a shower 4
duda: no hay ~ (de) there is no doubt 11
dudar to doubt 11
dudoso: es ~ it's doubtful 11
el/la dueño/a de un negocio owner of a business 1
dulce (*adj.*) sweet 14; **los dulces** (*n.*) candy, sweets
durante during
durar to last
duro/a hard; **los huevos duros** hard-boiled eggs 11
el DVD DVD 2; **el reproductor de ~** DVD player 2

e and (before *i* or *hi*)
echar to throw; to put in, add; to throw out; **~ de menos** to miss (*someone or something*) 8; **~ la casa por la ventana** to go all out (literally: *to throw the house out the window*) 6; **~le gasolina al carro** to put gas in the car 9
la ecología ecology 15
la economía economics 2; economy
el/la economista economist 1
el ecuador: la línea del ecuador equator
ecuatorial: la línea ~ equator
ecuatoriano/a Ecuadorian
la edad age; **~ Media** Middle Ages
el edificio building 3
la editorial publisher

educado/a: bien educado/a well behaved, well mannered
el (dinero en) efectivo cash 13
el efecto effect; **~ invernadero** green-house effect
efectuar to carry out
ejecutar to execute
ejemplar exemplary, model
el ejemplo example; **por ejemplo** for example
el ejercicio exercise Pre.; **Mira/Miren ~** Look at exercise . . . Pre.
el ejército army
el (*m. sing.*) the 2
él he 1
la electricidad electricity 10
electrónico/a electronic 11
el elefante elephant 14
elegir (e → i, i) to choose, select
eliminar to delete (*email*)
ella she 1
ellos/as they 1
el elote corn (*Mexico*) 8
la embajada embassy 13
embarazada pregnant; **estar ~** to be pregnant
embarazoso/a embarrassing
embargo: sin ~ however, nevertheless 12
el embrague clutch 9
la emergencia emergency
la emisora radio station
empacar to pack
el emperador emperor
empezar (e → ie) to begin 5
el/la empleado/a employee 16; **la empleada (de servicio)** maid 7
emplear to employ, use
el empleo job/position; employment 16
la empresa enterprise; company 16
en in; on; at; **~ barco/tren/etc.** by boat/train/etc. 6; **~ cambio** in exchange, on the other hand, instead; **~ cuanto** when, as soon as; **~ general** in general; **~ lugar de** instead of, in place of; **~ peligro** in danger 15; **¿~ qué página, por favor?** What page please? Pre.; **¿~ qué puedo servirle?** How can I help you?; **~ realidad** really, actually; **~ seguida** at once, right away 17; **~ sus/tus propias palabras** in his/her/your own words; **~ torno** around; **~ vías de desarrollo** developing (nation)
enamorado/a in love 3; **estar ~ (de)** to be in love (with) 17
enamorarse (de) to fall in love (with) 6, 17
Encantado/a. Nice to meet you. (literally: *Charmed.*) Pre.
encantador/a charming 15
encantar to like a lot, love 8
encargo order (*of goods*)
encender (e → ie) to light; to ignite
encerrar (e → ie) to lock up, confine
enchufe: tener ~ to have an in (to have friends in high places) (*Spain*) 16
la enciclopedia encyclopedia; **una enciclopedia ambulante** a walking encyclopedia 14
encima (de) on top of 6
encontrar (o → ue) to find 5

encontrarse con (alguien) (o → ue) to run into (someone)
el encuentro encounter, meeting
la encuesta inquiry, poll, survey
la energía energy; **~ eólica** wind power; **~ nuclear** nuclear energy 15; **~ solar** solar energy 15
enero January 4
enfadar to make angry
enfadarse to get angry
enfermarse to become sick
la enfermedad sickness, illness 9
el/la enfermero/a nurse 9
enfermo/a sick 3
enfilado/a in rows
enfocar to focus
el enfoque focus
enfrente (de) facing, across from 6
el enlace link, connection 12
enojado/a angry, mad 3; **estar ~ (con)** to be angry (at)
enojarse to become angry
la ensalada salad 8
ensayar to rehearse
el ensayo essay 16
enseñar to teach 6; to indicate, point out
entender (e → ie) to understand 5; **No entiendo.** I don't understand. Pre.
enterarse (de) to find out, learn (about)
el entierro burial
entonces then, therefore 1
la entrada ticket (*to get into a museum, sporting event, movie, etc.*) 13; **~ al metro** entrance to the metro 14; entrance (*building, house*)
entrar (en/a) to enter 6
entre between 6; among
entregar to hand in; deliver
entretener to entertain
entretenido/a fun, entertaining
la entrevista interview 16
entrevistar to interview
entristecer to make someone sad
el envase container 15
enviado/a sent
envuelto/a wrapped
eólica: la energía ~ wind power
la época time, epoch, era
el equipaje luggage 7
el equipo team 8; equipment, gear 8; **~ de audio** stereo system 2
equivocado: Tiene el número ~ You have the wrong number. (*formal*) (*telephone*) 7
equivocarse to be wrong, make a mistake
es: ~ buena gente he/she is a really good person 15; **~ un/a caradura** he/she has a lot of nerve (literally: *a hard face*) 15; **~ hora de + *inf.*** it's time to + *inf.* 16; **~ un/a loco/a de atar** he/she is a crazy person (literally: *a crazy person to tie up*) 15; **~ un/a santo/a** he/she is a good person (literally: *a saint*) 15; **~ un/a sinvergüenza** he/she is a jerk (literally: *a shameless person*) 15
la escala stop, layover 7; **hacer escala** to make a stop
escalar to climb
la(s) escalera(s) stair(s); staircase 14

escalofríos: tener ~ to have the chills 9

escasear to be scarce

la escena scene 17

el/la esclavo/a slave

escoger to choose, select 10

escondido/a hidden

escribir to write 2; **~ cartas/poemas** to write letters/poems 11; **Escribe./Escriban.** Write. Pre.

el/la escritor/a writer 1

el escritorio desk 2

la escritura writing

escuchar to listen 2; **Escucha./Escuchen.** Listen. Pre.

la escuela school 3; **~ primaria** elementary school; **~ secundaria** high school

el/la escultor/a sculptor 17

la escultura sculpture 17

ese, esa (*dem. adj.*) that; (*dem. pro.*) that one 4

el esfuerzo effort

eso that thing/issue 4; **por ~** therefore, that's why 2; **~ quiere decir** that means

esos, esas (*dem. adj.*) those; (*dem. pro.*) those ones 4

el espacio blank, space

la espada sword

la espalda back 4; **de espaldas** back-to-back

español/española Spaniard 1

los espárragos asparagus 8

la especia spice

especial special

la especie species

específico/a specific

el espectáculo show

el espejo mirror 10; **~ retrovisor** rearview mirror

la esperanza hope 10

esperar to wait (for) 7; to hope 10

las espinacas spinach 8

el espíritu spirit

el/la esposo/a husband/wife 6

el esqueleto skeleton

el esquema diagram; sketch; outline

el esquí skiing; ski

esquiar to ski 2

los esquíes: ~ de agua water skis 8; **~ de nieve** snow skis 8

la esquina corner (*street*) 14

esta this; **~ mañana/tarde/noche** this morning/afternoon/evening 2

estable (*adj.*) stable

establecer to establish 3

la estación season 4; station (*train, bus, subway*) 7, 14

estacionar to park 9

el estacionamiento parking lot 9, 14

el estadio stadium 4

las estadísticas statistics

el estado state; **~ civil** marital status

la estampilla stamp 12

el estante bookshelf 10

estar to be 3; **~ a dieta** to be on a diet; **~ casado/a (con)** to be married (to) 6; **~ celoso/a (de)** to be jealous (of) 17; **~ claro** to be clear; **~ comprometido/a** to be engaged 17; **~ de acuerdo (con)** to agree (with); **~ de moda** to be

in style 5; **~ divorciado/a (de)** to be divorced (from) 6; **~ embarazada** to be pregnant; **~ en + *lugar*** to be in/at + *place* 3; **~ enamorado/a (de)** to be in love (with) 17; **~ en la luna** to have one's head in the clouds 16; **~ enojado/a (con)** to be angry (at); **~ estresado** to be stressed 16; **~ listo/a** to be ready 3; **~ loco/a** to be crazy 3; **~ mareado/a** to be dizzy 9; **~ nublado** to be cloudy 4; **¿Está..., por favor?** Is . . . there, please? (*telephone*) 7; **~ resfriado/a** to have a cold 9; **~ seguro/a (de)** to be sure (of) 11

la estatua statue 17

este, esta (*dem. adj.*) this; (*dem. pro.*) this one 4

el este east 12

el estéreo stereo

el estilo style

estimado/a esteemed, respected

esto this thing/issue 4

el estómago stomach 4

estornudar to sneeze 9

estos, estas (*dem. adj.*) these; (*dem. pro.*) these ones 4

la estrategia strategy

la estrella star 7

el estrés stress 16

estresado/a stressed; **estar ~** to be stressed 16

la estrofa stanza

el/la estudiante student 1

estudiar to study 2; **~ en el extranjero/exterior** to study abroad 16

el estudio study

la estufa stove 10; **~ eléctrica/de gas** electric/gas stove 10

estúpido/a stupid 3

el etanol ethanol 15

la etapa stage

étnico/a ethnic

europeo/a European 1

evidente: es ~ it's evident 11

evitar to avoid

exactamente exactly

el examen test, exam 2; examination

exceder to exceed

la excursión excursion, side trip 13

la excusa excuse

exento/a exempt

la exhibición exhibition 17

exigente demanding

existir to exist

éxito: tener ~ to be successful

el éxodo exodus

la experiencia experience 16

la explicación explanation

explicar to explain 6

la exposición exhibition 17

la expresión expression

expulsar to expel, throw out

externo/a external, outside

el exterior: estudiar en ~ to study abroad 16

extranjero/a foreign; **el/la extranjero/a** foreigner; **el extranjero** overseas, abroad; **estudiar en el ~** to study abroad 16

extrañar to miss (*someone or something*)

extrañarse to find strange

extraño/a strange

la fábrica factory 15

fabricar to make, manufacture

fabuloso/a fabulous

el falsete falsetto

la ficha token 14

fácil easy

fácilmente easily 11

la facultad academic department 4, 16; school of a university 16

la falda skirt 5

falso/a false

la falta lack; **hacer falta** to lack, miss

faltar: ~le a uno to lack; to be missing 8

la familia family 3

famoso/a famous 3

el fantasma ghost

fantástico/a fantastic, great; **es fantástico** it's fantastic 11

la farmacia pharmacy, drugstore 3

fascinar to fascinate; **~le a uno** to like a lot, to find fascinating 8; **Me fascina/n.** I love it/them. 5

favor: por ~ please 1

favorito/a favorite

el fax fax 12

febrero February 4

la fecha date 4; **¿Qué fecha es hoy?** What is the date today? 4

la felicidad happiness

felicitaciones congratulations

felicitar to congratulate

feliz happy 17; **~ cumpleaños.** Happy birthday.

feo/a ugly 3

el ferrocarril railroad

la fianza security deposit 10

la ficción fiction

la ficha record card; index card

la fiebre fever 9; **tener fiebre** to have a fever 9

fiel faithful, loyal

los fieles the faithful

la fiesta party

la figura figure

figurarse to imagine

la fila row, line

el filete fillet; sirloin

el fin end; **~ de semana** weekend 2; **al fin y al cabo** after all; **por fin** at last 7

el final ending; **al final de** at the end of

finalmente finally

fino/a fine, elegant

la firma signature 13

firmar to sign 13

flaco/a skinny 3

flamenco/a (*adj.*) Flemish; **el flamenco** (*n. m.*) Spanish dance

el flan Spanish egg custard 8

la flauta flute 8

el flautín piccolo

flojera: tener ~ to feel lazy 16

la flor flower

el folleto brochure, pamphlet

fomentar to promote, foster, encourage

el fondo bottom; background

formado/a formed

formar to form

el formulario form

fornido/a robust, stout
fortalecerse to strengthen
la foto(grafía) photograph; photography 2; **sacar fotos** to take photos 2
el fracaso failure
la fractura fracture, break 9
francés/francesa French 1
franco/a frank, candid
la frase phrase
frecuencia: con ~ frequently, often 9
frecuente frequent
frecuentemente frequently 11
el fregadero kitchen sink 10
freír (e → i, i) to fry 11
frenar to brake 9
el freno brake 9
la fresa strawberry 11
fresco/a fresh; cool; **Hace fresco.** It's chilly. 4
el frijol bean 8
frío/a cold; **Hace frío.** It's cold. 4; **tener frío** to be cold 5
frito/a fried; **los huevos fritos** fried eggs 11
la frontera border (*between countries*)
frustrado/a frustrated
frustrante frustrating
la fruta fruit 8
el fuego fire
la fuente fountain; source
fuera: ~ de borda outboard (motor)
fuerte strong
la fuerza strength, power, force
la fuga de cerebros brain drain
Fulano, Mengano y Zutano Tom, Dick, and Harry 10
fumar to smoke 7; **se prohíbe ~** no smoking
funcionar to function, work (*machines*), run (*machines*) 9
el/la fundador/a founder
funerario/a funeral, funerary
el funicular funicular (*type of cable car*)
el fusilamiento execution
el fútbol soccer 8; **~ americano** football 8
el futuro future

las gafas eyeglasses; **~ de sol** sunglasses 5
la galleta cookie 11; cracker 11
la gallina hen 14
el gallo rooster 14
el/la ganador/a winner
ganar to win; to earn 8; to gain
ganas: tener ~ de + *inf.* to feel like + *-ing* 6
la ganga bargain
el garaje garage 10
la garganta throat
el gas gas (*for cooking or heating*) 10
la gaseosa soda
la gasolina gas (*for an automobile*) 9; **echarle gasolina al carro** to put gas in the car 9
la gasolinera gas station 9
gastar to spend
los gastos expenses 10
el gato cat 14
el/la gemelo/a identical twin
general: en ~ in general
generalmente generally 11
el género genre; gender

el/la genio genius
la gente people 3; **es buena gente** he/she is a really good person 15
la geografía geography 12
la geología geology
el/la geólogo/a geologist
el/la gerente manager
el gesto gesture
el/la gigante giant
el gimnasio gym 3
el/la gitano/a gypsy
el/la gobernador/a governor
el/la gobernante person in power, ruler, governor
el gobierno government
el gol goal (*sports*)
el golf golf 8
el golpe: ~ de estado coup d'état; **~ militar** military coup
gordo/a fat 3
la gorra cap 5
la gota (*n.*) drop 9
gozar to enjoy
la grabación recording
grabar to record
Gracias. Thank you. Pre.; **Muchas ~.** Thank you very much. Pre.; **Un millón de ~.** Thanks a lot. 4
gracioso/a funny
el grado degree; **Está a... grados (bajo cero).** It's . . . degrees (below zero). 4
graduarse to graduate
la gramática grammar
grande large, big 3; great
la granja farm 14
gratis free, of no cost
grave grave, serious
la gripe flu 9; **tener gripe** to have the flu 9
gris gray 5
gritar to shout, scream 6
la grosería rudeness
el grupo group
el guante (de béisbol/de boxeo/de ciclismo) (baseball/boxing/bike) glove 8
guapo/a good-looking 3
guardar to keep, store
guatemalteco/a Guatemalan 1
la guayabera specific style of men's shirt worn in the tropics
la guerra war
el/la guía guide (*person*); **~ turístico/a** tour guide 13; **la guía** guidebook 4
el guion script
el güiro musical instrument made from a gourd
el guisante pea (*Spain*) 12
la guitarra guitar 2; **tocar ~** to play the guitar 2
gustar to like, be pleasing 2; **me/te/le gustaría** I/you/he/she would like 3; **No me gusta/n nada.** I don't like it/them at all. 5
el gusto taste; pleasure; **Mucho gusto.** Nice to meet you. 1

haber to have (*aux. v.*) 13
había (*imperfect of* **haber**) there was/there were 8

la habichuela green bean 8
la habitación room 2; **~ doble** double room 7; **~ individual** single room 7
el/la habitante inhabitant
habitar to inhabit
hablar to speak 2; **Habla...** It/This is . . . (*telephone*) 7; **¿Puede ~ más despacio, por favor?** Can you speak more slowly, please? 7; **¿Quién habla?** Who is speaking/calling? 7, **Quisiera ~ con...,** **por favor.** I would like to speak with . . ., please. 7
hace (*weather*): **~ buen tiempo.** It's nice out. 4; **~ calor.** It's hot. 4; **~ fresco.** It's chilly. 4; **~ frío.** It's cold. 4; **~ mal tiempo.** It's bad out. 4; **~ sol.** It's sunny. 4; **~ viento.** It's windy. 4
hacer to do 2; to make 3; **~ artesanías** to make crafts 11; **~ caso (de)** to pay attention (to); **~ clic** to click; **~ cola** to stand in line 12; **~ crucigramas** to do crossword puzzles 11; **~ escala** to make a stop 7; **~ falta** to lack, miss; **~ punto** to knit; **~ rompecabezas** to do jigsaw puzzles 11; **~ un mínimo/gran esfuerzo** to make a minimum/big effort 16; **¿Cuánto tiempo hace que +** *preterit*? How long ago did you . . . ? 6; **¿Cuánto tiempo hace que +** *present*? How long have you . . . ? 6; **hace dos días/semanas/meses/años** two days/weeks/months/years ago 6
hacia toward 6
el hall (de entrada) entrance hall 10
hallar to find
el hambre (*f.*) hunger; **tener hambre** to be hungry 5
la hamburguesa hamburger
hasta until, up to 6; **~ luego.** See you later. Pre.; **~ mañana.** See you tomorrow. Pre.; **~ pronto.** See you soon.; **~ que** until
hay there is/there are 2; **~ que +** *inf.* one/you must + *v.* 11; **No ~ de qué.** Don't mention it., You're welcome. 1; **no ~ duda (de)** there's no doubt 11
el helado ice cream 8
la hembra female
el hemisferio hemisphere
heredar to inherit
la herencia heritage
la herida injury, wound 9
el/la herido/a injured man/woman
herir (e → ie, i) to hurt, injure
el/la hermanastro/a stepbrother/stepsister 6
el/la hermano/a brother/sister 6
hervir (e → ie, i) to boil 11
el hielo ice 8; **los patines de hielo** ice skates 8
híbrido/a hybrid; **el carro híbrido** hybrid car 15
el hierro iron
el/la hijastro/a stepson/stepdaughter 6
el/la hijo/a son/daughter 6
el/la hincha fan 8
hispano/a Hispanic

hispanoamericano/a Hispanic American
la historia history 2; story
el hockey hockey 8
el hogar home; fireplace, hearth
la hoja leaf; sheet (*of paper*)
Hola. Hi. Pre.
el hombre man; ~ **de negocios** businessman 1
el hombro shoulder 4
el homenaje homage, tribute
hondureño/a Honduran 1
honorífico/a honorable (*title of respect*)
honrado/a honest 15
la hora hour 5; ~ **de llegada** time of arrival 7; ~ **de salida** time of departure 7; **no veo ~ de** + *inf.* I can't wait to + *inf.* 17; **¿A qué hora...?** At what time . . . ? 5; **¿Qué hora es?** What time is it? 5
el horario schedule
el horizonte horizon
el horno oven; ~ **(de) microondas** microwave oven 10
el hospedaje lodging
hospedar to lodge, give lodging
el hospital hospital 3
el hostal inn
el hotel hotel 7
hoy today 2; ~ **(en) día** today; nowadays 12
el hoyo hole
el/la huérfano/a orphan
el huésped guest
el huevo egg 11; **los huevos (fritos/ revueltos/duros)** (fried/scrambled/hard-boiled) eggs 11
humilde humble

la ida one way; **el pasaje de ida** one-way ticket 7; **el pasaje de ida y vuelta** round-trip ticket 7
la idea idea
la identidad identity
identificar to identify
el idioma language
la iglesia church 3
ignorante ignorant 15
igual equal, (the) same; **al ~ que** just like, whereas
Igualmente. Nice to meet you, too. (literally: *Equally.*) Pre.
iluminar to illuminate
la imagen image
imaginarse to imagine
impar odd (*number*)
el imperio empire
importante important; **es ~** it's important 10
importar to matter; **No importa.** It doesn't matter. 2
impresionante impressive
el impuesto tax 7; **los impuestos** taxes 17
impulsivo/a impulsive 15
inca Incan; **el/la ~** Inca
incaico/a Incan
incierto/a uncertain
incluido/a included
incluir to include
inculcar to instill
indicar to indicate

el indicativo del país country code (*telephone*) 7
el índice index
indiferente indifferent, apathetic 15
indígena (*adj.*) indigenous; (*n.*) native/indigenous person 1
indio/a Indian 1; **el/la ~** Indian man/woman; **el/la ~ americano/a** American Indian
individual: la habitación ~ single room 7
inesperado/a unexpected 16
la inestabilidad instability
inexplicable unexplainable
la infección infection 9
la influencia influence
influir to influence
el informe report
el/la ingeniero/a engineer 1
el inglés English language 2
inglés/inglesa (*adj.*) English
ingresar to check in (*hospital*); to put in (*PIN number*)
los ingresos income, revenue
iniciar to initiate, start
la injusticia injustice
inmediatamente immediately 11
inmobiliario/a: el/la agente ~ real estate agent 16
el inodoro toilet 10
inofensivo/a harmless
inolvidable unforgettable
insoportable unbearable 15
instalar to install
las instrucciones instructions, directions; **Lee/Lean ~.** Read the instructions. Pre.
el instrumento instrument 12
integrar to make up; to integrate
inteligente intelligent 3
intentar to try
el intercambio exchange
interesar to interest
el/la Internet Internet 12; **navegar por Internet** to surf the Internet 12
interno/a internal
internado/a intern; boarder (*boarding school*); **estar ~** to be a patient (*hospital*)
interrumpir to interrupt
la introducción introduction
inútil useless
invernadero: el efecto ~ greenhouse effect
inventar to invent
la inversión investment
invertir (e → ie, i) to invest
la investigación research
el/la investigador/a researcher 16
el invierno winter 4
la invitación invitation
el/la invitado/a guest
invitar to invite 7; to treat 17
la inyección injection 9
ir to go; ~ **a** + *inf.* to be going to (*do something*) 2; ~ **de compras** to shop, go shopping 5; ~ **en barco/tren** to go by boat/train 7; ~ **de oyente** to audit 16
irlandés/irlandesa Irish 1
la isla island 12
el itinerario itinerary 13
la izquierda left-hand side; **a ~ (de)** to the left (of) 6

el jabón soap 2
jamás never
el jamón ham 11; ~ **serrano** a country-style ham
el jarabe cough syrup 9
el jardín flower garden; lawn; ~ **botánico** botanical garden 13
la jardinería gardening 11
el/la jefe/a boss 10, 16
la jornada work day
joven (*adj.*) young 3; **el/la joven** (*n.*) youth, young person
las joyas jewelry
la joyería jewelry store
la judía verde green bean 12
judío/a Jewish
el juego game; ~ **de mesa** board game 11; ~ **electrónico** electronic/video game 11
el/la jugador/a player 8
jueves (*m.*) Thursday 2; **el ~** on Thursday 2; **los ~** on Thursdays, every Thursday 2
el/la juez/a judge 16
jugar (u → ue) to play (*a sport or game*) 5; ~ **(al) ajedrez** to play chess 11; ~ **(al) billar** to play billiards 11; ~ **(a las) cartas** to play cards 11; ~ **con juegos electrónicos/videojuegos** to play videogames 11; ~ **juegos de mesa** to play board games 11; ~**se la vida** to risk one's life 9
el jugo juice 11
el juguete toy
el juicio trial
julio July 4
junio June 4
junto/a together; **juntos** together 17
justo/a fair 15
la juventud youth

el kilómetro kilometer
el kleenex Kleenex, tissue 2

la (*f. sing.*) the 2
los labios lips 4
el lado side; **al lado (de)** beside 6; **por otro lado** on the other hand; **por todos lados** on all sides; **por un lado** on the one hand **por un lado... por el otro** 14
ladrar to bark
el ladrido bark
el lago lake 12
la lágrima tear
la laguna lagoon, small lake
la lámpara lamp 2
la lana wool 5
la lancha motorboat
el/la lanzador/a pitcher (*baseball*)
el lápiz pencil Pre.
largo/a long 3; **a lo largo de** alongside; **larga distancia** long distance 7
las (*f. pl.*) the 2
lástima: es una ~ it's a shame/pity; **¡Qué ~!** What a shame! 11
lastimarse to hurt oneself 9
la lata (de aluminio) (aluminum) can 15
el lavabo bathroom sink 10

la **lavadora** washing machine 10
el **lavaplatos** dishwasher 10
lavar to wash 4
lavarse to wash up, wash (oneself) 4; ~ **las manos** to wash one's hands 4
el **lavavajillas** dishwasher
la **lección** lesson
la **leche** milk 2
la **lechuga** lettuce 8
la **lectura** reading
leer to read 2; **Lee/Lean las instrucciones.** Read the instructions. Pre.
las **legumbres** vegetables, legumes 8
la **lejía** bleach
lejos (de) far (from) 6
la **lengua** tongue 4; language
el **lenguaje** language
la **lenteja** lentil 8
los **lentes de contacto (blandos/duros)** (soft/hard) contact lenses
lento/a slow
el **león** lion 14
el **letrero** sign
levantar to lift
levantarse to stand up Pre.; to get up 4; **Levántate./Levántense.** Stand up. Pre.
la **ley** law
la **leyenda** legend
libre free (*with nothing to do*) 13
la **librería** bookstore 3
el **libro** book Pre.; **Abre/Abran ~ en la página...** Open your book to page . . . Pre.; **Cierra/Cierren ~.** Close your book. Pre.
la **licencia de manejar/conducir** driver's license 9
el **liderazgo** leadership
ligero/a light; slight
limitar con to border on
el **limpiaparabrisas** windshield wiper 9
limpiar to clean 8
lindo/a pretty
la **línea** line; ~ **aérea** airline 7; ~ **ecuatorial** equator; **los patines en línea** inline skates 8
lío: ¡Qué ~! What a mess! 9
la **lista** list
listo/a: estar ~ to be ready 3; **ser ~** to be clever 3
la **literatura** literature 2
el **litoral** shore (*of an ocean*)
la **llamada** telephone call; ~ **a cobro revertido/para pagar allá** collect call; ~ **de larga distancia** long-distance call 7; ~ **local** local call 7
llamar to call; to phone; ~ **a (alguien)** to call (someone) 2; ~ **la atención** to call attention to
llamarse to be called, named 1; **Me llamo...** My name is . . . Pre.
la **llanta** tire 9
la **llave** key 9
la **llegada** arrival 7; **la hora de llegada** time of arrival
llegar to arrive 6; ~ **a tiempo** to arrive on time 7; ~ **con retraso** to arrive late 7
llenar to fill, fill out
lleno/a full

llevar to carry, take along 2; to wear 5; ~ **a cabo** to accomplish; ~**le la contraria a alguien** to disagree with someone, to contradict someone 18; ~**se bien/mal (con alguien)** to get along/not to get along (with someone) 15
llorar to cry 6
llover (o → ue) to rain 4; **Llueve.** It's raining. 4
la **lluvia** rain; ~ **ácida** acid rain 15
lo que what (the thing that) 15
Lo siento. I'm sorry. 7
loco/a crazy 3; **cada loco con su tema** to each his/her own (literally: *each crazy person with his/her own theme*) 18; **estar ~** to be crazy 3; **¡Ni ~!** Not on your life! 14; **ser un/a ~ de atar** he/she is a crazy person (literally: *a crazy person to tie up*) 15
el/la **locutor/a** commentator (*radio/TV*)
lograr to get, obtain; to achieve
el **loro** parrot 14
los (*m. pl.*) the 2
las **luces** headlights 9; lights
la **lucha** fight, struggle
luego then, later (on) 5; **desde ~** of course; **Hasta ~.** See you later. Pre.
el **lugar** place 2; **en lugar de** instead of, in place of
lujoso/a luxurious
la **luna** moon; ~ **de miel** honeymoon 6; **estar en ~** to have one's head in the clouds 16
lunares: de ~ polka-dotted 5
lunes (*m.*) Monday 2; **el ~** on Monday 2; **los ~** on Mondays, every Monday 2
la **luz** electricity; light 10

el **macho** male
la **madera** wood
medio: el ~ ambiente the environment 15
la **madrastra** stepmother 6
la **madre** mother 1; ~ **patria** motherland (*refers to Spain*)
la **madrina** godmother; maid of honor (*in a wedding*)
la **madrugada** wee hours of the morning
maestra: la obra ~ masterpiece 17
el/la **maestro/a** teacher
mago: los Reyes Magos the Three Wise Men
el **maíz** corn 8
majestuoso/a majestic
mal lousy, awful Pre.
la **maleta** suitcase 7; **las maletas** luggage
malo/a bad 3
la **mamá** mom, mother 1
mami mom, mommy
mandar to send 6; to command
el **mandato** command
manejar to drive (*Latin Am.*) 7
la **manera** way, manner
la **manga** sleeve 5
el **manicomio** mental hospital
manifestación demonstration, protest; manifestation

la **mano** hand 4; **de segunda mano** secondhand, used 10; ~ **de obra** labor (force)
mantener to maintain
la **mantequilla** butter 11
la **manzana** apple 11; (city) block (*Spain*)
mañana tomorrow 2; **Hasta ~.** See you tomorrow. Pre.; **la ~** morning 2; **por la ~** in the morning 2
el **mapa** map
maquillarse to put on make-up 4
la **máquina** machine; ~ **de afeitar** electric razor 2; ~ **de escribir** typewriter; ~ **de fotos** camera
la **maquinaria** machinery
el **mar** sea 12; **Me cae (la mar de) bien.** I like him/her (a lot). 15
maravilloso/a wonderful
la **marca** brand
marcar to mark; to dial; ~ **directo** to dial direct 7; ~ **un gol** to score a goal/point
marchitar to wither
mareado/a: estar ~ to be dizzy 9
el **mariachi** mariachi musician
el **marido** husband
los **mariscos** shellfish
marrón brown 5
martes (*m.*) Tuesday 2; **el ~** on Tuesday 2; **los ~** on Tuesdays, every Tuesday 2
marzo March 4
más more 2; **¿Algo ~?** Something/Anything else? 12; ~ **de +** *number* more than + *number* 12; ~ **+** *n./adj./v.* **+ que** more . . . than 12; ~ **o menos.** So-so. Pre.; more or less 1; ~ **tarde** later 5
la **máscara** mask; costume
la **mascota** pet
masticar to chew
matar to kill
el **mate** mate (*refers to the tea made from the leaves of the yerba mate plant, and the cup/gourd to drink it out of*)
las **matemáticas** mathematics 2
la **materia** class; subject; material
el **material: ¿De qué material es?** What material is it made of? 5
la **matrícula** license plate 9; tuition 16
matricularse to enroll 16
matrimonial: la cama ~ double bed
el **matrimonio** marriage
mayo May 4
mayor old (*person*), older 3; older (*person*) 6; greater (*+ noun*) 12; **la ~ parte de** most of
la **mayoría** majority
la **mazorca (de maíz)** corn on the cob
el/la **mecánico/a** mechanic
la **media** sock 5; **las medias** socks; stockings 5
mediados middle, halfway through
la **medialuna** croissant 11
mediano/a average
la **medianoche** midnight 5
las **medias** stockings; socks 5
el **medicamento** medication 9

la medicina medicine 9
el/la médico/a doctor 1
medio/a half; **el asiento del medio** center seat (*in a plane*) 7; **la Edad Media** Middle Ages; **en medio de** in the middle of; **Es la una y media.** It's one thirty. 5; **media hora** half an hour; **media pensión** breakfast and one meal included 7; **el medio ambiente** environment; **el medio de transporte** means of transportation 7; **medio tiempo** part-time; **los medios de comunicación** mass media
el mediodía noon 5
medir (e → i, i) to measure
mejor better 12; **a lo ~** perhaps 8; **es ~** it's better 10
mejorar to improve, make better
mejorarse to recover, get better
el melocotón peach; peach tree
el melón melon
la memoria memory
memorizar to memorize
mencionar to mention
menor younger 6; lesser (+ *noun*) 12
menos less; **~ de +** *number* less than/fewer than + *number* 12; **a ~ que** unless; **Es la una ~ cinco.** It's five to one. 5; **más o ~.** So-so. Pre.; more or less 1; **por lo ~** at least
el mensaje message; **¿Le puedo dejar/ Puedo dejarle un mensaje?** Can I leave a message for him/her? 7; **~ electrónico** email 12
el/la mensajero/a messenger
mensual monthly
la mente mind
mentir (e → ie, i) to lie 7
la mentira lie
mentiroso/a untruthful, lying, false 15
el menú menu 8
menudo: a ~ often, frequently 9
meñique: el dedo ~ little finger
el mercadeo marketing
el mercado market; **~ consumidor** consumer market
la mermelada marmelade 11
el mes month 4; **~ pasado** last month 6; **todos los meses** every month 9
la mesa table 2; **poner ~** to set the table 8
mestizo/a of mixed Indian and European blood
la meta goal
meter la pata to meddle, interfere (literally: *to put one's foot in it*)
el método method
el metro subway 7
mexicano/a Mexican 1
la mezcla mixture
mezclar to mix
la mezquita mosque 13
mí (*after a preposition*) me 6
mi my 1
el miedo fear; **tener miedo** to be scared 5
el miembro member
mientras while 9; **~ tanto** meanwhile 11

miércoles (*m.*) Wednesday 2; **el ~** on Wednesday 2; **los ~** on Wednesdays, every Wednesday 2
mil one thousand 6
el milagro miracle
la milla mile
un millón one million 6; **~ de gracias.** Thanks a million. 4
el mínimo minimum
ministro/a: el/la primer/a ~ prime minister
la minoría minority
el minuto minute 5
mío/a (*adj.*) mine; **el/la ~** mine
mirar to look (at); to watch 2; **~ a (alguien)** to look at (someone) 2; **Mira/Miren el ejercicio/la actividad...** Look at the exercise/the activity . . . Pre.
la misa mass (*church service*)
el/la mismo/a the same; **ahora mismo** right now 9
el misterio mystery
misterioso/a mysterious
la mitad half
el mocetón/la mocetona robust youth
la mochila backpack 2
la moda fashion, trend; **el desfile de modas** fashion show; **estar de moda** to be in style 5
los modales manners
el modelo model, example; **el/la modelo** (fashion) model 17
modificar to modify, alter
el modo manner, way
el mohín facial gesture
el mole (poblano) black chili sauce
molestar to bother; **~le a uno** to be bothered by, find annoying 8
momento: un ~ just a moment
el monaguillo altar boy
el monasterio monastery 13
la moneda currency 13; coin 13; **coleccionar monedas** to collect coins 11
la monja nun
el mono monkey 14
la monografía (term) paper 16
el monstruo monster
la montaña mountain 12
montar to ride; **~ en bicicleta/moto** to ride a bicycle/motorcycle 7; **~ en carro** to ride in a car
el monumento monument 13
morado/a purple 5
morder (o → ue) to bite
moreno/a brunet/te; dark-skinned 3
morir/se (o → ue, u) to die 5
el/la moro/a Moor; Moslem
la mosca fly
mostrar (o → ue) to show
motivar to motivate
la moto/motocicleta motorcycle 7
el motor engine 9
el móvil cell phone 2
el mozo waiter; young man
el MP3; el reproductor de MP3 MP3 player 2
el/la muchacho/a boy/girl, young man/woman
mucho/a (*adj.*) a lot (of) 2; **Mucho gusto.** Nice to meet you. 1; **muchos/as** many 3; **Muchas gracias.** Thanks very much. Pre.; **muchas veces** many times 9

mudarse to move (*change residence*)
los muebles furniture 10
la muerte death
muerto/a dead; **la naturaleza muerta** still life (*art*) 17
la mujer woman; **~ de negocios** businesswoman 1
mulato/a of mixed African and European blood
la multa fine (*parking, speeding*); **ponerle una multa (a alguien)** to give (someone) a ticket 9; **me puso una multa (por exceso de velocidad)** I got a (speeding) ticket 9
mundial: la Copa ~ World Cup (*soccer*)
el mundo world; **todo ~** everybody, everyone 13
el/la muñeco/a doll; **la muñeca** wrist
la muralla wall 13
el museo museum 3, 13
la música music 2
muy very 3; **¡~ bien!** Very well! Pre.

nacer to be born 15
nacido/a born
el nacimiento birth
la nación nation
nacional: el parque ~ national park 13
la nacionalidad nationality; **¿De qué nacionalidad eres/es?** What is your/his/her nationality? 1
nada nothing 6; **De ~.** You're welcome. Pre.
nadar to swim 2
nadie no one 6
el nailon nylon 5
las nalgas buttocks, rear end 4
la naranja orange 11
la nariz nose 4
narrar to narrate
natal native
la naturaleza nature; **~ muerta** still life (*art*) 17
la náusea nausea 9; **tener náuseas** to feel nauseous 9
navegable navigable
navegar to sail; **~ por Internet** to surf the Net 2
la Navidad Christmas
necesario/a necessary; **es necesario** it's necessary 10
necesitar to need 3
el negocio business; **el hombre/la mujer de negocios** businessman/woman 1
negrita: en ~ in boldface type
negro/a black 5
nervioso/a nervous
nevar (e → ie) to snow 4; **Nieva.** It's snowing. 4
la nevera refrigerator 10
ni: ~... ~ neither . . . nor 12, 14; **¡Ni loco/a!** Not on your life! 14; **~ siquiera** not even
nicaragüense Nicaraguan 1
el/la nieto/a grandson/granddaughter 6
la nieve snow
el nilón nylon 5
ningún/ninguno/a (not) any; none; no one 10
el/la niño/a boy/girl

el nivel level

no no 1; **¿~?** right?, isn't it? 1; **~ hay de qué.** You're welcome., Don't mention it. 1; **~ importa.** It doesn't matter. 2; **¡~ me digas!** No kidding! 5; **~ sé.** I don't know. Pre.; **~ te preocupes.** Don't worry. 3; **~ tengo idea.** I have no idea. 3; **~ veo la hora de +** *inf.* I can't wait to **+** *inf.* 17

la noche night, evening 2; **Buenas noches.** Good evening. Pre.; **por ~** at night 2

la Nochebuena Christmas Eve

nombrar to name

el nombre name; **~ de pila** first name 1; **~ de usuario** username 12

el norte north 12

nosotros/as we; us 1

la nota note; grade 2; **regalar ~** to give high grades (to be an easy grader) 16; **sacar buena/mala nota** to get a good/bad grade 2

notar to note, notice

la noticia news item; **las noticias** news 7

novecientos nine hundred 6

la novela novel 2

noveno/a ninth 10

noviembre (*m.*) November 4

el/la novio/a boyfriend/girlfriend 2, 17; fiancé/fiancée; groom/bride 6, 17

nublado: Está ~. It's cloudy. 4

el nudo knot

nuestro/a our 2; **el/la ~** ours

nuevo/a new 3

numerar to number

el número number; shoe size 5; **~ de clave** PIN number 12; **Tiene ~ equivocado.** You have the wrong number. (*formal*) 7

nunca never 6

nutrido/a nourished, fed

o or 2; **~... ~** either . . . or 12; **~ sea** that is to say 10

obedecer to obey

el obispo bishop

el objeto object

la obra work; **~ maestra** masterpiece 17; **~ de teatro** play

obstruir to obstruct

obtener to obtain 13

obvio/a: es obvio it's obvious 11

ocasionar to cause

el océano ocean 12

ochocientos eight hundred 6

el ocio idleness, inactivity, leisure

octavo/a eighth 10

octubre (*m.*) October 4

ocultar to hide

la ocupación occupation 1

ocupado/a busy

ocupar to fill (*a position*); to occupy

ocurrir to happen, occur 6

odiar to hate 7, 17; **~ a muerte (algo/a alguien)** to really hate (*something/someone*) (literally: *to hate until death*)

el oeste west 12

la oficina office 3

ofrecer to offer

el oído inner ear 4

oír to hear 7; **¡Oye!** Hey!, Listen! 1

ojalá (que) + *subj.* I hope that . . . 10

el ojo eye 4; **Cuesta un ojo de la cara.** It costs an arm and a leg. (literally: *It cost an eye of my face.*) 5; **¡Ojo!** Watch out!

la ola wave

la olla pot 11

olor scent

olvidar to forget 13

opcional optional 13

el/la operador/a operator

oponer to oppose

la oración sentence

el orden order (*sequence*); **la orden** order (*command*)

el ordenador computer (*Spain*)

ordenar to arrange, put in order

la oreja ear 4

la Organización de las Naciones Unidas United Nations

organizar to organize

el orgullo pride

orgulloso/a: ser ~ to be proud (*negative connotation*) 15; **estar ~** to be proud (*positive connotation*)

el origen origin Pre.

el original original (*art*) 17

la orilla shore

el orisha god of Yoruba origin

el oro gold; **de oro** made of gold

la orquesta orchestra 12

oscuro/a dark 5

el oso bear 14

la ostra oyster; **aburrirse como una ostra** to be really bored (literally: *to be bored like an oyster*) 8

el otoño fall, autumn 4

otro/a other; another 3; **el uno al otro** (to) each other; **otra vez** again

la oveja sheep 14

¡Oye! Hey!, Listen! 1

el/la oyente listener; **asistir/ir de oyente** to audit 16

el/la paciente patient

pacifista (*adj.*) pacifist 15

padecer de to have, suffer from (*an illness*)

el padrastro stepfather 6

el padre father 1; priest; **los padres** parents 1

los padrinos best man and maid of honor; godparents

pagar to pay (for) 6

la página page Pre.; **Abre/Abran el libro en ~...** Open your book to page . . . Pre.; **¿En qué página, por favor?** What page, please? Pre.

el pago payment

el país country

el paisaje landscape 17

el paisajismo landscape painting

el pájaro bird 14

la palabra word; **en sus/tus propias palabras** in his/her/your own words

el palacio palace 13

palanca: tener ~ to have an in (to have friends in high places) (*Latin Am.*) 16

la palmera palm tree

el palo de golf golf club 8

la pampa Argentine prairie

el pan bread 8

panameño/a Panamanian 1

la pandereta tambourine

los pantalones pants 5; **~ cortos** shorts 5

la pañoleta scarf

el pañuelo (*women's*) scarf; handkerchief 5

la papa potato 8; **las papas fritas** potato chips 2; French fries 8; **el puré de papas** mashed potatoes 8

el papá dad, father 1; **los papás** parents 6

el papel paper Pre.; role

papi dad, daddy

el paquete package 12

par (*adj.*) even (*number*); **un par (de)** a pair (of)

para for; **~ colmo** to top it all off 11; **~ +** *inf.* in order to **+** *v.*; **~ que** in order that; **¿~ qué?** for what (purpose)? 5; **¿~ quién?** for whom? 5

el parabrisas windshield 9

el paracaídas parachute

la parada stop; **~ de autobús/taxi** bus stop/taxi stand 14

el parador inn, hotel

paraguayo/a Paraguayan 1

parar to stop

pararse to stand up

parcial: el (examen) ~ midterm 16; **trabajar tiempo ~** to work full time 16

parecer to seem 8

parecido/a similar

la pared wall

la pareja couple; lovers (*positive connotation*) 17; **mi/tu pareja** partner, significant other, lover (*positive connotation*) 17; pair; dance partner

el/la pariente relative 6

el parque park 3; **~ de atracciones** amusement park 13; **~ nacional** national park 13; **~ salvaje** wild game farm 13

el párrafo paragraph

la parte: De parte de... It/This is . . . (*telephone*) 7; **¿De parte de quién?** Who is calling? 7; **por mi parte** as far as I'm concerned

participar to participate

particular private

el partido game, match 8; **~ político** political party

partir to break; **a ~ de** starting from

pasado/a: el (sábado/mes/año) pasado last (Saturday/month/year) 6; **la semana pasada** last week 6

el pasaje (plane) ticket 7; **~ de ida** one-way ticket 7; **~ de ida y vuelta** round-trip ticket 7

el/la pasajero/a passenger 7

la pasantía internship 16

el pasaporte passport 1

pasar to spend (*time*) 11, 13; to happen, occur; **~ la noche en vela** to pull an all-nighter 16; **~lo bien/mal** to have a good/bad time 13; **~ por** to pass by/through 14;

pasar *(continued)*
~ **tiempo con amigos** to hang out with friends 11; (**no**) ~ to fail, to pass (an exam, a class) 16; **¿Qué pasa?** What's up?; **¿Qué pasa si...?** What happens if . . . ?
el pasatiempo pastime, hobby 11
la Pascua Florida Easter
pasear to take a walk
el paseo: dar un paseo to take a walk
el pasillo hallway 10; **el asiento de pasillo** aisle seat 7
el paso step
la pasta de dientes toothpaste 2
el pastel cake 8
la pastilla pill 9
la pata paw, foot
la patata potato (*Spain*) 2; **las patatas fritas** potato chips 2; French fries 8
paterno/a paternal 6
patinar to skate 8
los patines: ~ de hielo ice skates 8; **~ en línea** inline skates 8
el pato duck 14
la patria homeland
el patrimonio heritage
patrocinar to sponsor
paulatinamente slowly
el pavo turkey 8
el payaso clown
la paz peace
el peatón pedestrian 14
peatonal: el cruce ~ pedestrian walkway 14
el pecho chest
el pedido request
pedir (e → i, i) to ask for 5
pegar to hit
peinarse to comb one's hair 4
el peine comb 2
la pelea fight
pelearse (con) to fight (with) 17
la película movie 2
el peligro danger; **en peligro** in danger
peligroso/a dangerous
el pelo hair 4; **tomarle ~ (a alguien)** to pull someone's leg (literally: *to pull someone's hair*) 11; **cepillarse ~** to brush one's hair 4
la pelota (small) ball 8
la peluquería hair salon
la pena grief, sorrow; **(No) vale ~ + inf.** It's (not) worth + -ing. 9; **darle pena** it embarrasses one; **es una pena** it's a pity 11; **¡Qué pena!** What a pity! 11
el pendiente earring
el pensamiento thought
pensar (e → ie) to think 5; ~ **en** think about 5; ~ + *inf.* to plan to + *v.* 5
la pensión boarding house; **media pensión** breakfast and one meal included 7; ~ **completa** all meals included 7
peor worse 12
pequeño/a small 3
la percepción extrasensorial ESP
perder (e → ie) to lose 5, 13; ~ **la conexión** to lose the connection 12; ~ **el autobús/el avión/etc.** to miss the bus/plane/etc.

perdido/a lost
Perdón. Excuse me.; I'm sorry. 6
Perdone. I'm sorry.; Excuse me.
perdurar to last
perezoso/a lazy 15
perfecto/a perfect
el perfume perfume 2
el periódico newspaper 2
el/la periodista journalist 1
permanecer to stay, remain
el permiso permission; ~ **de conducir** driver's license 9
pero but 1
el perro dog 14
la persona person 1
el personaje character (*in a book*)
la personalidad personality
personalmente personally
pertenecer a to belong to
peruano/a Peruvian 1
las pesas weights (*exercise equipment*) 8
pesado/a heavy
pesar to weigh; **a ~ de que** in spite of
la pesca fishing
el pescado fish (*culinary*) 8
pescar to fish 11
el peso weight
el petardo firecracker
el petróleo oil
el pez fish (*zool.*) 14
el piano piano 2; **tocar ~** to play the piano 2
picante spicy
el pie foot 4
la piedra rock, stone
la piel skin, hide
la pierna leg 4
la pieza piece
la pila (flashlight, AAA, C) battery; **el nombre de pila** first name 1
la píldora pill 9
el/la piloto pilot
el pimentero pepper shaker 8
la pimienta pepper (*seasoning*) 8
el pimiento (bell) pepper
pintar to paint 11, 17
el/la pintor/a painter 17
pintoresco/a picturesque
la pintura painting 17
la pirámide pyramid 13
el piropo flirtatious remark
pisar to step on
la piscina pool 3
el piso floor 10
la pista clue; ~ **de aterrizaje** landing strip
la pizarra chalkboard
la placa license plate 9
el placer pleasure
el plan plan; diagram
planear to plan
el plano diagram
la planta plant 2; ~ **baja** first or ground floor
plantar: ~ un árbol to plant a tree 15
el plástico plastic 15
la plata slang for "money" (literally: *silver*) 10; **de plata** made of silver
el plátano plantain; banana
la plática chat (*Mexico*)
el plato course 8; plate, dish 8; **el primer/segundo plato** first/second course 8
la playa beach 3

la plaza plaza, square 3
la pluma pen; feather
la población population
poblado/a populated
pobre poor
la pobreza poverty
poco/a (*adj.*) few, not much/many 3; **poco** (*adv.*) a little 3; **dentro de ~** in a while; **poco a poco** little by little; **un poco** a little bit
el poder power; ~ **adquisitivo** purchasing power
poder (o → ue) to be able, can 5; **¿Podrías + inf.?** Could you + *inf.?* 4; **¿Puede decirme cómo...?** Can you tell me how . . .?; **¿Puede hablar más despacio, por favor?** Can you speak more slowly, please? 7; **No puedo más.** I can't take it/eat/do it anymore. 11
poderoso/a powerful
la poesía poem 11; poetry
el polar fleece
el policía/la (mujer) policía police officer 1; **la policía** police force
político/a in-law 6; **hermano/a político/a** brother-/sister-in-law 6; **el/la político/a** politician
el polvo dust
el pollo chicken 8
poner to put, place 3; ~ **la mesa** to set the table 8; ~**le una multa (a alguien)** to give (someone) a ticket 9; ~ **un huevo** to lay an egg
ponerse: ~ al día to bring up to date; ~ **de moda** to become fashionable; ~ **de pie** to stand up; ~ **rojo/a** to blush; ~ **la ropa** to put on one's clothes 4
por for; by 5; ~ **algo será.** There must be a reason. 17; **¡~ el amor de Dios!** For heaven's sake! (literally: *For the love of God!*) 10; ~ **aquí** around here; ~ **avión** by airmail; by plane; ~ **barco** by boat; ~ **cierto** by the way; ~ **ejemplo** for example; ~ **eso** therefore, that's why, because of this 2, 15; ~ **favor** please Pre.; ~ **fin** at last, finally 5; ~ **la tarde** in the afternoon 2; ~ **lo general** in general; ~ **lo menos** at least 15; ~ **lo tanto** therefore 8; ~ **la mañana** in the morning 2; ~ **medio** by means of; ~ **mi parte** as far as I'm concerned; ~ **la noche** in the evening 2; ~ **otro lado** on the other hand; ~ **(pura) casualidad** by (pure) chance; **¿~ qué?** why? 3; ~ **si acaso** (just) in case 15; ~ **suerte** luckily 15; ~ **supuesto.** Of course. 2, 15; ~ **todos lados** on all sides; ~ **tren** by train; ~ **última vez** for the last time 7; ~ **un lado... ~ el otro** on the one hand . . . on the other hand 14
el porcentaje percentage
porque because 3
portátil portable
el portero doorman; janitor 10; goalkeeper
portugués/portuguesa Portuguese 1
la posesión possession 1

el posgrado graduate studies
posible possible 7; **es ~** it's possible 11
posiblemente possibly 11
postal: la (tarjeta) ~ postcard 12
el postre dessert 8
la postura position
la práctica practice
practicar to practice
el precio price 5
precolombino/a pre-Columbian
predecir to predict
la preferencia preference
preferir (e → ie, i) to prefer 5
el prefijo prefix; (*telephone*) area code 7
la pregunta question
preguntar to ask (*a question*) 6; **(Vicente), pregúntale a (Ana)...** (Vicente), ask (Ana) . . . Pre.
preguntarse to wonder
el premio prize
la prenda item of clothing
preocupado/a worried 3
preocuparse to worry; **No te preocupes.** Don't worry. 3
preparar to prepare
la presentación introduction
presentado/a presented
presidencial presidential
el presidente/la presidenta president
la presión pressure
presionar to pressure
el/la preso/a prisoner
prestar to lend; **~ atención (a)** to pay attention (to) 16
prever to foresee
previo/a previous
la prima bonus
la primavera spring 4
primer/o/a first 10; **el primer apellido** first last name (*father's name*) 1; **el primer plato** first course 8; **la primera dama** first lady
primero (*adv.*) first 5
los primeros auxilios first aid
el/la primo/a cousin 6
el principio beginning
prisa: tener ~ to be in a hurry
probable: es ~ it's probable 11
probablemente probably 11
probar (o → ue) to taste (*food*) 11
probarse (o → ue) to try on (*clothes*) 5
el problema problem 2
la procedencia (point of) origin
procedente de coming from, originating in
producir to produce 3
el/la profesor/a teacher 1
el programa program 2
el/la programador/a de computadoras computer programmer 1
prohibirle (a alguien) to prohibit 10
el promedio average
la promesa promise
prometer to promise
pronto soon
la propaganda advertising
el/la propietario/a owner
la propina tip, gratuity 7, 13
propio/a own; **en sus/tus propias palabras** in his/her/your own words
proponer to propose
el propósito purpose

la propuesta proposal
el/la protagonista main character
proteger to protect 15
provenir (de) to come (from)
la provincia province
próximo/a next
el proyecto project
la prueba quiz
la psicología psychology 2
el/la psicólogo/a psychologist
el/la psiquiatra psychiatrist 16
el público audience
el pudor shyness
el pueblo town, village 12; the people
¿Puede decirme cómo llegar a...? Can you tell me how to get to . . . ? 14
el puente bridge 12
la puerta door; **~ (de salida) número...** (departure) gate number . . . 7
el puerto port 12
puertorriqueño/a Puerto Rican 1
pues well (then)
el puesto job, position 16
la pulgada inch
el pulmón lung
pulsar to push
el punto point; **dos puntos** colon (*as in email address*) 12; **hacer punto** to knit
la pupila pupil (*of the eye*)
el puré de papas mashed potatoes 8
la pureza purity

que that, who; **~ lástima** what a pity 11; **~ pena** what a pity 11; **¡~ vivan los novios!** Long live the bride and groom! 18; **ya ~** since, because 13
¿qué? what? 1; **¡~ + adj.!** How + adj.! 4; **¡~ + n. + más + adj.!** What a + adj. + n.! 6; **No hay de ~.** Don't mention it., You're welcome. 1; **¡~ barbaridad!** How awful!; **¡~ (buena) suerte!** What (good) luck! 11; **¡~ chévere!** Great! (*Caribbean expression*) 12; **¡~ cursi!** How tacky! 12; **¡~ fecha es hoy?** What is the date today? 4; **¡~ hace?** What does he/she do? 1; **¿~ hay?** What's up? 1; **¿~ hora es?** What time is it? 5; **¡~ lástima!** What a shame! 11; **¡~ lío!** What a mess! 9; **¡~ mala suerte!** What bad luck! 11; **¿~ pasa?** What's up?; **¿~ pasa si...?** What happens if . . . ?; **¿~ quiere decir...?** What does . . . mean? Pre.; **¿~ tal?** How are you? (*informal*) Pre.; **¿~ tiempo hace?** What's the weather like? 4; **¡~ va!** No way! 9; **Yo ~ sé.** What do I know. 16
quedar: Te queda bien. It looks good on you., It fits you well. 5
quedarse to keep; **~ en + place** to stay in + place 7
la queja complaint
quejarse (de) to complain (about) 9, 14
la quema the burning (*fuel*)
quemar to burn 13
quemarse to burn oneself 9

querer (e → ie) to want 5; **~ a alguien** to love someone 5, 17; **quisiera/quisiéramos** I/we would like 7; **Quisiera hablar con..., por favor.** I would like to speak with . . ., please. 7
querido/a dear (*term of endearment*) 17
el queso cheese 8
quien who; **de ~** about whom
¿quién? who? 1; **¿De parte de ~?** Can I ask who is calling? 7; **¿De ~?** Whose? 2; **¿~ habla?** Who is speaking/calling? 7
¿quiénes? who? 1
químico/a (*adj.*) chemical; **la química** chemistry
quinientos five hundred 6
quinto/a fifth 10
quisiera I would like 7; **~ dejarle un mensaje** I would like to leave him/her a message. 7; **~ hablar con..., por favor.** I would like to speak to . . ., please. 7
quisiéramos we would like 7
quitar to remove; to take away; **~le el dinero a alguien** to take money from someone
quitarse la ropa to take off one's clothes 4
quizás + subj. perhaps, maybe 11

radicado/a located
el/la radio radio 2
la radiografía X-ray 9
la raíz root
la ranchera Mexican country song
rápido/a fast
rápidamente rapidly 11
la raqueta racquet 8
el rascacielos skyscraper
el rasgo trait, characteristic
el rato period of time; **rato libre** free time
el ratón mouse 14
el ratoncito (Pérez) tooth fairy
la raya stripe; **de rayas** striped 5
el rayón rayon 5
la raza race, ancestry
la razón reason; **tener razón** to be right
real royal; true
la realidad reality; **en realidad** really, actually
realizar to accomplish
realmente really
la rebaja discount, sale
rebelde (*adj.*) rebellious; (*n.*) rebel
el recalentamiento reheating
la recámara bedroom (*Mexico*)
la recepción front desk 7
el/la recepcionista receptionist 1
la receta recipe; **~ médica** prescription 9
recibir to receive 2
el reciclaje recycling 15
reciclar to recycle 15
recién recently, newly
reciente recent
el recipiente bowl, container 11
el reclamo complaint
reclutar to recruit
recoger to pick up, gather
recomendación: la carta de ~ letter of recommendation 16

recomendarle (e → ie) (a alguien) to recommend (to someone)

reconocer to recognize

el reconocimiento recognition, acknowledgment

recordar (o → ue) to remember

el recorrido route

recreativo/a recreational

recto/a straight

el recuerdo memory; memento

el recurso resource

la red the Web 12

la redacción composition; editorial office

redondo/a round

referir/se (e → ie, i) to refer to

el reflejo reflection; reflex

el refrigerador refrigerator 10

el refrán proverb, saying

el/la refugiado/a refugee

regalar to give a present 6; **~ la nota** to give high grades (be an easy grader) 16

el regalo present, gift 6

regatear to haggle over, bargain for

la regla rule

regresar to return 2; **~ (a casa)** to return (home) 2

regular not so good Pre.

rehusar to refuse

la reina queen

la relación relation

relacionado/a related

relativamente relatively

el relato account (*story*)

rellenar to fill out

el reloj watch; clock 2

el remite return address 12

repente: de ~ suddenly 6

repetir (e → i, i) to repeat 7; **~ un curso** to repeat a class 16; **Repite./Repitan.** Repeat. Pre.

el/la reportero/a reporter

el reposo rest

representar to represent

el reproductor: ~ de DVD DVD player 2

requete + adj. really/extremely + adj. 6

el requisito requirement

res: la carne de ~ beef 8

la reseña description; critique, review

la reserva reservation 7

resfriado/a: estar ~ to have a cold 9

resfrío: tener ~ to have a cold

la residencia (estudiantil) dormitory 1

respetar to respect 7

respirar to breathe

responder to answer, respond

la responsabilidad responsibility

la respuesta answer Pre.; **(María), repite ~, por favor.** (María), repeat the answer, please. Pre.; **No sé ~.** I don't know the answer. Pre.

el restaurante restaurant 3

el resto rest, remainder

resultar to turn out, to result; **resultó ser...** it/he/she turned out to be . . . 16

el resultado result; **como resultado** as a result 8

el resumen summary

resumir to summarize

retirar to take away

el retraso delay 7

el retrato portrait 17

retroceder to recede, go back

retrovisor: el espejo ~ rearview mirror

reunirse to meet, to get together

revertido: la llamada a cobro ~ collect call

revés: al ~ backward

revisar to check 9

la revista magazine 2

revolver (o → ue) to mix 11

revuelto/a scrambled; **los huevos revueltos** scrambled eggs 11

el rey king; **los reyes** king and queen; **los Reyes Magos** the Three Wise Men

rico/a rich

el río river 12

el riesgo risk; **correr ~ de no + inf.** to run the risk of not verb + -ing 16

la riqueza wealth, riches, richness

el ritmo rhythm

robar to steal

rodilla knee 4

rojo/a red 5; **ponerse ~** to blush

el rompecabezas: hacer rompecabezas to do jigsaw puzzles 11

romper to break 9; **~ (con)** to break up (with) (serious relationship) 17

romperse (una pierna) to break (a leg) 9

el ron rum

la ropa clothes 4; clothing 5; **~ interior** men's/women's underwear 5; **ponerse ~** to put on one's clothes 4; **quitarse ~** to take off one's clothes 4

el ropero armoire, closet 10

rosa pink 5

rosado/a pink 5

rubio/a blond/e 3

la rueda wheel; **los patines de ruedas** roller skates 8

el ruido noise

las ruinas ruins 13

la ruta route

sábado Saturday 2; **el ~** on Saturday 2; **los sábados** on Saturdays, every Saturday 2

saber to know (*facts/how to do something*) 4; **¿Sabe(s) dónde está...?** Do you know where . . . is? 14; **No sé (la respuesta).** I don't know (the answer). Pre.

la sabiduría learning, knowledge

sabroso/a tasty, delicious

sacar to take out 6; **~ la basura** to take out the garbage; **~ buena/mala nota** to get a good/bad grade 2; **~ de un apuro (a alguien)** to get (someone) out of a jam 13; **~ dinero del banco** to withdraw money from the bank 13; **~ fotos** to take pictures 2; **Saca/Saquen papel/bolígrafo/lápiz.** Take out paper/a pen/a pencil. Pre.

el sacerdote priest

el saco sports coat 5

sagrado/a sacred

la sal salt 8

la sala living room 10; **~ de emergencia** emergency room

la salchicha sausage 11

el salero salt shaker 8

la salida departure 7; **la hora de salida** time of departure; **la puerta de salida** departure gate 7

salir to leave; to go out 3; **~ (con)** to date, go out (with) 3, 17; **~ de** to leave (*a place*) 6; **Te va a ~ caro.** It's going to cost you. 8

el salón hall, room for a large gathering; formal living room

la salsa style of Caribbean music; sauce

saltar to jump

el salto waterfall; jump, dive

la salud health 9; **tener buena salud** to be in good health 9

el saludo greeting Pre.

salvadoreño/a Salvadoran 1

salvaje wild; **el parque ~** wild game farm 13

salvar to save, rescue

las sandalias sandals 5; **~ de playa** flip-flops 5

el sándwich sandwich 2

sangrar to bleed 9

la sangre blood 9

la sangría sangria (*a wine punch*) 2

el/la santo/a saint; **el santo patrón/la santa patrona** patron saint; **es un/a santo/a** he/she is a good person (literally: *a saint*) 15

el/la sartén frying pan 11

satisfecho/a satisfied

el saxofón saxophone 12

se come bien... they/people/one eats well . . . 5

el secador hair dryer

la secadora clothes dryer 10

secar to dry

seco/a dry

la sección section

el/la secretario/a secretary 1

el secreto secret

secundario/a secondary

sed: tener ~ to be thirsty 5

la seda silk 5

la sede headquarters

seguida: en ~ at once, right away 17

seguir (e → i, i) to follow 7; **~ derecho** to keep going straight 14

según according to

el segundo second (*part of a minute*) 5

segundo/a second 10; **de segunda mano** secondhand, used 10; **el segundo apellido** second last name (*mother's maiden name*) 1; **el segundo plato** second course 8

la seguridad security; safety

seguro/a safe; **el seguro médico** medical insurance 16; **estar ~ (de)** to be sure (of) 11

los seguros insurance (*medical*)

seiscientos six hundred 6

seleccionar to select

el sello stamp 12

la selva jungle 12; **~ tropical** rainforest

el semáforo traffic light 14

la semana week 2; **~ pasada** last week 6; **~ que viene** next week 2; **Semana Santa** Holy Week

la semejanza similarity

la semilla seed

sencillamente simply

sencillo/a simple, easy

la sensación feeling 5
sensato/a sensible 15
sensible sensitive 15
sentado/a seated
sentarse (e → ie) to sit down 5; **Siéntate./Siéntense.** Sit down. Pre.
el sentido sense, feeling
el sentimiento feeling
sentir (e → ie, i) to feel; to be sorry 11; **Lo siento.** I'm sorry. 7
sentirse (e → ie, i) to feel 7
la señal signal 7; **No tengo señal.** I don't have a signal. (*cell phone*) 7
señalar to indicate, point out
señor/Sr. Mr. Pre.; **el señor** the man 1
señora/Sra. Mrs., Ms. Pre.; **la señora** the woman 1
señorita/Srta. Miss, Ms. Pre.; **la señorita** the young woman 1
separar to separate
separarse (de) to separate (from) (matrimony) 17
septiembre (*m.*) September 4
séptimo/a seventh 10
ser to be 1; **~ + de** to be from 1; **~ + de** + *material* to be made of + *material* 5; **~ +** *nationality* to be + *nationality* 1; **~ celoso/a** to be jealous 17; **~ consciente** to be aware 15; **~ estresante** to be stressful 16; **~ exigente** to be demanding 16; **~ listo/a** to be clever 3; **~ soltero/a** to be single 6; **Es la/Son las...** It's . . . (*time*) 5; **Resultó ~...** It/He/She turned out to be . . . ; **Somos dos.** There are two of us. 11
el ser humano human being
serio/a serious; **te lo digo en serio** I'm serious 17
la serpiente snake 14
serrano: el jamón ~ a country-style ham
la servilleta napkin 8
servir (e → i, i) to serve 5; **¿En qué puedo ~le?** How can I help you?
setecientos seven hundred 6
el sexo sex
sexto/a sixth 10
si if 3
sí yes 1; **~, cómo no.** Sure. 7
siempre always 1
Siéntate./Siéntense. Sit down. Pre.
el siglo century
el significado meaning
significar to mean
siguiente following
silenciosamente silently
la silla chair 2; **~ de ruedas** wheelchair
el sillón easy chair, armchair 10
la simpatía sympathy
simpático/a nice 3
sin without 6; **~ embargo** however, nevertheless; **~ que** without
la sinagoga synagogue 13
sino but rather; **~ que** but rather; on the contrary; but instead; **~ también** but also
el síntoma symptom 11
sinvergüenza: es un/a ~ he/she is a jerk (literally: *a shameless person*) 15
siquiera: ni ~ not even
el sistema system; **el/la analista de sistemas** 16

el sitio place; **~ web** website 12
sobre about 6; **el sobre** envelope 12
sobrepasar to surpass
sobresaliente outstanding
sobrevivir to survive
el/la sobrino/a nephew/niece 6
sociable sociable 15
el socialismo socialism
la sociología sociology 2
el sofá sofa, couch 2
el sol sun; **las gafas de sol** sunglasses 5; **Hace sol.** It's sunny. 4
solamente only 11
el/la soldado soldier
la soledad loneliness 17
solicitar to apply for 16
la solicitud application 16
solitario/a lonely, solitary
solo/a (*adj.*) alone 3; **solo** (*adv.*) only 3
soltar (o → ue) to let go, set free
soltero/a: ser ~ to be single 6
la sombra shadow
el sombrero hat 5
Somos dos. There are two of us. 11
sonar (o → ue) to ring, make a loud noise; to sound
el sonido sound
soñar (o → ue) (con) to dream (of/about)
la sopa soup 8
el soplón/la soplona tattletale
soportar to tolerate
sordo/a deaf
sorprenderse de to be surprised about 11
la sorpresa surprise
soso/a dull
el/la sospechoso/a suspect
el sostén bra
el squash squash (*sport*) 8
Sr./señor Mr. Pre.
Sra./señora Mrs., Ms. Pre.
Srta./señorita Miss, Ms. Pre.
su his/her/your (*formal*)/their 1
subir to go up 14, to climb; to raise; **~ al poder** to rise to power
subrayar to underline, emphasize
el subtítulo subtitle
sucio/a dirty
el/la suegro/a father-in-law/mother-in-law 6
el sueldo salary 16
suelto/a separate, unmatched
el sueño dream; **tener sueño** to be tired 5
la suerte luck; **por suerte** by chance; **¡Qué (buena)/mala suerte!** What good/bad luck! 11; **tener (buena)/mala suerte** to be (un)lucky 11
el suéter sweater 5
sufrir to suffer
la sugerencia suggestion
sugerir (e → ie, i) to suggest
la suma sum; amount
sumiso/a submissive 15
superar to surpass, exceed
el supermercado supermarket 3
el/la supervisor/a supervisor 16
la supervivencia survival
suponer to suppose
supuesto: Por ~. Of course. 2
el sur south 12
surgir to arise, to come up

el suspenso suspense
suspirar to sigh
el sustantivo noun
la sutileza subtlety
suyo/a his/her/your (**de Ud.**)/their (**de Uds.**)

el tablón de anuncios bulletin board
tachar to cross out
el tacón heel
tal(es) como such as
tal vez + *subj.* perhaps, maybe 11
la talla size 5
el tamaño size
también too, also 1
tampoco neither, nor
tan so 12; **~... como** as . . . as 12
el tanque de gasolina gas tank 9
tanto: mientras ~ meanwhile 9; **por lo ~** therefore; **tanto/a... como** as much . . . as 12; **tantos/as... como** as many . . . as 12
tapar to cover
tardar to be late, to take a long time
la tarde afternoon 2; **Buenas tardes.** Good afternoon. Pre.; **más tarde** then, later (on) 5; **por ~** in the afternoon 2; **tarde** (*adv.*) late
la tarea homework 2
la tarjeta card 6; **~ bancaria** ATM card 13; **~ de béisbol** baseball card 11; **~ de crédito** credit card 13; **~ de embarque** boarding pass 7; **~ postal** postcard 12; **~ virtual** virtual greeting card 12
el taxi taxi 7
el/la taxista taxi driver 13
la taza cup 8
te: ~ queda bien. It looks good on you., It fits well. 5; **~ va a salir caro.** It's going to cost you. 8
el té tea 2
el teatro theater 3
tejer to knit; to weave 11
el tejido weave; fabric
la tela cloth, fabric, material
el telar loom
el/la teleadicto/a television addict
el teléfono telephone 1; **~ celular** cell phone 2
la telenovela soap opera
la televisión TV programming; **mirar televisión** to watch TV 2
el televisor television set 2
el tema theme
temer to fear, be afraid of 11
el temor fear
la temperatura temperature 4
el templo temple 13
la temporada season
temprano early 2
el tenedor fork 8
tener to have 1; **~... años** to be . . . years old 1; **~ la batería baja** to have a low battery (*cell phone*) 7; **~ buena salud** to be in good health 9; **~ (buena suerte)** to be lucky 11; **~ calor** to be hot 5; **~ catarro** to have a cold 9; **~ celos (de)** to be jealous (of) 17; **~ diarrea** to have diarrhea 9; **~ dolor de cabeza** to

tener (*continued*)
have a headache 9; **~ enchufe** to have an in (to have friends in high places) (*Spain*) 16; **~ en cuenta** to take into account, bear in mind; **~ escalofríos** to have the chills 9; **~ éxito** to succeed; **~ fiebre** to have a fever 9; **~ flojera** to feel lazy 16; **~ frío** to be cold 5; **~ ganas de** + *inf.* to feel like (doing something) 6; **~ gripe** to have the flu 9; **~ hambre** to be hungry 5; **~le fobia a...** to have a fear of . . .; to hate . . . 14; **~ lugar** to take place 5; **~ mala suerte** to be unlucky 11; **~ miedo de** to be scared of 5; **~ náuseas** to be nauseous 9; **~ prisa** to be in a hurry; **~ que** + *inf.* to have to (do something) 2; **~ que ver (con)** to have to do (with); **~ palanca** to have an in (to have friends in high places) (*Latin Am.*) 16; **~ razón** to be right; **~ sed** to be thirsty 5; **~ sueño** to be tired 5; **~ tos** to have a cough 9; **~ vergüenza** to be ashamed 5; **~le alergia a (algo)** to be allergic to (something) 9; **No tengo idea.** I have no idea. 3; **No, tiene el número equivocado.** No, you have the wrong number. 7
el tenis tennis 8
tercer/o/a third 10
terminar to finish 6
la ternera veal 8
el terremoto earthquake
terrestre terrestrial
testarudo/a stubborn 15
el texto text
la tía aunt 6; **~ política** aunt by marriage 6
el tiempo weather 4; time; verb tense; **a tiempo** on time, in time 7; **¿Cuánto tiempo hace?** How long ago? 6; **Hace buen/mal tiempo.** It's nice/bad out. 4; **~ libre** free time; **¿Qué tiempo hace?** What's the weather like? 4; **trabajar tiempo parcial/completo** to work part time/full time 16
la tienda store 3
tiernito/a tender
la tierra earth
tinto: el vino ~ red wine
el tío uncle 3; **~ político** uncle by marriage 6
el/la tipejo/a that guy/gal (*negative connotation*)
típico/a typical
el tipo type
tirar to pull; to throw out; **~ la casa por la ventana** to go all out (literally: *to throw the house out the window*) 6
la tirita Band-Aid 9
el título title; **~ (universitario)** (university) degree 16
la toalla towel 9
el tobillo ankle 9
tocar to play (*an instrument*) 2; to touch
el tocino bacon 11

todavía still, yet 8; **~ no** not yet 8
todo/a everything 6; every, all; **todo el mundo** everybody, everyone 13
todos/as all 1; everyone 6; **todos los días** every day 3; **todos los meses** every month 9
la toma rough cut (*when filming*)
tomar to have, drink 2; to take (*a bus, etc.*) 6; **~ apuntes** to take notes 16; **~ café** to drink coffee 2; **~le el pelo (a alguien)** to pull someone's leg (literally: *to pull someone's hair*) 11
el tomate tomato 8
el tono tone
la tontería foolishness; a silly thing
tonto/a stupid 3
torcerse (o → ue) un tobillo to sprain an ankle 9
el torneo tournament 8
torno: en ~ around
el toro bull 14
torpe clumsy, awkward
la torre tower 13
la torta cake
la tortilla (de patatas) (potato) omelette (*Spain*) 2
la tos cough 9; **tener tos** to have a cough 9
toser to cough 9
la tostada toast 11
la tostadora toaster 10
totalmente totally
el tour tour 13
trabajar to work 2; **~ tiempo parcial/tiempo completo** to work part time/full time 16
el trabajo work; **~ escrito** (term) paper 16
traducir to translate 3
el/la traductor/a translator
traer to bring 3
tragar to swallow
el traje suit 5; **~ de baño** bathing suit 5
el tramo walk, way, stretch
tranquilamente calmly 11
tranquilo/a quiet, tranquil
transporte: el medio de ~ means of transportation 7
trasero/a back, rear
el traslado transfer 13
transmitir to transmit
el tratado treaty
el tratamiento treatment
tratar to treat; **~ de** to try to; to be about
tratarse de to be about
través: a ~ de across, through
travieso/a mischievous, naughty
el trébol clover
el tren train 7; **en/por ~** by train
trescientos three hundred 6
la tribu tribe
el trigo wheat
el trineo sled
triste sad 3
triunfar to triumph
el trombón trombone 12
la trompeta trumpet 12
tronar (o → ue) to thunder
el trozo piece
el truco trick
tu your (*informal*) 1
tú you (*informal*) Pre.

la tumba tomb
el turismo tourism
tuyo/a yours (*informal*)

ubicado/a located
Ud. (usted) you (*formal*) Pre.
Uds. (ustedes) you (*pl. formal or informal*) 1
últimamente lately, recently
último/a last, most recent; **la última vez** the last time 7
un, una a, an 2; **Un millón de gracias.** Thanks a lot. 4
el uniforme uniform 8
unir to unite, join together
la universidad university 3
uno one 1; **el ~ al otro** (to) each other 17
unos/as some 2
urbano/a urban
uruguayo/a Uruguayan 1
usar to use 2
útil useful
utilizar to use, utilize

la vaca cow 14
las vacaciones vacation 4
la vacuna vaccine
la vaina green bean
la vainilla vanilla 8
Vale. O.K. (*Spain*) 2; **(No) ~ la pena.** It's (not) worth it. 9; **(No) ~ la pena** + *inf.* It's (not) worth + *-ing.* 9
valiente brave 15
el valle valley 12
el valor value
valorar to value, price
variar to vary
la variedad variety
varios/as several
vasco/a Basque
el vaso glass 8
¡Vaya! Wow! 10
veces times 4; **a ~** at times 9; **algunas ~** sometimes 9; **muchas ~** many times 9
el/la vecino/a neighbor
vehemencia vehemence
la vela candle; **pasar la noche en vela** to pull an all-nighter 16
veloz swift, fast
vencer to conquer, overcome, defeat
el vendaje bandage 9
el/la vendedor/a seller; store clerk 1
vender to sell 2
venezolano/a Venezuelan 1
venir to come 5
la ventaja advantage
la ventana window; **echar la casa por ~** to go all out (literally: *to throw the house out the window*) 6
la ventanilla car window; **el asiento de ventanilla** window seat 7
ver to see 3; **A ~.** Let's see.; **~ a (alguien)** to see (someone) 3
el verano summer 4
veras: ¿De ~? Really? 2
la verdad the truth; **¿verdad?** right? 1; **es verdad** it's true 11
verdadero/a real, true 12

verde green 5
la verdura vegetable 8
la vergüenza shame; **tener vergüenza** to be ashamed 5
vertir (e → ie, i) to shed (*a tear*)
el vestido dress 5
vestirse (e → i, i) to get dressed 5
el/la veterinario/a veterinarian 16
vez: a la ~ at the same time; **de ~ en cuando** once in a while, from time to time 9; **en ~ de** instead of; **la última ~** the last time 7; **por última ~** for the last time; **una ~** one time
la vía way, road; **en vías de desarrollo** developing (nation)
viajar to travel 6
el viaje trip; **el/la agente de viajes** travel agent 1
el/la viajero/a traveler; **el cheque de viajero** traveler's check
la vida life; **jugarse (u → ue) ~** to risk one's life 9
el video VCR; videocassette 2
los videojuegos video games 11
el vidrio glass (*material*) 15
viejo/a old 3
el viento wind; **Hace viento.** It's windy. 4

viernes (*m.*) Friday 2; **el ~** on Friday 2; **los ~** on Fridays, every Friday 2
el vinagre vinegar 8
el vino wine 2; **~ tinto** red wine
el violín violin 12
el violonchelo cello 12
la viruela smallpox
la visita visit
visitar to visit 2; **~ a (alguien)** to visit (someone) 2
la vista view
la vivienda dwelling
vivir (en) to live (in) 2
vivo/a bright (*color*); alive
el volante steering wheel
el volcán volcano 12
el voleibol volleyball 8
el/la voluntario/a volunteer
volver (o → ue) to return, come back 5; **~ a +** *inf.* to do (something) again 13
volverse (o → ue) to become
vomitar to vomit 9
vosotros/as you (*pl. informal*) 1
la votación vote
el/la votante voter
el voto vote
la voz voice

el vuelo flight 7; **el/la asistente de vuelo** flight attendant
la vuelta return trip 7; **darle ~** to turn over, flip 11; **dar una vuelta** to take a ride, to go for a stroll/walk; **el pasaje de ida y vuelta** round-trip ticket
vuestro/a your (*pl. informal*) 2

y and 1; **Es la una ~ cinco.** It's five after one. 5
ya already 8; now 8; **~ era hora.** It's about time. 12; **~ no** no longer, not anymore 8; **¡~ voy!** I'm coming! 14
la yerba herb; grass
yo I 1; **~ qué sé.** What do I know. 16
el yogur yogurt 11

la zanahoria carrot 8
los zapatos shoes 5; **~ de tacón alto** high-heeled shoes 5; **~ de tenis** tennis shoes, sneakers 5
la zona zone
el zoológico zoo 14
el zumo juice (*Spain*) 11

English-Spanish Vocabulary

This vocabulary contains a selected listing of common words presented in the lesson vocabularies. Many word sets are not included, such as foods, sports, animals, and months of the year. Page references to word sets appear in the index.

Refer to page R33 for a list of abbreviations used in the following vocabulary.

@ (*as in email address*) arroba
able: be ~ poder (o → ue)
about sobre; **~ whom** de quien; **it's ~ time** ya era hora
above arriba
accent (*n.*) el acento; (*v.*) acentuar
accept aceptar
accident el accidente
accomplish realizar
according to según
account: take into ~ tener en cuenta
across a través de
action la acción
active activo/a
activity la actividad
actor el actor/la actriz
actually en realidad
add añadir
advantage la ventaja
adventure la aventura
advertise anunciar
advertisement el anuncio
advertising la propaganda
advise aconsejar; avisar
affair: love ~ la aventura amorosa
affect afectar
after después; **~ all** al fin y al cabo; **~ + -ing** después de + *inf.*
afternoon la tarde; **Good ~.** Buenas tardes.
again otra vez
against: be ~ estar en contra
age la edad
agree (with) estar de acuerdo (con)
Agreed? ¿De acuerdo?
airplane el avión
airmail por avión
alcoholic alcohólico/a
all todos/as
allow dejar
almost casi
alone solo/a
already ya
also también
alternate (*v.*) alternar
although aunque
always siempre
among entre
amusing divertido/a
ancient antiguo/a
and y; (*before words starting with i or hi*) e
Andean andino/a
angry: become ~ enfadarse, enojarse
anniversary el aniversario
announce anunciar
announcement el anuncio
another otro/a
answer (*n.*) la respuesta; (*v.*) responder, contestar
answering machine el contestador automático
antique antiguo/a

apathetic indiferente
appear aparecer
apply for solicitar
approximately aproximadamente
archaeologist el/la arqueólogo/a
architect el/la arquitecto/a
argue discutir
argument el argumento, la discusión
army el ejército
around alrededor; **~ here** por aquí
art el arte
as como; **~ . . . ~** tan... como; **~ a consequence** como consecuencia; **~ a result** como resultado; **~ if** como si; **~ many . . . ~** tantos/as... como; **~ much . . . ~** tanto/a... como
ask preguntar; **~ for** pedir (e → i, i); **May I ~ who is calling?** ¿De parte de quién?
assimilate asimilarse
association la asociación
astute astuto/a
at en; @ (*as in email address*) arroba; **~ last** por fin; **~ least** por lo menos; **~ . . . o'clock** a la(s)...; **~ once** en seguida; **~ the end of** al final de; **~ the same time** a la vez; **~ times** a veces; **~ what time . . . ?** ¿A qué hora...?
athlete el/la deportista
ATM el cajero automático
attend asistir a
audience el público
avenue la avenida
average (*n.*) el promedio; (*adj.*) mediano/a
awful mal, fatal

backward al revés
bad malo/a; **It's ~ out.** Hace mal tiempo.
bald calvo/a
banana el plátano
bargain la ganga; **~ for** regatear
bark (*v.*) ladrar
baseball el béisbol
bathe bañarse
battle la batalla
bay la bahía
be estar, ser; **~ able** poder (o → ue); **~ afraid** tener miedo; **~ against** estar en contra (de); **~ ashamed** tener vergüenza; **~ called** llamarse; **~ careful** tener cuidado; **~ clever** ser listo/a; **~ cold** tener frío; **~ crazy** estar loco/a; **~ dizzy** estar mareado/a; **~ engaged** estar comprometido/a; **~ from** ser de; **~ happy about** alegrarse de; **~ hot** tener calor; **~ hungry** tener

hambre; **~ in a hurry** tener prisa; **~ in/at** estar en; **~ in good health** tener buena salud; **~ jealous (of)** estar celoso/a (de), tener celos (de); **~ late** atrasarse, llegar tarde; **~ lucky** tener suerte; **~ made of** ser de; **~ nauseous** tener náuseas; **~ on a diet** estar a dieta; **~ pregnant** estar embarazada; **~ ready** estar listo/a; **~ right** tener razón; **~ scared** tener miedo; **~ silent** callarse; **~ successful** tener éxito; **~ sure (of)** estar seguro/a (de); **~ surprised about** sorprenderse de; **~ thirsty** tener sed; **~ tired** tener sueño; **~ . . . years old** tener... años
bear in mind tener en cuenta
beautiful bello/a; **very ~** bellísimo/a
beauty la belleza
because porque
become: ~ angry enfadarse, enojarse; **~ crazy** volverse (o → ue) loco/a; **~ sick** enfermarse
bedroom la alcoba, el dormitorio, la recámara
before antes; **~ + -ing** antes de + *inf.*; **~ anything else** antes que nada
begin comenzar (e → ie), empezar (e → ie)
beginning el comienzo, el principio
behind atrás, detrás de
believe creer
below abajo, bajo, debajo de
beside al lado de
besides además
better mejor; **it's ~** es mejor
between entre
bilingual bilingüe
bill la cuenta
birth el nacimiento
birthday el cumpleaños; **Happy ~.** Feliz cumpleaños.; **have a ~** cumplir años
blue azul
blush ponerse rojo/a
bored (estar) aburrido/a
boring (ser) aburrido/a
boss el/la jefe/a
bottle la botella
bra el sostén
brain el cerebro
brand la marca
break romper/se
bring traer; **~ up to date** poner(se) al día
buckle the seat belt abrocharse el cinturón
build construir
burn quemar
business el negocio
businessman/woman el hombre/la mujer de negocios

but pero; **~ instead** sino que; **~ rather** sino

buy comprar

by por; **~ boat/train/etc.** en barco/tren/etc., por barco/tren/etc.; **~ the way** por cierto

calculus el cálculo

calendar el calendario

call llamar; **be called** llamarse

can: ~ you speak more slowly, please? ¿Puede hablar más despacio, por favor?; **~ you tell me how . . . ?** ¿Puede decirme cómo...?

capable capaz

capital (city) la capital; **What is the ~ of . . . ?** ¿Cuál es la capital de...?

care el cuidado; **take ~ of** cuidar

career la carrera

careful: be ~ tener cuidado

carefully con cuidado

carrot la zanahoria

case: in ~ por si acaso; **in ~ that** en caso (de) que

castle el castillo

celebrate celebrar

celebration la celebración

cell phone el (teléfono) celular, el (teléfono) móvil

cent el centavo

century el siglo

cereal el cereal

chalkboard la pizarra

champagne el champán

championship el campeonato

change cambiar; **changing the subject** cambiando de tema; (n.) el cambio

chapter el capítulo

character (in a story, movie, etc.) el personaje

chat charlar

check: restaurant ~ la cuenta

chew mascar

chilly: It's ~. Hace fresco.

chimney la chimenea

choose elegir (e ⟶ i, i)

Christmas la Navidad

cigarette el cigarrillo

class la clase; la materia

clever: be ~ ser listo/a

click hacer clic

client el/la cliente

climate el clima

climb subir; **~ mountains** hacer andinismo/alpinismo

close cerrar (e ⟶ ie)

closed cerrado/a

cloth la tela

clothes: ~ dryer la secadora; **put on one's ~** ponerse la ropa; **take off one's ~** quitarse la ropa

cloudy: It's ~. Está nublado.

clue la pista

clumsy torpe

cold: be ~ tener frío; **have a ~** tener catarro, estar resfriado/a; **It's ~.** Hace frío.

collection la colección

cologne el agua de colonia

comb one's hair peinarse

combat combatir

come venir; **~ back** volver (o ⟶ ue)

comedy la comedia

comfortable cómodo/a

command la orden

comment (n.) el comentario; (v.) comentar

common común; **in ~** en común

community la comunidad

compare comparar

complain quejarse

computer programmer el/la programador/a de computadoras

conceited creído/a

concert el concierto

confidence la confianza

congratulate felicitar

conquer conquistar

conserve conservar

consist of consistir en

constant constante

consult consultar

consumer el consumidor

continue continuar

contraceptive el anticonceptivo

contrast: in ~ to a diferencia de

converse conversar

convert convertir (e ⟶ ie, i)

correct (v.) corregir (e ⟶ i, i); (adj.) correcto/a

cost (v.) costar (o ⟶ ue); (n.) el precio; **It's going to ~ you.** Te va a salir caro.

cough (v.) toser; **have a ~** tener tos

Could you . . .? ¿Podrías (+ inf.)?

counselor el/la consejero/a

count contar (o ⟶ ue)

country el país

course el curso

court (for tennis, basketball) la cancha

craftsmanship la artesanía

crash chocar

crazy: be ~ estar loco/a

create crear

croissant el croissant, la medialuna

cross (n.) la cruz; (v.) cruzar

crossword: do ~ puzzles hacer crucigramas

culture la cultura

current (adj.) actual

curse el mal de ojo; **put a ~ on** echar el mal de ojo

custom la costumbre

dance (n.) el baile; (v.) bailar

danger el peligro; **in ~** en peligro

dangerous peligroso/a

day el día; **the ~ before yesterday** anteayer; **every ~** todos los días

dead muerto/a

dear (term of endearment) cariño/a, querido/a

death la muerte

decide decidir

degree (temperature) grado; **It's . . . degrees (below zero).** Está a… grados (bajo cero).; **university ~** el título universitario

delicious sabroso/a, delicioso/a

delightful encantador/a

demanding exigente

democratic democrático/a

department (of a university) la facultad; **~ store** el almacén

describe describir

desert el desierto

desperate desesperado/a

destroy destruir

detain detener

develop desarrollar

developed desarrollado/a

diarrhea: have ~ tener diarrea

die morir/se (o ⟶ ue, u)

diet: be on a ~ estar a dieta

difference la diferencia

different diferente

difficult difícil

dinner la cena; **have ~** cenar

disadvantage la desventaja

disaster el desastre

discover descubrir

distance: long ~ larga distancia

divine divino/a

divorced divorciado/a; **get ~ (from)** divorciarse (de); **is ~ (from)** está divorciado/a (de)

dizzy: be ~ estar mareado/a

do hacer; **~ crossword puzzles** hacer crucigramas; **~ jigsaw puzzles** hacer rompecabezas

doll la muñeca

dollar el dólar

domestic doméstico/a

Don't mention it. No hay de qué.

doubt: there's no ~ no hay duda (de)

draw dibujar

dream (n.) el sueño; (v.) soñar (o ⟶ ue)

drink (n.) la bebida; (v.) beber

drive conducir, manejar

driver's license la licencia de manejar/conducir (Spain), el permiso de manejar/conducir (Spain)

drop (v.) dejar caer; (n.) la gota

dry (adj.) seco/a; (v.) secar

dryer: clothes ~ la secadora; **hair ~** el secador

dumbfounded: leave (someone) ~ dejar boquiabierto (a alguien)

during durante

each cada; **~ other** el uno al otro; **To ~ his own.** Cada loco con su tema.

earn ganar

earring el arete, el pendiente

earth la tierra

earthquake el terremoto

Easter la Pascua Florida

easy fácil, sencillo/a

eat comer

either . . . or o… o

elegant fino/a

elevator el ascensor

email el correo electrónico, el email, el mensaje electrónico

emergency la emergencia

end el fin

ending el final

engaged: be ~ estar comprometido/a

engagement (for marriage) el compromiso

enjoy disfrutar

enough bastante

enter entrar (a/en)

entertaining divertido/a

environment el medio ambiente

essay el ensayo

establish establecer
ethnic étnico/a
even (*adj.*) par; (*adv.*) aun
evening la noche; **Good ~.** Buenas noches.
every cada, todo/a; **~ day** todos los días; **~ month** todos los meses
everybody todo el mundo
everything todo
evident: it's ~ es evidente
example el ejemplo; **for ~** por ejemplo
exchange (money) cambiar (dinero)
exercise (*n.*) el ejercicio; (*v.*) hacer ejercicio
exist existir

fabric la tela, el material
fabulous fabuloso/a
fact: in ~ en realidad
factory la fábrica
fair justo/a
faithful fiel
fall caer; **~ asleep** dormirse (o → ue, u)
fan (*sports*) el/la aficionado/a
farmer el/la granjero/a
fashion la moda
fast rápido/a
fax el fax
fear el temor; **have a ~ of . . .** tenerle fobia a...
feel sentir/se (e → ie, i); **~ like (doing something)** tener ganas de + *inf.*
feeling el sentido
fever la fiebre; **have a ~** tener fiebre
few: a ~ pocos/as
fight (*n.*) la lucha, la pelea; (*v.*) pelearse
fill (*a position*) ocupar; **~ out** completar, rellenar
find encontrar (o → ue); **~ strange** extrañarse
fine (*as for speeding*) la multa
finish completar, terminar
first name el nombre (de pila)
fish (*n., animal*) el pez; (*n., food*) el pescado; (*v.*) pescar
fit: It fits you well. Te queda bien.
fix arreglar
flight attendant el/la aeromozo/a, el/la asistente de vuelo, la azafata (*female*)
floor el piso, el suelo; **first ~** la planta baja, el bajo
flower la flor; **~ garden** el jardín
flu: have the ~ tener gripe
fly la mosca
follow seguir (e → i, i)
following siguiente
foolishness la tontería
football el fútbol americano
for para, por; **~ example** por ejemplo; **~ heaven's sake!** ¡Por el amor de Dios!; **~ lack of** por falta de; **~ the last time** por última vez; **~ what (purpose)?** ¿Para qué?; **~ whom?** ¿Para quién?
foreign extranjero/a
former anterior
fountain la fuente
frame el marco
free (*no cost*) gratis; (*unoccupied*) libre
frequently con frecuencia, frecuentemente, a menudo
friend el/la amigo/a

from de
front: in ~ of delante de
frustrated frustrado/a
fun: have ~ divertirse (e → ie, i)
function funcionar
funny gracioso/a
furnish amueblar
furnished amueblado/a
furniture los muebles

gas station la gasolinera
gears los cambios
general: in ~ en general, por lo general
gentleman el caballero
geography la geografía
geology la geología
get conseguir (e → i, i); (*a grade*) sacar; **~ angry** enfadarse, enojarse; **~ dressed** vestirse (e → i, i); **~ off** bajar(se) de; **~ (someone) out of a jam** sacar de un apuro (a alguien)
gift el regalo
give dar; **~ a present** regalar
go ir; **~ all out** echar la casa por la ventana; **~ down** bajar; **~ out** salir; **~ (out) with (someone)** salir con (alguien); **~ to bed** acostarse (o → ue); **~ up** subir
goal (*sports*) el gol
good bueno/a; **~ afternoon.** Buenas tardes.; **~ evening/night.** Buenas noches.; **~ morning.** Buenos días.
gossip (*n.*) el cotilleo; (*v.*) cotillear
government el gobierno
grade la nota
graduate graduarse
granddaughter la nieta
grandson el nieto
Great! ¡Qué chévere! (*Caribbean expression*)
grief la pena
ground el suelo
group el grupo

habit la costumbre
hair el pelo; **~ dryer** el secador; **~ salon** la peluquería
half la mitad
hand la mano; **on the one ~** por un lado; **on the other ~** por otro lado
handicraft la artesanía
happen ocurrir
happiness la felicidad, la alegría
happy: be ~ about alegrarse de; **~ birthday.** Feliz cumpleaños.
hate odiar
have (*aux. v.*) haber; tener; (*drink*) tomar; **~ the chills** tener escalofríos; **~ a cold** estar resfriado/a, tener catarro; **~ a cough** tener tos; **~ diarrhea** tener diarrea; **~ dinner** cenar; **~ a fear of . . .** tenerle fobia a...; **~ a fever** tener fiebre; **~ the flu** tener gripe; **~ fun** divertirse (e → ie, i); **~ a good/bad time** pasarlo bien/mal; **~ just (done something)** acabar de (+ *inf.*); **~ lunch** almorzar (o → ue); **~ supper** cenar

health la salud; **be in good ~** tener buena salud
hear oír
heart attack el infarto
heat calor; calefacción (de la casa)
heavy pesado/a
help (*n.*) la ayuda; (*v.*) ayudar
here aquí
Hey! (*informal, formal*) ¡Oiga/n!
hidden escondido/a
hire contratar
Hispanic hispano/a
home el hogar; la casa
hot: be ~ tener calor; **It's ~.** Hace calor.
how? ¿cómo?; **~ are you?** (*informal/ formal*) ¿Cómo estás/está?; **~ awful!** ¡Qué barbaridad!; **~ many?** ¿cuántos/as?; **~ much?** ¿cuánto/a?; **~ much is/are . . . ?** ¿Cuánto cuesta/n... ?; **~ old is he/she?** ¿Cuántos años tiene él/ella?
however sin embargo
hug (*n.*) el abrazo; (*v.*) abrazar
hungry: be ~ tener hambre
hunt cazar
hurricane el huracán
hurry: be in a ~ tener prisa
hurt doler (o → ue); herir (e → ie, i)

I love it/them! ¡Me fascina/n!
I would like me gustaría; **~ to speak with . . . , please.** Quisiera hablar con..., por favor.
ID card la cédula de identidad
identify identificar
if si
illiteracy el analfabetismo
I'm coming! ¡Ya voy!
I'm sorry. Perdone./Perdona.
image la imagen
imagine imaginarse
in en; **~ a while** dentro de poco; **~ case** por si acaso; **~ case that** en caso (de) que; **~ contrast to** a diferencia de; **~ danger** en peligro; **~ front of** delante de; **~ general** por lo general, en general; **~ order that** para que; **~ spite of** a pesar de que
inch la pulgada
income los ingresos
increase añadir, aumentar
indicate indicar, señalar
indifferent indiferente
indigenous indígena
influence (*n.*) la influencia; (*v.*) influir
inhabitant el/la habitante
instability la inestabilidad
instead of en vez de
interest (*v.*) interesar
interrupt interrumpir
interview (*n.*) la entrevista; (*v.*) entrevistar
invent inventar
invest invertir (e → ie, i)
Is . . . there, please? ¿Está..., por favor?
It looks good on you. Te/Le queda bien.
it's es; **~ about time** ya era hora; **~ bad out.** Hace mal tiempo.; **~ better** es mejor; **~ chilly.** Hace fresco.; **~ cloudy.** Está nublado.; **~ evident** es evidente; **~ going to**

cost you. Te va a salir caro.;
~ hot. Hace calor.; ~ nice out.
Hace buen tiempo.; ~ not worth it
no vale la pena; ~ obvious es
obvio; ~ a pity es una pena, es
una lástima; ~ probable es probable; ~ raining. Llueve.; ~ a
shame es una lástima;
~ snowing. Nieva.; ~ sunny.
Hace sol.; ~ true es cierto, es
verdad; ~ windy. Hace viento.;
~ worth it vale la pena
It/This is . . . Habla…/ De parte de…

jealous: be ~ (of) tener celos (de); estar
celoso/a (de); ser celoso/a
jigsaw: do ~ puzzles hacer
rompecabezas
joke el chiste
jot down anotar
journalist el/la periodista
jump saltar
just a moment un momento

keep going straight seguir (e → i, i)
derecho
key la llave
kill matar
king el rey; ~ and queen los reyes
kiss (n.) el beso; (v.) besar
knit tejer, hacer punto
know (facts/how to do something) saber;
(someone or something) conocer;
You didn't ~? ¿No sabía(s)?; Do
you ~ where . . . is? ¿Sabe(s)
dónde está…?; I don't ~ (the
answer). No sé (la respuesta).;
~ people in the right places tener
palanca
known: make ~ dar a conocer

lack faltar; for ~ of por falta de
landing strip la pista de aterrizaje
language el idioma
last último/a; for the ~ time por última
vez; ~ night anoche
last name el apellido; first ~ (father's
name) el primer apellido; second
~ (mother's maiden name) el
segundo apellido
late (adv.) tarde; be ~ atrasarse
lately últimamente
later luego, más tarde; See you ~.
Hasta luego.
lawn el jardín
layover escala
learn aprender
leave salir; ~ behind dejar;
~ (someone) dumbfounded
dejar boquiabierto/a (a alguien)
lecture la conferencia
less menos; ~ than menos de/que
lesson la clase, la lección
let's see a ver
lie (n.) la mentira; (v.) mentir (e → ie, i)
life la vida; risk one's ~ jugarse
(u → ue) la vida
light (n.) la luz; (v.) encender (e → ie)
like (adv.) como; (v.) gustar; I don't ~
him/her. Me cae mal., No me gusta
él/ella.; I ~ him/her a lot. Me

cae (la mar de) bien., Me gusta
mucho.; I don't ~ it/them at all.
No me gusta/n nada.; ~ a lot
encantar, fascinar; ~ this/that así
listen escuchar; ~! (informal, formal)
¡Oiga/n!
little: a ~ un poco; ~ by ~ poco a poco
live vivir
long distance larga distancia
look: ~ for buscar; ~ (at) mirar
lose perder (e → ie)
lost perdido/a
lousy mal
love (n.) el amor; (v.) amar, querer;
I ~ it/them! ¡Me fascina/n!
loyal fiel
luck la suerte; What bad ~! ¡Qué mala
suerte!
lunch el almuerzo; have ~ almorzar
(o → ue)

maintain mantener
majority la mayoría
make hacer; ~ a stopover hacer escala;
~ known dar a conocer
male el macho
manner la manera
many muchos/as; as ~ . . . as
tantos/as… como; ~ times
muchas veces
map el mapa
marry casarse
married casado/a; is ~ (to) está
casado/a (con)
mask la máscara
may: ~ I ask who is calling? ¿De parte
de quién?, ¿Quién habla?
mean significar; What do you ~ . . . ?
¿Cómo que… ? What does
. . . mean? ¿Qué significa… ?
meaning el significado
meanwhile mientras tanto
measure medir (e → i, i)
member el miembro
memorize memorizar
memory el recuerdo; la memoria
mention mencionar
mess: What a ~! ¡Qué lío!
message el mensaje
middle mediados; ~ Ages la Edad
Media
mile la milla
mind la mente
minimum el mínimo
minority la minoría
mirror el espejo
miss (someone or something) echar de
menos, extrañar; (a train, a bus)
perder
mix revolver (o → ue)
mixture la mezcla
model el/la modelo
modern moderno/a
monster el monstruo
month el mes
monthly mensual
morning la mañana; Good ~. Buenos
días.
most recent último/a
motivate motivar
move (relocate) mudarse
murder el asesinato

must: One/You ~ (+ v.) Hay que + inf.
mysterious misterioso/a
mystery el misterio

name: first ~ el nombre (de pila);
last ~ el apellido; My ~ is . . .
Me llamo…
nation la nación
nationality la nacionalidad
native indígena; (adj.) indígena
nauseous: be ~ tener náuseas
necessary necesario/a
neck el cuello
neighbor el/la vecino/a
neighborhood el barrio
neither tampoco; ~ . . . nor ni… ni
nervous nervioso/a
never nunca
nevertheless sin embargo
news la(s) noticia(s); ~ item la noticia
next próximo/a
nice simpático/a; It's ~ out. Hace buen
tiempo.
night la noche; Good ~. Buenas
noches.
no longer ya no
No way! ¡Qué va!
noise el ruido
nor tampoco
not even ni siquiera
note (n.) la nota, el apunte; (v.) notar;
take notes apuntar, tomar apuntes
nothing nada
now ahora
nowadays hoy (en) día
number (n.) el número; (v.) numerar;
You have the wrong ~. Tiene el
número equivocado.
nurse el/la enfermero/a

O.K. Bien., De acuerdo., Vale.
obtain conseguir (e → i, i), obtener
obvious: it's ~ es obvio
occupation la ocupación
occur ocurrir
of de (del/de la); ~ course. ¡Claro!,
¡Por supuesto!, ¡Claro que sí!;
~ course not! ¡Claro que no!
offer ofrecer
often a menudo, con frecuencia
old man/woman el/la anciano/a
on en; ~ all sides por todos lados;
~ the one hand por un lado;
~ the other hand por otro
lado; ~ time a tiempo
once una vez; at ~ en seguida; ~ in a
while de vez en cuando
one must + v. hay que + inf.
only solamente, solo
open abierto/a
option la opción
optional opcional
or o, (before words starting with o or ho) u
order el orden; (command) la orden;
in ~ that para que
organize organizar
origin el origen
other otro/a
ought to + v. deber + inf.
outstanding sobresaliente
over there allá

owe deber
own (*adj.*) propio/a

pair (of) un par (de); la pareja
paragraph el párrafo
park (*n.*) el parque; (*v.*) estacionar
participate participar
partner el/la compañero/a
pass by/through pasar por
path el camino
paw la pata
pay pagar; ~ attention (to someone) hacerle caso (a alguien)
peace la paz
peasant el/la campesino/a
pen el bolígrafo, la pluma
people la gente
percentage el porcentaje
perfect perfecto/a
perhaps a lo mejor, tal vez + *subj.*, quizá(s) + *subj.*
personality la personalidad
pet la mascota
phone (*n.*) el teléfono; (*v.*) llamar
phrase la frase
pick up recoger
pictures: take ~ sacar fotos
picturesque pintoresco/a
pity: it's a ~ es una pena, es una lástima; What a ~! ¡Qué pena!
place el sitio; take ~ tener lugar
plaid de cuadros
plan (*n.*) el plan; (*v.*) planear
plantain el plátano
play (*a sport or game*) jugar (u → ue); ~ (*an instrument*) tocar
pleasant agradable
please por favor
point el punto; ~ out señalar
polka-dotted de lunares
population la población
possibly posiblemente
poster el afiche, el cartel
power el poder, la fuerza; purchasing ~ el poder adquisitivo
practice (*n.*) la práctica; (*v.*) practicar
predict predecir
prefer preferir (e → ie, i)
preference la preferencia
pregnant: be ~ estar embarazada
prepare preparar
prescription la receta médica
present-day actual
preserve conservar
previous anterior
pride el orgullo
priest el cura
prize el premio
probable: it's ~ es probable
probably probablemente
produce producir
program el programa
project el proyecto
promise (*n.*) la promesa; (*v.*) prometer
proud orgulloso/a
provided that con tal (de) que
province la provincia
psychologist el/la psicólogo/a
pull tirar; ~ someone's leg tomarle el pelo (a alguien)
purchasing power el poder adquisitivo

put poner; ~ a curse ("the evil eye") on echar el mal de ojo; ~ on one's clothes ponerse la ropa; ~ someone to bed acostar (o → ue)
puzzle: do crossword puzzles hacer crucigramas; do jigsaw puzzles hacer rompecabezas

quantity la cantidad
question la pregunta
quiet tranquilo/a
quit: ~ (doing something) dejar de + *inf.*

race la carrera
raining: It's ~. Llueve.
reading la lectura
ready: be ~ estar listo/a
real verdadero/a
reality la realidad
realize (something) darse cuenta (de algo)
really en realidad; ~? ¿De veras?
reason la razón
recent: most ~ último/a
recipe la receta
recognize reconocer
record (*v.*) grabar
recording la grabación
refer to referir/se (e → ie, i)
rehearse ensayar
reject rechazar
relation la relación
relative (*family*) el/la pariente
relatively relativamente
remember acordarse (o → ue) de; recordar (o → ue)
remove quitar
rent (*n.*) el alquiler; (*v.*) alquilar
repeat repetir (e → i, i)
report el informe
reporter el/la reportero/a
request el pedido
requirement el requisito
research la investigación
reservation la reserva
respond responder
responsibility la responsabilidad
rest descansar
return (*an item*) devolver (o → ue); (*to a place*) volver (o → ue)
rice el arroz
rich rico/a
ride montar; ~ a bicycle montar en bicicleta
right el derecho; ~? ¿verdad?; be ~ tener razón; ~ now ahora mismo; on the ~ a la derecha
risk one's life jugarse (u → ue) la vida
road el camino, la carretera
rock la piedra
roof el techo
room la habitación; double ~ la habitación doble; single ~ la habitación individual
round redondo/a
royal real

safe seguro/a
saint el/la santo/a
same igual; the ~ el/la mismo/a

satisfied satisfecho/a
save (*rescue*) salvar; (*money*) ahorrar
say decir; How do you ~ . . . ? ¿Cómo se dice… ?
scared: be ~ tener miedo
scarf la pañoleta (*women's*), el pañuelo; winter ~ la bufanda
schedule el horario
science la ciencia
search engine el buscador
secondary secundario/a
secondhand de segunda mano
see ver; Let's ~. A ver.; ~ you later. Hasta luego.; ~ you tomorrow. Hasta mañana.
seem parecer
select seleccionar
sell vender
send mandar
sensitivity la sensibilidad
sentence la oración
separate (from) separar/se (de)
serious grave
serve servir (e → i, i)
set the table poner la mesa
several varios/as
sex el sexo
shame la vergüenza; it's a ~ es una lástima; What a ~! ¡Qué lástima!
share compartir
shave afeitarse
shaving cream la crema de afeitar
shellfish los mariscos
shoot disparar
shopping de compras
show mostrar (o → ue)
sick: become ~ enfermarse
side el lado; on the one ~ por un lado; on the other ~ por otro lado; on all sides por todos lados
significant other la pareja
silent callado/a; be ~ callarse
similar parecido/a
simple sencillo/a
simply sencillamente
since ya que, desde
sing cantar
singer el/la cantante
single soltero/a; ~ room la habitación individual
sit down sentarse (e → ie)
situation la situación
skin la piel
slash (*as in* http://www) la barra
slave el/la esclavo/a
sleep dormir (o → ue, u)
slow lento/a
smoke (*v.*) fumar
snow (*n.*) nieve; (*v.*) nevar (e → ie)
snowing: It's ~. Nieva.
so tan
soap opera la telenovela
soccer el fútbol
sock el calcetín, la media
soda la gaseosa
soldier el/la soldado
some algún, alguno/a
someone alguien
something algo; ~ else? ¿Algo más?
sometimes algunas veces
song la canción
soon pronto

sorry: I'm ~. (*informal*) Perdona.; (*formal*) Perdone., Lo siento.
source la fuente
speak hablar; **Can you ~ more slowly, please?** ¿Puede hablar más despacio, por favor?; **I would like to ~ with . . . , please.** Quisiera hablar con..., por favor.
special especial
specific específico/a
spend (*money*) gastar; (*time*) pasar
spice la especia
spicy picante
spite: in ~ of a pesar de que
stand in line hacer cola
start (*n.*) el comienzo; (*v.*) comenzar (e → ie), empezar (e → ie); **~ the car** arrancar
starting from a partir de
stay in (+ *place*) quedarse en (+ *place*)
steal robar
step on pisar
still aún, todavía
stingy tacaño/a
stone la piedra
stop (*n.*) la parada; **~ (doing something)** dejar de + *inf.*
stopover la escala
story el cuento
stove la estufa; **electric ~** la estufa eléctrica; **gas ~** la estufa de gas
straight recto/a; **keep going ~** seguir (e → i, i) derecho
strange extraño/a
strength la fuerza
striped de rayas
strong fuerte
struggle la lucha
study estudiar
subject (*in school*) la asignatura, la materia
succeed tener éxito
successful: be ~ tener éxito
suddenly de repente
suffer sufrir
sugar el azúcar
suggest sugerir (e → ie, i)
suggestion la sugerencia
summary el resumen
sunny: It's ~. Hace sol.
supper: have ~ cenar
suppose suponer
sure: be ~ (of) estar seguro/a de
surf the net navegar por Internet
surgery la cirugía
surprise la sorpresa
surprised: be ~ about sorprenderse de
suspect el/la sospechoso/a
switch roles cambiar de papel

take (*a bus, etc.*) tomar; **~ care of** cuidar; **~ into account** tener en cuenta; **~ notes** anotar, tomar apuntes; **~ off one's clothes** quitarse la ropa; **~ out** sacar; **~ out the garbage** sacar la basura; **~ pictures** sacar fotos; **~ place** tener lugar; **~ a walk** dar un paseo
talk conversar, hablar
taste probar (o → ue)
tasty sabroso/a

teach enseñar
tear (*cry*) la lágrima
television la televisión; **~ channel** el canal de televisión; **~ set** el televisor
tell contar (o → ue); decir; **Can you ~ me how . . . ?** ¿Puede decirme cómo... ?
thank you gracias
that que; (*dem. adj.*) ese/a, aquel, aquella; (*dem. pron.*) ese/a, eso, aquel, aquella, aquello; **~ is** o sea; **that's why** por eso
theme el tema
then entonces; (*in time sequence*) después, más tarde, luego
there allí; **~ is/~ are** hay; **~ must be a reason.** Por algo será.; **~ was/~ were** había; **there's no doubt** no hay duda (de)
therefore por eso, por lo tanto
thing la cosa
think pensar (e → ie); **~ about** pensar en
thirsty: be ~ tener sed
this (*dem. adj.*) este/a; (*dem. pron.*) este/a, esto
those (*dem. adj.*) esos/as, aquellos/as; (*dem. pron.*) esos/as, aquellos/as; **~ (over there)** (*adj.*) aquellos/aquellas; **~ ones (over there)** (*dem. pron.*) aquellos/aquellas
throat la garganta
through a través de
throw: ~ out echar, tirar
ticket el boleto, el billete, el pasaje; (*for admission to an event*) la entrada
time: in ~ a tiempo; **on ~** a tiempo; **What ~ is . . . at?** ¿A qué hora es... ?
times: many ~ muchas veces
tired: be ~ tener sueño
title el título
to a; **~ top it all** para colmo
together juntos/as
tomorrow mañana; **See you ~.** Hasta mañana.
too también; **~ much** demasiado
top: to ~ it all para colmo
touch tocar
tour la gira, el tour
tourism el turismo
translate traducir
travel viajar
tree el árbol
true cierto/a, real; **it's ~** es cierto, es verdad
truth la verdad
try intentar; (*food*) probar; **~ on** (*clothes*) probarse (o → ue); **~ to** tratar de
turn doblar; **~ off** apagar; **~ over** darle la vuelta
TV channel el canal de televisión
typical típico/a

unbearable insoportable
uncertain incierto/a
understand comprender, entender (e → ie)
understanding comprensivo/a
underwear (*men's*) los calzoncillos; (*women's*) los calzones
unexpected inesperado/a

unexplainable inexplicable
uniform el uniforme
unknown desconocido/a
unless a menos que
until hasta (que)
up arriba
upon + *-ing* al + *inf.*
use usar
useful útil
useless inútil

vacation las vacaciones
vain creído/a, vanidoso/a
value el valor
variety la variedad
vary variar
very muy; **~ well!** ¡Muy bien!
view la vista
visit (*n.*) la visita; (*v.*) visitar
voice la voz
vomit devolver (o → ue), vomitar

wake up despertarse (e → ie); **wake someone up** despertar (e → ie)
walk andar; **take a ~** dar un paseo
wall la pared
want desear, querer
war la guerra
warm caliente
water el agua (*f.*)
way la manera; **No ~!** ¡Qué va!
Web (www) la red
weekend el fin de semana
weigh pesar
weight el peso
well (then) pues
what? ¿qué?, ¿cómo?; **~ bad luck!** ¡Qué mala suerte!; **~ color is it?** ¿De qué color es?; **~ do you mean . . . ?** ¿Cómo que... ?; **~ is the capital of . . . ?** ¿Cuál es la capital de... ?; **~ is your phone number?** ¿Cuál es tu/su número de teléfono?; **~ a mess!** ¡Qué lío!; **~ a pity!** ¡Qué pena!; **~ a shame!** ¡Qué lástima!; **~ time is it?** ¿Qué hora es?; **What's the weather like?** ¿Qué tiempo hace?; **What's up?** ¿Qué hay?; **What's your address?** ¿Cuál es tu/su dirección?
when cuando; **~?** ¿cuándo?
where donde; **~?** ¿dónde?; **~ are you from?** ¿De dónde es/eres?; **~ (to)?** ¿adónde?
which? ¿cuál/es?
while mientras; **in a ~** dentro de poco
who quien, que; **~?** ¿quién? ¿quiénes?; **~ is speaking/calling?** ¿Quién habla?
whom: for ~? ¿para quién?
whose? ¿de quién/es?
why? ¿por qué?
win ganar
window la ventana
windy: It's ~. Hace viento.
winner el/la ganador/a
with con; **~ pleasure** con mucho gusto
without sin
wonder preguntarse
wonderful divino/a, maravilloso/a

work (*n.*) el trabajo; (*v.*) trabajar; **~ full-time** trabajar tiempo completo; **~ part-time** trabajar medio tiempo

worth: It's (not) ~ it. (No) vale la pena.

Wow! ¡Vaya!

wrist la muñeca

write escribir; **~ letters/poems** escribir cartas/poemas

writer el/la escritor/a

wrong: You have the ~ number. Tiene el número equivocado.

year el año; **last ~** el año pasado; **next ~** el año que viene; **New Year's Day** el Año Nuevo

yesterday ayer

yet aún, todavía; **not ~** todavía no

young person el/la joven

younger menor

You're welcome. De nada., No hay de qué.

youth la juventud

zip code el código postal

zone la zona

Index

Permissions and Credits

The authors and editors thank the following persons and publishers for permission to use copyrighted material.

Text Permissions

Chapter 7: pp. 194-195, Courtesy of Secretaría General de Turismo/Turespaña, Ministerio de Industria, Comercio y Turismo. **Chapter 8:** p. 220, "El fútbol y yo," from *El País*, No. 179, July 24, 1994, Año XIX, p. 42. Copyright © Diario *El País*, S.L. Used by permission. **Chapter 9:** p. 249, "Tragedia" by Vicente Huidobro. Reprinted by permission of the Fundación Vicente Huidobro. **Chapter 10:** p. 278, Copyright © 2001 by Houghton Mifflin Company. Adapted and reproduced by permission from *The American Heritage Spanish Dictionary*, Second Edition.; pp. 276–277, "No quiero," by Ángela Figuera Aymerich, from *Obras completas* (Ediciones Hiperión, Madrid, First Edition © 1986, Second Edition © 1999). Reprinted with permission. **Chapter 11:** pp. 304-305, "La vida en la maquila," by Silvia Torralba. As appeared on oneworld.net.; p. 311, Data on history of chocolate from Kara Chocolates, May 8, 2005: http://www.karachocolates.com/chochist.html; **Chapter 12:** p. 333, "El Padre Antonio y el monaguillo Andrés," by Rubén Blades, from the CD *Rubén Blades y el son del solar live!* Reprinted with permission. **Chapter 13:** pp. 361-362, From "Fragments From Cuban Narratives: A Portfolio" by Eduardo Aparicio, *Michigan Quarterly*, University of Michigan, Vol. XXIII, No. 3, Summer 1994. Used with permission from the author. **Chapter 14:** p. 384, *Beatriz (Una palabra enorme)* by Mario Benedetti. Copyright © Mario Benedetti: "Primavera con una esquina rota" Ediciones Alfaguara, Madrid 1983, 3ª edición. Reprinted by permission. **Chapter 15:** pp. 410-411, Adapted by permission from *Pobre Tierra 1*, Revista Debate, No. 77, Año XVI, May-June 1994, p. 33, Lima, Peru. **Chapter 17:** p. 460, Brochure text from the exposition "Fernando Botero, Pinturas, Dibujos, Esculturas." Reprinted by permission of the Ministry of Culture, Spain. 477 **Chapter 18:** pp. 477-483, *Estudio en blanco y negro* by Virgilio Piñera. Permiso concedido por los herederos de Virgilio Piñera y Agencia Literaria Latinoamericana.

Photo Credits

Preliminary Chapter: p. 2, Richard Lord/The Image Works; p. 3, Francisco Rangel; p. 5 left, Kathy Squires; p. 5 right, Frerck/Odyssey Productions, Inc./Chicago; p. 5 bottom, Jefkin/Elnekave Photography. **Chapter 1:** p. 13, Cameramann/The Image Works; p. 14, Stuart Cohen/The Image Works; p. 21, Ulrike Welsch; p. 25 left to right: AP/Wide World; Marc Serota/Reuters/Corbis; Corbis; Allsport/Getty Images; p. 30 center left: Mike Blake/Reuters/Corbis; p. 30 center right, Armando Arorizo/ZUMA/Corbis; p. 30 bottom left, Reuters/Corbis; p. 30 bottom right: Reuters/Corbis; p. 32, Mark Stevenson/Corbis; page 33, top row, left to right: Beryl Goldberg; Tom & Michelle Grimm/Getty Images; Beryl Goldberg; bottom row, left to right: Claudia Parks/The Stock Market; Ulrike Welsch; Photri/Microstock; Ulrike Welsch. **Chapter 2:** p. 36, Tomas Stargardter/Latin Focus; p. 44, Bernie Nuñez/Reuters/Corbis; p. 55, Corbis Sygma; p. 59 center, Beryl Goldberg; p. 59 bottom, David Botello; p. 63, South Park Productions. **Chapter 3:** p. 65, Pablo Corral/National Geographic Image Collection; p. 66, Stephanie Cardinal/People Avenue/Corbis; p. 67, Studio Patellani/Corbis; p. 71, South Park Productions; p. 77 center, AP/Wide World Photos; p.77 bottom, Reuters/Corbis; p. 83, Ulrike Welsch; p. 84, Jimmy Dorantes/Latin Focus. **Chapter 4:** p. 91, Daniel LeClair/Reuters/Corbis; p. 92, Bruce Klepinger/Adventure Photo; p. 93, Museo de América, Madrid, Spain/Index/Bridgeman Art Library; p. 94 top, Bibliothèque Nationale, Paris, France/Lauros-Giraudon/Bridgeman Art Library; p. 94 bottom left and right, Museo del Oro; p. 100, Pilar Olivares/Reuters/Corbis; p. 102, left, Ulrike Welsch; p. 102 right, Robert Fried; p. 108, Ulrike Welsch; p.110, South Park Productions; p. 111, Vince Streano/The Stock Market; p. 112, Alan Grinberg; p. 116, South Park Productions. **Chapter 5:** p. 119, Film Four/South Fork/Senator Film/The Kobal Collection; p. 120, Cristóbal Corral Vega/HBO Films/ZUMA/Corbis; p. 121, South Park Productions; p. 131 top, Courtesy of Kristin Horton; p. 131, bottom, Russell Gordon/Aurora; p. 132, Jesús Carneiro; p. 134, courtesy Zara; p. 135, Petre Buzoianu/Corbis; p. 137, LJ Regan/Getty Images; p. 138, Jimmy Dorantes/Latin Focus; p. 140, South Park Productions; p. 143, Art Resource, NY; p. 143, www.juanes.net. **Chapter 6:** p. 146, Hans Strand/Getty Images; p. 147 left, Bill Bachman/Alamy p. 148, James Blair/National Geographic Image Collection; p. 152, South Park Productions; p. 154, Owen Franken/Corbis; p. 159, AFP/Getty Images; p. 161, George F. Mobley/National Geographic Image Collection; p. 162, Michael Boeckmann; p. 165, Courtesy of Stephanie Valencia; p. 166 left, Leland Bobbé/Corbis; p. 166 right, Franco Vogt/Corbis; p. 167, Courtesy of Christina Schulze; p. 177 top and bottom, South Park Productions. **Chapter 7:** p. 178, Masakatsu Yamazaki/HAGA/The Image Works; p. 179, Steve Vidler/Leo de Wys; p. 180, Robert Fried; p. 184, Courtesy Hotel Acueducto; p. 194, Paradores de Turismo de España; p. 195, Paradores de Turismo de España; p. 200, Viesti Associates. **Chapter 8:** p. 207, Monika Graff/The Image Works; p. 208, Ulrike Welsch; p. 211, Francisco Rangel; p. 212, South Park Productions; p. 213, Randall Hyman/Stock Boston; p. 220, Duomo; p. 224, Steve Dunwell/Index Stock; p. 227, Bill Frakes/Sports Illustrated; p. 229, Odyssey/Frerck/Chicago; p. 232, South Park Productions. **Chapter 9:** p. 234, Museo del Oro; p. 239, Frerck/Odyssey/Chicago; p. 248, SISIB/Universidad de Chile/Facultad de Filosofía y Humanidades; p. 253, Victor Englebert; p. 254, Manuel Bellver/Corbis; p. 258, Eduardo Aparicio; p. 260, Stringer/Chile/Reuters/Corbis. **Chapter 10:** p. 262, Jeff Goldberg/Esto; p. 263, Margot Granitsas/The Image Works; p. 264, John Ehlers/Stockline; p. 275, Zurgai, Bilbao, España; p. 282, Peter M. Wilson/Alamy; p. 283, James Nelson/Getty Images; p. 284, South Park Productions; p. 290, South Park Productions. **Chapter 11:** p. 292, Sven Martson/The Image Works; p. 293, Stuart Cohen/The Image Works; p. 299, Frerck/Odyssey/Chicago; p. 303, Jimmy Dorantes/Latin Focus; p. 310, University of California, San Francisco, CA/Index/ Bridgeman Art Library; p. 313, John Williamson. **Chapter 12:** p. 321, Javier Pierini/Latin Stock/Corbis; p. 323 top, Miki Kratsman/Corbis; p. 323 bottom, Olberto Gili/Barbara von Schreiber, Ltd.; p. 327, South Park Productions; p. 328, Bob Krist/Corbis; p. 331, Dynamic Graphics Group/Creatas/Alamy; p. 332, AP/Wide World; p. 333, Deborah Harse/The Image Works; p. 336, DDB Stock Photography; p. 337, Pablo Corral/Corbis; p. 338, Tuna de Derecho de Valladolid, España, URL: http://www.tunaderecho.com; p. 340, Vince Bucci/Getty Images; p. 345, South Park Productions. **Chapter 13:** p. 346, Richard Cummins/Corbis; p. 348, Jeff Greenberg/Alamy; p. 351, David R. Frazier Photolibrary; pp. 361-362, Eduardo Aparicio; p. 364, SUNNYphotography.com/Alamy; p. 364, Robert Holmes/Corbis; p. 364, Neil Beer/Corbis; p. 364, Buddy Mays/Corbis; p. 366, Jeff Greenberg/Alamy. **Chapter 14:** p. 374, Francisco Rangel; p. 375, Oscar Ruiz; p. 376, Reuters MewMedia Inc./Corbis; p. 383, Reuters/Corbis; p. 384, Todd Smitala; p. 388, Frans Lemmens/zefa/Corbis; p. 389, Topham/The Image Works;

p. 390, Jimmy Dorantes/Latin Focus; p. 397, South Park Productions. **Chapter 15:** p. 398, Bryant/DDB Stock Photo; p. 399, Westend61/Alamy; p. 400, Sergio Pitamitz/Alamy; p. 402, Inga Spence/DDB Stock Photo; p. 403, Barbara Alper/Stock Boston; p. 404, PhotoAlto/Alamy; p. 415, Reuters NewMedia, Inc.,/Corbis; p. 415, Neil Rabinowitz/Corbis; p. 416, Degas Parra/ADK Images/The Viesti Collection; p. 420, pedalpower.org/mayapedal.org. **Chapter 16:** p. 423, Suzanne Murphy-Larronde; p. 424, Richard Bickel/Corbis; p. 425, Courtesy Leon Tovar Gallery, NYC; p. 433, LatinFocus.com; p. 434, AP/Wide World Photos; p. 440, Galen Rowell/Corbis; p. 444, Lorena Lopera; p. 448, South Park Productions. **Chapter 17:** p. 449, Ken Welsh/Alamy; p. 450, Erich Lessing/Art Resource, NY; p. 453, William A. Cotton/ Colorado State University; p. 454, Private Collection/Marlborough Gallery; p. 454, Courtesy of Luz Ríos Duarte; p. 454, Guayasamín Foundation; p. 456, Ken Welsch/Alamy; p. 458, Elich Lessing/Art Resource, NY; p. 460, Private Collection/Marlborough Gallery; p. 461, Private Collection/Marlborough Gallery; p. 462, © 2006 Banco de México Diego Rivera & Frida Kahlo Museum Trust., Av. Cinco de Mayo No. 2, Col. Centro, Del. Cuauhtémoc 06059, México, D.F.; p. 464 Jack Hollingsworth/Getty Images; p. 466, © 2006 ARS, NY/SPADEM, Paris; p. 471, El Mandilón (The House Husband); from the series "Machos Sensitivos"; Daniel Salazar, 1995; photo construction; giclee digital print; 16½" × 29". **Chapter 18:** p. 473, Luc Buerman/zefa/Corbis; p. 477, Mario García Joya.

Illustration Credits

Duff Moses/Famous Frames: pp. 122, 151 top, 251; Jeff Kronen/Famous Frames: pp. 222, 259, 322; 430; Roberto Ezzavelli/Famous Frames: pp. 276, 277; p. 428, Reprinted by permission of the Institute of International Education. All other illustrations by Andrés Fernández Cordón.

Realia Credits

Preliminary Chapter: p. 1, Data from Pew Hispanic Center, CIA World Factbook, and U.S. Census Bureau. **Chapter 2:** p. 36, Data from glreach.com.; p. 38, Reprinted with the permission of TransFairUSA.; p. 49 top, Copyright © Google, Inc. Reprinted with permission.; p. 49 bottom, Reproduced with permission of Yahoo! Inc. © 2005 by Yahoo! Inc. YAHOO! and the YAHOO! logo are trademarks of Yahoo! Inc. **Chapter 3:** p. 77 top, *Selecciones* cover, Courtesy *Reader's Digest* México.; *Glamour* cover, Courtesy *Glamour* Magazine.; p. 77 bottom, Univisión chart reprinted with permission from Microsoft Corporation. **Chapter 5:** p. 134, *Juegos Olímpicos de Barcelona, 1992.* **Chapter 6:** p. 172, Copyright © Maitena. **Chapter 7:** p. 182, Minicines Astorias, Peluqueros Pedro Molina, Restaurante El Hidalgo, Librería Compás.; p. 183, Courtesy of Finlay.; p. 187, Copyright © NIK.; p. 195, Paradores de Turismo de España.; p. 203, Copyright © Maitena. **Chapter 8:** p. 222, Courtesy of Alcalá, Madrid, Spain.; p. 225, Fernando Sendra.; p. 228, Ana von Rebeur. **Chapter 9:** p. 236, Catedral de Sal, Zipaquirá, Colombia.; p. 239, *El País,* Sunday March 23, 1993.; p. 255, Copyright © NIK. **Chapter 10:** p. 266, Courtesy Unipublic S.A., Madrid.; p. 272, Copyright © Maitena.; p. 274, Courtesy *Segundamano.* **Chapter 11:** p. 295, Courtesy Mt. Hood Playing Card Company.; p. 311, Copyright © NIK.; p. 316 center, BARBIE is a trademark owned by, and used with permission from Mattel, Inc. © 2006 Mattel, Inc. All Rights Reserved.; p. 316 bottom, Courtesy Hallmark Cards. **Chapter 12:** p. 325, Courtesy Correo Argentino. p. 341, Courtesy of Nestlé, S.A., owner of the Nescafé © trademark. **Chapter 13:** p. 353, NIK/www.gaturro.com. **Chapter 15:** p. 401, Fundación Vida Silvestre Argentina; p. 401, Look and Take/Greenpeace. **Chapter 16:** p. 438, Carlos Cueva.